BUKEBUZHI DE
LIANG QIAN GE LISHI CHANGSHI
一书在手 知识全

不可不知的 2000个历史常识

主编 王晓梅　　经典·珍藏

中央编译出版社
Central Compilation & Translation Press

图书在版编目（CIP）数据

不可不知的2000个历史常识/王晓梅主编.
－北京：中央编译出版社，2007.7
ISBN 978-7-80211-498-2

Ⅰ.不… Ⅱ.王… Ⅲ.世界史－普及读物 Ⅳ.K109

中国版本图书馆CIP数据核字（2007）第116086号

不可不知的2000个历史常识

出版发行	中央编译出版社
地　　址	北京西单西斜街36号（100032）
电　　话	（010）66509360（总编室）　（010）66509365（编辑室）
	（010）66509364（发行部）　（010）66509618（读者服务部）
网　　址	http：//www.cctpbook.com
E-mail	edit@cctpbook.com
经　　销	全国新华书店
印　　刷	北京毅峰迅捷印刷有限公司
开　　本	787×960毫米　1/16
字　　数	450千字
印　　张	28.125
版　　次	2009年1月第1版第3次印刷
定　　价	36.00元

前言

历史是一面镜子，它记录着人类过去的成功与缺失，蕴藏着真知与灼见，也预示人类的未来。历史就是我们走过的日子。

今天的世界，是由历史的世界积淀而成。岁月流逝，沧海桑田，只有用心灵感受历史，了解人类发展史上的苦难与辉煌，才能增强对历史的理解与认识，才能把握历史大势。

《不可不知的2000个历史常识》是一本浓缩中外历史文化知识精粹的储备手册。它以短小精悍的文字，娓娓讲述历史的精彩，集知识性、趣味性、科学性于一体。内容包括人们在学习、工作、生活中最常用的知识。板块有历史基础知识、历史知识储备库和历史知识问答等。

人类社会的进步，人类文明的发展，人类物质生活水平的提高，都离不开知识。我们把一些读者可能感兴趣的、觉得有意思的，然而又较零散的2000个历史常识编辑成册，让你轻松阅读古今中外历史，从而丰富知识，开拓视野。

在选编的过程中，我们查阅了大量的相关资料。由于水平有限，可能会有一些错误和不当之处，恳请读者批评指正。

编　者
2007年6月20日

中国历史

史前时期　　>>1

先秦时期　　>>9

春秋战国　　>>17

秦　汉　　>>34

三国两晋南北朝　　>>54

隋唐五代十国　　>>81

宋辽西夏金元　　>>104

明　清　　>>128

中华民国　　>>173

世界历史

史前时期　　>>206

古代文明　　>>214

中世纪历史　　>>252

文艺复兴及新航路的开辟　　>>284

近代历史　　>>297

现代历史　　>>348

历史知识储备库　　>>382

历史知识问答　　>>400

中国历史

史前时期

盘古氏开天辟地 ·············· 2
女娲抟土造人 ················ 2
有巢氏构木为巢 ·············· 2
燧人氏钻燧取火 ·············· 2
神农氏尝百草 ················ 2
黄帝战蚩尤 ·················· 2
仓颉造字 ···················· 3
尧舜禅让 ···················· 3
大禹治水 ···················· 3
云南元谋人 ·················· 3
陕西蓝田人 ·················· 3
山顶洞人头盖骨 ·············· 4
山西丁村人 ·················· 4
氏族社会 ···················· 4
母系氏族 ···················· 4
父系氏族 ···················· 4
部落、部落联盟 ·············· 5
半坡遗址 ···················· 5
仰韶文化 ···················· 5
大汶口文化 ·················· 5
河姆渡文化 ·················· 5
良渚文化 ···················· 6
红山文化 ···················· 6
龙山文化 ···················· 6
黄帝 ························ 6
炎帝 ························ 6
蚩尤 ························ 7
尧 ·························· 7
舜 ·························· 7
禹 ·························· 7
三皇五帝 ···················· 7
最古的乐器：骨笛 ············ 7
原始社会早期的婚姻：群婚、掠夺婚 ······ 7
母系氏族的婚姻体制：走访婚 ·· 8
原始社会的图腾崇拜 ·········· 8

先秦时期

夏 朝

（约公元前2070年~公元前1600年）

夏启即位 ···················· 10
少康中兴 ···················· 10
夏桀亡夏 ···················· 10
启 ·························· 10
中国最早的历书：《夏小正》 ·· 10

商 朝

（约公元前1600年~公元前1046年）

商汤灭夏 ···················· 10
盘庚迁殷 ···················· 11
伊尹伐辅政 ·················· 11
武丁中兴 ···················· 11
汤 ·························· 11
纣 ·························· 11
武丁 ························ 11
盘庚 ························ 12
殷墟 ························ 12
人祭和人殉 ·················· 12
甲骨文 ······················ 12
商代的占卜 ·················· 12
宗法制度的形成 ·············· 12
司母戊鼎 ···················· 13
炮烙之刑 ···················· 13

西周

（公元前1046年~公元前771年）

- 武王伐纣……13
- 牧野之战……13
- 周公摄政……13
- 成康之治……14
- 周昭王南征……14
- 国人暴动……14
- 共和行政……14
- 宣王中兴……14
- 周宣王不籍千亩……14
- 周幽王烽火戏诸侯……14
- 井田制……14
- 分封制……15
- 周文王……15
- 周武王……15
- 周厉王……15
- 姜太公钓鱼……15
- 周礼……16
- 《周易》……16
- 六艺……16
- 世卿世禄制……16
- 西周的最高长官：太师、太保……16

春秋战国

春秋

（约公元前770年~公元前476年）

- 周平王东迁……18
- 周郑交质……18
- 春秋五霸……18
- 齐鲁长勺之战……18
- 齐桓公称霸……19
- 管仲拜相……19
- 齐桓公伐楚……19
- 管仲征楚……19
- 晋楚城濮之战……19
- 秦晋崤之战……20
- 秦穆公称霸西戎……20
- 问鼎中原……20
- 鲁国"初税亩"……20
- 弭兵之会……20
- 吴越争霸……21
- 管仲……21
- 老子……21
- 孔子……21
- 扁鹊……21
- 晏婴……21
- 孙武……22
- 左丘明与《左传》……22
- 道家……22
- 儒家……22
- 《论语》……22
- 《春秋》……22
- 《孙子兵法》……23
- 侯马盟书……23
- 礼崩乐坏……23
- 退避三舍……23
- 熊掌难熟……24
- 赵氏孤儿……24
- 高山流水遇知音：钟子期与俞伯牙……24
- 春秋无义战……24
- 古代的伦理教育：七教……24
- 春秋时期的名臣……24
- 孔子周游列国……25

战国

（公元前476年~公元前221年）

- 三家分晋……25

目录

战国七雄…………………………25
李悝变法…………………………25
吴起变法…………………………25
商鞅变法…………………………25
合纵与连横………………………26
荆轲刺秦王………………………26
胡服骑射…………………………26
完璧归赵…………………………26
长平之战…………………………27
邯郸之围…………………………27
田氏伐齐…………………………27
毛遂自荐…………………………27
赵括纸上谈兵……………………27
鸡鸣狗盗之助……………………27
孟母三迁…………………………28
墨子………………………………28
鲁班………………………………28
西门豹……………………………28
孟子………………………………28
庄子………………………………29
屈原………………………………29
韩非………………………………29
孙武………………………………29
孙膑………………………………29
《法经》…………………………30
《甘石星经》……………………30
《黄帝内经》……………………30
《楚辞》…………………………30
《战国策》………………………30
《吕氏春秋》……………………30
《六经》…………………………31
墨家………………………………31
法家………………………………31
名家………………………………31
黄老学家…………………………31
诸子百家…………………………31
先秦诸子散文……………………31

先秦历史散文……………………32
都江堰……………………………32
郑国渠……………………………32
战国四公子………………………32
战国五大刺客……………………32
哈雷彗星最早的记载……………33
二十八宿图………………………33
曾侯乙编钟………………………33
"重农抑商"思想…………………33
书法的起源………………………33

秦 汉

秦 朝

（公元前221年～公元前206年）

秦灭六国…………………………35
蒙恬出击匈奴……………………35
焚书坑儒…………………………35
沙丘之变…………………………35
赵高篡权…………………………35
陈胜、吴广起义…………………36
巨鹿之战…………………………36
楚汉战争…………………………36
西楚霸王…………………………36
垓下之围…………………………36
秦始皇……………………………37
赵高………………………………37
李斯………………………………37
泰山封禅…………………………37
中央官制的设置：三公九卿……37
秦始皇统一货币、文字和度量衡……38
修筑长城…………………………38
骊山陵与阿房宫…………………38
灵渠………………………………38
指鹿为马…………………………38

暗度陈仓	39
霸王别姬	39
孟姜女万里寻夫	39

西 汉

（公元前 206 年～公元 25 年）

汉初休养生息	39
白登之围	39
吕后称制	39
七国之乱	40
文景之治	40
张骞出使西域	40
景帝削藩	40
罢黜百家，独尊儒术	40
卫青、霍去病远征匈奴	40
推恩令	41
养老令	41
太学	41
刺史制度	41
苏武牧羊	41
巫蛊之祸	41
征辟制、察举制	42
盐铁官营	42
霍光废立汉帝	42
昭宣中兴	42
西域都护府	42
昭君出塞	42
王莽篡位	42
王莽改制	43
绿林、赤眉起义	43
昆阳大战	43
刘秀起兵	43
刘邦	43
萧何	44
韩信	44
张良	44
贾谊	44
卫青	44
李广	44
霍去病	45
王昭君	45
董仲舒	45
司马迁与《史记》	45
《太初历》	45
《淮南子》	45
《盐铁论》	46
《公羊传》	46
《方言》	46
《七略》	46
屯田	46
丝绸之路	46
汉初三杰	46
萧规曹随	47
三纲五常	47
谶纬之学	47
西汉烽火台	47

东 汉

（公元 25 年～公元 220 年）

光武中兴	47
班超出使西域	48
投笔从戎	48
佛教传入中国	48
东汉外戚、宦官之争	48
十常侍专权	48
党锢之祸	49
黄巾军起义	49
董卓之乱	49
云台二十八将	49
王充	49
班超	50
班固	50

窦固	50
窦宪	50
张衡	50
华佗	50
蔡伦	51
邓太后	51
马皇后	51
张仲景	51
《汉书》	51
《说文解字》	51
《论衡》	52
《周髀算经》	52
《九章算术》	52
《伤寒杂病论》	52
《熹平石经》	52
《两都赋》	52
汉赋	53
乐府诗	53
《孔雀东南飞》	53
百戏兴起	53
豪右与门阀	53
露布	53

三国两晋南北朝

魏

（公元220年~公元265年）

挟天子以令诸侯	55
屯田制	55
租调制	55
官渡之战	55
曹操称魏王	56
曹丕称帝	56
九品中正制	56
司马懿平辽东	56
高平陵事变	56
司马昭杀曹髦	56
书法家钟繇	57
曹操	57
曹丕	57
司马懿	57
阮籍	57
蔡文姬	58
建安七子	58
竹林七贤	58
三曹	58
曹植七步成诗	58
曹冲称象	58
孔融让梨	58
击鼓骂曹	59
玄学兴起	59
宗族制度	59
五石散	59

蜀汉

（公元221年~公元263年）

三顾茅庐	59
刘备称帝	60
马谡失街亭	60
关云长水淹七军	60
邓芝赴吴	61
白帝托孤	61
邓艾灭蜀	61
刘备	61
诸葛亮	61
关羽	62
赵云	62
乐不思蜀	62

吴

（公元 222 年～公元 280 年）

孙策定江东 · 62
赤壁之战 · 63
吕蒙袭取荆州 · 63
夷陵之战 · 63
卫温求夷州 · 63
袁绍 · 63
孙策 · 64
周瑜 · 64
孙权 · 64

西 晋

（公元 265 年～公元 317 年）

司马炎称帝 · 64
门阀制度 · 64
石王斗富 · 64
八王之乱 · 65
永嘉之乱 · 65
西晋灭亡 · 65
羊祜 · 65
石崇 · 65
刘琨 · 66
八王世系 · 66
侨置 · 66
西晋分封制 · 66
太康体 · 66
陈寿与《三国志》 · · · · · · · · · · · · · · · · · 66
洛阳纸贵 · 67
杯弓蛇影 · 67

东 晋

（公元 317 年～公元 420 年）

永嘉南渡 · 67

五胡十六国 · 68
东晋祖逖、桓温北伐 · · · · · · · · · · · · · · · 68
淝水之战 · 68
桓玄之乱 · 68
刘裕北伐 · 69
谢玄北府兵 · 69
王羲之 · 69
陶渊明 · 69
士族 · 69
庶族 · 69
火药 · 70

十六国

（公元 304 年～公元 439 年）

刘渊起兵 · 70
胡汉分治政策 · 70
前赵与后赵 · 70
前秦立国 · 70
王猛入前秦 · 70
胡族最高统治者：大单于 · · · · · · · · · · · 70
苻坚 · 71
王导 · 71
西凉乐 · 71
麦积山石窟 · 71

南 朝

（公元 420 年～公元 589 年）

刘裕代晋 · 71
刘宋元嘉之治 · 71
南齐的兴衰 · 72
萧梁的统治 · 72
梁武帝出家 · 72
侯景之乱 · 72
陈霸先平叛 · 72
亡国之音：《玉树后庭花》 · · · · · · · · · · 73

宋武帝刘裕	73
梁武帝	73
谢灵运	73
祖冲之	74
刘义庆与《世说新语》	74
徐陵与《玉台新咏》	74
《宋书》	74
《后汉书》	74
刘勰《文心雕龙》	75
钟嵘《诗品》	75
范缜《神灭论》	75
萧统与《昭明文选》	75
陶弘景与《本草经集注》	75
山水诗	75
永明体	76
南朝民歌	76
和尚为什么吃素	76
南朝的少数民族	76

北朝

（公元386年~公元581年）

北魏建立	76
北魏孝文帝改革	77
北魏均田制	77
北魏太武帝灭佛	77
突厥崛起	77
北齐代东魏	77
府兵制	78
北周灭北齐	78
杨坚代周	78
冯太后	78
郦道元与《水经注》	78
贾思勰与《齐民要术》	78
《洛阳伽蓝记》	79
《颜氏家训》	79
《魏书》	79

北朝书法和"魏碑"	79
云冈、龙门石窟	79
北朝民歌	80
悬空寺	80
少林寺	80

隋唐五代十国

隋朝

（公元581年~公元618年）

杨坚建隋	82
《开皇律》	82
科举制度	82
隋文帝设义仓	83
大索貌阅	83
输籍之法	83
三省六部制	83
保闾制度	83
仁寿宫之变	83
黎阳兵变	84
三征高丽	84
李渊晋阳起兵	84
瓦岗起义	84
隋文帝杨坚	85
隋炀帝杨广	85
杨素	85
宇文化及	85
翟让	85
李密	85
大运河	86
赵州桥	86
雕版印刷术	86

唐 朝

（公元 618 年～公元 907 年）

- 李渊建唐 …………………………… 86
- 《唐律》 …………………………… 86
- 玄武门之变 ………………………… 86
- 贞观之治 …………………………… 87
- 租庸调制 …………………………… 87
- 房谋杜断 …………………………… 87
- 安西、北庭都护府的设立 ………… 87
- 安西四镇 …………………………… 88
- 遣唐史 ……………………………… 88
- 玄奘取经 …………………………… 88
- 回纥兴起 …………………………… 88
- 文成公主和亲 ……………………… 88
- 长庆会盟 …………………………… 88
- 武则天称帝 ………………………… 89
- 请君入瓮 …………………………… 89
- 唐中宗复辟 ………………………… 89
- 韦后之乱 …………………………… 89
- 开元盛世 …………………………… 89
- 开元通宝 …………………………… 90
- 鉴真东渡 …………………………… 90
- 节度使 ……………………………… 90
- 李林甫、杨国忠专权 ……………… 90
- 安史之乱 …………………………… 90
- 藩镇割据 …………………………… 91
- 马嵬驿之兵变 ……………………… 91
- 刘晏理财 …………………………… 91
- 仆固怀恩叛乱 ……………………… 91
- 奉天之难 …………………………… 91
- 两税法 ……………………………… 92
- 永贞革新 …………………………… 92
- 元和中兴 …………………………… 92
- 牛李朋党之争 ……………………… 92
- 宦官专权 …………………………… 92
- 甘露之变 …………………………… 93
- 会昌废佛 …………………………… 93
- 黄巢起义 …………………………… 93
- 朱温降唐 …………………………… 93
- 白马驿之祸 ………………………… 94
- 唐高宗李渊 ………………………… 94
- 李靖 ………………………………… 94
- 魏征 ………………………………… 94
- 孙思邈 ……………………………… 94
- 尉迟敬德 …………………………… 94
- 唐太宗李世民 ……………………… 94
- 程咬金 ……………………………… 95
- 姚崇 ………………………………… 95
- 宋璟 ………………………………… 95
- 唐玄宗李隆基 ……………………… 95
- 吴道子 ……………………………… 95
- 王维 ………………………………… 96
- 李白 ………………………………… 96
- 狄仁杰 ……………………………… 96
- 颜真卿 ……………………………… 96
- 杜甫 ………………………………… 96
- 李光弼 ……………………………… 97
- 白居易 ……………………………… 97
- 柳公权 ……………………………… 97
- 柳宗元 ……………………………… 97
- 孟浩然 ……………………………… 97
- 李贺 ………………………………… 98
- 杜牧 ………………………………… 98
- 李商隐 ……………………………… 98
- 僧一行 ……………………………… 98
- 陆羽 ………………………………… 98
- 初唐四杰 …………………………… 99
- 唐诗 ………………………………… 99
- 唐传奇 ……………………………… 99
- 古文运动 …………………………… 99
- 禅宗 ………………………………… 99
- 《唐六典》 ………………………… 99

《通典》……100
《大唐西域记》……100
《莺莺传》……100
酒八仙……100
颜筋柳骨……100
周昉的"仕女图"……100
唐人街……100
敦煌莫高窟……101
乐山大佛……101
十三棍僧助秦王……101

五代十国

（公元907年~公元960年）

朱温篡唐……101
石敬瑭建后晋……101
周世宗改革……102
朱温……102
周世宗……102
文盲皇帝王建……102
南唐后主李煜……102
后梁……102
后晋……103
后汉与后周……103
吴越……103
幽云十六州……103
词的发展……103
契丹文字……103
行会出现……103

宋辽西夏金元

北宋

（公元960年~公元1127年）

黄袍加身（北宋的建立）……105

内外相制……105
杯酒释兵权……105
主客户制……105
雍熙北伐……106
王小波、李顺起义……106
杨延昭镇河朔……106
宋辽澶渊之盟……106
榷场……106
好水川之战……106
庆历和议……107
庆历新政……107
市舶司……107
活字印刷术……107
火药的发明……107
王安石变法……108
蔡京擅权……108
方腊、宋江起义……108
李纲抗金……108
靖康之变……108
赵普……109
宋太祖赵匡胤……109
石守信……109
寇准……109
宋神宗……109
毕昇……109
包拯……109
欧阳修……110
狄青……110
司马光……110
秦观……110
新古文运动……110
三苏……110
乌台诗案……111
《资治通鉴》……111
《梦溪笔谈》……111
《清明上河图》……111

宋词	111
话本	112
程朱理学	112
北宋的四大书院	112
花石纲	112

南宋

（公元1127年~公元1279年）

宗泽保卫东京	113
建康之战	113
韩世忠大战金兀术	113
钟相、杨么起义	113
岳飞抗金	113
郾城大捷	114
秦桧擅权	114
隆兴和议	114
嘉定和议	114
绍熙内禅	115
庆元党禁	115
联蒙灭金	115
文天祥抗元	115
厓山殉难	115
宋徽宗	115
李清照	116
李纲	116
岳飞	116
赵构	116
兀术	116
朱熹	116
唐宋八大家	116
宋四家	116
豪放派词人	117
南戏	117
《洗冤集录》	117
五大名窑	117
世界上最早的纸币："交子"	117

辽朝

（公元907年~公元1125年）

耶律阿保机建国	118
景宗中兴	118
契丹文字	118
圣宗改革	118
兴宗亲征西夏	118
西辽国	118
萧太后	118
耶律阿保机	119
萧观音	119
辽女流行"佛妆"	119

西夏

（公元1038年~公元1227年）

元昊改制	119
西夏建立	119
天盛之治	119
河西失陷	120
西夏王陵	120

金朝

（公元1115年~公元1234年）

完颜阿骨打建国	120
女真族	120
女真文字	120
金太宗灭辽	121
金熙宗改革	121
金世宗治世	121
猛安谋克制	121
中都失守	121
完颜阿骨打	121
元好问	122

元 朝

（公元1206年~公元1368年）

蒙古国建立	122
蒙古西征	122
戊戌选试	122
元朝建立	122
四等人制	122
驱口	123
行中书省	123
怯薛制度	123
仁宗之治	123
宣政院	123
南坡之变	123
红巾军起义	124
成吉思汗	124
元太宗窝阔台	124
耶律楚材	124
元世祖忽必烈	125
郭守敬	125
赵孟頫	125
黄道婆	125
马可·波罗	125
黄公望	126
蒙古新字	126
《窦娥冤》	126
《西厢记》	126
元代三大农书	126
元代的戏曲	127
杂剧	127
散曲	127
元曲四大家	127
回族形成	127

明 清

明 朝

（公元1368年~公元1644年）

朱元璋建明	129
锦衣卫	129
胡惟庸案	129
蓝玉案	129
《大明律》	130
改土归流	130
布政使司	130
里甲制	130
三法司	130
内阁	131
巡抚	131
宗喀巴改革喇嘛教	131
靖难之役	131
迁都北京	131
郑和下西洋	132
《永乐大典》	132
仁宣之始	132
土木堡之变	132
二十四衙门	132
六部	132
北京保卫战	133
夺门之变	133
《大诰》	133
厂卫	133
弘治中兴	134
刘瑾专权	134
诏狱	134
大礼议之争	134
葡萄牙殖民者占领澳门	134

壬寅宫变	134
庚戌之变	135
张居正改革	135
一条鞭法	135
俺答封贡	135
戚继光抗倭	135
援朝战争	136
万历科场案	136
国本之争	136
梃击、红丸、移宫案	136
东林党	136
资本主义萌芽	137
李自成起义	137
朱元璋	137
宋濂	137
徐达	137
刘伯温	137
明成祖朱棣	138
于谦	138
俞大猷	138
海瑞	138
戚继光	138
李时珍	139
徐渭	139
张居正	139
利玛窦	139
徐光启	139
魏忠贤	140
宋应星	140
张献忠	140
前六君子	140
吴门三家	140
《本草纲目》	140
《农政全书》	141
《九章算法比类大全》	141
《徐霞客游记》	141
《天工开物》	141
《牡丹亭》	141
《金瓶梅》	141
《醒世恒言》	141
《三国演义》	142
《水浒传》	142
《西游记》	142
《封神演义》	142
《日知录》	142
《明史》	142
临川四梦	142
章回小说	143
八股文	143
三场	143
复社	143
国子监	143
三言二拍	144
昆腔	144
明代长城	144
十三陵	144
景泰蓝	144
耶稣会	145
徽商	145

清 朝

（公元 1616 年～公元 1911 年）

萨尔浒之战	145
八旗制度	145
绿营	145
宁远之战	145
钦差大臣	146
清军入关	146
定都北京	146
圈地令	146
册封达赖	146

扬州十日	146
嘉定三屠	147
平定三藩叛乱	147
平定准噶尔	147
四大臣辅政	147
南书房	147
三藩	148
郑成功收复台湾	148
雅克萨自卫反击战	148
《尼布楚条约》	148
文字狱	148
总督	149
理藩院	149
摊丁入亩	149
西南地区改土归流	149
怀柔政策	150
军机处	150
《大清律》	150
土尔扈特部回归祖国	150
大小和卓叛乱	150
乾隆南巡	151
闭关锁国	151
和珅案	151
平定大小金川	151
白莲教起义	151
虎门销烟	152
鸦片战争	152
三元里人民抗英	152
吴淞之战	152
亚罗号事件	152
马神甫事件	153
第二次鸦片战争	153
《南京条约》	153
八国联军	153
火烧圆明园	153
太平天国运动	154
《天朝田亩制度》	154
天京事变	154
捻军	154
湘军和淮军	155
辛酉政变	155
总理衙门	155
洋务运动	155
洋枪队	155
阿古柏入侵新疆	156
中法战争	156
马尾海战	156
镇南关大捷	156
《中法新约》	157
《马关条约》	157
同文馆	157
北洋海军	157
"门户开放"政策	157
公车上书	157
垂帘听政	158
百日维新	158
义和团运动	158
《辛丑条约》	158
四大徽班进京和京剧形成	158
日俄战争	159
海兰泡惨案	159
同盟会	159
《钦定宪法大纲》	159
三民主义	159
《民报》	160
黄花岗起义	160
四川保路运动	160
武昌起义	160
清王朝终结	160
努尔哈赤	161
鳌拜	161
尚可喜	161

黄宗羲	161
多尔衮	162
吴三桂	162
顾炎武	162
王夫之	162
施琅	162
郑成功	162
蒲松龄	163
康熙帝	163
沈德潜	163
雍正帝	163
乾隆帝	163
刘墉	164
和珅	164
关天培	164
琦善	164
龚自珍	165
魏源	165
曾国藩	165
慈禧太后	165
丁汝昌	166
张之洞	166
黄遵宪	166
邓世昌	166
严复	167
康有为	167
詹天佑	167
黎元洪	167
梁启超	167
黄兴	167
秋瑾	168
冯如	168
邹容	168
溥仪	168
八大臣	168
戊戌六君子	169
扬州八怪	169
乾嘉学派	169
红学	169
谴责小说	169
翰林院	169
京师大学堂	170
清末四大奇案	170
《二十四史》	170
《四库全书》	170
《康熙字典》	170
《聊斋志异》	170
《红楼梦》	170
《儒林外史》	171
贝勒	171
格格	171
鸦片	171
抱见礼	171
避暑山庄	171
木兰秋狝	171
紫禁城	172
清代帮会	172

中华民国

（公元1912年~公元1949年）

中华民国	174
中华书局	174
清帝退位	174
《中华民国临时约法》	174
《中俄蒙协约》	175
善后大借款	175
二次革命	175
袁世凯称帝	175
二十一条	175
新文学运动	176
护国战争	176

护法战争	176	皇姑屯事件	185
张勋复辟	176	东北易帜	185
巴黎和会	177	百色起义	185
五四运动	177	古田会议	185
觉悟社	177	"左联"	186
中国国民党	177	中原大战	186
北洋军阀割据	178	红军第一、二、三次反围剿	186
孙中山北伐	178	"九一八"事变	186
中国共产党	178	731部队	186
香港海员罢工	178	马占山抗日	187
陈炯明叛变	179	伪满洲国	187
安源路矿工人大罢工	179	红军第四、五次反围剿	187
《孙文越飞宣言》	179	塘沽协定	188
京汉铁路工人大罢工	179	万里长征	188
中国国民党第一次代表大会	180	四大家族	188
新三民主义	180	遵义会议	188
第一次国共合作	180	何梅协定	188
黄埔军校	180	《八一宣言》	189
五卅惨案	181	瓦窑堡会议	189
国民革命军	181	"一二·九"运动	189
省港大罢工	181	七君子事件	189
廖仲恺被刺	181	西安事变	190
张作霖宣布东三省独立	181	第二次国共合作	190
中山舰事件	182	"七七"事变	190
整理党务案	182	"八一三"事变	190
北伐战争	182	抗日救国十大纲领	190
铁军	182	八路军	191
三湾改编	182	平型关大捷	191
"四·一二"事变	183	新四军军部成立	191
南京国民政府	183	南京大屠杀	191
南昌起义	183	徐州会战	191
秋收起义	183	台儿庄战役	192
宁汉合流	183	西南联大	192
中国工农红军	184	《论持久战》	192
土地革命	184	花园口决堤事件	193
国民军的派系	184	军统	193

长沙会战 …………………… 193	邹韬奋 …………………… 202
百团大战 …………………… 193	向警予 …………………… 203
大生产运动 ……………… 194	傅作义 …………………… 203
皖南事变 …………………… 194	叶挺 ……………………… 203
延安整风运动 …………… 194	田汉 ……………………… 203
狼牙山五壮士 …………… 194	刘志丹 …………………… 204
精兵简政 ………………… 195	冼星海 …………………… 204
陈纳德与他的"飞虎队" … 195	聂耳 ……………………… 204
远征军入缅作战 ………… 195	刘胡兰 …………………… 204

世界历史

九三学社 ………………… 195	
中共"七大" ……………… 196	
日本投降 ………………… 196	

史前时期

早期人类的进化

重庆谈判与《双十协定》 … 196	
政治协商会议 …………… 196	
校场口事件 ……………… 197	人类起源 ………………… 207
李闻血案 ………………… 197	南方古猿 ………………… 207
"二·二八"事件 ………… 197	早期猿人 ………………… 207
延安保卫战 ……………… 197	晚期猿人 ………………… 207
孟良崮战役 ……………… 197	爪哇猿人 ………………… 207
辽沈战役 ………………… 198	尼安德特人 ……………… 208
四大野战军 ……………… 198	克罗马农人 ……………… 208
淮海战役 ………………… 198	语言的产生 ……………… 208
平津战役 ………………… 198	弓箭的发明与使用 ……… 208
渡江战役 ………………… 199	

旧石器时代与血缘家族

中国人民政治协商会议 … 199	
中华人民共和国成立 …… 199	血缘家族 ………………… 208
袁世凯 …………………… 200	普那路亚群婚 …………… 208
孙中山 …………………… 200	旧石器时代 ……………… 209
蔡元培 …………………… 200	复合工具的出现 ………… 209
陈嘉庚 …………………… 200	
陈独秀 …………………… 200	

母系氏族公社

鲁迅 ……………………… 201	
宋教仁 …………………… 201	
李大钊 …………………… 201	
白求恩 …………………… 202	
陶行知 …………………… 202	氏族公社 ………………… 209

目录

母系社会……………………… 209
新石器时代…………………… 210
近亲结婚的禁止……………… 210
对偶婚的产生………………… 210
原始畜牧业和农业的产生…… 210
第一次社会大分工…………… 210

父系氏族公社

金石并用时代………………… 210
父系社会……………………… 211
私有制的产生………………… 211
军事民主制…………………… 211
国家的产生…………………… 211
第二次社会大分工…………… 211
第三次社会大分工…………… 212

原始社会的文化

蒙昧时代……………………… 212
野蛮时代……………………… 212
原始社会的音乐和舞蹈……… 212
原始宗教的萌芽与图腾崇拜… 213
原始绘画与雕刻……………… 213
远古人是如何计数的………… 213

古代文明

非 洲

古埃及文明

古代埃及……………………… 215
尼罗河流域文明的开端……… 215
提尼斯王朝的建立…………… 215
埃及古王国…………………… 215
法老…………………………… 216

金字塔………………………… 216
狮身人面像…………………… 216
埃及太阳历…………………… 216
埃及中王国…………………… 216
卡纳克神庙…………………… 216
古埃及新王国………………… 217
拉美西斯二世与赫梯争霸…… 217
阿蒙霍特普四世的宗教改革… 217
埃赫那吞改革………………… 217
木乃伊………………………… 217
图特摩斯三世………………… 218
"埃及艳后"克娄巴特拉…… 218
埃及的奴隶制………………… 218
后期埃及……………………… 218
塞易斯王朝…………………… 219
波斯征服埃及………………… 219
纸草书………………………… 219
古埃及的科学成就…………… 219

非洲其他文明

东非撒哈拉农耕社会………… 219
北非迦太基文明……………… 219
迦太基在北非的扩张………… 219
中非努比亚文化和凯尔迈文化… 220
阿克苏姆国统治东非………… 220

欧 洲

爱琴文明

欧洲的名称…………………… 220
克里特-迈锡尼文明………… 220
米诺斯王宫…………………… 221
特洛伊战争…………………… 221
木马计………………………… 221
线形文字……………………… 221

古希腊

荷马时代 …………………………… 221
《荷马史诗》 ……………………… 222
城邦形成 …………………………… 222
斯巴达国家的形成 ………………… 222
雅典国家的形成 …………………… 222
梭伦改革 …………………………… 222
克里斯提尼改革 …………………… 222
希波战争 …………………………… 223
伯里克利时代 ……………………… 223
伯罗奔尼撒同盟 …………………… 223
伯罗奔尼撒战争 …………………… 223
马拉松之战 ………………………… 224
萨拉米海战 ………………………… 224
雅典的衰落 ………………………… 224
城邦贫民起义 ……………………… 224
希腊字母 …………………………… 224
修昔底德 …………………………… 224
毕达哥拉斯 ………………………… 225
希罗多德 …………………………… 225
亚里士多德 ………………………… 225
伊壁鸠鲁 …………………………… 225
苏格拉底 …………………………… 226
犬儒学派 …………………………… 226
古希腊三大悲剧作家及其作品 …… 226
古希腊的奥运会 …………………… 226
希腊神话 …………………………… 226

马其顿的兴起及文化

马其顿征服希腊 …………………… 226
腓力二世改革 ……………………… 227
亚历山大远征 ……………………… 227
伊苏斯战役 ………………………… 227
亚历山大里亚文化的繁荣 ………… 227
入侵印度 …………………………… 227

安提柯王朝的建立 ………………… 228
斯巴达的社会改革 ………………… 228
阿基米德 …………………………… 228
欧几里得 …………………………… 228
《伊索寓言》 ……………………… 228

托勒密王朝和塞琉古王国

托勒密王朝 ………………………… 229
塞琉古王国的统治 ………………… 229

古罗马文明

罗慕洛斯建国 ……………………… 229
罗马元老院 ………………………… 229
王政时代 …………………………… 230
早期的罗马共和国 ………………… 230
保民官 ……………………………… 230
十二铜表法 ………………………… 230
罗马历制定 ………………………… 231
庇护制 ……………………………… 231
李锡尼－塞克斯图法 ……………… 231
罗马征服意大利 …………………… 231
马略的军事改革 …………………… 231
苏拉独裁形成 ……………………… 232
布匿战争 …………………………… 232
汉尼拔 ……………………………… 232
行省制度的制定 …………………… 232
西西里起义 ………………………… 233
斯巴达克起义 ……………………… 233
前三头同盟 ………………………… 233
古罗马的角斗士 …………………… 233
恺撒大帝 …………………………… 234
庞贝古城 …………………………… 234
后三头同盟 ………………………… 234
巴高达运动 ………………………… 234
屋大维的统治 ……………………… 235
奥古斯都建立元首政治 …………… 235

目录

隶农制的盛行 ·················· 235
安敦尼王朝的建立 ·············· 235
三世纪危机 ···················· 236
戴克里先改革 ·················· 236
君士坦丁大帝独裁 ·············· 236
基督教的兴起与传播 ············ 236
《圣经》······················ 236
罗马帝国的分裂 ················ 237
马克西穆斯之乱 ················ 237
四大"蛮族"掌权 ·············· 237
西罗马帝国的灭亡 ·············· 237
断臂维纳斯 ···················· 237
圣诞节 ························ 238
弗拉维圆形剧场 ················ 238

美　洲

美洲古代文明 ·················· 238
奥尔梅克文明 ·················· 238
帕拉卡斯文化 ·················· 239
摩羯文化 ······················ 239

亚　洲

苏美尔城邦

阿卡德王国的兴亡 ·············· 239
神庙大经济 ···················· 239
乌鲁卡基那改革 ················ 239
乌尔第三王朝 ·················· 240
楔形文字 ······················ 240
《乌尔纳姆法典》·············· 240
苏美尔人的天文学和数学 ········ 240
《吉尔伽美什》················ 240
苏美尔文明的衰落 ·············· 240

巴比伦王国

古巴比伦文明 ·················· 241
"巴比伦之囚"················ 241
两河流域的天文学成就 ·········· 241
古巴比伦王国的灭亡 ············ 241
新巴比伦王国 ·················· 242
汉谟拉比的统治 ················ 242
《汉谟拉比法典》·············· 242

古印度

哈拉巴文化的兴衰 ·············· 242
雅利安人入侵南亚次大陆 ········ 243
种姓制度 ······················ 243
婆罗门教 ······················ 243
《奥义书》···················· 243
吠陀文学 ······················ 243
圣物——印度牛 ················ 243
十六国的建立 ·················· 244
沙门新思潮 ···················· 244
摩羯陀国 ······················ 244
居鲁士 ························ 244
孔雀帝国的建立 ················ 245
阿育王 ························ 245
《罗摩衍那》·················· 245
古印度的自然科学 ·············· 245
佛教的产生与释迦牟尼 ·········· 245
四谛说 ························ 245
《摩奴法论》法典 ·············· 246
笈多王朝 ······················ 246

贵霜帝国

贵霜帝国 ······················ 246
开明的迦腻色伽统治 ············ 247

亚述帝国

亚述国家的建立 ················ 247

波斯帝国

波斯帝国	247
大流士一世改革	247
波斯帝国的衰落	247

腓尼基文明

腓尼基的兴起	248
腓尼基发达的经济	248
腓尼基字母文字	248

赫梯和古巴勒斯坦

赫梯王国的兴亡	248
早期游牧的希伯来人	249
古巴勒斯坦的统一	249
犹太教的创立	249
以色列王国	249
大卫和所罗门	249

古代朝鲜

箕氏朝鲜的兴亡	250
新罗、百济建国	250
高句丽的南迁	250

古代日本

绳文式和弥生式文化	250
邪马台国	250
大和国家统一日本	251
日本文字的出现	251

中世纪历史

欧 洲

5~10世纪的西欧

中世纪	253
西欧封建关系的萌芽	253
日耳曼人大迁徙	253
西哥特王国的建立	253
法兰克王国的建立	254
"懒王"统治	254
查理曼帝国的兴起	254
查理大帝	254
查理·马特改革	255
教皇国的诞生	255
英吉利王国的建立	255
德法意三国的形成	255
《凡尔登条约》	255
议会	256
采邑制	256

北欧海盗

北欧海盗的入侵	256
航海造船技术的发达	256
维京人	256

11~16世纪的西欧

乌尔班二世召开宗教会议	256
十字军东征	257
僧侣骑士团	257
西欧城市的发展	257
行会	257
诺曼底王朝的建立	257
亨利二世改革	258
"末日审判书"	258

《自由大宪章》……………………… 258
　英国议会的诞生 ………………… 258
　英国民族国家的形成…………… 258
　威廉一世 ………………………… 258
　理查一世 ………………………… 259
　瓦特·泰勒起义 ………………… 259
　红白玫瑰战争 …………………… 259
　英法百年战争 …………………… 260
　圣女贞德 ………………………… 260
　法兰西民族国家的形成………… 260
　法国的议会君主制 ……………… 261
　路易九世改革 …………………… 261
　横扫欧洲的黑死病 ……………… 261

德国、意大利和西班牙

德意志王国的神圣罗马帝国…… 261
腓特烈一世侵略意大利………… 262
哈布斯堡王朝 …………………… 262
汉萨同盟 ………………………… 262
威尼斯共和国 …………………… 263
佛罗伦萨共和国建立…………… 263
梵蒂冈城国的形成……………… 263
欧洲基督教分裂 ………………… 264
美第奇专政 ……………………… 264
西班牙的统一 …………………… 264
天主教会大分裂 ………………… 264
欧洲近代银行 …………………… 265

中世纪的基督教和西欧文化

罗马教廷的盛衰 ………………… 265
英诺森三世加强教权…………… 265
宗教裁判所 ……………………… 265
巴黎大学的成立 ………………… 265
哥特式建筑的兴起……………… 265
十四行诗 ………………………… 266
骑士文学 ………………………… 266

拜占庭帝国

拜占庭帝国的盛衰……………… 266
圣索菲亚教堂 …………………… 266
《查士丁尼法典》………………… 267
叙利亚王朝的兴起……………… 267
拜占庭的史学 …………………… 267
古罗斯与拜占庭的战争………… 268

俄罗斯的建立和扩张

俄罗斯主体民族的形成………… 268
蒙古贵族统治时期……………… 268
伊凡四世改革 …………………… 268
"沙皇"称号 ……………………… 269
俄罗斯教会改立东正教………… 269
索贡巡行 ………………………… 269

美　洲

阿兹特克文明 …………………… 269
印加帝国 ………………………… 270
印加文化 ………………………… 270
玛雅文明 ………………………… 270
秘鲁帕拉卡斯文化……………… 270

非　洲

东　非

努比亚王国 ……………………… 271
埃塞俄比亚王国 ………………… 271
桑给帝国 ………………………… 271

南　非

刚果 ……………………………… 271
大津巴布韦 ……………………… 272
莫诺莫塔帕王国 ………………… 272

西非

贝宁王国……………………………… 272
马里王国……………………………… 272
加纳王国的繁荣……………………… 272

北非

埃及国家的独立……………………… 273
埃及反抗十字军的斗争……………… 273
埃及阻止蒙古军西征………………… 273
土耳其统治下的埃及………………… 273
马格里布的独立……………………… 273

亚洲

阿拉伯帝国

阿拉伯帝国…………………………… 274
伊斯兰教的诞生……………………… 274
穆罕默德二世………………………… 274
"徙志"事件…………………………… 274
麦地那国家的形成…………………… 275
阿拉伯半岛的统一…………………… 275
哈里发………………………………… 275
倭马亚王朝的统治…………………… 275
阿拔斯王朝…………………………… 275
白益王朝……………………………… 275
迦梨陀娑……………………………… 276
开斋节………………………………… 276
《古兰经》…………………………… 276
《一千零一夜》……………………… 276

奥斯曼帝国

奥斯曼帝国…………………………… 276
土耳其的对外扩张…………………… 277
巴尔干人民的起义…………………… 277
伊斯坦布尔…………………………… 277
君士坦丁堡的陷落…………………… 277

蒙古诸国的兴起

拔都西征……………………………… 277
旭烈儿西征…………………………… 278
帖木儿帝国…………………………… 278

中世纪的伊朗

萨非王朝的建立……………………… 278

中世纪的印度

笈多王朝的建立……………………… 278
戒日帝国的建立……………………… 278
阿拉伯数字的发明…………………… 279
德里苏丹国家………………………… 279
印度教的出现………………………… 279
莫卧儿帝国…………………………… 279
阿克巴改革…………………………… 279
锡克教的兴起………………………… 279

中世纪的朝鲜

朝鲜的"三国时代"…………………… 280
田柴科颁行…………………………… 280
高丽贱民起义………………………… 280
壬辰卫国战争………………………… 280
李成桂建立李朝……………………… 281
李朝世宗创制朝鲜字母……………… 281

中世纪的日本

圣德太子改革………………………… 281
平安时代……………………………… 281
大化改新……………………………… 282
武士兴起……………………………… 282
镰仓幕府创立………………………… 282
室町幕府兴起………………………… 282

日本统一国家形成…………282
德川幕府…………283
日本"锁国政策"…………283
《源氏物语》…………283

文艺复兴及新航路的开辟

文艺复兴运动

文艺复兴运动…………285
但丁与《神曲》…………285
彼得拉克…………285
薄迦丘与《十日谈》…………286
达·芬奇…………286
马基雅维里…………286
哥白尼…………287
米开朗基罗…………287
拉伯雷与《巨人传》…………287
《乌托邦》…………287
布鲁诺…………288
培根与哲学…………288
莎士比亚…………288
伽利略…………288
开普勒…………289
笛卡尔…………289
《唐吉诃德》…………289
流浪汉小说…………289
人文主义…………290
圣彼得大教堂…………290

宗教改革

宗教改革运动…………290
胡司宗教改革…………290
马丁·路德的宗教改革观点…………291
赎罪券…………291
路德派新教的创立…………291

加尔文…………291
天主教会的反宗教改革…………292
新教在欧洲的传播…………292
耶稣会的创立…………292

新航路的开辟

亨利的航海探险…………292
哥伦布发现新大陆…………293
达·伽马和他的东方之行…………293
阿美利加的美洲探险…………293
麦哲伦环球航行…………293
德雷克…………294
新航路开辟的影响…………294

西方的崛起

西欧各国早期的殖民侵略…………294
《托尔德西里雅斯条约》…………294
西班牙"无敌舰队"的覆灭…………294
荷属东印度公司的成立…………295
尼德兰革命…………295
英国侵入印度…………295
法国亨利四世改革…………295
掷出窗外事件…………296
胡格诺改革…………296
三十年战争…………296
《威斯特发里亚和约》…………296

近代历史

英国资产阶级革命

圈地运动…………298
英国亨利八世的宗教改革…………298
清教徒运动…………298
伊丽莎白一世…………299
斯图亚特王朝…………299

查理一世……………………… 299
苏格兰人民起义……………… 300
克伦威尔……………………… 300
马斯顿荒原之战……………… 300
新模范军……………………… 301
英吉利共和国的成立………… 301
掘地派运动…………………… 301
航海条例……………………… 301
三次英荷战争………………… 302
牛顿…………………………… 302
光荣革命……………………… 302
《权利法案》………………… 302
资产阶级革命………………… 302
三角贸易……………………… 303
英法北美战争………………… 303

英国工业革命

工业革命……………………… 303
蒸汽机时代…………………… 303
珍妮纺纱机…………………… 304
亚当·斯密与《国富论》…… 304
富尔顿发明汽船……………… 304
史蒂芬孙与火车……………… 304

17~18世纪的欧洲

法国投石党运动……………… 304
路易十四……………………… 305
启蒙运动……………………… 305
普鲁士王国的兴起…………… 305
腓特烈二世的统治…………… 305
狄德罗与《百科全书》……… 306
卢梭与《社会契约论》……… 306
伏尔泰………………………… 306
孟德斯鸠……………………… 306

彼得一世的统治

彼得一世改革………………… 306
北方战争……………………… 307
俄都圣彼得堡………………… 307
叶卡特琳娜二世的"开明专制"……… 307

北美独立战争

波士顿倾茶事件……………… 307
莱克星顿的枪声……………… 308
大陆会议……………………… 308
美国联邦制的形成…………… 308
华盛顿………………………… 308
《独立宣言》………………… 309
美英签订《凡尔赛和约》…… 309
《1787年宪法》……………… 309
《美利坚合众国宪法》……… 309
本杰明·富兰克林…………… 310

法国大革命

三级会议……………………… 310
法国资产阶级革命…………… 310
巴士底狱……………………… 311
《人权宣言》………………… 311
法兰西第一共和国…………… 311
吉伦特派……………………… 311
雅各宾派……………………… 311
马拉被刺……………………… 311
法国大革命…………………… 312
热月政变……………………… 312
罗伯斯庇尔…………………… 312
督政府成立…………………… 313
拿破仑………………………… 313
雾月政变……………………… 313
《法国民法典》颁布………… 314
法兰西第一帝国……………… 314

波旁复辟王朝 314
滑铁卢战役 314
七月革命 315
神圣同盟 315

拉丁美洲独立战争

海地革命 315
委内瑞拉革命 315
巴西独立 316
多洛雷斯呼声 316
阿根廷独立 316
大哥伦比亚共和国成立 316
圣马丁远征秘鲁 316
阿亚库巧战役 317
玻利维亚独立 317
古巴独立战争 317
墨西哥狄亚士独裁 317
巴拿马运河 318
墨西哥资产阶级革命 318

19世纪的欧洲

法国"七月王朝" 318
1831年和1834年法国里昂工人起义 318
批判现实主义与巴尔扎克 319
空想社会主义 319
法国二月革命 319
法国六月起义 319
路易·波拿巴政变 320
《巴黎和约》 320
第一国际 320
巴黎公社 321
梯也尔 321
法国工人党 321
英国"宪章运动" 321
英国两党制 321
伦敦工人协会 322
《共产党宣言》 322

拜伦和狄更斯 322
芬尼运动 322
达尔文的"进化论" 322
维多利亚女王 323
费边主义 323
英国工党 323
剑桥大学 324
三国协约 324
德意志西里西亚纺织工人起义 324
容克 324
1848年德国革命 324
黑格尔 325
费尔巴哈 325
歌德与海涅 325
卡尔·马克思 325
铁血政策 326
贝多芬 326
巴赫 326
奥匈帝国 327
普法战争 327
色当惨败 327
《哥达纲领批判》 327
三国同盟 328
施利芬计划 328
青年意大利党 328
1848年欧洲革命 328
加富尔任撒丁王国首相 329
红衫军登陆西西里岛 329
意大利统一 329
马可尼发明无线电报 329
三次瓜分波兰 329
普加乔夫起义 330
俄土战争 330
维也纳会议 330
十二月党人起义 330
欧洲宪兵 331
克里米亚战争 331

俄国1861年改革……………………331
门捷列夫的"元素周期律"…………331
柴可夫斯基………………………332
劳动解放社………………………332
《火星报》…………………………332
布尔什维克………………………332
流血星期日………………………333
俄国1905年革命………………… 333
俄国二月革命……………………333
巴甫洛夫…………………………333
维也纳三月革命…………………334
捷克民族解放运动………………334
匈牙利民族解放战争……………334
诺贝尔与"诺贝尔奖"……………334
西班牙王位继承战争……………334
西班牙人民反法起义……………335
西班牙"黑暗的十年"……………335

美国内战

西进运动…………………………335
门罗主义…………………………335
莫尔斯电码………………………336
废奴运动…………………………336
种植园制度………………………336
旧金山……………………………336
美墨战争…………………………337
《汤姆叔叔的小屋》………………337
美国的两党制……………………337
美国南北战争……………………337
林肯………………………………338
爱迪生发明电灯…………………338
"五一"国际劳动节………………338
马汉………………………………339
美西战争…………………………339
门户开放政策……………………339
大棒政策…………………………340

17~19世纪的亚洲

日 本

大盐平八郎起义…………………340
伏见、鸟羽之战…………………340
明治维新…………………………340
明治天皇…………………………340
日本入侵琉球、朝鲜……………341
《大日本帝国宪法》………………341
日俄战争…………………………341

朝 鲜

大院君改革………………………341
《江华条约》………………………342
壬午兵变…………………………342
甲午农民战争……………………342

印 度

黑洞事件…………………………342
印度民族起义……………………343
詹西女王…………………………343
印度国大党………………………343
泰戈尔与印度近代文学…………343

印尼、伊朗、奥斯曼、越南

苏拉巴蒂起义……………………344
爪哇人民大起义…………………344
巴布教……………………………344
奥斯曼帝国的衰败………………344
法国入侵越南……………………344
越南勤王运动……………………345

17~19世纪的非洲

蒙巴萨反抗葡萄牙………………345

黑奴贸易的兴盛……345
埃及穆罕默德·阿里改革……345
埃土战争……345
利文斯顿在南非的探险……346
利比里亚独立……346
埃塞俄比亚西奥多二世改革……346
阿拉比抗英……346
马赫迪反英大起义……346
埃塞俄比亚抗意战争……347
英布战争……347
南非重建……347

现代历史

20世纪初的世界

第二次工业革命……349
中产阶级的出现……349
帝国主义的发展……349
人类飞天梦想的实现……349
第一次摩洛哥危机……350
波斯尼亚危机……350
墨西哥资产阶级革命爆发……350
第二次摩洛哥危机……350
意土战争……351
巴尔干战争……351
"泰坦尼克号"沉没……351
"护理学之母"南丁格尔……351

资本主义国家体制的完善

工人运动的温和化……352
普选权的确立……352
社会保障制度的诞生……352
现代公用事业的发展……352
议会代议制的普遍确立……352
现代政党制度的兴起和建立……352

美国金元外交……353

第一次世界大战的爆发

萨拉热窝事件……353
第一次世界大战的爆发……353
马恩河战役……353
塞尔维亚抗击奥匈帝国……353
德军的毒气战……353
无限制潜艇战……354
索姆河战役……354
凡尔登战役……354
日德兰海战……354
美国对德宣战……355
贝尔福宣言……355
《布列斯特和约》……355
十四点……355
分赃的巴黎和会……356
国际联盟……356

"一战"后的资本主义世界

美国限制移民……356
海军军备竞赛……356
凡尔赛-华盛顿体系……357
米骚动……357
魏玛共和国……357
李卜克内西和卢森堡……357
共产国际……358
阿姆利则惨案……358
匈牙利苏维埃共和国的成立……358
爱尔兰自治……358
色佛尔条约……359
鲁尔危机……359
道威斯计划……359
啤酒馆运动……359
洛桑会议……360
洛迦诺会议……360

| 杨格计划 …………………………… 360
| 世界裁军大会 …………………… 360
| 西班牙内战 ……………………… 361
| 臭氧层的发现 …………………… 361
| 乔伊斯与《尤利西斯》 ………… 361
| 电视发明者贝尔德 ……………… 361
| 物理学革命 ……………………… 362
| 卓别林 …………………………… 362
| 奥斯卡金像奖 …………………… 362
| 弗洛伊德与《梦的解析》 ……… 363

俄国的十月革命及苏联成立

| 列宁主义 ………………………… 363
| 苏维埃 …………………………… 363
| 四月提纲 ………………………… 363
| 第一个社会主义国家的诞生 …… 363
| 俄国二月革命 …………………… 363
| 十月革命 ………………………… 364
| 苏维埃国内战争 ………………… 364
| 苏联成立 ………………………… 364
| 苏联农业全盘集体化运动 ……… 364
| 大清洗运动 ……………………… 365
| 肃反运动 ………………………… 365

亚非拉民族革命运动

| 埃及独立运动 …………………… 365
| 阿根廷"血腥的一周" …………… 365
| 朝鲜"三一"人民起义 …………… 366
| "圣雄"甘地 ……………………… 366
| 印度"非暴力不合作运动" ……… 366
| 土耳其凯末尔革命 ……………… 367
| 哈里发运动 ……………………… 367
| 尼加拉瓜桑地诺的游击战争 …… 367
| 巴西瓦加斯改革运动 …………… 367
| 智利人民阵线的成立 …………… 368
| 埃塞俄比亚抗意民族战争 ……… 368

世界经济危机

| 柯立芝繁荣 ……………………… 368
| 英国"红色星期五" ……………… 368
| 20世纪30年代世界经济大危机 … 369
| 纽约股市"黑色星期四" ………… 369
| 威斯敏斯特法 …………………… 369
| 罗斯福新政 ……………………… 369
| 国会纵火案 ……………………… 369
| 第三帝国 ………………………… 370
| 法西斯党 ………………………… 370
| 纳粹党 …………………………… 370
| 美国废除禁酒令 ………………… 370

第二次世界大战

| 美国中立法 ……………………… 371
| 第二次世界大战的爆发 ………… 371
| 绥靖政策 ………………………… 371
| 苏台德危机 ……………………… 371
| 慕尼黑会议 ……………………… 371
| 《苏德互不侵犯条约》 ………… 372
| 闪电战 …………………………… 372
| 马其诺防线 ……………………… 372
| 东方战线 ………………………… 372
| 苏芬战争 ………………………… 372
| 敦刻尔克大撤退 ………………… 373
| 自由法国运动 …………………… 373
| 维希政府 ………………………… 373
| 德国"海狮计划" ………………… 374
| 不列颠之战 ……………………… 374
| 德意日轴心国集团形成 ………… 374
| 大东亚共荣圈 …………………… 374
| 东条英机 ………………………… 375
| 北非战争 ………………………… 375
| 莫斯科战役 ……………………… 375
| 《大西洋宪章》 ………………… 375
| 丘吉尔 …………………………… 376

偷袭珍珠港……376	三大国际节日……383
太平洋战争……376	美国为什么没有外交部……383
《二十六国华盛顿共同宣言》……377	美国为何没有"元帅"……383
珊瑚海海战……377	科学的创始人……384
中途岛战役……377	世界十大文豪……384
斯大林格勒战役……377	联合国的8任秘书长……384
阿拉曼战役……378	上古、中古、三古……385
库尔斯克战役……378	炎黄子孙……385
《开罗宣言》……378	中国古代史、近代史和现代史的划分…385
德黑兰会议……378	我国主要朝代名称的由来……385
诺曼底登陆……379	历代古都在何处……386
马歇尔……379	中国皇帝之最……386
华沙起义……379	中国最早的货币与纸币……386
雅尔塔会议……379	中国古代帝王称谓……386
波茨坦会议……380	中国最早的教育……387
原子弹摧毁广岛和长崎……380	中国古代军衔……387
日本投降仪式……380	中国古代十大兵书……387
人类历史上的三次能源革命……380	中国四大发明……388
纽伦堡大审判……380	中国古代书籍之最……388
东京审判……381	常见古书的合称……388
	中国古代史学八大家……389
历史知识储备库	中国古典名著的洋名……389
	中国文学家并称集锦……389
世界古代七大奇迹……382	中国历史上的"十圣"……389
世界中古七大奇迹……382	民间四大传说……390
世界四大文明古国……382	中国历史上的四次民族大融合……390
希腊奥林匹斯十二神……382	中国历代名医……390
十字军东征年表……382	历史上不存在的10天……390
一战后德国赔款知多少……382	十八般兵器所指……391
什么是"奇怪战争"……382	中国历史上的四次"焚书"……391
什么是"盖世太保"……383	中国历史上著名的改革……391
"布尔什维克"、"孟什维克"的称谓缘何而来……383	历史上"垂帘听政"……391
三大空想社会主义者……383	诸子百家……391
近代对世界最有影响的犹太名人……383	周朝为何分为西周和东周……391
世界三大宗教……383	为何叫春秋、战国时期……391
哲学的三大传统……383	何谓"五代"、"十国"……392
	"庙号、谥号"缘由……392

"三从四德" …………………………… 392
"九儒十丐"说 ………………………… 392
"连中三元" …………………………… 393
十恶不赦与五刑 ……………………… 393
文房四宝 ……………………………… 393
三宫六院 ……………………………… 393
三教九流 ……………………………… 394
东官三师三少 ………………………… 394
我国古代常识中的"三六九" ………… 394
我国传统文化中的"五" ……………… 394
中国文化史上的"六" ………………… 395
台湾历代的称谓 ……………………… 395
沉鱼、落雁、闭月、羞花指哪四人 …… 395
"八仙过海"有哪八仙 ………………… 396
《二十四史》包括哪些 ………………… 396
何为《二十五史》 ……………………… 396
著名书法家 …………………………… 396
巨著万言 书评一句 ………………… 396
唐代诗人的别称 ……………………… 397
晚清四大小说杂志 …………………… 397
明清时的三部著名科学著作 ………… 397
清朝版图有多大 ……………………… 397
满族的"八旗" ………………………… 397
三宝殿的来历 ………………………… 397
达赖喇嘛、班禅额尔德尼为何意 …… 397
佛教护世四大金刚 …………………… 397
佛教的"四大菩萨" …………………… 397
佛教四谛 ……………………………… 398
三藏、行者、八戒各指何意 ………… 398
中国历史上的不平等条约 …………… 398
国民党的中统和军统 ………………… 398
在抗日战争中的四名著名国际友人 … 398
"革命摇篮"、"革命圣地"、"红色故都"、
　"英雄城"指哪些地方 ……………… 398
我国的民主党派包括哪些 …………… 398
八路军下辖师及各师的领导人 ……… 399
八路军五个纵队 ……………………… 399
抗日战争的游击战术 ………………… 399
中国十大元帅 ………………………… 399
中国人民解放军第一至第四野战军的领
　导人 ………………………………… 399
解放战争中的五大战役 ……………… 399

附　录

历史知识问答 ………………………… 400

史前时期

在中国古代传说中，远古有三个帝王，上古有五个帝王。大都认为，远古的三个帝王是燧人氏、伏羲氏、神农氏；上古的五个帝王是黄帝、颛顼、帝喾、尧帝、舜帝。这一历史时期史称"史前时期"，亦称"传说时期"。

史前时期

盘古氏开天辟地

传说宇宙最初混沌一团，是巨人盘古大斧一挥，劈开了天和地，然后他手撑天、脚踏地，以每天一丈的速度长高，天地的距离也随之越来越远。过了一万八千年，他才轰然倒下。盘古死后，他的身体化作了日月星辰、风雨雷电和草木山川。

女娲抟土造人

传说天神女娲用黄土和泥，照着神的样子捏成人形，造出了最初的人类。后来，女娲甩动蘸上泥浆的藤条，泥点掉落在地上也变成了人，大大加快了造人的速度。她还将人分成男女，教他们配成夫妻，繁衍后代。因此，女娲被尊为人类的始祖。

有巢氏构木为巢

传说有巢氏是巢居的发明者。远古时代，有巢氏教人们在大树枝杈间，构木为巢，让人们居住在树上，躲避猛兽对人类的侵袭。随时间推移，他又教会人们用灌木、木槿的树干（类似藤条，有弹性）编成篱笆，防卫居室。用坚韧结实的野草编织成厚草席帘，覆在屋顶上防风雨。

燧人氏钻燧取火

传说燧人氏是远古时代发明人工取火的人。相传远古人类"茹毛饮血"，伤害肠胃，人们多患疾病。燧人氏教人们钻燧取火，以火烤猎物的骨肉，不仅味美，也易于消化吸收，从此人们不再患腹疾。燧人氏的传说，反映了中国原始时代人类从利用和保存自然火种，进步到人工取火的漫长历史演进过程。

神农氏尝百草

传说古时候人们还不会种植粮食，而且得了病没有药医，生活十分艰苦。后来，部落首领神农氏为了解除百姓的疾苦，亲自品尝了许多种花草，一天之内就曾中毒70次，最后终于找出了各种药用植物和食用植物，人们这才学会了采药治病和播种五谷。这个传说反映了远古时代农业生产的发展情况。

黄帝战蚩尤

黄帝是远古时的部落首领，姓姬，号轩辕。东南方部落首领黄帝召集军队，与蚩尤在涿鹿进行了大决战，最后打败并处死了蚩尤。于是，各部落推选黄帝为首领，黄帝成为华夏民族的始祖。

仓颉造字

传说仓颉是黄帝手下的史官，为了更清楚地记录各种事情，他根据鸟兽在大地上留下的足迹，创造了最早的文字。相传仓颉造字时，天上落下了粟米，鬼神在夜里哭号，这个传说说明文字的出现在历史上是一件惊天地、泣鬼神的壮举。

尧舜禅让

尧和舜都是传说中远古时代的明君。相传尧在位七十年后想禅让帝位，就人选问题征求四岳的意见，四岳一致推举颛顼的后代舜。尧把自己的两个女儿嫁给舜，又让九个儿子和他共处，以便进一步了解他。舜能够使二女恭行妇道，使九男更加敦厚谨敬。尧让舜做各种事情，舜都能办好，于是尧推荐舜代自己主持政事。摄政之后，舜做出了许多重大贡献，得到了百姓的普遍拥戴。尧死三年后，舜就天子之位。这就是尧舜禅让。这个传说反映的是史前时期存在着的事实，属于原始社会民主制度的遗风。

大禹治水

黄河流域经常发生大水灾，居民的生命财产受到极大威胁。尧就命令部落首领鲧去治理洪水。鲧受命后，就筑造堤坝想挡住洪水。结果洪水一来，堤坝都被冲垮了，就这样用了将近九年时间反复筑堤，不仅没有取得成效，反而洪水越来越大，水灾越闹越凶。舜继任部落联盟首领后，以其工作失职杀了鲧，并命鲧的儿子禹去治理洪水。禹汲取了他父亲治水失败的教训，采取了疏导的办法代替筑堤围堵的方法，开渠排水，疏通江河，兴修水利，灌溉农田。大禹受命治水尽职尽责，心怀百姓疾苦，在治水的十三年里，三次经过家门都顾不上进去探望家人。经过多年的努力，大禹终于治服了水患，把洪水引到大海里去。

云南元谋人

中国旧石器时代早期人类化石，又称元谋直立人，简称元谋人。1965年5月，发现于云南元谋县上那蚌村附近，地处元谋盆地的边缘地带。出土的早期人类化石包括两枚左右上内侧门齿，属于同一位成年人个体。元谋猿人生活的年代距今约有170万年，元谋发现的猿人化石、打制石器、炭屑和烧骨，以及动物化石等遗存，表明元谋猿人已经能够使用和制造工具，并通过狩猎劳动获取生存所需的食物，而且还懂得火的使用。

陕西蓝田人

中国旧石器时期早期人类化石，简称蓝田人。蓝田猿人化石出土地点有两处，均位于蓝田县境内。陈家窝蓝田猿人生活年代距今约65万至53万年间。公王岭蓝田猿人生活年代距今约98万至67万年间。蓝田猿人头骨有鲜明的原始性质：头盖骨极为低平，额骨倾斜明显而尚无额窦。眉嵴骨十分粗壮，于眼眶上方形成一条横嵴。头骨骨壁极厚，脑容量估计约为780毫升左右。出土的石制品证明蓝田人已经能够使用多种石质打制工具。与猿人化石一同出土的有40余种哺乳动物化石，内有大熊猫、剑齿象、毛冠鹿、斑鹿、野猪等。由此推知，蓝田猿人所处的自然环境是秦岭北坡温暖较湿润的森林草原地区，从事采集和狩猎劳动。在公王岭出土猿人化石层中，还发现三四处灰烬和灰屑，散布范围不大，可能是蓝田猿人用火的遗迹。

山顶洞人头盖骨

猿人与大自然经过几十万年的艰苦斗争，不断进化。考古发现，在北京周口店龙骨山的山顶洞穴里活动的"山顶洞人"，已经和现代人没有区别。山顶洞人不但能够把石头打制成石斧、石锤，而且还把野兽的骨头磨制成骨针，人们用骨针把兽皮缝成衣服保暖御寒。山顶洞人过着按照血统关系固定下来的群居生活，其中每个成员都来自一位共同的祖先，彼此之间都有血缘关系。这样就形成了最早的社会结构——原始人群，这种原始人群又逐渐演变为氏族公社。

山西丁村人

山西丁村人是中国旧石器时期中期人类化石。1954年在山西襄汾丁村附近，发掘到同属一个少年的门齿二枚，臼齿一枚。齿结构具有原始特征，而齿冠和齿根较北京猿人细小，与现代黄种人已较接近。同时出土有大量石器和伴生动物化石。科学家把丁村人和广东发现的马坝人、湖北发现的长阳人都称作早期智人，生活的年代距今约10万年左右。

氏族社会

氏族公社即以血缘为纽带结成的社会基层单位，亦是社会经济的基本单位。产生于旧石器时代晚期，基本贯穿于新石器时代始终。氏族社会初期，以母系血缘为纽带，即母权制，称母系氏族社会。大约在新石器时代末期，逐渐过渡到以父系血缘为纽带，即父权制，称父系氏族社会。氏族内部生产资料公有，实行集体生产，劳动果实平均分配；公共事务由选举产生的氏族首领管理，遇有氏族内外的重大问题，则由氏族成员会议决定；氏族社会时期实行族外婚制，内部禁止通婚。随着金属工具的使用，社会生产力得到较快的发展，劳动效率提高，又出现剩余的劳动产品，私有制随之产生，导致氏族内部贫富分化，进而演变为对立，阶级逐渐形成，氏族亦随之解体。

母系氏族

原始社会，人们以血缘关系结成了亲族集团——氏族。最先是母系氏族，这一时期，女性在氏族公社中居于主导地位，一个母系氏族公社有一个共同的女祖先。由于全体成员只能确认各自的生母，所以成年的妇女一代一代地成为确定本氏族班辈世系的主体。成年的男子则分散到其他氏族寻求配偶，实行群婚。每个氏族公社内部，存在着按性别和年龄的不稳定分工。壮年男子担任打猎、捕鱼和保护集体安全等需要较大体力的事务，而采集食物、看守住地、烧烤食物、缝制衣物、养老育幼等繁重任务，落在妇女的肩上。她们是氏族公社原始共产制经济的主持者，又对确定氏族的血亲关系起着主导作用。母系氏族公社经历了漫长的发展过程，在全盛时期普遍形成了人口较多、规模较大的长期定居的村落。

父系氏族

母系氏族公社经历了全盛时期，社会生产力的发展日渐加速，男子在农业、畜牧业和手工业等主要的生产部门中逐渐占据主导的地位，于是母权制自然过渡为父权制。父系氏族公社逐渐形成了。从此，以父权为中心的个体家庭成为与氏族对抗的力量，原始社会逐渐趋于解体。男子依靠经济上的优势，在社会生产和生活中占据了统治地位。他们必然要求按照男系计算世系、继承财产，母权制的婚姻秩序被打破了，原来对偶婚制下的从妻而居的传统，为一夫一妻制所取代。在一夫一妻制下，妇女的劳动局限在家庭之内，以家务劳动和家庭副业为主，女子在家庭经济中退居于从属地位。最初，这种小家庭依附于父系大家庭。生产进一步发展后，小家庭便有了更多的独立性和自主性。氏族社会走到了瓦解的边缘。

部落、部落联盟

部落由两个或多个血缘相近的氏族组成。每个部落有自己的活动范围、语言、习俗，也有管理内部事务的机构，到了原始社会末期，生产不断发展，氏族之间不断展开战争，一些部落就联合起来，结成了部落联盟。

半坡遗址

半坡遗址是中国新石器时代仰韶文化聚落遗址，它位于陕西西安市东郊浐河东岸半坡村。半坡聚落所处年代距今约为6300～6800年，处于母系氏族社会的繁荣期。整个遗址平面呈南北稍长、东西稍窄的不规则圆形，分为居住区、氏族墓地、公共窑场三部分。根据居住区的布局和墓地的葬式分析，半坡聚落是一个由母系血缘为纽带而组成的氏族整体。在聚落内部，氏族成员之间的地位是平等的，共同拥有氏族的财产。半坡人生产的陶器主要用于定居后的日常生活，陶质、造型、装饰和焙烧技术，均达到相当成熟的水平。半坡聚落遗址为了解母系氏族社会生活提供了珍贵的实物资料，它也是仰韶文化的一个类型。

仰韶文化

仰韶文化遗址于1921年在河南省渑池县仰韶村首次发现，距今约5000～6000年，属于新石器文化，主要分布于黄河中下游一带，现已发现上百处遗址。仰韶文化的面貌是：经营农业，饲养家畜，烧制陶器，有定居的村落和集中的墓地。出土的红陶器上绘有几何形或动物形花纹，是仰韶文化最明显的特征。

大汶口文化

大汶口文化遗址最早发现于山东泰安市大汶口村。年代约为公元前4300年至公元前2500年，是中国新石器时代晚期的文化典型。大汶口文化的遗存十分丰富。经考古发现有墓葬、房址、窖坑等，墓葬以仰卧伸直葬为主，有普遍随葬獐牙的风习，有的还随葬猪头、猪骨以象征财富。出土生活用具主要有鼎、豆、壶、罐、钵、盘、杯等器皿，分为彩陶、红陶、白陶、灰陶、黑陶几种，特别是彩陶器皿，花纹精细匀称，几何形图案规整。生产工具有磨制精致的石斧、石锛、石凿和磨制骨器，骨针磨制十分精细，体现了极高的制作技术。大汶口文化的发现为山东地区的龙山文化找到了渊源，也是研究父系氏族时期社会状况的重要文化遗存。

河姆渡文化

河姆渡文化发现于浙江余姚的河姆渡镇，它是长江下游以南的一种较早的新石器时代母系氏族文化。河姆渡文化的社会经济是以稻作农业为主，兼营畜牧、采集和渔猎。在河姆渡文化遗址中发现了大量的稻谷、谷壳等遗存，其时间约在7000年以前，还有其他大量动植物的遗存，这证明当时的社会经济已经比较活跃。这一时期人们的居住地已经形成大小各异的村落。在村落遗址中有许多房屋建筑基址，其建筑形式和结构与中原地区和长江中游地区发现的史前房屋有着明显的不同。其生活用器以陶器为主，陶盆上印有稻穗的图案，此外还有少量的木器。

良渚文化

良渚文化发现于浙江余杭良渚镇，是一支中国长江下游地区的新石器文化，距今约5200～4000年，主要分布在环太湖地区。良渚文化在农业、纺织、制玉和制陶等方面都取得了很高的成就。这一时期的农业已经相当发达，并且开辟了养蚕和生产丝织品的新领域。良渚文化的陶器以黑陶为主，三足器十分普遍。墓葬中时常可以见到玉制品随葬，显示出贫富分化的迹象。

红山文化

红山文化遗址主要分布在内蒙古东南部、辽宁西部和河北北部，年代约为公元前4000～公元前3000年。红山文化的居民主要从事农业，还饲养猪、牛、羊等家畜。红山文化的陶器最大特色是外壁刻有一些"之"字形纹和直线纹。此外，玉雕工艺水平也相当高。

龙山文化

龙山文化被发现于山东章丘龙山镇的城子崖，它分布于黄河中下游山东、河南一带，属新石器时代晚期的一种文化，故学术界把以后在此附近发掘得到的同类型遗存统称为龙山文化。龙山文化的石器已很精致，出现了石镰、蚌镰，陶器开始用轮制，畜牧业相当发达。龙山文化经测定其年代约为公元前2800年至前2300年，属父系氏族公社制时期。

黄帝

传说黄帝为中华民族共同的祖先，又称轩辕氏、帝轩氏、有熊氏、归藏氏、帝鸿氏等。相传他是有熊国的君主，本姓公孙，曾居于姬水，所以以姬为姓。后来居于轩辕之丘，因以为名，称轩辕。生活在大约四千多年以前，相传与蚩尤战于涿鹿之野，擒杀了蚩尤；与炎帝战于阪泉（今河北涿鹿东南）之野，打败了炎帝。被诸侯尊为天子，即原始社会末期部落联盟的首领。相传蚕桑、舟车、文字、音律、算数等都是在黄帝时代创造的。

炎帝

炎帝又称赤帝，传说也是中华民族的共同祖先之一。生活在大约四千多年前，居于姜水（即岐水，在今陕西岐山西）。以姜为姓，以火名官，故称炎帝，一说即神农氏。曾与黄帝部落联合，在涿鹿大战蚩尤的九黎族部落。后来，炎帝又与黄帝战于阪泉（今河北涿鹿东南），被打败。炎帝部落与黄帝部落本是近亲，后来又融合到一起，所以，他们被认为是中华民族的共同祖先。

蚩尤

传说是我国上古九黎族部落联盟首领，又相传为炎帝后裔。姜姓，为诸候中最凶暴者，他的部落最早用铜制造兵器。与黄帝战于涿鹿，兵败被杀。

尧

相传为父系氏族公社后期部落联盟首领。上古帝王。帝喾之子，原封于唐，又称唐尧。继挚登帝位，以平阳（今山西临汾西南）为都。设官分职，制定历法。曾命鲧治理洪水。晚年禅位于舜，创禅让之制。

舜

相传为父系氏族公社后期虞部落联盟首领。古代帝王。姚姓，名重华，号有虞氏，又称虞舜。生于妫汭（今山西永济），以孝闻名。他于尧的晚年，代尧摄政，除鲧、共工、驩兜和三苗"四凶"。他于尧死后登位，以蒲坂（今山西永济西）为都。他在年老荐举治理洪水有功的禹为嗣。后南巡，死于苍梧之野（今湖南宁远南），葬于九疑（宁远东南）。

禹

相传为上古帝王，夏朝的奠基者。又称崇禹、戎禹、伯禹、大禹。姒姓，鲧之子。他奉舜命率百姓治理洪水，汲取其父以筑堤坝围堵洪水的失败教训，以疏导方法平水治土，发展农业，历时十三年，三过家门而不入，终于成功，成为中国治水者的圣人。舜晚年，以禅让继位，为夏代第一代君主。传说他大会诸侯于涂山。又东巡狩，至会稽之山（今浙江中部绍兴、嵊州一带），大会诸侯，诛违命后至的防风氏。死后葬于会稽。

三皇五帝

传说中的上古帝王，有许多种说法。"三皇"有说是燧人、伏羲、神农，有说是天皇、地皇、人皇，还有说是伏羲、女娲、神农；"五帝"传说是黄帝、颛顼、帝喾、尧、舜，也有说是太昊、炎帝、黄帝、少昊、颛顼。

最古的乐器：骨笛

1987年在河南舞阳县北的贾湖新石器时代遗址出土一批契刻符号的甲骨，这比以往发现的西安半坡陶器上的刻画符号要早一二千年。同时，还出土了一些骨笛，均系猛禽的骨骼制成。其中一件七孔骨笛，经测试，音阶具备，仍可吹奏出旋律。这是我国发现的最古的乐器，在世界上也是罕见的。

原始社会早期的婚姻：群婚、掠夺婚

原始社会早期的婚姻往往是一群男子或兄弟与另一群女子或姐妹通婚，称为群婚。群婚时同胞的或旁系的兄弟姐妹间通婚是被禁止的。

在某些部落中，男子常常通过抢劫女子来成婚，称为掠夺婚，当然有时在抢劫前已先得女方的默许。

群婚和掠夺婚到原始社会末期，由于私有制的确立而被一夫一妻制的婚姻家庭形式所取代。

母系氏族的婚姻体制：走访婚

走访婚是母系氏族外婚制，通常是指男子和女子在夜间结合，一到白天两人就分开生产和活动。走访婚以女子为主体，子女随母方。走访婚的基础主要是性生活的需要，很不稳定，尤其在青年时期，也缺乏独占和嫉妒心理。

原始社会的图腾崇拜

图腾崇拜曾普遍存在于我国古代和世界各地，在近代某些部落和民族中仍可找到它的踪影。"图腾"（totem）是印第安语的译音，意为"他的亲族"。图腾信仰认为人与某种动植物或非生物有一种特殊的关系，每个氏族都起源于某种图腾，该种图腾是该氏族的源头、保护神，也是该氏族的象征和徽号，并且以各种形式表露出来。

先秦时期

进入夏朝,中国历史告别了漫长的原始社会,进入了奴隶制的时代。约公元前2070年,我国历史上第一个王朝——夏朝建立。从此,就出现了以子承父位为特征的"家天下"制度。

汤把暴君夏桀赶下王位,夏朝灭亡了,中国进入了第二个王朝——商朝。商朝大约延续了550多年,以盘庚迁殷为标志,商朝分为前后两个部分。商的首都一直都在殷,所以历史上也称商为殷朝。

约公元前11世纪,周部落的武王灭商建周,史称西周。西周历时二三百年,并大规模地分封诸侯。

历史上把夏、商、西周统治的时期称为先秦三代。从夏朝的建立,直到西周的灭亡,这段历史又被称为"青铜时代"。

先秦时期

夏 朝

（约公元前2070年~公元前1600年）

夏启即位

在禹晚年的时候，各部落首领一致推举伯益为继承人，但大禹却暗中扶植自己的儿子启。等到禹死后，启凭借权势杀死了继承人伯益，夺取了天下。夏启继位之后，远古的"禅让制"被破坏了，取而代之的是"父传子"、"家天下"的世袭制。这一制度在中国实行了3900多年，直到公元1911年清王朝被推翻为止。

少康中兴

夏启的儿子太康继承王位后，昏庸无能，东夷部落的首领后羿起兵夺取了政权，太康也死在了外地。后来，后羿又被手下寒浞取而代之。太康的孙子少康长大后，在有虞氏的支持下，招抚夏朝的老臣，壮大自己的势力，终于打败了寒浞，恢复了夏朝，史称"少康中兴"。

夏桀亡夏

夏桀是夏朝最后一个君主。他荒淫残暴，不理国事，并且搜刮民脂民膏，尽情享乐，弄得天下百姓苦不堪言、怨声载道。大臣关龙逢曾多次劝谏夏桀，最后却为夏桀所杀。最后夏桀因暴政而亡国。

启

启是中国历史上第一个奴隶制国家夏朝的建立者，或讳称"开"。乃夏王禹之子，传说禹先后定皋陶、伯益为王位继承人。禹死，益避让启，启遂继位为王。从此，世袭制代替了禅让制。启即位后，攻杀了有扈氏，诛杀了武观，巩固了统治地位。

中国最早的历书：《夏小正》

《夏小正》是现存最早的历书。《夏小正》中所用的月份是"夏历"的月份，把一年分为12个月，对每个月的物候、气象、天文、农事、田猎以及相关的农事活动都有比较具体的记载。因为《夏小正》中所记载的历法是与农业生产的季节变化密切相关的，为农民安排各个季节的农事提供了重要依据，所以人们就把夏历也叫做"农历"（俗称阴历），现在我们每年过的春节，就是夏历年的第一天。

商 朝

（约公元前1600年~公元前1046年）

商汤灭夏

商族发展到商汤时，已十分强大。夏朝末期，夏王桀大兴土木，奢侈淫逸，征伐邻国，残杀异己,横征暴敛,怨声四起。商汤于部族内布德施惠、轻赋薄敛、扶困救穷、勤政廉明,周边诸侯都归顺他,百姓也亲附他,他统治时期社会稳固。他又任用伊尹、仲虺为左右相,伊尹为奴隶出身,深知人民疾苦,为相后,又行改革,安定社会。此后商汤入据中原,先击败韦、顾等邦国,后又击败昆吾,并于鸣条(今河南封丘东)与夏军决战。夏桀大败奔溃,南窜于南巢(今安徽巢湖附近)而死,夏朝灭亡。

盘庚迁殷

汤建立商朝,都于亳。商朝因政治动乱和水患等原因,多次迁都。至公元前14世纪,第20代王盘庚将都城自奄(今山东曲阜)迁于殷(今河南安阳小屯村一带),这是第四次迁都。盘庚迁都时对臣民训诰,继续行汤之政,使百姓安定,商朝复兴,故商朝又史称为殷朝、殷商。

伊尹伐辅政

伊尹是成汤的宰相,曾辅佐成汤灭夏建商,治理国家。商汤死后,伊尹又先后辅佐了他的儿子及孙子太甲等多位商王。太甲失德,伊尹就把他囚禁在桐宫,促使他悔过;太甲改过后,伊尹又将他迎回。作为商朝的开国功臣,伊尹受到了后世历代商王的尊崇。

武丁中兴

武丁是商朝的第23帝,是商代后期功业最盛的君主。武丁在位共59年,商朝的政治、经济、文化都得到空前的发展,达到极盛时期,史称"武丁中兴"。武丁是盘庚之弟小乙之子。武丁继位后,先为父守丧三年。亲政后,勤于政事,取得了上层人士的支持。他任用贤才,从普通劳动者中得到贤人傅说,任为国相,还任用甘盘为大臣。武丁以傅说和甘盘二人"接天下之政,治天下之民",力求巩固统治,增强国力。在其统治获得巩固的基础上,武丁对其周围的方国进行了一系列的战争,为商王朝形成"邦畿千里,维民所止,肇域彼四海"的广大疆域奠定了基础。

汤

商族第15代首领,商王朝创立者,名履,又称武汤、成汤、成唐。原为活动在夏朝东边的商部落首领。当时夏朝的君王桀政治腐败,国势衰弱。汤任用贤臣伊尹等执政,积聚力量,图谋灭夏。先经过十一次征战,陆续吞并了周边十余个拥护夏朝的小国,后成为当时的强国。发布征伐夏桀的誓师辞《汤誓》,起兵伐夏。鸣条一战歼灭夏桀大军,灭掉夏朝,建立了商朝。

纣

又称帝辛,商朝的末代君王,历史上有名的暴君。传说他智勇双全,力大无比,能同野兽格斗。他即位时,商王朝已处于分崩离析的局势。他即位后,奢侈腐朽,荒淫无度;对百姓赋税繁重,统治暴虐;对外穷兵黩武,耗尽国力;对不满的大臣横加杀害或囚禁,导致众叛亲离。后因周武王会合各诸候来讨,纣见大势已去,自焚而死。

武丁

武丁是商代后期著名的君王。相传少年时他的父亲让他久劳于外,生活在民间体察民情,

因而深知人民疾苦。即位后能重用傅说、甘盘等贤臣，励精图治，国力渐强。他不断对西北和东南叛乱的少数民族进行征伐，南至江淮，北至河套，西达渭沘，扩展疆土，威震四方。武丁当政59年，是商王朝最为强盛的时期。他在位时间之长，在中国历史上也是很少见的。

盘庚

盘庚是商代后期的贤明君王。盘庚即位时正值商代国势日渐衰落，为摆脱政治困境和避免自然灾害，他从奄（今山东曲阜）迁都至殷（今河南安阳）。自盘庚迁都至殷后，政治稳定，社会生产发展，商代国威日盛，一直至纣灭亡再不迁都。盘庚奠定了商代后期发展的基础。

殷墟

"殷墟"是在河南安阳西北郊小屯村一带发现的商朝后半期的文化遗址。该地在商朝时称为"殷"，从盘庚迁殷到纣亡国，共经历了8代12王，273年时间。中国历史上又称商朝为"殷代"、"殷商"和"殷朝"。商朝被周武王灭亡之后，殷都被废弃，逐渐荒凉，以至变成废墟，年长日久被埋没在地下，后来人们叫它为"殷墟"。从1928年起，这里先后发掘出大量青铜器、玉器、陶器和甲骨（10万多片），还发掘出许多墓葬和宫室遗址。

人祭和人殉

商朝的社会是由贵族、平民和奴隶构成。奴隶处在社会的最底层。据殷商甲骨文和金文记载，奴隶有隶、臣、妾、奚等分别，战俘和宗族灭亡者是奴隶的主要来源。贵族不仅无偿占有奴隶的劳动，而且可以随意地施以杀戮。最为典型的杀戮就是杀人祭祀和活人殉葬。商王和贵族在祭祀天帝、祖先、鬼神和山川河流的时候，除了宰杀猪、牛、羊等牲畜之外，还经常屠杀战俘和奴隶。此外，统治者死后，都要用活人殉葬，少者一两个人，多的有数十人或数百人，他们企图在所谓的"阴间"继续奴役这些奴隶为其服务。人祭和人殉在整个商朝都非常普遍，这反映了奴隶们在当时的悲惨处境。

甲骨文

甲骨文是商、周时期刻在龟甲兽骨上的文字，又叫"契文"、"卜辞"、"龟甲文字"、"殷墟文字"。最早出土于河南安阳小屯村的殷墟，1899年被学者王懿荣首次发现，清末孙诒让著《契文举例》，开始对甲骨文加以解释。1928年后经多次发掘，先后出土达10余万片。这些文字都是商朝利用龟甲兽骨占卜吉凶时写下的卜辞和与占卜有关的记事文字，为盘庚迁殷到纣亡200多年间的遗物，是研究商朝社会历史的重要资料。现已发现的甲骨文单字在4500字左右，可认识的约1700字。

商代的占卜

商代人已经有了初步的宗教观念。他们崇拜上帝、崇拜山川风云等自然物，他们还特别迷信，认为到处都有鬼魂的存在。所以，在日常生活和管理国家事务时，无论大事小事都必须占卜定吉凶。占卜时先烧灼甲骨，再看甲骨上的裂纹，并根据裂纹的走向和排列结构来判断事情的吉凶与成败，并且还要把吉凶情况刻在甲骨上，以备日后查看是否应验。

宗法制度的形成

宗法制是维系宗族组织的一种制度，规

定一个父亲所生的儿子中，确立嫡长子为继承人，有权继承财产，并且历代相传，叫做直系，是族里的大宗；其他各子都是旁系小宗，每宗按照此法又分为大宗和小宗，就这样世代延续，构成一个多级的宗族组织系统，宗法制在商朝只是开端，到西周才发展完成。

司母戊鼎

司母戊鼎是迄今出土的最大的青铜器。1939年在河南安阳武官村出土。该鼎呈长方形，有四足，通高133厘米，长110厘米，重量达875公斤。鼎腹内有铭文"司母戊"三字，说明是商王为祭祀其母戊而作。在三千多年前的商代要铸造这样的庞然大物确非易事，它充分反映了商代铸造业的高度发展水平。

炮烙之刑

商纣王残暴的统治激起了臣民的反抗。为了镇压反抗，纣王与宠妃妲己谋划作炮烙之刑。在铜柱上涂上油脂，放在烈火中烧红，迫使犯人抱柱而上，犯人四肢被烧焦，立刻跌落火中而死。而纣王则以观看行刑为乐。

西 周
（公元前1046年~公元前771年）

武王伐纣

公元前11世纪中期，周武王即位，因商王纣暴虐，遂联合诸部落伐纣。双方在牧野（今河南淇县南）大战，因商王军队中的奴隶和战俘阵前倒戈，引导周军攻入商都。纣王兵败，逃回朝歌，自焚身亡，商朝灭亡。武王建立了周朝。

牧野之战

周武王姬发即位后，拜精通兵法的太公望为师，以其兄弟周公旦和召公奭为太公望的助手，励精图治，加强军备，为讨伐商纣王做好准备。殷纣王此时的暴政已经达到了极点。周武王得知纣已经到了众叛亲离的地步，率领5万精兵，于公元前1046年与八百诸侯在盟津会师，举行誓师大会，共讨纣王。周武王讨纣大军所向披靡，很快就打到距朝歌仅有70里的牧野（今河南淇县南）。牧野之战中，临时拼凑的商军士兵纷纷倒戈，周武王终于灭亡了商朝，建立了周朝。

周公摄政

灭掉商朝的第二年，周武王病死，新君即位，是为周成王。由于成王年幼，武王的弟弟周公旦摄政称王。"摄政"的事引起了内部的争权斗争，管叔和蔡叔也乘机散布流言，煽动叛乱。周公派兵镇压，杀了管叔，放逐了蔡叔，取得了斗争的初步胜利。这时候，武庚见有机可乘，勾结殷东部地区的徐淮夷，包括东夷各族一起反叛，图谋恢复殷商。周公亲自率师东征，攻克殷地，平定了叛乱，稳定了周王朝的统治。为了实现周武王的遗志，周公又在执政五年间以大量殷朝遗民营造洛邑，经过两年时间，建成了东都成周，派成周八师驻守，并把商人强制迁来，以便监视。这里就成了周人控制东方的中心。到了第七年，周公见天下大局安定，便归政于成王，自己留守成周。

成康之治

西周初年，周公以雄才大略平定东方各族的叛乱，建设东都洛邑作为统治天下的中心，同时制礼作乐，以礼乐文明来教化民众，并对继任君王进行教诲，希望他们明德慎罚，励精图治。因此到成王、康王时期，出现天下安定、繁荣昌盛的大好局面。史称"成康之治"。

周昭王南征

周昭王名叫姬瑕，是周康王的儿子。昭王十六年（约公元前985年），他亲率大军南征荆楚，取得了胜利。昭王十九年（约公元前982年），昭王再次南征楚国，结果全军覆没，昭王也死于汉水之滨。南征的失败不仅是周王朝由盛到衰的转折点，也是楚国壮大到可与周王朝抗衡的一个标志。

国人暴动

指西周时国人赶走周厉王的事件。国人又称邦人，指住在都城及其附近的居民，相对于居住在乡村的人而言。周厉王贪财好利，聚敛民财；霸占山林川泽，禁止百姓前往谋生；又禁民言论自由，国人于公元前841年，愤而逐之。这一事件史称"国人暴动"。

共和行政

西周厉王暴虐，于公元前841年被国人驱逐。厉王流亡于彘（今山西霍州东北），由大臣召穆公、周定公主持政事，称为共和行政。一说厉王被逐后由共伯和执政，故称。共和元年为中国历史有确切纪年之始。共和十四年（公元前828年），厉王死，太子静被拥立，是为周宣王，共和行政结束。

宣王中兴

周宣王即位之后，在周定公和召穆公两位大臣的辅佐下，重修了文王、武王、成王、康王时的礼法，整顿内政，外攘四夷，使周王室的统治秩序暂时稳定下来，西周的社会生产稍有复苏，史称"宣王中兴"。

周宣王不籍千亩

随着生产力的不断发展，平民越来越关心私田的收获，而对公田的耕种开始怠惰。"籍"指的就是在井田制的公田里举行的开始耕种的典礼，而"千亩"就是公田。在这种形势下，周宣王不得不取消公田，改为按亩收税，"籍礼"成为多余，最终得以废除，所以有"不籍千亩"之说。这项改革是井田制崩溃的象征。

周幽王烽火戏诸侯

西周的周幽王是一个荒淫昏庸的皇帝，专宠美女褒姒，并因此废了王后申后和太子宜臼，立褒姒为后，将她生的儿子立为太子。为了逗褒姒一笑，周幽王下令点燃了骊山上为召集诸侯勤王而设的烽火，诸侯带兵赶来才发现没有敌寇。后来犬戎果真打来，诸侯看到烽火不再相信，结果周幽王被杀于骊山之下，褒姒也被抓走了。西周从此灭亡。

井田制

井田制是西周时期的土地制度。它是殷商井田制的沿袭和发展。西周实行土地国有，周天子是全国土地的最高所有者。为有效地统治全国，他将土地及生活在土地上的民众分封给各诸侯，史称"授民"、"授土"。诸侯又将分封给自己的土地，封赏给属下。经层层封赏，直至士。井田制即产生于层层"授土"的背景下，但所封土地不准买卖。后人对井田制的解释主要有两种：一为土地形式。即由封地疆域构成土地的方块状，田中又有沟渠、道路，纵横交错而将其分割成整齐的"井"字。二为经营方式，即被"井"字分割的九块方田中，分为公田和私田。居中一块为公田，周围八块皆为私田。私田由庶人（即农奴）耕种，但须先为奴隶主贵族的公田耕种后，才能在私田劳作。实质是对奴隶的盘剥。井田制随着春秋后期土地私有制的出现，逐渐瓦解。

分封制

西周的诸侯在他的封国内，把大部分土地分封给属下的卿大夫作为"采邑"，卿大夫再把"采邑"的土地分封给属下的士作为"食地"。这就是西周的分封制。这一制度自周建国之始就开始施行，但是大规模的分封是在武王克商以后和周公摄政期间。相传周初先后分封了71国，姬姓独占53，其中鲁、卫、晋、齐、燕等诸侯国最为重要。经过分封，西周的疆域比商代大有拓展，各方诸侯都以周天子为天下之主，形成了"封建亲戚，以藩屏周"的统治格局，在此基础上形成的王权相对前朝更为集中，这对巩固统治起到了积极的作用。

周文王

商朝末年周族首领，姓姬，名昌，又称周侯、西伯、姬伯。文王是死后追尊之号。周武王之父。原为商朝诸侯，位居三公，封西伯。他敬老慈少，礼贤下士，因不满商纣王暴政，被拘于羑里。归周后，发展生产，训练军队，势力日益扩大，灭掉周围几个小国，三分天下有其二，为周武王灭商奠定了基础。

周武王

周朝的开国之君。姓姬，名发。文王之子。用太公望、周公旦、毕公高、召公奭等人辅政。当时商纣王暴虐，公元前1045年，周武王遂联合各族诸侯起兵伐纣。公元前1044年，在牧野之战中打败纣的大军，继之又分兵攻克中原各地，灭商后，建立周朝。后世将其作为贤明君主的代表。

周厉王

周厉王是西周的第十代君王，他任用了贵族荣夷公为卿士，推行专利政策，将原本天下共有的山林河湖收归王室专有，引起了平民的不满。周厉王又派人秘密查出私下批评朝政的人，立即杀害。从此，平民再也不敢说话，在路上见到了也只能用眼色示意。

姜太公钓鱼

周朝建立以前，周族出了个著名领袖——周文王。周文王是个很有作为的政治家，他很注意发展农业生产，征收贡赋也有节制，因此受到周国百姓的拥戴。商王朝的统治者纣，很不得人心。文王决心把自己的国家治理好，以便有朝一日推翻商朝。姜尚（字子牙）才华出众，虽满腹治国安邦的才学，却英雄无用武之地，一生贫苦潦倒到了70岁。当他听说周文王广求贤人的消息后，便天天来到渭水边钓鱼，希望有机会见到周文王。果然，有一次文王打猎来到渭水岸边，看见正在钓鱼的姜尚，与他一见如故。从此姜尚辅佐周文王把周国建设得一天比一天强大。周文王病死以后，姜太公继续辅助文王的儿子周武王灭掉了商。

周礼

周代的社会道德规范统称为"礼"，在举行礼仪活动时，常常歌舞相伴。相传西周的礼乐是由周公制定的。周公对以前的礼乐进行了加工和改造，就成为"周礼"。周礼分为五礼：吉礼，用于各种祭祀活动；凶礼，用于丧葬和哀吊各种灾祸；宾礼，用于诸侯朝见天子；军礼，用于军事和相关的领域；嘉礼，用于各种吉庆的活动，包括饮食、婚冠、宴享、贺庆等。在《仪礼》中记载的具体的礼仪，则有士冠礼、士婚礼、乡饮酒礼、燕礼、聘礼、士丧礼等，名目极为繁细。周代的礼乐主要通行于士和士以上的贵族阶层，天子用以约束贵族的行为，明确他们之间的尊卑关系。对于下层人民而言，则以刑罚治之，礼乐是不适用的，所以说"刑不上大夫，礼不下庶人"。

《周易》

《周易》是一部占筮之书，属于宗教神学范畴。在商代晚期的甲骨、铜器和陶器上面，就有了以数字记爻的易卦的出现。这种数字卦就是《周易》的前身。根据文献记载，周文王被囚禁在羑里的时候，曾演64卦，后来周公旦又做过加工。《周易》由文字和符号两部分组成。其文字部分包括卦名、爻名、卦辞、爻辞、用辞。卦名是64个易卦的名称，爻名是每一个卦中6爻各自的名称，卦辞是在64卦的卦名之下的文字，爻辞是384爻的爻名之下的文字。全书的卦辞、爻辞、用辞一共450条，统称为筮辞。其符号部分由64卦的符号和包含于64卦中的384爻的符号构成。整部书的卦序、每一个卦的卦画结构、阴阳卦的观念，以及阴阳爻位的观念，都贯穿着阴阳学说，包含着深邃的哲理。

六艺

六艺是指《诗》《书》《礼》《乐》《易》《春秋》六种儒家经书。其中的《乐》已散佚，其余五部典籍与《论语》《大学》《中庸》《孟子》这四部儒家经典并称为"四书五经"。

世卿世禄制

世卿世禄是周代统治者为笼络亲属、功臣，使他们世代享有特权而实施的制度。西周有许多大贵族世世代代担任卿的高官，世世代代享有周王分封的禄田，这叫做世卿世禄制。如西周初年辅佐周王的周公、召公，其子孙长期在朝廷辅佐周王，为王朝卿士。不过，世袭官职和继承其祖、父的采邑、爵位，均需履行一定的手续，得到周王或其上级的重新册命。

西周的最高长官：太师、太保

太师、太保和掌管册命、记事、历法的太史，同是西周公一级的高官，或称"三公"。西周初期的最高长官有太师、太保。这些官职名称起源于原始氏族社会中的长老，他们以知识经验对嗣位的首领尽引导、监护之责。西周初年太公、周公曾为太师，召公曾为太保。太师、太保同是王室辅佐，出征时都可作为军队统帅，但一般说来，太师偏重武事，太保更重文教。

春秋战国

公元前771年,申侯联合缯、犬戎攻破镐京,杀周幽王。周平王立。周平王迁都洛邑之后,中国历史进入了精彩的东周时代。公元前256年,秦灭东周。有时也将公元前256年至秦统一(公元前221年)划归东周。

以"三家分晋"为界,东周分为春秋和战国两个时期。原依孔丘的《春秋》一书,以公元前722年~公元前481年为春秋时代。现一般以公元前770年~公元前476年为春秋时代。其后,至公元前221年秦统一中国,史称战国时期。因当时秦、齐、楚、燕、韩、赵、魏七国争霸,征战连年,故名战国。

# 春秋战国

春　秋

（约公元前770年～公元前476年）

◎ 周平王东迁

周幽王在位时，西周国势衰落，社会矛盾尖锐，潜伏着政治和经济的诸多危机。但他不思进取，一味贪求淫荡奢靡的生活。他为博美人褒姒一笑，不惜裂帛千匹，以烽火警号戏弄诸侯，政治极其腐败。为满足褒姒的欢心，后立褒姒为后，其子伯服为太子。引起申后、太子宜臼的愤恨。不久，申侯（申后之父）联合缯侯和犬戎，举兵讨伐周幽王。杀幽王于骊山之下，西周灭亡。诸侯和申侯拥立太子宜臼为周天子，是为周平王。然而丰（今陕西长安西南）、镐（今陕西西安）地区遭兵火摧残，已成废墟，且又受戎人威胁，无法再定都于此，平王遂被迫于公元前770年，东迁洛邑（今河南洛阳）。至此，周王朝政治中心东移。周平王重建的周朝，史称东周。

◎ 周郑交质

周平王东迁之后，势力日渐衰弱，不得不依靠诸侯的支持。春秋初年，郑国是诸侯中最强大的国家，郑伯被任命为执掌王政的卿士，且一向专横跋扈。周平王怕郑伯权力过大，就想再委任西虢公为卿士，郑伯质问周平王，平王由于怕郑国的势力便矢口否认，郑伯就胁迫王室与他互换人质。周郑交质这件事表明周王室已经降到与诸侯国同等的地位了。

◎ 春秋五霸

东周末年，先后出现五个大国诸侯，包括齐桓公、宋襄公、晋文公、秦穆公、楚庄王，历史上把他们称作"春秋五霸"。还有一些历史学家认为"春秋五霸"应该是齐桓公、晋文公、楚庄王、吴王阖闾、越王勾践。

◎ 齐鲁长勺之战

公元前684年，齐军攻打鲁国，鲁庄公准备迎战，鲁人曹刿面见庄公，劝其忠信爱民，方可以跟齐国一战。齐、鲁两军在长勺交战，曹刿与鲁庄公同坐一辆兵车，把握战机，一举击溃齐军。鲁庄公问曹刿用的什么战术，曹刿回答说："夫战，勇气也，一鼓作气，再而衰，三而竭，彼竭我盈，故克之。夫大国，难测也，惧有伏焉，吾视其辙乱，望其旗靡，故逐之。"长勺之战因此成为历史上以少胜多、以弱胜强的著名战例。

齐桓公称霸

春秋时期，齐国经济发展较快，先后灭纪、郯等小国，又结盟于郑，势力日盛。周庄王十二年（公元前685年），齐桓公即位，任用管仲进行改革，经济上"按田而税"，采取"相地而衰征，则民不移"政策，又令士、农、工、商者分别居住，令其职业世代相传，以稳定齐国社会结构。齐桓公又行管仲谋略，以"尊王攘夷"为号召，威信大振，为中原诸国所拥戴。周襄王元年（公元前651年），齐桓公约鲁、宋、卫、郑、许、曹等国国君，于葵丘（今河南兰考东）举行盟会，周天子亦派人参加。约定："凡我同盟之人，既盟之后，言归于好"。规定各盟国间，"无曲防，无遏籴，无有封而不告"。史称"葵丘之会"，齐桓公以此成为中原诸侯霸主。遂挟天子以令诸侯，史称"齐桓公称霸"。

管仲拜相

齐桓公即位后，旋即打败鲁国，逼鲁庄公杀了公子纠，献出召忽，召忽殉节自杀。唯独管仲忍辱做了囚犯，被押回国。齐军主帅鲍叔牙是管仲的好友，知道管仲是一个有才干的人，便在路上释放了管仲，并竭力保举管仲为相，齐桓公听从了鲍叔牙的意见，不计前嫌，重用管仲，拜其为相。后来，管仲辅佐齐桓公成就了霸业。

齐桓公伐楚

正当楚国气势逼人，北进称雄之际，作为中原各国盟主的齐国难以容忍，为了对付楚国咄咄逼人的攻势，公元前656年春，齐桓公率领齐及宋、卫、陈、鲁、郑、许、曹诸国联军南下伐楚，直抵楚国边境。楚王派使者与齐桓公交涉，管仲以楚国不向周天子进贡、周昭王南巡之死两大罪状为由。楚使只承认不纳贡之罪，齐桓公面对不屈服的楚使，便答应在召陵与屈完签订盟约修好。由此可以看出齐、楚当时力量相当。

管仲征楚

春秋时期，齐桓公任用管仲为卿，来治国安邦。管仲精明能干，一上台便任用贤良，惩治腐败，大力发展生产。很快，齐国就国富民强，国运昌盛了。齐国一天天强大，征服了许多割据一方的诸侯国，最后只剩下一个实力较强的楚国。它从不顺从齐国的号令，专跟齐国抗衡。齐桓公为了征服楚国，统一华夏，加之在大臣们的纷纷请战下，决定率兵攻打楚国。可是，管仲却坚决反对，他说："齐楚两国兵力相当，如果对楚发动进攻，必定是两败俱伤，而咱们齐国刚刚恢复元气，千万不能轻举妄动，否则将会人财两空。

晋楚城濮之战

公元前634年，鲁国因和曹、卫两国结盟，几度遭到齐国的进攻，便向楚国请求援助。而被迫屈服于楚的宋国转而依附晋国。楚国为了维持自己在中原的优势地位，便出兵攻打齐、宋；晋国以救宋为名，出兵中原。晋文公在公元前632年率军渡过黄河，攻打曹、卫小国，以诱楚军。楚军不为所动，依然全力攻宋。晋文公施用"退避三舍"的妙计，最后双方在城濮展开了一场大规模的车战。楚军在实力上占有优势，但是由于晋军善于"伐谋"、"伐交"，并在战役指导上采取了扬长避短、后发制人的正确方针，最终击败了楚军，雄霸中原。

秦晋崤之战

秦穆公即位后，秦国逐渐强大起来，图谋东进，力图在中原地区建立霸权，但是遇到了晋国的阻挡。公元前628年，秦穆公得知郑、晋两国国君新丧，不听大臣劝阻，执意要越过晋境偷袭郑国。秦派孟明视等率军出袭郑国，次年春越过晋国南境，抵达滑。郑国商人弦高与秦军途中相遇，机警的弦高一面冒充郑国使者犒劳秦军，一面派人回国报警。孟明视以为郑国有备，于是决定返回。晋国派大将先轸率军秘密赶至崤山，并联络当地姜戎埋伏于隘道两侧。秦军在回师途中遭到晋军和姜戎的夹击，身陷隘道，进退不能，全部被歼灭，三位大将被俘。第二年秦穆公亲率大军渡河焚舟要与晋军决战，晋军避而不出。秦穆公到了崤之战的战场，祭奠阵亡的将士，然后回师。

秦穆公称霸西戎

齐桓公和晋文公相继称霸中原之际，西部的秦国也逐渐发展起来。晋文公死后，秦穆公想趁机进占中原，但是与晋国交战几次，始终处于被动地位。秦穆公只好转而向西发展，派兵进攻西戎，先后征服兼并了十四国，开拓了上千里的疆土，成为西戎地区的霸主。

问鼎中原

公元前606年春，楚庄王率军讨伐陆浑之戎，到达洛水，在周朝境内陈兵示威，周定王派大夫王孙满前往慰劳楚庄王。楚庄王问起九鼎的大小轻重，王孙满一番言语，让楚庄王知道周天子在诸侯中还有相当影响，使其不敢轻率攻周。鼎是古代国家权力的象征，楚庄王问鼎，有取代周室之意，"问鼎中原"成语就源于此。后来，秦始皇"泗水取鼎"，取的就是周室之鼎。

鲁国"初税亩"

公元前594年，鲁国正式废除了过去按井田征收赋税的制度，改行"初税亩"，就是不分公田、私田，凡占有土地者均须按亩交纳土地税。对井田之外的私田征税，标志着私田的合法性得到了承认，这是农业税制的一次重要变革。

弭兵之会

这是春秋后期中小诸侯国要求停止争霸战争的会盟。晋、楚两国长期争霸，分别寻找机会，兼并小国，扩张势力。春秋中叶后，晋、楚争霸日趋激烈。楚联秦，晋联齐，南北对峙，旗鼓相当。长江、黄河流域大小诸侯国几乎全部卷入战争，终年争斗，兵连祸结，几无宁日。受害最深者，以郑、宋为甚。崤之战后，晋、楚两国疲于攻战，愿意暂时休战，于是出现了结束大国争霸的弭兵局面。

"弭兵"运动是由受大国争夺之祸最深的宋国发起的，前后共两次。

周简王七年（公元前579年），宋大夫华元约合晋、楚于宋相会，订立盟约，此为第一次弭兵之会；但三年之后，楚乘晋国发生内争之机，撕毁盟约，再度与晋争霸，楚、晋经过一系列战争，晋连败楚国，并侵入齐、秦等大国，国势再度上升。但不久，晋国六卿赵、韩、魏、知、中行、范氏之间，内争再起，无力外顾。这时楚也受制于吴，不思北进。

公元前546年，宋国大夫向戌再次约合晋、楚于宋都，齐、秦、鲁、郑、卫、曹、许、陈、蔡、邾、滕等国也积极参加,举行了14国诸侯共同与会的第二次弭兵之会。虽然这次弭兵会议是以牺牲小国利益来满足晋、楚两国贪欲的,但此后40多年间,晋、楚之间再未发生较大战争,这对恢复和发展社会经济,安定人民生活,是十分有益的。

吴越争霸

春秋中期晋楚争霸时,吴的国力也日渐强大。吴王阖闾采纳楚国逃亡之臣伍子胥的建议,向楚国发动了连续的进攻,五战五胜。公元前496年,越王勾践即位,吴王阖闾攻打越国,结果大败,阖闾受伤而死。其子夫差继位,立志要为父复仇。公元前494年,吴国打败了越国,越国宣告投降。吴国乘胜北上征服中原诸国,俨然以霸主自居。越国降吴以后,越王勾践卧薪尝胆,进行了长期的复仇准备工作。公元前482年,吴国北上会盟,内部空虚,越国乘机大举伐吴,经过近十年的激烈战争,最终打败了吴国,吴王夫差自杀,越国也北上会盟诸侯,号称霸主。吴越争霸已经是春秋争霸的尾声,战国七雄混战的局面即将来临。

管仲

管仲是春秋时齐国的政治家和军事家,辅佐齐桓公首先称霸诸侯。他的主要思想大都体现在《管子》一书中,管仲在政治、经济、哲学等方面都有着杰出的认识,许多思想在今天仍然有着很深的教益。

老子

老子姓李,名耳,字聃,是楚国苦县(在今河南鹿邑东)厉乡曲仁里人,周朝掌管藏书室的史官。他是中国古代著名思想家,道家学派创始人。老子讲修道德,主张谦让隐忍,认为天地初创时的那种万事无形无名的状态最好。他认为"道"是世界的本源,提出"道生一,一生二,二生三,三生万物"的观点。他写的《道德经》具有朴素的辩证法思想。老子的哲学思想在中国思想史上具有重要地位。

孔子

孔子(公元前551~公元前479年),名丘,字仲尼,鲁国陬邑(今山东曲阜)人,春秋末年的思想家、政治家和教育家,儒家学派的创始人。幼年丧父,家中贫困,曾给人放牛。他从小喜爱读书,知识渊博。孔子不到30岁,就已经掌握了"六艺",此外,还掌握了以《诗》《书》《礼》《乐》《易》《春秋》为代表的各种文献资料。他办了一些私塾,提出有教无类的教育方针。传说孔子有弟子三千人,精通"六艺"的七十余人。他的弟子把他平时的言论整理成《论语》,是研究孔子的可靠资料。

扁鹊

扁鹊姓秦,名越人,春秋战国时期勃海鄚州(今河北任丘市)人。精通各种治病的方法,是战国一代的名医,先秦医学的杰出代表。他的妙手回春之术,简直可以和传说中的神医扁鹊媲美,后人就干脆把他叫做扁鹊,秦越人这个本名反而被人们忘却了。

晏婴

晏婴(?~公元前500年),即晏子,字

平仲，春秋时齐国人，辅佐齐灵公、齐庄公和齐景公三世，皆为卿。虽然人长得矮小，但善于辞令，关心民事，节俭力行，尽忠直谏，名显诸侯。现在流传的《晏子春秋》一书，是后人集其行事言论编著而成。

孙武

孙武，字长卿，春秋末期齐国人，孙武在吴国为将，曾以3万军队打败楚国的20万大军，是先秦兵家的始祖，其所著《孙子兵法》在中国军事史上极有影响。

左丘明与《左传》

左丘明，春秋时期鲁国的史学家。相传他是鲁国的史官，与孔子时代相同，人品受到孔子的称赞。他根据《春秋》纪年收集各国的史料，撰成了《春秋左氏传》一书，也称《左传》，此书大大丰富了原书的内容。而且史料详实，艺术性强，成为史学史与文学史上的典范之作。《左传》是中国第一部完整的编年体史书。《左传》起于鲁隐公元年（公元前722年），终于鲁悼公四年（公元前464年），比《春秋》多出十七年，其叙事更至于悼公十四年（公元前454年）。

道家

道家是春秋战国时期最主要的学派之一。道家学派以春秋时期老子关于"道"的学说为理论基础，并以此说明宇宙及社会万象的本质、根源、构成及其变化。道家学说的核心内容，是以老子的"道德自然"为基点，主张人们在思想上遵循"生而不有，为而不恃，长而不宰"、"清静无为"的"道"理；政治上主张"无为而治"、"小国寡民"、"不尚贤，使民不争"；伦理上主张"绝仁弃义"，认为"夫礼者，忠信之薄，而乱之首"；行为上主张顺乎自然、守雌守柔、以柔克刚。由于各自阐发重点的不同，战国时期的道家分化成若干派，其中以庄子学派、杨朱学派、宋尹学派和黄老学派最为著名。道家学派对后世影响极深，并成为中国传统文化的基干之一。

儒家

儒家是春秋末期、战国时期的主要学派之一。其创立者为孔子，他以六艺为法，借助对传统伦理制度的发掘，推进人文精神文明建设，以大同社会为理想目标。学说核心以"仁"、"礼"为两端，反对偏执与极端，主张中庸与义、恕，强调教育的重要性，主张"有教无类"，通过教育使全社会都成为道德高尚的人。据史书记载，孔子有弟子三千，身通六艺（礼、乐、射、御、书、数）的有七十二人。

《论语》

《论语》是孔子和弟子们的互相应答，孔子死后由他的弟子编纂成书。它虽然不是孔子的著作，却是研究孔子及其思想主张的原始资料。《论语》内容广泛，言简意赅，尤其是在治学和教育等方面的观点和主张，至今依然闪耀着智慧的光芒，成为千百年来儒家弟子的必读经典。

《春秋》

我国现存最早的一部编年体史书。为儒

家的重要经典之一。起于鲁隐公元年（公元前722年），讫于鲁哀公十四年（公元前481年），共计242年的历史。该书体例为比事、属辞。所谓比事，一是按年、月、日顺序，把所有史事排列下来；二是讲求史事详略取舍。所谓属辞，即强调用辞要达意。凡所录之事，在用词上要有差别，以表达不同的意义。一部《春秋》仅用1.8万字表述，简练确切，没有浮词，对后世史家撰写史书，曾产生过巨大影响。

《孙子兵法》

《孙子兵法》又叫《孙武兵法》，是中国古代最著名的兵书，也是世界现存最古老的军事理论著作，共13篇。该书总结了春秋末期及以前历史上的战争经验，揭示出一系列带有普遍性的军事规律，如"知己知彼，百战不殆"、"攻其无备，出其不意"等。《孙子兵法》备受国内外人士推崇，被称为"兵经"。8世纪该书传入日本，18世纪又传入欧洲，现有日、法、英、俄、意、阿拉伯等语种的译本传世。

侯马盟书

春秋晚期晋国卿大夫举行盟誓时的誓约文书，1965年，出土于山西侯马晋城遗址东南部的盟誓遗址中。根据盟书的内容分析，侯马盟书是晋定公十五年至二十三年（公元前497～公元前489年）间，晋国世卿赵鞅与卿大夫们为了共同的利益，而以结盟的形式团结一致，打击敌对势力，特举行盟誓时的誓词。侯马盟书的发现，对于揭示春秋、战国之际新旧势力的斗争，对中国古代盟誓制度、古文字以及晋国历史的研究，提供了极重要的文字资料。

礼崩乐坏

春秋时期，随着宗族政治的日趋解体，传统的礼乐制度也难以继续维持，出现了"礼崩乐坏"的局面。在各国的政治斗争中，以下犯上的夺权事件层出不穷，不遵循旧有礼制的现象也经常发生。一些从诸侯手中夺取了政权的卿大夫，不仅僭用诸侯之礼，甚至也僭用天子的礼制。有鉴于此，孔子继周公之后对于礼乐制度进行了再次加工和改造，努力要将社会重新纳入礼乐的规范，但是他的理想并没有实现。历史进入了战国时代，社会变革的加速使传统的礼乐制度被彻底破坏。各国纷纷进行变法运动，法律制度普遍建立，从而取代了礼乐的地位，成为维护新的政治秩序的工具。此时残存的礼乐，已经流于形式，名存实亡了。

退避三舍

公元前632年，楚国围攻宋国，宋向晋求救。晋文公发兵先攻下楚国的盟国卫国和曹国，楚军不得不撤出宋国。但率领楚国主力军的大将子玉却不听从楚王撤军命令，决定要与晋军一争高下。晋国大臣先轸向晋文公献策：一面暗中允许曹、卫复国，以离间曹、卫与楚的联合；一面扣留楚使，以激怒楚军主帅子玉。晋文公——照办，子玉大怒，发兵攻晋，晋军后退，晋文公为了实践昔日答应楚王的承诺，晋楚交战，晋军主动退避三舍之地。晋军退到城濮驻扎下来，子玉又带兵前进，于是，春秋时期最著名的城濮之战，就在晋军退避三舍、楚军步步紧逼之中发生了。

熊掌难熟

宋、楚泓之战，楚军大败宋军，威名大振，当时中原各国除了晋、齐、秦、鲁等国以外，几乎都尊楚成王为共主，楚成王建立起霸业。楚成王的长子商臣和大臣潘崇，一个为逆子，一个为叛臣。公元前626年，两人率亲兵卫士深夜围攻王宫，持剑要杀楚成王。楚成王说，我已命人在烧制熊掌，俟其熟而食之，虽死不恨。潘崇厉声说，熊掌难熟，你想拖延时间以待外救，说罢用束带将楚成王勒死。一代霸主惨死在逆子叛臣手中。

赵氏孤儿

公元前583年，因奸臣诬陷赵同、赵括造反作乱，晋国诛杀赵同、赵括，并将赵氏全族杀戮，并四处搜捕赵氏遗孤赵武。赵家门客程婴与公孙杵臼定计，以程子假冒赵武替死，从而救出赵武，由程婴抚养成人，最终平反昭雪，报了冤仇，赵武当上了大夫，赵氏势力重新恢复。元杂剧《赵氏孤儿》即演此故事。

高山流水遇知音：钟子期与俞伯牙

伯牙是春秋时期著名的弹琴高手。一天，伯牙弹琴，钟子期在旁边听。当琴曲如高山般激昂时，钟子期赞道："弹得真好啊，就像那巍巍群山。"不一会儿，琴声如流水般细缓，钟子期又赞道："弹得真好啊，就像那潺潺流水。"于是，伯牙和子期成为知音。后来，钟子期不幸去世，伯牙万分悲痛，他砸烂了自己心爱的琴，决定从此不再弹琴。

春秋无义战

春秋时期，周王室已经开始衰弱，一些较大的诸侯国开始争霸称雄。这时，齐桓公便乘机提出"尊王攘夷"的口号，经过多年征战，最终成为春秋时期的第一个霸主。齐桓公死后，齐国渐趋衰落，随着晋国的强大，晋文公成为春秋的第二个霸主。楚庄王继位后，北上与中原各国争雄，于公元前597年灭郑，成为春秋第三个霸主。后来，吴王夫差在战胜越国、齐国、晋国后，终于称霸中原。之后越王勾践卧薪尝胆，终于灭掉了吴国，成为春秋最后一个霸主。春秋时代展开的大国争霸战争，其最终目的是为了代替周室并夺取其对各国的勒索权，实际是兼并掠夺战争另一种形式的发展。这就是所谓"春秋无义战"的原因。

古代的伦理教育：七教

春秋战国时期流行的一种伦理教育术语，包括父子、兄弟、夫妇、君臣、长幼、朋友和宾客七个方面的内容。孟子曾将它归纳为"父子有亲，君臣有义，夫妇有别，长幼有序，朋友有信"五项准则。其中兄弟归于长幼，宾客归入朋友。所以也有称"五教"的。此外，孔子也有七教一说，即敬老、尊齿、乐施、亲贤、好德、恶贪与谦让。

春秋时期的名臣

孙叔敖，楚庄王时名臣；晏婴，春秋后期杰出政治家，齐大夫；伍子胥，名员，字子胥，楚大夫伍奢次子；范蠡、文种，越王勾践之左右手，位同他国之左右相。

孔子周游列国

孔子是鲁定公时鲁国的司寇,当时鲁定公沉迷享乐,不理政事,孔子数次劝谏不听,就与弟子们离开了鲁国,开始周游列国。从公元前497年到公元前484年的十几年中,孔子先后访问了六七个国家,极力宣传仁、义、德政和礼制,但是并没有得到当权者的采纳。

战　国

（公元前476年~公元前221年）

三家分晋

春秋后期,新兴势力与旧势力的斗争在晋国激烈展开。韩、赵、魏、知、范、中行氏六家,都是晋的新兴势力。但他们在改革旧体制方面作法各自不同,故六家的发展趋势和结果也各异。如在亩制改革方面,韩、赵、魏三家最彻底,知氏次之。周敬王二十七年（公元前493年）,范氏、中行与郑国等联合,与赵、韩、魏在铁（今河南濮阳附近）交战。赵鞅阵前誓师时宣布:鼓励军功,庶人、工商业者以上可依军功受赐田、赐爵;奴隶身份的臣、隶、圉等,也可依军功获得自由人身份。这一措施,深得民众支持,结果一战击败范氏、中行氏。周贞定王十六年（公元前453年）,韩、赵、魏三家再联合攻灭知氏,分别据有晋之中部、北部和南部地区,成为晋国实际统治者。晋君只保有绛和曲沃两地。周威烈王二十三年（公元前403年）,周王正式承认韩、赵、魏三家为诸侯,晋国名存实亡。至战国周安王二十五年（公元前377年）,韩、赵、魏伐灭晋侯,三分其地,最终完成三家分晋的历史过程。

战国七雄

战国时期的七个大国,即齐、秦、燕、楚、韩、赵、魏。除秦国在函谷关以西,其余六国均在函谷关以东。七国为争夺中原霸权,连年征战争雄,故名。后秦国兼并东方六国,完成统一大业。

李悝变法

战国初期的魏文侯（公元前445~公元前396年在位）是位有作为的君主。他任用李悝（公元前455~公元前395年）为相,在国内推行变法。变法的主要措施有:鼓励农民勤谨耕作,实行"平籴法",实行"食有劳而禄有功",编集《法经》。李悝变法巩固了地主阶级的政权,发展了封建经济,使魏国在战国初期首先强盛起来。

吴起变法

战国初期,楚悼王（公元前401~公元前381年在位）在国内开展变法运动。他任用吴起（？~公元前381年）为令尹,主持变法。吴起变法从政治上和经济上打击了旧有的贵族,推行起来阻力重重。不久楚悼王死去,贵族们群起反攻,吴起伏在悼王的尸体上,诱使贵族的乱箭射中了王尸。按楚法规定,加兵器于王尸者,罪及三族。因此射杀吴起的旧贵族七十余家皆被处以诛三族之刑。

商鞅变法

战国初期,秦国地处西陲,政治、经济、文化落后,被中原诸侯视为戎狄。秦孝公任用商鞅于公元前356年到公元前350年,先后两次推行变法。其主要内容：废除井田制，把土地授予农民，允许自由买卖，从法律上确立了封建的土地私有制；奖耕战、奖军功，制定军功爵制；实行重农抑商政策，限制工商业发展，促进小农经济繁荣，巩固封建经济基础。且规定男子成年必须与父母分居，以利增加赋税收入；实行县制，共建31县，县设令、丞，均由中央委派，掌管全县政务；编制户口，建立什、伍连坐制；统一度量衡。现存的"商鞅量"，就是当时颁行的一件标准量器。商鞅变法加速了秦国的封建化，剥夺了奴隶主贵族的特权，巩固了新兴地主阶级的政权，推动了封建经济的发展，使秦国走上富国强兵的道路。

合纵与连横

战国七雄中，秦国最强大，不断出兵进攻邻近的国家。齐、楚、赵、韩、燕、魏等六国由此提出了"合纵"抗秦的主张，意思是六国联合起来，共同抵抗秦国。因为这六个国家都在秦国以东，纵贯南北叫做"纵"，所以人们把这种联合称为"合纵"。跟"合纵"唱反调的是"连横"。他们说，秦国太强大了，只有依赖秦国，与它联盟，对付其他国家，才能取得胜利。因为秦国位于西方，其他六个国家在东方，从东到西叫做"横"，所以人们把这种主张称为"连横"。当时，鼓吹"合纵连横"最有名的人是苏秦和张仪。

荆轲刺秦王

公元前228年，荆轲奉燕国太子丹之命，带着将军樊于期的人头和割让城池的地图前去刺杀秦王，以解亡国之危。荆轲到了秦国的朝堂上，捧着装了樊于期头颅的木匣上去，献给秦王政。秦王政打开木匣，看里面果然装着樊于期的头颅。于是他又叫荆轲把地图拿来。荆轲把一卷地图慢慢打开，到地图全都打开时，荆轲事先藏在地图里的浸毒匕首就露了出来。荆轲抓起匕首没有刺中，秦王政便往外跑。荆轲追了上来，两个人绕着柱子转起圈来。秦王政的医官急中生智，把手里的药袋向荆轲扔了过去。荆轲一闪身的工夫，秦王政往前一步，拔出宝剑，砍断了荆轲的右腿。这时候，武士一拥而上，杀死了荆轲。

胡服骑射

战国时期，赵国处于北方邻近胡人部落，这些部落和赵国常有小的掠夺战斗。由于胡人都是身穿短衣长裤，骑马射箭，迅速敏捷。赵国军队为步兵和兵车混合编制，官兵都身穿长袍，甲胄笨重，交战中常处于不利地位。鉴于此，赵武灵王于公元前302年开始改革，下令在全国改穿胡人的服装。他的这种做法遇到了当时来自贵族们的巨大阻力。赵武灵王力排众议，在大臣肥义等人的支持下，推行改革。在胡服措施成功之后，赵武灵王接着训练骑兵队伍，练习骑马射箭，同时改变原来的军事装备。经过改革，赵国的国力逐渐强大起来，向北方开辟了上千里的疆域，成为当时的"七雄"之一。

完璧归赵

战国时代赵惠文王得到了楚国的和氏璧。秦昭襄王闻讯后写信给赵王，说要以十五座城池来换璧。当时秦强赵弱，赵王因此担心送去了璧却换不到秦国的城池。蔺相如主动请求带着璧前去换城。他到秦国献出璧后，见秦王没有诚意,不肯交出城池,就设法取回璧,送回了赵国。后人用"完璧归赵"比喻物归原主。

长平之战

公元前262年,秦将白起伐韩,韩上党郡守联赵抗秦。赵孝成王命廉颇率兵进驻长平(今山西高平西北)抵御。双方相持三年之久。公元前260年,赵王中了秦国的反间计,罢免廉颇,以赵括为将。赵括只会纸上谈兵,没有实战经验,盲目出击,被秦军包围。赵军40万人皆降,白起仅将幼弱者240余人放归报信,余皆坑杀。赵国主力丧失殆尽,从此一蹶不振。

邯郸之围

公元前259年,秦国于长平之战后乘胜包围了赵国的都城邯郸,历时两年未能攻下。赵国向诸侯求救,魏王派将军晋鄙率10万大军援赵,但是惧怕秦国的战争威胁而中途不敢前进。公元前257年,魏国的公子信陵君无忌为了救赵,想方设法盗出魏王调兵的虎符,到晋鄙军中假传王命,夺得兵权,挑选了8万精兵,驰援救赵。魏军和邯郸城里的赵军两下夹攻,秦军大败,邯郸之围解除。此次失利对于秦国的实力并没有根本的影响。赵国虽然暂时转危为安,而长平一战损失太大,从此无力与秦国争衡。

田氏伐齐

田氏伐齐是指战国初年齐国大夫田氏夺取政权建立田氏齐国的事件。齐景公时,大夫田桓子以大斗出货,小斗收进,笼络民心,民归之如流。公元前489年,田乞为相,专齐政。公元前476年,田常割齐地自安平(今山东淄博东北)至琅琊(今山东胶南西南)为封邑,

到此时,齐政皆归田氏。公元前386年,周天子立田和为齐侯,列于周室。不久,齐康公卒,姜齐亡,田氏遂有齐国。

毛遂自荐

公元前258年,秦军围攻赵国都城邯郸,赵王派平原君去楚国求救。平原君想带20名门客同行,但少一人,毛遂自荐随行。见到楚王后,平原君与楚王议论良久而无法决断,毛遂不顾个人安危,按剑威胁楚王,正气凛然,直陈利害,迫使楚王当场与平原君歃血为盟,出兵救赵,终于解了赵国之围。

赵括纸上谈兵

赵国名将赵奢之子赵括纸上谈兵,不知变通。其父预言赵国一旦用赵括为将,必定惨败。赵孝成王却听信了秦国间谍的话,起用赵括替代廉颇的将职。赵括一经取代廉颇,改变廉颇的战略,贸然出击,主动与秦军交战。长平一役,身死军败,40万兵士投降了秦军,被秦军几乎全部坑杀。

鸡鸣狗盗之助

公元前299年,齐湣王派孟尝君入秦,但不久,孟尝君却被秦昭王囚禁。他派人向昭王的宠姬求救,宠姬想要孟尝君曾献给昭王的白狐裘,结果一个善于偷盗的门客将狐裘偷出,宠姬果然说服秦王释放了孟尝君。不久,秦王反悔,派兵追击,孟尝君半夜逃到函谷关,按惯例,关门须到鸡鸣之时才能开放。于是一个会学鸡叫的门客学鸡叫,引起众鸡齐鸣,使守关者开启关门,孟尝君才得以逃脱。

孟母三迁

孟子是我国历史上著名的思想家、教育家。他儿时失怙，过着清贫的日子。孟子的母亲靠纺纱织布维持生活。她一心想把孟轲（孟子的名字）抚养成人，可是孟轲十分淘气贪玩。他和村里的孩子们一起上树掏鸟窝，下河摸鱼虾，常常玩得忘记了回家。孟母眼瞅着孟轲和这些淘气的孩子玩耍而耽误了学业，便决定搬家，让孟轲到一个清静的环境里去学习。可是，新搬的地方隔壁是个铁匠铺，孟轲又学着铁匠玩起打铁来了。于是，孟母再次搬家到了郊外的荒野之处，没想到，清明节一到，荒野里一下子来了许多上坟扫墓的人。孟轲又经不起诱惑，偷偷地溜出家门去观看，并且学着大人的样子用小树枝挂纸钱、烧香、磕头。孟母决定第三次搬家。这回她将家搬到了一所学校边上，将儿子送进学校拜师读书。可是枯燥乏味的学习环境使孟轲忍耐不住，逃学了。孟母将儿子拖到织布机旁，拿把剪刀"咔嚓"一下将自己织的布剪断了，说："不肯读书的人将来长大了就和这剪断的布一样，是无用的东西！"孟轲幡然悔悟，明白了母亲多次搬家的良苦用心，从此发愤读书，心无旁骛，终于成为我国历史上著名的大学问家，被世人尊称为孟子。

墨子

墨子（公元前468～公元前376年），名翟，鲁国人，一说是齐国人，中国古代思想家、政治家，是墨家学派创始人。曾担任宋国官职。初习儒术，后自立新说，聚徒讲学，徒属满天下，形成墨家学派，与儒学并称显学。反对诸侯间的战争，提倡"兼爱"、"非攻"、"尚贤"、"节葬"等主张。后人将其学说撰为《墨子》一书。

鲁班

春秋战国之际，鲁国有一位著名的发明家公输般（班），人称鲁班。

据记载，鲁班发明了磨粉用的石磨，还为楚国制造过攻城用的云梯和舟战用的钩钜。他用竹片和木料制成的飞鹊，能连续飞行三天，可谓精巧之至。相传他还为其母亲制造木车马，他母亲端坐车上，由木人驾驭，一去不返，简直胜过当代最节能的汽车。不过，鲁班最大的贡献，据说是改进并发明了后来木工使用的基本工具，所以被尊为木工的祖师爷。

西门豹

西门豹是战国魏文侯时邺城太守。西门豹到任时发现邺城非常凄凉，人口也很少。经询问当地父老得知，是因为河伯娶亲造成的。原来，漳河里的水神叫河伯，他最喜爱年轻的姑娘，每年要娶一个媳妇。不然，河伯就会兴风作浪，发大水把庄稼全冲了。而且，这些都是巫婆勾结里长干的，西门豹用计将巫婆、里长投入河中。从此，谁也不敢再提给河伯娶亲的事了。以前离开邺城的人，都纷纷回来了。

西门豹叫水工测量地势，动员邺城一带的百姓开了十二条水渠，引漳河的水灌溉庄稼。有不少荒地变成了良田，一般的水灾、旱灾可以免除，老百姓安心耕种，收成比以前都好。

孟子

孟子名轲（约公元前372～公元前289年），战国时邹（今山东邹城东南）人。受业于孔子之孙子思门下，曾游学齐、魏、滕、宋等国，一度为齐宣王客卿，因意见不合隐退，居邹潜心治学。着重发挥孔子学说中的"仁政"、"王道"思想，提出"民为贵，社稷次之，君为轻"；认为人性本善，应充分运用教育的力量促进社会文明进步；孟子强调知识分子的独立意识与社会职责，提出"富贵不能淫，贫贱不能移，威武不能屈"的操守准则。被宋儒称为"亚圣"。其论述集于《孟子》一书。

庄子

庄子（约公元前369～公元前286年），名周，字子休，战国时宋国蒙（今河南商丘东北）人，中国古代著名的思想家，道家创始人之一，杰出的散文家。庄子家贫，但拒绝楚威王厚币之聘，终身不仕。继承老子"道法自然"的观点，以道为万物的创造者，主张齐物我、齐大小、齐是非等。反对人为，强调事物的自生自灭，否认有神的主宰，包含了朴素的辩证法因素，对后代思想有很大影响。著有《庄子》。

屈原

屈原（公元前339年～公元前278年）名平，字原，又名正则，字灵均。湖北秭归人，楚国贵族。曾任楚怀王的左徒、三闾大夫。中国历史上第一个爱国诗人。楚怀王被害死，楚国人很气愤，大夫屈原更是怒不可遏，他劝楚顷襄王搜罗人才，远离小人，鼓励将士，操练兵马，为国家和怀王报仇雪耻。楚顷襄王听信谗言，把屈原革了职，放逐到湘南去。屈原投汨罗江自杀。后人为纪念这位爱国大诗人，每年五月初五有吃粽子、赛龙舟等风俗，端午节遂成了我国的传统节日。屈原生前写下了许多优秀的诗篇，如《离骚》《九歌》《天问》《九章》等，其中最有名的是《离骚》。

韩非

韩非（公元前280～公元前233年），战国末期韩国人，法家主要代表，贵族出身，与李斯同拜荀卿为师。得秦王政赏识邀至秦国，受李斯、姚贾陷害于狱中自杀。韩非学说融会商鞅的"法"、申不害的"术"和慎到的"势"，提出法、术、势三者结合，以法为中心的君主集权专制统治理论。韩非是我国先秦时期法家思想的集大成者，为数千年封建专制主义奠定了理论基础，对中国社会产生了重大影响，其著作有《韩非子》。

孙武

齐国乐安（今山东惠民）人。古代军事家。他通晓兵法，著兵法十三篇，伍子胥将他介绍给吴王阖闾。阖闾与他谈论兵法，任为将。孙武率领吴军向西打败了强大的楚国，攻入楚都郢城；向北威慑齐国、晋国。吴国在诸侯国中威名显赫，是孙武的功劳。著有中国最早的兵书《孙子兵法》。

孙膑

战国中期的军事家。生卒年无考，齐国人，是孙武的后代。曾与庞涓共学兵法，庞涓做魏将后，忌其才能，诱之入魏，借故处以膑刑（去掉膝盖骨，故名膑），并将其软禁。后齐国使臣知其贤，设计救孙膑入齐。齐威王任其为军师，与田忌共战庞涓，取得桂陵之战和马陵之战的胜利，并创造了"围魏救赵"和"减灶退兵，诱敌入伏"等著名战例。孙膑继承和发展了孙武的军事思想。传世的主要著述是《孙膑兵法》，是继《孙子兵法》之后，又一部重要的军事理论著作。

《法经》

《法经》是我国第一部封建法典,由战国时期魏文侯相李悝编纂,成书年代大约为公元前407年。全书分《盗法》、《贼法》、《囚法》、《捕法》、《杂法》、《具法》六部分。李悝编定的《法经》,基本汇集了战国时期各国法律建设的已有成果,在我国法制史研究领域具有重要意义。

《甘石星经》

战国时齐国的天文学家甘德写了一本《天文星占》,魏国的天文学家石申写了一本《天文》,后人将他们的著作合二为一,称作《甘石星经》,这是我国历史上最早的一部天文学著作。

这部书中记载了许多重要的天文学成就:天文学家已经掌握了月亮和月食的关系,书中写了日食肯定发生在每月初一或每月的最后一天;书中还记载了木星有卫星,这比意大利人伽利略用望远镜观察到木星有卫星早将近2000年;书中保留了我国历史上最早的星表,就是把测量出来的许多恒星的位置坐标和其他特性都汇集起来。星表中记载了二十八星宿和其他一些恒星,一共有120多颗星的赤道坐标位置,这个星表比欧洲最早的星表要早200年左右。

《黄帝内经》

《黄帝内经》是我国现存的最全面的总结秦汉以前医学成就的医学著作。相传它是黄帝和他的大臣讨论医学而写的一本书,所以称《黄帝内经》。《黄帝内经》大约产生于战国时期,后来经过秦汉医学家的整理、补充、修改,最终形成。《黄帝内经》内容十分丰富,它总结了过去医学理论的成果,为我国传统医学的理论体系奠定了广泛的基础,成为以后中医理论的基本法则。

《楚辞》

《楚辞》是楚人屈原及其门徒宋玉、景差等人所撰,其中尤以屈原的作品艺术成就最高,影响也最大。代表作品有《离骚》、《九歌》、《天问》、《九章》、《招魂》等,其中尤以《离骚》价值最高,是中国古典文学中最长的抒情诗。诗中表现他对国家和人民的一片深情,具有很强的浪漫主义色彩,文情并茂,传唱千古,代表了战国后期文学创作的最高水平。

《战国策》

《战国策》是战国时期各国游说之士计策、谋略及言论的汇编。最初书名纷繁,有《国策》、《事语》、《长书》、《国事》、《短长》等不同称呼。西汉末年,刘向汇集了33篇合订为一书,取名《战国策》。

《吕氏春秋》

《吕氏春秋》又名《吕览》,是战国末年秦相吕不韦集合手下的门客共同编写的。书出众手,各记所闻,因而内容虽以儒、道为主,亦取墨、法、名、农、阴阳等诸家学说,被后人尊为杂家的代表作。全书26卷,共160篇,总结了春秋战国时百家争鸣的成果。语言简洁、生动、形象,其中"刻舟求剑"等寓言脍炙人口,流传至今。

《六经》

《六经》是儒家学派的六种主要典籍，也有称它为六艺的，它们是：《诗》《书》《礼》《乐》《易》《春秋》。这六种典籍都与孔子有直接或间接的关系，其中，《诗》《书》都是经孔子整理、编订的；《礼》后来分为三部，《三礼》都成于孔门弟子；《乐》已亡佚，但《礼记》中的《乐记》得其精髓；《易》是孔子喜欢的书，并曾为之作《传》；《春秋》是孔子据鲁史而编撰的。

墨家

墨家的创始人是墨翟。墨子认为，世界上一切不合理的事情，都源于人与人的不相亲爱，因此提倡"兼爱"，力主"非攻"，认为当时各国之间进行的战争是最不正义的。墨子反对孔子提倡礼乐的主张，认为儒家倡导的那一套礼乐制度纯属劳民伤财，不利于生产和生活，人们应当"非乐"和"节葬"。在治国方面，墨子的主张主要有两点：一是尚贤；二是尚同。一个国家必须要有天子，来统一人们的思想，以防天下混乱。和其他各家的思想相比，墨子的思想是典型的下层庶民的思想。

法家

法家是战国时期诸子百家中重要的思想流派之一，法家的前期代表人物除了商鞅之外，还有李悝、申不害、慎到这三个思想家。法家后期的代表人物主要有两位：韩非和李斯。

名家

名家也称辩者、察士或刑（形）名家，代表人物为惠施与公孙龙。名家又分为两大分派，一派是以惠施为首的合同异派，该派认为事物不论性质上的同异，都可在大同的基础上，不计小异而混合于一。另一派是以公孙龙为代表的离坚白派，该派认为事物的概念可以脱离事物本身而独立，有著名的"白马非马"辩。名家的学术活动，极大地促进了我国逻辑学的发展。

黄老学家

黄老学派是战国时期道家学派的一个分支，代表人物有慎到、田骈、环渊、接子等人。他们以老子天道自然、无为而治的道本体思想为立足点，融合儒家德治思想、法家法治思想，形成一种以清静无为、爱民惠民、刑名法术为核心的新学说体系。该学派奉黄帝为始祖，以老子为近祖，因而被称为黄老学派。

诸子百家

从春秋末年到战国时期，是中国社会由奴隶社会向封建社会过渡的时期，从政治到经济都发生了剧烈的变化。这种变化带来了学术思想的空前活跃，不同阶级、不同阶层的各个学派，展开了激烈的论争，形成了百家争鸣的局面。所谓"诸子百家"，又叫"先秦诸子"，"子"是古代对男子的美称或尊称，"诸子"指各学派的代表人物，著名的有儒家、道家、阴阳家、法家、名家、墨家、纵横家、杂家等。其中以儒（创始人是孔子）、墨（创始人是墨翟）、道、法四家影响最大。

先秦诸子散文

在百家争鸣的时代里，各家各派竞相著

书立说，宣扬自己的观点，由此带来了春秋战国时期诸子散文的繁荣。其发展过程可以分为三个阶段：一为春秋末年到战国初年，代表作品为《论语》(语录体)、《老子》(格言体)、《墨子》(专论体)；二为战国中期，代表作品为《孟子》和《庄子》，其中《庄子》是诸子散文中成就最高的代表之作；三为战国末期，以《荀子》和《韩非子》为代表，《荀子》一书，引物连类，设喻说理，已经从语录体和对话体发展成为颇具体系的专题论文。先秦诸子散文是中国散文史上的黄金时期，对后世文学的发展影响至深。

先秦历史散文

早在西周时期，周王室和各诸侯国已经有了自己的国史。到了春秋战国时期，历史散文的创作繁荣起来。《左传》《国语》和《战国策》就是其中的代表，其中《战国策》的文学成就极高。它以人物的活动为中心来记载史实，策士之间的相互辩难极尽夸张，铺张扬厉，而他们对于形势的判断和利弊的分析，周密准确，深刻入理。先秦历史散文的创作，表现出文学性不断增强、史学的严格性有所削弱的特征。

都江堰

都江堰是我国古代著名的水利工程之一。原名"都安堰"，因在古都安县境内而得名。宋、元后改称都江堰，在今四川都江堰市西北岷江中游。岷江发源于岷山，水量充沛，水患不断。秦昭襄王时，蜀郡守李冰父子治理岷江，从根本上免除了水灾之患，又开发了航运和灌溉，成都平原从此沃野千里，人畜兴旺。

郑国渠

为了削弱秦国的国力，韩国派水利专家郑国到秦国，劝说秦王兴修大型水利工程，想借此分散秦国的精力。后来秦王发觉中计，想杀郑国。郑国坦然地说，修凿此渠或许能让韩国苟延残喘几年，但对于秦国则是百年受益。秦王觉得有理，便让郑国继续主持工程。经过十几年的努力，三百里长的郑国渠终于建成，关中果然因此成为一片沃土。发达的农业成为后来秦王统一中国的有力的物质保障。

战国四公子

孟尝君，齐公子，田婴子，名文，字孟，封于尝邑，故号孟尝君。任魏相，曾支持齐、燕、韩、赵、魏五国攻秦，受到苏秦的称赞。还曾联合燕、赵攻齐。

信陵君（？～公元前243年），魏公子。安釐王之弟，封于信陵，称信陵君，连横抗秦之著名人士，有食客三千人。

平原君，赵公子，赵惠文王之弟，名赵胜，封于东武城，号平原君，养士三千人。

春申君（？～公元前238年），名黄歇。其先祖受封于黄，其后乃以黄为姓。楚公子，为楚相二十余年。"虽名相国，其实王也。"有门客三千人。

战国五大刺客

荆轲（？～公元前227年）战国末年刺客。卫国人。燕国的太子丹想寻找能刺杀秦王政的人，就把荆轲请来，奉为上宾。结果，没有成功，荆轲和秦舞阳，都死在了武士们的刀下。

曹沫，又叫曹刿，他在齐桓公和鲁庄公于柯（今山东东阿）会盟时，持匕首劫持齐桓公，强迫他归还侵占鲁国的土地，齐桓公被迫同意。

专诸，公元前515年，他用藏在鱼腹中的匕首刺死了吴王僚，帮助吴公子光（即阖闾）夺取了王位。

豫让，本为晋国大夫知伯的卫士。知伯被赵襄子杀死后，他先后两次化装刺杀赵襄子，企图为知伯报仇，但都未成功。后被捕。

聂政，于公元前397年帮韩国大夫严遂刺死了与之争权夺利的相国侠累，他也自刎而死。

哈雷彗星最早的记载

中国古代对彗星的观测历史悠久，并有详细记录，对于像哈雷彗星这种大彗星的出现，则更加注意。《春秋》一书中记录了哈雷彗星出现的情景，这是世界上最早的关于哈雷彗星的记载。在这以后，直到1910年，哈雷彗星曾经回归34次，中国的史书上记录31次。这些不间断的记录对现代研究哈雷彗星的轨迹变化提供了宝贵资料。

二十八宿图

二十八宿图是我国古代天文图，于曾侯乙墓中发现，用漆绘于一只自铭为"匫"的木质衣箱盖子上。盖面以黑漆打底，中心篆书一象征北斗的"斗"字，四周环书着二十八宿星名，左右两端用红漆绘以白虎、青龙，其位置与古文献所载四象划分大体一致。这是我国迄今发现的记有二十八宿全部名称，并与北斗、四象相配的最早天文实物资料。

曾侯乙编钟

曾侯乙墓发掘出土了大批古乐器，共有编钟、编磬、鼓、瑟、琴、笙、排箫、篪8种124件，成为中外音乐史上的一大奇观。其中对中国音乐史研究贡献最大的是全套打击乐器编钟。曾侯乙编钟有64枚，另有楚惠王赠的钟1枚，共计65枚，编成8组，出土时悬挂在三层铜木结构的曲尺形钟架上。每件钟上都有关于乐律的铭文。整套编钟的音阶结构与现今国际上通用的C大调七声音阶属同一音列，音域宽广，从最低音到最高音，跨越了5个八度。它的发现弥补了古代乐律记载方面的不足，从而推翻了"中国的七声音阶来自欧洲"的传统说法。

"重农抑商"思想

"重农抑商"是贯穿我国整个封建专制时代的重要思想政策，它萌发于春秋，成熟于战国，延及以后历代，它是中央专制集权政治的配套措施。其"重农"之农，包括小农及以小农为基础的农业经济，目的是稳定国家兵源、财源（赋税）与社会经济基础；其"抑商"之商，指的是商品经济与资本市场，在抑制商人资本对破产小农的盘剥、兼并的表层下，包含有防止政权对立面或异己力量出现的根本目的。

书法的起源

中国书法起源于春秋末期。当时传统文字的艺术化现象开始出现，为求视觉上的美观，原有笔画开始被加上圆点、波折或鸟形装饰等，成为后世被称为"鸟篆"、"虫篆"或"缪篆"的起源。进入战国后，除了广泛应用的草篆，连同重要礼器上的铭文，都一改春秋之前的工整与刻板，普遍都进行了美化处理。

秦 汉

公元前221年，嬴政统一六国，建立了中国历史上第一个中央集权的统一的多民族国家——秦朝。公元前209年，陈胜、吴广率领农民起义。公元前206年，刘邦率起义军推翻秦朝。

继秦之后，公元前206年汉高祖刘邦建立西汉，公元25年汉光武帝刘秀相继建立东汉，统称汉朝。西汉又称前汉，建都长安(今陕西西安)。汉初休养生息，行政制度大体沿袭秦朝，社会经济得到迅速发展。武帝时国力最强，开通"丝绸之路"，中国的先进文明对东西方一些国家产生重大影响。武帝之后，社会矛盾尖锐。公元8年，外戚王莽废孺子婴，代汉自立，西汉灭亡。东汉又称后汉。东汉前期政治相对稳定，出现过"光武中兴"和"明章之治"。自和帝以后，皇帝多幼年即位，外戚与宦官轮流把持朝政，政治腐败。184年爆发黄巾起义，东汉政权名存实亡。196年，曹操迎汉献帝迁都于许(今河南许昌东)，挟天子以令诸侯。220年曹丕废汉献帝自立，东汉灭亡。

秦汉时期建立和完善了封建专制主义中央集权制，开创了一系列政治经济制度，社会经济、文化科技有了较大发展。

秦 汉

秦 朝
（公元前221年~公元前206年）

秦灭六国

秦王嬴政亲政之后，凭借强大的国力，平定内乱，加强集权，并开始了统一天下的进程。从公元前230年消灭韩国开始，到公元前221年灭亡齐国结束，秦国在短短十年间结束了近500年的割据混战局面，完成了统一大业，建立起中国历史上第一个中央集权的统一国家。

蒙恬出击匈奴

公元前215年，秦始皇命大将蒙恬率领30万大军向北出击匈奴。第二年，秦军将匈奴击退了七百里，夺取了黄河南边的大片地区。秦始皇就在当地设置了九原郡，派获罪被贬的犯人去戍守。当时蒙恬驻守上郡（今陕西榆林南），匈奴头领单于只好率众北迁。

焚书坑儒

"焚书"和"坑儒"是秦始皇为加强思想控制而制造的两起重大事件。公元前213年，秦统治集团内部围绕分封问题发生激烈争论。秦始皇采纳丞相李斯建议，禁止私学，发布焚书令。所焚之书包括秦统一前的列国史记和民间所藏的《诗》《书》、百家语，秦国史记、博士官所藏的图书和民间所藏医药、卜筮和种树等技艺之书，则不在焚烧之列。同时宣布，有敢再谈论《诗》《书》者处死，以古非今者灭族。次年，又因方士卢生等在背后讥刺秦始皇滥用刑罚。秦始皇下令追究，受到株连的400余名儒生均被活埋于咸阳。焚书坑儒体现了秦政的暴虐，给中国古代思想文化的发展造成极大损失。

沙丘之变

秦始皇于公元前210年夏开始了第五次出巡，也是他一生中最后一次，途中在沙丘（今河北平乡东北）病逝。他死前留下玺书，让太子扶苏继承帝位。二公子胡亥的同党赵高与丞相李斯密谋，擅自篡改了遗令，立二公子胡亥为太子，并将扶苏和大将蒙恬赐死。他们载着秦始皇的灵柩若无其事地往回走，回到咸阳才正式发丧，胡亥继位，为秦二世。

赵高篡权

赵高乃秦二世胡亥的亲信，因帮胡亥篡夺帝位，深得秦二世宠信。不久便当上了丞相，被封为武安侯，大权独揽。赵高怕大臣向皇帝揭发他的恶行，就一面陷害和他作对的大臣，一面劝二世深居禁宫，不见臣民，从而一手独揽朝政大权。

陈胜、吴广起义

公元前209年七月，朝廷征发河南境内的贫苦农民900人到渔阳屯戍。适逢大雨，他们滞留在了大泽乡，不能如期赶到渔阳戍地，按秦法"失期当斩"。为了死中求生，这一群农民在陈胜、吴广的领导下，在大泽乡举行起义，这是中国历史上第一次大规模的农民起义。陈胜、吴广率领起义军，首先攻下了大泽乡和蕲县，接着向西北挺进，到达陈的时候，已经是一支拥有战车六七百乘、骑兵千余人、步兵数万人的强大队伍。起义军在这里建立了政权，国号张楚，陈胜自立为张楚王，吴广为假王。在他们的影响之下，许多郡县的农民杀掉当地的守令，响应起义，声势一度十分浩大。后来起义被秦将章邯所镇压。

巨鹿之战

指秦朝末年，反秦义军击溃秦军主力的战役。陈胜、吴广牺牲后，项梁立楚怀王之孙为王，仍称楚怀王。公元前208年，秦将章邯率兵围巨鹿（今河北平乡县西南），楚怀王命宋义、项羽等率反秦义军援救，途中项羽杀宋义代之。次年，项羽率全军渡漳河，命士卒带三日粮，破釜沉舟，以决一死战。与秦军九战，大破之，遂解巨鹿之围，迫使章邯投降。秦军主力丧失殆尽，有力地支援了刘邦进军关中，推翻秦朝。巨鹿之战是中国古代战争史上以少胜多的著名战例。

楚汉战争

指刘邦和项羽争夺封建统治权所进行的战争。公元前206年，秦王朝被推翻后，项羽自立为西楚霸王，都彭城（今徐州），划地分封诸侯王，刘邦被封为汉王。后刘邦乘项羽征讨齐地之机，决策东向，占据关中，并迅速占领西楚根据地彭城。项羽回师反击，大败刘邦。刘邦经过休整，联络各地反对项羽的力量，与项羽在荥阳、成皋一带相持，又派韩信攻占魏、赵、燕、齐等地。项羽腹背受敌，遂于公元前203年与刘邦约以鸿沟为界，东属楚，西属汉。次年，刘邦乘项羽撤兵，全力追击，并约韩信、彭越合围。项羽败退至垓下，不久自杀于乌江，楚汉战争结束。刘邦称帝，建立汉朝。

西楚霸王

公元前206年，项羽打败秦军后便攻入咸阳，自恃功高，要主宰天下。一方面把楚怀王远徙江南，同时以"灭秦定天下者"自诩，自封为西楚霸王，定都彭城，又以霸主身份，分封了十八位诸侯王，其中封刘邦为汉王，管辖边远的巴、蜀、汉三郡。

垓下之围

公元前202年，刘邦在与项羽几年的交战中已占据明显优势。刘邦调集韩信、彭越的大军合攻项羽，将十万楚军包围在垓下（今安徽灵璧）。项羽在半夜听到四面汉军中传出楚歌声，以为汉军攻占了楚地，就率领八百骑兵突围。到乌江边时，他不肯渡江逃命，便在江边自刎了。

秦始皇

公元前221年，秦王嬴政统一六国，结束了近500年的割据混乱局面，建立了第一个统一的封建王朝——秦朝。为了显示自己"德兼三皇，功过五帝"的尊严，他决定去掉王号，兼采传说中三皇五帝的名称，改称"皇帝"，宣布自己是这个国家的第一个皇帝——始皇帝，子孙称二世、三世，以至万世，代代承袭，传之无穷。为了使皇权具备神圣不可侵犯的威严，他宣布取消了帝王死后依据其行为评定谥号的制度，认为这是"子议父，臣议君"。他规定，皇帝自称为"朕"，颁布的文告称作"制"或"诏"，并且拟定了一套相应的尊君抑臣的朝仪和文书制度。绝对皇权的树立，是封建专制主义中央集权的政治制度最为重要的一环。秦始皇所开创的皇权制度，在中国历史上一直延续了两千多年。

赵高

赵高（？~公元前207年）秦朝宦官。因通于狱法，任中车府令。后兼行符玺令事。秦始皇死后，与丞相李斯通谋，假传诏书令扶苏自杀，立始皇次子胡亥为帝。秦二世即位后，自任中郎令，居中用事。指使二世诛戮宗室大臣。公元前209年陈胜、吴广起义后，诬害李斯，自为中丞相。又指鹿为马，凡不顺从者即借故杀害。公元前207年派人逼迫二世自杀，更立公子婴。旋为子婴所杀，夷三族。

李斯

李斯（？~公元前208年）战国末年楚上蔡（今河南上蔡西南）人，著名政治家和文学家。少为郡吏，曾师从荀卿。后入秦，初为秦相吕不韦舍人，旋为客卿。公元前237年上书谏逐客，为秦王采纳。又为秦王兼并六国出谋划策。秦统一后，奉命与丞相王绾等共议帝号制度，后任丞相。反对分封子弟，主张禁私学，废《诗》《书》等。又以小篆为标准，作《仓颉篇》，规范文字。始皇帝死后，与赵高矫诏迫扶苏自杀，立胡亥为帝。秦末农民起义爆发后，劝二世强化君权。后被赵高诬为谋反，具五刑，腰斩于咸阳市，夷三族。

泰山封禅

最早有历史记载的封禅活动是从秦始皇开始的。封禅是一种祭祀性的礼仪活动，"封"是在泰山上堆土为坛，祭祀天神；"禅"是在泰山下扫去一片净土，祭祀土神。帝王登封泰山是国家鼎盛和天下太平的象征，皇帝本人也因此声威卓著，成为"奉天承运"的真龙天子。秦始皇以后，秦二世、汉武帝、汉光武帝、汉章帝、汉安帝、隋文帝、唐高宗、唐玄宗、宋真宗、清圣祖、清高宗等帝王都曾到泰山登封告祭、刻石记功。

中央官制的设置：三公九卿

三公九卿是秦汉时期的中央官制。秦始皇始置。秦汉时三公为：丞相，辅佐皇帝处理全国政务；太尉，国家最高军事长官，掌管全国军队；御史大夫，为最高监察长官，掌图籍章奏，监察百官。三公之间不相统属，互相制约，皆听命自皇帝。三公之下又设九卿：奉常，掌宗庙礼仪；郎中令，掌宫廷警卫；太仆，掌管宫廷车马；卫尉，掌皇宫保卫；典客，处理少数民族及外交事务；廷尉，负责司法；治粟内史，掌全国财政税收；宗正，管理皇族亲族内部事务；少府，掌全国山河湖海税收和手工业制造，以供皇室需要。此外，还有掌管宫廷修建工程的将作少府等。三公九卿均由皇帝任免，不能世袭。

秦始皇统一货币、文字和度量衡

秦朝统一后，就规定黄金为上币，每二十两为一镒；铜钱为下币，统一使用半两钱，确立了当时世界上较为先进的币制，而以前各国的货币都被废止。秦始皇还规定以秦小篆为标准文字，废除各国不标准的文字。此外，秦对全国的度量衡也做出了统一规定。

修筑长城

为了防御匈奴人南下，从公元前214年起，秦始皇下令在原秦、赵、燕三国长城的基础上，修建起新的万里长城。秦长城西起临洮，东至辽东，花费了十余年时间，耗费了无数人力物力。长城是当时世界上最巨大的工程，对保障内地人民的生产和生活起到了重要作用。

骊山陵与阿房宫

秦王嬴政即位之初，就开始在骊山北麓营造自己的陵墓。统一六国以后，他又征发70多万人继续修建骊山陵。骊山陵规模宏大，坟高50余丈，墓中用了大量的铜、水银和黄金等贵重物品装饰。皇陵东侧随葬的兵马俑坑总面积为20780平方米，有各种陶俑和陶马8000余件。

除了修建陵墓，秦始皇还为自己修建豪华的宫殿。在兼并六国的过程中，他下令仿照各国宫殿的样式，在咸阳照样建造。灭掉六国以后，他又在渭河南岸上林苑修建朝宫，仅前殿阿房宫，其规模"东西五百步，南北五十丈，上可坐万人，下可以建五丈旗"，周围还有四通八达的阁道通向离宫别馆。这些规模浩大的工程，消耗了大量的人力物力，激起了人民的反抗，加速了秦的灭亡。

灵渠

秦始皇派兵征服南越的时候，为了运输军粮，又下令开凿运河，沟通了湘水和漓水，也就是连通了长江与珠江两大水系，这条运河就是灵渠。灵渠建成后，随即成为联络中原与岭南的水上通道，发挥了重要的历史作用。

指鹿为马

公元前208年，赵高掌握了朝政大权，利用秦二世胡亥杀死丞相李斯，自己当上了丞相。从此，赵高更加野心勃勃，妄图篡夺皇位。

赵高做了丞相，把持着朝廷大权，专横跋扈。一次，赵高趁胡亥正在上朝时，牵着一头鹿来到殿上，故意对胡亥说："皇上，臣献给你一匹好马。"胡亥一见笑着说："你错了，这是一头鹿，怎说是一匹马呢。"赵高把脸一沉，然后奸笑了一声说道："皇上，这是一匹马，不信你问左右群臣！"在场的亲信都一致说是马。这时，群臣中也有几个官员实在忍不住了，纷纷指责赵高丧心病狂、颠倒黑白的行为，他们说："这明明是一头鹿，怎么故意说成是一匹马呢？！"可是，退朝后，这几个说鹿的官员，一个个都被赵高杀害了。从此以后，朝廷中再也没有人敢说实话了。

暗度陈仓

刘邦受封后，为了麻痹项羽，在去往封地的途中烧毁了栈道。公元前206年四月，刘邦发兵北上，袭击替项羽监视自己的雍王章邯。韩信假意派人修复栈道，却另派一路人马暗中攻下陈仓（今陕西宝鸡）。这便是成语"暗度陈仓"的由来。

霸王别姬

公元前202年，项羽被刘邦大军包围在垓下，兵少粮尽。夜间，汉军唱起楚地之歌，项羽在帐中闻四面楚歌声，知道大势已去，在帐中饮酒，慷慨悲歌。虞姬听罢项羽的悲歌，和唱道"汉兵已略地，四面楚歌声。大王意气尽，贱妾何聊生。"唱罢挥剑自刎。

孟姜女万里寻夫

传说秦始皇下令修造长城，强征数十万工役，孟姜女之夫万喜良也被强征。后孟姜女万里寻夫至咸阳，不料万喜良已死；孟姜女便在长城脚下哭吊夫婿，长城亦为之崩塌。秦始皇见到孟姜女后，欲迫其为妃。孟姜女佯装答应，等到将万喜良礼葬后，自尽殉夫。

西 汉

（公元前206年~公元25年）

汉初休养生息

汉初，由于秦末的连年战乱，使社会生产遭到极大的破坏。农民流离失所，人口锐减，市场混乱，物价奇高，国家府库空虚，财政困难；加上异姓王对中央政权的威胁及北方匈奴对边境安宁的威胁。针对这种形势，刘邦君臣在铲除了异姓诸王、稳定边疆之后，把恢复农业生产、稳定社会生产生活秩序作为国家的首要任务，采取了一些重要的措施：兵士罢归家乡，免除一段时间的徭役；在战乱中聚保山泽的人各归本土，恢复故爵和田宅；由于饥荒自卖为奴婢的人，一律还为庶人；抑制商人，限制他们对农民土地的兼并；减轻田租，十五税一。这些政策的实行，使封建经济逐步得以恢复，汉初政权逐步地稳固下来了。

白登之围

公元前200年，匈奴首领冒顿举兵南下，与叛汉的韩王信联兵围困晋阳。刘邦亲自率兵迎击，被匈奴骑兵包围在平城白登山达七天七夜之久，后来陈平用计买通了冒顿身边的人，汉军才得以从匈奴的包围圈中脱身。刘邦鉴于汉朝国力虚弱，一时没有力量再去征服匈奴，就采纳娄敬的建议，与匈奴和亲，每年馈赠絮缯酒食等礼物给匈奴，并且开放汉与匈奴之间的关市。汉与匈奴的关系暂时缓和下来了。

吕后称制

刘邦死后，太子刘盈继位，是为惠帝。吕雉控制了朝政大权。她心如毒蝎，先是密谋诛杀诸将未果，后来又毒死赵王如意，害死赵王母亲，刘邦的宠姬戚夫人，对其他刘氏诸王大加迫害。惠帝不满吕后所为，忧郁病死，吕后临朝执政八年。她继续推行休养生息的政策，减田租，奖励农耕，放宽对商人的限制，又废除了一批严苛的刑律，这些措施促进了当时社会生产的发展。

七国之乱

公元前154年，吴王刘濞联络楚、赵、胶西、胶东、济南、菑川等六个刘姓诸侯国国王发动的叛乱。叛乱的口号是"诛晁错、清君侧"，目的则是想推翻汉景帝的统治。叛乱很快就被大尉周亚夫、大将军窦婴率兵镇压下去。吴王刘濞兵败被诛，其他叛王均畏罪自杀。

文景之治

西汉文帝、景帝在位期间（公元前179～公元前141年）推行轻徭薄赋、减省刑罚等一系列休养生息的政策，社会矛盾相对缓和，社会经济得到迅速恢复和发展，被后世史家誉为盛世，称"文景之治"。但在此期间，外有匈奴骚扰，内有诸侯王叛乱，仍有许多不稳定因素。

张骞出使西域

公元前138年，为了联合大月氏共同对付匈奴，汉武帝委派张骞为特使，率100多人的使团出使西域。但是，张骞的使团出了阳关不久，便被匈奴抓了起来。张骞被关押了10年之久，他终于找准机会逃了出去，到了大宛国，然后再从大宛到了康居国，最后历经艰辛到达了大月氏国。可是，大月氏已不想再与匈奴作战了。张骞只得再从大月氏国来到大夏国（今阿富汗）。在大夏国，张骞了解到了许多地理知识和世界各国的情况。从大夏返回时，张骞从昆仑山北麓穿越新疆、甘肃，终于回到了长安。

张骞出使西域，虽然没有达到联合大月氏的目的，却打通了一条通往西域的通商之路。汉武帝对此十分高兴，封他为"博望侯"。公元前119年，张骞第二次出使西域。这次，张骞率领庞大的马队，带了中国的丝绸、茶叶等特产，从西域各国换回了毛毯、貂皮、骆驼，以及葡萄、黄瓜、芝麻等商品。在通商的同时，中国与西域之间的文化也得到了交流。张骞开拓的从长安到西域各国的通商之路成了联系东西方文化的要道，人们将它称作"丝绸之路"。

景帝削藩

七王之乱被平定下去后，景帝便加速了削藩的进程，将王国境内的名山大川一律收归国有，诸侯王不准再自行治理国家、任免官吏，历来享有的政治特权大部分都被削夺。至此，王国终于与郡一样受到中央的直接控制。

罢黜百家，独尊儒术

指汉武帝采取的思想文化统治政策。汉武帝初年，随着社会经济的发展和国力的增强，汉初所奉行的黄老学说已不适应封建专制主义中央集权国家的需要，因而被儒家的春秋大一统思想、神化皇权的政治理论和以仁义为核心的伦理所取代。公元前140年，董仲舒的对策和丞相卫绾的奏请都建议罢黜百家，独尊儒术。汉武帝采纳了他们的建议，并于公元前135年任命好儒术的田蚡为相，延请文学儒者以百数。自此通晓儒家经典成为做官的主要途径。武帝所尊崇的儒家也逐渐吸取法家、道家、阴阳家等有利于加强君权的思想成分，此后，历代封建统治者均将其奉为正统。

卫青、霍去病远征匈奴

公元前127年，卫青率军驱逐匈奴，收复了河套以南的地区。公元前121年，霍去病两次出击匈奴，阻隔了匈奴与西羌的联系。两年后，卫青与霍去病率领数十万大军深入漠北，分两路合击匈奴,取得了重大胜利,基本解除了匈奴对汉北部边境的威胁。

推恩令

自从汉景帝削藩之后,西汉诸侯王的势力虽受到沉重打击,但与中央的矛盾并没有彻底解决。公元前127年,汉武帝采纳主父偃的建议,颁行推恩令,允许诸侯王将封地进一步分封给子弟。这样一来,诸侯王的子弟人人欣喜,王国封地也越来越小,势力越来越弱了。

养老令

西汉汉文帝时,有养老令,规定八十岁以上的老人,每月赐米一斤,肉二十斤,酒五斗;九十岁以上,又加赐帛二匹,絮三斤。养老令还对这些养老措施的落实,作了具体的安排,有执行者,有监督者。但是,犯过重罪,或有罪待决的犯人不在此列。

太学

公元前124年,汉武帝创建了太学,标志着我国封建官立大学制度的确立。汉朝掌管文化教育的官员为太常,总负责太学的管理。皇帝也亲自到太学视察。太学的教授称博士,主要职责是教授学生。太学的学生称博士弟子,东汉时简称"太学生",通常是太学直接挑选,各地方官员也可以选送条件优秀的人才。从西汉一直到清朝,太学(有时叫国子学)一直都是国家的最高学府。

刺史制度

西汉中期,为了加强中央对郡国的管理,汉武帝在元封五年(公元前106年)把全国除了三辅(京兆、左冯翊、右扶风)、三河(河南、河内、河东)和弘农以外的地区分成了十三个州部:冀州、青州、兖州、徐州、扬州、荆州、豫州、益州、凉州、幽州、并州、交趾、朔方。中央在每个州设立刺史一名,专职监察地方。刺史没有固定的治所,每年八月巡视所辖区域,考察吏治、奖惩官吏、决断冤狱。刺史当时在国家的官制中地位并不高,但是在地方时代表中央,可以监察二千石和王国相,也可以监督诸侯王,刺史权责虽重,但并不直接处理地方行政事务。刺史制度的确立,加强了中央对于地方的监控。

苏武牧羊

汉武帝太初四年(公元前101)冬,匈奴单于死,其弟被立为单于,为了与西汉搞好关系,他送回了以往扣留的汉朝使节。第二年,汉武帝为回报匈奴善意,派中郎将苏武等人出使匈奴,送还扣留在汉朝的匈奴使者,并厚馈单于财物。苏武等到达匈奴后,原降匈奴的汉人虞常等人与张胜密谋,欲劫持单于母亲阏氏归汉。事情败露后,苏武不愿受辱,自杀未成。单于非常敬重他,派汉朝的降臣卫律劝降,苏武不为所动。单于将他流放到边远的北海去放羊。公元前85年,匈奴新单于即位,派遣使者与汉朝重修旧好。公元前81年,匈奴释放苏武,苏武被扣留匈奴19年,对边疆少数民族的风俗习惯十分熟悉,回长安后被任为典属国,专掌少数民族事务。

巫蛊之祸

汉武帝征和二年(公元前91年),武帝大兴"巫蛊之祸",太子被杀。

所谓巫蛊，是指巫师利用邪毒之术，设法诅咒人的统称。武帝晚年迷信神仙、巫师和方士，为求通达，他们纷纷聚集在京城寻求机遇。他们求得到武帝赏识的途径之一，就是与宫中后妃结交。后妃之间本来彼此嫉妒，此时便利用巫蛊，相互诅咒攻讦。随后，她们又向武帝彼此告发对方诅咒皇帝。武帝大怒，后宫及大臣被杀者，共计有数百人。

征辟制、察举制

征辟制，即二千石以上的高官，可以直接征召一些人才到自己的官衙里做属僚。察举制，是由地方州郡以"贤良"、"孝廉"、"秀才"等名目，选拔德才兼备者举荐给朝廷，经国家考核合格后，授予官职。征辟、察举制，对士家大族集团的形成起重要作用，后来被九品中正制取代。

盐铁官营

西汉初期，盐铁由私人经营，国家只是设官收税。到了汉武帝年间，连年征战加上财政严重危机，武帝就采纳了大农丞的建议，将盐铁收归国家专营，在全国盐铁产区分设盐铁官，负责盐铁的制造与发卖。这一措施增加了西汉政府财政收入，但也导致了官营盐铁质次价高等弊病的出现。

霍光废立汉帝

汉武帝死后，继位的汉昭帝年仅7岁，大司马大将军霍光受遗诏主持朝政。公元前74年，昭帝去世，没有留下子嗣，霍光与群臣商议后，立了昌邑王刘贺为帝。可刘贺即位后行为放荡，霍光又联合群臣请太后下诏，废了刘贺，另立武帝曾孙刘询为帝，是为汉宣帝。

昭宣中兴

汉昭帝在位期间，曾多次下诏减免赋税徭役，社会生产得到了恢复和发展。宣帝即位后，继续奉行与民休息的政策，政治清明，经济繁荣。公元前53年，匈奴呼韩邪单于归顺汉朝，汉朝的声威震于海内，出现了武帝以后的"中兴"局面。史称"昭宣中兴"。

西域都护府

汉宣帝神爵二年（公元前60年），汉朝在西域设置都护府，行使对西域的全面管理。

这一年九月，匈奴日逐王率其众投降汉朝，骑都尉郑吉率西域诸国5万人迎之。汉朝封日逐王为归德侯。郑吉在西域，破车师、降日逐，威震西域，遂并护车师以西北道，因此号称都护。郑吉在乌垒城（今新疆轮台）设置都护府，督察乌孙、康居等36国，使汉朝的号令更好地在西域得到执行。

昭君出塞

公元前33年，匈奴呼韩邪单于来到长安觐见汉元帝。提出了和亲的请求，元帝准其要求，把宫女王昭君以公主的礼节嫁给了呼韩邪单于。昭君出塞后，匈奴与汉朝长期和平相处，汉匈民族间政治、经济、文化的联系有所发展，边境安宁，百姓也得以安居乐业。

王莽篡位

汉元帝死后，太后王政君临朝掌权，王氏子弟显赫一时。公元前1年，汉哀帝死，王政君的侄子王莽被拜为大司马大将军，拥立9岁的汉平帝即位。此后，王莽开始结党营私，铲除异己,为篡权做准备。5年,王莽毒死汉平帝,另立2岁的孺子刘婴为帝,并自称"摄皇帝",行使一切大权。8年,王莽废掉了孺子婴,自立为帝,改国号为"新",并开始了托古改制。

王莽改制

8年,王莽自立为帝后,为了解决当时尖锐的社会矛盾,王莽进行了一些托名古制的改革措施。9年,王莽下令天下的土地一律改称王田,天下奴婢,一律改称私属,都不许买卖,各家土地超出规定的,要把地分给九族或邻里;无田的人家按照一夫百亩的标准受田;违抗不遵者流放。第二年,王莽又下诏实行五均六筦,在全国的大都市设立五均官管理市场,并由国家经营盐、铁、酒、铸钱,五均赊贷等五业,不许私人经营。政治制度方面,王莽也大加变更。王莽的改制,并没有解决西汉末年的社会危机,反而引发了更大的社会动荡。

绿林、赤眉起义

天凤四年(17年),荆州一带发生严重饥荒,新市人王匡、王凤聚众起义,他们隐蔽在绿林山中,因而被称为"绿林军"。几个月的时间,绿林军就发展到七八千人。后来,在人心思汉的情况下,绿林军在宛城南面的淯水上拥立刘玄为皇帝,恢复汉的国号,年号"更始"。更始三年(25年),刘秀即皇帝位,改元建武,东汉开始。

绿林起义的第二年(18年),琅琊人樊崇率众在莒县起义。樊崇作战勇敢,青、徐各地的起义部队都归顺他。参加这支起义军的都是为饥饿所迫的农民。他们为了在作战时与敌人相区别,就把眉毛涂红,所以称作"赤眉军"。赤眉军多方转战,后来西攻长安,起义在建武三年(27年)春宣告失败。这两次农民起义打击了封建统治,推翻了王莽政权,但最终还是充当了改朝换代的铺路石。

昆阳大战

昆阳大战是历史上著名的以少胜多的战例之一。绿林起义建立了更始政权后,篡汉自立的王莽派司徒王寻、大司空王邑征调州郡兵42万,号称百万,对绿林军进行镇压。公元23年六月,王莽军队直逼昆阳,把绿林军八九千人围于城内,水泄不通。刘秀力主起义主力坚守昆阳,他自己率领13骑突出重围,调发郾城、定陵营兵数千人驰援昆阳,冲破王莽军队的包围圈,击杀王寻,使王莽大军陷入了一片混乱,城中守军乘机出击,里应外合,敌军大败。王莽的主力被消灭。昆阳大战后,绿林军逼近长安,长安城内发生暴动,王莽被杀,新朝灭亡。

刘秀起兵

22年,南阳的豪族刘寅、刘秀兄弟为了恢复汉室,率领七八千人发动起义。后来他们与绿林军联合作战,屡次大败王莽军,更始帝刘玄怕刘寅功高震主,就找个借口把他杀了。23年,更始帝迁都洛阳,刘秀被派到河北,开始发展自己的势力。两年后,刘秀统一了河北,正式称帝,开始建立东汉王朝。

刘邦

刘邦(公元前256~公元前195年),字季,沛郡丰邑(今江苏丰县)人,西汉王朝的建立者,即汉高祖。公元前202年,刘邦战胜项羽后即皇帝位,国号"汉",史称"西汉"。先定都洛阳,后回到长安。在位期间,继承秦制,实行中央集权制度,推行"重本抑末"政策。以秦律为根据,制定《汉律》九章,还实行"与民休息",发展农业,打击商贾等措施。

萧何

萧何(?～公元前193年),沛(今属江苏)人,西汉初年的政治家,西汉开国元勋,第一任丞相。秦朝时,任县主吏,公元前209年随刘邦起兵反秦。义军攻克咸阳时,立即接收丞相御史所藏律令图书,使刘邦俱知天下地理山川形势户口。劝刘邦接受项羽分封,以待时机。楚汉战争时任丞相,留守关中。举荐韩信为大将军,制定规章制度,保障军队供给。刘邦称帝后,以功高位次第一。受命作律九章。公元前196年,定计助吕后诛淮阴侯韩信,封相国。汉高祖死后,复事惠帝。封为酂侯。

韩信

韩信(?～公元前196年),淮阴(今江苏淮阴市)人。西汉将领,著名军事家。早年家贫,常靠人施舍,曾受胯下之辱。公元前208年,参加项羽反秦武装,不受重用,遂亡楚归汉。得萧何力荐,拜为大将军。建议刘邦决策东向,以图天下。先后定魏、击代、伐赵、降燕、破齐,善以少胜多,战功卓著。公元前202年封齐王,刘邦称帝后,改封楚王。公元前200年,被诬谋反为刘邦诱捕,贬为淮阴侯。公元前196年,被吕后设计斩于长乐宫。

张良

张良(?～公元前186年),字子房,相传为韩国城父(今安徽亳县东南)人。西汉初期名臣。祖与父相继为韩王相。秦灭韩后,他图谋恢复韩国。为报仇,结交刺客,在博浪沙(今河南原阳县)谋杀秦始皇,未成。

秦末农民战争中,张良聚众起兵,归附项梁,后归附刘邦,成为刘邦的重要谋士。所提建议,多被刘邦采纳,为西汉建国立下功劳。汉政权建立后,刘邦封张良为留侯。

张良与萧何、韩信合称"汉初三杰"。

贾谊

贾谊(公元前200～公元前168年),世称贾太傅、贾长沙、贾生,西汉初期著名政论家、文学家。汉文帝时,力主改革,著有《过秦论》三篇,结果遭到朝廷中权臣的排挤,最后被贬长沙,改任梁怀王太傅。被贬途中,贾谊渡湘水时写下了著名的《吊屈原赋》以自喻。三年后,梁怀王坠马而亡,贾谊忧愤而死,年仅33岁。

卫青

卫青乃河东平阳人,字仲卿。建元二年(公元前139年),因其同母异父的姐姐卫子夫得幸武帝,始以卫为姓,入宫当差。不久被武帝升为建章监、侍中,迁太中大夫。卫青一生七次与匈奴作战,屡次给予匈奴以沉重打击,后与霍去病并为大司马。

李广

李广(?～公元前119年),西汉名将,是陇西成纪(今甘肃静宁西南)人,能骑善射,武艺高强。汉文帝十四年(公元前166年)应征入伍,参加抗击匈奴的战争。景帝时,李广担任陇西都尉,不久又调任骑郎将。吴、楚等七国发动叛乱时，李广跟随周亚夫平定叛乱。在昌邑之战中，李广冲入敌营，拔掉敌军的帅旗，从此名声大振。李广曾在边境的许多地区担任过太守，经常打击匈奴的侵扰。李广每到一地，都以和匈奴奋力拼杀出名，人称"飞将军"。他的战略战术更让匈奴谈虎色变。

武帝即位后，把李广从上郡太守的任上调往京师，担任未央宫的警卫。后又派他去抗击匈奴，中计被俘，后逃回落为平民。公元前128年，李广被重新起用为右北平太守。李广的箭法百发百中，传说能射入石头中，所以，李广任太守后，匈奴人怕李广，再也不敢侵扰右北平了。

霍去病

西汉武帝时期著名的战将，卫青的外甥，年仅20岁就率军深入匈奴腹地，以秋风扫落叶之势大破敌军，打通了河西走廊，虽然仅活了二十四岁，但随机运谋的指挥艺术，安邦定边的赫赫战功，"匈奴未灭，何以家为"的报国豪情却传为千古美谈。

王昭君

王昭君，名嫱，汉元帝时以"良家子"（西汉时，医、巫、商贾、百工之外家世清白的平民子女的身份称谓）选入宫中。养在深宫，未得一幸。后匈奴呼韩邪单于求与汉朝和亲，昭君自请嫁呼韩邪为妻，称宁胡阏氏。生一男，为匈奴右日逐王。呼韩邪死，昭君又嫁与继位单于（呼韩邪长子），生二女。

董仲舒

董仲舒（公元前179~公元前104年），西汉哲学家，儒学大师。提出三纲五常封建伦理，著有《春秋繁露》及《董子文集》。

《春秋繁露》数十篇，今传本一般认为系魏晋南北朝时人辑录改编而成。全书以阐发《春秋》大义为名，糅合儒家和阴阳家的学说，形成了一整套有关宇宙、历史、国家、社会和人性的理论。

司马迁与《史记》

司马迁（约公元前145~公元前87年），字子长，夏阳（今陕西韩城）人。公元前108年被任命为太史令，古代著名史学家、文学家、思想家，中国古代史学奠基人。《史记》从传说中的黄帝时代开始写起，一直写到汉武帝太始二年（公元前95年）为止，汇编成130篇，52万字的历史巨著。《史记》在我国史学史、文学史上都占有很重要的地位。

《太初历》

《太初历》是中国古代有文字记载的第一部完整的历法。它在中国历史上第一次科学测定出135个月的日食周期，以及五大行星的会合周期。根据这部新历法，汉朝中止了沿用秦朝的以每年十月为岁首的计年方法，而以每年正月为一岁之始，这正与夏历相合。在易服色方面，根据五行相复的学说，决定汉朝尚黄色。与此相应的，还有礼仪制度等多方面的改变。

《淮南子》

汉武帝时，淮南王刘安及其门客集体编撰了《淮南子》一书，又名《淮南鸿烈》。此书分"内篇"、"外篇"和"中篇"。此书以道家学说为主，多采阴阳五行学说，并有关于神仙和炼金术等多方面的内容。

《盐铁论》

《盐铁论》是研究西汉中期历史的重要材料。武帝死后，昭帝下诏召集郡国举荐的贤良文学，在京师举行会议，询问民间疾苦，对武帝时所实行的盐铁官营和均输、平准等经济措施，以及其他为政得失展开全面辩论。宣帝时，桓宽对当时以桑弘羊为一方，以贤良文学为另一方的辩论记录加以整理补充，撰成《盐铁论》。

《公羊传》

《公羊传》即《春秋公羊传》，或名《公羊春秋》，是专门阐释《春秋》的儒学经典。战国时已流传，成于西汉初年，写定者为景帝时的公羊寿和胡母生，而非战国时的公羊高。此书着重发挥《春秋》的"微言大义"，颇适于用作议论政治的工具。

《方言》

《方言》是我国最早的方言学著作，西汉扬雄著，全名为《輶轩使者绝代语释别国方言》，或为《扬子方言》等，其体例模仿《尔雅》，分类编集各地方言同义词语，一名一物皆详述其地域言语之异同，大略反映了汉代及先秦不同方言的分布情况。

《七略》

西汉刘歆在其父刘向《别录》的基础上，整理编辑国家藏书，分为辑略、六艺略、诸子略、诗赋略、兵书略、数术略和方技略，因名《七略》。其中，辑略为编辑凡例，并述各略图书源流；其余六略分类著录各种图书。《七略》是我国最早的综合性图书分类目录。原书已散佚。

屯田

汉代的屯田，或招募贫民，或利用士兵和罪犯，实行民屯与军屯。民屯即向边境移民垦荒。武帝时，曾一次性迁移关东贫民七十二万五千余人充实边疆，由政府供给衣食，贷给产业，进行农业生产。武帝还曾以戍守边境的六十万军人实行大规模军屯。武帝以后，无论民屯、军屯都继续进行，但规模不大。

丝绸之路

丝绸之路大致可分为两条。一条为陆上丝绸之路，形成于西汉时期，即自长安西行，穿河西走廊，出玉门关、阳关，越葱岭，至中、西亚地区；另一条为海上丝绸之路，形成于宋代。时因陆上丝绸之路为西夏所断，宋朝遂经海上与西亚、阿拉伯地区，以及南亚、东南亚等地区的诸国进行联系与交往，而形成了联系中外海上交通的"丝绸之路"。两条丝绸之路在中国古代历史上，对促进中外经济、文化的交流，增进中外各国人民之间的相互了解和友谊，发挥了极重要的作用。

汉初三杰

汉初三杰是指张良、萧何、韩信。正是由于他们的全力辅佐，刘邦才能击败强大的"西楚霸王"项羽，建立西汉。刘邦当上皇帝后，曾这样说："出谋划策，决胜千里，我比不上张良；治理国家，安抚百姓，筹集粮饷，我比不上萧何；率领百万大军，战必胜，攻必克，我比不上韩信。这三个人都是绝顶聪明的人，我能够重用他们，这就是我得天下的原因。"

萧规曹随

西汉初期著名的丞相萧何病死后，汉惠帝就遵照萧何的遗言，任命曹参为丞相。曹参做了丞相之后，一切都按照萧何已经制定的规章制度办事，什么也不变动。汉惠帝看到曹参这副样子，认为他不尽心尽力，是摆老资格，瞧不起自己，心里很不高兴。曹参知道这个情况后，来到皇宫里向惠帝请罪，然后说："请问陛下，您认为自己和高祖谁更英明？"汉惠帝说："那还用说，我怎么能比得上高祖。"曹参又问："那么，我和萧何相比，谁更能干？"汉惠帝微微笑了笑，说："你好像不如萧何丞相。"曹参说："陛下您说的真对。既然高祖和萧丞相平定了天下，建立了汉朝，又给我们制定了一套章程，我们只要按照他们的规定去办，不失职就可以了。"汉惠帝这才明白了曹参的用意。历史上把这件事称为"萧规曹随"。

三纲五常

三纲五常是汉代政治道德、社会道德、家庭道德以及个人道德的总概括。所谓三纲，强调的是天道，君臣、父子、夫妇关系都要符合君为臣纲、父为子纲、夫为妻纲的天道。所谓五常，即仁、义、礼、智、信。

谶纬之学

西汉末年，风行谶纬的思想。谶是以诡语托为天命的预言，其实质属于以阴阳五行为骨架的天人感应论的范畴。纬与"经"相对，是托名孔子以诡语解经的书。为了经学神学化和神化现实统治者的需要，纬书中引用和编造了大量的谶言，这种经学神学化的产物——纬书就称为"谶纬"。东汉初年，谶纬主要有81篇，有的解经，有的述史，绝大部分都是宣扬神灵怪异的荒诞言论。汉光武帝刘秀建国以后，把谶纬作为一种重要的统治工具。建初四年（79年），汉章帝大会群儒于白虎观讨论经义，由班固写成《白虎通德论》。与会的今文经学、古文经学和谶纬神学的代表们求同存异，在三纲五常的基础上实现了经学与谶纬神学的结合。

西汉烽火台

西汉初，北方匈奴多次南犯。武帝为消除北方边患，在主动出击匈奴的同时，大规模重筑长城、复缮秦长城、增筑河西长城和塞外列城。汉长城的总长度约1万公里，是中国古代最长的长城。烽火台，遇险报警，平时传信，紧急时烽烟传千里，为汉朝统治西域三十六国作出了不可磨灭的贡献。

东 汉
（公元25年~公元220年）

光武中兴

刘秀称帝之后，便镇压和收编各地的农民起义队伍，削平割据势力，经过近十年的奋战，统一了全国。为了巩固统治，缓和社会矛盾，光武帝多次下令释放奴婢和禁止残害奴婢，减轻赋税，精简地方机构，惩治贪官污吏。

刘秀在位期间，政局渐趋稳定，经济状况明显好转，史称"光武中兴"。

班超出使西域

73年开始，东汉班超曾奉命多次出使西域，并联络各国对抗匈奴。到91年为止，他成功地驱逐了北匈奴的势力，收服了鄯善、于阗、龟兹、姑墨等西域诸国，被封为西域都护。94年，西域地区的50多个国家都臣服于汉朝。

投笔从戎

"投笔从戎"的典故出在西域名将班超身上，意即弃文从武，放下笔杆参军。班超因为家境贫寒，为了维持生计，给官府做些抄抄写写的工作。有一天，他把笔往桌上一丢，感叹地说："大丈夫如果做不出别的大事业，也应该像张骞那样到边疆去为国家创业立功啊！怎么能安闲地和笔砚打一辈子交道呢？"班超感叹之日，也正是东汉初军中急需用人之时。汉明帝招募勇士，班超真的"投笔从戎"了，被任命为假司马。窦固派他带兵进攻伊吾，他与呼衍王战于蒲类海旁，"多斩首虏"，大获全胜，因而受到窦固的赏识。

佛教传入中国

西汉哀帝元寿元年（公元前2年），博士弟子景卢受大月氏王使伊存口授佛经。东汉时，汉明帝派遣使者到大月氏抄写佛经四十二章，这就是所谓的《四十二章经》。佛教传入中国以后，最早的信徒多是帝王贵族，当时的人们把佛当作一种祠祀，近乎于神仙方术，并且把佛教的教义理解为清静无为、省欲去奢，

人们往往将佛与老子并祭。东汉桓帝、灵帝时期，僧人安世高、支娄迦谶相继来到中国，在洛阳翻译佛经，规模较大。193年，丹阳人笮融大规模修造佛寺和塑造佛像，并且用免除徭役的办法来招揽佛教信徒。这是中国佛教造像和大规模招致信徒的开始。

东汉外戚、宦官之争

东汉的皇帝从汉和帝开始都是幼年即位。和帝即位的时候只有10岁，殇帝即位的时候还不到半周岁，安帝即位时13岁，顺帝11岁即位，冲帝即位时两岁，质帝8岁即位，桓帝即位时15岁。管理国家大事一般由他们的母亲皇太后临朝听政，处理政事。外戚指的就是皇帝的母族、妻族，也就是太后、皇后的亲戚们。这在历史上就叫"外戚专权"。年幼的皇帝长大后，想把权力从外戚的手中夺回来，就依靠身边最亲近的宦官打击外戚。宦官指的是宫中伺候皇帝及其后妃的人。宦官得到皇帝的信任，同样把持朝政，拿皇帝当傀儡。外戚利用皇帝对宦官的不满，卷土重来。这样东汉就出现了持续不断的外戚与宦官争权夺利的斗争。

十常侍专权

汉灵帝时专权的宦官集团，人称"十常侍"，其首领是张让和赵忠，他们玩弄小皇帝于股掌之上，以至于灵帝称"张常侍是我父，赵常侍是我母"。十常侍自己横征暴敛，卖官鬻爵，他们的父兄子弟遍布天下，横行乡里，祸害百姓，无官敢管。人民不堪剥削、压迫，纷纷起来反抗。郎中张钧在给皇帝的奏章中明白指出，黄巾起义是外戚宦官专权逼出来的，他说："张角所以能兴兵作乱，万人所以乐附

之者，其源皆由十常侍多放父兄、子弟、婚亲、宾客典据州郡，辜榷财利，侵掠百姓，百姓之怨无所告诉，故谋议不轨，聚为'盗贼'。"

党锢之祸

东汉后期，宦官专政引起大地主出身的官僚以及一般地主阶级知识分子的不满。洛阳的太学生们，利用太学这个阵地讨论政治，抨击宦官，造成很大的声势。这种风气，被称为"清议"。他们的活动得到官僚的支持。宦官们对此恨之入骨，诬蔑官僚和太学生结为朋党，要对朝廷不利，对他们进行了严厉的打击。第一次在166年，在宦官的蛊惑下，桓帝通告各郡，逮捕"党人"，牵连了二百多人。第二次开始于169年，被杀死、流放、监禁的党人有六七百人，接着又有一千多太学生被关押起来。所有党人和党人的学生、父子兄弟，以及亲戚，一律免除官职，禁锢终身，不许再做官。这次"党锢之祸"一直持续了十多年。

黄巾军起义

东汉末年，统治集团十分腐朽，外戚宦官竞相压榨农民，豪强势力不断扩张，土地兼并非常严重。农民的处境日趋恶化，被迫奋起反抗。黄巾起义的领袖张角以传道和治病为名，在农民中宣扬太平道的教义，进行秘密的活动。他广泛传播"苍天已死，黄天当立，岁在甲子，天下大吉"的谶语。中平元年（184年），由于计划泄密，起义提前举行。以黄巾为标志的农民起义军在7州28郡同时俱起，攻城夺邑，取得了很大的胜利。黄巾军人数极多，遍布大江南北，声势浩大，京师震动。但是他们组织涣散，各支力量未能协调配合。统治者采取集中兵力各个击破的策略，黄巾军主力在短短9个月的时间就被镇压了。这次起义瓦解了东汉政权，进而结束了极端黑暗的外戚宦官统治。

董卓之乱

189年，军阀董卓以讨伐宦官为名，率军进入京城。他先控制了京师的军权，又胁迫何太后废少帝，立陈留王刘协为献帝，从而掌握了中央政权。董卓进城后放纵兵士在京城烧杀抢掠，又于190年将献帝和洛阳数百万民众迁到长安，并放了一把大火将洛阳城烧成焦土，使东西两都生灵涂炭。董卓的暴行激起了群众和百姓们的强烈不满。192年，董卓被司徒王允等人设计杀死，不过此时东汉王朝已经名存实亡了，汉献帝也成了割据军阀的傀儡。

云台二十八将

新莽末年，刘秀在建立东汉前后，邓禹、马成、吴汉、王梁、贾复、陈俊、耿弇、杜茂、寇恂、傅俊、岑彭、坚镡、冯异、王霸、朱祐、任光、祭遵、李忠、景丹、万修、盖延、邳彤、铫期、刘植、耿纯、臧宫、马武、刘隆等二十八人战功居多，皆封列侯，世代承袭。汉明帝永平（58～75年）年间，于南宫云台绘二十八人像，以志表彰。史称云台二十八将，或称中兴二十八将。

王充

王充（27～约97年），字仲任，东汉会稽上虞（今属浙江）人。中国古代著名唯物论思想家。出身寒微，博通九流百家之言。提出"元气"为天地万物之物质基础，人亦是禀天地之气而成。反对当时流行的天人感应说，抨击有神论；反对"生知"，提倡"学知"。反对当时汉儒是古非今的风气，提出"汉高于周"的历史进步观点，然而相信"期"、"时"、"数"等，有宿命论思想。著作主要有《论衡》，流传至今。

班超

班超（32~102年），东汉著名外交活动家，军事家。字仲升，扶风安陵（今陕西咸阳东北）人，著名史官班彪之子。汉明帝永平五年（62年）随兄班固至洛阳，以文为生，后投笔从戎出使西域，建立奇功。

班固

班固（32~92年），东汉著名史学家、文学家。字孟坚，扶风安陵（今陕西咸阳东北）人。史学家班彪之子。班固继承父业，经20年潜心著述，修成《汉书》。后任汉兰台令史，死前《汉书》还缺八表和《天文志》，后马续补《天文志》，其妹班昭作八表，而成百卷。他还著有《白虎通义》、《两都赋》等，后人辑有《班兰台集》。

窦固

窦固（？~88年），字孟孙，扶风平陵（今陕西咸阳西北）人。东汉外戚。好览书传，喜爱兵法，是当时的名将。56年嗣爵显亲侯。73年率骑击北匈奴，追至蒲类海（今新疆巴里坤西北巴里坤湖）。次年冬，又率军深入西域，逐北匈奴，降服车师。东汉政府复置西域都护。章帝时历任要职，尊显用事。官至大鸿胪、光禄勋、卫尉。

窦宪

窦宪（？~92年），字伯度，扶风平陵（今陕西咸阳西北）人。东汉外戚，权臣。因妹为章帝皇后，得任侍中、虎贲中郎将，宠贵日盛。和帝时，窦太后临朝，窦氏兄弟执掌朝政。89年任车骑将军，率军出塞，大破北匈奴于稽落山，出塞三千余里，至燕然山刻石记功。北匈奴十余万人先后归降。迁大将军，位在三公之上。92年，和帝与宦官合谋诛除窦氏，被迫自杀。

张衡

张衡（78~139年），东汉南阳西鄂人，是浑天说的主要代表。117年，张衡创制了一架精确的浑天仪。这架浑天仪是个可以转动的空心铜球，一根铁轴贯穿球体，轴的两端象征北极和南极；球体的外面有几个铜圈，分别代表地平圈、子午圈、黄道圈、赤道圈，赤道和黄道上还刻有二十四个节气。为了使浑天仪能转动，张衡又设计了滴壶滴水推动齿轮，浑天仪旋转时，标志各种天象的钢圈一起运动，和天体上星球的运动一样。此外，张衡还制作出非常灵敏准确的地动仪，是世界上最早的地动仪。

华佗

华佗，汉末医学家，又名敷，字元化，沛国谯（今安徽亳州）人。精内、外、妇、儿各科和针灸，尤擅长施针用药，简而有效。他还创"五禽戏"气功术。五禽之戏：一曰虎；二曰鹿；三曰熊；四曰猿；五曰鸟。华佗后被曹操所杀。

蔡伦

蔡伦（？～121年），字敬仲。桂阳（治今湖南郴州）人，东汉宦官。发明家。明帝后期入宫，章帝时为小黄门，和帝即位后升为中常侍，参与政事，加位尚方令。114年，被封为龙亭侯、长乐太仆。历经明、章、和、安四帝，服侍宫廷四十余年。有巧思，监作御用器物，精工坚密。曾改进西汉以来用丝麻纤维造纸的技术，以树皮、麻头、破布、旧渔网为原料造纸，使纸的质量提高，原料易得。105年奏报朝廷，时称"蔡侯纸"，后世遂以他为造纸术发明人。

邓太后

邓绥出生于功臣显宦之家，其祖父邓禹，是东汉初年名臣。邓绥是东汉时和帝刘肇的皇后，史称邓太后，被誉为"皇后之冠"。刘肇去世时她仅25岁，先后策立殇帝、安帝，以太后身份临朝称制，执政达17年，成为实际上的"女皇帝"。邓太后临朝，治理天下，从窦家失败中取得了一些经验，她并用外戚和宦官，形式上不偏重外戚。她临朝断事，大权一概由自己掌握，切实做到号令自出，大事独断，军政大权决不旁落外戚集团和权臣。邓太后政治上比较清明，为人节俭，削减内宫的费用，还减少郡国的贡献，珍奇金银等物都停止进献。邓太后是一位出色的女政治家。

马皇后

在东汉一朝，只有一位皇太后没有纵容外戚，反而禁止外戚参政议事，她就是历史上著名的马皇后。马皇后是名将马援的女儿，13岁入宫，汉明帝即位后，因其品德才能都非常出众，60年，被汉明帝刘庄立为皇后。马皇后生性宽仁，谦恭节俭，不喜好游乐。她虽然贵为天下之母，但平易近人。她以史为戒，禁止外戚参政，她曾列举历史上外戚恃宠骄横的例子，指出外戚应该谦恭自律，不能参与朝政。声称自己是天下之母，应该为朝廷作出表率，不能纵容自己的家族子弟参与政事，专擅朝政。

张仲景

张仲景（150～219年），名机，中国古代名医。东汉南阳郡（今河南南阳）人。有"医圣"之称。辞官行医，博采众方，著《伤寒杂病论》16卷，记治传染病方30种，治疗原则397条，原本已佚。该书经后人整理为《伤寒论》和《金匮要略》两书。确立中医学辨证施治的法则，明确提出了包括理、法、方、药在内的一整套诊治原则，使基础理论与临床实践密切结合，为后世临床医药学发展奠定了基础。

《汉书》

东汉班固撰。100篇，120卷。是我国第一部纪传体断代史，记西汉一代史事。叙述了西汉200多年政治、经济、文化的发展情况。内容丰富，构思缜密。继承《史记》体例而稍有改变，如改"书"为"志"，取消"世家"，增加了"刑法"、"五行"、"地理"、"艺文"四志及"百官公卿表"等，是研究西汉历史的重要史料。

《说文解字》

《说文解字》是东汉人许慎所撰，是我国

第一部按部首编排的字典。全书共分540个部首，把部首相同的字排列在一起。每个字下面先解释含义，再分析字形，最后辨别读音。全书一共收录了9553个字。在解释字义的时候，涉及天地、鬼神、山川、草木、鸟兽、昆虫、杂物、制度、礼仪、世间人事等各个方面的内容。

《论衡》

东汉王充著。85篇，缺佚《招致》一篇，内有批判天人感应与谶纬迷信内容。其中阐述元气自然论的世界观与认识论等进步的社会历史观。书出，即被视为异端，遭到正统儒者的非议，禁止流传，长期被埋没。

《周髀算经》

我国现存最早的数学著作，也是天文学著作，大约在1世纪成书。该书对数学上难度大、相当复杂的分数乘除的计算方法进行了较系统的阐述。对勾股定理也进行了论述，还记载了它的应用情况。三国时东吴人赵爽注解《周髀算经》时，用弦图给勾股定理作了证明。在天文学方面，该书对宇宙结构等问题也作了初步描述。

《九章算术》

《九章算术》共分九章，系统总结了我国秦汉以来的数学成就。含分数、四则运算和比例计算，还有各种面积、体积的计算方法，以及利用勾股定理进行测量、一次方程、二次方程的解法和开平方、开立方的方法等。特别是在世界数学史上，第一次记载了负数的概念和正负数加减的运算法则。书中还涉及到几何学的内容，构成了完整的数学体系。《九章算术》对中国古代数学的发展所产生的影响，巨大而深远。它不仅在中国数学史上有很高的地位，同时也影响到朝鲜、日本，被译成多种文字出版发行。

《伤寒杂病论》

东汉末年著名的医学家张仲景吸取了前人的宝贵医学遗产，又广泛搜集整理了民间验方，经过几十年的临床实践，晚年著成医学巨作《伤寒杂病论》，奠定了中医医疗学的基础。

《熹平石经》

《熹平石经》是中国历史上最早的官定儒家经典刻石，它和魏正始年间所刻《正始石经》，以及唐文宗开成二年所刻《开成石经》并列为古代著名的三大石经。汉代独尊儒术之后，朝廷将儒家经文刻制成石头书籍，供学官们正定校勘，作为向太学生讲授的标准经本。熹平石经共刻《鲁诗》、《尚书》、《周易》、《春秋》、《公羊传》、《仪礼》、《论语》等7经，共64石，计200910字，刻制时间从东汉熹平四年（175年）至光和六年（183年），一共历时9年。制成后立于洛阳太学门前。熹平石经主要由蔡邕等人用隶书体写成，是中国书法史上的著名碑刻。

《两都赋》

《两都赋》分为《西都赋》和《东都赋》，西都指长安，东都指洛阳。《西都赋》主要赞扬长安城物产丰富以及险要地势；《东都赋》则描绘了洛阳的繁荣景象，歌颂了东汉政府的政治措施，并以东都的节俭之风抨击了西都的奢侈浪费，使西都宾从内心折服。全篇气势宏大，条理清楚，说服力强，体现歌功颂德的基调。

汉赋

汉赋是介于诗歌和散文之间的一种文学体裁。初期多为骚体，形式近于《楚辞》。后有枚乘作《七发》，开创了一种比较散文化的新体赋。所谓汉赋，一般指的是这种新体赋，又分为大赋和小赋。大赋气势宏大，富丽堂皇，小赋的风格则比较清新。

乐府诗

亦称乐府。乐府为掌管宫廷音乐的机构，始设于秦。汉武帝时，为宫廷娱乐和庙堂祭祀，广搜民歌，配乐加工成乐府诗。这些民歌，广泛深入反映了当时的社会生活。东汉末年的长篇叙事诗《孔雀东南飞》，则是汉代乐府民歌的杰出代表作，也是我国诗歌史上不朽的名篇。东汉时期还出现了文人模仿乐府形式的五言诗。其代表作《古诗十九首》，是一群无名诗人所作，习惯上以首句标题。汉乐府不仅哺育了当代文人的诗歌，而且对魏晋以至唐代诗人都有巨大影响。

《孔雀东南飞》

东汉乐府民歌中最著名的长篇叙事诗。全诗共353句，通过叙述焦仲卿和刘兰芝这对恩爱夫妻在封建礼教摧残下的婚姻悲剧，有力地揭露了封建礼教、封建家长制的深重罪孽，表达了青年男女追求婚姻幸福的美好愿望，故事情节曲折生动，表现形式丰富多彩，为世人广泛传颂，堪称是乐府诗中的代表作。

百戏兴起

百戏是汉朝对音乐、舞蹈、杂技、魔术、角抵戏等表演艺术的统称，起源于民间，是由古老的原始宗教仪式发展而来，秦朝时开始传入宫廷。西汉时，在汉武帝的倡导下，百戏盛极一时。到了东汉，无论是宫廷中的庆典，还是民间节日，尤其是庄园内的宴乐聚会，都少不了百戏表演助兴。百戏表演时往往数百人同台演出，载歌载舞，场面热烈。

豪右与门阀

豪右原是西汉时期出现的占有大量田产的豪族。他们广占田宅，横行乡里，虽屡遭压制而不禁。东汉建立时，豪右势力纷纷拥众起兵，帮助刘秀建立并稳固了政权。所以，东汉建立后豪右势力进一步扩张，发展成为东汉时的豪强地主，并成为此后门阀士族的雏形。

东汉时期，显贵家族的正门外竖有两柱，左柱称阀，右柱称阅，用以夸耀功绩，这种门第较高的豪族世家就被称为阀阅或门阀。东汉以后，随着士族制度的发展和兴盛，门阀士族子弟在各方面享受特权，他们生活糜烂，纵情声色犬马，隋唐以后逐渐腐朽没落。

露布

露布是汉代时的一种军事文书，因其不加检封，而称为露布，也称"露版"、"露板"。一般是大臣在上书时，为表自己的坦诚而用。一些檄文、捷报、紧急文书，为使大家迅速得知，或即将要公开宣布，也称露布。后也指向大众宣告的檄文。

三国两晋南北朝

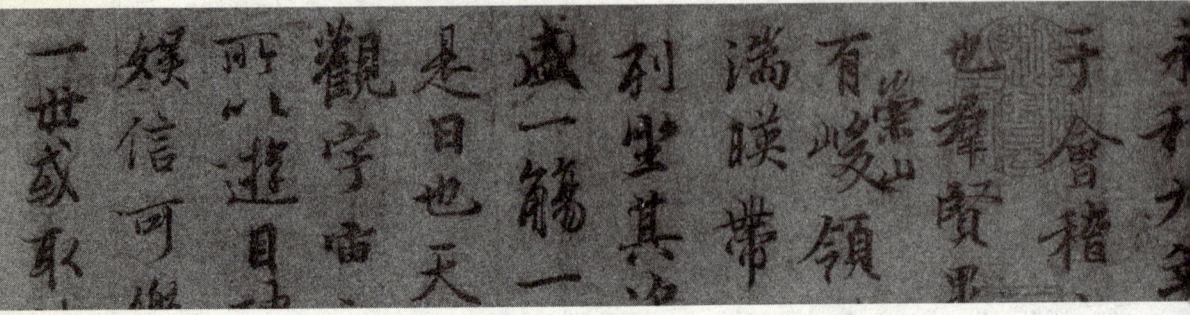

东汉末年，在军阀割据混战的基础上，魏、蜀、吴三国分别占据了北方、西南、东南的地区。鼎立局面维持了四十余年，史称"三国时期"。

三国鼎立局面为西晋统一全国奠定了基础。265年，晋王司马炎代魏称帝，国号晋，史称西晋。280年，晋攻灭孙吴，统一全国。316年，匈奴刘曜攻入长安(今陕西西安西北)，西晋亡。317年，琅琊王司马睿在士族官僚的拥戴下当上了皇帝，建立政权，在建康(今江苏南京)称帝，史称东晋。

南朝指自420年，东晋大将刘裕废掉东晋皇帝，自立为皇帝，国号为"宋"后，南方相继建立的宋、齐、梁、陈四个朝代。北朝指自439年，北魏统一北方以后，北方先后建立的北魏、东魏、北齐、西魏、北周和南北统一前的隋朝。因北朝和南朝同时并存，历史上总称为"南北朝"。

三国两晋南北朝

魏

（公元220年～公元265年）

挟天子以令诸侯

196年，汉献帝和大臣们从长安返回洛阳。经过董卓之乱的洛阳城一片残破，粮食匮乏。曹操已经占据了许县（今河南许昌），他采纳谋士荀彧的建议，以方便供给粮食为由，将汉献帝迎接到了许县，并将许县改名为许都。从这以后，曹操以天子的名义向天下诸侯发号施令，掌握了巨大的政治优势。

屯田制

屯田亦称屯垦。西汉以来，历代为解决军粮供给、军费开支及补充国库储备，多组织士兵、利用犯人或招募百姓垦种。主要采取军屯和民屯两种形式。军屯即以军事组织形式由士兵及其家属进行垦种，民屯则以民户为主体进行有组织之屯垦，其中也有利用犯人者。此外，明代还有商屯。西汉文帝、武帝、宣帝时都组织过屯田，有民屯，也有军屯。东汉末，曹操组织的屯田为民屯，取得了显著效果。其后，历代多沿此制，唐以后又称营田，元、明、清一般仍称屯田。各代均设专门机构管理之，具体名称、制度或有不同。

租调制

在实行屯田制的同时，曹操于建安九年（204年）在《收田租令》中颁布了新的租调制，规定的田租是每亩每年缴纳粟四升；户调是平均每户每年缴纳绢二匹、绵二斤，具体实行时根据民户的资产划分等差进行征收。这种征收实物的户调制，实际上自东汉后期以来就已经开始，曹操把它正式确定下来，并以此取代繁重的口赋和算赋。这对促进北方社会经济的恢复和发展起到了积极的作用，巩固了曹魏政权，使它在三国鼎立的局面中据有了实力上的优势。租调制也是中国古代赋税史上的一次重要变革，对后代的赋税制度产生了极其深远的影响。

官渡之战

东汉末年，军阀割据，北方逐渐形成了袁绍和曹操两个强大的军事集团。袁绍占有幽、冀、青、并四州；曹操占有兖、豫二州，并在建安元年（195年）把汉献帝挟持到许，"挟天子以令诸侯"，双方都企图独霸天下。建安五年（200年），袁绍组织10万大军，进驻黎阳，发动了对曹操的进攻。曹操用以迎敌的军队仅有二三万人。袁绍分兵包围了屯驻白马的曹军，曹操以声东击西的战术，大败袁军。初战获胜后，曹操退守官渡，两军对阵相持。接着，曹操又派兵偷袭乌巢，焚烧袁军的粮草辎重，并乘袁绍军心动摇之机挥兵猛进，歼灭袁军7万余人。袁绍父子带着800残兵逃回北方。两年后袁绍忧愤而死。官渡之战为曹操统一北方奠定了坚实的基础，并为其在三国鼎立的局面占据优势提供了有利条件。

曹操称魏王

自从曹操统一了北方以后，便加快了取代汉室的步伐。他首先清除了倾向于东汉王朝的力量，又于208年废三公官制，自封为丞相，总揽军政大权。216年，汉献帝被迫封曹操为魏王。虽然曹操始终没有正式称帝，但他已经为曹氏代汉称帝做好了准备。

曹丕称帝

220年，曹操病逝，其子曹丕继位当了丞相和魏王。当时东汉已完全沦为曹魏的傀儡王朝，曹丕又实行九品中正的选官制度，得到世家大族的支持。同年十月，曹丕迫使汉献帝让位，即位为帝，定国号为魏，改元黄初，定都洛阳，并追尊曹操为武皇帝。

九品中正制

魏晋南北朝时期保证世袭特权的官吏选拔制度。220年，曹丕废汉称帝前夕，采纳陈群建议设立九品官人法，在各郡县设中正，对人才进行评定，并分出九等，作为选拔官员的标准。即上上、上中、上下；中上、中中、中下；下上、下中、下下。九品中正制创立之初，评议人物的标准是家世、道德、才能三者并重，但由于中正权力被门阀士族所垄断，因而在实际执行过程中，才德标准逐渐被忽略，家世逐渐成为惟一的标准，到西晋时形成"上品无寒门，下品无士族"的局面，成为维护门阀统治的重要工具。隋唐以后，门阀制度衰落，隋文帝改革吏制，用分科考试的办法选拔官吏，九品中正制从此废除。

司马懿平辽东

东汉末年，辽东太守公孙度自称辽东侯，拥兵割据辽东。他对曹操时叛时降，保持着半独立的地位。公孙度的孙子公孙渊继承了辽东太守之后，自立为燕王，对魏形成了威胁。238年春，魏明帝派太尉司马懿率兵平定了辽东。此举从根本上扫除了魏国北方的威胁，为后来司马氏夺取曹氏政权奠定了基础。

高平陵事变

239年，魏明帝病死，即位的齐王曹芳只有八岁，由大将军曹爽和太尉司马懿辅政。曹爽为了独揽大权，将司马懿改任太傅，而司马懿则称病在家，密谋对策。249年，曹爽兄弟跟随魏少帝曹芳出城到高平陵祭拜祖陵，司马懿趁机发动兵变，控制了洛阳城。曹爽被迫交权，司马懿不久便诛杀了曹爽兄弟三人及何晏等三族，司马氏成功地掌握了曹魏大权。

司马昭杀曹髦

260年，司马懿的儿子司马昭自封为晋公，依然独揽曹魏大权。当时的魏帝曹髦不甘心长期受制于司马氏，对几个臣子说："司马昭之心，路人皆知。"他准备讨伐司马氏。有人向司马昭告密，司马昭的部下贾充率众拦截曹髦，曹髦被杀。司马氏终于彻底击垮了曹氏集团。

书法家钟繇

钟繇（151～230年），字元常，颍川长社人。魏明帝时受太傅衔，故世称"钟太傅"。其书学曹喜、蔡邕、刘德升等人，能书隶、草、真、行诸体，尤以真书绝世。存世墨迹，最著名的有以王羲之临本翻刻的《宣示表》《荐季直表》等。

曹操

曹操（155～220年），字孟德，乳名阿瞒，即魏武帝。东汉末沛国谯（今安徽亳州）人，其父曹嵩是大宦官曹腾的养子。中国古代著名政治家、军事家、诗人。曾任骑都尉，参与镇压黄巾军。及董卓擅权，散家财起兵，与袁绍等共讨董卓。192年据兖州，诱降黄巾军30余万，选其精锐编为青州军，势力大振。先后击败袁术、陶谦、吕布等军事集团。196年迎献帝至许（今河南许昌东），总揽朝政。200年，于官渡大败袁绍。以后又击破乌桓，统一北方。他善于用人，惟才是举；行屯田，兴修水利，恢复农业生产。208年，进位丞相，与刘备、孙权联军战于赤壁，大败。213年被封魏公，216年被封晋魏王。220年病死于洛阳。子曹丕代汉称帝建立魏国后，追尊为魏武帝。善诗文，开建安文风；知兵法，著有《孙子略解》、《兵书接要》。留有《龟虽寿》、《蒿里行》、《观沧海》等著名诗篇，其中"老骥伏枥，志在千里"等诗句，至今传颂不衰。

曹丕

他是曹操次子，三国时期魏国的建立者，文学家。曹操死后不久，曹丕代汉建魏，迁都洛阳。曹丕文学修养很高，与其父曹操、其弟曹植并称"三曹"，并在周围团结了大批作家，形成建安文人集团。他的《燕歌行》是现存最早的文人七言诗，《典论·论文》则是现存最早的文学批评专著。

司马懿

司马懿（179～251年），字仲达，三国时河南温县（今河南温县西南）人。少聪达，208年丞相曹操辟为文学掾，后任丞相主簿。多谋略，善权变。魏文帝时任尚书右仆射，转抚军。226年魏文帝死，遗诏司马懿与曹真共同辅政。魏明帝时为大将军，负责对蜀战争，并平定辽东，功高望重，掌握魏国大部分军权。又利用职权拉拢世族官僚，形成以司马氏为核心的势力集团。239年魏明帝卒，太子曹芳继位，受诏与大将军曹爽共同辅政。249年，发动政变，杀死曹爽，拜丞相，控制曹魏政权，曹姓皇帝成为傀儡。其孙司马炎代魏称帝，建立晋朝。上尊号曰宣皇帝。

阮籍

阮籍，河南尉氏县人。曹魏晚期"正始诗人"的主要代表人物，有《咏怀诗》八十二首流传。他的代表作品还有《大人先生传》、《达庄论》等文。原有文集，已散佚，后人辑有《阮步兵集》。

蔡文姬

蔡文姬名琰，字文姬，东汉陈留圉县（今河南杞县西南）人。蔡邕之女。博有辩才，善音律。初嫁卫仲道，夫亡无子，归居于家。195年中原战乱，被南匈奴所掳，居匈奴12年。曹操异其才华，遣使以金璧赎回。奉命补蔡邕散佚典籍，忆写400余篇，文无遗漏。有五言及骚体《悲愤诗》各一首传世。相传另有《胡笳十八拍》，诉说自己的不幸遭遇，表达早日结束战争的愿望。

建安七子

建安七子是指东汉末年建安时期以文学著名的七位作家。七子之称始自曹丕的《典论·论文》。七子是鲁国孔融、广陵陈琳、山阳王粲、北海徐幹、陈留阮瑀、汝南应玚、东平刘桢。又因七人同居邺中，故又称"邺中七子"。

竹林七贤

司马氏控制了朝政以后，一些名士对司马氏十分不满，就以蔑视礼法、纵酒玩乐的方式消极抵抗，拒绝与司马氏合作。"竹林七贤"就是这些名士的代表。这七个人的名字是嵇康、阮籍、山涛、阮咸、向秀、刘伶、王戎。他们经常在竹林里携手共游，开怀畅饮，高谈阔论，所以被人们称为"竹林七贤"。"竹林七贤"中最博学的要数嵇康。他精通音律、绘画和书法。

三曹

三曹是曹操和他的两个儿子曹丕和曹植的合称。这父子三人都擅长诗文，是著名的文学家。曹操的四言诗写得很好，曹丕的《燕歌行》是我国第一首七言诗，曹植的文学成就更大，他留下许多诗歌、散文名篇。

曹植七步成诗

220年，曹操病逝，曹丕当了魏王，当年就将汉献帝废了，自己做了魏文帝，便将曹植看作敌手，总想寻找机会将他除掉。一天，有人告发曹植喝醉了酒，傲慢地污辱威胁朝廷的使者。曹丕就将曹植抓来，预备治他死罪，曹丕的母亲大惊，立刻召见曹丕求情，曹丕不敢违抗母亲，只得打消杀曹植的念头。曹母走后，曹丕将曹植叫来，限他在七步之内吟诗一首，若是作出，就免曹植一死。曹植就随口吟道："煮豆持作羹，漉菽以为汁，萁在釜下燃，豆在釜中泣。本是同根生，相煎何太急！"诗吟完了，还没有跨出七步。曹丕听了受到触动，禁不住流下眼泪，于是将曹植从临淄王贬为安乡侯。

曹冲称象

曹冲是曹操的儿子，小的时候聪明敏慧，智力超人。当时孙权送给曹操一头大象，曹操想知道大象的重量，追问群臣，无人能答，曹冲回答：把大象放在船上，刻下船的吃水线，再把其他物品放到船上，直到同样吃水线，再称这些物品，就可以知道它的重量了。曹操听了，十分欢喜，命令手下依此照办，称得大象重量。

孔融让梨

孔融有五个哥哥，一个小弟弟。孔融小时候，有一天，家里吃梨，一盘梨子放在大家面前，哥哥让弟弟先拿，孔融只拿了一个最小的。父亲看见了就问孔融："这么多的梨，又让你先拿，你为什么不拿大的，只拿一个最小的呢？"孔融回答说："我年纪小，应该拿个最小的；大的留给哥哥吃。"父亲又问他："你还有个弟弟哩，弟弟不是比你还要小吗？"孔融说："我比弟弟大，我是哥哥，我应该把大的留给弟弟吃。"孔融四岁，知道让梨，上让哥哥，下让弟弟，大家都称赞他。

击鼓骂曹

曹操为了扩大自己的实力，想请人去刘表那里游说，孔融就推荐了他的好朋友祢衡。祢衡被请来后，曹操对他不以礼相待，惹得祢衡当面骂遍了曹操手下的谋士和大将。第二天，曹操大宴宾客，让祢衡击鼓取乐，想当面羞辱他。祢衡身穿破衣上堂，有人责问祢衡为何不更衣，祢衡当场脱衣，光着身子站立，吓的宾客以手捂眼，气得曹操大骂祢衡无耻。祢衡反唇相讥说："什么叫无耻，欺君才叫无耻。我光着身子，是让大家看看我的清白。"随后一面击鼓，一面大骂曹操，毫无惧色。

玄学兴起

玄学就是玄虚之学，强调"以无为本"，主张"无为"和"自然"。玄学家们将《老子》、《庄子》和《周易》称为"三玄"，所以说玄学糅合了儒道两家的思想。魏晋之际，朝廷权力斗争激烈，士族知识分子为了明哲保身，整日坐而论道，因此玄学具有"清谈"的特色。

宗族制度

魏晋南北朝时期的宗族组织是整个中国历史上最强盛的，从结构上看，分为皇室宗族、士族宗族、寒门宗族三种类型。皇室宗族拥有最大的政治经济特权，但是由于皇权的更替不断使他们的影响受到限制。寒门宗族由于缺乏政治权势，影响较小。而士族宗族拥有强盛的政治、经济、军事实力，处于社会的支配地位。在宗族制度的影响下，社会上呈现重门第轻才德、重宗族轻个人、重孝悌尚复仇的观念。

五石散

魏晋人喜好服食养生，一般以服五石散为主。五石散出自汉代，但当时很少有人用，直到三国曹魏尚书何晏服用了之后，获得神效，然后才开始流行起来。服用后全身发热，必须寒衣、寒饮、寒食、寒卧，所以五石散又称"寒食散"。长期服用会有副作用，内心烦躁，当药力发作时，常常要出外散步以求散去药力，称为"行散"。魏晋的何晏、王弼、嵇康、王羲之等都曾服用五石散。

蜀　汉

（公元221年~公元263年）

三顾茅庐

在官渡之战前夕，刘备被曹操所逼，投靠了荆州牧刘表，率军驻扎在樊城（今湖北襄樊）。为了发展自己的力量，刘备在别人推荐之下，亲自到隆中（今湖北襄阳）拜访具有济世之才的诸葛亮，连去了三次才如愿以偿。诸葛亮为刘备制定了发展战略，并出山开始了辅佐刘备的生涯。

刘备称帝

刘备为汉景帝之子中山靖王刘胜的后代。汉灵帝末年爆发了黄巾起义,刘备随关东各州郡起兵平定义军。但刘备没有固定的地盘,先后投靠过公孙瓒、陶谦、曹操、袁绍、刘表等人,倍尝寄人篱下、流离奔走之苦,后得到诸葛亮的佐助决定联吴抗曹。208年赤壁一役,吴蜀联军败曹后,刘备得以立足荆州,不久占益州、取汉中后,刘备建立了稳固的根据地。

赤壁战后,三国分立已成大势,但由于汉献帝刘协正统名分的存在,魏曹操、蜀刘备、吴孙权在10余年间,都没有公开称帝。220年,曹丕代汉后,谣传汉献帝已死于曹丕之手,于是蜀中文臣武将纷纷上表,进劝刘备早即皇位,以继汉统。于是次年刘备在成都即皇帝位,继续以"汉"为国号,建元章武,以诸葛亮为丞相,封吴氏为皇后,立刘禅为太子。222年,孙权也称王江东,229年正式称帝。三国鼎立局面正式形成。

马谡失街亭

蜀国街亭为汉中咽喉要地,诸葛亮派将驻守。马谡请令,诸葛亮再三叮嘱须靠山近水扎营,并令王平辅之。马谡刚愎自用,违令,又不听王平谏言,竟在山顶扎营,因而被魏将张郃所败,街亭失守。马谡不遵诸葛亮将令,失守街亭,与王平回营请罪。诸葛亮虽惜其才,但以军法无私,挥泪斩之,并因己用人失当,上表自贬。

关云长水淹七军

刘备从刘璋手里取得益州后,又从曹操手里夺得汉中,自立为汉中王,封关羽为前将军。关羽想乘曹操在汉中失败士气低落之机进攻襄阳和樊城。他将这一计划报告了刘备。

219年,关羽留南郡太守糜芳守江陵,将军傅士仁守公安,并令他们随时做好后勤供应工作,就亲自带着关平等将军,率领人马攻打樊城。

曹操派左将军于禁、立义将军庞德带领七队人马赶到樊城增援樊城守将曹仁。曹仁令于禁、庞德屯兵樊北,互相支援。关羽渡过襄江,围住樊城。曹仁与于禁约好,内外夹击关羽,被关羽打得大败。曹仁再也不敢出城,只在城内坚守。蜀军也没法攻破城池。

关羽经过观察,发现于禁营寨建在山谷里,又时逢八月雨季,决定采用水攻。关羽令将士们赶紧准备大小船只和木筏,并派人堵住上游水口。果然,下起了大雨,一连下了很多天。一天夜里,关羽令掘开事先堵住的河口。

庞德在帐中听到帐外波涛怒吼,战鼓隆隆。他出帐一看,滔滔洪水从四面八方淹没营寨。人马被洪水卷走者不计其数。

关羽、关平等将领坐着大船,其余将士们划着小船,摇旗呐喊,冲向于禁和庞德避水的小山。于禁举手投降;庞德被活捉,因不肯投降而被杀。

关羽水淹曹军,震动了整个中原大地。曹操打算放弃许都,暂避锋芒。这时,谋士司马懿献计说,关羽与孙权为荆州事面合心不合,可派人去游说孙权,约他从背后攻击关羽,这样,樊城之围可解,许都也就没有危险了。果然,孙权派兵偷袭了关羽后路,战争形势急转直下,孙权擒杀了关羽,夺得了荆州。而曹操也解了樊城之围。

邓芝赴吴

刘备过世之后，吴蜀关系日益紧张，而北方魏国的国势如日中天。形势对蜀国相当不利，邓芝临危受命，出使吴国，希望恢复联盟，共同抗曹。孙权设鼎陈戈，杀气腾腾接见邓芝，邓芝从容不迫，含笑而入，见孙权长揖而拜，侃侃而谈，终于消除了对抗的因素，顺利地说服了孙权，完成了诸葛亮交给他的使命。邓芝不仅在"东联孙吴北拒曹魏"战略上立下功劳，而且终身不置私产，临死时家无余财，可算是清正廉洁。

白帝托孤

蜀汉章武三年（223年），刘备病死白帝城。

222年蜀军猇亭大败，刘备遭受了巨大的精神打击，心情抑郁；长期的戎马征战，又给他的身体以极大的损伤。退回白帝城后，刘备一病不起，病情日甚一日，于是召诸葛亮来到白帝城，托付后事。无才而年幼的太子刘禅，尚不稳定的蜀汉形势，都令刘备放心不下。他叮嘱诸葛亮：如果太子可以辅政，以亮的才能佐太子，定能成就国家；如果太子实在不行，请自代刘禅为帝，以拯救国家。诸葛亮动情地表示：要鞠躬尽瘁，死而后已。白帝托孤后，刘备在白帝城永安宫病逝，享年63岁。之后刘禅即位，是为蜀后主，改元建兴，封丞相诸葛亮为武乡侯，领益州牧，政无巨细，皆出于亮。

白帝托孤，刘备深深信赖诸葛亮；日后辅政，诸葛亮不负先主。这的确是历史上君臣相知的一段佳话。

邓艾灭蜀

蜀汉后期，后主刘禅昏庸无能，政治日益腐败。263年，曹魏大将军司马昭派出三路大军讨伐蜀汉。曹将邓艾很快直逼成都。刘禅经过与群臣会商，决定投降曹魏，被带到了洛阳，蜀汉就此灭亡了。

刘备

刘备（161~223年），字玄德，涿郡涿县（今河北涿州）人。三国时蜀汉的创建者，又称先主，221~223年在位。他是东汉远支皇族，自称中山靖王刘胜之后。幼贫，与母贩履织席为业。东汉末年起兵，参与镇压黄巾起义。后在荆州立足，三顾茅庐得到诸葛亮的辅佐。208年，与孙权联合，于赤壁大败曹操，占据荆州一部分，势力渐大，又夺取益州与汉中。221年称帝，仍承继汉朝国号，定都成都（今属四川），年号章武。同年，起兵攻吴。222年，被吴军败于彝陵，退居白帝城。223年，托孤于诸葛亮，病卒于永安宫，谥昭烈帝。

诸葛亮

诸葛亮（181~234年），三国时蜀汉政治家、军事家。字孔明，琅琊阳都（今山东沂南南）人。东汉末，隐居邓县隆中（今湖北襄阳西）十余年，自比管仲、乐毅，被称为"卧龙"。建安十二年（207年），经颍川徐庶推荐，刘备"三顾茅庐"，诚心求教。他向刘备提出，占据荆（今湖北襄阳）、益（今四川成都）两州；争取西南各族的支持；联合孙权，对抗曹操，最后统一全国的谋略。即所谓"隆中对"。刘备采纳了他的主张，建立蜀汉政权，诸葛亮任丞相。刘备死后，诸葛亮倾心辅佐刘禅，励精图治，赏罚分明，抑制豪强，加强对西南各族统治。并改善同西南各族人民的关系，促进当地经济、文化发展。他又屯田汉中，发展农业生产，对统一和开发我国西南地区做出重大贡献。他曾五出祁山，与魏争夺中原。后与司马懿在渭南对峙，病故于五丈原（今陕西眉县西南）军中。他治国治军严谨慎重，善于用兵，有《诸葛亮集》、《出师表》传世。

关羽

关羽（？～219年），字云长，东汉末河东解县（今山西临猗西南）人。汉末亡命涿郡（今河北涿州），与张飞从刘备起兵镇压农民起义军。刘备于赤壁打败曹操，占有江南诸郡，任关羽为襄阳太守，后镇守荆州。215年，关羽尽逐孙权所置长沙、零陵、桂阳三郡长吏。219年，关羽围攻曹操征南将军曹仁，破于禁所督七军，于禁投降，庞德被擒杀，关羽威震华夏。魏遣军往救，吴军乘机袭取江陵（今湖北荆州），遂败走麦城（今湖北当阳东南），为吴军俘杀。追谥壮缪侯。善待卒伍而骄于士大夫，以忠义见称于后世。宋以后被神化，尊为"关公"、"关帝"等。

赵云

赵云（？～229年），三国时蜀国将领，字子龙，常山真定（今河北正定）人，以勇敢善战著称。最初跟从公孙瓒，后来归顺刘备，当阳长坂恶战中保护刘禅和甘夫人脱险。刘备西征时，赵云截江夺回了后主刘禅。后随诸葛亮等人沿江而上，攻打江阳、资中一带，完成了对成都西南部的包围。

建兴六年（228年），随军取关中，分兵拒曹真主力，寡不敌众，退回汉中，一年后病死。他曾以数十骑拒曹操大军，被誉为"一身是胆"。

乐不思蜀

蜀炎兴元年（263年），魏将钟会、邓艾、诸葛绪大举伐蜀。邓艾兵临成都城下，刘禅出降。

刘禅的儿子北地王刘谌极力主战，反对投降。在苦谏刘禅不听的情况下，哭倒于昭烈庙，杀死妻儿后自杀身亡。刘禅仍不为所动，又派太仆蒋显下诏令姜维投降钟会，姜维无奈暂诈降钟会，伺机而动。至此，蜀汉宣告灭亡。

刘禅则被迁至洛阳，封为安乐公。有一天司马昭宴请刘禅，席间演出蜀地歌舞，在座的蜀国人都触景伤情，而刘禅却嬉笑自若。司马昭于是感叹道："人之无情，乃至于此，虽使诸葛亮在，不能辅之令全，况姜维邪！"并问刘禅："颇思蜀否？"刘禅答道："此间乐，不思蜀也。"成语"乐不思蜀"即源于此。

吴

（公元222年～公元280年）

孙策定江东

孙策率领数千兵马于195年前往江东，击溃了扬州刺史刘繇，成功地在江东壮大了自己的势力。196年，孙策攻下会稽（今浙江绍兴），在接下来的几年间，又先后削平了当地的割据势力，大体上统一了江东。200年，孙策遇刺身亡，但他为弟弟孙权在江南建国打下了良好的基础。

赤壁之战

曹操统一北方后，欲南下完成统一大业。建安十三年（208年），曹操率水陆大军由江陵（今属湖北）顺江而下。诸葛亮奉刘备之命，联络江东，与孙权联兵抗曹，遂与曹军相遇于赤壁（今湖北嘉鱼东北；一说湖北蒲圻西北）。曹军初战不利，将军队撤回长江北岸。孙、刘联军利用曹军远来疲惫、骄傲轻敌、不习水战、瘟疫流行之机，派黄盖诈降。采用火攻战法突袭曹军。曹军大乱，夺岸纷逃。孙权军大将周瑜与刘备主力军，随即水陆并进，追击堵截曹操，曹军全线溃败。赤壁之战后，曹操无力再战，率残兵逃回江陵，命曹仁于江陵驻守，乐进守襄阳。曹操本人退回北方。赤壁之战奠定了三国鼎立的局面。

吕蒙袭取荆州

219年，关羽在樊城之战中水淹七军，威震华夏。曹操暗中派人联络孙权，双方达成了前后夹击关羽的密谋。孙权为了麻痹关羽，派不出名的陆逊代替大将吕蒙驻守陆口（今湖北嘉鱼）。关羽看不起陆逊，果然上当，抽调守军支援襄樊前线。这时吕蒙趁机率领精兵偷袭，很快夺取了蜀汉占据的荆州地区。关羽急忙回撤，结果败走麦城（今湖北当阳），最后全军溃散，关羽及其儿子关平都被吴军斩杀。

夷陵之战

建安二十五年（219年），孙权俘杀蜀将关羽，出兵攻占荆州（今湖北襄阳）。章武元年（221年），蜀汉刘备为夺回荆州，以为关羽报仇为名，亲率大军数十万东下攻吴。孙权派大将陆逊率兵5万迎敌。蜀军连战连捷，攻入吴境五六百里，自巫峡连营至夷陵（今湖北宜昌东），同时得到武陵蛮的支持，声势浩大，锐不可当。刘备沿江设置几十个军营。陆逊以逸待劳，坚守不出。次年，蜀军疲惫不堪，士气低落。陆逊于猇亭（今湖北宜都北长江北岸）与蜀军决战。吴军利用火攻，大破蜀军40余营，刘备尽失舟船器械，狼狈逃回白帝城（今四川奉节东北）。蜀军主力严重受挫。刘备于次年忧愤病故。夷陵之战后，蜀军再无力攻吴，吴亦无力西进，三国鼎立局面最终稳定。

卫温求夷州

230年，孙权派将军卫温等人率船队出海寻找夷州（夷州是三国时对今天台湾的称呼）。船队历尽艰辛，终于抵达了台湾南部。他们在岛上停留数日后，掳得数千人而回。这是大陆王朝与台湾岛的最早一次交往，此后，双方的海船频频来往于两岸，台湾成为中国领土不可分割的一部分。

袁绍

袁绍（？～202年），字本初，东汉末汝南汝阳（今河南商水西北）人。出身世家大族，四世任三公之职。东汉末年为司隶校尉。190年，起兵与诸州牧讨伐董卓，自领冀州牧，击降农民军，遂占据幽、冀、青、并四州。197年称大将军，兼督四州。性刚愎自用，外宽内忌，拒绝谋臣所提积蓄力量以图天下之策，连年与曹操争战。200年，被曹操大败于官渡。后病卒。

孙策

孙策（175～200年），兴平二年（195年），年仅21岁的他摆脱袁术的羁绊，独自率兵渡江南下，短短三四年间就夺得丹阳、会稽、吴郡、豫章、庐陵等郡，占据江东大片地盘，为孙吴立国奠定了基础。他武艺高强，胆略过人，大战太史慈，喝死樊能，飞剑刺死严舆，显示出罕见的神威，200年，遭意外袭击，伤重而死，年仅26岁。

周瑜

周瑜（175～210年），字公瑾，东汉末庐江舒县（今安徽庐江西南）人。曾带领兵马佐孙策平江东。孙策卒，与张昭同辅孙权。208年为前部大督。时曹军南下，周瑜与刘备联兵，以火攻于赤壁，大败曹军。后驻军南郡，镇守江陵（今湖北荆州）。拟进取蜀，未果，210年病卒于巴丘。

孙权

孙权（182～252年），字仲谋，即吴大帝。吴郡富春（今浙江富阳）人。三国时吴国创建者。229～252年在位。200年，其兄孙策死，继有其兄所据江东会稽、丹阳、吴郡、豫章、庐陵、庐江六郡。得张昭、周瑜等辅佐，镇抚山越，征讨不从命者，逐渐强大。208年，与刘备联合，于赤壁大败曹操。后与刘备交恶。称臣于魏，封吴王。229年，即皇帝位于武昌（今湖北鄂州），国号吴，旋迁都建业（今江苏南京）。他注重发展农业生产，促进了江南地区的开发。晚年，刚愎自用，赋税繁重，刑法残酷，经常引起人民反抗。252年病逝，死后谥大皇帝，庙号太祖。

西 晋
（公元265年～公元317年）

司马炎称帝

司马昭杀曹髦之后，将自己封为晋王，做好了称帝的准备。265年，司马昭去世，他的儿子司马炎继位为晋王，命令魏的文武大臣都改任晋官。同年12月，司马炎迫使魏帝让位，正式称帝，建国号为晋，定都洛阳，司马炎就是晋武帝。

门阀制度

门阀世族的根源最远可以追溯到先秦时期的宗法制度。东汉以来，地主田庄崛起，世家大族在经济上占据了有利的地位，控制了朝廷选官的途径，就形成了累世公卿的显赫家族。九品中正制更加巩固了世族的地位。魏末司马氏靠世家大族的支持，夺取了曹魏政权，因此整个西晋时期，世家大族的势力进一步膨胀，门阀世族制度就这样确立了。从此以后，地主阶级中的士、庶之别更加严格，门阀世族为了维护自身的特权，极力地扩大和寒门庶族的差异，他们独自把持政权，完全支配了国家的权力，形成了典型的门阀政治。整个两晋南北朝时期，门阀制度都十分稳定。

石王斗富

西晋的统治阶级享有政治、经济等特权，他们广殖财货，骄奢淫逸，竞相炫耀。晋武帝的舅父王恺和荆州刺史石崇经常以斗富为乐，浪费了大量的财富。王恺以饴糖水洗锅，石崇就用蜡烛代柴，石崇用椒泥涂屋，王恺就用赤石脂泥做墙等。西晋的门阀士族糜烂腐化，从而使得阶级矛盾迅速激化，并造成了西晋末年的天下大乱。

八王之乱

西晋太熙元年（290年），惠帝司马衷继位，由外戚杨骏辅政。权欲极强的皇后贾南风于元康元年（291年）矫诏诛杀了杨骏。杨骏死后朝政由汝南王司马亮和太保卫瓘主持，贾后又指使楚王司马玮杀掉二人，然后否认曾下过密诏，以"擅杀"大臣的罪名处死了司马玮。永康元年（300年）贾后又杀死了对她不满的太子司马遹。贾氏乱政滥杀引起了诸王和朝臣的怨恨，赵王司马伦以替太子报仇为名率兵入宫，鸩杀贾后并消灭其党羽，随即控制朝政，迁惠帝为太上皇，自称皇帝。第二年，齐王司马冏、成都王司马颖、河间王司马颙联合起兵讨伐司马伦。此后，这一场争权夺利的战争由京城波及地方，演变成为大规模的武装混战。直到光熙元年（306年）才宣告结束。八王之乱持续了16年之久，给社会带来了极大的灾难，同时也削弱了西晋政权的统治。

永嘉之乱

八王之乱中，北方少数民族贵族乘机反晋。建武元年（304年）匈奴贵族刘渊称大单于，永嘉二年（308年）称帝，迁都平阳（今山西临汾）。王弥和石勒都来归附。永嘉四年（310年）刘渊卒，其子刘聪杀兄夺位，命刘曜和王弥、石勒攻取洛阳。东海王司马越率晋军主力弃洛阳而奔许昌。永嘉五年（311年）三月司马越病死军中，太尉王衍率军行至苦县宁平城（今河南郸城东北）被石勒追及。石勒纵

骑围射，晋军10余万人全部被歼。东海王司马越的儿子和晋宗室48王自洛阳出逃，也尽被石勒杀害。同年六月，刘曜、王弥陷洛阳，晋百官士庶死者3万余人，城市变为废墟。晋怀帝被俘，后被杀害。

西晋灭亡

晋愍帝司马邺14岁继皇帝位，匈奴汉国中山王刘曜驱军大进，攻打长安。建兴四年（316年），晋愍帝向刘曜递交降表。第二天，愍帝乘羊车，光着上身，口衔玉璧，带着棺木，出长安东门，去刘曜军营投降。刘曜以礼接待晋愍帝，焚烧了棺木，接受了玉璧，为他解开绑绳，表示接受他的投降。至此，西晋宣告灭亡。从司马炎称帝到司马邺投降，西晋共经历了52年。

羊祜

羊祜（221～278年），出身官僚家庭。知识渊博，擅长文辞。魏末，任中领军，统率禁兵。西晋建立后，他与晋武帝筹划灭吴。泰始五年（269年）以尚书左仆射都督荆州诸军事，出镇襄阳。在镇十年，开屯田，储军粮，作灭吴准备。平日则与吴将互通使节，各保分界。屡请出兵灭吴，未能实现。临终，举杜预自代。羊祜每次晋升，常自谦让，因而名望远播，受到朝野推崇。

石崇

石崇（249～300年），字季伦，西晋勃海南皮（今河北南皮东北）人，司徒石苞的少子。初为修武令，累迁至侍中。290年出为荆州刺史时，以劫掠商旅发横财致富，财产无数。与

贵戚王恺、羊琇竞奢斗富，以蜡代薪，作锦步障50里。恺虽得晋武帝相助，卒不能胜。有美妓绿珠，赵王司马伦幸臣孙秀使人求之，不许。八王之乱时，与齐王冏结党，被司马伦矫诏杀之。

刘琨

刘琨（271~318年），西晋中山魏昌人（今河北定州东南）。少年时与祖逖同为司州主簿，每天听见鸡叫就起来舞剑，励志建功立业。306年开始担任并州刺史，募兵千人，转战晋阳一带，招抚流亡，抚恤百姓，借助鲜卑拓跋部力量与石勒、王浚对抗。后被石勒打败，投奔鲜卑段部，被段部所杀。

八王世系

八王之乱中的八王世系是：
汝南王司马亮：司马懿四子；
楚王司马玮：司马炎五子；
赵王司马伦：司马懿九子；
齐王司马冏：司马炎弟司马攸之子；
长沙王司马乂：司马炎六子；
成都王司马颖：司马炎十六子；
河间王司马颙：司马懿侄太原烈王司马瑰子；
东海王司马越：司马懿侄高密王司马泰子。

侨置

西晋永嘉之乱以后，由于北方战乱频繁，各少数民族统治者肆意烧杀掠夺，那里的汉族人民纷纷越淮渡江，南下避乱。据统计，北方人口迁到南方总数为90万余，南方人口有1/6为北来的侨民。

如何处置好这一大批北来侨民，关系到东晋政权的稳定与巩固。东晋政府对这部分人采取了侨置郡县的办法，即在地广人稀之外处立侨州、侨郡、侨县，让北方人集中居住，仍沿用北方原籍地名。侨州郡县的官吏仍由北方人士担任。侨人不入当地户籍，与当地土著人所区别，而且享有免除赋役的优待。

西晋分封制

西晋汲取曹魏集权被异姓篡位的教训，实行分封制。泰始元年（265年），分封宗室27个王：1个叔祖父，6个亲叔叔，3个亲兄弟，17个同族的叔伯和兄弟。几年以后，又陆续增封。前后共有57个王。诸王以郡为国，规定大国有民户2万，置上中下三军，共5000人；次国民户1万，置上下二军，共3000人；小国民户5000以下，置一军，1500人。同时大封功臣和异姓世家大族为公侯，一次就封500多人。这些人在西晋形成一个庞大的贵族地主阶层。

太康体

西晋太康年间出现了一批诗人，有三张（张载与其弟张协、张亢）、二陆（陆机与其弟陆云）、二潘（潘岳与侄潘尼）、一左（左思）。这些人中最有文学成就的是左思和陆机。太康年间出现的诗风又称太康体，其特点是注重炼字析句，追求辞藻华美，渐流于轻绮靡丽。

陈寿与《三国志》

陈寿（233~297年），字承祚，西晋巴西安汉（今四川南充东北）人。自幼好学，曾师从谯周，蜀汉时历任卫将军主簿、东观秘书郎、散骑黄门侍郎等职。入晋后，又历任著作郎、治书侍御史等职。太康元年（280年）晋灭吴后，陈寿搜集魏、蜀、吴史料，终于撰成《三国志》65卷。《三国志》是纪传体三国史，分魏、蜀、吴三志，其中《魏志》30卷，《蜀志》15卷，《吴志》20卷。在中国古代纪传体正史中，《三国志》与《史记》《汉书》和《后汉书》并称为前四史。

洛阳纸贵

左思是西晋时期的作家。他写文章非常认真，每篇文章都要反复修改、推敲，所以文章质量很高。他计划写《三都赋》（描写魏、蜀、吴三国都城的景况），整天苦心构思，每时每刻都在想着这篇文章。他在书房外的走廊里、院子里，甚至厕所里都挂上纸笔，每想出一个好句子，立刻记录下来。这样努力了10年，终于写成了这篇《三都赋》。

最初文章写成后，人们并不看重它，认为没什么了不起的。后来有几个有影响的大学问家都给这篇文章写序言、作解释，给予了高度的评价，认为这篇文章在内容和形式上都达到了空前的高度，艺术价值非常高。这时洛阳城里有地位的人纷纷争先恐后地买纸抄这篇文章，以至于当时洛阳城里的纸都不够用了，纸价上涨了好多。后来人们用"洛阳纸贵"这个成语形容文章风行一时，人们先睹为快。

杯弓蛇影

晋朝乐广是有名的清谈家，他有个好朋友已经有许多日子不到乐广家里来访谈了。有一次乐广在路上遇见了他，问他长久不来的原因。那人答道："上一次在您家，承蒙您请我喝酒，我正想喝，忽然见杯中有一条蛇，害怕极了，喝完回家后就生了一场大病，所以不敢再来。"乐广知道后，就再次请他，在同一座位上让他喝酒。然后问道："你在酒中还见到了蛇吗？"客人答："仍见到蛇，和以前一样。"乐广告诉他，这是因为屋角上挂了一张弓，它的影子照在杯子上的缘故。客人知道了事实真相，心情豁然开朗，病也就好了。后来把"杯弓蛇影"比喻成疑神疑鬼、妄自惊慌。

东 晋

（公元317年~公元420年）

永嘉南渡

司马睿是司马懿的曾孙，袭封琅琊王。其封国紧临东海王司马越。八王之乱时，他追随司马越，并受命镇守下邳（今江苏睢宁西北）。后因下邳难以守御，得司马越同意，于永嘉元年（307年）以安东将军、都督扬州江南诸军事，移镇建业（今江苏南京，改称建康）。司马睿与琅琊著名士族王导交好。司马睿初镇江东，南方士族心存疑虑，态度冷淡。王导帮他拉拢南方士族，于荣任命名士顾荣为军司马、散骑常侍；贺循为吴国内史。以此吸引南方氏族归附司马睿。此后多数南方士族对司马睿的态度由观望转为支持。王导又极力周旋其间，终使南北士族政治联合。建武元年（317年），得知晋愍帝投降后，司马睿自称晋王，次年称帝。定都建康，历史上称为东晋。司马睿即是晋元帝。王导因为有辅佐皇帝再造晋室之功，深得司马睿的信任。王导身为宰相，掌握中央的行政大权，哥哥王敦手握重兵，掌握军事大权。其他重要的官职，也被王家人所占有。在东晋王朝，王家几乎和司马氏平起平坐，所以当时流传一句话"王与马共天下"，意思是说：王导和司马睿共同掌握天下。

五胡十六国

五胡是指东晋时期居住在我国北方地区的5个少数民族。即：匈奴、鲜卑、羯、氐、羌。西晋末年，这些民族相继内迁中原北部地区。自永安元年（304年）至南朝宋文帝元嘉十五年（439年）的35年间，这5个民族先后建立了16个割据政权，即：成汉、前赵、后赵、前秦、后秦、西秦、前燕、后燕、南燕、北燕、前凉、后凉、南凉、北凉、西凉和夏。故称五胡十六国。另有冉魏、西燕、和北魏的前身代国，也都是同时出现的割据政权，但这三国一般不列入十六国之内。

东晋祖逖、桓温北伐

东晋北伐中原，影响较大的是祖逖和桓温北伐。

东晋建国前，祖逖向司马睿请求北伐。司马睿仅给他1000人和3000匹布。建兴元年（313年），祖逖率百余部曲渡江，在江阴（今属江苏）打造武器，招募士兵。在北方广大汉族人民支持下，很快收复黄河以南的全部失地。正当祖逖满怀信心，继续北进时，司马睿派南方大族戴渊为征西将军，司兖、豫、并、雍、冀、梁六州诸军事，以钳制祖逖。祖逖处处受制，忧愤成疾，于大兴四年（321年）病故。河南之地旋又为石勒所据，北伐成果被断送。

东晋中期，桓温为捞取政治资本和抢夺军权，先后三次北伐中原。第一次攻打前秦，直抵关中，进军灞上（今属陕西），由于决心不大，遭前秦反击而失败；第二次攻打羌族姚襄，一举攻克洛阳（今属河南），但不久被前燕收回；第三次打前燕，直抵枋头（今属河南），由于坐失战机，给养供应不足，最后也被迫撤兵。

淝水之战

前秦苻坚统一北方后，急欲进攻东晋，统一全国，前秦建元十八年（383年），苻坚与其弟苻融率兵87万南下攻晋，自以为投鞭于江，足可断流，灭晋易如反掌。东晋以徐、兖二州刺史谢玄等率北府兵8万迎战。谢玄派名将刘牢之率精兵5000人，偷渡洛涧（即洛河，位今安徽淮南），败苻坚军前锋，继而挺进淝水，与秦军对峙。苻坚登寿阳城（今安徽寿县），见晋军齐整，又见八公山（今安徽凤台东南）上草木森然，皆以为晋军，心生疑悸。谢玄派使者要求前秦军后撤，以便晋军渡河决战。苻坚欲待晋军半渡反击之，遂下令稍退。前秦军方退即大乱，晋军乘机渡水奋击，大败秦军。苻融战死，苻坚带伤逃归。淝水之战，使南方免于战祸，江南经济得以持续发展。战后，北方分裂。南北方进入对峙状态。

桓玄之乱

东晋末年，会稽王司马道子父子专权，398年，桓温之子桓玄等人相继起兵反抗。桓玄趁机壮大自己的势力，自称占有东晋领土的三分之二。402年，桓玄打败了司马氏的军队，控制了朝政大权，次年，桓玄自立为帝，改国号为楚。不久，北府兵将领刘裕赶走桓玄，恢复了晋安帝的皇位，乱事遂平。

刘裕北伐

刘裕平定了桓玄之乱以后,逐渐掌握了东晋政权。409年,北方南燕政权出兵攻打东晋,刘裕为了建立个人威望,率军北伐南燕,于第二年灭了南燕,收服了青州和兖州地区。416年,刘裕再次北伐后秦,于次年八月攻陷长安,灭亡了后秦,收复了黄河以南的地区。

谢玄北府兵

东晋徐州都督府位于都城建康的东北,号为北府。东晋初,郗鉴出任徐州刺史、都督,组建北府兵,兵源来自广陵、京口(今江苏镇江)及其左近定居及不断南来的北方流民和流民师。后北府移镇京口,是拱卫建康、稳定政局的一支重要武装。太元二年(377年),前秦大军压境,东晋宰相谢安举从子谢玄为兖州刺史、监江东诸军事,镇广陵。太元四年(379年),谢玄兼领徐州刺史,所部就称为北府兵。谢玄率领北府兵在淝水之战中大败前秦,北府兵亦由此威名大振。

王羲之

王羲之(约303~约361年),字逸少,东晋琅琊临沂(今山东临沂北)人,出身高门士族。东晋著名书法家。官至右军将军、会稽内史,世称"王右军"。定居会稽,353年,与谢安等会于山阴兰亭,作《兰亭序》。从卫夫人学书,后博采魏晋书法之精华,创立了自己的风格,尤工隶书、正楷和行书。字势妍美,一改魏晋质朴书风,后代尊为"书圣"。性好鹅,曾写经换道士的鹅。书迹刻本甚多。

陶渊明

陶渊明(365~427年),名潜,字元亮,号渊明,谥号靖节,东晋浔阳柴桑(今江西九江西南)人。东晋著名大诗人,博学善文。他出世时家道中落,曾任江州祭酒,因不满士族地主把持政权,不久就自行解职,回家耕田。后又为生活所迫,出任镇军参军、彭泽令等职。为彭泽令,在官80余天即解印离职,说:"不能为五斗米折腰"。遂赋《归去来辞》,隐居乡里,与周续之、刘遗民共称"浔阳三隐"。现存诗120多首,散文6篇,辞赋3篇。代表作有《归田园居》、《桃花源记》等。

士族

魏、晋、南北朝时期泛指世代为大官高爵的家族,又称世族、高门,以严格区别于庶族。东汉以后逐渐形成,东晋及南朝时势力鼎盛。他们占有大量土地和劳动力,世世代代把持高官,不与庶族通婚、共坐、交往。享有政治、经济等各方面特权。南朝后期,庶族出身者虽逐渐掌管机要,但士族的社会影响直至唐初仍未衰落。

庶族

庶族指魏、晋、南北朝时期泛指相对于士族而言的百姓。凡庶民均须服役纳税,庶民立有特殊的军功虽可为官,但出身仍为庶族。魏、晋、南北朝时,高官上品,庶民难以染指,且士族不与庶族通婚,当时有"士庶天隔"之说。

火药

最早的炸药,即黑色火药,用作引燃、引爆、发射和推进的一种药剂。为中国古代四大发明之一。最早的火药是东晋的黑火药。唐代开始用于军事。最早的火药武器是火箭。

十六国
(公元304年~公元439年)

刘渊起兵

刘渊是匈奴左部帅刘豹之子。西晋末年八王之乱,社会动荡,匈奴贵族认为这是恢复匈奴的好机会,于是共推刘渊为大单于,于304年率众起兵,定都左国城(今山西离石),改称汉王,国号为汉。308年,刘渊改称皇帝,迁都平阳。310年,刘渊病死,其子刘聪继位。

胡汉分治政策

十六国时期少数民族统治者实行的是民族分治政策。西晋末年,匈奴贵族刘渊建立汉国,设单于左辅、右辅,专治理胡人。所谓胡人即泛指北方诸少数民族。其子刘聪继位后,进一步健全胡汉分治制度。他以子刘粲为大单于,设左右辅,各管六夷10万落,每万落置一都尉;另设左右司隶,专治理汉人,各管20余万户,每万户置一内史,共43内史。其实质是依靠和利用匈奴及其他胡人贵族压迫汉人。羯族首领石勒建立后赵,也设内史专治理汉人,另置大单于镇抚百蛮。鲜卑贵族建立的后燕政权在后期也实行胡汉分治政策。

前赵与后赵

318年,刘聪死后由其子刘粲继位,大臣靳准发动政变,杀刘粲自立为汉天王。刘聪的族弟刘曜闻讯也自立为帝,进兵平阳,灭了靳准一族,并且迁都长安。319年,刘曜改国号为赵,史称前赵。328年,刘曜被羯族将领石勒所建立的后赵政权击败,第二年,后赵大军进占长安,前赵灭亡。

前秦立国

永嘉之乱时,氐族的贵族苻洪被部众推举为盟主,后来又先后归附了前赵和后赵,并于349年被封为雍州刺史,镇守关中。350年苻洪自称大都督、大将军、大单于、三秦王。不久,他被后赵的降将麻秋毒死,其子苻健率领部众进入长安。351年,苻健自称大秦天王,建国号为秦,次年改称皇帝,史称前秦。

王猛入前秦

王猛自小好读兵书,十分博学。桓温北伐入关时,王猛前来求见,两人谈起天下大势,王猛边谈边捉身上的虱子,旁若无人。桓温撤兵时,请王猛一同南下,王猛却坚持留在北方。后来,他受到前秦王苻坚的赏识,入前秦作官并成为卓越的政治家。他明刑峻法,打击豪强,政绩显著,使前秦出现了路不拾遗的局面。

胡族最高统治者:大单于

自先秦以来,胡族最高统治者自称大单于,所以十六国时期胡汉分治的胡族系统仍尊称为大单于。大单于或由皇帝(王)自兼,或以太子（世子）兼领，实际等于副王。大单于的权力执行机构为单于台。属官有左右贤王，此仅见于前赵刘曜，其他皆设单于辅相，多称左右辅或相。

苻坚

苻坚（338～385年），字永固，一名文玉，略阳临渭（今甘肃秦安东南）人，氐族。十六国时的前秦国君，357～385年在位。初为东海王。357年杀苻生，自立为大秦天王。任用汉族士人王猛等，抑制豪强，注意发展农耕生产，提倡儒学，结好乌丸、鲜卑诸部，势力逐渐强大。十余年间，统一中国大部。383年，亲率数10万大军攻东晋，大败于淝水。各族首领乘机反秦自立。385年，为羌族首领姚苌所擒，缢死于新平（今陕西彬县）。

王导

王导（276～339年），字茂弘，琅琊临沂（今属山东）人。出身世家大族，初袭祖爵即丘子，任东阁祭酒，后参东海王司马越军事。与琅琊王司马睿交往密切。南渡来建业后，依赖南渡的北方士族，团结江东土著，协助司马睿建立了东晋政权。王导历三朝为宰辅，以"镇之以静，群情自安"为方针，保持东晋的安定局面。因他扶持晋室功勋卓著，所以朝野倾心，号为仲父。

西凉乐

在十六国时期，前秦大将吕光出兵西域，并从龟兹（今新疆库车）带回了由西域乐工组成的乐队，使用琵琶、笙、笛、箫、羯鼓、铜钹等各种乐器。从此，龟兹乐在河西走廊凉州地区传播开来，并与汉族音乐融合形成"西凉乐"。北魏太武帝拓跋焘平定河西地区后，西凉乐传入中原，产生了很大影响。

麦积山石窟

位于甘肃天水市城东南麦积山上的麦积山石窟，山高142米，形似堆积的麦秸，故名。开凿于十六国晚期，其后历代均有建造。现存洞窟194个，泥塑像、石雕像七千余尊，壁画一千多平方米。石窟开凿于距山基二三十米或七八十米高的悬崖峭壁上，层层相叠，上下错落，密如蜂窝。窟内有七座北朝"崖阁"，为研究北朝时代建筑艺术的重要资料。

南　朝

（公元420年～公元589年）

刘裕代晋

刘裕本是东晋北府兵的将领，在404年平定桓玄之乱后掌握了东晋政权。接着，他通过发动北伐，为自己树立了威望。420年，晋恭帝被迫让位，刘裕即位称帝，建立了南朝宋政权，刘裕就是宋武帝。

刘宋元嘉之治

刘裕建宋以后，大力革新内政，推行改革。他死后，长子刘义符继位，整日耽于游乐，不理朝政，不久便被废掉。第三子刘义隆即位，这就是宋文帝，他是一位很有作为的皇帝。他继承前代的事业，进行了一系列的改革：在政治上,他整顿吏治,加强对于地方官的考察监督,同时放宽刑罚,诏求贤才;在经济上,他兴修水利,奖励耕织,减免赋税,积极开展赈灾活动;在社会思想文化建设上,他大力发展教育。这样,刘宋王朝就出现了政治清明、社会安定的大好局面,宋文帝的年号是元嘉,因此历史上把这段清明的统治时期称为"元嘉之治"。

南齐的兴衰

萧道成废宋称帝以后,实行了一些有利于社会发展的措施,他下令禁止大族招募佃客和占山封水,又减免赋税,发展教育。其子齐武帝也比较重视生产,劝课农桑,社会呈现出一片升平景象。武帝末年,皇室和贵戚大肆聚敛资财,生活极其奢侈腐化。武帝死后,他的儿子们为争夺皇位而相互残杀,国家政局越来越混乱。齐明帝萧鸾通过流血政变登上皇位以后,大肆杀伐,先后诛杀了12位亲王。东昏侯萧宝卷更加残暴,他几乎把前代皇帝的子孙全部杀光。501年,雍州刺史萧衍起兵攻进建康,次年废掉了齐和帝萧宝融,南齐灭亡。

萧梁的统治

萧衍灭南齐即位以后,改国号为梁,历史上称为"萧梁"(502~557年)。萧衍博学多才,与当时的杰出文人沈约、谢朓等齐名。他在位时,努力调和国内的矛盾,选贤才,重农业,但是他不断加重刑罚,同时大力提倡佛教,意在用两手巩固自己的统治。萧衍晚年时,朝政黑暗。河南王侯景作乱,攻入建康,困死了萧衍,立萧纲为帝,自己作了丞相,不久又废帝另立。551年,侯景干脆自立为帝,建国号汉,第二年被王僧辩和陈霸先等人打败。侯景败后,梁朝的宗室诸王相继拥兵自重,割据一方。陈霸先杀掉王僧辩,控制了萧梁政权。557年,陈霸先废梁自立,建国号陈。

梁武帝出家

萧衍(464~549年)在502年即皇帝位前,对百姓和士兵尚且关心,当了皇帝后,就换了一副面孔。他对皇亲、国戚及大臣们的贪得无厌格外宽容,对百姓却极尽搜刮掠夺之能事。

萧衍晚年开始崇信佛教,并借佛教名义愚弄百姓,搜刮钱财。他修建了一座规模宏大、富丽堂皇的同泰寺为自己诵经拜佛之用。529年,他到同泰寺"舍身"出家做和尚,一时国中无主,大臣们急忙到寺中劝他回宫。他做了73天和尚,被大臣们用钱把他从同泰寺中赎了出来。这种闹剧共演了四次,大臣们为他花了四万万赎身钱。梁朝就这样被梁武帝折腾得日趋衰弱了。

侯景之乱

547年,十六国东魏的大将侯景向梁投降。梁武帝派萧渊明率大军接应,结果萧渊明在与东魏交战时战败被俘。不久,东魏表示愿与梁重新通好,于是梁武帝答应以侯景交换萧渊明。侯景走投无路,于548年八月起兵反梁,攻下了建康城,并在次年三月攻入梁武帝居住的台城。五月,梁武帝饿死于台城,侯景立武帝太子为帝,即简文帝。这次变乱使江南社会经济遭到极大破坏,成为南朝历史的转折点。

陈霸先平叛

550年,陈霸先时任振远将军、西江督护、高要太守、督七郡诸军事，他先正式起兵平叛，成为一支重要的武装力量。551年，侯景杀死简文帝，自立为帝，建国号为汉，同时派兵进攻巴陵地区，结果被荆州刺史萧绎手下的大将王僧辩击败。552年二月，陈霸先与王僧辩会合，共同攻打侯景，侯景的叛军很快土崩瓦解。侯景在东逃的路上被部下刺杀。持续四年之久的叛乱终告平定。

亡国之音：《玉树后庭花》

陈后主是南北朝时陈朝的最后一个皇帝，名叔宝。他做了皇帝不久，就迷上了女人，立张丽华为贵妃，宠幸王美人、季美人等七个美女，整天寻欢作乐，不理朝政。此外，他还大兴土木，建造临春阁、结绮阁和望仙阁，镶金嵌玉，精心装饰，使其光彩夺目，香飘数里。每天在阁上宴饮时，陈后主还与张贵妃、王美人、季美人、女学士、狎客等一同赋诗赠答。

祯明初年（587年），陈后主作了一首新词《玉树后庭花》，词意悲凉哀怨，其中有两句道："玉树后庭花，花开不复久。"陈后主十分喜欢，让千名美女到宫内练唱习舞，表演给他看，结果朝政大权落在张贵妃手里，大臣官吏也为非作歹，欺压百姓，搜刮民脂民膏，百姓怨声载道，苦不堪言。

这时，北方的隋朝看到南方的陈朝国君昏庸，国力衰弱，就率大军渡江进攻陈朝。陈后主却根本不在意，依然沉湎于声色，自认为有长江天险阻隔，牢不可破。589年，隋兵攻入陈朝国都建康（今南京），陈后主自杀未遂，做了隋军的俘虏。他作的《玉树后庭花》被人当做亡国的预兆，成了亡国之音的代名词。

宋武帝刘裕

宋武帝刘裕（363～422年），字德舆，小名寄奴，生于彭城（今江苏徐州），移居京口（今江苏镇江）。南朝宋创建者，420～422年在位。虽出身士族，但家贫，以农作为生。404年，与北府诸将起兵京口，讨篡位之桓玄。次年迎安帝复位，为镇军将军、都督荆等16州诸军事，领青、徐、兖三州刺史，镇京口。408年，入朝辅政，为侍中、录尚书事、扬州刺史。禁豪强占山泽，依界土断侨民，并省侨郡县。418年，遣人杀安帝，立恭帝。419年，晋爵宋王。420年，代晋称帝，国号宋，年号永初。卒谥武皇帝，庙号高祖。

梁武帝

梁武帝萧衍（464～549年），字叔达，南兰陵（治今江苏武进西北）人。南朝梁创建者，502～549年在位。501年起兵，立南康王萧宝融为帝。次年，自立为帝。国号梁，都建康（今江苏南京），年号天监。制九流常选；立国学，置五馆，五馆生不限门第；又立集雅馆、士林馆。笃信佛法，大建寺院，四次舍身同泰寺。548年，东魏降将侯景勾结临贺王萧正德反。次年三月台城失守，被困饿死。谥武帝，庙号高祖。他长于文学，善书法。曾创制准音器四具，名"通"，又制长短笛十二支，以应十二律。明人辑有《梁武帝御制集》。

谢灵运

谢灵运，山水诗代表作家。因仕途坎坷，常放浪山水，探奇览胜，因此其诗歌多为描绘自然景物、山水名胜，其中不乏名句。谢灵运以他的创作极大地丰富和开拓了诗的境界，使山水的描写从玄言诗中独立了出来，从而扭转了东晋以来的玄言诗风，确立了山水诗的地位，从此山水诗成为中国诗歌发展史上的一个流派。

祖冲之

祖冲之（429～500年），南朝宋齐时期的科学家。字文远，范阳道县（今河北涞水）人。博学多才，尤擅长历数。在前人研究的基础上，推算出圆周率为3.1415926至3.1415927之间，是世界上第一个把圆周率计算到小数点以后第七位数的人。他还用两个分数表示圆周率。在天文历法上，编制了《大明历》，定一回归年为365.2428天，与近代科学测定的一天长度，差额不足50秒；在机械制造上，祖冲之制成用机械传动的日行百里的"千里船"和指南车；还制造出水碓磨。他在我国古代科学技术的诸多方面都取得了突出成就。

刘义庆与《世说新语》

宋文帝时，宋文帝的侄子刘义庆召集文士何长瑜、鲍照等人，在《语林》、《郭子》等书的基础上，编成《世说新语》10卷。全书将东汉至东晋士族人物的逸闻轶事按类编录，分为《言语》、《德行》、《文学》等36门，反映了士族地主的精神面貌和生活方式。《世说新语》文字简洁精练，叙事生动真切，是研究魏晋时期社会情况的重要资料，对后世文学有着深远的影响。

徐陵与《玉台新咏》

《玉台新咏》是南朝陈时期的徐陵所编。梁简文帝萧纲为太子时，好作艳诗，令徐陵选录自汉至梁有关妇女及男女恋情的诗，编成《玉台新咏》十卷。专咏妇女的诗编集成册，是编诗集的一种新形式。许多诗篇赖此诗集得以保存，从中可见封建社会妇女的生活状况。如西晋傅玄《苦相篇》叙述男女间不平等，妇女在父家、夫家身受的苦痛，表明作者对妇女的同情。名作《古诗为焦仲卿妻作并序》，被收入卷一中。所录诗多为《文选》所不载。但此书多数诗篇为"宫体诗"，即宫廷中描绘声色，反映统治阶级荒淫生活的艳丽诗篇。宫体诗在梁陈时盛行，其代表人物有徐摛及其子徐陵、庾肩吾及子庾信等。

《宋书》

沈约为南朝时的江东门阀士族，从小博览群书，才华横溢。《宋书》是记述刘宋王朝历史的史书，成书于487年。沈约用不到一年的时间撰成纪、传七十卷，到了梁武帝时，又撰成八志三十卷。《宋书》的纪和传全面反映了刘宋时期政治、经济、文化等方面的真实情况，而八志则记述了当时天文历法、礼乐制度、官吏制度、自然地理、物产气候和郡设置等重要资料。

《后汉书》

元嘉九年（432年），范晔左迁宣城太守时，在郡数年，始撰《后汉书》。范晔删众家后汉史书为一家之作，仅成"本纪"、"列传"，后人取司马彪《续汉书》八志补入，合为一书，传于今。《后汉书》文字简洁，叙事明白，刻画人物有独到之处，还独创了一些新的类传，如"党锢"、"文苑"、"独行"、"方术"、"逸民"、"列女"等。此书问世后，众家所修后汉史书都告废弃。

刘勰《文心雕龙》

刘勰（466～520年），是南朝齐梁时期的文学理论批评家，他所撰写的《文心雕龙》是文学评论史上第一部有严密体系的文学理论专著。全书共50篇，包括总论、文体论、创作论和批评论四部分，论述了各文体的特征和历史演变，探讨了创作和批评的原则与方法。《文心雕龙》全面总结了前代文学现象，把文学理论批评推向了新阶段，对后世影响深远。

钟嵘《诗品》

梁钟嵘所撰的《诗品》，是一部对汉魏以来的五言诗带总结性的文学批评著作。它把从汉至梁122位作者分为上中下三品，上品11人，中品39人，下品72人，对每位作家都给以扼要的评语，直率褒贬。

钟嵘认为评价诗的标准必须兼有充实的内容和华美的文采，耐人玩味，受到感染，这才是诗歌的高峰。他反对贵族文坛的诗歌一味追求声律，滥用典故，违反了自然的真美与和谐，认为真正好的诗歌必须有真实的感情。

范缜《神灭论》

范缜（约450～510年），南朝齐梁间唯物主义哲学家。南朝时佛教盛行，针对佛教宣扬的"神灵不灭"，范缜写成无神论著作《神灭论》。全书用问答体写成，共计31组问答，系统地阐述了无神论的思想。他认为人的精神和肉体是相结合、相统一的，肉体是本质，精神会随着肉体的死亡而消灭。《神灭论》在中国古代思想史上具有划时代的意义，范缜的唯物主义思想也超越了前人的成就，达到很高的水平。

萧统与《昭明文选》

萧统是梁武帝的长子，被立为昭明太子。他生性聪敏，颇有学识。为了传播前人优秀的文学作品，他主持编撰了一部文章总集，称为《文选》，又名《昭明文选》，选录了自先秦至南朝梁时期130多人的诗文辞赋七百余篇，按文体分成39类。《文选》是我国现存最早的诗文选集。

陶弘景与《本草经集注》

我国现存最早的药物学著作是汉代的《神农本草经》，共收药物365种，分上中下三品：上品无毒或毒性小；中品有的有毒，有的无毒；下品有毒，不能久服。该书成书后，经辗转传抄，有不少错误混乱。经历了南朝宋、齐、梁三个朝代的陶弘景决定对它进行校订和整理，写成《本草经集注》。他结合自己的经验，对药物作了鉴别和补充，收的药增加到730种。对药物的性味、产地、采集、形态、鉴别诸方面的论述，有显著提高。在分类方面，从原来上中下三品，改为七大类，即玉石、草木、虫兽、果、菜、米食、有名无用（未经验证之药）。书中又提出了一个"诸病通用药"的列记表，如治黄疸有茵陈、栀子、紫草等。此书对后世影响很大。唐《新修本草》，明李时珍《本草纲目》都是在其基础上发展起来的。

山水诗

永嘉之乱后，避乱到江南的北方世家大族到处占山涸泽，使江南的士族庄园经济获得了迅速发展。他们常常作诗来称誉南方庄园的山水之美，从而使山水诗这种新的诗歌体裁兴盛发展起来。南朝时，出现了谢璞、江淹、谢灵运、谢朓等著名的山水诗人，开创了唐代山水田园诗的先河。

永明体

南朝齐武帝永明（483～493年）间，周颙提出了汉字的平、上、去、入四种声调，诗人沈约提出作诗要音韵协调，指出了平头、上尾、蜂腰、鹤膝等八病，这种强调声韵格律的新诗体被称为"永明体"，是中国诗歌史上格律诗的开创之体。谢朓的永明体诗歌成就较高，多描写自然景色，时出警句，风格清俊，后世将其与谢灵运并举，称小谢。永明体诗对五言古体诗向律诗的转变有一定的影响，但过分强调声律，对诗歌创作规定了许多不必要的禁忌。

南朝民歌

南朝的乐府民歌主要是指吴声和西曲。吴声现存三百多首，产生在以建康为中心的吴地。西曲产生于长江中游的荆州、襄阳一带。南朝民歌大多数都是情歌，体裁短小，多为五言四句，语言清新自然，喜用双关语。

和尚为什么吃素

在佛教初创时期，信徒不一定非要吃素。印度的佛教徒托着钵，当时四处乞食，根本没有选择素食的余地。因此，佛祖虽然说过避免吃肉，不要杀生，但在律书《十诵律》里也还是规定可以吃"三净肉"，即自己没有亲眼看见、亲耳听到和不是为了自己想吃才杀的动物的肉都是可以食用的。

一直到南朝梁武帝时期，僧人们才渐渐只吃素。梁武帝萧衍是一个虔诚的佛教徒，他认为食肉就是杀生，违背了佛教"不杀生"的戒条。他发誓断除酒肉，假如再喝酒吃荤，杀害生灵，甘愿受鬼神制裁，并将堕落到阿鼻地狱；他又规定宗庙祭祀用面粉替代牲畜。梁武帝严格遵守誓言。他头戴葛巾，身着布衣，脚穿草鞋，每天只吃豆羹粗饭。僧人们在梁武帝的带动下，也严格吃素食，并以素食招待客人。时间一长，吃素就成了僧人们的习惯，而且逐渐成了寺院里的一种必须遵守的戒律。

南朝的少数民族

南朝境内的少数民族主要有蛮、僚、俚、巴、蜀、越、傒等，而以蛮、僚、俚为主。

蛮有百万以上，主要分布在长江以北至淮河、汝水一带，长江以南湖南一带，以农业为主，穿布衣。赤足，勇敢善射，兵器以金银装饰。

僚有百万左右，分布在四川和陕西南部，僚人无名字，儿女以长幼次序称呼，以农业为主，善于捕鱼，能在水底用刀刺鱼，买卖奴隶之风很盛。

俚有数十万，为黎族先民之一，主要聚居在湖南南部、广东和广西东南部，其住房为干栏式。

在漫长的历史发展过程中，这些少数民族和汉族人民逐渐融合，也是历史的进步现象。

北　朝

（公元386年～公元581年）

北魏建立

拓跋部最初活动于大兴安岭一带，是鲜卑族的一支，东汉时起，拓跋部逐渐向南迁移，势力逐渐发展壮大起来。十六国时期，拓跋鲜卑曾建立代国，于376年被前秦所灭。386年，拓跋珪重建代国，同年又改国号为魏，史称北魏，他被尊为太祖道武皇帝。

北魏孝文帝改革

北魏孝文帝统治时期，在各种有利改革的形势下，孝文帝与冯太后共同推行了改革。改革的第一个阶段始于太和八年（484年），主要是变革政治经济制度；第二阶段始于太和十八年（494年），着重变革鲜卑族的社会生活习俗。改革的主要内容有整顿吏治、颁布均田令、废除宗主督护制并实行三长制、实行定额的租调制、迁都洛阳、提倡胡汉通婚、改变官制和刑律、尊孔尊儒并兴复礼乐。改革加速了北方民族融合的历史进程，使他们由游牧经济迅速转变为以农业经济为主，北魏出现了空前的繁荣景象。

北魏均田制

魏太和九年（485年），北魏实行均田制。均田制将土地分为露田、桑田两种。15岁以上的男子受露田40亩、桑田20亩，妇人受露田20亩。露田加倍或2倍授给，以备轮种。桑田为永业田，不需还官，但须在3年内种植桑、榆、枣等树，而露田在身死或年过70岁后要还给官府。在不宜种桑的地方，给麻田，男子10亩，妇人5亩。奴婢可与良人接受同样数额的田地。耕牛每头受露田30亩。

均田制的实行，将游离的劳动者重新和土地结合起来，其结果，社会秩序较为稳定，土地开垦面积有了很大提高，促进了北方农业生产的发展。

北魏太武帝灭佛

南北朝时佛教在北方极其盛行，僧尼人数激增，寺院占有大量的土地，僧人与地主间的矛盾日益激化。444年，北魏太武帝采纳崔浩等人的建议，下令禁止私自出家，并且没收寺院财产，焚毁佛经和佛像，后来甚至发展到全国僧人无论长幼一律坑杀。这对佛教是一次沉重的打击。

突厥崛起

突厥为匈奴别支（一说为平凉杂胡），姓阿史那氏。原居住在准噶尔盆地以北，后来又迁移到吐鲁番盆地西北，后受柔然汗国的征服迁到阿尔泰山的西南麓，以替柔然人锻铁生产武器为生。后柔然势力削弱后，突厥崭露头角。西魏大统十一年（545年），宇文泰派遣使者至突厥，以示通好。次年（546年），突厥可汗阿史那土门率众破高车部，开始对柔然宣布独立。552年，土门出兵袭击柔然，柔然可汗阿那环兵败自杀。土门自称伊利可汗，号其妻、西魏长乐公主为可贺敦。伊利可汗死后，子科罗立，科罗死，弟俟斤立，号木杆可汗。木杆可汗在位时，彻底清除柔然汗国的残余势力。从此突厥人代替了柔然人，成为漠北一个强大的汗国。

北齐代东魏

高欢拥立东魏政权后，一直将朝政大权掌握在自己手中。549年，高欢的长子高澄被人刺杀，次子高洋继掌大权后，革除了高澄时的弊政，顺利控制了局面。第二年，高洋被任命为丞相，晋爵齐王；同年五月，高洋废孝静帝，即位称帝，建立了北齐，史称文宣帝。

府兵制

府兵制源于鲜卑部落兵制，西魏大统年间（535~551年）丞相宇文泰初建府兵制。府兵的地位比较高，不是边防军而是禁军。军士另立户籍，府兵不承担赋役。府兵每月上半月守卫宫廷，昼夜巡查，下半月由军官教习作战。府兵的核心是入关中的六镇鲜卑军人，随孝武帝入关的北魏宿卫禁旅等。府兵最高统帅称八柱国，除宇文泰和西魏宗室广陵王元欣外，其他六柱国为六个集团军，各督两个大将军，大将军督两个开府将军，共二十四个开府，每一开府统一军，共二十四军，此为兵农分离之贵族兵制。

北周武帝招募许多汉人参加府兵，又把府兵改称为"侍官"，入军籍后不编入地方户籍，免除赋役。此为大体兵农合一的华夏兵制。府兵直辖于君主，加强了君主权力和中央集权。

北周灭北齐

北齐后期，政治腐败，贪污奢侈，社会矛盾尖锐。此时西魏已经被北周政权所取代，而且日益强大起来。575年，北周武帝亲率大军，兵分几路讨伐北齐，齐军很快就被击溃了。577年正月，北周大军攻入邺城，北齐灭亡了，北周统一了北方。

杨坚代周

杨坚是北周的大将军、大司马，封为隋国公。579年，北周皇帝周宣帝病死，继位的周静帝年仅7岁，由杨坚总揽朝政。杨坚革除弊政，法令清简，得到了舆论的支持。随后，杨坚铲除了各地反对自己的势力，巩固了权力，于581年年底逼周静帝退位，代周称帝，建立了隋朝。

冯太后

冯太后（442~490年），北魏文成帝的皇后，孝文帝即位后尊为太皇太后。她多智略，善决断，知人善任，有政治眼光，执政二十多年，改革鲜卑旧俗，实行官吏俸禄制，整顿吏治，颁布均田令。她是孝文帝改革前期的实际决策者。

郦道元与《水经注》

《水经注》为北魏郦道元著。共40卷。其文20倍于原著《水经》。内容丰富，体例严谨。所记河流，除《水经》原载的干流137条外，又引及支流1252条。详细记载河流所经地区的地理情况、建置沿革和有关、人物、神话传说。是6世纪以前中国最全面而有系统的综合性地理名著。文笔绚丽生动，在文学上也有相当高的价值。引用书籍多达400多种，还引述了不少汉、魏间的碑刻。

贾思勰与《齐民要术》

《齐民要术》为北魏农学家贾思勰著，10卷，约成书于533~544年。他是中国现存最早、最完整的农业科学著作。贾思勰是山东人，曾任高阳郡（今山东临淄县）太守。他的足迹遍及山西、河北、河南、山东，总结了我国北方劳动人民长期积累的生产经验，介绍了农、林、牧、副、渔业的生产方法，反映了以农为本、多种经营、重视购销的思想。在世界农业科学发展史上占有重要地位。

《洛阳伽蓝记》

《洛阳伽蓝记》，共5卷，北魏杨衒之著。作者见北魏末洛阳遭到严重破坏，许多寺庙被毁，十分感慨，就写了这部著作，主要追叙北魏后期洛阳城内外伽蓝(佛寺)的建筑规模和兴废景象，共记载四十多个寺院，并叙及尔朱荣乱事和当时的社会、政治、人物、风俗、地理以及传闻故事和外国风土。卷五记叙宋云、惠生的西域之行，为研究中亚历史地理和中外交流史的重要史料。这部书不仅是内容丰富翔实的历史著作，而且文笔秀逸，也是一部优秀的散文集。

《颜氏家训》

《颜氏家训》共有20篇，北齐颜之推著。内容以传统儒家思想教育子弟，讲如何修身、治家、处世、为学等。主张"学贵能行"，反对高谈阔论，不务实际。对当时的家庭教育理论作了综合概括，并在一定程度上批评了南北朝时期不良的社会风气。

《魏书》

《魏书》是一部纪传体的北魏史，记述了北魏(包括东魏)王朝兴亡的历史。全书共130卷，作者是北齐人魏收。

北齐天保二年(551年)，文宣帝高洋命魏收编撰前朝史书，由平原王高隆之任总监修，房延佑等6人参与编写。

古代修史，等于为帝王将相写家谱。虽然统治者表面上也提倡"直书"、"善恶并书"，但历史上因直书见诛的史官却不乏其人，所以史官们写史时，都有意无意地为权贵隐恶扬善，在这方面魏收做得更为露骨。他借修史之机酬恩报怨，完全根据个人的好恶、恩怨，决定人物的取舍和评价。

天保五年(554年)《魏书》完成。由于该书当载不载，抛开一些世家大族，记载了一些卑微官吏，在门阀制度盛行、豪族势力强大的南北朝，自然触怒了部分豪门世家，再加上该书褒贬失当，失去了史书"令乱臣贼子惧"的威望，引起各界不满，被人们称为"秽史"。

高洋鉴于众怒沸腾，只好下令"魏史"且勿施行，令群官博议。其后魏收两次奉旨对《魏书》进行补充和删除，修改、订正了一些史实。经过这两次修改，《魏书》才成定本。

尽管《魏书》被称为"秽史"，但由于该书资料较为丰富，在史学史上仍具有一定地位。

北朝书法和"魏碑"

十六国北朝时期的书法艺术，深受钟繇和王羲之等人的影响，并在这一基础上有所发展和创新。敦煌石室发现的十六国和北朝写的佛经中，虽多微掺隶法，但字迹工整，颇有笔力，达到了较高的艺术水平。近百年来，出土了许多北朝的墓志、墓碑、造像题记等，其书体虽各有不同，但大多结体扁方、构架紧密、方笔折角、骨力雄劲，这就是"魏碑"的字体。由于用笔厚实，字形稳健有力，给人以一种独特的美的感觉。

云冈、龙门石窟

北魏时期，佛教兴盛，各地开凿了许多石窟，最著名的是云冈石窟、龙门石窟。

云冈石窟最早在北魏中期开凿，位于山西大同西郊，依山开凿，绵延1公里，现存主要洞窟45个，有大大小小5万多尊佛像，最大的佛像有十几米高,气势非常雄伟。

孝文帝把都城迁到洛阳后,北魏开始在洛阳南边的龙门山上开凿石窟,经过从北朝到唐朝几百年间的不断修造,现在龙门石窟有1300多个洞窟,大小佛像97000多个。

无论从石窟规模,还是雕刻技巧,艺术风格来看,云冈、龙门石窟都是世界雕刻艺术中的珍宝,所以举世闻名。

北朝民歌

南北朝时期,南方与北方的民歌各具特色,充分反映了祖国南方与北方文化不同风俗的风貌。南方的民歌以缠绵婉转为特色,北方的民歌则以慷慨激昂为特色。南方民歌大都是恋歌,北方民歌除恋歌外,还有牧歌、战歌等。北方的民歌最著名的是《敕勒歌》和《木兰诗》。

《敕勒歌》十分简洁雄壮,充满了一种豪迈气概。

《木兰诗》是北方民歌中艺术成就最高的作品,这是一首长达300多字的叙事诗,经过后代文人的不断加工,作品更趋完美。

悬空寺

悬空寺位于浑源县城南5公里恒山主峰天峰岭和翠屏山之间的岭谷峭壁上,被誉为"恒山第一奇观"。悬空寺始建于北魏晚期,距今已有一千四百多年。整个寺庙现存四十余座建筑,相互交错,高低错落,曲折迂回,若临虚空。

少林寺

少林寺位于河南省登封市城西北13公里的少室山北麓五乳峰下,建于北魏太和十九年(495年)。孝昌三年(527年)印度僧人菩提达摩落迹创立禅宗,史称禅宗初祖,少林寺为禅宗祖庭。唐初,少林武僧佐太宗开国有功,从此僧徒常习拳术,禅宗和少林拳负有盛名,广为流传。寺内现存建筑有山门、天王殿、钟楼、鼓楼、大雄宝殿、藏经阁、客堂、达摩亭、白衣殿、地藏王殿、千佛殿等。寺外有西面的塔林、西北的初祖庵、达摩面壁洞,西南的二祖庵,以及附近的唐代法如塔、同光塔、五代法华塔、元代缘公塔等。

隋唐五代十国

　　隋朝虽然只存在了短短的38年，却结束了近300年的南北分裂局面。581年，杨坚(隋文帝)取代北周称帝，国号隋。589年灭陈，统一全国，标志着中国历史进入了一个崭新的时期。618年因农民起义，隋政权覆灭了。

　　唐朝是中国历史上最强盛的封建王朝之一。617年，隋太原留守李渊乘农民起义之机，于晋阳(今山西太原西南)起兵，攻克长安。618年称帝，国号唐，定都长安。唐是中国历史上重要朝代之一，在政治、经济、文化和中外交通等方面，都取得了辉煌的成就。安史之乱后，由盛转衰。907年为后梁所灭。

　　唐朝灭亡后，中国历史进入了一个短暂的分裂割据时期，即后梁、后唐、后晋、后汉、后周五个王朝，合称五代。历时54年。同时在北方的山西和南方各地，先后出现了北汉、吴、南唐、吴越、闽、南汉、楚、荆南(南平)、前蜀、后蜀等十个割据政权，总称十国。这一时期政局动荡，但是唐朝创造的辉煌文化仍得到了继承和发展。

隋唐五代十国

隋　朝
（公元581年~公元618年）

◎ 杨坚建隋

北周末年，杨坚（541~604年）继承了其父杨忠的爵位，后来他的女儿又成为北周宣帝宇文赟的皇后，杨坚当上了大司马、上柱国，掌握了国家大权。大成元年（579年），年仅7岁的静帝即位，身为外戚的杨坚就以左大丞相、都督内外军事的名义把持朝政，先后平定了相州、郧州、益州发生的武装叛乱，进而消灭了宇文氏诸王，自己独霸朝纲。581年二月，杨坚废周自立，建立了隋朝（581~618年），这就是隋文帝。隋朝建立之后，进行了几次较大的战争，于隋开皇九年（589年）结束了长达270余年的分裂局面，重新统一了中国。

◎ 《开皇律》

隋文帝即位以后，命人修订刑律，编成《开皇律》。《开皇律》分为《名例》、《卫禁》、《职制》、《户婚》、《贼盗》、《斗讼》、《捕亡》、《断狱》等12篇，一共500条。《开皇律》废除了前代实行的许多酷刑，如枭首、宫刑、孥戮、车裂等，减掉了81条死罪和154条流罪。

从历史的角度来看，《开皇律》意在维护封建统治秩序，同时它也体现了一种文明和进步的精神。

◎ 科举制度

科举制度创始于隋，确立于唐，完备于宋，而延续至元、明、清，至清光绪三十一年废除。隋文帝为废除世族垄断的九品中正制，开始用分科考试办法选拔官员，炀帝时置进士科，允许普通士人应考。唐代于进士科外，又置秀才、明法、明书、明算诸科，为常科；而由皇帝特诏举行的考试为制科；武则天时又增置武举。诸科中以进士科最为重要。至宋代，确立了殿试制度，使科举三级考试制度得以完备。宋以后，只有进士一科。为防止应试者及考官舞弊，历代都建立了比较完整的防范制度，在一定程度上体现了公平竞争的原则。考试内容，唐代主要是诗赋和帖经；宋代主要是诗赋、经义、论、策；而明、清则以《四书》、《五经》为主。考试文体用八股文。唐代进士及第后，须经吏部考试合格方授官；宋代进士一至四甲可直接授官；明、清进士则均可直接授官。科举制度在中国历史上起过重要进步作用，有深远影响，但也有不少消极作用，这在清代后期尤为明显。

隋文帝设义仓

585年，隋文帝下令全国百姓以"社"为单位，按照自家收获多少自愿捐出谷物，设置仓库贮存，由社司负责管理，遇到灾荒就开仓赈济，称为"义仓"，又称"社仓"。所以，义仓刚出现时为官督民办。到596年，这一制度发生重大变化，文帝下令义仓改归州或县官府管理，自由捐献也改为按户等定额征税，义仓成为了国家可随意支用的官仓，经过多年的蓄积，各地义仓无不充盈。

大索貌阅

隋朝建立后，因此前北方长期战乱，农民流离失所。加之官府赋役繁重，农民或依附豪强大族，脱离国家户籍；或虚报年龄，逃避赋役，致使户籍散乱不实，故行此法。隋廷令地方官府和基层的三长，按户籍上登记的人口对各户进行核查，以查明有无隐匿人口；并根据人口的体貌核实户籍上登记的年龄，以防发生诈老诈小的现象。又规定堂兄弟以下一律分居，各自立户。还鼓励告发，若纠得一丁，则令被纠之家代告发者输赋役。如核查户口不实，一经发现，地方官吏解职，里正、党长发配远地。据史载，仅开皇初年于北方地区的一次大索貌阅，即检括出壮丁44万余人，164万余口编入国家户籍。大业五年（609年），又于全国范围内进行，共检出20余万丁，新增64万余口。

输籍之法

南北朝时期，北方长期战乱，社会动荡，农民或流离失所，或投附豪强大族，户籍散乱。隋朝建立后，为增加赋税收入和征调徭役，隋文帝采纳宰相高颎的建议，颁行此法。先由朝廷根据民户资产多寡划定户等的标准，称"输籍定样"，颁发至州县。每年正月初五，县府派人下乡，令民户3至5党（百户为1党，即300至500户）为一团，依照定样的标准确定各家的户等，写成定簿，并规定应交纳赋税徭役的数额。输籍定样制定的赋税额较豪强地主的剥削量要轻，以此吸引豪强大族的附徒向地方官府申报户口，而成为国家的编户。

三省六部制

由隋文帝创始，被后世沿用了很久的中央官制。三省是指中书、门下、尚书省三个部门，六部是由三省管辖的吏、户、礼、兵、刑、工六个机构。

保闾制度

隋文帝即位之初，就制定了保闾制度，以加强政府对于户口的控制，进而扩大税源。保闾制度规定，县以下五家为一保，五保为一闾，四闾为一族。设置保长、闾正、族正等职，分级负责检查户口。585年，又下令在全国整顿户籍，要求各州县按照户籍上的资料逐户核对，如有谎报掉队以逃避课役的情况，一经查出，其保长、闾正、族正等都要受到处罚。朝廷鼓励民间互相检举不实的户籍情况。同时，规定自堂兄弟以下都必须分居，另立户籍。这些措施完善了封建的户籍制度，打击了豪强的经济势力，也使国家的赋税大大增加。

仁寿宫之变

隋文帝次子杨广为了夺取帝位，伪装节俭仁孝，陷害太子杨勇，终于在600年谋得太子之位。604年，隋文帝在仁寿宫病危，杨广与丞相杨素密谋夺位之事，不慎将信件传到文帝手中，隋文帝大怒。当晚，杨广撤去左右宫人，带人进入文帝寝殿。不久，隋文帝的死讯传出，杨广随即继位为隋炀帝。

黎阳兵变

隋炀帝对于功高位重的人，往往借故杀戮。大臣高颎、贺若弼，都以"诽谤朝政"被杀，大将杨素病死，而免遭杀身之祸。613年，隋炀帝进攻高丽，命杨玄感于黎阳督运粮草。杨玄感乘机集合起少壮运夫等数千人，百姓积极响应，队伍发展到10余万人，炀帝闻杨玄感起兵，甚恐慌，立即班师，令宇文述等击杨玄感。李密提出断绝炀帝的归路，是擒贼擒王的上策；中策，夺取长安，与隋朝对峙；下策才是袭取东都。杨玄感不听，围攻东都，久攻不下，隋朝援军四集，杨玄感兵败而死。

三征高丽

隋朝开国之后，高丽成为国家东北部最为严重的边患。自大业六年（610年）开始，隋炀帝就着手准备出征高丽。612年正月，隋炀帝集中水陆大军100多万人向高丽的都城平壤进发。水军由右翊大将军来护儿统领，从东莱海口出发；炀帝则亲自统率陆军，从涿郡出发。陆军于六月抵达辽东，遇到高丽军队的顽抗，推进受阻。宇文述所领的部队推进到距离平壤城只有30里的地方，因为军中补给不足，只得退回，在归途中遭到伏击惨败。来护儿的水军轻敌冒进，遭遇伏击，又听说宇文述兵败，就自动撤兵回国。第一次征高丽宣告失败。此后，隋炀帝又分别于613年和614年连续两次出征高丽，但是都无功而返。随后高丽国派遣使者与隋朝议和。

李渊晋阳起兵

616年，唐国公李渊受命为太原留守。当时天下已乱，群雄并起。李渊也在暗中罗致人才，集结力量，准备起兵。隋炀帝对李渊有所猜忌，派亲信监视他。次年五月，李渊在次子李世民的鼓动下，杀了炀帝的亲信，自称大将军，在晋阳正式起兵反隋。

瓦岗起义

隋朝末年，全国农民不堪压榨纷纷起义。611年翟让和徐世勣在瓦岗寨（今河南滑县东南）领导农民起义。翟让原在东郡衙门里当差，因得罪上司，被关进监牢，并被判死罪。有个同情他的狱吏趁夜将他放了。翟让逃到附近的瓦岗寨，招集了一些贫苦农民组成一支队伍，队伍迅速壮大到一万多人。616年，李密投奔翟让，鼓励翟让推翻暴君，于是，瓦岗军发兵攻打荥阳。隋炀帝接到荥阳太守的告急文书，派大将张须陀带领大军到荥阳镇压。李密请翟让正面迎击敌人，他带了一千人马在荥阳大海寺北面的密林里埋伏。结果，隋军全军覆没，张须陀也阵亡。经过这次战斗，李密的威望提高了。翟让也把首领的位子让给了李密。大家推李密为魏公，兼任起义军元帅。瓦岗军在洛口建守了自己的政权。又乘胜攻下许多郡县，隋朝官吏士兵纷纷来降。瓦岗军一面继续围攻东都，一面发出讨伐隋炀帝的檄文，历数炀帝的罪恶，号召百姓起来推翻隋王朝的统治。瓦岗军的声势震动了整个中原。正当瓦岗军蒸蒸日上时，李密为了保住自己的地位，把翟让杀了。从此，瓦岗军走向衰弱，余部后来投靠了李渊。

隋文帝杨坚

隋文帝（541~604年）名杨坚，弘农郡华阴（今属陕西）人。隋朝建立者，581~604年在位。曾仕北周，封隋王。581年，废周静帝自立，改国号隋。相继灭后梁和陈，于589年统一全国，结束西晋末年以来近300年的分裂局面。在位期间，改革官制，加强中央集权。建三省六部，设州、县二级地方行政机构。废九品中正制，以分科考试选拔人才。他生活节俭，不尚奢华，并以身作则。统治期间，经济繁荣，府库充盈，社会较为安定，史称"开皇之治"。但其生性猜忌，迷信佛教。设储君，废长立幼，殃及自身。604年，为太子杨广（隋炀帝）所杀。

隋炀帝杨广

隋炀帝（569~618年）名杨广，弘农郡华阴（今属陕西）人，隋朝皇帝，隋文帝次子。604~618年在位。隋初立为晋王，后立为太子。604年，杀父即位，改元大业。在位期间，增加赋税；改州为郡，依照古制改度量衡；设置明经、进士二科，考试选拔官员；平定吐谷浑，经营西域。在位初年，隋朝国力达到极盛。广征民工，兴建东都，修造园林，巡游无度，从长安到江都，筑离宫40余所，穷奢极侈；开凿大运河，修筑长城；好大喜功，三次征高丽，均失败。炀帝性猜忌，执政苛暴，诛杀功臣，横征暴敛，导致各地农民起义。618年，宇文化及等人在江都发动兵变，炀帝被缢杀，隋朝灭亡。

杨素

杨素可称隋朝第一名将，一生戎马，征战无数，不仅善于陆地战，而且善于水战、骑兵战，始终立于不败之地。他在政治上善用权术，历隋文帝、炀帝二世恩宠不衰，封越公，官至太师。同时，他还是著名的诗人书法家，诗歌在精警凝练之中，有一种劲健质朴的气息。

宇文化及

宇文化及，隋代郡武川（今内蒙古武川西）人，隋大将宇文述之子。杨广为太子时，统领禁军，很受宠信。隋炀帝即位，授他为太仆少卿。大业年间，统领骁果的武贲郎将司马德戡集兵数万，发动叛乱，推宇文化及为主，缢杀炀帝，立秦王杨浩为帝，宇文化及自称大丞相。后被李密打败。武德二年（619年），窦建德擒宇文化及，与其两子同时被处斩，其所建政权即灭亡。

翟让

翟让（？~617年），隋东郡韦城（今河南滑县东南）人，隋末瓦岗农民起义军领袖。他骁勇有胆略，初任东郡法曹，因故被判死刑，后被人救出，在河南瓦岗组织农民起义，号称瓦岗军。616年，李密前来归附，在他的谋划下，翟让合并附近各部义军，于次年攻下兴洛仓（今河南巩义市东北），开仓赈济饥民。相继又攻占河南诸郡，拥兵数十万，建行军元帅府。后为李密所杀。

李密

李密（582~618年），字玄邃，一字法主，京兆长安（今陕西西安）人，祖籍辽东襄平（今辽阳）。出身世家，隋末农民起义军首领。其父李宽为隋上柱国，李密袭父爵。613年，随杨玄感反隋，兵败被俘，后逃出。于616年加入瓦岗军，与翟让谋划，屡败隋军。617年，二人率精兵攻占兴洛仓，放粮赈济饥民。围攻洛阳，列隋炀帝十大罪状，天下震动。同年秋，杀翟让。后为王世充所败，投降唐朝，不久谋反被杀。

大运河

古代世界上最长的运河。隋炀帝为加强南北交通，巩固隋王朝对全国的统治，于605年下令开凿运河。大运河以洛阳为中心，北达涿郡（今北京市），南至余杭（今浙江杭州市），全长2000多公里。分为永济渠、通济渠、邗沟和江南河四段，连接海河、黄河、淮河、长江和钱塘江五大河流。经过今河北、山东、河南、安徽、江苏和浙江的广大地区，成为南北交通的大动脉。促进了南北方的经济交流。

赵州桥

世界上最古老的石拱桥。原名"安济桥"，位于今河北赵县的洨河上。由隋代杰出工匠李春于595～605年间设计建造。桥长50.82米，宽9.6米。桥身的大拱两端上方各有两个小拱，可以减轻桥身的重量和桥基的压力，遇到洪水，又可减弱激流对桥身的冲击。整个桥型匀称轻盈，栏板上刻有龙形花纹，栩栩如生。赵州桥历经1400多年，至今仍然完好。比欧洲同类拱桥早1200年。现为全国重点文物保护单位。

雕版印刷术

我国最早发明的印刷术始见于隋。将所印书稿反刻在一块块木板上，使字凸出，然后在字面上涂墨，复上纸，轻刷之后，字迹便可印在纸上。熟练的工匠，一天可印约2000张。该技术在唐代得到进一步发展。宋代更趋完善，今天能见到的宋刻本书籍达700多种。

唐　朝
（公元618年～公元907年）

李渊建唐

617年，李渊率军攻入了长安。当时隋炀帝正在江都，于是李渊立炀帝之孙代王杨侑为帝（即恭帝），遥尊炀帝为太上皇，而自己进封唐王，掌握了朝廷的军政大权。次年三月隋炀帝在江都死于叛乱，李渊即逼恭帝"禅让"，自己即位为帝，建国号为唐，是为唐高祖。

《唐律》

唐初，唐高祖命参照隋律，重定新律。于武德七年（624年）颁行，称《武德律》。唐太宗时，命长孙无忌、房玄龄等修改《武德律》，编为《贞观律》。之后，长孙无忌等又奉高宗之命，厘定旧律，修成《永徽律》。永徽三年（652年），高宗再命长孙无忌依据《永徽律》逐条解释律文，撰成《永徽律疏》12篇30卷（即《唐律疏义》），于次年颁行全国，与律文一样具有法律效力。《唐律疏义》是我国保存至今最完整的一部封建法典。"唐律"制定有笞、杖、徒、流、死五刑，和"十恶"之条，作为正刑定罚之律。还有律、令、格、式四者。"唐律"作为一部完备的封建法典，旨在维护封建制度和特权，防范人民的反抗。但对稳定社会秩序，促进生产的发展，亦有积极的意义。

玄武门之变

李渊建唐过程中，以次子李世民功勋最为卓著。及李渊即位后，立长子李建成为太子，封李世民为秦王，然因李世民声望极高，且又任尚书令，职掌全国最高行政权，故威胁着李建成的太子地位，兄弟之间渐生矛盾。武德六年（624年），李建成和四子李元吉结为一派，与李世民明争暗斗。双方结党营私，网罗人才，不断扩大势力。武德九年（626年），李建成、李元吉借突厥进犯之机，密谋将秦王府的精兵骁将调往前线，以解除李世民的兵权。又策划于昆明池设宴，诱杀李世民。李世民闻讯，与长孙无忌、尉迟敬德、房玄龄等人密商，决定先发制人。是年六月四日，李世民派尉迟敬德等人伏兵于玄武门（长安太极宫北门）。清晨李建成、李元吉兄弟入朝，经玄武门时，遭袭击。李世民射杀李建成，尉迟敬德杀李元吉，又击败东宫和齐王府卫队，史称"玄武门之变"。事变后，李渊被迫立李世民为太子。两个月后，李渊退位，传位于李世民，是为唐太宗。李渊自称太上皇。

贞观之治

唐贞观年间（627~649年），太宗君臣以隋亡为鉴，励精图治，虚心纳谏，实行了一系列开明的政策和措施。修律令，置科举，改善吏治，减轻赋役。这一时期，房玄龄、杜如晦、魏征、长孙无忌等名臣名将辈出，政治清明，经济繁荣，民族关系融洽，社会升平，国力强盛，史称"贞观之治"。

租庸调制

唐前期的一种赋税制度。唐前期在均田制基础上实行的向授田课丁（人丁）征派的田租、力庸和户调三种赋役的合称。规定每丁每年纳粟2石（即租）；另随乡土所产交绫或绢2丈，如纳布为2丈5尺，输绫绢者纳绵3两，输布者纳麻3斤（即调）。每丁每年须服力役20天，无事则纳绢、布代力役（即庸），每日折绢3尺，有事加役者，15天免调，30天则租调全免，但连正役不得超过50天。遇灾另有减免。唐中叶，均田制弛坏，租庸调无法维持，后被两税法取代。纳绢代役，保证了农民的生产时间，在客观上有利于农业生产。

房谋杜断

贞观三年（629年）二月，李世民以房玄龄为左仆射，杜如晦为右仆射，魏徵守秘书监，参与朝政。

房玄龄，字乔，齐州临淄人。参与玄武门之变，助李世民得帝位，深得李世民信任，629年任左仆射，精于理政，为贞观时主要谋划者和执行者。

杜如晦，字克明，京兆杜陵人。少即聪悟，好谈文史。隋末曾任滏阳尉。唐兵入关中，助李世民筹谋，官至陕东道大行台司勋郎中。太宗即位，任右仆射，与房玄龄共掌朝政，并称"贤相"，时人合称"房杜"。

《旧唐书》载："世传太宗尝与文昭（房玄龄）图事，则曰：非如晦莫能筹之。及如晦至焉，竟从玄龄之策也。盖房知杜之能断大事，杜知房之善建嘉谋"。又载："文含经纬，谋深夹辅。笙磬同音，唯房与杜。"两人精于理政，订定了各种典章制度，为"贞观之治"的开创立下了汗马功劳。

安西、北庭都护府的设立

640年，唐军攻破高昌以后，为了加强对西突厥地区的管理，在高昌设立了安西都护府，管辖天山以南直至葱岭以西，阿姆河流域的辽阔地区。702年，又设北庭都护府，管辖天山以北包括阿尔泰山和巴尔喀什湖以西的广大地区。这两个都护府作为唐朝在西域的最高行政和军事机构，使唐朝在西域有效地行使政治、军事权力。这对维护国家统一，巩固西北边防，发展中西交通，促进西域和中原以至中外的经济文化交流，都有重大的积极意义。

安西四镇

"安西四镇"指的是唐代在新疆西部设置的四个军事据点。648年，唐安西都护府的治所从交河迁到龟兹城（今新疆库车），并且设置了龟兹、于阗（今新疆和田）、疏勒（今新疆喀什）、焉耆（今新疆焉耆）四镇，派兵戍守，隶属于安西都护府。安西四镇是保护丝绸之路的交通重镇，对唐与中亚的交流有重大意义。

遣唐史

唐代隋以后，日本沿袭遣使入隋的旧制，继续派出遣唐使。从630年第一次派出遣唐使，到894年，正式的遣唐使共有12次。使团成员包括官员、医师、画师、乐师以及各行工匠，随行的还有长期居留的学问僧、留学生等。初期使团二百余人，后来增至五百余人。

玄奘取经

玄奘（602~664年），俗姓陈，唐朝著名高僧。贞观三年（629年），玄奘奏请西行求法不被准允，乃私越国境，只身西行，历时四年，穿越西域大小百余国到达印度，潜心学佛。他在印度多次主持讲学和辩论会，以其渊博精深的学识震惊异邦。贞观十九年（645年），玄奘从印度回国，轰动全国。唐太宗在洛阳接见了他，希望他还俗做官，玄奘拒绝了。他带回佛经657部，在国家资助下设立"译场"，专门从事佛经的翻译工作。他与门人窥基、辩机等一起，花了19年时间从事翻译，成为中国佛教史上著名的四大译经家之一。玄奘还创立了一个新的佛教门派——法相宗，被后世奉为该宗的一代宗师。

回纥兴起

回纥是隋代至唐初游牧在色楞格河一带的少数民族，先是隶属于突厥，突厥衰落后，回纥兴盛起来。"安史之乱"期间，回纥两次出兵帮助唐平叛。回纥与唐通好，双方进行了大规模的互市贸易，双方的经济文化交流很频繁。唐末，回纥衰落，大都向西迁徙。

文成公主和亲

7世纪，吐蕃的首领松赞干布统一了青藏高原的众多部落，以逻些为首府建立了奴隶主政权。松赞干布多次派遣使者向唐王朝求婚。贞观十五年（641年），唐太宗把文成公主许嫁给他。文成公主入藏时，带去了许多手工业品、药物、诗文经史以及其他自然科学方面的书籍。文成公主入藏和亲，促进了藏族的经济和文化的发展，也加强了汉藏人民之间的友好关系，为民族的交往和融合做出了很大的贡献。

长庆会盟

文成公主入藏之后，吐蕃和唐王朝有过一段相对安定的时期。咸亨元年（670年）起，唐与吐蕃的关系时战时和。唐穆宗长庆元年（821年），唐和吐蕃会盟，史称长庆会盟。并在拉萨树立了"长庆会盟碑"，碑文用汉文和吐蕃文写成，主要强调汉藏两族要"患难相恤，暴掠不作……蕃汉二邦，各守现管本界，彼此不得征，不得讨，不得相为寇仇"，永远要和平相处。长庆会盟后，一直到唐朝灭亡，80多年的时间里，唐朝和吐蕃的关系一直是和睦的。

武则天称帝

唐高宗永徽六年（655年），原唐太宗才人武则天被高宗册封为皇后。由于唐高宗身体状况较差，武则天协助处理政事，天下称高宗和武后为"二圣"。弘道元年（683年），唐高宗病死，太子李显继位，即中宗。两个月后，武则天废中宗，改立李旦为帝，是为睿宗，武则天临朝称制。光宅元年（684年），徐敬业在扬州起兵反对武则天临朝，被迅速平定，垂拱四年（688年），武则天加尊号"圣母神皇"，称"陛下"，李唐宗室琅玡王李冲、越王李贞等起兵反抗，也被镇压，随后李唐宗室相继被杀。天授元年（690年），武则天终于废掉了唐睿宗称帝，改国号周，建立武周政权，成为中国历史上惟一的一位女皇帝。武则天操政半个世纪，在政治上很有作为，但她任用酷吏，杀戮过重。神龙元年（705年），武则天病重，李唐王室和旧臣发动政变，拥立唐中宗复位，重建了唐朝。

请君入瓮

武则天当政期间，大臣来俊臣和周兴都是当时有名的酷吏，惯用各种酷刑逼人招供。有人告发周兴谋反，武则天就派来俊臣审问。来俊臣请周兴吃酒，假意问他："犯人不肯招供怎么办？"周兴说："这很好办，做一个大瓮，周围用火烤，把犯人放进去，还怕他不招吗？"于是来俊臣叫人支起大瓮，说："我奉旨审问老兄，现在请老兄入此瓮。"后人用"请君入瓮"来比喻以其人之道还治其身。

唐中宗复辟

683年，唐高宗死后，太子李显即位，是为中宗，然而他次年就被武则天废为庐陵王。705年，武则天病重，佞臣张易之、张昌宗兄弟二人想要独揽大权。宰相张柬之等五人发动政变，杀了张氏兄弟，拥中宗李显重新登位，恢复国号为唐。武周政权至此终结。

韦后之乱

唐中宗复辟后，中宗每临朝，韦后必施帷幔坐殿上。中宗纵容韦后为所欲为，韦后与武则天之侄武三思等相互勾结，形成韦、武二家外戚势力相结合的腐朽集团，专擅朝政。韦后纵容女儿安乐公主卖官鬻爵，又大建寺院道观，强掠民财。韦后以皇太子李重俊非己所生，恶之。皇太子于神龙三年（707年）秋七月发动兵变，杀武三思、武崇训于其第，并杀其亲党10余人。韦后逼令中宗杀死太子，以其首祭三思、崇训之柩；驱逐宰相魏元忠等大臣出朝廷。景龙四年（710年），韦后及其党羽惧怕中宗追究罪行，合谋毒死中宗。中宗死后，韦后任用韦氏子弟，分据要司，欲重演武则天称制的故事，又惧怕相王（武则天第四子）和太平公主（武则天之女），秘与韦温、安乐公主谋去之。相王之子李隆基与太平公主等谋划，以"先事诛之"，发动宫廷政变，杀韦后、安乐公主等，韦后之乱遂被平定。

开元盛世

开元盛世又称"开元之治"。唐玄宗开元

年间（713～741年），任用贤相姚崇、宋璟，整顿吏治，淘汰冗官，精简机构，兴修水利，发展生产，使武则天以后动荡的唐朝政局重新稳定。由于政治安定，国势强盛，唐朝进入鼎盛时期，成为当时经济、文化繁荣昌盛的大国。当时，海内富实，米价低廉，商业繁荣，公私仓廪俱丰实。史称"开元盛世"。

开元通宝

从西汉武帝铸造五铢钱开始，五铢钱一直使用到唐初。唐武德四年（622年），朝廷宣布废除五铢，新铸开元通宝，从而结束了五铢钱700余年的流通史。开元通宝采用两钱制，即一两等于10钱，等于100分，等于1000厘。1枚开元通宝重1钱，又叫1文，10枚为1两。我国的一两十钱制，即起源于此。唐钱以开元通宝为主，共铸行200多年。开元通宝为后世通宝、元宝之起源，其钱文、重量、行制均成为后世铸钱之楷模。唐武宗会昌五年（845年），扬州节度使李绅在钱背铸"昌"以记年号，各地纷纷加以仿效，在钱的背面铸上州郡的名称，这种钱币称作会昌开元通宝。开元通宝除铜钱外，还有金币和银币，但这两种币不用于流通，而是用于宫廷赏赐。

鉴真东渡

鉴真和尚（688～763年），俗姓淳于，扬州人，唐代著名的高僧，精于佛教律宗。日僧入唐访求十年找到了鉴真，邀请高僧到日本传授戒律。天宝元年（742年），鉴真不顾弟子的劝阻和地方官的阻挠，发愿东渡传法。前四次都未能成行，第五次漂流到了海南岛，双目失明。第六次鉴真搭乘日本遣唐使团的船只东渡，终于在天宝十三年（754年）到达日本，被日本人称为"过海大师"、"唐大和尚"。他在日本传播佛教和先进的唐文化，后来被日本天皇任命为大僧都，成为日本律宗的始祖。763年，鉴真在日本圆寂。他对中日文化交流作出了巨大贡献，一千多年来一直受到日本人民的敬仰。

节度使

自唐中宗年间起，朝廷开始在边镇设置节度使，作为常设的军事长官。开元年间，节度使的设置越来越多。至天宝元年（742年），全国共分设了九道节度使，领兵40万。节度使逐渐成为集行政、财富、军事大权于一身的最高长官，由此埋下了藩镇坐大的祸根。

李林甫、杨国忠专权

736年，礼部尚书李林甫升任中书令。他善于探听揣摩君主的心思，很得唐玄宗的欢心。玄宗在位已久，逐渐倦于政事，就将政事交由李林甫处理。李林甫一改唐朝宰相四年一换的旧例，独揽相权近二十年。他城府深邃，口蜜腹剑，排斥异己，使朝廷矛盾重重。752年，李林甫病重，杨贵妃的远亲杨国忠得以升任中书令。他专擅朝政大事，欺上瞒下，使朝廷贿赂之风大盛，政治腐败不堪。

安史之乱

唐玄宗在位已久，逐渐倦于政事，国事日趋糜烂。身兼范阳、河东、平卢三镇节度使的安禄山，深得唐玄宗的信任，位高权重，手握重兵而心怀异志。755年，蓄谋已久的安禄山与其部将史思明以讨伐杨国忠为名，起兵反唐,"安史之乱"爆发。叛军一路南下,势不可挡。次年正月,安禄山在洛阳称大燕皇帝;六月,潼关失守,长安危急,唐玄宗仓皇入蜀,在行至马嵬驿时,军士发生哗变,杀死了杨国忠,并逼迫唐玄宗缢死杨贵妃。太子李亨在灵武即位,任郭子仪为将,并借用回纥兵力,全力平叛。757年,安禄山被其子安庆绪杀死。唐军乘机收复长安、洛阳等地。两年后史思明率13万人进攻,洛阳再度沦陷。762年,唐军再次收复洛阳。763年,历时八年的安史之乱终于平息。这场内乱是唐朝由盛至衰的转折点,唐王朝的全盛时代从此结束。

藩镇割据

唐代"安史之乱"后,部分节度使凭借自己手中的兵权、财权和中央政权相对抗。这种局面首先出现在唐代宗时期,叛乱的降将割据一方,他们不受中央政令的管辖,而且彼此间征战不已。在唐中后期,藩镇势力与中央朝廷互有消长,当中央政权比较强大时,就会想方设法打击藩镇;中央政权比较弱小时,藩镇就会更跋扈一些。

马嵬驿之兵变

"安史之乱"爆发后,756年,潼关失守,唐玄宗携后宫妃嫔、皇族子女及杨国忠等仓皇逃向蜀地。到金坡(今陕西兴平)马嵬驿时,将士们在饥劳愤怒之下,群起斩杀杨国忠,并且要求处死杨贵妃。唐玄宗被迫让贵妃在佛堂自缢而死。

刘晏理财

安史之乱中,京师遭遇粮荒,粮食价格飞涨,军队和百姓都面临饥馑。叛乱平息后,763年,度支盐铁转运租庸使刘晏经过实地考察,整顿漕运,采用分段转输法,使每年有数十万石江淮粮食得以运至关中。同时,他又改变盐法,稳定了盐价。刘晏理财20年,改善了安史之乱后财政紊乱的状况。

仆固怀恩叛乱

唐将仆固怀恩是铁勒部人,曾在平安史之乱中随郭子仪东征西讨,屡立奇勋。叛乱平息后,他受到朝廷猜忌,愤怨之下于764年起兵造反,与唐军几次大战均以失败告终。八月,仆固怀恩招引回纥、吐蕃军10万人攻唐,很快进逼邠州(今陕西彬县),京城告急。郭子仪严阵以待。不料仆固怀恩突然得急病,死于军中。他的部将药葛罗答应立即退兵,从而分化瓦解了联军。消息传出,吐蕃将领害怕唐军和回纥联合起来袭击他们,就连夜带着大军撤走了。至此,仆固怀恩叛乱被平息。

奉天之难

783年十月,泾原之兵因朝廷没有犒赏和饭菜粗劣而哗变,唐德宗出逃奉天。大司农段秀实被朱泚杀掉。朱泚自称大秦皇帝,带兵攻打奉天。一个月后奉天城中物资缺乏,形势危急。朔方节度使李怀光闻听奉天危难,带骑兵、步兵15000人前往奉天。朱泚被迫撤回长安,奉天围解。此后李晟、尚可孤、骆元光先后前往救援,收复失地。唐军解奉天之难后又围攻长安。784年五月,李晟和浑瑊联兵攻破长安。朱泚被其部下所杀。七月,唐德宗返回长安,兵变平息。

两税法

　　唐后期开始实行的一种赋税制度。安史之乱后,均田制被彻底破坏,以丁身为本的租庸调无法征收。780年,宰相杨炎主持改变旧税制度,实施两税法。两税法依据"量出以制入"的原则,中央根据财政支出状况定出总税额,各地按照中央分配的数额向当地户丁分夏、秋两次征收。具体办法是,将以前各种税的总和作为征收税额,再按垦田面积和户等高下分摊下去,即以资产为定税标准。分摊后,各州、县之额保持不变,不准减少。征收范围比租庸调扩大,所在各户及商人等均须纳税。部分税额并计钱征收。实施之后,朝廷收入增加,百姓力役也有所减轻。以后直至明实行一条鞭法前,田赋都分夏、秋两季征收,沿称两税,但具体内容则有所不同。这是中国赋税制度史上的一大变化,它不仅扩大了纳税面,改变了赋税负担不合理的状况,而且,为中国封建社会后期赋役由丁转向田亩、由货币赋役代替力役和实物徭役的变革开创了先河。

永贞革新

　　永贞元年(805年),唐顺宗即位后,决心革除弊政。他起用自己为太子时的老师王叔文和王伾主持政务,王叔文又联合刘禹锡、柳宗元等人进行改革,废除了扰民的弊政,打击宦官和藩镇。不久,宦官和节度使联合起来反对王叔文等人,顺宗迫于压力,只好退位给太子李纯,是为宪宗。王叔文等人相继被贬为远州的司马。次年,顺宗被宦官毒杀,王叔文被赐死。革新归于失败。

元和中兴

　　安史之乱后,唐朝形成了藩镇割据的局面。唐宪宗元和年间,随着经济实力的恢复和增强,朝廷对藩镇采取了较为强硬的态度,先后几次出兵平叛。817年,大将李朔夜袭并攻陷淮西蔡州(今河南汝阳),长期割据的淮西镇自此归顺。其他藩镇也纷纷表示听命,中央实现了暂时的统一,史称"元和中兴"。但是元和中兴并没有恢复盛唐时富强繁荣的局面,820年,宪宗被宦官毒杀,各藩镇变乱重起,而且出现了宦官专权的局面。

牛李朋党之争

　　唐后期,在宦官专权的同时,官僚集团内部的斗争也更加激烈,他们各自结成不同的党派,相互倾轧。从820年到859年近40年的时间,以李德裕为首的李党与以牛僧孺为首的牛党发生了长期而激烈的争斗。牛党相对比较保守,而李党则偏重革新。唐武宗时李党得势,唐宣宗时牛党当权。牛李党争局面的出现,其根本原因是皇权的威信大大降低,国家大政随着执政宰相的更迭而起伏;同时朝政也日益腐败,两党的争斗除了政治主张的分歧而外,也夹杂了朝臣们的个人恩怨。唐宣宗以后,由于宦官专权为祸日烈,朋党之争才逐渐平息。

宦官专权

　　唐玄宗统治后期,宦官开始受到重用,安史之乱后,宦官的权势进一步膨胀起来。代宗时,宦官程元振、鱼朝恩先后专权,并且控制了强大的禁军,从此气焰更加嚣张。唐宪宗以后,唐朝有八个皇帝为宦官所立,两个被宦官所杀，大臣进退也任其随心所欲，宦官蛊惑皇帝，作威作福，加剧了朝廷的腐败和社会矛盾。

甘露之变

唐文宗时，宦官仇士良专权，历任内外五坊使、左神策军中尉等职，连文宗皇帝也受他控制。宰相李训与凤翔节度使郑注等人密谋铲除宦官集团。在杀宦官王守澄之后，唐太和九年十一月二十一日（835年12月14日），他们又以左金吾卫石榴树上有甘露为名，诱仇士良等人前去观看，以便诛杀之。不料李训等人埋伏的士兵暴露，被仇士良等人发现，诛杀之计失败。仇士良乃率兵捕杀李训、舒元舆、王涯等人。甘露之变时，郑注带兵入京，企图内外合力一举歼灭宦官集团。中途闻李训已败，乃退兵，被仇士良的爪牙张仲清杀害。因此事受株连者达千余人之众。仇士良残暴成性，大肆屠杀朝官。此人在职20余年，前后共杀2王、1妃、4宰相。

会昌废佛

会昌五年（845年）七月，唐武宗下诏大举灭佛，毁佛寺，强令僧尼还俗。

武宗喜好道术，讨厌僧尼耗费天下之财，登位以后召道士入宫中，信道士赵归真之言，遂决心毁佛。会昌二年（842年）三月，从李德裕奏，敕发遣保外无名僧禁置童子沙弥。十月，又敕有过失、不修戒行之僧尼还俗。若僧尼有钱谷田地，应纳入官。如惜钱财，情愿还俗，亦令还俗，充入两税徭役。845年四月，敕祠部检括天下寺院及僧尼人数。七月，敕毁山野招提、佛寺，上都、东都两街各留二寺，每寺留僧30人；天下节度观察使治所及同、华、商、汝州各留一寺。分为三等：上等留僧20人，中等留10人，下等留5人。其余僧尼并景、祆诸教徒皆令还俗。铜像、钟磬则销毁铸钱。遣御史赴各地督察，凡拆毁寺院，其财产田地皆由朝廷没收。八月，宣告中外，凡毁寺4600所，归俗僧尼260500人，景教、摩尼、祆僧2000余，毁招提、佛寺4万余，收良田数千万顷，奴婢15万人。寻又诏东都只留僧20人，诸道留20人者减其半，留10人者减3人，留5人者更不留。其所留僧尼由功德使改隶祠部主客郎中收管。

黄巢起义

875年，濮州（今河南范县）盐贩王仙芝发动起义，曹州冤句（今山东菏泽西南）的盐贩黄巢率数千人起兵响应。878年，王仙芝在战斗中牺牲，余部归依黄巢。黄巢自称冲天大将军，很快将队伍扩展到十余万。881年，黄巢攻克长安，入宫即皇帝位，建国号大齐。唐僖宗仓皇逃至成都避难。由于受到唐残余势力的围剿，义军次年被迫从长安撤退，884年，黄巢在山东兵败自刎。唐朝统治受到起义的沉重打击，至此已经名存实亡。

朱温降唐

朱温是黄巢起义军中的将领。882年，各地唐军围攻长安，朱温对义军前途悲观失望，就投降了唐朝，被封为同华节度使，赐名"全忠"。901年，朱全忠因镇压起义军有功，晋封为梁王，割据一方。到唐昭宗时他已经成为全国最有实力的军阀。

白马驿之祸

朱温杀了昭宗之后,新帝年少,不通政事,朝政大权全由朱温控制。为了以防万一,次年二月,他又令人将昭宗的儿子尽皆杀掉。905年六月,他又将原先朝中的重臣三十余人押到白马驿(今河南滑县),杀掉后投入黄河。

唐高宗李渊

李渊(566~635年),字叔德,祖籍陇西成纪(今甘肃秦安),迁居狄道(今甘肃临洮)。唐朝建立者,618~626年在位。祖、父均为北朝军事贵族,封唐国公。其祖为北周开国功臣八柱国之一。572年,李渊七岁袭唐国公,隋炀帝时任太原留守。时天下大乱,群雄并起,李渊父子于617年在晋阳起兵反隋,618年称帝,建唐朝,定都长安,改元武德。624年,平定全国。在位期间,修改律令,定均田租庸调法,设置军府,恢复州县制,基本奠定了唐前期的制度。626年,次子李世民发动玄武门之变,被迫退位,称太上皇。

李靖

李靖(571~649年),本名药师,京兆三原(今陕西京兆三原东北)人。唐初军事家。年轻时便有文武才略,精熟兵法。隋末任马邑郡丞,后降唐,高祖时任行军总管、岭南道抚慰大使。太宗时历任兵部尚书、尚书右仆射。他屡建功勋,为唐初名将。630年,与李勣将军在阴山大破东突厥,俘获颉利可汗,使北方得以安定。后又深入敌境,平定吐谷浑。用兵善于料敌,临机果断,著有《李卫公兵法》。

魏征

魏征(580~643年),字玄成,祖籍巨鹿下曲阳(今河北晋县),迁居相州内黄(今河南内黄西)。唐朝大臣,唐初著名政治家。少时孤穷,曾为道士。隋末,初任武阳郡丞元宝藏文书,后参加瓦岗起义军,随李密降唐,为太子李建成谋士。太宗即位,不计前嫌,欣赏其才能,任谏议大夫。为人刚正,敢于直言,提出"兼听则明,偏信则暗"。进谏时据理力争,不留情面,深得太宗器重,前后进谏达200余次,多被采纳,对"贞观之治"起了重要作用。

孙思邈

孙思邈(581~682年),京兆华原(今陕西省耀县)人。唐朝最著名的医学家。以毕生心血写成《千金方》,书里记载了800多种药物和5000多个药方,在我国医药学史上占有重要地位。在营养学方面,比欧洲早1000多年记载了脚气病的正确治疗方法和先进的预防方法。创立脏病、腑病分类,对中医医学发展有承前启后的作用。后世尊称他为"药王"。

尉迟敬德

尉迟敬德,名恭,隋末从军,以骁勇善战授朝散大夫。武德三年(620年),败降归唐,追从秦王李世民征战各地义军和军阀。在李世民夺嫡斗争中参加玄武门之变,射杀李元吉,与长孙无忌并为首功。后因居功自傲而受到宰相排挤出朝。

唐太宗李世民

唐太宗(599~649年),名世民,祖籍陇西

隋唐五代十国

成纪（今甘肃秦安），迁居狄道（今甘肃临洮）。我国封建社会杰出的政治家。唐代皇帝，626～649年在位。隋末随父在晋阳起兵，618年为尚书令，封秦王，率军平定地方割据势力。在建立唐朝统治的过程中，功勋卓著。626年，发动玄武门之变，杀太子李建成、齐王李元吉，挟持高祖李渊。不久即位，改元贞观。以隋亡为鉴，励精图治，任用房玄龄、杜如晦、魏征为相，虚怀纳谏，善用人才。在位期间，修律令，置科举，改善吏治，减轻赋役，并实施较为开明的民族政策，安定西北边疆，促进与西域各族的经济文化交流。这一时期，政治清明，社会安定，经济繁荣，国力逐步强盛，历史上称之为"贞观之治"。李世民的晚年，生活日渐骄奢，广制宫室，巡幸四方，造成赋税繁重，使社会矛盾加剧。

◎ 程咬金

程咬金（？～665年），后改知节，唐济州东阿（今山东东阿西南）人，唐初富有传奇色彩的大将。隋末与乡亲联合聚众数百人，共保乡里，以防止盗贼对乡里的侵害。后归附李密起义军，再仕李唐，历任右武卫大将军，封卢国公。

◎ 姚崇

姚崇（650～721年），字元之，原名元崇，唐代陕州硖石（在今河南省陕县）人。曾任武后、睿宗、玄宗三朝宰相兼兵部尚书。他曾为稳定武周政权、开创"开元盛世"起了关键作用。他辅弼朝廷，革除旧弊，开辟了一代之风，推进了社会进步。

◎ 宋璟

宋璟（663～737年），祖籍广平（今河北鸡泽），徙居邢州南和（今属河北）。登进士第，调上党尉，为监察御史，迁凤阁舍人。武则天欣赏其才，神龙初，拜黄门侍郎。睿宗时以吏部尚书同中书门下三品。开元初，进御史大夫，出为睦州刺史，徙广州都督。还拜尚书兼侍中，封广平郡公。后以右丞相致仕，与姚崇皆为开元名相，史称"姚宋"。宋璟为人耿介有大节，在朝时屡忤权嬖，虽因此被贬黜，亦始终不改其操。

◎ 唐玄宗李隆基

唐玄宗（685～762年），名李隆基，又称唐明皇。唐代皇帝。712～756年在位。710年，与姑母太平公主合谋，杀中宗皇后韦氏，拥戴其父睿宗即位。次年，睿宗让位。玄宗即位之初，励精图治，以姚崇、宋璟、张九龄等为相，严明奖惩，裁撤冗官，革除武则天以来的弊政。社会繁荣，国力强盛，史称"开元之治"。至天宝年间，日渐骄奢，贪图逸乐。宠信李林甫、杨国忠，朝政腐败，军备空虚，终致酿成"安史之乱"。756年，避难蜀中，太子李亨即位，遥尊其为太上皇。757年返归长安，幽居兴庆宫，抑郁而死。

◎ 吴道子

吴道子（685～758年），名道玄，字道子，河南阳翟（今河南禹县）人。唐代著名画家。唐玄宗时为内教博士。擅长壁画，曾于大同殿作嘉陵江三百里山水，一日而成。在长安和洛阳的寺院里画有300多幅壁画。所画人物笔势圆转，衣带飘举，世称吴带当风。他的画尤其注重线条变化，立体感强，风格奔放，开后世写意画先声，对后世影响很大，被后人尊为"画圣"。传世的作品有《天王送子图》摹本，今藏日本大阪市立美术馆。

王维

王维（699～761年），字摩诘，太原祁州（今山西祁县）人。开元九年进士，任大乐丞，因故被贬济州司仓参军。张九龄为宰相，提拔他为右拾遗，转监察御史。安史之乱中，为叛军所俘，授以伪职。长安、洛阳收复后，他因所作怀念唐室的《凝碧池》诗为肃宗嘉许，且其弟王缙官位已高，请削官为兄赎罪，故仅降职为太子中允，后复累迁至给事中，终尚书右丞，世称"王右丞"。王维的诗歌中其描绘自然风景的高度成就，使他在盛唐诗坛独树一帜，成为山水田园诗派的代表人物。有《王右丞集》，存诗四百余首。

李白

李白（701～762年），字太白，号青莲居士。祖籍陇西成纪（今甘肃秦安），生于碎叶（今吉尔吉斯斯坦境内），迁居绵州昌隆（今四川江油）。盛唐大诗人。少时聪颖，好剑任侠，豪放不羁。742年，供奉翰林，不久遭权贵谗毁离京。安史之乱时，为永王李璘幕僚。永王兵败，流放夜郎（今贵州正安西北），途中遇赦。晚年漂泊，客死当涂（今属安徽）。李白诗豪迈奔放，清新飘逸，语言轻快，想象丰富，是盛唐时期诗歌成就最高的诗人之一。《早发白帝城》《蜀道难》《望庐山瀑布》等，都是无与伦比的绝唱，人称"诗仙"。有《李太白集》。

狄仁杰

狄仁杰，太原人，字怀英。武则天执政时期的重臣，为人正直，多谋善断。在做法官时，一年内处理积案涉及1万多人，被人誉为"平恕"。并知人善用，所推荐张柬之、姚崇等都为一代名臣，在武则天一朝政治的稳定与经济的进一步发展，以及劝说武则天放弃武三思、立李显为太子等重大事件中，都起到了关键作用。

颜真卿

颜真卿（709～785年），字清臣，琅琊孝悌里（今山东费县）人，唐代大臣、书法家。颜真卿为开元年间的进士，任殿中侍御史。安禄山发动叛乱，他联络从兄颜杲卿起兵抵抗。后官至吏部尚书、太子太师，封鲁郡公，人称颜鲁公。颜真卿的书法初学褚遂良，后师从张旭。正楷端庄雄伟，气势开张，行书遒劲郁勃，古法为之一变，开创了新风格，对后代影响很大，人称颜体，与柳公权并称"颜柳"。

杜甫

杜甫（712～770年），字子美，自号杜陵布衣、少陵野老。祖籍襄阳（今湖北襄阳），移居河南巩县（今河南巩县西北）。唐代著名诗人。因曾任检校工部员外郎，也称杜工部。自幼好学，知识渊博。举进士不第，漫游各地。天宝年间，应唐玄宗选贤诏，赴京应试，遭李林甫排斥，困居长安10年。唐肃宗时，授左拾遗，不久贬为华州司功参军。后漂泊至成都，筑草堂于浣花溪。晚年贫病，携家眷北归。768年，闻北方战乱，又转赴南方，途中病故于湘江舟中。杜甫生活在唐朝由盛转衰的时期，诗作中深刻地反映了当时复杂动荡的社会现实，后人称之为"诗史"。《三吏》《三别》是诗史中不朽的篇章。杜诗气魄雄浑，沉郁悲怆，语言精炼凝重，表现出高超的艺术技巧。被人称为"诗圣"。现存诗1400余首，另有散文、赋20余篇，辑于《杜工部集》中。

李光弼

安史之乱中有两个著名的将领，郭子仪和李光弼。李光弼，柳城（今辽宁朝阳）人，契丹族，自幼好学，善骑射。唐天宝十五年（756年）初，经郭子仪推荐为河东节度副使，参与平定安史之乱。至德二年（757年）以不满万人之兵力，大败蔡希德，歼其部众七万，守住了太原。乾元二年（759年）七月，任天下兵马副元帅，挫败叛军对河阳三城的进攻。后复任河南诸道副元帅，出镇临淮，统河南诸道兵反攻叛军，配合仆固怀恩等收复洛阳。广德二年（764年），因受朝廷猜疑，抑郁而死。

白居易

白居易（772～846年），字乐天，太原（今山西）人，后移居下邽（今陕西渭南东北）。晚年隐居洛阳香山，自号香山居士。中唐时期的著名诗人。元和年间，任翰林学士，拜左拾遗，因得罪权贵，贬为江州司马。后任杭州刺史，于西湖筑堤坝，修水利。842年，以刑部尚书致仕。他提倡新乐府运动，主张诗歌要多反映现实生活，提出"文章合为时而著，诗歌合为时而作"。他的诗深入浅出，通俗易懂，以讽喻诗为主，后期多闲适诗。《长恨歌》《琵琶行》历来脍炙人口，《秦中吟》《新乐府》揭露了社会黑暗，反映了人民疾苦。有《白氏长庆集》。

柳公权

柳公权（778～865年），字诚悬，京兆华原（今陕西耀县）人。幼年嗜学，十二岁能为辞赋，由于擅长书法，被穆宗李恒召为翰林院侍书学士。穆宗曾问其如何运笔最佳，他说："运笔在心，心正则笔正。"这句名言被后世传为"笔谏"。柳公权书法以楷书最著，与颜真卿齐名，并称"颜柳"。他上追魏、晋，下及初唐诸家笔法，又受到颜真卿的影响，在晋人劲媚和颜书雍容雄浑之间，创造出自己的风格，人称"柳体"。其遒媚劲健的书体，可以与颜书的雄浑宽裕相媲美，后世有"颜筋柳骨"的称誉。

柳宗元

柳宗元（773～819年），字子厚，河东解县（今山西运城）人，世称柳河东。唐文学家、哲学家。贞元进士，授校书郎，调蓝田尉，升监察御史里行。与刘禹锡参加王叔文集团，任礼部员外郎。失败后，贬为永州司马。后迁柳州刺史，故又称柳柳州。与韩愈皆倡导古文运动，同被列入"唐宋八大家"。

孟浩然

孟浩然，字浩然，以字行，襄州襄阳（今湖北襄樊）人，唐代著名的田园诗人，世称孟襄阳。他的前半生主要居家侍亲读书，以诗自适。四十岁时游京师，应进士不第，返襄阳。在长安时，与张九龄、王维交谊甚笃。有诗名。孟浩然诗歌绝大部分为五言短篇，题材不宽，多写山水田园和隐逸、行旅等内容。他和王维并称，其诗虽不如王诗境界广阔，但不事雕饰，清淡简朴，在艺术上有独特造诣，而且继陶渊明、谢灵运、谢朓之后，开盛唐田园山水诗派之先声。

李贺

李贺（790～816年），字长吉，福昌（今河南宜阳西）人。祖籍陇西，自称"陇西长吉"。唐代天才诗人。唐皇室远支，家世早已没落，仕途坎坷，仅曾官奉礼郎。其诗长于乐府，多表现政治上的不得意，又因其多病早衰，生活困顿，诗中多感于世事沧桑、生死荣枯。李贺诗善于熔铸词采，想象大胆，多运用神话传说，创造出新奇瑰丽的诗境，在诗史上独树一帜，后人称其为"诗鬼"。有《昌谷集》。

杜牧

杜牧（803～852年），字牧之，京兆万年（今陕西西安）人。大和二年（828年）登进士第，后累官至膳部员外郎。朋党之争时，被李德裕排挤，而后复为用。入朝，官至中书舍人。杜牧关心国事，反对藩镇割据，喜欢论兵，著有《罪言》等军事论文，注释过《孙子》，他的诗文亦受兵法影响，意气纵横，抑扬跌宕。其诗与李商隐齐名，后人并称"小李杜"。有《樊川文集》。

李商隐

李商隐（812～858年），字义山，年轻时受牛党令狐楚赏识而中进士，后来又被李党王茂元招为女婿。宣宗即位后，牛党掌权，政治上受到压抑郁郁不得志，成了牛、李党争的牺牲品。46岁时死于荥阳。其诗歌有的抒发自己政治失意的痛苦心情，有的反映晚唐的政治生活，有的是托古讽今的咏史之作，还有一类描写爱情生活的无题诗，最为后代读者所喜爱。他的诗构思新巧，辞藻华美，想象丰富，格律严整，风格婉转缠绵，形成其独特的艺术风格。有《李义山诗集》。

僧一行

僧一行是唐朝著名的天文学家，他是世界上首次主持测量子午线的人。

一行出家前姓张，名遂。他从小刻苦学习，特别喜欢钻研天文、历法、算术中的疑难问题。出家以后法号"一行"。717年，一行被唐玄宗召进长安主持编制新历法。在一行的倡议下，从724年到725年，在全国13个地点测量北极星高度和冬至、夏至、春分、秋分当天中午的日影长度。一行根据各地的测量数据计算出子午线的长度。

一行计算出来的数据虽然与现代测量出来的子午线长度有一定差距，但这是世界上第一次测量子午线的记录，对于研究天文史有十分重要的价值。

陆羽

陆羽是唐朝的大学者。他小的时候，历尽了苦难。

陆羽是和尚从河边捡来的被人抛弃的孩子。他从小在庙里干活，条件十分艰苦，每天要放牧几十头牛。陆羽很好学，常常骑在牛背上，一边放牛，一边读书。

有一天，陆羽正骑在牛背上读书，和尚发现了，就把他关进了庙里。陆羽就在房里默吟默背；还是常常挨打。陆羽不得不偷偷地逃出了寺庙。

后来，陆羽碰到了一个唱戏的班子，他一

边演戏，一边继续读书，最后终于成为一位学识渊博的人。陆羽一生著作很多，其中《茶经》是他的著作之一，这是世界上第一部关于茶叶生产的专门著作，人们因此尊敬地称呼陆羽为"茶圣"。

初唐四杰

唐朝初年，出现了"以文章齐名天下"的"初唐四杰"，即王勃、杨炯、卢照邻和骆宾王。他们都是"年少而才高，官小而名大"。四杰之首王勃，是个才学兼备的诗人，也是中国历史上少见的文学天才之一。

唐诗

中国古典诗歌发展到了唐朝，达到了它的最高峰。唐诗继承了前代诗歌的优良传统，仅据清朝时所编的《全唐诗》统计，唐诗的作者有2200多人，诗歌48000多首。唐诗流派众多，风格多样，体裁完备，作品反映了社会生活的各个方面，达到了前所未有深度和广度。唐诗对后世的影响极其深远，哺育了一代又一代中国人。

唐传奇

中唐时期，随着城市经济的繁荣，通俗的文艺形式逐渐被人们所接受和喜爱，于是涌现出许多重情节的传奇小说。唐传奇题材多取自现实生活，涉及爱情、历史、政治、豪侠、神仙等诸多方面，其中以爱情小说的成就最为突出，《李娃传》、《莺莺传》、《霍小玉传》是唐传奇的代表作品。

古文运动

魏晋南北朝以来浮艳空洞的骈文，风靡文坛。唐玄宗时期，萧颖士等人建言摈斥骈体，主张恢复先秦两汉质朴的文风，开古文运动的先声。唐中期，韩愈力排佛老，崇奉儒学，并极力要求文学为之服务，古文运动应运而生。古文，指的是先秦两汉的散文，与骈文是相对立的概念。古文运动，是在文体、文风和文字诸方面全面革新的运动。韩愈主张文章内容应为传播、发扬儒家道统服务，所谓"文以载道"，这样就必须革新文体，要"文从字顺"，"唯陈言之务去"，以质朴的散文取代浮艳空洞的骈文。古文运动结束了骈文长期统治文坛的局面，恢复了古代散文的历史地位，从而使散文以一新的文学体裁独立于文坛。

禅宗

唐代的佛教有许多派别：三论宗、律宗、净土宗、禅宗、天台宗、华严宗、法相宗、密宗。这八宗中，禅宗是影响最大的宗派之一。禅宗的创始人相传是印度的僧人达摩和尚，他主要讲究宗教修养方法。唐朝时，禅宗又分为南北两大派别，以惠能和尚（638～713年）为首的南宗影响最大。惠能特别强调"心"和"性"的作用，禅宗的这一套理论，对宋代的心学产生了一定的影响。

《唐六典》

开元十年（722年），敕撰《唐六典》，盖据《周礼》天官掌建邦之"六典"，即治典、教典、礼典、政典、刑典、事典，取贞观六年所定官令，分三师（公）、六省、九寺、五监、十二卫等职司、官佐、品秩，编而注之。至开元二十六年（738年），以李林甫领衔进呈，共30卷。《唐六典》是我国古代最早的一部行政法典，标志着封建法制日趋完备。

《通典》

《通典》是唐朝杜佑撰写的中国第一部典制体史书。始于传说中的唐虞时期，止于唐天宝末，全书略古详今，分列食货、选举、职官、礼、乐、兵、刑、州郡、边防九典，各典皆取材广泛，究典制之原本，考其得失，对后世史书编撰影响很大，与宋朝的《通志》《文献通考》，统称为三通。

《大唐西域记》

此书由唐代高僧玄奘口述，其弟子辩机编撰。书中叙述其赴天竺游学的经历见闻，介绍了印度半岛100多个国家的地理人文状况，是研究中亚、印度半岛等地历史和佛学的重要典籍。

《莺莺传》

中唐著名诗人元稹撰写的《莺莺传》是一篇著名的爱情传奇，说的是崔莺莺和张生互相爱慕，在婢女红娘的帮助下，私订终身的故事。元代王实甫的《西厢记》就是取材于《莺莺传》。

酒八仙

诗人李白、贺知章、李琎、李适之、崔宗之、苏晋、张旭、焦遂等人，都好饮酒，便结为"酒八仙人"。八人之中的汝阳王李琎，家里还有独特的酿酒方法，号称《甘露经》。而李适之的家中，则有蓬莱盏等九种珍贵的酒器。杜甫曾作《饮中八仙歌》，其中一句"天子呼来不上船"，活生生写出了李白酒后率真狂傲的状态。

颜筋柳骨

盛唐书法大家颜真卿的书法劲健厚重，筋健丰满，而其后的书法家柳公权一方面承袭了颜真卿的书法风格，另一方面又将之修正和发展。颜、柳以严整的楷书笔法和完美的艺术风格，开创了盛唐豪迈奔放、胸襟博大和刚劲有力的书法艺术。后人称之为颜筋柳骨。

周昉的"仕女图"

周昉是唐朝时杰出的画家，先后任越州、宣州长史，因擅长绘画，曾被召入宫作画。其出身高门，与之交游者皆宫廷贵族、豪门雅士，所以，他最擅画宫廷贵族女子，即仕女图。他观察人物细致深刻，所画仕女体态丰满，仪态从容，风姿绰然，构图简洁，用笔刚劲，极具神韵。《簪花仕女图》和《挥扇仕女图》是其代表作。

唐人街

唐朝时我国与世界各国存在广泛的经济文化交流，盛名远播海外，因此外国人常把中国人称为"唐人"，把中国人聚居的地方称为"唐人街"。后来这种称呼沿用下来，至今，全世界很多华人聚居的地方还被叫做"唐人街"。

敦煌莫高窟

敦煌莫高窟位于今甘肃敦煌东南鸣沙山的断崖上，又称千佛洞。从南北朝到元朝历朝历代开凿不绝，其中，隋唐时开凿最盛。今存洞窟492座，仅唐就有300多个。佛窟中有精美的壁画、彩塑和佛像，其人物形象栩栩如生，极具艺术魅力，是研究隋唐时期美术、书法、音乐、舞蹈、建筑的珍贵史料。

乐山大佛

凌云寺位于今四川乐山岷江东岸的凌云山栖鸾峰上。因寺旁有弥勒大佛坐像，即乐山大佛，所以又名大佛寺。乐山大佛开凿于唐玄宗开元年间，到唐德宗贞元年间才告竣工。大佛的开凿工程浩大，技艺高超，防洪排水系统完善。大佛通高71米，头高14.7米，赤脚上可以围坐一百多人，是中国现存最大最完整的摩崖造像。

十三棍僧助秦王

少林寺位于嵩山西麓少室山阴，始建于北魏太和十九年（495年）。寺西北50里有柏谷坞，周围地势险要，隋文帝时赐属少林寺。唐初，王世充盘踞洛阳，霸占柏谷，筑环州城，并派其侄王仁则领兵据险防守，与东都成掎角之势。武德四年（621年），秦王李世民攻打东都，少林寺僧惠玚、昙宗、志操等13人奋起响应，擒捉王仁则，投奔秦王，留下"十三棍僧助秦王"的佳话。后李世民嘉其殊勋，累加厚赏，勒石纪功。又拜寺僧昙宗为大将军，少林寺自此威名远扬。

五代十国

（公元907年~公元960年）

朱温篡唐

朱温原是黄巢起义军将领，于中和二年（882年）叛变降唐。唐僖宗任命他为左金吾卫大将军，充河中行营副招讨使，赐名"全忠"。由于他镇压义军有功，受封为宣武等四镇节度使、梁王，于汴州（今河南开封）建官署，逐步壮大实力，而成为唐末势力最大的藩镇。文德元年（888年），唐僖宗死。宦官杨复恭拥立僖宗弟李晔即位，是为唐昭宗。宦官与朝官间的斗争愈演愈烈，且各自拉拢藩镇以为后援，宦官韩全诲勾结凤翔节度使李茂贞，宰相崔胤则依靠朱温。天复元年（901年），崔胤召朱温统兵入长安，谋诛宦官。韩令诲挟昭宗至凤翔（今属陕西）。朱温出兵击败李茂贞，挟持昭宗返回长安，又诛杀宦官数百人。天祐元年（904年），杀崔胤，逼昭宗迁都洛阳（今属河南）。是年八月，杀昭宗，立其子李柷为帝，是为哀宗。次年，又在白马驿杀宰相裴枢等30余人，沉尸黄河，遂独揽大权。天祐四年（907年），逼哀帝退位，自立为帝，国号梁，史称后梁。唐亡，从此，中国历史进入五代十国时代。

石敬瑭建后晋

后晋的建立者石敬瑭是后唐明宗李嗣源之婿，因随明宗征战有功，历任重镇的节度使。后唐末帝时，他以割地、称臣、纳贡为条件，请契丹出兵灭唐。936年，石敬瑭出兵5万，一举攻入洛阳，灭了后唐。石敬瑭即位，国号晋，迁都大梁（今河南开封），史称后晋。石敬瑭从此认辽主为父皇,自称"儿皇帝",每年贡给契丹帛30万匹,而且将"幽云十六州"割让给了契丹。

周世宗改革

周世宗,本姓柴,名荣,邢州龙冈(今河北邢台西南)人。后周太祖郭威养子,更姓郭。显德元年(954年)嗣帝位。即位后,留心政事,锐意改革,在政治、经济、军事上多有建树。在政治上,他选用良才,整顿吏治;统一律令,整肃纲纪;并虚心求谏,明知得失。又于经济上,奖励垦殖,招抚流亡;均平田租,压抑豪强;兴修水利,整顿漕道;裁汰僧尼,抑制寺院经济。军事上,赏罚分明,严明军纪;汰弱选精,加强禁军。通过改革,后周经济发展,社会安定,国力强盛。遂开始进行局部的统一战争。显德二年(955年),他三次亲征淮南,攻占南唐江北、淮南14州60县;后收取瀛(今河北河间)、莫(今河北任丘)、易(河北易县)三州之地和瓦桥关(位今河北雄县)、益津关(位今河北霸县)、淤口关(位今霸县信安镇)。世宗正欲挥师北进幽州时,突患重病身亡,北伐受挫。然世宗的南征北伐,为宋朝统一南北奠定了基础。

朱温

朱温(852~912年),宋州砀山(今属安徽)人。五代后梁的开国皇帝,即后梁太祖,907~912年在位。唐末877年,参加黄巢起义军,后降唐,为宣武军节度使,镇压起义军,并吞藩镇,挟制唐昭宗,晋爵梁王,并初步统一黄河流域。907年,废唐哀帝,建立梁朝,史称后梁。建国后改革唐朝积弊,劝利农桑,诛功臣,防范节度使,连年征战。912年为其子友珪杀害。

周世宗

周世宗(921~959年),名柴荣,周太祖郭威养子,邢州龙冈(今河北邢台)人。五代时后周皇帝。954~959年在位。954年即帝位后,整顿军队,惩治贪官污吏,安顿流民,减免捐税,恢复漕运,使社会经济得到恢复,国力日渐强大。曾出兵伐后蜀,亲征南唐,北攻契丹,收复了北方和江淮很多地方。这些措施为北宋统一中国奠定了基础。

文盲皇帝王建

五代十国前蜀高祖王建是文盲皇帝。王建出身贫寒,好习武,以屠牛贩盐为生。后参军并得以升迁,在唐亡同年,建立前蜀。他目不识丁,但登基后却厚待唐末名臣士族,敬重文人雅士,他还口述文词来告诫太子。因此,很多文士纷至蜀中避难,这些使前蜀大有唐朝文风的气象。

南唐后主李煜

李煜(937~978年),字重光,又称南唐后主、李后主。五代南唐皇帝,961~975年在位。972年,宋灭南唐,后主被俘囚禁。他虽是昏君,却善诗文,工书画,是五代时最著名的词人。他的词语言明快优美,多柔靡伤感之作。

后梁

907年,朱温废唐称帝,国号梁,定都汴(今河南开封),史称后梁。疆域相当于今河南、山东和宁夏、山西、陕西、湖北、安徽、江苏各一部分。共78州。923年为后唐所亡。历二帝，17年。

后晋

936年石敬瑭所建，国号晋，建都汴（今河南开封），史称后晋。疆域除割予契丹的燕云十六州外，相当于今河南、山东一带，湖北汉水流域，安徽和江苏的淮河以北等地区。946年为契丹所灭。历二帝，共11年。

后汉与后周

947年，辽主进入大梁不到三个月就仓皇北退，时任河东节度使的刘知远乘机在太原称帝，并率军南下，一路兵不血刃，于当年六月进入汴州，建国号为汉，史称后汉。4年后，后汉大将郭威发动兵变，夺取了后汉政权，改国号为周，史称后周。

吴越

五代时十国之一。唐朝末年，钱镠任镇海、镇东节度使，以杭州为治所。907年，后梁封钱镠为吴越王，统辖今浙江及江苏的一部分。978年，被北宋所灭。历五主，共72年。

幽云十六州

幽州指今天北京一带，云州指山西大同周围。幽云十六州自战国时代以来一直都是中原王朝抵挡北方游牧民族南下侵扰的战略要地。后唐末年，石敬瑭将幽云十六州割与契丹，使以后相继的王朝（后汉、后周、北宋）在与游牧民族的交战中处于不利境地。北宋初年，曾试图收复该地区，未能成功。

词的发展

五代十国是词这种文学体裁的重要发展时期，其中以西蜀和南唐词人较多，水平也较高。西蜀出现了韦庄等著名词人，而南唐最重要的词人就是后主李煜。当时的词作大都风格柔靡，花间派就是最具代表性的一派。李后主前期作品也属于这一派，他在亡国后的词作在内容和意境上都有创新，为宋词的发展开拓了新境界。

契丹文字

契丹族原本没有自己的文字。耶律阿保机建国称帝后，于920年命突吕不等人，在汉字隶书的基础上增减笔画，创制出契丹文字。924年，阿保机的弟弟耶律迭剌又根据回鹘文创制了契丹小字。契丹文字创制后在当时戎马为生的契丹人中使用并不普遍，但对西夏文字和女真文字的创制有很大影响。

行会出现

隋唐五代时，随着商品经济的发展，城市里兴起了行会组织。这些行会有肉行、铁行、面行、米行、药行、香行、磨行、油行、炭行、果子行等，有的同一行业内，还有不同的行会，如纺织业中，就有彩帛行、丝绢行、大绢行、小绢行等。行会有行头、行首等，负责规范与监督本行"行人"的交易行为，维护合法交易秩序。

宋辽西夏金元

宋太祖赵匡胤于960年建国，国号宋，史称北宋。北宋时期中央集权走到了一个新的阶段，官僚政治更加完善，人民生活丰富多彩。"靖康之变"后，1127年，宋高宗赵构在南京（今河南商丘南）称帝，后定都临安（今浙江杭州），史称南宋。此时蒙古族兴起，先灭金，后于1279年灭南宋。

辽、西夏、金、元都是历史上北方少数民族建立的政权。元朝建立以前，辽、西夏、金与两宋之间互相对峙，战争不断。

1271年，崛起于大漠的蒙古建立元朝，元统一中国并成为中国历史上疆域最为广阔的朝代。1368年明攻下大都，元灭亡。

宋辽西夏金元

北宋

（公元960年~公元1127年）

黄袍加身（北宋的建立）

后周大将赵匡胤曾屡立战功，拥有精兵且威信极高。周世宗死后，七岁的恭帝即位，国内人心浮动。显德七年（960年）正月初一，赵匡胤奉命率军北上抵抗北汉入侵，到达陈桥驿（今河南开封东北）时，被部下将士黄袍加身，拥上马返回开封。赵匡胤于是代周称帝，改国号为宋，史称北宋。

内外相制

宋太祖赵匡胤鉴于唐末五代藩镇割据对国家造成的危害，采纳丞相赵普的建议，实行了强干弱枝的政策，即收天下精兵尽数送往京师充当禁军，地方上只保有少数供役使出厢兵，当时禁军约有20万，10万屯扎在京师，以制外变，10万屯扎在外郡，以制内患。如此环环相扣，加强了中央的集权统治。

杯酒释兵权

961年，宋太祖接受赵普的建议，召石守信、王审琦等手握兵权的宿将饮酒，劝谕他们放弃兵权，多积钱财，多置田产，颐养天年。次日，石守信等大将都辞去了中央军职，离开京都去当了各地节度使。从此，自晚唐以来武将专横、臣强君弱的痼疾终于被解除了。

主客户制

宋代户籍分为主户和客户。

主户，指拥有土地和资产，承担租税赋役的人户，亦称税户。又分为城郭主户和乡村主户。乡村主户依据田产多寡列为五等，官府按户等高下摊派赋税和差役。但上户常凭借权势，隐产逃税。尤其是官户、吏户这些地方上有势力的豪富人户，时称"形势户"，更依仗权势，横行乡里。宋代对官户，即品官之户还免除其应承担的大部分差役，享受朝廷的俸禄和赏赐，且另立户籍，与民户不同。

客户，指无土地和资产的人户，亦分城郭客户和乡村客户。乡村客户也称佃户、浮客、牛客、小客等，为乡村中的佃农，他们租佃乡村上户的田地、耕牛，受地租和高利贷的剥削。地租一般为对分制，若租人之牛，则需交纳收获物的6/10。客户不作为地主的"私属"，是国家的正式编户，需交纳身丁税，承担劳役，受朝廷的剥削。亦常要与下户共同承担上户转嫁的赋役，负担尤为沉重。

雍熙北伐

982年，辽景宗死，年幼的圣宗继位。雍熙三年（986年），有大臣劝宋太宗趁辽主年幼出兵攻辽，于是太宗派三路大军北伐，兵力超过30万，结果遭到惨败。雍熙北伐失败后，宋朝君臣对关于辽的和战问题展开激烈的争议，最后，主和的意见占了上风。于是，北宋对契丹（辽）完全停止了争战，从而转入了被动的防御。

王小波、李顺起义

北宋统一后，蜀地百姓的负担并未减轻。淳化四年（993年），蜀地大旱，饿殍遍野，官府赋敛仍然十分沉重，社会矛盾激化。四川青城茶贩王小波领导广大农民起义。他对民众说："吾疾贫富不均，今为汝均之！""均贫富"的口号，使起义军迅速壮大到数万人，攻州克县，势不可挡。西川大捷以后，王小波中箭身亡，其妻弟李顺继为统帅，率军攻取蜀、汉、彭、邛等州。994年，起义军攻占成都，建立了大蜀农民政权。五月，宋军包围成都，不久城破，起义失败。此次农民起义，明确提出了"均贫富"的政治纲领，反映出广大农民要求土地和贫富均等的强烈愿望，标志着中国农民战争已经发展到一个新的高度。

杨延昭镇河朔

999年冬，辽军扰边。杨延昭是杨业之子，当时驻守遂城（今河北徐水），遂城没有防守而遭到了辽军的猛烈围攻，城中人心惶惶。杨延昭命人担水浇在城墙上，一夜之间就冻成了坚冰，城墙光滑难登，辽军的猛烈攻势也无法继续，只好撤退。这以后，杨延昭又曾多次挫败辽军的侵扰，因功屡次升迁。他不仅智勇双全，号令严明，而且与士兵同甘共苦，守边关二十余年，辽人对他十分忌惮。

宋辽澶渊之盟

1004年，辽皇太后和辽圣宗以收复瓦桥关南十县为名率兵南犯北宋境内。十一月，抵达重镇澶渊城北，直接威胁宋朝的都城东京开封。宰相寇准临危不乱，力请宋真宗亲征澶渊。宋军在澶渊前线射杀了辽军统军使萧挞凛，辽军士气受挫。宋真宗在寇准的催促之下登上澶州北城门楼以示督战，宋军士气大振。两军对峙，辽军因折将受挫，同意与宋议和。同年十二月，双方达成以下协议：一、宋辽各守疆界，互不侵犯，约为兄弟之国，辽帝称宋帝为兄，宋帝称辽帝为弟。二、宋朝每年给辽绢20万匹，银10万两，称为岁币。三、双方人户不得交侵，对于逃亡越界者，双方都要互相遣送。澶渊之盟是宋辽双方势力均衡条件下的产物。此后宋辽形成了长期并立的形势，两国之间不再有大的战事。

榷场

澶渊之盟后，北宋在宋辽边境开设了榷场，与辽互通贸易。宋向辽输出香药、茶叶、苏木、缯帛、漆器、瓷器、铜、锡等，而辽向宋输出银、布、羊、马、骆驼等商品，双方的贸易量相当大。榷场贸易密切了南北地区经济的联系，补充了双方物质文化交流的不足。

好水川之战

1041年，西夏发精兵10万攻打渭州（今甘肃平凉），北宋将领任福率领数千轻骑与夏军战于张家堡（今甘肃隆德北），夏军佯装败退，引宋军追至好水川（今甘肃静宁东）。却暗中在此埋伏了10万精兵，宋军中了夏军埋伏，遭到惨败。从此以后，宋对西夏完全变为守势，不再轻言进攻。

庆历和议

1040～1042年，西夏连续对宋发动了三川口、好水川、定川寨三次大规模的战争，每次都大败宋军，宋军损失惨重。宋在屡屡失利之后，虽表示要整军决战，但实际上仍想与西夏言和。西夏虽胜，但也受到损失，掳掠所获还抵偿不了战争的消耗，与先前依照和约及通过榷场贸易所得物资相比，实在是得不偿失；另外，由于民间贸易中断，使得西夏人民饮无茶、衣帛贵，民怨沸腾；而此时，西夏与辽之间也出现了矛盾，所以西夏也同意议和。十月，双方达成协议：宋册封元昊为西夏国主；西夏取消帝号，名义上向宋称臣；宋每年"赐"西夏绢13万匹、银5万两、茶2万斤。另外，每年在各节日和赵祯、元昊生日共"赐"银22000两，绢、帛、衣着等23000匹，茶1万斤。宋夏重开沿边榷场贸易。

庆历新政

宋仁宗时，由于对西夏战争的失利和向辽国输"纳"的增加给国家带来了沉重的负担，统治的危机迅速加深。庆历三年（1043年），范仲淹为相，他在富弼、韩琦和欧阳修等人支持下，提出改革方案，内容涉及整顿官僚机构、改革吏治、富国强兵、取信于民等，历史上称作庆历新政。庆历新政以缓和阶级矛盾为主要目标，触动了官僚地主的利益，遭到了他们的强烈反对。范仲淹被诬陷专权结党而被迫请补外职，其他参与改革的人也相继罢官，实行仅仅一年多的新政措施被全部废除，新政宣告失败。社会危机依然没有解除。

市舶司

971年，宋首先在广州设立市舶司，后来先后在杭州、泉州、明州等地设置市舶司、市舶务或市舶场。其主要职能是检查出入海港的船舶，登记、发给公据公凭及引目，征收商税，管理外商，收买官府专卖物资等。由于两宋海上对外贸易的发达，市舶收入在财政收入中占的比重越来越大，至南宋绍兴三十二年（1162年），仅广州、泉州两市舶司的收入就占到了当时财政总收入的20%。

活字印刷术

北宋仁宗时期，毕昇发明了活字印刷术，用胶泥刻成单个的字，印刷时排版，一版印完以后，拆版再印，字印可以重复使用，和雕版印刷相比，极为神速。活字印刷术的发明，大大提高了书籍的印刷速度，是印刷史上具有里程碑意义的事件。

火药的发明

中国古代炼丹家在炼制丹药的过程中，常使用硝石、硫黄、雄黄和含碳物质等药料。这些物质混在一起加热，就发生猛烈的燃烧甚至爆炸现象。北宋初年，火药走出了炼丹家的丹房，被应用到军事领域，引起了军事科学的巨大变革。宋朝在与辽、金、元的战争中，使用了大量的火药武器。在宋末元初时，随着中外交通贸易的发展和元朝军队的远征，火药、火器相继传至南亚、西亚、阿拉伯和欧洲。

王安石变法

1069年，宋神宗任用王安石变法，以解除社会危机。中央设立"制置三司条例司"，作为创立新法的机构，相继制定了一系列新法，对于经济、军事、教育几方面都提出了改革的方案。财政经济方面，主要有农田水利法、方田均税法、青苗法、募役法、均输法、市易法。军政方面，主要有将兵法、保甲法、保马法、设置军器监。教育方面，兴学校，改科举。王安石变法收到了一定的预期效果，但是触动了大官僚、大地主的既得利益，引起了特权阶层的普遍反对，而且在具体实施过程中也因用人不当而对下层人民带来了更加沉重的负担，只因有皇帝的强力支持，变法才得以推行。宋神宗死后，司马光于1086年出任宰相，新法几乎全部废除，变法归于失败。

蔡京擅权

蔡京于1102年任宰相。他年轻时为了出人头地，曾一度参与王安石变法，官职得到迅速提升。神宗死后，旧党掌权，蔡京随风转舵，又极力靠拢司马光，他曾先后四次任相，前后达十七年之久。当权期间，他不仅大兴土木，劳民伤财，而且把持朝政，排除异己，公然受贿，卖官鬻爵。金军南下之际，蔡京携重金首先逃出开封，以避战乱，引起群臣的攻击。1126年被贬去官职。

方腊、宋江起义

北宋宣和二年（1120年）十月，睦州青溪农民在方腊的领导下聚众起义。方腊自称圣公，建立了政权，任命了一批官吏将师。两浙地区的农民纷纷响应，起义队伍很快就扩大到了数万人。到了第二年二月，义军占领了睦、歙、杭等6州52县，起义斗争达到了高潮。北宋朝廷任命童贯为江淮荆浙宣抚使，率领15万精锐禁军南下镇压。宣和三年，起义失败，方腊被俘，就义于开封。

在方腊起义之前，宋江就已经在河东和京东地区起义，义军转战青、齐、单、濮各州，多次打败官军的进攻，宋江还拒绝了朝廷的招安。宣和三年，起义军被海州知州张叔夜伏击，损失巨大，宋江向张叔夜投降。这两次起义，极大地震撼了北宋王朝的统治。

李纲抗金

1125年，金人分两路南下侵宋。宋徽宗慌忙禅位给太子赵桓，是为钦宗，自己退位为太上皇，然后匆匆南逃到京口（今江苏镇江）。1126年，金兵直逼京城汴梁（今河南开封），太常少卿李纲力主抗战，被封为东京留守，全权保卫汴梁。李纲率兵守城，金兵屡攻不克，天下勤王兵马又云集京师，金兵被迫无功而返。

靖康之变

北宋靖康元年（1126年），金兵分东、西两路南侵。十一月，两路金军陆续抵达汴京城下，城中宋军不过数万，京城危在旦夕，但城中军民的抗敌情绪十分高昂，请求作战的群众多达30万人。而宋钦宗却亲往金营议降，答应了金人提出的巨额勒索。靖康二年（1127年），钦宗再赴金营时被扣押。北宋朝廷严令禁止军民武装抗金。二月，金军下令废除徽宗和钦宗二帝，北宋宣告灭亡。四月，金军掠夺了大量的财物，带着徽、钦二帝及宗室、大臣等三千多人撤离汴京北归。这就是"靖康之变"。

赵普

赵普（922～992年），字则平，幽州蓟县（今属天津）人，迁居洛阳。原是赵匡胤的幕僚，策划陈桥兵变，助夺赵匡胤取政权。乾德二年（964年）为相，参与政要。宋太宗赵光义在位时，赵普两度为相。后以老病退职，封魏国公，死后追封韩王。他读书不多，但吏治精明，相传他以"半部《论语》治天下"。

宋太祖赵匡胤

赵匡胤（927～976年），就是宋太祖，北宋的开国皇帝，960～976年在位。他原籍涿州（今河北涿县），生于洛阳夹马营。原属后周太祖郭威帐下，历任东西班行首、滑州副指挥、开封府马直军使。周世宗时，任禁军殿前都虞侯、殿前都点检。960年，发动陈桥兵变，取代后周建立宋朝，定都东京（今河南开封）。他在位期间，陆续消灭各地割据政权，统一全国；同时，改革官制，加强中央集权。全国统一后，解除石守信等统军将领的兵权，挑选其精壮兵士编入禁军，以削弱地方势力。以文臣为地方官吏，设转运使掌管地方财政，并兴修水利，奖励农桑。他的这些措施促进了当时的社会稳定和经济发展。976年病死。一说为其弟赵光义所害。

石守信

石守信（928～984年），开封人，北宋开国勋臣。初仕周领洪州防御使，加领义成军节度，与赵匡胤相亲厚，是后来"陈桥兵变"的主谋之一。宋太祖即位后，改领归德军节度，后又平李筠、李重进之乱。建隆二年，宋太祖杯酒释兵权，自请解除兵权。卒后追封威武郡王，谥武烈。

寇准

寇准（961～1023年），字平仲，华州下邽（今陕西渭南）人。太平兴国四年（979年）进士。寇准为官刚正不阿，敢犯颜直谏，曾一度被排挤出朝。宋真宗即位，又入朝任官。景德元年（1004年），升同中书门下平章事。当年冬天，辽皇太后和辽圣宗亲统大军攻宋，他力排众议，劝真宗亲征，遂与辽订立澶渊之盟。次年，遭参知政事王钦若逸言所害，被罢相知陕州。天禧三年（1019年）再相，不久又罢相，封莱国公。后因副相丁谓陷害，被贬为道州司马、雷州司户参军，死于雷州贬所。著有《寇莱公集》。

宋神宗

宋神宗为宋朝第六代皇帝。1066年被立为太子，次年即位时年仅20岁。他立志改革，重用王安石，实行变法，力图挽救北宋中叶的财政危机。神宗在位19年，38岁便英年早逝。

毕昇

毕昇（？～约1051年），北宋人。活字印刷术的发明者。布衣出身，原是杭州肆坊的刻工。据沈括《梦溪笔谈》记载，宋朝庆历年间（1041～1048年）发明活字印刷术。其方法还未来得及推行他就去世了。他对木活字排版亦有研究。

包拯

包拯（999～1062年），字希仁，庐州府合肥（今安徽合肥）人。当过天章阁待制和龙图阁直学士，故人称"包待制"、"包龙图"，民间则呼其为"包公"、"包青天"。包拯是古代清官的典型和代表，后世有关包公办案的各种故事、小说、戏曲层出不穷，一直延续至今。

欧阳修

欧阳修（1007～1072年），北宋文学家、史学家。庆历三年（1043年）任谏官，支持范仲淹的改革，要求在政治上有所改良，被诬陷贬知滁州。官至翰林学士、枢密副使、参知政事。是北宋古文运动的领袖，"唐宋八大家"之一。曾与宋祁合修《新唐书》，并独撰《新五代史》。有《欧阳文忠公文集》。

狄青

狄青（1008～1057年），北宋大将。宋廷择京师卫士从边，狄青入选，任延州指挥使。在战争中，他骁勇善战，多次充当先锋，率领士兵夺关斩将。在宋与西夏的战争中，立下了累累战功，声名也随之大振。后遭朝廷猜忌，郁郁而死。

司马光

司马光（1019～1086年），字君实，世称涑水先生，陕州夏县（今属山西）人。他是北宋名臣、史学家。自幼爱读书，尤其喜爱读《左氏春秋》。仁宗宝元年间中进士，神宗时官至翰林学士、御史中丞。他极力反对王安石变法。哲宗即位后，他出任宰相，几乎全部废除王安石的变法措施。为给统治者提供历史借鉴，主持编写《资治通鉴》一书，成为古代一部杰出的编年史。1086年卒，赐温国公，谥文正。著有《司马文正公集》。

秦观

秦观（1049～1100年），北宋词人。字少游，号淮海居士，扬州高邮人。他的文词被苏轼赏识，为"苏门四学士"之一。其著名的《鹊桥仙》堪称恋情诗词中的千古绝唱。

新古文运动

北宋文坛受变法思潮影响，也兴起了革新之风。欧阳修、王安石、曾巩、苏洵、苏轼、苏辙，与唐代韩愈、柳宗元一起合称"唐宋八大家"。欧阳修亦主张"文道合一"，提出散文要与社会现实结合的观点，提倡创新精神。王安石也主张文章的实用性；曾巩的作品严密周详，语言简练含蓄，多为书信、杂记的形式；三苏父子之文更是雄健奔放，名冠一时。新古文运动极大地冲击了晚唐以来文坛上的陈腐华靡之风，使散文内容充实，意境开阔，开创了散文创作的新阶段。

三苏

苏洵（1009～1066年）、苏轼（1037～1101年）、苏辙（1039～1112年）父子三人，号称"三苏"。苏洵主张散文应"有为而作"，反对华而不实的形式主义文风，笔调雄健奔放，论据精辟，代表作有《管仲论》、《辨奸论》。苏轼认为散文应酣畅淋漓，简明透彻地表述作者的思想感情。其作品汪洋恣肆，意态横生，代表了宋代散文的最高水平。论说文《教战守策》，记叙文《喜雨亭记》《石钟山记》，赋体散文前、后《赤壁赋》，都是名篇佳作。苏辙以政论文见长，剖辨明析，论理严谨，如《六国论》。

乌台诗案

王安石主张变法以后,苏轼对变法中的一些条款很不赞成,并做了指责。苏轼诗词中有一首《咏桧》诗,当时的监察御史告发此诗指刺皇上,图谋不轨。苏轼被革职治罪,打入监狱,御史台自汉以来即别称"乌台",所以此案称为"乌台诗案"。后来,神宗帝亲阅案卷,觉得此案未免有些牵强附会。他说:"诗人之词,安可如此论?彼自咏桧,何与朕事?"于是下令将苏轼免罪释放,贬谪黄州。乌台诗案实质上是宋神宗时代由于苏轼作诗而触发的一桩政治官司。可以说是中国历史上文字狱的开始。

《资治通鉴》

《资治通鉴》是一部编年体通史巨著,北宋司马光主持编修,参加编撰的还有刘恕、刘攽、范祖禹等人。司马光认为历代史籍浩繁,后人难以遍览,遂决定取诸史籍精要内容,编撰一部编年体史书。历时十九年完成。全书294卷,记载了上起战国周威烈王二十三年(公元前403年),下迄后周世宗显德六年(959年),1362年的历史。以朝代为纪,共有16纪。元祐元年(1086年)书成后,呈送宋神宗阅。神宗阅后认为"鉴于往事,有资于治道。"遂赐书名"资治通鉴"。该书虽以政治、军事为主,略于经济、文化,但所包含的时间长,且取材广泛,保存的史料尤为丰富,在古代史学史中占有极重要的地位,为后世史家所推崇。

《梦溪笔谈》

北宋沈括撰。26卷,并有《补笔谈》三卷,《续笔谈》一卷。沈括博学洽闻,晚年居住润州(今江苏镇江)著成此书,以其居地梦溪地名作为书的名字。全书共分故事、辩证、乐律、象数、人事、官政、机智、艺文、书画、技艺、器用、神奇、异事、谬误、讥谑、杂志、药议等17目,分类系事,约609条。内容涉及天文、数学、物理、化学、生物、地理、医学、地质、气象、工程技术、文学、史事、音乐和美术等,记述了我国古代许多科技成就,如毕昇发明活字印刷等,也包括沈括自己的一些科学创见。

《清明上河图》

在我国保存下来的许多古代名画中,有一幅奇画《清明上河图》,它的作者是北宋画家张择端。这幅画是一幅长卷,宽20多厘米,长5米多。画中展现的是北宋京城的风光景物与人们的生活习俗。只见街道纵横,房屋稠密,路上车水马龙,店里生意兴隆。画面上,茶坊、酒楼、肉铺、布店直到医药门诊、马车修理、看相算命、理发修面,真是各行各业应有尽有。男女老幼各种人物画了500多个。《清明上河图》的绘画功力深厚、造型细致逼真,真实地描绘了我国北宋时期的都市生活,有如一部图片百科全书,在我国的书画遗产中是极为罕见的。它具有极高的艺术价值和历史价值,堪称国宝。

宋词

词始于唐,兴于五代,盛于两宋。宋代宫廷设教坊教习音乐,城市有歌楼瓦肆,乡村传唱民歌小调,为词的繁兴创造了条件。因此,词成为两宋的主要文学形式,故称宋词。宋词数量巨大,《全宋词》共收录词人1330多家,

作品19900多首。宋代词人创作风格各异。婉约派，代表人物柳永，擅长慢词长调创作，多反映市民生活，代表名篇《雨霖铃》(寒蝉凄切)；女词人李清照继承了柳词风格，其词委婉含蓄、清新淡雅，被视为婉约派正宗，代表作《声声慢》(寻寻觅觅)。豪放派，词风豪迈奔放。代表词人有苏轼、陆游、辛弃疾。格律派，因其注重格律而得名。其词辞藻工丽，音律典雅，但内容狭隘，意境不高，代表人物有周邦彦、姜夔等人。

话本

"说话"艺术起源于中唐，宋时成为主要文学形式之一。"话"是故事的意思，"说话"即讲故事。"说话"底本称为"话本"，其内容有佛经故事(说经)、历史故事(讲史)、脂粉、灵怪、传奇、公案、武打、人物(小说)等。其中，最为世人喜欢的是小说。宋代传到今天的"话本"有《大唐三藏取经诗话》《三国志平话》、《五代史平话》、《大宋宣和遗事》及《京本通俗小说》等。以"说话"为主的艺人称"说话人"。"话本"各有独立的科目。宋代各大城市都有不少娱乐场所，如瓦子、勾栏等。"说话人"不仅在这些场所表演，还经常深入到乡村。

程朱理学

从北宋时起，理学家们继承唐朝韩愈的思想，重新整理儒家学说的传统，把儒、佛、道三家加以融合。北宋时理学的奠基人是周敦颐，其主要著作是《太极图说》和《通书》，在书中他主要阐述了自己的客观唯心主义宇宙观。他的学生程颢和程颐进一步发展了这种学说，初步建立了理学的客观唯心主义体系，他们的哲学最高范畴就是"理"，这是不以人的意志为转移的、不受时空限制的宇宙的本体，是自然界和人类社会的最高法则，能做到"明天理，去人欲"，自然就可以天下太平。南宋时，朱熹发展了二程关于"理"的学说，建立起了庞大的理学体系。因为朱熹师承二程的学说，所以后代把他们所建立的这种哲学称为"程朱理学"。

北宋的四大书院

北宋承五代之乱，宋初又忙于军事征战和政治制度变革，统治者为谋求长治久安，注意以科举笼络士子，而忽视兴办学校教育。开国初八十余年没有兴办学校，出现士大夫无所学的情况，作为民间教育组织的书院于是兴起。一些富室、学者纷纷自行筹款，依山靠林，辟舍建院讲学。北宋最著名的书院有白鹿洞、岳麓、应天府、嵩阳(或石鼓)书院，称为四大书院。

花石纲

北宋末年，统治阶级极为奢侈腐朽。宋徽宗竭天下之财以自奉，在京师大兴土木，营建宫殿及亭台楼阁达二十余年。崇宁四年(1105年)，他命令在苏州设立苏杭应奉局，专门在东南搜罗奇花异石，然后用船队不断运往开封，当时，这种运送花石的船队叫"花石纲"。

南宋
（公元1127年～公元1279年）

宗泽保卫东京

1127年，由李纲推荐，宗泽为开封府尹，负责守卫旧都。宗泽到任后，积极募集新军，加以训练，他又单骑出城，劝说各路绿林好汉以国事为重。于是，宗泽请求派大军北伐，收复失地，请高宗速还汴京，均为黄潜善、汪伯彦所阻，不被采纳。宗泽忧愤成疾，疽发于背，不幸病逝，死前一日，他长吟"出师未捷身先死，长使英雄泪满襟"，嘱咐部下继续抗金，连呼三声"过河"，念念不忘抗金大业。

建康之战

1129年冬，金将兀术率军渡江南侵，尾追高宗不及，掳掠一番后北归，在黄天荡（今江苏南京附近）遭到宋将韩世忠的截击，逃往建康。岳飞率兵出击，半月内多次大败金军，歼敌三千，收复了建康。这是岳家军首次大捷。

韩世忠大战金兀术

1130年，金兀术征伐南宋，宋高宗渡海南逃，金兀术率军焚临安城后北还。三月丁巳，金军至镇江，为浙西制置使韩世忠所阻，金军水战失利，不得渡江，最后被堵在了黄天荡。黄天荡是条死水港，金军多次突围，均未奏效。后听说有老鹳河故道可以通秦淮，金兀术便用了一个晚上开渠数十里，才得以逃往建康（今南京），但仍不得过江。四月，金兀术依福建人王某之计，才击败韩世忠军，退还镇江渡江北归。韩世忠以八千兵抗拒金兵十万之众，阻击四十八天，虽败而使金军从此不敢轻易渡江，南宋都城临安和半壁江山得以保全。

钟相、杨么起义

南宋初年，在金兵南侵的同时，洞庭湖边的钟相、杨么也爆发了起义。北宋末年，湖南常德人钟相在家乡利用宗教活动组织群众。他宣称："法分贵贱贫富，非善法也。我行法，当等贵贱，均贫富。"他的这个主张比北宋初王小波"均贫富"的思想又进了一步。1127年初金人入侵，钟相组织民兵三百人北上"勤王"，还未与金兵接触，就被宋高宗命令遣返。建炎四年（1130年），钟相发动起义，攻占了洞庭湖周围的19个县，建立了大楚农民政权。起义军镇压官吏、儒生、僧道等人，夺取他们的财物。钟相后来被叛徒杀害，杨么继续领导斗争。起义军凭借水军优势，多次给官军以痛击。绍兴五年（1135年），南宋王朝派遣岳飞镇压，最后消灭了这支起义军。

岳飞抗金

1139年，金军发动大规模的侵略战争，岳飞率领岳家军顽强反击，挺进中原。七月，岳飞和金兀术1.5万精锐骑兵发生激战，大败金兵，然后乘胜向朱仙镇进军。此次北伐中原，收复了颖昌、蔡州、陈州、郑州、郾城、朱仙镇，消灭了金军有生力量，南宋的抗金斗争发生了根本的转机。但是就在这关键时刻，宋高宗担心一旦中原收复，钦宗回国，他就难保皇位，因此与秦桧极力破坏抗战。他们首先令东西两线收兵，造成岳家军孤军突出的不利态势；然后以"孤军不可久留"为名，连下12道金牌令岳飞班师。为了避免孤军被灭，岳飞被迫回师。回到临安以后，岳飞被以"莫须有"的罪名杀害。岳飞精忠报国，不屈不挠地坚持抗金战争，是一位杰出的民族英雄。

郾城大捷

宋金战争重要战役之一。1140年，岳飞率军北伐，在郾城与金军主将兀术展开决战，金军以全副武装的步兵居中，以号称"拐子马"的1.5万骑兵分居两翼，列阵进攻。岳飞同儿子岳云等迎战，令将士手持刀斧专砍马足，使"拐子马"失去战斗力。宋将杨再兴单骑冲入敌阵，欲活捉兀术未成，杀敌数百。两军战至傍晚，金军败退。

秦桧擅权

秦桧字会之，江宁（今江苏南京）人，宋徽宗时官任御史中丞，于1127年被掳到金国。1130年，秦桧被放回南宋，得到宋高宗的信任，官至宰相。1140年，秦桧怂恿宋高宗解除主战将领的军权，并诬构谋反罪状，杀害岳飞，促成了绍兴和议。秦桧任相期间，独揽朝政，排除异己，大兴文字狱，极力贬斥主张抗金的官员，压制抗金舆论，篡改官史，奖励歌颂和议的诗文。他还推行经界法，丈量土地，重定税额，又密令各地暗增民税十分之七八，使很多贫苦农民家破人亡。

隆兴和议

绍兴十九年（1149年），金廷政变，海陵王完颜亮杀金熙宗完颜亶自立为帝。三十一年九月，对南宋发起大规模的进攻，进逼至长江北岸。高宗随即传位给养子赵玮，是为孝宗。孝宗力主抗金，启用张浚等主战派，并为岳飞父子昭雪，斥逐朝中秦桧党人。隆兴元年（1163年）五月，在枢密使张浚等人的倡议和策划下，宋军北伐，一度收复宿州（今安徽宿县）等地。但因副招讨使邵宏渊消极退却，北伐失败。宋廷内投降派借机攻击主战派，张浚等人辞官。二年，在太上皇赵构等人的压力下，孝宗被迫与金订立和约：改金与南宋的君、臣关系为叔、侄关系；改"岁贡"为"岁币"，减银、绢各5万两、匹，为各20万两、匹；双方疆界仍以"绍兴和议"为准。史称"隆兴和议"。

嘉定和议

宋淳熙十六年（1189年），孝宗赵昚传位给太子赵惇，是为光宗，自己作太上皇。光宗即位后，受制于李皇后，不问政事。宗室赵汝愚、外戚韩侂胄借机逼光宗退位，立其子赵扩为帝，是为宁宗。此后韩侂胄于朝中排斥异己，独柄朝政。开禧二年（1206年），北方蒙古起兵反金。未及认真准备，韩侂胄亦贸然出兵伐金。宋军大部分将领无心抗金，在收复一些失地后，遭金军反击，宋军大败而逃。北伐失利，投降派又向金朝乞和。三年，礼部侍郎史弥远遵照金朝要求，勾结参知政事钱象祖等人，将韩侂胄秘密处死。事后，钱象祖升任右相，史弥远任同知枢密院事，投降派复又控制了朝政。嘉定元年（1208年），史弥远刨棺割取韩侂胄首级呈献金朝，与金重订和约：改金、南宋叔侄之国为伯侄之国；岁币由20万增至为银30万两、绢30万匹；南宋另付金犒军费银300万两；两国疆界仍以"绍兴和议"为准。史称"嘉定和议"。和议订立后，金军已无力南侵，南宋在史弥远专权下，统治愈发腐朽、黑暗，全面走向衰败。

绍熙内禅

淳熙十六年（1189年）二月，宋孝宗禅位于太子赵惇，即宋光宗，第二年改元绍熙。宋光宗长期患病，不能理政。李皇后操纵朝政，宦官、权臣乘机弄权，政治十分黑暗。绍熙五年（1194年），太上皇病危去世，光宗始终未去问疾，也不执丧，朝中对这件事议论纷纷。有大臣向光宗建议由嘉王赵扩监国，光宗表示想要退位。枢密使赵汝愚和知阁门事韩侂胄随即立嘉王赵扩为帝，是为宁宗。光宗被尊为太上皇，史称"绍熙内禅"。

庆元党禁

大臣赵汝愚和韩侂胄拥立宁宗即位后，两人之间的不和渐深。庆元元年（1195年）韩侂胄上书弹劾赵汝愚，赵汝愚被罢相，后又被迫自杀，为他说话的人也都陆续被放逐。庆元二年（1196年），韩侂胄当政，凡和他意见不合的都被称为伪学，定为逆党，名列党籍获罪的人达到五十多人，史称"庆元党禁"。

联蒙灭金

南宋晚期，蒙古族为求向南发展，欲利用宋金矛盾，联宋攻金。1232年，蒙古可汗窝阔台派使来到南宋，商议共同伐金。双方协议，灭金后黄河以南的土地归宋。次年，宋发精兵与蒙古共同攻打金国最后的战略据点蔡州（今河南汝南），蔡州城破，金国灭亡。但蒙古军不肯如约将黄河以南的土地归宋，双方由此引发了战事。

文天祥抗元

1276年，元军大举进攻南宋并占领了临安，宋恭帝被俘。临安陷落以后，文天祥、张世杰、陆秀夫等仍然率领军民坚持抗元斗争。同年五月，益王赵昰即位，是为宋端宗。端宗任命文天祥为丞相兼知枢密院事。文天祥建议组织水军经海路收复两浙失地，被左丞相兼都督陈宜中否决，他只好以同都督的身份离开朝廷前往江西发动军民抗战。景炎二年（1277年），文天祥率军反攻江西，先后收复了赣州、吉州的部分土地。次年四月，宋端宗死，赵昺即位，改元祥兴，移驻广东。文天祥收拾宋军残部，继续坚持战斗，直至兵败被俘。文天祥被押往大都以后，拒绝了忽必烈的亲自劝降，于1283年从容就义。1279年二月，宋元双方在海上展开会战，宋军大败，陆秀夫背着幼帝赵昺投海而死。南宋王朝的抗元力量被全部消灭。

厓山殉难

临安陷落后，益王赵昰在福州被拥立为帝，是为宋端宗。1278年，端宗病逝。张世杰、陆秀夫等人又立八岁的广王赵昺为帝。张世杰驻兵于新会的厓山，据守天险。1279年，元将张弘范率水军入海攻厓山，张世杰力战后溃败，陆秀夫背起赵昺投海自尽，张世杰也因船翻而死。宋朝灭亡。

宋徽宗

宋徽宗（1082~1135年）名赵佶，书画家，北宋皇帝，1101~1125年在位。在他统治期间，宋朝政治腐朽，社会矛盾激化，各地农民纷纷起义。他崇奉道教，广建宫观，自称"教主道君皇帝"。又大兴土木，搜刮江南奇花异石修造林苑。1125年，金兵南下，传位于赵桓（宋钦宗），自称太上皇。1127年被金人俘虏，死于五国城（今黑龙江依兰）。擅长诗词书画，书法自成一家，称"瘦金体"。绘画工花鸟，存世作品有《芙蓉锦鸡》《池塘晚秋》《四禽》《雪江归棹》等图。

李清照

李清照（1084～约1151年），号易安居士，南宋人。济南历城（今山东济南）人，其父李格非曾任北宋著作佐郎、礼部员外郎，著有《洛阳名园记》。李清照早年生活优裕，帮助其夫赵明诚搜集金石书画并有研究，著有《金石录》。北宋末年，金兵入侵，避乱江南。途中，赵明诚病死。晚年处境寂寞悲愁。作品风格委婉含蓄、清新淡雅，有作品《漱玉集》。

李纲

李纲（1083～1140年），南宋初抗金名臣。京师危急时，先后任亲征行营副使、正使，组织军民保卫东京，抗击金兵，迫使金军撤兵。有《梁溪集》传世。

岳飞

岳飞（1103～1143年），南宋抗金名将。少年从军，力主抗金恢复中原，为秦桧以"莫须有"罪名杀害。其著作后人辑有《岳忠武王文集》，诗词散文都慷慨激昂，宁宗时被追封为鄂王。

赵构

赵构（1107～1187年）就是南宋皇帝高宗。他是宋徽宗的第九个儿子，初封康王。1127年，金兵俘获徽宗、钦宗二帝北去，北宋灭亡。赵构于南京（今河南商丘）即帝位，后定都临安（今浙江杭州），史称南宋，1127～1162年在位。一度为形势所迫，任用岳飞、韩世忠等抗金名将。后为向金求和，与宰相秦桧勾结，杀害岳飞。1141年，与金达成割地、称臣、纳贡的屈辱和议。

兀术

兀术（？～1148年），原名完颜宗弼，阿骨打第四子，金军骁将，他曾参加灭辽及攻打北宋的战争。1129年冬，他率军渡过长江，追袭宋高宗，先后攻占湖州、越州、杭州等地，一路烧杀抢掠。他多次与宋军作战，败多胜少，后勾结秦桧，使岳飞被冤杀，造成"绍兴和议"，不战而得大片土地。

朱熹

朱熹（1130～1200年），字元晦，号晦翁，别称紫阳。绍兴进士，曾任同安县主簿、知南康军，改提举浙东茶盐公事，救荒革弊有惠政。后主持白鹿洞书院、岳麓书院，教授五十余年，弟子众多。主张"去人欲，存天理"，"格物致知"，以"穷理尽性"。他学识广博，毕生著述讲学，对经学、史学、文学、乐律都有贡献。他发展二程的学说，形成程朱学派，集大成的朱熹理学思想成为元明清时代占统治地位的官方哲学，影响极大。

唐宋八大家

唐宋八大家是指唐朝和宋朝两代的八位卓有成就的散文作家。即唐朝的韩愈、柳宗元，宋朝的欧阳修、苏洵、苏轼、苏辙、曾巩和王安石。

宋四家

指宋朝著名书法家苏轼、黄庭坚、米芾和蔡襄。四人书法各有新意，人称"宋四家"。

豪放派词人

豪放派词人的代表人物有苏轼、陆游、辛弃疾等。他们将词的题材从狭隘的个人情感中摆脱出来,走向社会,走向自然,豪迈奔放。苏轼的词境界宏阔,视野高远,气势恢宏,感情奔放,被时人奉为一代词宗。《念奴娇·赤壁怀古》,为其代表作。南宋陆游,高唱抗战建功的宏愿,抒发壮志难酬的愤懑,也表现孤芳自赏的情调,名作如《诉衷情》、《钗头凤》、《卜算子·咏梅》等颇具感染力。辛弃疾以爱国思想和战斗精神为主旋律,词风慷慨激昂,豪雄悲郁,《破阵子》(醉里挑灯看剑)、《永遇乐》(千古江山)等作品意境开阔,令人振奋。

南戏

宋代,戏剧艺术也流行开来。宋统治区内有傀儡戏(木偶)、影戏(皮影)、杂剧。杂剧从唐代参军戏发展而来,角色由2人发展为5至7人之多。此外,还有以歌舞讲唱为主的戏曲。

两宋之际,南方各地则流行着各种唱法的地方戏,总称"南戏"。南戏原是由顺口可歌的村坊小曲发展起来的,后吸收杂剧及其他民间技艺。作者多为下层文人,词语通俗,不为士大夫所重视,主要流行于今浙东、福建地区。到南宋末年,渐由民间繁衍而盛行于都下。最早的作品有《赵贞女蔡二郎》和《王魁负桂英》。

《洗冤集录》

世界最早的一部较完整的法医学专书。南宋宋慈著,全书5卷。1247年成书,颁行全国。作者博采治狱之书以及官府历年所公布的条例和格目,加以订正、补充。吸取民间医药知识与官府刑狱检验经验,将全书分为验尸、四季尸体变化、自缢、溺死、杀伤、服毒以及其他伤死等53项。该书成为办案官吏检验的指南,是世界上第一部系统的法医学专著。该书曾被译成荷兰、英、法、德等国文字。以此为蓝本的《无冤录》(元代王与著)也被译成朝鲜文和日文,对法医学的发展有重大贡献。

五大名窑

宋时的制瓷业发展到一个新阶段,烧制技术、产量、质量以及瓷窑的数量和规模都大大超过前代,大小瓷窑遍布全国,出现了定、汝、官、哥、钧五大名窑。宋代瓷器加彩已较盛行,并掌握了窑变、裂冶技术,南北各瓷窑产品均各具特色,成为畅销国内外的商品。

世界上最早的纸币:"交子"

"交子"是宋真宗时,在四川出现的代替金属货币的纸币。这种交子是中国最早的纸币,也是世界上最早的纸币。宋朝初年,在四川地区使用铁钱,这种钱很笨重,当时四川流行的有大小两种铁钱。大铁钱每贯百个,重6公斤多,小铁钱每贯千个,重3公斤多,在商业日益发展的情况下,使用起来很不方便,所以有16户商人发行了一种纸币,叫做"交子"。"交子"是一种小纸片,纸面上印有房屋、树木和人物等图画,为了防止盗印,交子上做了暗号。印好以后,就招徕顾客用现钱买他们的"交子"。交来多少钱数,就在交子上记下多少钱数。交子可以在市场上使用,也可以拿到印发交子的商号"交子铺"去兑换现钱。宋仁宗时,改由官府发行"交子"。"交子"开始时只在川陕地区流通,后来逐渐推广到秦州。

辽朝

（公元907年~公元1125年）

耶律阿保机建国

契丹族起源于东胡语系的鲜卑族，南北朝以来就在今西拉木伦河一带活动。842年，契丹摆脱了回鹘的统治，逐渐发展起来。907年，契丹迭剌部的军事首领耶律阿保机成为契丹可汗，经过几年征战，于916年称帝，建国"大契丹"，年号神册。

景宗中兴

969年，辽穆宗被弑，世宗之子耶律贤继位，是为景宗。当时，辽朝由于统治集团内部纷争不断，已呈现衰败迹象。景宗即位后，进行了一系列的革新，改革吏治，任用贤能。并于979年在高梁河之战中击败宋军，稳定了政局，为辽朝的中兴奠定了基础。

契丹文字

辽建立后，出于统治的需要，而参照汉字创制成的一种民族文字，有大字、小字两种。契丹大字为辽太祖耶律阿保机从侄耶律鲁不谷和耶律突吕不参照汉字偏旁部首，于神册五年（920年）创制而成，字形近似汉字的方块字，大约有3000余字。契丹小字由辽太祖弟耶律迭剌参照回鹘文的造字法，创制而成。小字趋于拼音方式，每个字由1至7个原字组成。这两种文字在辽朝并用，但汉字亦通用。辽灭亡后，契丹大、小字曾继续沿用，直至金明昌二年（1191年），章宗下诏罢契丹字，才废止使用。现存契丹文字，主要见于碑刻、墨书题字、墓志，以及铜镜、印章、货币等。

圣宗改革

辽圣宗耶律隆绪在位期间，在萧太后和韩德让等贤臣的辅佐下，进行了一系列改革，包括整顿吏治开科举，修订法律，改革赋税，重编部族等等，效果十分显著，使契丹社会完成了封建化的过程，从而将辽朝推向了极盛时期。

兴宗亲征西夏

1044年，党项及山西五部归附西夏，于是兴宗亲率大军讨伐西夏。夏主元昊见辽大军压境，连忙上表请罪，还没等元昊到达辽营，辽军就发起进攻，结果被夏军击败。双方议和。1049年，兴宗再次亲征西夏，大获全胜。西夏王李谅祚请和称臣，双方再次议和。

西辽国

辽末，辽皇族耶律大石眼见天祚帝回天无术，便领二百骑兵连夜逃走，并自立为王。金灭辽后，随即南下，而辽西北各部落实力并未受损。大石以恢复故国相号召，得精兵万余人，又组织了一支军事力量。1130年，他决意西征，成功地说服了回鹘国王，得以借道西去，摆脱了金军的追击。大石率军击败十万西域诸国联军，行至起儿漫（今乌兹别克斯坦克尔米涅）称帝，号天佑皇帝，仍用辽国号，史称西辽，又称哈喇契丹（黑契丹）。西辽五帝，享国八十八年，1218年，为蒙古所灭。

萧太后

辽圣宗耶律隆绪的母亲，她执掌辽国政

权近20年，为辽国制度的发展和版图的扩大做出了很大贡献。她的名字在民间杨家将故事中多次出现，因为她曾多次对北宋用兵，但取得的成效不大。

耶律阿保机

耶律阿保机（872～926年），契丹族首领，辽朝建立者。即辽太祖，汉名亿。契丹迭剌部人。唐昭宗光化四年（901年），选任遥辇氏联盟夷离堇。唐哀帝天佑四年（907年），任部落联盟首领。后梁末帝贞明二年（916年），称帝，建元神册，国号契丹。于潢河（今西拉木伦河）北建都（今内蒙古巴林左旗南），后更名上京临潢府。又令其从侄耶律鲁不谷和耶律突吕不，其弟耶律迭剌分别创制了契丹大、小字。还制定法律，建立宫卫骑军和州县部族军。耶律阿保机建国后，东征西讨。天赞五年（926年），灭渤海国，于其地建东丹国，封太子倍为东丹王。回京途中，病死于扶余（今内蒙古巴林左旗西）。庙号太祖，谥号昇天皇帝。

萧观音

萧观音是辽代著名的女作家，辽道宗耶律洪基懿德皇后，死后追谥宣懿。她爱好音乐，擅琵琶，工诗，能自制歌词。曾作《伏虎林应制》诗、《君臣同志华夷同风应制》诗等，被道宗誉为女中才子。后来，由于谏猎秋山被疏，作《回心院》词10首，抒发幽怨怅惘心情。太康初年，被耶律乙辛等人诬陷，含冤而死。

辽女流行"佛妆"

宋使至辽，看到契丹妇女的化妆与中原大不一样，她们面涂深黄，红眉黑唇，称为"佛妆"或"物妆"。据说其法是冬天用栝蒌涂面，然后整个冬天只补妆而不卸妆，直到春暖方才洗去，因久不受风日侵蚀，故卸妆后肤色洁白如玉。所谓栝蒌是一种藤生植物，果实又叫黄瓜。这种化妆法看来是一种护肤的美容法，颇近于现代的面膜。

西 夏
（公元1038年～公元1227年）

元昊改制

1031年，党项族拓跋氏首领德明逝世，太子元昊即位。他一向主张拓跋氏应当建国立邦，所以即位后就进行了一系列改革：他首先废了唐、宋两朝赐的国姓，又改元显道，颁布秃发令，并且建立完整的文武官制和兵制，创设西夏文字，制订礼乐。至此，西夏立国的条件日渐成熟。

西夏建立

元昊即位后，将都城兴州（今宁夏银川）升为兴庆府，并于1038年在城南筑坛，即皇帝位，国号大夏，以兴庆府为国都。次年，元昊又遣使入告北宋，并且仿照北宋完善了官制。至此西夏建国。

天盛之治

1139年，西夏仁宗即位。当时，西夏连遭地震、饥荒之灾，为缓和社会矛盾，仁宗下令赈济灾民，归还宋俘，平息各地叛乱，使局面逐渐稳定下来。接着，仁宗实行了推崇儒学、开设科举、改订法律，发展生产等一系列有利于社会发展的政策。在他的统治下，西夏国内秩序安定，经济繁荣，幅员辽阔，成为西夏的盛世。

河西失陷

西夏神宗时，西夏军多次被蒙古大军打败，被迫与蒙古合兵攻打金国，国力日益衰败。1223年，西夏军与蒙古军攻打凤翔（今陕西凤翔）时，因为久攻不下，西夏军统领竟领兵不辞而别。神宗怕蒙古责难，被迫让位给太子德旺，为夏献宗。德旺即位后，结交漠北各部共拒蒙古，成吉思汗得知此事，派兵攻夏。德旺畏惧请降，蒙古退兵，可德旺没有按约定遣子入蒙古为质，而且接纳了叛逃而来的蒙古贵族。成吉思汗以此为由，于1226年亲率10万大军伐夏，占领了河西之地。

西夏王陵

西夏王陵又称西夏陵、西夏帝陵，有"东方金字塔"之称，位于银川市西郊贺兰山东麓，距市区大约35公里，是西夏历代帝王陵墓所在地。陵区南北长10公里，东西宽4公里，里边分布着九座帝王陵和一百四十多座王公大臣的殉葬墓，占地近50平方公里。整个陵区规模宏伟，布局严整。每座帝陵都是独立完整的建筑群体，坐北向南，呈纵长方形，规模同明十三陵相当。西夏王陵受到佛教建筑的影响，是汉族文化、佛教文化、党项民族文化的有机结合体，构成了我国陵园建筑中别具一格的形式。可惜陵区在明代以前就遭损毁，现在只留下遗址。

金　朝
（公元1115年~公元1234年）

完颜阿骨打建国

1112年，辽天祚帝在混同江举行头鱼宴（春季第一次由皇帝亲自钓鱼并举行的宴会），女真各部依例前来朝会。席间，天祚帝令女真各部首领歌舞助兴，只有辽女真节度使阿骨打始终不肯依从，引起群臣的不满。此后，阿骨打开始进行反辽的准备，1114年，完颜阿骨打率2500人起兵反辽，攻破宁江州（今吉林扶余东边），势力迅速壮大起来。1115年，完颜阿骨打即皇帝位，建国号大金，他就是金太祖。

女真族

商周时期东北地区的肃慎人是女真的远祖，隋唐时称"靺鞨"，主要分布在松花江南岸、黑龙江下游南北一带。五代时，改称女真。11世纪初，女真完颜部在始祖函普领导下发展起来，及至献祖绥可时开始定居在按出虎水（今哈尔滨南阿什河），这里便成为女真族的发祥地。

女真文字

和契丹文一样，女真文也分大小字。女真人初用契丹文字，阿骨打建国后，将任务交给了完颜希尹和叶鲁，他们参考汉字、契丹字创造了能记录女真语的新字，于天辅三年（1119年）颁行，史称女真大字。金熙宗天眷元年（1138年）又颁布了一套笔画更为简省的新字，史称女真小字。现存有关女真字的材料有文献、金石、墨迹三类：文献主要有明朝四夷馆编的《女真译语》，有女真字、汉文注音及译义；金石至今发现八处碑刻、摩崖；墨迹也十分珍稀。但迄今所发现的资料仅见一种女真文，它究竟是大字还是小字，学者意见不一。

金太宗灭辽

1123年，金太祖完颜阿骨打去世，其弟完颜晟继位，是为太宗。太宗继承太祖灭辽的方针，继续发兵征讨辽国。1122年，辽天祚帝在太祖的进攻下，逃到西夏境内。太宗派使对夏主晓以利害，夏国奉表称臣。1124年，天祚帝重新出兵，结果大败被俘，1125年辽灭亡。

金熙宗改革

1135年，金熙宗即位，对金朝政治、经济等方面进行了重大改革。首先废除旧制度，采用汉官制度，建立了新的官制，并且颁行了统一的法律，在经济方面，实行计口授地，解放奴婢，兴修水利，使金朝生产复苏，人民安居乐业，社会经济稳定发展。

金世宗治世

1161年金世宗即位后，迁都中都（今北京），为改变国势不安定的局面，采取了一系列政策，任人唯贤，虚心纳谏，发展生产，减轻赋税和徭役。并且与南宋议和，与西夏、高丽和平共处，为生产的恢复和发展创造了条件。金世宗在位近30年，金朝封建化完成，社会上出现了繁荣的局面。

猛安谋克制

辽天庆四年（1114年），完颜阿骨打出于反辽的需要，定制每300户为一谋克，10谋克为一猛安。谋克为百夫长，猛安为千夫长。金朝建立之初，曾将投降的契丹、渤海、汉人也按猛安、谋克编制。天会二年（1124年），废止这一规定。天会十一年后，金廷将东北地区的女真猛安谋克户迁入内地，在村落之间修建要塞。这些女真人自成组织，不隶属于州县，实行屯田，成为世袭军户。海陵王时，又将金上京（今黑龙江阿城南）的猛安谋克户南迁。猛安谋克户平时生产，战时出征。谋克以下分设村寨。50户以上设寨使1人，负责督催赋役。

中都失守

1213年，金朝面临蒙军南侵、中都失守的局面，于是宣宗决定南迁，百官士庶极力劝阻，但宣宗仍然一意孤行，于1214年五月下召南迁，七月，抵达汴京。宣宗南迁时命右丞相兼都元帅完颜承晖、左副元帅抹撚尽忠与皇太子留守中都。成吉思汗得知宣宗南迁后立即下令大军立围中都，中都告危。完颜承晖以为抹撚尽忠久居军旅，熟知兵事，便将军中所有军事都委托给他，后蒙古兵临城下，抹撚尽忠却弃城南逃，中都失守，完颜承晖自尽殉国。

完颜阿骨打

阿骨打（1068～1123年），姓完颜氏，就是金太祖。女真族政治家，金王朝的建立者。1115～1123年在位。他原是女真族完颜部的首领。12世纪初，率众起兵抗辽，不断取得胜利。1115年在会宁（今黑龙江阿城）称帝，建金朝。建国后，改革猛安谋克制度，颁行女真文字。与宋朝相约，夹攻辽朝，基本摧毁了辽朝的基础。1123年病故于征辽途中。

元好问

元好问（1190～1257年），字裕之，号遗山，太原秀容（属今山西忻州）人。金文学家、史学家。曾任国史院编修、南阳令、行尚书省左司员外郎等职，金亡不仕。他在诗、词、文、曲、小说和文学批评方面均有造诣，在金元之际颇负重望。编有金诗总集《中州集》十卷，后附乐府。

元 朝

（公元1206年～公元1368年）

蒙古国建立

12世纪末，蒙古乞颜部的首领铁木真先后击败了蔑儿乞、主儿乞、泰赤乌、札只刺、塔塔儿、克烈、乃蛮等部，统一了蒙古高原。1206年，蒙古各部在斡难河（今蒙古鄂嫩河）举行忽里台大会，奉铁木真为大汗，尊号成吉思汗。成吉思汗把全蒙古的牧民统一编为95个千户，授建国功臣。贵戚为千户那颜，世袭领管。大蒙古国建立。

蒙古西征

蒙古汗国成立以后，成吉思汗率领精锐的铁骑对邻国进行了旷日持久的掠夺战争。先后征服了中亚、西亚、欧洲诸国，建立起了地跨欧亚大陆的幅员辽阔的国家。从1219年起，成吉思汗带着他的儿子术赤、察合台、窝阔台三人，统领20万大军大举西征，一直打到了里海边。在攻城略地的同时，西征部队与以前的异族征战部队一样，一路野蛮地烧杀抢掠。成吉思汗死后，他的后代又发动了两次西征，一直打到了欧洲，先后攻下了不里阿耳（保加利亚）、孛烈儿（波兰）、马札儿（匈牙利）、报达（巴格达）等地区。成吉思汗及其子孙的西征，给中亚、西亚和欧洲国家的人民带来了巨大灾难，另一方面又促进了这些地区的文化交流。

戊戌选试

1237年，窝阔台下诏遍试儒生，以论、经义、辞赋三科，中试者免其赋役，并可以与各处长官同署共事。考试于1238年（农历戊戌年）进行，后因此举触犯了当权者的利益，考试及格者多未能入官。所以，戊戌选试实际上是蒙元时代最早一次恢复科举制度的失败尝试。

元朝建立

1260年，忽必烈在开平（今内蒙古正蓝旗东）即位。同时，他的弟弟阿里不哥也在国都和林即大汗位，兄弟二人开始了争位的斗争。1264年，阿里不哥众叛亲离，只好投降。1271年，忽必烈宣布建国号大元，他就是元世祖。

四等人制

元建立后，蒙古统治者为维护自身的特权地位，对国内的其他民族实行压迫、分化、歧视的政策，根据被征服的先后，将各族人口分为蒙古、色目、汉人、南人四等。四等人在法律和权力上不平等，量刑轻重不同。在官吏任用上，汉人、南人不得任中书省丞相和枢密院长官，御史台长官非国姓不授。科举取士虽四等人平均分配，但对汉人、南人的考试程序规定尤为严格。此外在持兵器、铁器，以及狩猎、结社、聚会、娱乐等方面，对汉人、南人亦有诸多限制。

驱口

驱口是元朝特殊历史条件下的产物。他们大部分是战争中被掳掠来的人口,后来也有因债务抵押、饥寒灾荒卖身,或因犯罪沦为驱口的。在统治阶级的残酷压迫和剥削下,元朝广大劳动人民的处境十分悲惨。其中受压迫和剥削最深的是驱口。驱口有官奴、私奴之分。官奴主要从事官手工业劳动;私奴是主人的私有财物,子孙永远为奴,可以由主人自由买卖。

行中书省

元朝建立后,设十路宣抚司为地方最高行政机构,另委派中书省官员分赴各地办理具体事务。行使中书省权力,称为行中书省。初因事而设,后逐渐成为辖有一定区域的常设机构。凡钱粮、兵事、农耕、漕运等事务,均受其管理。全国除"腹里"(今河北、山东、山西地区)直隶中书省,吐蕃地区受宣政院管辖外,其余地区设有岭北、辽阳、河南、陕西、四川、云南、甘肃、江浙、江西、湖广等行省。行省长官为丞相,不设丞相的行省则以平章统理。行省之下分路、府、州、县,在边远地区分道设置宣慰司。民族地区的宣慰司及所辖机构,常以当地土官任职。除常设的行省外,因军政所需,元朝还曾设置过若干临时性的行省。

怯薛制度

铁木真在称汗之后,下令挑选各部贵族子弟及"自身人"(自由民)中"有技能、身体健全者",组成一支一万人的怯薛。这支军队由他直接指挥,驻扎在他的大斡耳朵(殿帐)周围,分为四班,由四个亲信的那可儿任怯薛长,每三日轮流值班。这是蒙古军的精锐,也是对地方加强控制的主要武装力量。

仁宗之治

元仁宗爱育黎拔力八达,自幼熟读汉族典籍。他即位后整饬吏治,废除武宗时设立的尚书省,仍恢复原来的中书省,并将武宗一朝的当权人物处死,恢复各地的行中书省,惩治地方贪官污吏,严禁诸王、贵戚的扰民行为。此外,他还倚重汉人文臣,推行汉法,尊孔崇儒,仿照唐宋归制,恢复科举取士。

宣政院

宣政院执掌佛教和吐蕃事务。初称总制院,至元元年(1264年)始置。由国师(为赠号,系皇帝封赐僧人的尊号)总领。二十五年,以唐制在宣政殿接见吐蕃使臣,故改称宣政院。如遇吐蕃有事,则临时设置宣政分院赴当地处理。

南坡之变

元延祐七年(1320年),仁宗死,硕德八剌即位,是为英宗,时年17岁。英宗即位后锐意改革朝政,起用有"蒙古儒者"之称的拜住任中书左丞相。至治二年(1322年),英宗在拜住的协助下,全面推行新政:任用大批汉族知识分子,提倡举善荐贤,选拔人才;罢免一批有劣迹的蒙古、色目官僚,以清廉吏治;推行助役法,以减轻农民负担;颁行《大元通制》,统一政令。三年,英宗下令追查原中书右丞相铁木迭儿生前贪赃巨案,处死一批同党,追夺其官爵封赠,籍没其家。以御史大夫铁失为首的铁木迭儿余党惊恐万状,密谋刺杀英宗。同年(1323年)八月,英宗与拜住等自上都(今内蒙古正蓝旗东)南返,行至距上都南30里的南坡驿驻营。是夜，铁失与铁木迭儿锁南、知枢密院事也先贴木儿等16人，闯入皇帝行帐，杀英宗、拜住。史称"南坡之变"。英宗的新政夭折。随后，铁失等人北迎晋王也孙铁木儿于上都即位，是为泰定帝。泰定帝先是加封铁失等人，但不久又将他们全部诛杀。

红巾军起义

元后期，蒙古贵族疯狂地兼并土地，大批农民沦为奴婢。官府横征暴敛，苛税名目繁多，全国税额比元初增加20倍。在这种情况下，韩山童、刘福通利用白莲教组织农民，于至正十一年（1351年）五月在颍州准备起义。消息泄露，遭到敌人包围，韩山童被害。刘福通率众突围，攻占颍州，起义正式爆发。义军以红巾裹头，所以称作红巾军。1355年，刘福通率军攻下亳州以后，立韩林儿为"小明王"，国号"大宋"，年号"龙凤"，建立了农民革命政权。1357年起，刘福通分兵三路北伐。但是由于北伐没有严密的战略部署和相对集中的统一指挥，而且没有巩固的根据地，所以进行得并不顺利，至1362年止，各路北伐大军被各个击破。1365年，刘福通遇难。红巾军起义逐渐被镇压下去了。

成吉思汗

成吉思汗（1162～1227年），姓孛儿只斤，名铁木真，即元太祖。他是蒙古国的建立者、军事家、政治家。蒙古乞颜部人。他出身于蒙古贵族世家，经过多年战争，统一蒙古各部。1206年，建立蒙古国，被推为大汗，称成吉思汗（成吉思汗，蒙古语意为"海洋"，或"强大"）。颁布札撒（法度），建万人怯薛（禁卫军），设札鲁忽赤（断事官）掌管行政司法等事务。开始使用文字。后积极向外扩张，两次攻西夏，大举攻金，横扫华北，1218年灭西辽，后又占领中亚大片土地，西夏、畏兀儿先后臣服。1227年，在征西夏时病死于西夏。元朝建立后，被追尊为元太祖。

元太宗窝阔台

窝阔台（1186～1241年），大蒙古国第二代大汗。成吉思汗正妻孛儿帖所生第三子。1219年窝阔台被确定为大汗继承人。1227年，随成吉思汗征西夏。1229年，成吉思汗死后第三年，窝阔台即大汗位。即位后，强化了国家机器，提高了大汗权威。他改革朝仪、税法，但因纵情声色、挥霍无度而暴死。追上庙号为太宗。

耶律楚材

耶律楚材（1190～1244年），蒙古国大臣，契丹人。字晋卿，号湛然居士，蒙古名吾图撒合里（意长髯人）。辽东丹王突欲八世孙，金尚书右丞相耶律履之子。其博览群书，学识渊博，天文、地理、术数及佛、道、医、卜等无不通晓。曾任金燕京行尚书省左右司员外郎。金贞祐三年（1215年），成吉思汗攻取燕京（今北京），他投降蒙古。元太祖十四年（1219年），随成吉思汗西征。途中劝说成吉思汗早日班师，勿乱杀无辜。窝阔台即汗位后，协助定立君臣之礼，奏请设置燕京等十路征收课税使，推行赋税制。自此蒙古国始有礼制及法制。后任必阇赤（书记官），掌管汉人文书，被汉人尊称为中书令、中书相公等。他在随窝阔台汗灭金时，曾劝其废蒙古屠城旧制。破金都汴京（今河南开封）时，奏封孔子五十一代孙孔元措为衍圣公。又奏请于燕京置编修所，于平阳（今山西临汾）置编籍所，编印儒家典籍。请用儒学设科举士，召名儒讲授儒家经典。此后，又提十项改革措施，多为窝阔台汗所采纳。窝阔台汗死后，乃马真皇后称制，他以先朝旧臣身份多次劝谏、争辩，终不得志，忧愤而死。著有《湛然居士集》、《西游录》等书。

元世祖忽必烈

忽必烈（1215~1294年），即元世祖。元朝皇帝，1260~1294年在位。他是成吉思汗的孙子。他在早年就热心学习汉族文化，了解儒学治道。1251年，奉命总理漠南汉地军国庶事，兴办屯田，建立学校。1253年，他率军渡大渡河，灭大理国。1260年即汗位，1264年，迁都燕京（后称大都，即今北京）。1271年，定国号为元。1279年灭宋，统一全国。忽必烈在位期间，吸收汉族的统治经验，建立行省制度，加强对边地的控制，注重农桑、兴修水利。使元朝初期的社会经济得到恢复，巩固和发展了统一的多民族国家。

郭守敬

郭守敬（1231~1316年），字若思，顺德邢台（今属河北）人，元代数学家、天文学家、水利学家。1262年，元世祖忽必烈召见他，他提出六项有关水利建设的建议，被元世祖任命为督水监，兼提调通汇河漕运事，提举诸路河渠。1264年，他奉命修浚西夏旧地古渠，以便灌溉农田。1279年，他领导全国大规模的天文测量，在全国各地设立27个观测站进行大地测量。根据观测和研究结果，于1280年编定了新历法《授时历》。1291年主持开凿由通州至大都积水潭（今北京什刹海的西海）的大运河最北一段通惠河的修建工程，解决了多项工程难题，于1293年完成。

赵孟頫

赵孟頫（1254~1322年），字子昂，号松雪道人、水晶宫道人、在家道人、太上弟子等，因其所居有鸥波亭、松雪斋，故世称赵鸥波、赵松雪。浙江湖州人，宋太祖第十一世孙。南宋末曾任真州司户参军，入元后历官兵部郎中、集贤直学士等职，封魏国公，谥文敏。他是我国古代著名的书画家，是当时书画界领袖。其书法取诸二王，各体皆善，后世称为"赵体"，其画则为"元画之冠"。除了书画之外，赵孟頫还精音乐、冠文章、熟诗歌、嗜篆刻、通佛老，可谓是集艺术学术于一身的全才。

黄道婆

黄道婆（约1245~?年）又称黄婆，元朝女纺织技术家。松江乌泥泾镇（今属上海）人。出身贫苦，少年受封建家庭压迫，年轻时流落崖州（今海南岛），从黎族人那里学习先进棉纺织技术。1295~1296年，她回到家乡，传授推广这种技术，改进纺织工具，对棉纺织业发展作出了很大贡献。

马可·波罗

马可·波罗（1254~1324年），威尼斯人，意大利旅行家。1271年，他跟随父亲、叔父沿丝绸之路东行，于1275年来到上都，从此侨居在中国17年。他在侨居中国期间，因通晓蒙古语和汉语，得到忽必烈信任，多次奉命出使各地。据说曾游历大都、上都、京北、成都、昆明、大理、济南、扬州、杭州、福州、泉州等地。他1295年回国后,于1298年在参加威尼斯对热那亚的海战中被俘。在狱中讲述了他在东方的见闻,由同狱的比萨人鲁思梯谦笔录成《马可·波罗行记》一书。1299年获释返抵威尼斯。《马可·波罗行记》一书对15世纪末新航路的开辟影响颇大。

黄公望

黄公望(1269～1354年),本姓陆,名坚,江苏常熟人,后过继给浙江永嘉黄氏为义子,其父九十始得之,说:"黄公,望子久矣",因而得名黄公望,字子久,号一峰。元代著名画家,"元四家"之一。黄公望中年曾做过小吏,因上司贪污案受牵连,被诬入狱。出狱后改号"大痴道人",从此信奉道教,云游四方,寄情于山水,以诗画自娱。所绘山水,必亲临体察,画上千丘万壑,奇谲深妙,善用湿笔披麻皴,为明清画家所推崇。

蒙古新字

忽必烈即位后,信奉吐蕃喇嘛教,令萨斯迦喇嘛八思巴造字,要求能译写一切文字。至元六年(1269年)元世祖下诏颁布八思巴创造的新字,初时人们称为蒙古新字,后为强调其唯一合法的地位,禁止叫新字,而要叫国字,人们又称为八思巴字。八思巴字是拼音文字,由右向左书写,其字母是参照藏文设计的,根据蒙古语的特点造出四十一个字母,要比原来的畏兀儿字准确得多,还可拼写汉、藏、畏兀儿等语言,但字形相当复杂,十分难学,尽管元世祖大力提倡,也只在官府通用,元朝灭亡后就成了死文字。

《窦娥冤》

全名《感天动地窦娥冤》,一出元代戏剧,关汉卿作。剧中描写一个孤苦无依的年轻寡妇窦娥,遭流氓张驴儿陷害,被贪官判处死刑。临刑时她发出誓愿,要血溅白旗、六月飘雪、亢旱三年。关汉卿用浪漫主义手法,在窦娥屈死后,让她的誓愿得以实现,鞭挞了社会的黑暗。

《西厢记》

全名《崔莺莺待月西厢记》,一出元代戏剧,元代王实甫作。描写书生张生在普救寺与官宦小姐崔莺莺相爱的故事。他们在泼辣、机智的丫鬟红娘帮助下,冲破莺莺母亲的阻拦,终于结为伉俪。《西厢记》批判了封建礼教,歌颂青年男女争取爱情自由的斗争,深受人民喜爱。几百年来,已成为家喻户晓的故事。该杂剧在戏曲文学发展上有深远影响。

元代三大农书

元朝统一以后,农业得到恢复和发展,出现了三部著名的农业方面的书籍:《农桑辑要》、《农书》和《农桑衣食撮要》。《农桑辑要》是我国现存最早的由国家组织编写的农书。这本书记载了许多珍贵的资料和经验,专门用来指导黄河中下游地区的农业生产。王祯编写的《农书》也是一部大型综合性农书。书中的308幅农器图,是现存最早最全的农具图谱。这本书被称为中国最早的图文并茂的农书。维吾尔农学家鲁明善编写的《农桑衣食撮要》,以月份为顺序,记述全年各个时节的农业活动,也是一部比较优秀的农学著作。

元代的戏曲

元代的儒生出路较窄，一部分转而关注通俗文学，故戏曲、小说都得到发展。戏曲在元代逐渐完备，分为杂剧（北曲）和南戏两个系统。杂剧有本色派和文采派之分，一般认为关汉卿为本色派大师，而王实甫为文采派的巨擘。

杂剧

杂剧是历代歌舞艺术、讲唱伎艺长期发展而成的新的戏曲形式。始于两宋，盛于元朝。它是在宋杂剧、金院本和诸宫调的基础上逐步形成的。杂剧把歌曲、宾白、舞蹈结合在一起，成为一种综合艺术。元杂剧共600多种，现存200多种，杂剧作家200人左右。前期著名作家有关汉卿、王实甫、白朴、马致远、康进之、高文秀等，活动中心在大都，主要作品有关汉卿的《窦娥冤》、王实甫的《西厢记》、马致远的《汉宫秋》、白朴的《墙头马上》等。后期作家有郑光祖、乔吉、宫天挺、秦简夫等，活动中心在杭州，主要作品有郑光祖的《倩女离魂》等。关、马、郑、白被誉为"元曲四大家"。

散曲

散曲起源于民间小曲和少数民族音乐。分小令、带过曲、套曲三种基本格式。元前期散曲家有关汉卿、马致远、卢挚等，后期有张养浩、刘致、张可久、乔吉等。此外，蒙古人阿鲁威、女真人奥敦周卿、王景、畏兀儿人贯云石、回回人萨都剌、马九皋、阿里西瑛、丁野夫等，都是著名的散曲家。

元曲四大家

"元曲四大家"之说，最早见于文字记载的是元音韵学家周德清的《中原音韵》。周以存世剧本和已知作家为基础，主要从音韵学角度，提出了关、郑、白、马为元四家之说。关即关汉卿，郑即郑光祖，白即白朴，马即马致远。此说一直为后世曲论家如王国维等所推崇。

回族形成

蒙古人三次西征，征调大批中亚、西亚人东迁参与灭宋战争，后他们便在中国定居下来，他们原本属于不同的民族，语言各异，但都信奉伊斯兰教，生活习惯相近，元人便将他们统称为回回，经元至明，逐渐成为一个新的民族——回族。但元时所谓回回有时也用以泛称西域人，哪怕其属于其他的宗教，如称也里可温（基督教徒）爱薛为回回，称术忽（犹太教徒）为"术忽回回"等，界定并不太严格。元朝廷设有回回司天监，请回回人观测天象，编制回回历；曾设回回国子学，培养通波斯文的人才；设回回哈的司，掌管伊斯兰教徒事务。伊斯兰寺院就俗称回回寺。

明 清

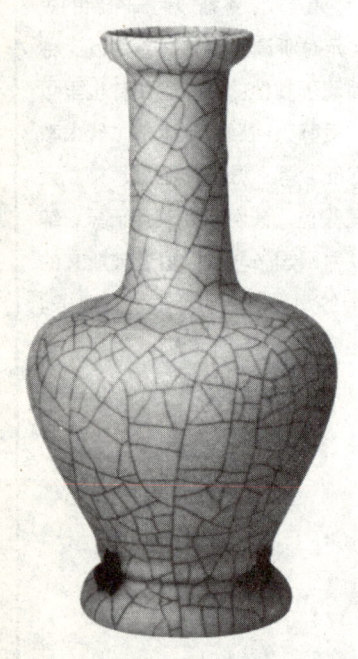

　　明朝是元末农民起义之后建立的封建王朝。朱元璋于南京称帝建国，国号大明。1421年明迁都北京。大明王朝进一步加强了中央集权的专制统治。1644年，李自成起义军攻克北京，崇祯帝自缢身死，明朝灭亡。

　　清朝是中国历史上最后一个封建王朝。1616年女真首领努尔哈赤(清太祖)称帝，国号金，史称后金。1636年皇太极(清太宗)改国号为清。1644年清军入关，迁都北京，逐渐确立对全国的统治，使我国成为亚洲东部最大的封建国家。1840年后，外国资本主义入侵，清朝逐渐变成半封建半殖民地的国家。1911年，辛亥革命爆发，次年宣统皇帝退位，清朝灭亡。

明 清

明 朝

（公元 1368 年~公元 1644 年）

朱元璋建明

朱元璋以应天（今江苏南京）为中心建立根据地之后，陆续消灭了陈友谅、张士诚、方国珍等割据势力。1367年，大将军徐达奉命率军25万北伐中原，由于朱元璋军纪严明，又一套正确的军事战略和顺应民心的政策，所以北伐进展神速。1368年，徐达大军兵锋直指大都，元顺帝率后妃、太子逃往上都（今内蒙古正蓝旗东）。北伐军随后进入大都，结束了元朝的统治。1368年正月初四，朱元璋即皇帝位，改国号大明，建元洪武，定都应天。

锦衣卫

朱元璋建明朝后，设立了特务机构——锦衣卫。锦衣卫的"诏狱"，有不经法司而进行刑讯、判罪和行刑的权力。锦衣卫官员经常利用特权任意逮人、草菅人命，造成了人人自危的恐怖气氛。锦衣卫与政府各部门没有隶属关系，所以明朝历代帝王都将其作为爪牙，用来监视臣民。

胡惟庸案

胡惟庸，定远（今属安徽）人，龙凤元年（1355年），随朱元璋起义于和州。历任宁国主簿、湖广佥事、太常少卿，洪武三年（1370年），官至中书省参知政事，后任左丞。洪武六年（1373年），升右丞相，后进左丞相。在此期间，专权树党，毒害御史中丞刘基（即刘伯温）。朱元璋多次颁布诏令，规定功臣权限。洪武十三年（1380年），朱元璋以"谋不轨"罪将其处死，并借机大兴党狱。洪武二十三年（1390年），颁布《昭示奸党录》，以伙同胡惟庸谋不轨罪，处死韩国公李善长、列侯陆仲亨等开国功臣。后又以胡惟庸通倭、通元（北元），罪不容诛而究其党羽，前后共诛杀3万余人，史称"胡狱"。胡惟庸案与蓝玉案并称"胡蓝党案"，为明朝初年朱元璋杀戮开国功臣的两大要案。

蓝玉案

蓝玉，定远（今属安徽）人。初为常遇春部下，英勇善战，官至大都督府佥事。后参加平蜀、北伐、平定云南等战役。洪武二十年（1387年），任大将军。洪武二十一年（1388年），率15万兵征伐北元，大获全胜，进封凉国公。此后蓝玉恃功骄横，蓄养大批庄奴、假子，又强占东昌民田，欺凌百姓，横行乡里。洪武二十六年（1393年），锦衣卫指挥使告其谋反，蓝玉随即被诛。列侯张翼等以下共1.5万余人，悉遭株连。史称"蓝狱"。蓝玉案后，明初开国元勋功臣，几乎被杀戮殆尽。诸多江南豪族亦遭杀戮。

《大明律》

洪武七年（1374年），明政府颁行《大明律》。

朱元璋称帝前，即令人修订法律，1374年制成《大明律》。《大明律》是以《唐律》为蓝本，共12篇606条，克服了元朝法例条律冗繁的弊病。经过1397年的进一步修订，《大明律》成为中国封建社会较为完备的法典。与前代相比，在量刑上大抵罪轻者更为减轻，罪重者更为加重。前者主要是指地主阶级内部的诉讼，后者主要指对谋反、大逆等阶级镇压的严厉措施。不准"奸党""交结近侍官员"，"上言大臣德政"等，反映了明朝初年朱元璋防止臣下揽权、交结党援的集权思想。

改土归流

云南、贵州、广西地区是中国苗、彝、瑶、侗等少数民族聚居之地。明初承继了元朝的土司制度，任用少数民族上层分子为这些地区的各级长官。这些世袭的土司不断进行争夺地盘和反对明朝的战争。在平定战乱后，明朝遂逐渐裁撤土司，代之以可调迁的"流官"，即"改土归流"。明永乐十一年（1413年），思南、思帅的土司互相仇杀，明成祖派兵平定战乱后，分其地为八府四州，设贵州布政使司。乾隆年间，又在四川西北部地区派设流官。在西南地区改土归流后，清政府在那里加强了控制。改土归流的结果，使西南地区基本上消除了土司的割据状态，有利于巩固边疆。

布政使司

明初沿袭元制，在地方设行中书省，置平章政事和左右丞，总管一省军、政、司法。后朱元璋认为行中书省权力过大，遂于洪武九年（1376年），废行中书省。在全国陆续设置十三个承宣布政使司，简称布政司，俗称藩司。置左右承宣布政使各一人，掌管一省民政和财政；设提刑按察使司，掌司法；都指挥使司，掌军队，合称"三司"。军、政、司法三权分立，三署互不统属，分别归中央有关机构统辖，布政司下设府（直隶州）、县（州）两级地方行政区划。长官称知府（知州）、知县。

里甲制

洪武三年（1370年），里甲制在江南一些地区推行。即以百户为里，每里分10甲，编制民户。洪武十三年（1380年），定制：以110户为1里，择其中丁粮多者10人为里长。余下的百户为10甲，1甲10户，设甲首1人，称甲长，由10户轮流出人担任。1381年，里甲制在全国推行。

三法司

明初沿袭元制，置六部，以刑部掌法律、刑狱之事；置御史台，掌监督、弹劾官吏，参与审理重大案件；置大理寺，掌复审大案，平反冤案。洪武十五年（1382年），改御史台为都察院。后令刑部、都察院、大理寺共同理刑审狱。以刑部受理刑名，都察院纠察，大理寺驳正。初审时，以刑部、都察院为主；复审时，以大理寺为主。明太祖设三法司会审制，名为审慎断案，避免冤狱，实为互相制约，防止专权。清朝沿袭。光绪三十二年（1906年），将大理寺改为大理院。

内阁

明太祖朱元璋废除丞相后，挑选几名文人担任华盖殿、武英殿、文渊阁、东阁等殿阁大学士，协助他批阅奏章，充当顾问。明成祖朱棣时，内阁大臣可参与机务，但不得专制百官。明仁宗朱高炽以后内阁大臣的权力越来越大。

巡抚

明朝中期开始设立巡抚，意思是代天子巡行安抚地方之临时差使。全称是"巡抚××地方都察院副都御史"，有时还加兵部侍郎衔，俗称"都院"。到明末，巡抚由巡行变为常设，而且权力越来越大，行省正式官员（布政使等）反而成了虚设。

宗喀巴改革喇嘛教

永乐十五年（1417年），喇嘛教黄教派首领宗喀巴进行宗教改革，从此取得了藏传佛教的领导地位。西藏喇嘛教分为宁玛派（红教）、噶举派（白教）、萨迦派（花教）、格鲁派（黄教）等。明朝前期红教最盛。1417年，黄教派首领宗喀巴在西藏进行宗教改革。制定了清规戒律，提倡僧侣的刻苦修行，不许娶妻，划清僧俗界限。此后，黄教取代了红教的统治地位。宗喀巴的弟子达赖管理前藏，住拉萨。另一个弟子班禅管理后藏，驻扎什仑布。宗喀巴死后，达赖与班禅世世以"呼毕勒罕"法（转世法）继承他的衣钵。永乐、宣德时期，宗喀巴的弟子释加也失两度来京，被明封为"大慈法王"。达赖三世还与明朝的大学士张居正有过书信往来，明朝中央政府承认了达赖和班禅的继承办法。

靖难之役

明太祖为巩固统治，实行分封藩王制度。把24个儿子和1个从孙，分封在北部边疆和战略要地，以辅卫王室。受封诸王中，尤以燕王朱棣，拥兵10万，实力最强。洪武三十一年（1398年），明太祖死。因其长子朱标早夭，遂由皇太孙朱允炆继位，是为惠帝，亦称建文帝。诸王骄横跋扈，令惠帝颇感不安，恐形成尾大不掉之势。遂用齐泰、黄子澄削藩之策，借故先后削废周、齐、湘、岷、代五王。建文元年（1399年）七月，燕王朱棣以"清君侧"，诛齐、黄为名，起兵北平（今北京），号"靖难军"。先夺占河北大部分地区，后挥师南下，直捣南京（今属江苏）。建文四年（1403年），靖难军攻入南京，惠帝死于宫中。"靖难之役"后，朱棣夺取帝位，改元永乐，后建都北京。是为明成祖。

迁都北京

永乐元年（1403年）正月，明成祖朱棣改北平为北京，永乐四年（1406年）七月，他派大臣宋礼等到四川、湖广、江西、浙江等地采木备料；第二年征调23万工匠、上百万民夫及大量兵士营建北京宫殿。永乐十八年

（1420年），北京宫殿基本竣工。永乐十九年（1421年）正月，明朝迁都北京。

郑和下西洋

郑和姓马，名三保，云南回族，少年进宫当了太监，在朱棣争夺皇位的战争中立下了军功，因而被赐姓名为郑和。朱棣在筹划迁都北京时，宫殿需要大批的器材、染料、香料及各种珍宝，都需要到海外去采购。所以朱棣亲自选派郑和下西洋（越南、柬埔寨、泰国、马来西亚一带）寻宝。郑和下西洋虽以寻宝为目标，却促进了明王朝与邻近各国的友谊，尤其郑和远航亚非各国，在政治、经济和科学文化方面都产生了深远的影响。郑和下西洋后，亚非许多国家都先后派遣使节与明朝开展贸易。

《永乐大典》

明永乐年间编纂的大型类书，永乐元年（1403年），由翰林学士解缙主持纂修，至永乐六年（1408年）辑成22877卷，凡例、目录60卷，计11095册，定名《永乐大典》。全书以韵为纲，按字、句、篇名、书名分韵收录，未刻板付印，后缮写一部副本。1900年八国联军入京，掠走大部分。1960年中华书局以历代征集的卷册影印出版。

仁宣之治

明仁宗朱高炽、明宣宗朱瞻基在位时期（1425~1435年），在政治和经济等方面采取措施，稳定社会秩序，促进经济发展。这一时期，内阁制度确立。以"三杨"为代表的杨士奇、杨荣、杨溥等殿阁大学士悉心辅佐，政治比较清明。且多次蠲免一些地区的租赋，又于水患多发地区兴修水利，疏浚河道，开仓赈济饥民。还肃正吏治，惩治贪官，抑制豪强，使社会矛盾得以缓和，国内没有发生大规模的农民起义。百姓生活较为安定，生产进一步发展，出现社会经济繁荣的景象。史称"仁宣之治"。

土木堡之变

1449年，蒙古瓦剌首领也先率大军进犯中原，在宦官王振的怂恿下，明英宗率兵亲征。因出兵仓促，明军士气十分低落，抵达大同时，先头部队中伏击而大败。王振惊慌中下令撤退，明军在土木堡（今河北怀来县东）遭到敌人围攻，不战自溃，明英宗被俘，王振也被护卫将军樊忠所杀。

二十四衙门

二十四衙门是明朝宫廷内设置的宦官机构的总称，即十二监、四司、八局的合称。十二监为司礼监、内官监、御用监、御马监、司设监、神宫监、尚膳监、尚宝监、印绶监、直殿监、尚衣监、都知监。每监设太监一员，执掌本监事务。四司为惜薪司、钟鼓司、宝钞司、混堂司。每司各设长官司正一员。八局为兵仗局、银作局、浣衣局、巾帽局、针工局、内织染局、酒醋面局、司苑局。各局置大使为长官。各监、司、局各执掌具体的日常事物，以侍奉皇帝及皇族等。其中尤以司礼监掌奏章机要，权势尤重，皇帝多择心腹宦官入监供职。

六部

六部于洪武元年（1368年）始置，初属中书省。中书省废除后，直属皇帝，成为分掌全国庶务的机构。所谓六部即吏、户、礼、兵、刑、工部。各部由尚书主持部务，下设左、右侍郎。明初重部权，所以吏、户、兵三部之权尤其重。明中叶以后，内阁权力日重，部权渐轻。明朝特殊之处在于，明成祖迁都北京后，在南京留置了几个部，这一特殊的格局造成后来形成两套六部机构。但南京六部多闲职或老臣，各部仅置尚书、右侍郎，司员数额较少。

北京保卫战

土木堡之变后，主战派官员于谦毅然负起守卫北京的重任，并立英宗之弟朱祁钰为帝，使瓦剌想借英宗要挟明廷的愿望落空。1421年，也先率瓦剌军挟持英宗进抵北京城外，与于谦指挥的明军激战五天，最后被击败，只好退出塞外。京师保卫战的胜利，粉碎了也先想夺取北京的野心，明朝转危为安。

夺门之变

土木堡之变后，兵部尚书于谦等朝臣拥立英宗弟、郕王朱祁钰为帝，是为明景帝（景泰帝）。北京保卫战的胜利使瓦剌深知北京城防坚固，知取胜无望，遂于景泰元年（1450年）秋，将英宗放还。英宗回到京城后，居皇城南宫，称太上皇，然对朱祁钰称帝事极为不满。景泰八年（1457年），景帝病危。在宦官曹吉祥、将领石亨和臣僚徐有贞等人的策划和支持下，英宗发动宫廷政变，夺占宫门，登奉天殿复位。英宗复位后，改元天顺。以叛逆罪杀害于谦，将病中的景帝勒死。史称"夺门之变"。

《大诰》

《大诰》由明太祖朱元璋撰，最先颁布于洪武十八年（1385年），此后经过几次续编，洪武三十年（1397年）附在《大明律》后，称为《律诰》。《大诰》总共罗列族诛、凌迟、枭首几千人，斩首、弃市以下万余人，其中酷刑种类有族诛、凌迟、枭首、斩、死罪、墨面文身、挑筋去指、挑筋去膝盖、断手、斩趾、刖足、枷令、常号枷令、枷项游历、重刑遇、充军、阉割为奴等几十种。这种以诏令形式颁布的，由案例、峻令、训导三方面内容组成的法规文献，在中国法制史上是前所未有的。

厂卫

厂卫是东厂、西厂与锦衣卫的合称，明朝设置的特务机构。锦衣卫，又称锦衣亲军都指挥使司。洪武十五年（1382年）设于应天府（今江苏南京）。原为护卫皇帝的亲军，掌管皇帝出入仪仗。太祖为加强专制统治，特令锦衣卫兼管刑狱，赋予巡警、缉捕之权。且置官校，专事侦察。锦衣卫下设镇抚司，分南北两司，北镇抚司专理诏狱，直接取旨行事，用刑极残酷。南镇抚司掌军匠。东厂，设置于永乐十八年（1420年），位于京城（今北京）东安门北。以宦官任提督，专事侦察和镇压百姓及官僚中的反对派。诸事直接报告皇帝，位居锦衣卫之上。西厂，设置于成化十三年（1477年），初以太监汪直为提督。权力高于东厂，活动范围从京师遍及全国各地。可不经奏请，逮捕朝臣，后遭到朝野官员强烈反对，被迫撤销。明武宗时，太监刘瑾专权，复设西厂。内行厂，又称"内办事厂"，权力在东、西厂之上，东、西厂均受"内行厂"监督。刘瑾死后，"内行厂"被废。明中叶后，锦衣卫，东厂、西厂合称"厂卫"。

弘治中兴

明孝宗（1488～1505年）朱祐樘即位后，推出一系列改革措施。首先，斥逐奸佞，任用贤能。其次，广开言路。其三，改良政治。明孝宗勤于政事，除"早朝"外，又增"午朝"。注意节俭，抑制勋戚、中官等势家近幸。孝宗曾申明禁令，禁止宗室、勋戚奏请田土及受人投献，禁止势家侵夺民利，注意救济灾民。以明孝宗为首的弘治君臣所进行的政治改革运动，有利于生产发展和社会安定，社会矛盾暂时有所缓和，是政治上的一个相对稳定时期。被称为"弘治中兴"。

刘瑾专权

刘瑾是明武宗时的太监。他善于察言观色，随机应变，深受明武宗信任，升为司礼监掌印太监。他引诱武宗沉溺享乐，自己趁机专擅朝政，排除异己。为了满足私欲，刘瑾利用权势，肆意贪污，公然受贿；此外，他还派亲信到地方供职，为其敛财，给国家和人民带来了无穷灾难。后来被杀。

诏狱

诏狱又称锦衣卫监狱，是直辖于皇帝的特种监狱。里边阴森恐怖，设有一般刑具十八套，其中最常用的有五种：械刑、镣刑、棍刑、拶刑、夹棍刑，五刑并用，叫"全刑"。此外，还有剥皮、抽肠、钩背、刺心等酷刑。

大礼议之争

1521年，明武宗病逝，由于没有子嗣，朱厚熜以藩王世子的身份继承皇位，是为世宗。世宗即位后，大臣主张尊孝宗为皇考（死去的父皇），生父为皇叔，世宗虽不悦，也勉强遵从。三年后，世宗采纳了张璁等中下层官吏的建议，下诏改称生父为皇考，称孝宗为皇伯考。朝中群臣听到消息非常震惊，跪在宫门哭谏。世宗大怒，下令将一百九十余人下狱治罪，其余人才不敢再争。这次事件开启了明代朝臣中的党争之风。

葡萄牙殖民者占领澳门

1514年和1515年，葡萄牙殖民者两次来中国试探通商和开辟航道，但都没有获准登陆。1517年，葡萄牙使者安刺德和比留斯率武装船舰，强行驶入内河珠江，从广州登陆，从此揭开了入侵中国的序幕。1535年，葡萄牙人通过可耻的行贿手段，买通明朝官员，以每年交纳保金2万为条件，请求移泊于香山县的濠镜（即澳门）。1553年，又进一步收买了海道副使，以遭遇风浪、货物被打湿为理由，请求在濠镜晾晒货物。从此他们在这里建造了城垣和炮台，设置了行政机构，任命了官吏。澳门就这样逐步被葡萄牙所占领。

壬寅宫变

在嘉靖皇帝眼中，宫女们的生命一钱不值，即便是贵如皇后的主子们也是朝不保夕。张皇后被嘉靖囚禁而死，方皇后被杀，陈皇后被嘉靖暴踢流产而亡。另据史载，嘉靖年间被处罚杀死的宫女前后达200余人。宫女们最终忍无可忍，准备杀了嘉靖。她们下手前商量："不如下了手罢，强如死在（他的）手里。"嘉靖二十一年十月二十一日夜，以杨金英为首的10余个宫女乘嘉靖睡熟之机，一齐上手欲勒死了他，终因误拴死结未能成功。事后杨金英等以"谋逆"罪被凌迟处死，判尸枭首示众。这一事件史称"壬寅宫变"。

庚戌之变

1550年（农历庚戌年），蒙古鞑靼部首领俺答率军进犯大同。明朝总兵仇鸾以重金贿赂俺答，请他移师别处，于是俺答东犯蓟州，很快攻到北京城下。明世宗急忙下诏调兵保卫京师。仇鸾上奏骗取了世宗的信任，被封为平虏大将军，各路明军均由他调遣。他虽握有重兵，却不敢指挥对敌作战。俺答大军掳掠无数牲畜、人口、财物后，向西撤退，只留下小部分军队迷惑敌人，而仇鸾10万大军居然不敢发一箭。最后，俺答大军安然出塞。这次事件史称"庚戌之变"。

张居正改革

1572年，年仅10岁的明神宗即位，内阁首辅张居正管理朝政。张居正以天下为己任，进行了一系列改革，整顿吏治，削减开支，改革赋税制度，并且积极加强边防。这些措施大大加强了明朝国力，神宗十年，张居正病逝。张居正执政十年，政绩斐然，使明朝一度摆脱危机，呈现出一派中兴气象。

一条鞭法

万历九年（1581年），张居正在全国推行一条鞭法。一条鞭法始于嘉靖末年，庞尚鹏、海瑞曾先后推行于东南地区，成绩显著。1581年，张居正为均平赋役，在丈量土地的基础上，将一条鞭法推行于全国。其主要内容是：（一）将原来按户丁派役的办法，改为按亩数、粮数派役，将部分力役摊于田赋（丁六粮四、丁四粮六或丁粮各半），"役归于地，计亩征收"；（二）一切赋、役、杂税合并为一条，一概按亩征银；（三）在法定意义上取消力役，如有需要，由政府"雇役"代替；（四）凡是赋役的催征、收纳与解运皆由官府承办，不用人民助理。一条鞭法的推行，在实际上取消了力役，有利于商人、农民、雇工的谋生活动和商品经济的发展。

俺答封贡

庚戌之变后，俺答又多次进犯内地，结果往往两败俱伤。1570年，俺答的孙子把汉那吉投降明朝，受到优待。俺答对明朝感激万分，表示愿意向明称臣。1571年，明廷封俺答为顺义王，并且设立了朝贡和互市的制度。此后四五十年间，西北边境相安无事。

戚继光抗倭

明朝中叶以后，日本海盗经常出没于东南沿海，侵犯中国领土，抢劫商旅，杀害百姓，无恶不作。人称"倭寇"。嘉靖年间，倭寇气焰十分嚣张，戚继光奉命抗倭。他招募农民和矿徒组成新军，严明纪律，并配以精良的战船和兵械，精心训练。针对南方多湖泽的地形和倭寇作战的特点，他创造出了"鸳鸯阵法"，即以十二人为一队，长短兵器配合，灵活作战。嘉靖四十年（1561年），戚继光在浙江台州九战九捷，大败倭寇。第二年，福建告急，戚继光率军入闽，在兴化、横屿等地给进犯的倭寇以歼灭性的打击。第三年，他又和另一位抗倭名将俞大猷合力清除了广东的倭寇。为害多年的东南倭寇之患最终平息。

援朝战争

明万历年间，日本"关白"（丞相）丰臣秀吉统一日本后，为转移国内矛盾，稳定统治秩序，于万历二十年（1592年）五月，悍然出兵朝鲜。自釜山登陆后，不久即攻陷王京汉城，占据平壤。朝鲜国王李昖，避难义州，遣使向明朝求援。十二月，明廷以宋应昌为经略，李如松为东征提督，率明军4万余入朝作战。次年正月，大败日军，收复平壤、汉城等地。日军求和。万历二十五年（1597年）二月，日本与明朝谈判破裂，丰臣秀吉再次调兵14万，入侵朝鲜。明即遣兵部尚书邢玠率军援助，给日军以沉重打击。丰臣秀吉死后，日军士气低落。明军转守为攻。万历二十六年（1598年）冬，明朝老将邓子龙与朝鲜将领李舜臣率水师重创日本海军。邓子龙、李舜臣于战斗中相继阵亡，日军第二次侵朝以失败告终。

万历科场案

万历三十八年（1610年）会试，南京国子监祭酒汤宾尹强取其门生韩敬为第一，遭侍郎吴道南、御史孙居相等人的弹劾。汤宾尹因依附于齐、楚、浙党，其党人纷纷为其辩护，从而引起齐、楚、浙党与东林党人的长期争论。史称"万历科场案"。

国本之争

神宗皇后无子，王贵妃生子常洛（即光宗），郑贵妃生子常洵（即福王）。常洛是长子，按照儒家礼法，"有嫡立嫡，无嫡立长"的原则，应立常洛为太子。但神宗宠爱郑贵妃，想立常洵为太子。许多朝臣争请立常洛为太子，这就是后来所说的"国本之争"。拥立常洛为帝的朝臣最后虽然胜利，但光宗即位后不久就病死了，使他们又没有了靠山。后来阉党把由于拥立常洛而产生的这些斗争，算作是"东林党"的一项罪名。

梃击、红丸、移宫案

"三案"是明末统治集团内部的党争事件。万历二十九年（1601年），明神宗朱翊钧违心册立长子常洛为太子。万历四十三年（1615年），有人持木棍闯入太子所居慈宁宫，击伤护卫，有谋害太子的嫌疑，这就是"梃击案"。朝廷大臣们以此为题互相攻讦，遭神宗压制。1620年，神宗病死，太子常洛即位，是为明光宗，光宗生病，郑贵妃派人进药，鸿胪寺丞进上两粒红丸，光宗服药后身亡，其在位仅一个月，这就是"红丸案"，党争更加激烈。光宗死后，熹宗年仅15岁，抚养他的李选侍与他同处一宫，图谋夺权，东林党人上疏，以乾清宫为天子居地，逼迫李选侍移宫，这就是"移宫案"。三案之争与宫廷内部的权力斗争相互掺杂，使本来已经腐败的明王朝统治更加黑暗，陷入危机之中。

东林党

万历三十二年（1604年），顾宪成与高攀龙同讲学于无锡东林书院，他们讽议朝政，裁量人物，受到下层官僚的支持，形成了一个声势浩大的东林党。东林党人和政治上的反对派就"梃击"、"红丸"、"移宫"三案展开了交锋，盛极一时。天启年间，宦官魏忠贤为首的阉党对东林党人实施了血腥的镇压。天启七年（1627年），明思宗朱由检即位，魏忠贤自缢而死，对于东林党人的迫害才宣告停止。

资本主义萌芽

明代中后期，苏州、松江等地有许多以纺织为业的"机户"，他们拥有大量资金和几台至几十台织机，开设机房，雇佣几个至几十个机工，进行生产。机工计日向机户领取工资。这种机工与机户间的雇佣与被雇佣的关系，是资本主义性质的生产关系，被认为是资本主义生产关系的萌芽。

李自成起义

明末天启、崇祯年间，陕北连年灾荒，农民纷纷起来反抗明朝的统治。崇祯三年（1630年），李自成率了3万人马起义，并投靠闯王高迎祥，转战于陕西、山西、河南、湖北等地。崇祯七年，高迎祥战败被杀，李自成被众人推举为闯王，经过连年的征战，到崇祯十三年时，部队发展到百万之众。崇祯十六年，李自成被推举为顺天倡义大元帅，称新顺王。崇祯十七年（1644年）三月十九日，义军攻占北京。崇祯皇帝自缢，明朝灭亡。由于起义军在胜利时丧失了警惕，明朝山海关守将吴三桂引清军入关。四月下旬，李自成迎战败退北京。随即放弃北京南下，经晋入陕。次年四月，在湖北通山的九宫山下为地主武装所围困，李自成牺牲，起义宣告失败。

朱元璋

明代的开国皇帝，明太祖。采用"高筑墙，广积粮，缓称王"的策略，东征西讨，统一了中国。他加强中央集权，采取多种措施恢复和发展农业生产。为维护统治，在位期间制造了很多冤案，杀戮功臣。1398年在南京病逝。

宋濂

宋濂（1310～1381年），字景濂，号潜溪，又号玄真子，浦江（今属浙江）人，是明初大臣，文学家。他博学强记，元末在龙门山隐居著书。1360年，受朱元璋礼聘至应天（今江苏南京），被任命为江南儒学提举，并担任太子的师傅。明朝建立后，先后任翰林学士、侍讲学生、学士承旨，诏谕文字多出其手，常侍明太祖左右，以备顾问。为明朝开国第一文臣。奉命主修《元史》。著作甚多，散文简洁。有《宋学士文集》。

徐达

徐达（1332～1385年），字天德，凤阳临淮（今安徽凤阳东北）人。他是明初名将。农家出身。元末，他参加了朱元璋领导的起义军，以既有谋略，又很勇敢而著称。1364年，朱元璋任他为左相国。1367年，率军消灭张士诚地方割据势力。同年任征虏大将军，与副将军常遇春一起挥师北伐中原。1368年攻入大都（今北京），元朝灭亡。以后又连年出兵打击元朝残余势力。官至右丞相，封魏国公。他为人谨慎，善于治军，为明朝开国第一功臣。死后追封中山王。

刘伯温

刘基，字伯温，元末进士，弃官归隐后加入朱元璋的起义军，是朱元璋的重要军事参谋。明朝建立之后，封诚意伯。尽管他像范蠡一样功成身退，但仍然受到朱元璋的猜疑，被牵入胡惟庸案，忧愤而死（一说被胡惟庸下毒致死）。

明成祖朱棣

朱棣，朱元璋之子，封燕王，发动"靖难之变"。即位后，五次亲征蒙古，并迁都北京；派郑和率庞大船队下西洋，加强与周边国家和亚非各国的经济文化交流，开通京杭大运河，促进南北经济文化交流，解决了北京的粮食供应；组织三千多名学者，编纂成中国历史上最大的类书《永乐大典》。是一位很有成就的君王。

于谦

于谦（1398～1457年），字廷益，号节庵，浙江钱塘（今杭州）人。永乐进士，任监察御史、历河南、山西巡抚。于任上，曾平反冤狱，赈济灾荒。后改任兵部左侍郎。正统十四年（1449年），瓦剌首领也先于土木堡将英宗俘走，京城为之震恐。时郕王朱祁钰监国，遂命于谦为兵部尚书，全权经划京师防御。随后于谦等拥立郕王即帝位，是为景泰帝。十月，也先挟持英宗攻京师。于谦亲自督战，击败瓦剌对北京的进攻。景泰二年（1450年），也先乞和，放回英宗。于谦等迎英宗，安置于南宫，称太上皇。于谦认为和议难持久，努力整顿京城军队，又创建团营，加强训练。景泰八年（1457年），英宗复辟后，于谦以"谋逆罪"被杀。传世有《于忠肃集》。

俞大猷

俞大猷（1504～1580年），字志辅，号虚江，福建晋江（治所在今泉州）人。少好读书，知兵法，世袭百户。举嘉靖十四年（1535年）武会试，授千户，守御金门。二十八年（1549年）朱纨巡视福建，荐为备倭都指挥。又参与交黎之役，以功进参将。后转战江浙闽粤，抵御倭寇。他创造了一套用楼船歼灭倭寇的海战战术，还发明了一种陆战用的独轮车，因而屡战屡胜，多立战功，时称俞家军，与戚继光齐名。卒谥武襄。

海瑞

海瑞（1514～1587年），明朝大臣。字汝贤，一字应麟，别号刚峰，海南琼山（今海南海口）人。回族。四岁孤，家境清寒。嘉靖二十八年（1549年）中举。三十七年，任浙江淳安知县。他体察民情，革除弊政。嘉靖四十三年，调任户部主事。时朝政腐败，冒死上《治安疏》，指斥世宗君道不正，致吏贪将弱，民不聊生。帝盛怒将其下狱论死。帝卒，获释复官。隆庆三年（1569年），任右佥都御史巡抚应天十府。他浚吴淞江与白茆河，限制租债剥削，实行均田均税，推行一条鞭法。不久遭豪强反对被解职。海瑞闲居家乡十余年，至万历十三年（1585年），以荐被任为南京右佥都御史，后又改南京吏部右侍郎、南京右都御史。万历十五年卒于官。被百姓呼为"海青天"。

戚继光

戚继光（1528～1588年），明代杰出的军事家、民族英雄。17岁世袭登州卫指挥佥事，开始了他四十年的军旅生涯。总督山东沿海抗倭，所辖海疆肃靖。调入浙江，编练"戚家军"，创鸳鸯阵，转战于沿海各地。平定浙江境内倭患，又挥师南下，两度援闽，并入广东境内剿倭，肃清东南沿海倭患。大小百余战，所向无敌，"戚家军"威名享誉天下。荼毒百姓数百年的东南沿海倭患从此基本平定。

明 清

李时珍

李时珍（1518～1593年），字东璧，号濒湖，湖北蕲春人。出身医学世家。他早年便好读医书，历时30余年，阅读了八百余家的医药书籍。并赴各地广泛采集药物标本，又向药农及民间医生请教。在此基础上，纠正了诸家《本草》中的错误，删除重复记载，经三易其稿，于万历六年（1578年），撰成《本草纲目》52卷。该书是一部中医药学巨著。书中收录药方11096则，药物1892种，其中新增374种，附有动植物插图1100多幅，共190万字。是16世纪我国传统医药学的一次全面科学的总结。《本草纲目》刊行后，被译为多种外文，在世界医学界引起轰动。在世界药物学史上也占有重要地位。

徐渭

徐渭（1521～1593年），字文长，号天池山人，别号青藤，山阴（今浙江绍兴）人。工书法，善绘画，长于行草，擅长花鸟画。他曾八次乡试都名落孙山，后入胡宗宪幕府，参与策划抗倭事宜。胡宗宪被逮自杀，徐渭深受刺激，先后九次自杀，还因为杀死妻子下狱七年。晚年更是潦倒不堪，穷困交加。徐渭的写意花卉惊世骇俗，用笔狂放，笔墨淋漓，不拘形似，自成一家，创水墨写意画新风，历来被世人称道。杂剧《四声猿》曾得到汤显祖等人的称赞。他的诗文书画处处弥漫着一股郁勃的不平之气和苍茫之感。

张居正

张居正（1525～1582年），字叔大，号太岳，湖广江陵（今属湖北）人。万历初年经过一番权力的争斗，出任内阁首辅，辅佐年仅10岁的明神宗朱翊钧。由于小皇帝对张居正言听计从，张居正大权在握，掀起了一场雷厉风行的改革。张居正的改革取得了显著的成效，被称颂为"海内肃清，边境安全"。然而，当时受到张居正打击和冷落的官员却极力反对改革。万历十年（1582年），张居正病死，神宗亲政。他没能继续改革，反而听信反改革派对张居正的弹劾，下令革除张居正的封号，抄没其家产。张居正的长子被逼自杀，次子和几个孙子被发配到边远地区充军。

利玛窦

利玛窦（1552～1610年），意大利人。1582年奉派来华传教，他是明末来华天主教耶稣会士中最重要的人物。他会汉语、汉字，熟悉中国礼节，通晓儒家经典，人称西儒。曾向明神宗进贡世界地图、八音琴和自鸣钟。神宗赐他房屋，许其在北京常住。与中国科学家徐光启交往密切，合作翻译欧几里得《几何原本》。借此将天文、数学等欧洲近代科学介绍到中国，并把孔子和儒家思想传入西方。卒于北京，神宗以陪臣礼葬于阜成门外。著译除《几何原本》外，还有《天学实义》和《利玛窦中国札记》。

徐光启

徐光启（1562～1633年），字子先，号玄扈，松江府上海县（今上海）人。万历三十二年（1604年）进士。曾从意大利人、天主教耶稣会传教士利玛窦学天文、历算、火器等术，并与利玛窦合译《几何原本》，以及《勾股义》、《泰西水法》等西方科技著作。成为学贯古今、兼通中外的科学家。著有《农政全书》60卷，书中总结并保存了中国历代的农业生产经验和技术、成就，亦反映了明代农业的新发展。为集古代农业之大成。崇祯初年，升任礼部尚书，兼文渊阁大学士，受命主持重修历法。在耶稣会传教士龙华民、罗维谷等人与中国科学家李之藻、李天经等人的协助下，应用西法，历时3年，编成《崇祯历书》。是为我国历法采用西法编修之始。

魏忠贤

魏忠贤（1568～1627年），原名进忠，河间肃宁（今属河北）人。明朝宦官。少为无赖，明神宗时，为赌债所逼，自阉进宫，当了宦官，冒姓李。与皇太孙朱由校（明熹宗）的乳母容氏相勾结，深得朱由校信任。朱由校即位后，升任司礼监秉笔太监，复姓魏，赐名忠贤。后又提督东厂。结党营私，专擅朝政，残杀百姓，镇压东林党人，罢斥朝中正直大臣。自称九千岁。崇祯帝即位，令其自缢，诏磔其尸。

宋应星

宋应星（1587～？年），字长庚，奉新（今属江西）人。万历举人。后因屡试进士不第，遂转而研究生产技术。崇祯七年（1634年），著成《天工开物》一书。此书几乎著录了工农业生产中所有的生产技术和经验。对每一种生产过程，以及技术设备，均作了翔实的介绍，并附有插图，还记录了不少重要的数据。该书是我国古代一部带有总结性的科技著作，反映了我国古代工农业生产在明代的发展水平。该书编成后，于崇祯十年（1637年）初刊。后被译成多国文字，在国际上影响颇大。被该书的法文译者儒莲誉为"技术百科全书"。

张献忠

张献忠（1606～1647年），字秉吾，号敬轩，陕西延安柳树涧（今陕西定边东）人。他是明末农民起义军领袖。出身贫苦，1630年，他在陕西米脂聚众起义，自号八大王。1635年，与高迎祥大举东征，下凤阳，焚明祖陵，转战安徽、河南、陕西等地。1638年，受明王朝"招抚"。次年再度起兵反明。1641年在川东大败明军。1643年，克武昌，称大西王。不久克长沙，宣布免征钱粮三年，得到农民响应。1644年，占领成都，建大西政权，后称帝。1647年初，率部北上抗清，在西充凤凰山中箭牺牲。

前六君子

明熹宗时，魏忠贤阉党乱政，御史杨涟等人，因弹劾魏忠贤而被捕，杨涟、左光斗、魏大中、周朝瑞、袁化中、顾大章六人冤死在狱中，史称"前六君子"。

吴门三家

吴门三家是指明代苏州的三位书法家，即祝允明、文徵明和王宠。他们学习古代名家书法，各有所长。弟子众多，当时有天下书法尽归吴门的说法。

《本草纲目》

我国古代药物学的总结性著作，明代李时珍撰，52卷。书成于1578年。该书分水、火、土等16部，每部分若干类，共62类。全书共收中药1892种，医方11096个。详细阐述所载药物名称、产地、形态、气味、主治、偏方等，并附插图1160幅。明万历年间传到日本、朝鲜、越南，17、18世纪传到欧洲，先后有德、法、英、俄、拉丁等文的译本或节译本。

《农政全书》

它是一部集我国古代农业科学技术之大成的著作。明代徐光启撰。全书共60卷，60万字。成书于1633年以前，于1639年刊行。它是一部农业百科全书，辑录古代与当时农业文献229种，加以评注，以介绍我国古代有关农业生产的理论和科学方法，同时介绍了欧洲的水利技术。是我国农学史上最早传播西方近代科学知识的书籍。至今仍有参考价值。

《九章算法比类大全》

明吴敬撰，景泰元年（1450年）完成。全书共十卷，书中包括乘除开方起例、方田、粟米、衰分、少广、商功、均输、盈朒、方程、勾股、开方等内容，是一千多个应用问题解法的汇编。一些应用题分"古问"和"比类"两种，前者摘自算术书，后者结合当时社会情况的应用问题，记录了明代初期商业算术的真实面目，其中计息、抽分等具有一定的商业实用性。

《徐霞客游记》

明代徐弘祖（号霞客）著，共10卷。书中记述了作者一生游历考察的成果，包括山川源流、地形地貌、生物形态、矿藏物产、民情风俗等。该书最早揭示我国西南地区石灰岩的各种特征，它是世界上科学考察石灰岩地貌的先驱。

《天工开物》

明末清初的一部科技著作，明末宋应星著。全书分上、中、下3部，共18卷。初刊于1637年。该书全面系统总结中国古代农业、手工业生产技术和经验，书中反映了我国手工业工场的生产面貌。此书被翻译成日、法、英等几国文字，被称作是中国17世纪的工艺百科全书。

《牡丹亭》

明代戏剧，汤显祖作。描写杜丽娘和柳梦梅的爱情故事。曲文华丽，人物内心描写细致，具有高度的艺术水平。

《金瓶梅》

我国古代著名的长篇世情小说，作者署名兰陵笑笑生，成书约在明嘉靖末年到万历中期。《金瓶梅》是我国第一部以一个家庭和妇女作为主要内容的长篇小说，书名《金瓶梅》即以潘金莲、李瓶儿、春梅三个女人名字联缀而成。它以《水浒传》中武松杀嫂一段情节作为整体叙事框架而发展起来，虽然小说中的时代设定在北宋末年，但其所反映的生活场景却是属于晚明时代的。小说以西门庆这个人物为核心，描述了他在对金钱、女色、权势的追逐中耗尽生命的短暂一生，与此同时小说中又以大量笔墨描写了一个暴发户家中成群妻妾勾心斗角、争风吃醋的生活图景，刻画了潘金莲这样一个乖巧机变、情欲旺盛而又阴险狠毒的不幸的女性形象。此外，作者又对官场腐败、世态炎凉有所揭示。

《醒世恒言》

明末冯梦龙纂辑的话本小说集。成书于

1627年，与《喻世明言》《警世通言》合称"三言"。40篇。除少数宋元旧作外，绝大部分是明人作品。其中不乏批判黑暗现实，或讥讽封建礼教的许多名篇，但也有宣扬封建思想的作品。

《三国演义》

元末明初罗贯中著。该书是我国最早的长篇历史小说。这本书是根据历史记载和民间传说创作的。书中描写东汉末年和三国时期复杂的政治、军事斗争，勾画出当时的社会风云，为读者提供了丰富的历史知识和政治、军事斗争经验。故事情节生动曲折，人物形象栩栩如生。是中国古代文学名著，至今仍受到人们喜读，并被译为多种文字。书中也有部分宣扬封建正统思想的内容。

《水浒传》

明代施耐庵著。我国第一部以农民起义为题材的长篇小说。是根据民间长期流传的北宋晚期宋江领导的山东梁山泊农民起义的故事而创作的。书中塑造了李逵、武松、林冲、鲁智深等一系列梁山英雄人物形象，揭露了封建统治阶级的残暴、腐朽，反映了人民群众的反抗精神。全书情节曲折，语言生动，人物性格鲜明，具有高度的艺术成就。是中国古代文学名著。

《西游记》

明代吴承恩著，成书于明中期。根据民间流传的唐僧取经的故事创作的长篇神话小说。书中塑造了孙悟空这个神通广大、敢于造反的英雄形象，歌颂了孙悟空不畏强暴、战胜困难的顽强精神。富有浪漫主义色彩，情节曲折生动，语言幽默诙谐，人物个性突出，形象生动，是中国古代文学名著。

《封神演义》

《封神演义》又名《封神传》，章回小说。明代许仲琳编，一说为明道士陆西星著。成书于隆庆、万历年间。全书以宋元时期的《武王伐纣平话》为基础，根据周武王伐商纣的历史叙述商、周两方神魔斗法的故事，揭露了商末统治集团的暴虐，塑造了姜子牙等人物形象。

《日知录》

明末清初顾炎武撰，全书共32卷，为顾氏三十多年来读书笔记的汇录，包括重要的历史考据成果。全书不分门目，论及经义、政事、经济、世风、礼制、科举、艺文、名义、古事真妄、史法、注书、杂事、交通、兵制、边疆、外国、天象、术数、地理、杂考等多个方面。

《明史》

是一部纪传体史书，记载了自朱元璋洪武元年（1368年）至朱由检崇祯十七年（1644年）二百多年的历史。于清朝顺治二年（1645年）始纂直至乾隆四年（1739年）最后定稿，进呈刊刻，前后经过九十多年，是官修史书历时最长的一部。共三百三十二卷，包括本纪二十四卷，志七十五卷，列传二百二十卷，表十三卷，在二十四史中，《明史》以编纂得体、材料翔实、叙事稳妥、行文简洁为史家所称道，是一部水平较高的史书。

临川四梦

汤显祖是明代著名的文学家、戏剧家。他

明 清

最突出的贡献便是创作了四部传奇：《邯郸记》、《南柯记》、《紫钗记》和《牡丹亭》。几部剧作都与梦有关，所以被称为"临川四梦"；汤显祖有书斋曰玉茗堂，又称之为"玉茗堂四梦"。汤显祖把传奇文学的创作推到一个新的高度，对后世的戏曲发展产生了深远影响。

章回小说

元末明初，罗贯中和施耐庵分别在讲史话本《三国评话》和《宣和遗事》的基础上编写出120回的《三国志通俗演义》和《水浒传》，标志着长篇章回小说的产生。明中叶以后，章回小说得以大量地创作和出版，并且体裁也大大超过明初，形成繁盛之势。其中最具代表性的是被称为明代四大奇书的《三国演义》、《水浒传》、《西游记》和《金瓶梅》。

八股文

科举考试是中国古代选拔官吏的办法。朝代不同，考试的形式和内容也不同，比如唐朝注重诗赋，考试时诗做得好就容易做官。到明朝，考试又有了新办法，就是以四书（包括《大学》、《中庸》、《论语》、《孟子》）、五经（包括《诗经》、《尚书》、《礼》、《易》、《春秋》）中的文句命题，解释要以朱熹的注释为依据。文章的格式必须包括规定的破题、承题、起讲、入手、起股、中股、后股和束股八个部分。历史上，把这种文章叫做"八股文"。

三场

三场指乡试、会试的场次，洪武十七年（1384年），朝廷颁行科举，规定初九日为第一场，试四书义三道，经义四道；十二日为第二场，试论一道，判五道，诏、诰、表任选一道；十五日为第三场，试经史时务策一道。士子参加考试，大多把精力集中于一经或四书文，考官阅卷时一般也重视第一场而忽略第二、第三场。明代的武科考试，亦分三场次，初场试马上箭，第二场试步下箭，第三场试策一道。

复社

崇祯初年，文社颇多，如云南的几社、浙江的闻社以及席社、昆阳社等。1633年春，张溥召集各社长于虎丘举行大会，正式成立复社。该社主张兴复古学，改良政治。盟词称："毋从匪彝，毋非圣书，毋违老成人，毋矜己长，毋形彼短，毋巧言乱政，毋干进辱身。"据《复社姓氏录》及《续录》载，复社先后有2025人。成为继东林党之后又一规模庞大的集团，遂有"小东林"之称。（南）明时受到打击，1652年被取缔。

国子监

国子监初建于南京，称京师国子学，洪武十五年（1382年）改名国子监。迁都北京后，新建国子监，原国子监称南京国子监。国子监设祭酒、司业、博士、助教、学正等学官。国子监的学生称监生，分官生和民生两种。官生指功臣子弟、少数民族土司子弟和海外留学生；民生由各地推荐，其中每年由府（州）县学按规定名额保送入国子监的称贡监，年少举人或会试落第举人被选入学的称举监。国子监监生最多时近万人，学习的课程有《大诰》《大明律》《四书》《五经》和《说苑》。明初监生发给月粮、衣冠，并给家属津贴。监生肄业

后可直接补官，官品不定，高者任布政使、按察使等，低者任县主簿、教谕等。后来捐钱就可以成为监生，于是挂名的监生越来越多，赴京就学的越来越少，加上科举日益盛行，国子监生的出路变得狭窄，国子监逐渐成了空招牌。

三言二拍

"三言二拍"，是五种明人辑著的话本小说及拟话本小说集的通称。其中，"三言"包括《喻世明言》、《警世通言》和《醒世恒言》，是冯梦龙在广泛收集宋元话本和明人拟话本的基础上，加工编著而成。"二拍"包括《初刻拍案惊奇》和《二刻拍案惊奇》，成书于明朝末年，是凌濛初仿照"三言"辑著而成。"三言二拍"的故事内容大多现实性强，生活气息浓厚，刻画人物细致入微，反映了当时的市民生活。

昆腔

嘉靖年间（1522～1566年），以昆山人魏良辅为首的一批音乐家、戏曲家，积数十年的努力，对昆山腔进行了改革，主要集中在唱曲和音乐伴奏两个方面。他们并用弦索、箫管、鼓板三类乐器，形成了一个完整的管弦乐伴奏乐队。昆山腔经过改革之后，音乐更加优美丰富，曲调细腻婉转，更能表达剧中人物的感情，由此使昆曲压倒南戏各腔。

明代长城

明长城是在秦代万里长城的基础上重新修筑的，其工程比秦始皇造长城更为浩大。为了防备蒙古骑兵的袭扰，从明初开始，明朝用了两百多年时间，完成了西起嘉峪关、东至山海关全长一万二千七百多里的长城修筑。现在的万里长城就是明代修筑的。明代沿长城分段设立了九镇，各屯驻重兵进行防守，并在长城地形险要之处修建了不少关隘，其中山海关号称"天下第一关"。

十三陵

明朝共有16位皇帝，开国皇帝朱元璋死后埋葬在南京。建文帝因"靖难之役"下落不明，另外还有一位皇帝死后埋葬在北京西郊的金山。其余13位皇帝死后都埋葬在北京西北45公里的天寿山南边，我们现在把这13座明代皇帝的陵墓叫做"十三陵"。十三陵的每座陵墓的大小虽然不一样，但其中结构安排非常相似。以明成祖朱棣的长陵最为典型，修建最早，规模也最大，永陵和定陵的建造非常精巧。现在我们可以参观定陵的地宫。

景泰蓝

景泰蓝是在明朝时兴起而逐渐发展起来的，主要是由北京宫廷作坊御前监创制。只因景泰年间烧制的最多最好，并以蓝色为主色调，所以名为"景泰蓝"。景泰蓝工艺制作复杂，纹饰多为缠枝勾莲纹。景泰蓝以蓝为主色调，配以红、黄、绿、白等彩，并以金丝为轮廓，整个看上去，"朱碧相辉，镂金错彩"，充满"富贵气"。早在古埃及时就已有珐琅工艺，后传至古罗马和拜占庭（东罗马），后又传到西亚伊斯兰世界，在明初传入中国，得到发展。明初以宣德时制作的实物为最早，景泰年间制造得最多、最精彩，品种、纹样、釉色都有所增加，技术也有所提高，是中国珐琅工艺的鼎盛时期。至嘉靖、万历年间，景泰蓝出现衰落倾向。

耶稣会

耶稣会成立于1540年；其宗旨是破坏新教活动，维护天主教的威信，夺回失去的地盘。耶稣会会员不仅在欧洲进行活动，而且向东方发展，企图争取新的教徒，建立新的势力范围。他们知道中国是个古老的东方大国，非常愿意来中国传播他们的宗教。

徽商

明代南直隶徽州府地处低山丘陵，地瘠人众，其民多外出经商，逐步在商界形成一股强大的势力。徽商四处经营，到了后来，有"无徽不成镇"之说。

清 朝
（公元1616年～公元1911年）

萨尔浒之战

万历四十四年（1616年），努尔哈赤建立后金。1618年大举进攻明朝，攻陷抚顺（今属辽宁）等地。1619年，明朝以杨镐为辽东经略，集结10万兵力，分四路进攻后金首府赫图阿拉（今辽宁新宾县西老城），努尔哈赤集中全部6万八旗兵，采取速战速决、各个击破的方针，在萨尔浒（今辽宁抚顺东浑河南岸）首战击溃明军主力3万人，杀死总兵官杜松。之后再败马林、刘綎两军。只有李如柏一军得以逃脱。此役，明阵亡将领300余人，士兵45800余人。萨尔浒战役完全改变了辽东战局，从此，后金从战略防御转为战略进攻，向明朝发起全面的进攻。

八旗制度

清代满族的军事、社会一体的组织形式。1601年，女真首领努尔哈赤创立。他将女真壮丁以300人为一牛录，5牛录为一甲喇，5甲喇为一旗，作为编制。最初只有黄、白、红、蓝4旗，后增镶黄、镶红、镶蓝、镶白4旗，共8旗。凡满族成员，"出则为兵，入则为民"，平时耕猎，战时出征。这一制度使满族的势力日益强大起来。皇太极时，又将降附的蒙古人和汉人编为"八旗蒙古"和"八旗汉军"。清朝入关后，八旗的生产职能渐少。作为一个军事组织，八旗军队与绿营兵共同构成清政府统治全国的工具。清中叶后，军事职能也日趋削弱。清朝灭亡，八旗制度随之瓦解。

绿营

清代绿营的制度完全仿照明朝，官兵全部是汉族。因为所用的旗帜是绿色的，故名。绿营最原始的编制全部是明朝的降军以及收编的队伍。绿营归兵部统辖，在京绿营由步军统领统辖，下分左右两翼，各设总兵。在外绿营则直属于各省，由总督或巡抚节制和调遣。全国的绿营兵总数约60万人。晚清时期，绿营十分腐化。太平天国起义发生以后，绿营逐渐被淘汰。

宁远之战

天启五年（1625年）十月，督师关东的兵部尚书、东阁大学士孙承宗因弹劾阉党魏忠贤，遭诬陷罢职。明廷以素不知兵的高第继任，主持关外战事。努尔哈赤得知孙承宗被免官，即率13万大军进攻辽西。高第慑于后金军的攻势，令驻守关外各城堡的明军弃城，撤入山海关。仅10天时间，努尔哈赤不费一兵一卒，占据了除宁远以外的所有辽西重镇。宁远守将袁崇焕拒不撤兵，遂率万余明军退入城中坚守。天启六年（1626年）正月，努尔哈赤亲统大军围攻宁远城，遭到守城明军的顽强抵抗。后金军见强攻不成，又改以用"铁裹车"撞城和于城脚处挖壕毁城的策略。袁崇焕令兵士急造火药，裹入被褥中，掷于城外。待后金兵聚拢抢夺时，即令兵士将火箭、硝黄等掷于被褥上，引发大火，烧伤后金兵士甚众。后金兵屡攻宁远城不克，努尔哈赤亦被明军炮火击伤，只得下令撤军。不久，努尔哈赤死去。

钦差大臣

明朝凡为皇帝亲自派遣至京城以外，办理重大事情的官员，称为钦差。钦差受命于皇帝，只对皇帝负责。清朝沿袭此制，凡由皇帝特别派遣，且授予关防（印章）者，称为钦差大臣，其权力极大。一般政务性钦差大臣简称钦差。如为皇帝特遣统兵者，则称钦帅。驻外使臣称钦差出使某国大使。

清军入关

1643年，皇太极死，其子福临即位，即清世祖顺治皇帝。由于福临年幼，由叔父睿亲王多尔衮辅政。崇祯十七年（1644年）四月，清军由摄政王多尔衮率领，倾巢南下。四月十五日，清朝大军行进至翁后（今辽宁阜新附近），接到镇守山海关的明朝辽东总兵吴三桂的"乞师"书，立刻向山海关进军。四月二十二日，清军疾驰至山海关，吴三桂引清军入关，正式投降了清朝。李自成寡不敌众，只好撤退。战略重地山海关大门洞开，清朝大军进入中原，取代了明朝对全国的统治。

定都北京

1644年四月三十日，李自成率领大军离开北京城向西撤退。五月二日，多尔衮率清军进入北京。多尔衮按皇太极生前的既定方针"若得北京，当即迁都，以图进取"，采取了一系列的措施，建立起较完整的统治秩序。九月十九日，多尔衮迎福临进京，十月初一即皇帝位，并昭告天下，宣布定都燕京。

圈地令

清朝定都北京后，为解决八旗官兵的生计，清廷于1644年颁布了圈地令，下令圈占近京各州县的耕地，分给八旗兵丁。此后又于1645年、1647年两次下令扩大圈地范围。被圈的土地名义上是无主荒地，以及明朝宗室、大臣逃亡后遗弃的耕地，实际上则往往以"兑换"的名义把有主之地强行圈占。几年间，被圈占的耕地总数不下十六万多顷，大批汉人倾家荡产。直到1669年，圈地才被明令禁止。

册封达赖

早在清兵入关前，为了利用喇嘛教在蒙古的影响控制外藩蒙古，努尔哈赤和皇太极都与喇嘛教有频繁往来。顺治九年（1653年），达赖五世亲赴北京朝觐，次年受到清廷册封，并获赐金册金印，从此成了藏蒙喇嘛教各派的总首领。

扬州十日

清军统帅多铎虽然攻下扬州城，但清军伤亡很大。这使多铎心里恼怒，就下令屠杀扬州百姓，屠杀一直持续了十天，历史上称为"扬州十日"。

嘉定三屠

1645年六月，南京城破，南明灭亡。清军下达剃发令，命令江南人民在十日之内一律剃头，并严令"留头不留发，留发不留头"。江南百姓纷纷起而抗清。清嘉定知县强制剃发，起义即时爆发。百姓公推黄淳耀、侯峒曾出面领导抗清。原明降将李成栋率清兵猛攻，城中居民冒雨奋战，坚守不屈。清军用大炮轰城，始得攻入。侯峒曾投河死，黄淳耀自缢，城中无一人投降。李成栋下令屠城，杀害了城中三万多人而去。四散逃亡的民众再度聚集，又一次控制了嘉定。李成栋派遣部将徐元吉镇压，凡是抵抗的乡镇几乎被烧杀殆尽。此为嘉定第二屠。随后绿营把总吴之藩造反，李成栋又一次镇压，嘉定城再遭浩劫，城内城外又有两万多人被杀害。此为嘉定第三屠。

平定三藩叛乱

明清之际，明将吴三桂、尚可喜、耿仲明叛明降清，分别被清廷封为平西王、平南王和靖南王，镇守云南、广东和福建，称为"三藩"。他们各拥重兵，割据一方，严重威胁了国家的统一。1673年，康熙帝下令撤藩，引发三藩叛乱，一时波及十余省。康熙帝采取"剿抚并用"的策略，对元凶吴三桂坚决打击，对随同叛乱者大力招抚，到1681年，清军攻破昆明，三藩之乱被平定。

平定准噶尔

准噶尔部是漠西蒙古的一支。1671年，首领噶尔丹勾结沙皇俄国，发动了征服漠北蒙古的战争。1690年春，在沙俄的支持下，噶尔丹率大军南侵。康熙帝于1690年、1691年和1695年三次率军亲征，大败准噶尔军，噶尔丹被迫自杀。

四大臣辅政

康熙初年，鳌拜等四名勋旧重臣佐理政务，史称"四大臣辅政"。顺治十八年（1661年）正月，顺治帝病逝，玄烨嗣皇帝位（即康熙帝）。因玄烨年方8岁，命内大臣索尼、苏克萨哈、遏必隆、鳌拜为辅臣。四辅臣隶天子自将的上三旗——两黄及正白旗，以防止昔日皇叔摄政王多尔衮擅政事件重演。自康熙五年（1666年），鳌拜借圈地事件打击苏克萨哈，渐成专擅之势。翌年索尼病故，鳌拜跃居辅臣之首。康熙八年五月，康熙将鳌拜籍没拘禁。另一辅臣遏必隆同时也被究治。至此，四大臣辅政时期始告中止。四大臣辅政时期，实行了某些赈恤捐免、奖励垦荒等恢复农村经济的措施，但保存满族的旧制度，抵制汉文化的影响。如撤销从明朝沿袭而来的内阁制度和翰林院，恢复内三院旧制；裁汰十三衙门，设内务府；废除八股文，只用策论，大大减少进士名额。此外，四辅臣还穷治"通海案"，制造"明史案"等大狱，以打击以江浙为中心的东南汉族士绅的传统势力。

南书房

南书房最初是康熙皇帝读书的地方，康熙十六年（1677年）开始设置，并选调了一些翰林学士当值，称为"南书房行走"。入值的大臣最初的职责是文学侍从，随时应召侍读、侍讲，皇帝外出巡幸也随驾出行。由于接近皇帝，这些侍从们也经常秉承皇帝旨意撰拟诏令，参预机务，对于皇帝的决策和大臣的升迁都有一定的影响力，实际上演变成为皇帝处理政务的一个机要秘书班子。它不仅分割了内阁的权力，而且也削弱了议政王大臣会议的作用。军机处设立以后，南书房虽然仍是翰林入值，但是不再参与政务。对于清朝的士人来说，这里仍然具有很大的魅力，能够入值南书房，是读书人的莫大荣耀。

三藩

"三藩"是指平西王吴三桂、靖南王耿精忠、平南王尚可喜。清军入关后，"三藩"竭力效劳于清朝，是镇压农民军和抗清力量的急先锋，并因此扩大了自己的势力。鳌拜执政期间，"三藩"的实力有了进一步扩展，俨然三个封建割据的独立王国。康熙清除鳌拜后，认为三藩与唐末藩镇无二，势在必除。于是，康熙抓紧整顿财政，筹措经费，扩大八旗兵的编制，采取缓和民族矛盾的措施，争取民心，以此来为撤藩作准备。

郑成功收复台湾

1661年，南明将领郑成功率军从金门岛出发，进军台湾，先后击败了占领台湾的荷兰驻军和援军；1662年2月，荷军投降并退出台湾。于是郑成功在台湾垦荒土、兴学校、定法律、设官职，以此为基地继续抗清。

雅克萨自卫反击战

顺治六年（1649年），沙俄再度侵入黑龙江，占领了雅克萨城。在平定三藩之后，国内局势稳定下来，康熙皇帝决定对沙俄展开斗争。康熙二十二年（1683年），清政府在瑷珲设立黑龙江将军，加强对边防的控制。康熙二十四年（1685年）正月，为了彻底消除沙俄侵略，康熙命都统彭春赴瑷珲，收复雅克萨。五月二十五日黎明，清军对雅克萨发动猛攻，沙俄侵略军伤亡惨重力不能支，宣告投降，请求清军放行，撤退至尼布楚。侵略军被迫撤离以后，贼心不死，图谋再犯。康熙二十六年（1687年），在接到沙俄再犯的奏报以后，康熙皇帝即下令反击。侵略军被围困一年时间，近1000名士兵最后剩下66个。沙皇急忙向清朝求和，并派遣使者议定边界。雅克萨反击战结束。

《尼布楚条约》

两次雅克萨战争，清军最终取胜。沙俄政府被迫在尼布楚与清政府进行和谈。双方划分了边界，用满文、汉文、蒙文、俄文和拉丁文五种文字刻成了界碑，立在边境，肯定了黑龙江和乌苏里江流域的广大地区都是中国的领土，这就是《尼布楚条约》。

文字狱

清朝的"文字狱"是指写诗著书中直接或者间接攻击清政府的统治，触犯封建统治者的根本利益时，清朝就对知识分子采取无情的打击和残酷镇压手段。清政府兴起了100多起文字狱，严厉压制知识分子的反清思想。其中比较突出的有戴名世之狱和吕留良、曾静之狱。

戴名世之狱。戴名世，安徽桐城人，他留心明朝史事，访问明朝遗老，研读野史，于1702年刊印《南山集》，书中记载南明桂王时事，触怒了清朝，戴名世被杀害。戴名世、方孝标家属受牵连数百人，男女老幼均被充军。方孝标已死，也被戮尸。

1729年，发生了吕留良、曾静之狱。吕留良因拒绝清朝的征聘，剪发为僧，并著书反抗清朝的统治，宣扬反清思想。曾静读吕留良遗著，受其影响，反对清朝统治。雍正元年（1723年）派学生张熙入陕，劝川陕总督岳钟琪反清，被岳钟琪告发下狱，雍正十三年被捕杀害。吕留良因此案，竟被剖棺戮尸。

总督

明朝由中央派往地方的军事官员称总督。清朝正式将总督定为地方最高长官，往往管辖一省或数省（一般多为两三省）的军政大权。又称封疆大吏，一般都是朝廷重臣。清前期多由满族权贵担任，清末也派汉族官员充任。如湖广总督、两广总督等。

理藩院

理藩院是清朝官署名。为主管少数民族地区事务的机构。清太宗皇太极于崇德元年（1636年）始设蒙古衙门。崇德三年，改称理藩院。顺治十六年（1659年），将理藩院隶属礼部。之后又改与六部等同。长官为尚书、侍郎，选满人充任。雍正元年（1723年），始以王、公、大学士兼领院事。职掌蒙古、新疆、西藏等少数民族地区事务。至咸丰十一年（1861年）成立总理各国事务衙门之前，亦兼办中俄外交。光绪三十二年（1906年），改为理藩部。清朝亡，遂废。

摊丁入亩

摊丁入亩是清初沿袭明朝赋役制度，田赋分夏秋两季征收，丁银多按丁征收。康熙年间，丁银极为苛重，农民为逃丁银而流亡，致使"丁额无定，丁税难征"，严重影响着清廷的赋税收入。为防止农民逃税流亡，稳定赋税收入，康熙五十一年（1712年）规定：以康熙五十年（1711年）的全国总丁数，即人丁2462万，丁银335万余两为定额，每年按此数额征收丁银。今后新增添人丁数，丁银总额不再增加。丁银总额固定后，广东各州县即于康熙五十五年将丁银摊入地亩征收。此后四川亦试行此法。雍正元年（1723年）七月，清廷宣布将"摊丁入亩"之制推行全国。摊丁入亩是将固定的丁银全部摊入地亩，按土地面积征税，取消了按人丁征税的旧制。将土地、人丁的二元税制变成单一的土地税制，减轻了无地或少地农民的负担，缓和了阶级矛盾；农民因此获得一定的人身自由；人丁不再单独征税，有利于人口的增长。

西南地区改土归流

雍正四年（1726年），云南巡抚兼总督鄂尔泰提出"改土归流"的主张。"流官"是相对当地土司设置的土官而言，指的是由中央政府任命、有任期、可调动的国家正式官员，由他们来取代当地土官。雍正皇帝对此大力支持，任命鄂尔泰为云南、贵州、广西三省总督，全权推行改土归流。到雍正九年（1731年），西南的大部分少数民族地区都实施了这一变革，其地方行政体制与内地基本一致了。"改土归流"是清朝中央政府对少数民族地区统一行政体制的措施，在一定程度上伤害了民族感情，遇到了民族地区的抵抗。但是从历史的观点来看，这一措施有利于巩固国家统一，具有进步意义。

怀柔政策

采取重视德化及人心向背的"怀柔政策",特别强调"满蒙一体",团结拉拢蒙、藏各族的上层王公贵胄。具体措施是优给廪禄、减免徭赋、加封爵位,保证他们的世袭权利,而且规定他们轮流到北京或承德朝见皇帝。皇帝给予他们以极高的礼遇。同时又在蒙、藏中扶植黄教,尊崇活佛,优礼喇嘛,利用宗教信仰,以思想统治的办法代替浩大的军事边防工程。怀柔政策的推行,在国内化干戈为玉帛,受到了朝野上下的一致拥护,对于巩固封建国家的统治有着十分积极的意义。

军机处

雍正八年(1730年),因用兵西北,需及时处理军机要务,雍正皇帝遂于宫中隆宗门内设军需房,后更名军机房。雍正十年,改名办理军机处,简称军机处。军机处无公署,其办公处所称值庐。不置专官,而于大学士、尚书、侍郎中,挑选亲信入值,称军机大臣。初为临时性的军事机构,后逐渐成为常设的处理全国军政大事的最高办事机构,完全按照皇帝的旨意办事。乾隆时定为满、汉两班,每班8人。后增至四班32人。军机处需每日觐见皇帝,接受旨意。再以面奉谕旨之名向各官署和地方官员发布指示。自军机处设立后,议政王大臣会议已形同虚设,专制主义中央集权统治得到极大的加强。

《大清律》

《大清律》于1646年修成。经过康熙、雍正两朝,屡有增订。乾隆时重修法律,成《大清律例》。这部法典分为名例律、吏律、户律、礼律、兵律、刑律、工律等30篇,律文436条,附例1409条。例在法律上占有优先的地位,有例照例,无例依律。《大清律》以"十恶"作为最重罪,还规定,凡三品以上官员革职拿问,不得使用刑夹,用刑亦须请旨,凡八议(亲、故、功、贤、能、勤、贵、宾)犯罪,一般都必须恭听圣裁。在量刑轻重、换刑、减刑、审判机关、监禁的处所等方面,对于汉人和满人、官和民、良民和贱民的规定是不同的。《大清律》集历代法典之大成,是中国封建社会最后一部成文法。

土尔扈特部回归祖国

土尔扈特是漠西蒙古的一支,明朝末期,西迁到伏尔加河下游。后来,沙俄向他们的居住地扩张势力,土尔扈特受到沙俄的压迫和控制。

1771年初,土尔扈特首领渥巴锡决定带领族人回归祖国。17万部众跟随着他们的首领,只用10多天的时间,就跨过了千里草原,渡过了乌拉尔河,来到了哈萨克草原。在这里,他们遭到哥萨克骑士的追击。9000名担任后卫的土尔扈特勇士奋勇抵抗,在敌众我寡的形势下,众勇士与追兵展开了生死搏斗,全部惨烈牺牲。渥巴锡率领大队人马继续东进,经受了寒冬、酷暑、病疫的重重磨难,历经8个月,终于回到了祖国母亲的怀抱。

大小和卓叛乱

乾隆年间,居住在天山南路的维吾尔族贵族波罗尼都兄弟发动了"大小和卓叛乱"。乾隆二十三年(1758年),清朝派兵前往南疆镇压。由于波罗尼都兄弟在当地的统治十分残暴,人民痛苦不堪,清军一到,纷纷响应,甚至一部分维吾尔族上层也和清朝军队合作平叛。第二年,清军在当地人民的大力支持之下,打败叛军，波罗尼都兄弟在逃窜中被当地群众杀死。不久，清政府在新疆设置伊犁将军，管辖包括巴尔喀什湖在内的整个新疆地区，巩固了对西北地区的统治。

乾隆南巡

从1751年到1784年间，乾隆帝曾仿效其祖父康熙帝，六次南下巡幸江浙。每次南巡，自北京至杭州往返四五个月，行程近六千里。随行的船只、车马成百上千，沿途还建有三十处行宫，所经之处官员富商争相搭建彩楼，进献财物，极尽奢侈。乾隆南巡耗费了大量钱财，导致奢靡之风盛行，百姓负担加重，苦不堪言。

闭关锁国

从乾隆二十二年（1757年）起，清朝政府鉴于国内人民与外国人交往日益频繁，担心交往的扩大会给自己的统治带来威胁，开始实行闭关锁国的政策。政府一方面限制中国人出洋贸易和居住，严格控制出洋船只的大小与装载货物的品种和数量，以及水手和客商的人数，一方面还规定了严格的往返期限。中外贸易活动只限于广州一个口岸通商，外商的贸易及其他事务的交涉，都必须与清政府特许的行商进行，不得和官府与民众直接交往；外商在华必须住在城外指定的商馆，不得擅自出入城市；对外贸易的品种和数量也有相应的严格限制。清政府的闭关锁国的政策，窒息了中国的对外贸易和航海事业，妨碍了中国向西方学习先进的思想文化和科学技术，对国家发展的负面影响不可估量。自此中国与西方的差距越拉越大。鸦片战争以后，列国打破了中国的国门，闭关锁国政策被迫取消。

和珅案

乾隆时的大臣和珅因善于迎合乾隆帝的心意，受到皇帝宠信，官居高位，威势逼人。他穷奢极欲，聚敛钱财，促成了官场腐败之风。1799年嘉庆帝亲政后，立即宣布和珅的罪状，将其赐死，并查抄家产，前后查获田产财物共可折银8亿余两，相当于朝廷10年的收入。

平定大小金川

大小金川地处四川西北部大渡河的上游，因盛产黄金而得名，是藏人聚居区，实行土司制度。其中大金川土司莎罗奔势力最为强大，不时侵扰周围的土司。1771年，大金川土司索诺木（莎罗奔侄孙）与小金川土司僧格桑联合，起兵反清。1773年，乾隆帝派鄂尔泰率军平叛。清军先攻克实力弱小的小金川，随后移师大金川。清军用火炮昼夜猛轰索诺木最后据点堡寨噶尔崖，索诺木投降，大小金川之乱平息。战后，清廷改土归流，废除两金川土司制，设厅委官，驻军屯垦，加强了对该地的管理。

白莲教起义

白莲教是清代民间一个秘密地下宗教，其参加者多为贫苦农民。1796年，湖北枝江、宜都的白莲教徒在聂人杰、张正谟的率领下，首先起义，各地的白莲教徒纷纷响应。但起义军没有统一的斗争纲领和口号，各自为战，力量分散。其中以襄阳黄龙王聪儿、姚之富领导的起义军力量最强。清军采取坚壁清野和剿抚并用的策略，使起义军陷入困境。1797年，王聪儿、姚之富陷入清军的包围之中，起义军全部战死。随后，其它的起义军也相继失败。白莲教起义是清朝由盛转衰的转折点。

虎门销烟

1838年底，湖广总督林则徐被任命为钦差大臣，赴广东查禁鸦片。他在广东整顿海防，缉拿烟贩，勒令各国商贩交出所有鸦片，并保证不再贩运。1839年6月3日到6月25日，林则徐在虎门海滩凿方塘二口，当众销毁了收缴的英、法等国的237万余斤鸦片。这一举动沉重打击了侵略者的气焰。史称"虎门销烟"。

鸦片战争

林则徐打击鸦片走私，触怒了英国殖民者。1840年6月，英国派兵侵华，发动了鸦片战争。清军在英军强大的现代武器面前不堪一击，1842年8月，英军舰艇驶达南京江面。清政府被迫与英国签订了丧权辱国的《南京条约》。条约规定，割让香港，赔款2100万元，开五口通商，关税由双方协定等。从此，中国逐渐沦为半封建半殖民地社会。

三元里人民抗英

鸦片战争期间，1841年5月，盘踞四方炮台的小股英军窜至广州城北的三元里骚扰，当地群众奋起反抗，组成"平英团"，将四方炮台团团围住，一举歼灭英军数百人。后来在英军威胁下，当地官员用欺骗手段迫使民众解散，英军才得以撤离。

吴淞之战

1842年6月8日，英舰抵达长江口，迫近黄浦江与长江汇合处吴淞。两江总督牛鉴企图向英军乞和，江南提督陈化成坚决反对，亲率军驻西炮台，与将士同甘苦，誓死拒敌。16日晨，英军进攻吴淞。陈化成指挥将士奋起反击，牛鉴三次派人持令箭要他退避宝山，都遭严拒。战斗中，年近七十高龄的陈化成奋不顾身，亲自操炮轰击敌舰，与将士一起击伤英舰两艘。牛鉴闻报，企图贪功，陈列全部总督仪仗，率军往援。英军向其轰击，牛鉴仓皇逃命。英军趁机从西炮台正面登陆，进行水陆夹攻。在腹背受敌情况下，陈化成仍率所部百余名官兵坚守炮台，后不幸中炮牺牲，全体将士壮烈殉国。西炮台失守后，东炮台守军溃散，英军相继侵占宝山、上海。长江门户洞开。

亚罗号事件

1856年10月8日，中国广东水师在停泊于黄埔港中的一只走私船"亚罗号"上，逮捕了2名海盗和10名有海盗嫌疑的水手。这纯系中国内政。但英国驻广州代理领事巴夏礼在香港总督包令的指使下，硬说"亚罗号"是英国船，蛮横要求送回拘捕的人，声称广东水师上船捕盗有损领事体面，并造谣说广东水师曾扯下了船上悬挂的英国国旗，对英国是个"侮辱"，无理要求两广总督叶名琛送回水手，赔礼道歉，并限24小时内答复，否则以武力解决。叶名琛唯恐事态扩大，遂将被捕人犯送交英国领事馆。巴夏礼又故意刁难，借口礼貌不周，拒不接受。10月23日，英国海军上将西马縻各厘率军舰突入省河进犯广州，正式挑起了第二次鸦片战争。亚罗号的船主是中国人，为走私方便，曾向香港英国殖民当局领有一张船籍登记证，为期一年。事件发生时，登记证已经过期，就连事件的策划者包令也承认这一点。所谓的"亚罗号事件"只不过是英国侵略者为挑起战争而制造的借口。

马神甫事件

1853年法国天主教神甫马赖,违约潜入我国广西省西林县进行传教。他吸收地痞流氓入教,勾结当地土豪,进行种种不法活动,民愤极大。1856年2月,西林新县官到任,在当地人民的强烈要求下,逮捕并处死了马赖等3人,拘捕歹徒20余人。消息传到巴黎,法国国王路易·波拿巴立即以马赖事件为借口,以保护天主教为名,协同英国联合发动第二次鸦片战争。此事件又称西林教案。

第二次鸦片战争

1856年,英国为了进一步扩大侵华权益,借口"亚罗号"事件派兵进攻广州,法国借口马神甫事件同时出兵。1857年,英法组成联军攻陷广州。1858年,英法舰队在美俄两国支持下,偷袭并攻陷大沽口炮台,进犯天津。清政府被迫与俄、美、英、法各国代表分别签订了《天津条约》。1859年6月,英、法、美以进京换约被拒为由,率舰队炮击大沽。次年8月,联军登陆,进占天津,进攻北京。咸丰帝和慈禧太后仓皇逃往承德,英法联军占领北京,在城郊烧杀抢掠。清廷派恭亲王奕訢主持议和,签订了中英、中法《北京条约》,赔偿巨额赔款,丧失大片领土。

《南京条约》

1842年8月29日,中英两国签订《南京条约》。主要内容有:①清政府割让香港岛给英国;②开放广州、厦门、福州、宁波、上海为通商口岸;③清政府向英国赔款2100万银元;④中国抽取的进出口货物税率,由中国与英国共同商定;⑤英商可以自由贸易,不受"公行"的限制。1843年,英国又强迫清政府签订《五口通商章程》和《五口通商附粘善后条款》(《虎门条约》),作为《南京条约》附件,增加了领事裁判权、最惠国待遇等条款。

八国联军

19世纪末,中国北方爆发了义和团运动,帝国主义为了扩大对华侵略,借口清政府"排外",拼凑联军,大举进犯。1900年5月底6月初,各国以"保护"使馆为名,英、美、德、法、俄、日、意、奥等8个国家派侵略军400余人进驻北京使馆区,另有千余人进驻天津租界。6月10日,英海军中将西摩尔率联军2000余人,自大沽、天津进犯北京,沿途遭到义和团及清军抗击,未能得逞。6月17日,联军在沙俄海军中将基里杰勃兰特率领下攻陷大沽炮台。6月21日,清政府被迫向八国宣战。8月14日联军攻陷北京,所到之处,杀人放火,奸淫抢掠,无恶不作。北京几百年来的文物被抢劫一空。北京陷落后,逃往西安的慈禧命奕劻和李鸿章为全权大臣向各国乞和。联军迫使清政府签订了空前屈辱的《辛丑条约》。八国联军除留一部常驻京津、津榆铁路线外,其余撤兵回国。

火烧圆明园

圆明园是清代最大的皇家园林。从1709年兴建到1860年被焚毁,清政府花费了巨大的财力物力,一共经营了151年。1860年10月,英法联军占领北京以后,冲入圆明园。联军司令部下令可以"自由抢劫",1万多名侵略官兵大肆抢掠和毁坏园内文物。10月18日,几千名英军手持火把再次进入圆明园，这座世界上最壮观的皇家园林连同园内的数百名太监、宫女和工匠被尽付一炬。火烧圆明园，是人类文化史上的一大浩劫。

太平天国运动

1843年，洪秀全创立了拜上帝会，宣传人人平等的思想，号召人们起来斗争。1851年1月，洪秀全在广西金田宣布起义，建号太平天国，3月宣布登基，称天王，太平天国运动开始。1853年3月，太平军攻占南京，改名为天京，定为太平天国的首都。到1856年，太平军击溃清军江北、江南大营，达到了军事上的全盛时期。就在此时，太平天国领导集团内部发生了自相残杀的"天京事变"，清军趁机全面反攻。1863年，曾国藩统率的湘军开始围困天京。次年6月洪秀全病逝。7月，湘军攻破天京。太平天国运动失败。

《天朝田亩制度》

《天朝田亩制度》是太平天国前期的纲领性文件。它是一个以解决土地问题为中心的比较完整的社会改革方案，主要有两方面内容：1.关于土地纲领。提出了废除封建土地所有制，按人口平均分配土地的原则和办法。2.关于理想社会蓝图。太平军的组织系统移植在社会上，制定了"兵民合一"的社会组织和守土乡官制度。这个纲领继承和发展了中国历代农民在革命斗争中提出过的"平均"、"均贫富"、"等贵贱"的思想，表现了农民群众对封建土地制度大胆否定的革命精神，但是，它所规定的分配土地和"通天下皆一式"的经济生活方案，是一种绝对平均主义思想，实际上是不可能实现的。

天京事变

天京事变又称"天京内讧"、"天京变乱"、"洪杨事变"、"杨韦事件"等。太平天国定都天京后，其领导集团的内部危机日益加深。东王杨秀清被胜利冲昏头脑，居功自傲，一切专擅，竟于1856年8月逼洪秀全封其为"万岁"。洪秀全表面应允，暗中却密令韦昌辉、石达开等回京，伺机铲除杨秀清。9月1日，韦昌辉率3000余人从江西秘密回京，次日晨杀死杨秀清及其家属，并乘机扩大事态，残杀东王部众2万余人。石达开从湖北赶回天京，责备韦昌辉滥杀无辜，韦又欲杀石。石达开离城出走安庆，准备起兵讨韦，其家属则被韦昌辉全部杀害。11月，洪秀全与合朝文武诛杀韦昌辉及其同伙约200人，召石达开回京辅政。月底，石达开抵天京，受到军民的拥护和欢迎。但洪秀全对其心存疑忌，石达开带精锐10万人负气离京出走。从此，石达开走上了与太平天国公开分裂的道路。"天京事变"严重削弱了太平天国革命力量。此后，太平天国即由前期的战略进攻转变为后期的战略防御。

捻军

"捻"为淮北方言，一捻，即是一群、一组、一部分的含意。群众称为"捻"或"捻子"。咸丰五年（1855年）各路捻子齐集雉河集（安徽涡阳），推张乐行为第一领袖，建立五旗军制。咸丰七年（1857年）与太平军联合作战，并接受太平天国领导，蓄长发，受印信，使用太平天国旗帜。但奉行听封不听调，不出境远征，各旗仍保有自己独立的组织和领导系统。后人通称为"捻党"。所谓"捻军"，是20世纪四五十年代史学家罗尔纲先生为其正名的。

湘军和淮军

为了镇压太平天国起义,清政府准许地方组织团练。曾国藩趁机组织了湘军,专力从事镇压太平天国的活动。湘军有陆军和水师,大小将领多是曾国藩的亲戚、朋友、学生和同乡,相当于曾氏的私人武装。同时,曾国藩的门生李鸿章也在安徽组织淮军。湘军和淮军与外国反动势力一起联合绞杀了太平天国运动,并且制造出了一个虚假而且昙花一现的"同治中兴"的局面。此后,曾氏裁撤湘军,李鸿章则继续扩大淮军,并派袁世凯训练新式陆军。淮军派生了以后的北洋军阀。

辛酉政变

1860年(农历辛酉年),英法联军攻进北京,焚烧圆明园。咸丰皇帝带着皇族大臣逃往热河。次年7月,咸丰皇帝病死,遗诏立6岁的载淳为皇太子,任命载垣、肃顺等八大臣辅政,一切军政事务由辅政大臣处理。慈禧太后(叶赫那拉氏)首先以圣母皇太后的身份取得了干预朝政的权力,然后和恭亲王奕訢勾结,预谋除去辅政大臣,以达到垂帘听政的目的。慈禧太后利用咸丰灵柩运回北京的时间,于9月30日发动政变,逼令载垣、端华自杀,肃顺被斩首,其他辅政大臣被革职查办。11月3日,任命恭亲王为议政王。11日,同治皇帝即位。从此两宫太后开始垂帘听政,而慈禧独掌晚清朝政大权近50年。

总理衙门

鸦片战争以前,清朝的对外事务,分别由礼部和理藩院管理。经过两次鸦片战争,清朝被迫割地、赔款、开口通商,涉外事务骤增,必须设专门机构办理对外事务。第一次鸦片战争后,清政府设立"五口通商大臣",管理通商事宜,并相继由两广总督兼任。第二次鸦片战争后,因开口通商遍布沿海并深入内陆,交涉事务更加繁重,设立一个统筹"夷务"的正式外交机构迫在眉睫,这样总理衙门便应运而生。

洋务运动

鸦片战争后,清朝统治阶级就如何解决内外矛盾的问题,形成了一个较为开明的洋务派。洋务派在中央以奕訢为代表,在地方上则以曾国藩、李鸿章、左宗棠、张之洞、沈葆桢、丁日昌等为主力。他们力主学习西方的先进生产技术,以富国强兵,"自强御侮"。1861年,曾国藩创办安庆军械所,是中国最早的近代军事工业。1872年,李鸿章在上海开办轮船招商局,这是中国第一家近代轮船公司,也是洋务派兴办的第一个民用企业。其他还有开平矿务局、汉阳铁厂、电报总局、上海机器织布局等企业。同时,还兴办铁路事业,创建海军,筹设海防。为适应需要,洋务派还开办了京师同文馆等一批新式学堂,培养人才,并分批派遣留学生出国深造。洋务运动引进了西方先进科技,在客观上刺激了中国资本主义的发展。

洋枪队

咸丰十年(1860年)在上海组成的由美国人华尔统领的洋枪队,是清政府勾结英、美、法侵略军为镇压太平天国和捻军而组成的反革命武装。同治元年(1862年)扩编为"常胜军"。华尔被击毙后,由英国军官戈登统领。1862年,浙江巡抚左宗棠和法国侵略者勾结,

由法国军官勒伯勒东组成花头勇 1500 人，称为"常捷军"。1863 年，勒伯勒东和买忒勒先后被太平军击毙后，由德克碑继任统领。1864 年解散。1862 年崇厚在天津组成洋枪队，由英国军官薄朗等统领，称为"天津洋枪队"。这些军队均是清政府的"借洋兵助剿"的产物。

阿古柏入侵新疆

1864 年，新疆各族人民举行反清起义，占领大部分地区，但领导权被封建主掌握，出现许多割据政权。1865 年南疆封建主金相印向浩罕国求援，阿古柏便乘机率军侵入新疆，先后攻占天山南路的喀什噶尔、疏勒、和阗、叶尔羌等地，后来势力扩张到库尔勒一带。1867 年阿古柏仿照中亚汗国制度，宣布成立"哲德沙尔国"（意为"七城国"），自称为汗。1870 年继续向北发展，侵占乌鲁木齐、玛纳斯等城市，几乎占有新疆的全境。为了维护其反动统治，阿古柏先后与英、俄殖民者进行了一系列勾结。1871 年俄乘机出兵攻占伊犁。1876 年 3 月左宗棠率领三路大军入疆，收复失地。1877 年 5 月，阿古柏于库尔勒兵败，服毒身死。1877 到 1878 年之交，中国军队相继收复阿克苏、喀什噶尔、和阗，胜利平定南疆。至此除俄国侵占伊犁地区外，清军收复了新疆各地，维护了祖国的统一。曾国藩之子曾纪泽赴俄谈判，几经交涉，沙俄终于归还了伊犁。

中法战争

1883 年，法国侵占越南，并向派驻越南的中国军队发动进攻，清政府被迫对法宣战。战争很快扩大到东南沿海。1885 年，法国陆军进攻镇南关（今友谊关），清军老将冯子材率军抗战，大败法军，使清军转败为胜。但清政府却下令停战，以胜求和，与法国缔结了丧权辱国的《中法新约》。

马尾海战

马尾（也称马江）港是福建水师的基地。1884 年 7 月中旬，法国远东舰队司令孤拔率舰队驶入福建马江，与福建水师同泊一港。福建官员根据清廷"不可衅自我开"的禁令，对法舰毫不阻拦，并令中国海军不得主动进攻，否则虽胜亦斩。8 月 23 日 8 时，法国驻福州领事向闽浙总督何璟下了战书，何璟惊惶失措，不仅向福建水师隐瞒，还幻想法军改日开战。下午 1 时 3 刻，法舰向福建水师发动突然袭击，用大炮和水雷袭击中国军舰。福建水师仓促迎战，水军士兵英勇还击。旗舰扬威号在管带张成和驾驶官詹天佑的带领下，炮击法舰伏尔泰号，后被鱼雷击沉。振威号和福星号也奋起反击，重创敌舰。广大爱国官兵奋不顾身，视死如归，与敌军展开殊死搏斗。最终，福建水师全军覆没。

镇南关大捷

镇南关大捷又称"谅山大捷"。1885 年 2 月，法军直扑中越边境的谅山、镇南关。淮军将领广西巡抚潘鼎新接受李鸿章的指示，从谅山退到镇南关以北 140 华里的龙州。法军不战而得谅山，并一度闯入镇南关。年近七旬的冯子材亲率二子奋身陷阵，"皆感奋，殊死斗"。越南人民也前来助战，法军在中越军民的合力围歼下，被击毙一千多人，全军狼狈南逃。冯子材等率军乘胜追歼，连克文渊、谅山、长庆等地，击伤法军司令尼格里，俘获大批降军及弹药武器，迫使法军退到河内。镇南关大捷，扭转了危局。

《中法新约》

1885年6月，中法双方在天津正式缔结了《中法会订越南条约》，即《中法新约》。主要内容是：中国承认越南为法国的"保护国"，在广西和云南边境开辟两处通商口岸，允许法国商人在那里居住；中国在广西、云南修筑铁路，应由法国人承办。从此，法国的侵略势力深入到中国的广西和云南等西南各省。

《马关条约》

1895年4月，中日双方签订了《中日马关条约》。主要内容是：清政府承认日本对朝鲜的控制；中国割让辽东半岛、台湾及澎湖列岛给日本；中国对日赔偿白银二亿两；中国开放沙市、重庆、苏州、杭州四个通商口岸，日本船只可沿内河驶入以上各口岸；允许日本人在通商口岸开设工厂。《马关条约》加重了中国的民族危机，大大加深了中国的半殖民地化的程度。

同文馆

1862年，同文馆在北京成立，附属于总理衙门，这是洋务派创建的第一所新式学堂，以培养外语翻译和外交人才为宗旨。同文馆开办时仅设英文馆，后来陆续设置法文馆、俄文馆、算学馆、德文馆和东文馆等。学校对于学生的选择标准较高，管理也十分严格，有一套学习纪律和考核奖惩的专门制度。学生主要学习外文和汉文，后来也学习自然科学和史地等课程。1900年，八国联军侵入北京，同文馆停办，1901年，并入京师大学堂。同文馆办学40年，培养出了一批外语方面的专门人才。

北洋海军

1874年总理各国事务衙门提出创立北洋水师的建议。1875年，派李鸿章督办北洋海防。1876年起陆续派遣学生分赴英、法学习海军。1879年在天津设立海军营务处。1880年在天津开办北洋水师学堂。向外国订购铁甲战舰，修筑军港。到1888年编成北洋舰队(亦称北洋水师)，共有舰船25艘，其中铁甲舰2艘，巡洋舰7艘。丁汝昌任海军提督。军事训练由德国、英国人操纵。1894年9月，黄海海战中，中、日舰队互有伤亡，后李鸿章借口"保船制敌"，下令避免作战，困守威海卫军港。1895年初在威海卫被日军包围袭击，2月北洋舰队全军覆没。以后虽购置一些军舰，但已不成军。1909年，海军事务处成立，北洋海军名义也被取消。

"门户开放"政策

当帝国主义列强在中国划分势力范围时，美国正在入侵菲律宾。等到它侵占了菲律宾，发现各国已在中国划定了势力范围。于是，美国在1899年提出了一个"门户开放"政策，其主要内容是：各国互相承认在中国的势力范围、租借地和通商口岸的既得利益；在这些势力范围里，各国船只的入港费和货物运费，都不得高于占有这个势力范围的国家。其实，"门户开放"政策的核心，是在承认列强在中国"势力范围"的前提下，谋求美国的贸易机会均等。

公车上书

1895年4月《马关条约》签订以后，举国上下掀起了反侵略、反投降的斗争。当时在北京应试的各省举人举行集会，公推康有为起草上皇帝万言书，签名的举人有 1.3 万多人。5 月到都察院呈递。这就是著名的"公车上书"。康有为在上书中痛呈：割让辽东和台湾是列强瓜分中国的信号，亡国大祸即将临头，因此，拒和、迁都、练兵、变法是当前的正确对策。而变法以立国自强最为急务。公车上书是一次爱国知识分子的请愿活动，在社会上产生了巨大影响，标志着知识分子改良主义运动在中国的开始。

垂帘听政

是我国封建时代特有的一种政治现象。根据嫡长子继承制，皇帝死后，由他的长子继承皇位。如果新皇帝太小，还没有处理政事的能力，就由亲属中具有一定威望的人，代替皇帝行使权力，叫做"摄政"。如果是由皇太后处理政事，她接见大臣时，要用帘子遮隔，表示男女有别，叫"垂帘听政"。

百日维新

1895 年《马关条约》签订以后，康有为等人发动公车上书，提出变法的主张。他们陆续创办报刊，组织社团，宣传维新变法。在维新人士和帝党官员的积极推动之下，1898 年 6 月 11 日到 9 月 21 日，光绪皇帝先后颁布了一系列变法法令，进行自上而下的改革。这些革新政令，目的在于学习西方文化、科学技术和经营管理制度，发展资本主义，建立君主立宪政体，以达到富国强兵的目的。维新变法遭到了以慈禧太后为首的顽固派的极力反对。他们在 9 月 21 日发动政变，囚禁了光绪，慈禧太后宣布"亲政"，戊戌变法失败。变法从开始到失败，前后仅 103 天，因此又称"百日维新"。

义和团运动

1898 年秋，山东西北义和拳组织竖起"扶清灭洋"的大旗，率众攻打当地教堂，揭开了义和团反帝爱国斗争的序幕。次年秋，斗争迅速蔓延到山东和直隶的大部分地区。清政府任命袁世凯为山东巡抚，血腥镇压义和团。1900 年春，义和团挥旗北上，连克州县，势力发展到了京津地区。慈禧太后见义和团难以剿灭，就改用"招抚"的办法，默许其为合法民团。是年 6 月初，八国联军侵华战争开始，清廷对外宣战，义和团运动达到高峰。8 月初，八国联军由天津进犯北京，慈禧太后在出逃途中颁布"剿匪"谕旨，通令官兵对义和团斩尽杀绝。在中外反动势力的联合绞杀之下，义和团运动归于失败。

《辛丑条约》

1901 年 9 月 7 日，清政府与俄、英、美、日、德、法、意、奥、西、比、荷 11 个帝国主义国家签订了《辛丑条约》。主要内容有：向各国赔款白银四亿五千万两；在北京设立"使馆区"，不准中国人在此居住；拆毁北京到大沽沿路的炮台；查办在义和团运动中与帝国主义作对的官吏；把总理衙门改为外务部。

四大徽班进京和京剧形成

清朝初年，徽剧盛行于安徽及江浙一带，到清中叶时逐渐风行全国。乾隆五十五年（1790 年），为了庆祝乾隆的八十寿辰，四大徽班（三庆、春台、四喜、和春）先后进入北京演出，名噪一时，这就是著名的徽班进京。道光年间，湖北汉调艺人也进京和徽班艺人同台演出。徽、汉两剧相互吸收融合，经过近二十年的发展演变，终于形成了京剧。京剧在同治、光绪年间达到了它的艺术高峰。1876年，"京剧"这一名称在上海出现。20世纪上半叶，京剧迎来了它的第二次高峰，优秀的京剧演员不断涌现，出现了许多著名的京剧流派。

日俄战争

1902年日英结盟后，日本便为发动一场对俄战争而积极备战。俄国同时也为永远占领中国东北、取得朝鲜和克服国内的革命危机而积极备战。1904年2月8日，日本突然袭击俄国驻扎在中国旅顺口的舰队，并于次年1月，攻占旅顺口。3月又在沈阳附近击溃俄陆军主力。同年5月，俄国从波罗的海调来的增援舰队，也在对马海峡遭到日本舰队伏击，38艘军舰几乎全军覆没，连舰队司令罗热斯特文斯基海军中将，也成了日军俘虏。1905年，俄国国内爆发革命，急于结束对外战争，日本也因国力耗尽而无心恋战。于是，双方在美国的斡旋下，于1905年9月，在美国的朴茨茅斯签订了《朴茨茅斯和约》。规定：俄国承认朝鲜为日本的势力范围，并将其在中国辽东半岛（包括旅顺口、大连湾及其附近的领土、领水）的租借权以及东清铁路的所有权转给日本，割让库页岛南部给日本等。日俄战争给中、朝人民带来了巨大灾难。

海兰泡惨案

1900年7月，沙俄乘八国联军入侵中国京津地区之际，出兵侵占我国东北地区，制造了海兰泡惨案。7月16日，沙俄军警把中国居民7000多人赶到海兰泡警察局。第二天，又以遣送回国为名，把中国人分批驱赶到黑龙江边，许多掉队的老弱病残被杀死。人们来到江边，面对滔滔江水，却看不到一只渡船。沙俄军警用鞭抽、刀砍、枪击，驱赶人群过江，他们甚至惨无人道地把中国人的发辫绑在一起，连成一串，往江里推。下水的被汹涌的江水吞没，或者遭到枪杀，不肯下水的在岸边被残杀。除了八十多人奋力游过对岸被救外，惨遭杀害的中国同胞有六七千人之多。这就是举世遣责的海兰泡惨案。

同盟会

1905年8月20日，东京赤阪区霞关阪木金弥子爵的宅邸聚集了一批雄姿英发的革命志士，孙中山、黄兴、廖仲恺、宋教仁……中国第一个资产阶级的革命政党——中国同盟会在此成立。在会上通过了孙中山起草的《同盟会宣言》《同盟会对外宣言》以及由黄兴等起草的会章，选举了总部的主要干部。孙中山被一致推选为同盟会总理。

《钦定宪法大纲》

《钦定宪法大纲》是中国历史上的第一部宪法，由清政府在1908年8月颁布。《钦定宪法大纲》规定大清皇帝的统治万世一系，是至高无上、神圣不可侵犯的。宪法规定一切颁行法律、召集开闭解散议院、订立条约、宣战议和等大权，全在君主一人手中。特别是用人、军事、外交等大权，议院根本不得干预。这个"宪法大纲"完全是为了巩固君权、强化君权，宣告"立宪"只是一场骗局。

三民主义

1905年，在同盟会机关报《民报》的发刊词中，孙中山把同盟会的纲领阐发为"民族"、"民权"、"民生"三大主义,简称为三民主义。民族主义就是"驱除鞑虏,恢复中华",推翻清朝专制统治,反对民族压迫;民权主义即推翻君主专制政体,建立国民的政府,这是三民主义的核心;民生主义即平均地权,就是国家核定地价,征收地租税,同时逐步向地主收买土地。后来,孙中山又提出"土地国有"政策。后来,中国国民党成立,把三民主义改造为"新三民主义"。

《民报》

中国同盟会的机关刊物。1905年11月26日在日本东京创刊。1908年被日本政府封禁。担任主编的先后有胡汉民、章炳麟、汪精卫等。《民报》是在革命急剧发展的形势下,适应斗争的实际需要而产生的,它以宣扬资产阶级民主革命、阐明孙中山的三民主义为宗旨,明确提出了建立民主共和国的纲领,把许多爱国群众吸引到革命旗帜下来。

黄花岗起义

同盟会成立以后,先后发动了七次起义,都宣告失败。1910年,孙中山举行秘密会议,召集黄兴、赵声、胡汉民等人商议在广州再次起义。1911年1月,在香港成立了起义领导机关。由于中途事情变故,起义时间一再推迟,最后确定为4月27日。起义前,黄兴、林觉民等敢死队员写了绝命书,表示了誓死革命的决心。4月27日,黄兴集合先锋队员120多人起义,直扑总督衙门。战斗进行得十分激烈。由于寡不敌众,起义最终宣告失败。同盟会牺牲的党员众多,其中有72人的忠骨葬于广州黄花岗,这就是黄花岗72烈士。这次起义也因此被称作黄花岗起义。

四川保路运动

甲午战争后,帝国主义为了进一步奴役中国人民,加紧对中国的铁路进行投资。西南地区物资丰富,交通便利,因此,这里的争夺更加激烈。广东、湖南、湖北、四川的人民坚决维护修筑铁路的权利,要求自办铁路。经过长期的斗争,清政府同意将川汉和粤汉这两条铁路交给当地的商绅自办。可是,在帝国主义的压力下,1911年5月,清政府又突然宣布"铁路国有",并拒不归还四川的股金,这激起了全国人民的义愤,广东、湖南、湖北等省人民自发组织起来反抗,被称为保路运动,很快发展成声势浩大的武装起义。

武昌起义

1911年(农历辛亥年),四川省保路运动日益扩大的同时,湖北的革命团体在同盟会的推动下,也在积极准备起义。起义的主要力量是倾向革命的新军。由于起义计划不慎泄露,10月10日晚,武昌城新军工程营的革命党人提前发动起义,起义军很快占领了武汉三镇,成立湖北军政府,并宣布废除宣统年号,建立中华民国。武昌起义拉开了辛亥革命的序幕。

清王朝终结

1912年2月12日,在袁世凯的威逼下,清王室不得不宣布皇帝退位。当时,退位的宣统皇帝溥仪只有6岁,还不怎么懂事,所以根本不可能表达自己的观点,隆裕太后代其下了退位诏书。从此,清朝的统治,也是中国整个的封建制度，永远地结束了。清朝统治者自从1644年入主中原，经历了顺治、康熙、雍正、乾隆、嘉庆、道光、咸丰、同治、光绪、宣统10个皇帝的统治，共268年。末代皇帝溥仪退位的同日，民国政府公布了对清王室的一系列优惠条件：清帝退位后尊号不变；民国政府每年拨给清帝白银400万两；清帝退位后暂居宫禁。1924年，冯玉祥发动北京政变，修改了清室优待条件，永久性地废除了清帝尊号，每年只补助清室家用50万元，溥仪搬出了紫禁城。

努尔哈赤

努尔哈赤（1559～1626年），建州女真首领，后金的建立者。满洲人，姓爱新觉罗氏。其先世受明册封为建州左卫（今辽宁新宾境）都指挥使。年轻时曾往来于抚顺贩马，受汉族文化影响较深。万历十一年（1583年），以为祖父报仇为名，以武力征服建州各部。后受明政府册封为都督佥事、龙虎将军等。之后又征服了海西女真和野人女真，完成女真族的统一。努尔哈赤在统一女真的过程中，创立八旗制度，还命额尔德尼等人借用蒙古文字母创制满文。万历四十四年（1616年），称汗建国，国号大金，史称"后金"，建元天命。万历四十六年（1618年），努尔哈赤以"七大恨"为借口，誓师攻明，于萨尔浒大败明军。天命六年（1621年），后金兵克沈阳（今属辽宁），破辽阳（今属辽宁），占领辽东70余城。天命十年（1625年），努尔哈赤迁都沈阳。次年进攻宁远（今辽宁兴城），被袁崇焕击败。努尔哈赤于阵前受重伤，不久死去。努尔哈赤经营女真40余年，统一了女真各部，在满族初期发展中，有重要作用。清王朝建立后，追尊庙号太祖。

鳌拜

鳌拜（？～1669年），清初大臣。满洲镶黄旗人，瓜尔佳氏。顺治帝亲政，授议政大臣。康熙初年，为辅政大臣，专权跋扈，结党营私。1669年被革职，终身软禁。后死于禁所。

尚可喜

尚可喜（1604～1676年），字元吉，号震阳。祖籍山西，后至辽东，崇德元年（1636年），清封其为智顺王，属汉军镶蓝旗，随清兵入关。顺治六年（1649年），改封平南王，后镇守广东。康熙十二年（1673年），尚可喜上疏请求归老辽东，由其子尚之信袭爵留镇广东。后朝廷诏令尽撤三藩，吴三桂、耿精忠起兵叛乱，尚可喜忧急而死，其子尚之信响应。

黄宗羲

黄宗羲（1610～1695年），明清之际思想家、史学家。字太冲，号南雷，人称梨洲先生。浙江余姚（今属浙江）人。为东林党人黄尊素长子。年轻时，曾领导"复社"成员坚持反宦官权贵的斗争。南明亡后隐居著述。他认为天地之间只有一气，反对"理在气先"的宋儒观点。从明朝的覆灭中他认识到诸多的社会弊端，都源于君主专制制度，而强烈抨击专制制度。著有《明儒学案》、《宋元学案》。《明儒学案》是我国第一部系统的学术思想史。他的反君主专制思想，集中体现在其另一代表作《明夷待访录》中。该书代表了市民阶层争取权利平等的要求，被学术界视为中国启蒙思想的先驱，对近代政治思想影响很大。

多尔衮

多尔衮（1612~1650年），清初大臣。清太祖努尔哈赤第十四子。顺治帝即位，为摄政王，主持朝政。1644年统兵入山海关，击败李自成农民军，灭南明，逐步确立清朝对全国的统治。其间实行剃发易服等民族压迫政策，激起广大汉族人民反抗。在朝廷中排斥异己，独揽大权。死后以谋逆罪削爵。乾隆时昭雪平反，恢复睿亲王称号。

吴三桂

吴三桂（1612~1678年），字长伯，扬州高邮（今属江苏）人，明末辽东总兵。武举出身。1644年，李自成农民军占领北京后，他驻守山海关拒降。待李自成率兵征讨，遂降清，并引清军入关，击败农民军。后又深入西南地区，攻灭南明永历政权，被清朝封为平西王，驻守云南，拥兵自重，势成割据。1673年，康熙帝下令撤藩，遂起兵反叛，与靖南王耿精忠、平南王尚可喜之子尚之信相呼应，史称三藩之乱。1678年，在衡州建大周政权，不久病亡。

顾炎武

顾炎武（1613~1682年），明清之际思想家、史学家、语言学家。字宁人，号亭林，江苏昆山（今属江苏）人。青年时曾参加"复社"，反宦官权贵。清军南下，又起兵抗清。失败后，游历大江南北、长城内外，观察形势，图谋再举，至死不仕清朝。他认识到宇宙是由物质构成的，"非器则道无所寓"，这些具有唯

物主义倾向的观点，却未能系统地加以发挥和论证。在政治思想方面，顾炎武坚决反对封建专制制度，主张限制君权，扩大地方权力。在治学方面，他提倡"经世致用"，反对空谈。强调"博学于文"、"行已有耻"。他的《天下郡国利病书》就是为了有益世用而著。在音韵学上，他对阐明音学源流和分析古韵部目等方面，多有贡献。主要著述有《日知录》、《天下郡国利病书》、《音学五书》、《亭林诗文集》等。

王夫之

王夫之（1619~1692年），衡阳人，明末清初重要思想家，曾积极从事抗清斗争，失败后，隐居著述，世称"船山先生"。学术上继承发展了宋代张载的唯物主义思想，建立了朴素唯物主义思想体系，认为世界是物质的，物质是第一性的，物质是不灭的。

施琅

施琅（1621~1696年），字尊侯，号琢公，福建晋江人。早年是郑芝龙的部将，顺治三年（1646年）随郑芝龙降清。不久又加入郑成功的抗清队伍，后因微嫌与郑成功发生矛盾，终于酿成父、弟被郑成功诛杀之祸，施琅再次降清。降清之后，被授为同安副将，迁总兵。康熙元年（1662年），施琅被任命为福建水师提督，1665年，封靖海将军。1683年率军收复台湾。

郑成功

郑成功（1624~1662年），清初民族英雄。本名森，字大木，福建南安人。与其父郑

芝龙同在南明唐王政权任官，被赐姓朱，改名成功，号"国姓爷"。顺治三年（1646年），郑芝龙降清，郑成功力阻无效，乃与父决裂。之后，他以厦门、金门为基地抗清。并拒绝清廷的招降。1662年，郑成功收复台湾后，在台湾置府县，建立行政机构。又推行屯田，招徕大陆移民，并派汉族农师到高山族聚居地推广先进技术，促进了台湾经济的发展。他在收复台湾五个月后病死，子郑经嗣位，率领部众继续抗清。康熙二十年（1681年），郑经死，郑氏集团内部斗争加剧。康熙二十二年六月，清军出兵台湾。八月，在位的郑经幼子郑克塽出降，清廷收复台湾。

蒲松龄

蒲松龄（1640~1715年），字留仙，又字剑臣，别号柳泉居士，世称聊斋先生，淄川县（现淄博市淄川区洪山镇）蒲家庄人，清代著名文学家。自幼聪慧好学，十九岁应童子试，以县、府、道三考皆第一而闻名籍里，补博士弟子员，但后来却屡试不第，直至七十一岁时才成为贡生。著有《聊斋志异》。

康熙帝

康熙帝（1654~1722年）即清圣祖，名爱新觉罗·玄烨。1662~1722年在位61年，年号康熙。他是中国封建社会后期的著名君主。雄才大略，政绩卓著，为清王朝前期的强盛（"康乾盛世"）和中华多民族统一国家的巩固发展作出了巨大的贡献。他8岁继位，由鳌拜等四大臣辅政。1667年亲政，1669年，计擒权臣鳌拜。1673年下令撤藩，1681年平定三藩叛乱。1683年统一台湾。1689年，清王朝与俄国订立《尼布楚条约》，划定中俄东段边界。三次亲征准噶尔部噶尔丹。用靳辅治河，颇具成效。1712年，实行滋生人丁永不加赋的制度，固定人口税。崇尚理学，主持编纂《古今图书集成》等，重视自然科学，然而，又大兴文字狱，强化思想统治。1715年，命皇十四子允禵督师平定西藏。1722年，病死于畅春园，一说为皇四子胤禛毒害。

沈德潜

沈德潜（1673~1769年），字确士，号归愚，江苏长洲（今苏州）人。从二十二岁起参加乡试，总共参加科举考试十七次。乾隆四年（1739年）已是六十七岁的他中进士。之后当了十年官，曾任内阁学士兼礼部侍郎，论诗主"格调说"，提倡"温柔敦厚"之"诗教"。其诗多歌功颂德之作，少数篇章对民间疾苦有所反映。

雍正帝

清世宗（1678~1735年），名爱新觉罗·胤禛，康熙帝第四子，1722~1735年在位，年号雍正。即位后，勤于朝政，锐意改革；打击政敌，清理财政，惩治贪官污吏；实行摊丁入亩、士绅平民一体当差的制度。设立军机处，削弱王公势力。定密立储君之制。在西南少数民族地区实行改土归流，设驻藏大臣，加强对西藏的管理，又出兵平定青海和硕特部的反叛。与俄国签订《中俄布连斯奇界约》和《中俄恰克图界约》，划定中俄中段边界。继续大兴文字狱。1735年，暴卒于北京圆明园。

乾隆帝

清高宗（1711~1799年），名爱新觉罗·

弘历，雍正帝第四子，1735～1796年在位，年号乾隆。即位后，平准噶尔部及大小和卓叛乱，在新疆驻军屯田，建驿站，修水利。稳定西藏政局，颁布《钦定西藏章程》，确立达赖、班禅的继承制度。实行闭关政策，仅留广州口岸与外国通商。主持编纂《大清会典》和《四库全书》，特别是《四库全书》，使中国古代史籍得以集中保存。迭兴文字狱，钳制人民思想。巡游无度，大兴土木，广建宫苑。他统治的中后期，吏治败坏，官员贪污成风，阶级矛盾日益尖锐，四川、湖北爆发白莲教起义，清王朝由盛转衰。1796年传位仁宗，自为太上皇，仍掌朝政，1799年病逝。

刘墉

刘墉（1719～1804年），人称刘罗锅，字崇如，号石庵，山东诸城人，乾隆进士，官至礼部尚书，兼署兵部尚书，并充任《四库全书》副总裁、三通馆总裁及上书房总师傅，并为体仁阁大学士，加太子少保等职。外娴政术，内通掌故，博通经史，长于古文考辨。曾三次兼署国子监，数任乡试、会试正考官。文章书法在清代皆享盛名，刘墉的书法用墨厚重，笔健神藏，别具一格，有"棉里裹针"之妙，为清代四大书法家之首。

和珅

和珅（1750～1799年），清代大臣。满洲正红旗人。钮祜禄氏，字致斋。乾隆时任户部侍郎兼军机大臣，执政20余年，历任步军统领、户、兵、吏部尚书，理藩院尚书，后晋升文华殿大学士。曾充四库馆、国史馆正总裁。累封至一等公。精明干练、善体察乾隆心意，极受宠幸。乾隆晚年，政令传令多经其手。尤擅弄权，任职期间结党营私，贪赃枉法，收受贿赂无数。乾隆去世，嘉庆帝宣布和珅罪状20款，赐死，抄没家产。和珅财富惊人，时有"和珅跌倒，嘉庆吃饱"之说。

关天培

关天培（1780～1841年），鸦片战争中的民族英雄。江苏山阳（今淮安）人。字仲因，号滋圃。1834年授广东水师提督。时值鸦片走私猖獗，他亲率水师，惩办烟贩；又认真操练军队，增修虎门、南山、横档诸炮台，加强广东海口的防御能力。1839年春，林则徐奉命到广东查禁鸦片，他全力支持，积极配合，收缴鸦片237万余斤，全部在虎门海滩当众销毁。11月，英国挑起穿鼻海战，他率军英勇抗击，打伤英舰一艘，迫其败退。后又多次击退英国的武装挑衅。1840年11月，琦善到广州，为向英国侵略者求和，竟大加裁撤珠江口防御设施，广东水师也仅保留三分之一兵额，虎门要塞的防御能力遭到很大削弱。1841年2月26日，英军进攻虎门炮台，他在靖远炮台沉着指挥，督率官兵拼死抵御，终因寡不敌众，与守台官兵数十人一起壮烈牺牲，虎门炮台陷落。著作有《筹海初集》。

琦善

琦善（约1790～1854年），满洲正黄旗人。博尔济吉特氏，字静安。袭一等侯爵。历任河南按察使、署山东巡抚、将军，直隶总督等职。反对严禁鸦片，是主张驰禁集团的地方实力派代表。1840年8月，英舰北犯天津大沽。他时任直隶总督，被道光帝派往天津白河口，在谈判中竟向义律保证，只要英军退回广州，就将"代申冤抑"，惩办林则徐等，并允在广州议和。9月中旬，被任命为钦差大臣，赴广东与英军继续谈判。抵广州后，他力反林则徐所为，遣散水勇，裁撤珠江口防务，一心屈意求和，并答应英国提出的赔偿烟价、开放通商口岸等要求，但对割让香港表示不敢作主。义律为迫使琦善彻底就范，1841年1月攻陷沙角、大角炮台，武装强占了香港岛。清廷闻讯后，将他革职，并锁拿进京，查抄家产，后发往军台效力。1842年被重新起用，先任叶尔羌帮办大臣，继任驻藏大臣、四川总督等职。太平天国起义后，1853年初复任钦差大臣，奉命率直隶、陕西、黑龙江、吉林等省马、步清军18000人迅速南下，于4月中旬在扬州城外五台山等地建立江北大营，与太平军对抗，屡战屡败。次年秋病死于扬州军中。

龚自珍

龚自珍（1792～1841年），清代思想家、文学家。一名巩祚，字璱人。浙江仁和（今浙江杭州）人。道光进士，任礼部主事。其博学多识，为嘉道年间提倡"通经致用"的今文经学派重要代表人物。其哲学观点，持"性无善无不善"之论，反对孟子"性善"与荀子"性恶"的偏颇论断。强调万事万物无不处于变化之中。其诗文中积极倡导"更法"、"改图"，敢于揭露政府的腐败无能，洋溢着爱国热情。其代表作有《尊隐》《明良论》《乙丙之际著议》、《送钦差大臣林公序》、《病梅馆记》等。其诗作《己亥杂诗·九州风气恃风雷》等诗篇，尤为知名。晚年受佛教天台宗影响较深。所写散文奥博纵横，自成一家，诗歌尤富有战斗性，风格多变，人称"龚派"。著有《定盦文集》，今人辑有《龚自珍全集》。

魏源

魏源（1794～1857年），原名远达，字汉士，号默深，湖南邵阳人。清代杰出的思想家、学者，经世致用思潮的积极倡导者和实践者，代表作品有《海国图志》，率先介绍西方各国历史地理状况，主张学习西方的先进科学技术，是中国近代向西方寻求救国真理的先行者之一。

曾国藩

曾国藩（1811～1872年），清末洋务派和湘军首领。湖南湘乡白杨坪（今属双峰）人，原名子城，字伯涵，号涤生。1838年中进士，推崇程、朱理学。曾任内阁学士、吏部侍郎。1853年，奉命至长沙帮办团练。后扩编为湘军，在湖北、江西、安徽与太平军作战。1860年授两江总督、钦差大臣，督办江南浙、皖、苏、赣四省军务，是清廷给予大权的第一个汉人。杀人如麻，被称为"曾剃头"。1862年奏派李鸿章率淮军夹击太平军，并力主借洋兵助剿。1864年攻陷天京（今江苏南京），受封一等侯爵，加太子太保。次年，奉命北上剿捻。1866年回任两江总督，提倡并推进洋务运动，设立安庆军械所、江南制造总局。1870年，在直隶总督任内查办天津教案，媚外残民，遭舆论谴责。调任两江总督，病死南京。谥号文正，遗著辑为《曾文正公全集》。

慈禧太后

慈禧太后（1835～1908年），又称西太后、那拉太后，姓叶赫那拉，咸丰帝妃。同治、光绪两朝的实际统治者。1861年，咸丰帝死，其子载淳（即同治帝）即位，被尊为皇太后。不久与恭亲王奕訢发动祺祥政变，垂帘听政。采用"借洋兵助剿"的政策，镇压太平天国及各地人民起义。1874年，同治病死，立4岁的载湉（即光绪帝）为帝，继续垂帘听政。支持办洋务以维护封建统治，对外继续妥协求和，订立一系列丧权辱国的条约。1889年，撤帘归政，仍控制军政大权。1898年，发动戊戌政变，幽禁光绪帝，废除新政。1900年，实行"剿抚兼施"的政策，利用义和团对外宣战。及八国联军逼进北京，慌忙逃往西安，途中下令镇压义和团。次年，与十一国签订《辛丑条约》。1905年后，宣布"预备立宪"，以缓和矛盾。1908年，病死。

丁汝昌

丁汝昌（1836～1895年），字禹廷、雨亭。安徽庐江人。初从淮军将领刘铭传镇压捻军，因功升任参将。同治十三年（1874年）李鸿章筹办海军。丁汝昌于1877年调北洋，任轮船督操。1880年赴英国接带"超勇"、"扬威"两舰，并往法、德等国考察。1881年回国，委任统领北洋兵轮，1888年北洋舰队编成，任水师提督。1894年中日战争爆发，黄海大海战交战之初，他在旗舰"定远"号飞桥上指挥战斗，因舰身中弹而坠落于甲板之上致重伤，但仍负伤督战。战后，执行李鸿章命令率舰队退守威海卫。11月，日军进犯旅顺，以救援不力被革职留任。1895年1月，日军海陆夹击威海卫，在腹背受敌的绝境中多次组织、指挥反击。2月日军紧缩包围，终日炮轰，致使北洋舰队"定远"、"威远"、"来远"等舰相继被毁。2月7日，部分主降将领唆使驻守在刘公岛的士兵、水勇哗变，扬言"向丁汝昌乞生路"，北洋海军外籍教习英人马格雷、美人浩威也乘机劝其"姑许乞降，以安众心"，遭其严辞拒绝。11日，召集众将会议，下令余舰全力突围，以求保其一二，但又遭反对。12日服毒自尽。

张之洞

张之洞（1837～1909年），字孝达，又字香涛，晚年自号抱冰老人。南皮（今属河北）人。晚清洋务运动的重要首领之一，近代重工业的创始人，创办汉阳铁厂、湖北枪炮厂、湖北纺织四局和筹办芦汉铁路等，亦为晚清著名教育家。

黄遵宪

黄遵宪（1848～1905年），诗人，史学家，维新派人物，广东嘉应（今梅州市）人。光绪三年（1877年）任驻日本公使馆参赞、研究日本明治维新历史，撰成《日本国志》。后又任驻美国旧金山总领事、驻英公使馆参赞、驻新加坡总领事等。1895年在上海加入强学会，参与创办《时务报》。

邓世昌

邓世昌（1849～1894年），字正卿。广东番禺人。幼年随外国人习英语、算术。18岁考入福州船政学堂，为该校首届毕业生。毕业后，以五品军功先后任"琛航"、"东云"、"振威"、"飞霆"等舰管带。1879年，以"熟悉管驾事宜"调至北洋。1882年随丁汝昌赴朝鲜平息"壬午兵变"，阻止日本侵朝计划，因功升游击、参将。1887年春奉命同叶祖珪赴英、德接带"致远"、"经远"等4舰。1888年北洋舰队正式编成，次年擢中军副将，兼"致远"管带。在中日黄海大海战中，英勇奋战，率舰拼力冲撞日"吉野"号，以期与敌舰同归于尽，不幸舰中鱼雷，与全舰将士250余人一起殉国。

严复

严复（1854～1921年），近代资产阶级启蒙思想家，翻译家。原名宗光，字又陵。甲午战争后，深感国势日危，抨击封建专制，主张向西方学习。翻译赫胥黎的《天演论》，以"物竞天择，适者生存"的进化论观点唤起国人救亡图存，对近代思想界影响极大。

康有为

康有为（1858～1927年），近代思想家、文学家。原名祖诒，字广厦，号长素，广东南海人。曾先后七次上书，请求变法图强，其中以中日甲午战争失败后的"公车上书"最为有名。他与梁启超等人一起创办《万国公报》，建立强学会，发行《强学报》，为维新变法制造舆论。1898年与梁启超等人发动戊戌变法运动，变法失败后，逃亡国外。主要著作有《新学伪经考》、《孔子改制考》、《大同书》、《南海先生诗集》等。

詹天佑

詹天佑（1861～1919年），中国近代著名铁路工程师。安徽婺源（今属江西）人。1872年，以中国首批留学生赴美留学。1881年毕业于耶鲁大学，获土木工科学士学位。回国后，先后任教于福州船政局、广东博学馆、广东水陆师学堂。1888年，任中国铁路公司工程师，参与修筑津沽及关内外等铁路。1905～1909年，以总工程师身份主持修建京张铁路。民国成立后，历任交通部技监、汉粤川铁路督办、交通部铁路技术委员。1919年奉派参加协约国西伯利亚铁路监管会，任技术部中国代表。著有《铁路名词表》、《京张铁路工程纪略》。

黎元洪

黎元洪（1864～1928年），字宋卿，湖北黄陂人。南京临时政府成立后，当选副总统。袁世凯篡政后，仍任原职。反对袁复辟帝制。1915年袁称帝时，被封为武义亲王，未受。次年6月袁死，黎继任大总统，恢复约法，召集国会。1917年段祺瑞利用张勋驱黎，由冯国璋代理大总统。1922年受直系军阀支持复任总统。次年又为直系所逐。

梁启超

梁启超（1873～1929年），近代思想家，戊戌维新运动领袖之一。字卓如，号任公，别号饮冰室主人，广东新会人。协助康有为，发动在京应试举人联名请愿的"公车上书"。1898年在京参加"百日维新"。9月，政变发生，梁启超逃亡日本，一度与孙中山为首的革命派有过接触。在日期间，先后创办《清议报》和《新民丛报》，鼓吹改良，反对革命。著作有《饮冰室合集》。

黄兴

黄兴（1874～1916年），原名轸，字廑午，号杞园，又号克强，后改名兴。湖南善化（今长沙）人。1902年赴日本留学，次年回国，秘密从事反清革命活动。1904年在长沙与陈天华、宋教仁等组织华兴会，1905年在东京与孙中山合组同盟会。1907年起参与、组织了多次反清起义。1911年武昌起义后被推为革命军总司令。1912年任南京临时政府陆军总长兼参谋总长。1913年任讨袁军总司令。1916年病逝于上海。

秋瑾

秋瑾（1875～1907年），字璇卿，号竞雄，自称鉴湖女侠，浙江山阴人，民主革命者，妇女解放运动先驱。光绪三十年（1904年）夏，东渡日本留学。翌年先后加入光复会、同盟会。光绪三十三年五月二十六日，徐锡麟安庆起义失败，绍兴革命行动暴露。六月初四，秋瑾被捕。初六日晨就义于绍兴轩亭口。

冯如

冯如（1883～1912年），广东恩平县人，中国的第一位飞机设计师。12岁时，因生活所迫，随亲戚赴美国旧金山谋生。1903年开始研制飞机，1909年9月21日第一次试飞失败。1910年10月至12月，冯如驾驶自己制造的飞机在奥克兰进行飞行表演大获成功。1911年2月，冯如谢绝美国多方的聘任，带着助手及两架飞机回到中国。辛亥革命后，冯如被广东革命军政府委任为飞行队长。1912年8月25日，冯如在广州燕塘飞行表演中不幸失事牺牲，被追授为陆军少将。

邹容

邹容（1885～1905年），近代作家、革命家，字蔚丹，又字威丹，四川巴县人。光绪二十八年（1902年），赴日留学，因为反对留学生监督姚文甫受到迫害，被迫回国。光绪二十九年，在上海出版《革命军》，并因此入狱。光绪三十一年四月初三在狱中去世。1912年2月，孙中山以临时大总统的名义签署命令，追赠邹容为"大将军"。

溥仪

溥仪（1906～1967年），清朝末代皇帝。爱新觉罗氏，名溥仪，字浩然，年号宣统。醇亲王载沣之子。1908年即位，时年3岁，由其父摄政。1912年2月12日退位，仍居皇宫。1917年7月，张勋拥立其复辟，12天后再次下台。1924年，冯玉祥发动北京政变，废除大清皇帝称号，溥仪被逐出皇宫，移居醇亲王府。次年避居天津日租界。1931年"九·一八"事变后，在侵华日军策划下潜往东北。1932年，伪满洲国成立，任"执政"。1934年称"满洲国皇帝"，改元"康德"。1945年日本投降，被苏军俘虏。后押解回国，被监禁于抚顺。1959年被特赦，任文史资料研究委员会委员、全国政协委员。著有《我的前半生》。

八大臣

指清咸丰帝临终前遗诏所定8个顾命王大臣的合称。1861年8月，咸丰帝病危，临终遗诏6岁的皇长子载淳即位，命怡亲王载垣、郑亲王端华、协办大学士户部尚书肃顺、额驸景寿、兵部尚书穆荫、吏部左侍郎匡源、礼部右侍郎杜翰、太仆寺卿焦佑瀛8人为顾命大臣，辅佐幼帝。不久，慈禧太后和奕訢等人发动政变，将载垣、端华、肃顺处死，其余5人被革职。

戊戌六君子

1898年9月21日，慈禧太后发动政变，囚禁光绪帝，逮捕维新派人士。28日，以"大逆不道"的罪名将谭嗣同、杨锐、刘光第、林旭、杨深秀、康广仁6人，在北京菜市口处死。史称"戊戌六君子"。

扬州八怪

"扬州八怪"是清代中期画坛上出现的一群敢于革新变法、讲究意趣和特立独行的画家。"扬州八怪"最典型的说法有8人，他们是金农、黄慎、郑燮、李鱓、李方膺、汪士慎、高翔、罗聘。但通常说的扬州八怪并不仅指这8个人，而是说法众多，有8到15人不等。据扬州人的说法，"八怪"就是这里方言中奇奇怪怪的意思，与8的数字关系不大。所以，"扬州八怪"无论是指多少人，都是指的那些"怪"风格的画家。

乾嘉学派

清代实行残酷的文字狱，使得大批知识分子逃避现实而沉溺于对经书的文字、音韵、名物以及古代典章制度的训诂和考据。乾隆和嘉庆年间，考据学发展到了高峰，出现了著名的乾嘉学派。乾嘉学派分为吴派和皖派。吴派即苏州学派，惠栋是其开创者，著名学者王鸣盛、钱大昕、赵翼都是吴派的名家。皖派即徽州学派，戴震是其创始人，著名学者有王念孙和王引之父子二人。以乾嘉学派为代表的清代考据学，对后代的学术有着很大的影响，考据学者们踏实严谨的治学态度，也影响了后代的许多学者。但是它不重实际，只重训诂，对思想界有着一定的消极影响。

红学

研究《红楼梦》及其作者的学问。二百多年来，红学产生了许多流派，有评点、评论、题咏、索隐、考证等。以考证派代表作——胡适的《红楼梦考证》的出现为界，一般又划分为旧红学和新红学。旧红学比较重要的流派是评点派和索隐派。评点派主要采用圈点等形式，对《红楼梦》进行评点。索隐派盛行于清末民初，主要是用历史上或传闻中的人和事，去比附《红楼梦》中的人物和故事。新红学的考证派则注重搜集有关《红楼梦》作者家世、生平的史料和对版本的考证。

谴责小说

清朝末年，清政府腐败无能，国势衰微，民族危机严重，具有改良思想的小说家通过小说来抨击时弊，于小说中寄寓挽救国家的主张，这一时期出现的小说就被称为"谴责小说"。《官场现形记》、《二十年目睹之怪现状》、《老残游记》、《孽海花》四部作品被誉为清末四大"谴责小说"。

翰林院

清代掌编修国史、记载皇帝起居注、进讲经史以及草拟册文、封诰、祭文等的机构。主持为掌院学士。满汉各一人。所属职官有侍读学士、侍讲学士、侍读、侍讲、修撰、编修、检讨、庶吉士等，不定员。对外均称翰林。又进士及第乃进翰林院。

京师大学堂

京师大学堂是中国近代第一所国立大学。它成立于1898年，是戊戌变法的改革措施之一，目的是为变法培养人才。主要招收官僚子弟及各省中学堂毕业的学生入学。变法失败后，京师大学堂却保留了下来，1902年，设立了预备科（包括政科、艺科）和速成科，又增加了进士馆、译学馆、医学实业馆。1910年，改设为经、法、文、格致、农、工商七科。1912年，它改名为北京大学。

清末四大奇案

清末四大奇案通常是指"张文祥刺马"、"杨乃武与小白菜"、"南京三牌楼换肋骨案"和"湖北武昌府某县告忤逆案"。此四案都发生在同治末、光绪初期，都上达天庭，曾在朝野闹得沸沸扬扬，最后还都由西太后亲自审定、拍板；四案中除了"刺马"，还牵涉到一大批地方各级官员和京官。

《二十四史》

清乾隆时期诏刻，包含24部纪传体史书，合称二十四史。即：《史记》《汉书》《后汉书》《三国志》《晋书》《宋书》《南齐书》《梁书》《陈书》《魏书》《北齐书》《周书》《隋书》《南史》《北史》《旧唐书》《新唐书》《旧五代史》《新五代史》《宋史》《辽史》《金史》《元史》《明史》。

《四库全书》

一种丛书名。清乾隆朝官修。永瑢领衔编撰，总纂官纪昀。1773年开四库馆，大批学者参与，1887年编纂完毕。全书将古代重要典籍3457种、79070卷完整抄录，编为经、史、子、集四部，44类。另有存目6766种。共缮写7部，分藏于文渊阁、文源阁、文溯阁、文津阁、文汇阁、文淙阁、文澜阁，另有副本一部存于北京翰林院。全书丰富浩瀚，包罗宏大，为中国古代思想文化遗产总汇。编书过程中，清廷查禁、销毁近3000余种书籍，对不少书籍的内容有所删改。

《康熙字典》

康熙五十五年（1716年），张玉书等三十多位著名学者奉康熙皇帝旨意编撰完成一部汉字辞书《字典》，通称《康熙字典》。

《字典》依仿明梅膺祚《字汇》的体例，立214个部首，分12集，收字47035个。所收之字，注明音节和不同的意义。释义时，举出古籍中的例证，附释词语，从而兼有词典的作用。书末附录生僻字及不可施用之别字，以便检索。道光时，王引之等奉敕考证，订正失误2500多条，撰成《字典考证》。

《聊斋志异》

清蒲松龄著。文言短篇小说集。内容多描写幽冥幻域之境、鬼狐花妖之事，曲折地反映明末清初的现实生活。作者创造性地继承六朝志怪小说和唐传奇的优秀传统，对清代文言小说产生过深刻影响。

《红楼梦》

清曹雪芹著。原名《石头记》。全书120回（一说110回），后40回一般认为是高鹗续

明 清

写。描述荣国、宁国二府由盛至衰的全过程，以贾宝玉和林黛玉、薛宝钗之间的爱情和婚姻悲剧为主线，揭露封建社会后期的黑暗和罪恶，是我国古典小说的代表。已被译成英、日、德、俄等国文字出版。

《儒林外史》

清吴敬梓著。全书以十多个独立又有联系的故事，细腻地刻画了一群追求功名富贵的封建儒生和贪官污吏的形象，是古代讽刺小说的典范。

贝勒

清代皇室的封爵称号，清代的爵位分为亲王、郡王、贝勒、贝子、国公、将军六级。努尔哈赤时期有八旗贝勒（意为旗主），后来皇子可称为贝勒。还有一种说法认为，"贝勒"是种爵位，满族王爷的儿子中掌握管理事务的人叫"贝勒"。

格格

清亲王以下诸女则称格格。亲王之女封和硕格格，嫡福晋所生女品级为郡主，侧室所生女为郡君；郡王之女封多罗格格，嫡福晋所生女为县主，侧室所生女为县君；贝勒之女封多罗格格，出正室为郡君，侧室为乡君；贝子之女正室所出封固山格格，为县君，侧室生称宗女，不授封。

鸦片

医学上叫"阿片"，用以止泻、镇痛或止咳剂。用做毒品时叫"大烟"、"烟土"、"阿芙蓉"等。吸食鸦片，不仅严重损害人体健康，而且从心灵上摧残一个人。另外，毒品还有其它种类，如吗啡、海洛因、大麻、冰毒等。据估计，全球每年因毒品滥用和毒品犯罪相关致死的人数高达百万。

抱见礼

抱见礼是满族传统礼仪习俗。原系亲友久别重逢或分别时所采用的一种礼节，通常用于同辈间或长辈对晚辈，后用于君臣、同僚，被视为最高级别的礼仪。行礼时，彼此抱腰接面，虽男女间也不避嫌。定都北京后，君臣和同僚间多不采用此礼，但家族间仍有，乾隆中期后，渐为作揖、执手礼等替代。

避暑山庄

位于河北承德北部四周峰峦起伏的山谷平地上，康熙四十二年（1703年）兴建，乾隆五十五年（1790年）全部工程竣工，占地564万平方米，有宫殿楼台、庭园阁榭、寺院庙宇等120多处，原称热河行宫，因午门有康熙帝所题"避暑山庄"，故又得其名。山庄大部分建筑不施彩绘，不用琉璃瓦，显得古朴淡雅，堆筑吸收江南塞北奇异景致，颇具自然山水本色。当年康熙帝、乾隆帝夏秋两季常居于此，处理朝政，时间往往长达五六个月。

木兰秋狝

乾隆六年（1741年）七月，乾隆帝初次举行木兰秋狝大典，自圆明园启銮，前往承德避暑山庄和木兰围场。

木兰秋狝亦称木兰随围，开始于康熙年间。

内容包括赐宴避暑山庄和木兰行围狩猎。避暑山庄筵宴是在万树园、大政殿、澹泊敬诚殿宴请藩部蒙古王公，并举行跳跎、布库等游戏。

山庄活动结束，中秋之后即去木兰行围。行围有哨鹿、围狝之分。哨鹿之日，清帝五更出营，侍从和护卫10余骑最后跟随。头顶制作鹿角，口吹木制长哨，模仿雄鹿求偶之声。待至鹿到，枪声一发，鹿被命中。围狝规模浩大，届时清帝戎装入围，射飞逐走，蒙古王公亦刀出鞘，箭上弦，战马嘶鸣，军旗招展，围内群兽应声倒地。秋狝大典为清朝家法，所以肆武习劳，怀柔藩部。

木兰秋狝在圣祖时，间年一行，乾隆十七年（1752年）后，乾隆帝每岁一行，达到鼎盛阶段。嘉庆朝日渐衰落，道光年间几乎停止。

紫禁城

皇帝自称天子。相传天帝居紫微星垣，众星环绕，所以天子居处便称作"紫微禁地"，皇宫则叫做"紫禁城"。禁地由城墙环绕，高7.9米，顶面宽6.66米，顶外侧筑堞，城垣四隅各立角楼。四门建于坚厚的墩台中，上有城门楼。城东、西、北外侧有守卫房732间，设朱车栅栏28处，卫房外有护城河，宽52米，深6米。紫禁城外围以18里有奇的皇城，皇城之外又有40里内周的内城，再外面又有外城拱卫。各城层层叠套，濠河环绕，箭楼炮台林立，并有御林军驻守，构成严密的防卫体系。

清代帮会

帮会是封建社会濒临解体历史条件下产生的游民结社。清自乾隆始人口激增，土地兼并加剧，社会政治的腐败，战争和社会经济改组所带来的人民破产和失业，是帮会兴盛不衰的社会根源。数量多，人员众，蔓延广，名目繁复是清代帮会的特点。从清初到乾隆中叶是帮会产生期，大量出现以"反清复明"为宗旨的会党组织，其中北方最大的是白莲教，南方是天地会。嘉道间丐帮贼帮势力大盛，哥老会也以四川啯噜为胚胎，在融合了含天地会成分的青莲教基础上形成。而在雍正初组织南北运河船民承办朝廷漕运，规定帮规仪式，按辈分收徒，成为行会与帮会合二而一的组织，后又发展至海运行业，长江中下游船业的青帮，是全国最有势力，最有影响的帮会组织。

中华民国

　　1912年，中华民国临时政府在南京成立，孙中山就任临时大总统。1921年，中国共产党成立，之后和孙中山改组的国民党联合发动轰轰烈烈的国民大革命。国民大革命失败后，国共两党开始了10年内战。1927年，"四·一二"政变后，蒋介石在南京另建国民政府。7月15日，汪精卫也叛变革命，屠杀共产党人，与蒋介石南京政府合流。国民政府遂成为镇压革命群众的总机关。1937年7月7日，全民族的抗日战争开始了，到1945年结束。此后，人民解放军在"三大战役"中消灭了国民党的军事主力。1949年，中华人民共和国宣告成立，结束了国民政府在大陆的统治。

中华民国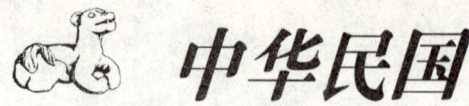

中华民国

1912年1月1日,孙中山在南京宣誓就任第一任中华民国临时大总统。中华民国南京临时政府成立,规定改用西历纪年,1912年为中华民国元年。黎元洪为副总统,临时政府各部部长分别是黄兴、黄钟瑛、伍廷芳、蔡元培、张謇等人。1月11日,决定以红、黄、蓝、白、黑五色旗为民国国旗,五色象征汉、满、蒙、回、藏五族共和,以武昌起义的军旗为陆军旗,青天白日旗为海军旗。临时政府随后相继颁布了《修正中华民国临时政府组织大纲》和《中华民国临时约法》,迅速组建起临时政府的政治体制。

中华书局

中华书局创办于1912年元旦。创办人陆费逵(号伯鸿)为乾隆时《四库全书》总校官陆费墀的裔孙,当过武昌小书店经理,又任过昌明公司上海支店经理、文明书局职员。光绪三十四年(1908年)进商务编译所任国文部编辑,后改任出版部长、《教育杂志》主编。辛亥革命爆发,他颇有远见,认定清王朝必定垮台,于是秘密筹措资金,挖走商务编辑人员,编写中小学教科书。就在中华民国宣告成立的同时,中华书局挂出了牌子,且推出了适应时局的第一批教科书。中华书局出版的教科书,主要供中小学使用,此外也出版过少儿读物、师范教材和大学用书。中小教本有《新编初小教科书》、《新中华教科书》等。1935年出版的《辞海》更是著称于世。

清帝退位

1911年武昌起义爆发后,清朝政府陷入了内外交困的境地。清廷重新起用袁世凯收拾局面。袁世凯暗中指使北洋文武官吏请愿,迫使宣统帝退位。经过多次磋商,最后达成了退位的协定。中华民国给清帝提供退位之后的优待条件。1912年2月12日,清政府颁布了皇帝退位的诏书,布告全国。中国历史上最后一个封建王朝——清朝宣告结束。清帝退位以后,仍然住在皇宫,国民政府每年拨给400万元的费用。

《中华民国临时约法》

1912年3月11日,中华民国参议院在孙中山的提议下正式公布了《中华民国临时约法》。《临时约法》共分7章,56条。约法规定:中华民国的主权属于全体国民,国内各民族一律平等;国民有言论、结社、集会、著作的自由,参议院行使立法权,有弹劾总统的权力,总统集权制变为内阁负责制。《临时约法》具有资产阶级共和国宪法的性质,体现了当时资产阶级的民主

中华民国

主义革命的要求。袁世凯窃国以后,擅权妄为,一心复辟帝制,《临时约法》遂成空文。

《中俄蒙协约》

1911年7月,沙俄派兵侵入外蒙古,10月,鼓动外蒙古宣布"独立"。1912年8月,中华民国发表声明,宣布外蒙古独立为非法。但是同年11月,沙俄私下与外蒙古签订了《俄蒙协约》和《商务专条》,在外蒙古获得了极大的利益,作为交换,它承认外蒙古的独立国家地位。中国政府就此问题和俄国进行了艰苦的谈判,签订了《中俄声明文件》。随后,中、俄及外蒙古三方又于1915年6月达成了《中俄蒙协约》,重申中国对于外蒙古的宗主权,确定了外蒙古的范围,实际上它是承认了外蒙古的自治,认可了沙俄对于外蒙古的侵略,分裂了中国的领土和主权。

善后大借款

袁世凯为消灭国民党控制的南方各省势力,维护独裁统治,以办理"善后"为名,未经国会通过,指派国务总理赵秉钧为全权代表,于1913年4月26日与英、法、德、俄、日五国银行团代表非法签订《善后借款合同》21款。借款总额为2500万英镑,年息5厘,47年还清,本息共计约6800万英镑。以盐税、海关税等为抵押,并聘请外国人协助管理盐税征收。从此我国盐税被外国人控制。这笔借款被袁世凯专用于镇压"二次革命"。

二次革命

袁世凯在1913年派人暗杀了宋教仁,这使革命党人看清了袁的本质。1913年7月12日,前江西都督李烈钧在江西湖口起兵讨袁,二次革命就此爆发。15日,黄兴在上海成立讨袁军,安徽、广东、福建、湖南、四川的国民党人相继宣布独立,共举讨袁旗帜。

然而二次革命缺乏统一的指挥和领导,各处各自为政,终被袁世凯一一瓦解,孙中山、黄兴等人被迫流亡日本。

袁世凯称帝

1913年10月10日,袁世凯在清代皇宫的太和殿以皇帝登基的"坐北面南"形式宣誓就职,随即下令解散国民党。1915年8月,袁世凯授意杨度等人组织"筹安会",鼓吹恢复帝制,各地袁派亲信也纷纷上推戴书,劝进皇帝位。12月12日,袁世凯正式发表接受皇帝位的申令。13日,在中南海居仁堂接受百官朝贺。31日,袁世凯下令改第二年为洪宪元年。1916年元旦,袁世凯正式登基。全国上下掀起了一片声势浩大的讨袁运动。众叛亲离的袁世凯被迫于3月22日宣布取消帝制。6月6日,做了83天皇帝的袁世凯病死在北京。

二十一条

第一次世界大战爆发后,日本于1914年10月攻占济南,11月占领青岛,并向袁世凯提出了灭亡中国的"二十一条"。二十一条的主要内容是:承认日本继承德国在山东的一切权益,山东省不得让与或租给他国,准许日本修建自烟台连接胶济路的铁路;承认日本在南满和内蒙古东部的特殊权利,日本人有居住往来、经营矿产等项特权;旅顺、大连的租借期限及南满、安奉两铁路期限均延长至99年;所有中国沿海港湾、岛屿概不租借或让给他国；中国政府聘用日本人为政治、军事、财政顾问，合办警政和兵工厂，武昌至南昌、南昌至杭州和潮州各铁路的建筑权让与日本，日本在福建省有开矿、建筑海港、船厂及筑路的优先权。"二十一条"是要把中国的政治、军事、财政及领土完全置于日本的控制之下，把整个中国完全变为日本的殖民地。

新文学运动

1915年1月15日，陈独秀在上海创办了《青年杂志》(后称《新青年》)。

中国的思想启蒙运动——新文化运动由此发端。在创刊号上发表了《敬告青年》，对青年提出了6点希望：自主的而非奴隶的；进步的而非保守的；进取的而非退隐的；世界的而非锁国的；实利的而非虚文的；科学的而非想象的。陈独秀希望青年树立积极、进取、追求实利和科学的精神，在中国青年中产生了极大的影响。

中国启蒙过程中许多重要文章均发表在《新青年》上，如陈独秀的《驳康有为致总统总理书》、《孔子之道与现代生活》，李大钊的《青春》，鲁迅的《我之节烈观》，胡适的《文学改良刍议》等。《新青年》从第4卷第5期开始全部改为白话文，中国历史上第一篇白话小说、鲁迅的《狂人日记》就发表在这一期上。

护国战争

袁世凯称帝，激起全国人民的义愤。孙中山再度号召各省讨袁，云南都督蔡锷首先宣布云南独立，组织"中华民国护国军"，进军四川、贵州，节节胜利，各省也纷纷响应。孙中山领导的中华革命党也组织武装起义。在全国一片反袁声中，袁世凯的亲信见风使舵，纷纷表示拥护共和，反对袁称帝。在众叛亲离的情况下，袁世凯只做了83天皇帝就被迫取消帝制，并于1916年6月郁郁而死。护国战争终于取得了胜利。

护法战争

为了维护《临时约法》，1917年孙中山联合西南军阀陆荣廷、唐继尧在广州建立"护法军政府"，孙中山任海陆军大元帅，以对抗由北洋军阀操纵的北京政府，形成南北对峙的局面。

段祺瑞决定以武力消灭护法军政府，派北洋军进攻护法军。护法军进攻湖南、四川等省，打败北洋军，占领长沙、衡阳、重庆等地，湖北、浙江、山东、山西等省宣布独立。段祺瑞被迫下台。冯国璋上台，调遣北洋军击败了护法军。护法军战败，遂与北洋军阀媾和，并改组护法军政府，排挤孙中山。孙中山被迫辞职，护法战争失败。

张勋复辟

1916年6月袁世凯死后，由黎元洪继任大总统，段祺瑞任国务总理，实权为段祺瑞所掌握，于是中央政府出现了"府(总统府)院(国务院)之争"。府院之争到1917年就是否参加第一次世界大战而激化，黎元洪反对参战，段祺瑞极力要求参战。黎元洪下令免去段祺瑞的总理职务。段祺瑞则令属下各省督军宣布独立，并在天津设"独立各省总参谋处"，准备武力倒黎。

黎元洪因情势危急，召安徽督军张勋入京调停。1917年6月，张勋率军5000人北上，在天津通电迫黎元洪解散国会，随即率军入京，黎元洪逃到日本使馆。7月1日，张勋、康有为等拥废帝溥仪复辟。张勋自命为内阁议政大臣、直隶总督兼北洋大臣，史称"张勋复辟"。

段祺瑞见黎元洪已被驱逐，出兵反对复辟，自任讨逆军总司令，于7月12日攻入北京，张勋逃到荷兰使馆，溥仪再次退位。

巴黎和会

1919年第一次世界大战结束后，战胜各国在巴黎召开和会，中国代表与会。在会上，中国代表提出收回青岛主权和山东权益的主张，但操纵会议的英、法、美等国无视中国的正义要求，悍然将青岛主权及山东权益交给日本。在中华民族危难的紧急时刻，逐渐觉醒的中国青年把自己和国家的命运紧密联系在一起，北京学生于5月4日英勇走上街头游行示威，高举起爱国主义的旗帜，弘扬科学、民主精神，为救亡图存奔走呼号，使斗争发展成为以工人阶级为主力军的波澜壮阔、声势浩大的反帝爱国政治运动。

五四运动

1919年4月，第一次世界大战的战胜国在巴黎召开"和平会议"，规定战败的德国将其在中国的权益无条件转让给日本。消息传到国内，举国震惊。5月4日，北京3000余名大中学生在天安门集会，呼喊"外争国权，内惩国贼"、"誓死力争，还我青岛"等口号，反对签订条约。以学生斗争为先导的五四爱国运动由此爆发。运动迅速波及全国。6月3日起，运动的主力由学生转变为工人阶级，中国工人阶级开始以独立的姿态登上政治舞台，各地工人纷纷举行罢工抗议活动。五四运动是中国革命史上具有划时代意义的事件，标志着中国新民主主义革命的开端。

觉悟社

1919年9月16日觉悟社在天津成立。先后加入的社员有周恩来、马骏、郭隆真、邓颖超、刘清扬等21人（其中女社员11人）。以组织讲演为其主要活动，出版不定期刊物《觉悟》，讨论新思潮，领导青年学生的反帝爱国运动，成为"天津学界中最优秀、纯洁、奋斗、觉悟的青年的小团体"，天津的"小明星"。内部实行委员制，分工负责。社员间和对外均以号码为代号称呼，周恩来为五号，称伍豪。1920年夏被军阀解散。同年8月16日，同北京的少年中国学会、青年工读互助团、曙光社、人道社等团体结成"改造联合"。不久，部分社员赴法勤工俭学，国内社员分散各地求学、就业，社务基本停止。中国共产党成立后，该社不少成员加入共产党和青年团。

中国国民党

1919年10月10日，孙中山改组中华革命党为中国国民党，并且公布了《中国国民党规约》，其总纲规定："本党以巩固共和、实行三民主义为宗旨"；"凡中华民国成年男女，与本党宗旨相同者，由党员二人介绍，并具自愿书于本党，由本党给以证书，始得为本党党员"；"凡中华革命党党员，皆得为本党党员"。中国国民党的组织制度为总理制，设总理1人，总揽党务。党本部设立总务部、党务部、财务部，孙中山就任总理，居正、谢持、廖仲恺分任3部主任。为了区别原来的国民党，党名前加上"中国"两个字。

北洋军阀割据

袁世凯死后，北洋军阀分裂成以冯国璋、曹锟为首的直系，以段祺瑞为首的皖系和以张作霖为首的奉系。此外还有盘踞山西的阎锡山和割据徐州的张勋。直系和皖系是北洋军阀嫡系，而奉系、阎锡山和张勋则是旁系。南方军阀主要有滇系和桂系军阀。

直系、皖系和奉系为了争夺北京中央政权先后发生过多次大战。1920年，直系和奉系联合，打败了皖系，夺取了中央政权。不久，直系和奉系之间也爆发战争。1922年4月，第一次直奉大战爆发，奉军大败，张作霖逃回东北。1924年8月，第二次直奉大战爆发，由于冯玉祥前线倒戈，直系大败，奉系控制了中央政权。

1926年，广东革命政府北伐，先后击败了直系军阀吴佩孚和孙传芳。1927年，南京国民政府成立，继续北伐，奉系战败，北伐军占领北京，北洋军阀在全国的统治宣告结束。不久张学良宣布"东北易帜"，全国统一。

孙中山北伐

粤军自收复广东后，就准备讨伐桂系军阀。桂系军阀陆荣廷也企图重返广州。1921年6月，孙中山任命陈炯明为总司令，讨伐陆荣廷。粤军一路势如破竹，陆荣廷的部下也纷纷与他脱离关系，响应粤军。粤军占领南宁，陆荣廷逃往上海。孙中山随即来到桂林，建立了北伐大本营，决定讨伐北洋军阀。1922年，孙中山发布了北伐动员令，北伐军进攻湖南。陈炯明与吴佩孚相勾结，阴谋夹击北伐军。孙中山只好率军返回广州，陈炯明出走惠州。5月4日，孙中山在韶关建立北伐大本营，改从江西北伐。北伐军进展迅速，直逼南昌。此时陈炯明公开叛变，炮轰孙中山的住所，孙中山乘"永丰"舰赴上海。北伐失败。

中国共产党

五四运动以后，马克思主义在中国迅速传播，各地纷纷建立共产主义小组。1921年6月，共产国际代表抵达上海，提出召开中国共产党全国代表大会的建议。7月23日，中国共产党第一次全国代表大会在上海举行。出席会议代表一共13人：李达、李汉俊、张国焘、刘仁静、董必武、陈潭秋、毛泽东、何叔衡、王尽美、邓恩铭、陈公博、周佛海、包惠僧（陈独秀委派）。大会最后一天转移到浙江嘉兴南湖的一只游船上进行。大会的中心议题是建立统一的中国共产党，通过了党的纲领和决议，选举产生了由陈独秀、张国焘、李达三人组成的中央局。陈独秀以其在新文化运动中的崇高威望和为建党所作的卓越贡献，被选举为中共中央局第一任书记。中国共产党是马克思主义同中国工人运动相结合的产物，她的成立给中国人民和中国革命带来了重大影响。

香港海员罢工

20世纪初英国一次次大规模罢工已令英国统治者充分认识到英国工人阶级的力量，但在他们眼里，中国工人阶级还远不能对他们构成威胁。

1922年1月12日，香港海员在中华海员总工会领导下举行了大罢工，这是中国工人阶级第一次同帝国主义进行针锋相对的斗争。由于英国雇主不能满足他们提高工资等正当要求，从当日下午5时起，所有从香港开往广州、江门、梧州、澳门等地的轮船，以及开往美、英、法、日、荷等国的海轮上的中国海员开始罢工，致使90多艘轮船滞留香港。从外国开来的轮船只要一到香港，船上的中国船员便自动离船参加罢工。到2月初，罢工海员从最初的1500人增至2万多人，滞留香港的各国轮船已达166艘。2月底，为声援海员罢工，香港各行业工人10万多人举行总同盟罢工，并得到了全国人民的支持。此次罢工及此后的安源路矿罢工和开滦煤矿罢工，都发生在中国共产党成立的第二年，掀起了中国第一次工人运动的高潮。

陈炯明叛变

1921年4月，国会非常会议在广州开会，通过《中华民国政府组织大纲》，选举孙中山为非常大总统，建立正式政府。孙中山积极准备出师北伐。但平定桂系军阀后，粤军总司令陈炯明于1922年4月在广州发动政变。6月16日凌晨，陈炯明部队4000余人突然包围总统府，并向孙中山所住的粤秀楼开炮。孙中山离开粤秀楼，途中曾遭叛军两度盘查，但终于平安到达长堤天字码头，乘坐小艇登上了早已升火起锚等候的宝璧舰。17日，孙中山转登永丰舰，并发表讨陈电文。孙中山于8月被迫离开广州到上海。

安源路矿工人大罢工

1922年，中国江西安源路矿（江西萍乡的安源煤矿和湖南株洲到萍乡的株萍铁路的合称）在中共湘区委员会及毛泽东领导下，建立了党支部，创办了工人夜校。5月，成立了工人俱乐部。1922年9月14日，安源路矿1400多工人举行大罢工，提出保障工人权利、增加工资、改善待遇、废除封建把头制等要求。经过5天的激烈斗争，路矿当局被迫接受工人们提出的大部分要求。这次罢工的胜利，为中国共产党领导罢工运动积累了经验，推动了我国工人运动的发展。

《孙文越飞宣言》

十月社会主义革命后，孙中山逐渐认识到中国革命必须以俄为师才能取得胜利。1922年8月，苏俄政府派特使越飞来华。1923年1月，越飞抵上海与孙中山会谈。1月26日，发表宣言。主要内容：①孙中山认为共产组织和苏维埃制度事实上均不能引用于中国，越飞对此项见解完全赞同；②双方均认为中国当时最重要最急的问题，在于民国之统一和国家之独立，越飞明确表示，此项事业当得俄国国民之同情，且可以俄国援助为依赖；③越飞重申，俄国政府准备愿意根据俄国抛弃帝政时代中俄条约的基础，另行开始中俄交涉；④双方承认，中东铁路问题只能以适当的中俄会议解决；⑤越飞宣称，俄国现政府无意在外蒙实施帝国主义之政策，也无意使其与中国分立，孙中山因此以为俄国军队不必立时由外蒙撤退。这个宣言的发表，标志着孙中山联俄政策的正式确立。

京汉铁路工人大罢工

中国共产党成立后，不断派人到京汉铁路沿线领导工人运动，开办工人夜校，组织工人俱乐部，启发工人"争自由，争人权"。全路已有工会16个，组织工人达3万之众。经过精心筹备，1923年2月，16个分会代表到达郑州参加京汉铁路总工会成立大会，但军阀吴佩孚下令禁止召开这个会议，捣毁了总工会，并封锁了代表们的住所。总工会决定举行罢工，于是吴佩孚沿着京汉铁路展开了大屠杀。

1923年2月7日，武汉工会代表和江岸工人举行盛大集会和游行。军阀头子吴佩孚在帝国主义的支持下，下令对江岸、郑州、长辛店的罢工工人进行血腥镇压，杀害工人44名，伤300余人，逮捕60余人，开除1000余人，造成了震惊中外的"二七惨案"。京汉铁路总工会江岸分会委员长林祥谦和武汉工团联合会法律顾问施洋均在这次屠杀中被害。

中国国民党第一次代表大会

1924年1月20日，中国国民党第一次代表大会在广州广东高等师范学校礼堂召开。孙中山先生主持大会，他指定由汪精卫、胡汉民、李大钊、林森、谢持5人组成的大会主席团，其中李大钊以共产党人身份入选主席团尤为引人注目。会议通过了《第一次全国代表大会宣言》，将三民主义重新解释为：对外反对帝国主义、对内反对民族压迫、主张各民族一律平等的民族主义；规定国民享有选举、罢免、创制、复议诸权的民权主义；主张平均地权、节制资本的民生主义。对三民主义的最新解释将西方的民主思想与中国具体国情紧密结合起来，从而更易为中国百姓接受，其中反帝、反封建的思想明显接受了中共的主张。

会议确定了联俄、联共、扶助农工的三大政策，在《中国国民党总章》中同意共产党员和社青团员以个人身份加入国民党，从而开始了第一次国共合作。

新三民主义

1924年1月，中国国民党一大在广州召开。大会通过了《中国国民党第一次全国代表大会宣言》，在宣言中重新解释了三民主义，使之成为新三民主义。在民族主义方面，新三民主义反对帝国主义，主张"中国民族自求解放"和"各民族一律平等"。在民权主义方面，新三民主义着重强调民主权利为一般平民所共有，不许为少数人所专有。在民生主义部分，则提出了"平均地权"和"节制资本"两大原则。新三民主义不仅代表了中国民族资产阶级的利益，也与中共的民主革命纲领的主要原则一致，因而成为国共合作的共同纲领和政治基础。

第一次国共合作

1922年8月，中共中央特别会议举行，大会采纳共产国际关于实行国共合作的建议，决定在孙中山按民主原则改组国民党的前提之下，共产党员和社会主义青年团员可以凭个人名义加入国民党，借此推动革命统一战线的形成。1923年，中共三大通过了这一决定。1924年1月，中国国民党第一次全国代表大会召开，依照国共合作的精神，会议选举出了国民党中央执行委员会，共产党人李大钊、毛泽东、瞿秋白等10人当选为执行委员和候补委员。国民党一大的召开，标志着第一次国共合作的正式形成，革命统一战线建立起来，全国反帝反封建的国民革命运动也迅速展开。

黄埔军校

孙中山在广州黄埔建立的军事学校。初名中国国民党陆军军官学校。由蒋介石任校长、廖仲恺任党代表，共产党员周恩来任政治部主任。恽代英、萧楚女、聂荣臻、叶剑英等先后在校内任职，不少共产党员和共青团员在军校学习。该校培养了不少军事人才，共产党和国民党的许多重要将领都出自该校。1926

年改名为国民革命军中央军事政治学校。"四一二"政变后,蒋介石将该校改名为中央陆军军官学校,迁至南京,1930年停办。

五卅惨案

1925年5月15日,上海日商纱厂日籍职员枪杀共产党员工人顾正红,激起上海市工人、学生和市民的愤怒。5月28日,中共中央决定进一步动员群众开展反对帝国主义的政治斗争。30日上午,英国巡捕开枪打死群众10余人,伤几十人,造成"五卅惨案"。中共中央立即号召上海市民罢工、罢课、罢市,抗议英帝国主义的大屠杀。在共产党人瞿秋白、李立三、蔡和森、刘少奇等领导下,成立上海总工会。6月1日,举行工人的总同盟罢工、5万余学生的罢课,绝大多数商人也举行了罢市。7日,成立以总工会为核心的"工商学联合委员会"。五卅运动沉重打击了帝国主义,大大提高了中国人民的觉悟,揭开了大革命高潮的序幕。

国民革命军

国民党中央执行委员会于1925年6月15日通过决议,将大元帅府改为国民政府,将建国军改称国民革命军,进行统一整编,许崇智任军事部长。国民革命军下辖第一、第二、第三、第四、第五、第六、第七和第八军。海军都建立了党代表制、政治部和政治工作制度。各军一师的党代表和政治部主任都由中国共产党担任。国民革命军海军辖3个师或再增设一个教导师,每师下辖3个团、9个营、27个步兵连。

省港大罢工

为了支援上海"五卅"运动,1925年6月19日,香港海员、电车、印务工人在全港工会联合团的指导之下开始大罢工。随后洋务、煤炭、机器、船坞等行业的工人也加入罢工行列。香港当局用紧急戒严和封锁来对付罢工,罢工工人纷纷离开香港回到广州。23日,广州各界人士10万人举行示威游行。当游行队伍经过沙面租界对岸沙基时,租界内的英国士兵突然枪击示威群众,酿成"沙基惨案"。惨案发生以后,香港工人再次掀起罢工高潮,罢工工人迅速达到25万人,并成立了省港罢工委员会,统一领导罢工,对香港实行封锁。香港各行各业陷于瘫痪。省港大罢工一直坚持到1926年10月才告结束。

廖仲恺被刺

1925年8月20日,孙中山最忠实的朋友和同志廖仲恺被刺。

上午8时,廖仲恺偕夫人何香凝驱车去广州国民党中央党部,参加国民党中央执行委员会第一二六次会议。当车开到党部门前时,突然窜出六七名暴徒向他们射击,廖仲恺身中数弹,在送往医院途中去世。随后,蒋介石下令逮捕了胡汉民。国民政府立即进行人事调整。

张作霖宣布东三省独立

1926年1月11日,张作霖为了恢复郭松龄反戈造成的残局和防止国民军入侵,通电全国,宣布东三省与北京政府断绝一切行政关系,以镇威上将军名义主持东三省军政事务。23日,东三省法团联席会议通电,实行三省联治,推张作霖维持东北秩序,宣布从即日起,北京政府一切命令和约束,概不承认。25日,张作霖召集重要文武官员开会,会议决定:东三省正式宣布独立，实行"保境安民"，以山海关、秦皇岛为界，布置防线，热河方面取守势，驻兵七八万，以防国民军侵入；在东北大量扩充军备，将军队改编为14个师，暂时休整。同时，张作霖通令就任东三省保安总司令兼军务总统官，并电令入关奉军即日起，退守奉地。

中山舰事件

1926年3月20日，蒋介石以听候他命令前来黄埔的中山舰"无故升火达旦，一定是中共有不法行动为借口，派陆军占领中山舰，逮捕舰长李之龙，并将各部队共产党员及亲共人士80多人全部逮捕。这就是"中山舰事件"。事件发生后，中共中央对此采取了妥协退让的方针，令党员退出国民革命军第一军，并且辞退了部分苏联顾问。以"中山舰事件"为开端，蒋介石开始逐渐限制和削弱中共，国共合作出现了分裂的趋势。

整理党务案

整理党务案是指蒋介石在1926年5月国民党二届二中全会上的提案。提案规定共产党员在国民党中央党部、省党部、特别是党部中担任执行委员的人数，不得超过委员总数的1/3；共产党员不得担任国民党中央部长；加入国民党的共产党员名单，必须全部交出；共产党发给国民党内共产党员的指示，须先经过两党联席会议讨论等。陈独秀强迫中共代表接受了这个反动提案。蒋介石排挤共产党的阴谋又一次得逞，乘机当上了国民党中央执行委员会主席、组织部长和军人部长等职，进一步篡夺了国民党的领导权，为他以后发动反革命政变准备了条件。

北伐战争

随着广东革命根据地的巩固，广东国民政府下达了北伐动员令，国民革命军在广州誓师北伐，蒋介石任北伐军总司令。以共产党为骨干的国民革命军第四军叶挺独立团首先攻入湖南，拉开了北伐的序幕。叶挺独立团顽强作战，一举攻取了战略要地汀泗桥和贺胜桥，接着进军武汉，消灭了吴佩孚的主力。不久国民革命军在江西歼灭了孙传芳的主力部队。在北伐战争取得节节胜利之际，蒋介石和汪精卫发动反革命政变，大肆屠杀共产党人，并迁都南京。1928年，南京国民政府在徐州誓师，继续北伐。北伐军逼近北京，张作霖逃回东北，途中被日本人炸死。不久，张学良东北易帜，全国统一。

铁军

1927年，北伐开始后叶挺率第四军独立团作为先锋首入湖南。军阀吴佩孚派重兵把守鄂南门户汀泗桥，在大部队进攻受阻后，叶挺率独立团翻越大山，从敌人背后发起攻击，一举攻下汀泗桥。随后独立团以少胜多，攻克武汉的南大门贺胜桥。叶挺被誉为"北伐名将"，所率的第四军被称为"铁军"。

三湾改编

1927年湘赣边界秋收起义后，毛泽东率起义部队到达江西永新县三湾村。

毛泽东在三湾村主持召开前委会议并对部队进行整编，由于部队减员较多，剩下不满千人，因此把原来一个师缩编为一个团，称工农革命军第一军第一师第一团，在军队中建立党的各级组织，营团建党委，连设支部，连以上各级均设党代表，班设党小组，全军设由毛泽东任书记的前委领导。这次改编还确立了军队内的民主制度。三湾改编在人民军队的建军史上具有重要意义，确立了党对军队的绝对领导，保证了军队的无产阶级性质。三湾改编所确立的"党指挥枪"的原则，从政治和组织上奠定了新型人民军队的基础。

"四·一二"事变

1927年4月12日，中山先生的理想在他学生创造的血腥气氛中彻底破灭了。

北伐军在上海工人阶级的配合下顺利开进了上海，但人们还没来得及庆祝胜利，悲剧就开始了，4月12日，蒋介石开始了预谋已久的反共政变，青红帮流氓袭击了工人纠察队，并收缴枪支，工人奋起反抗。

在三天时间里，有300多人被杀，500多人被捕，5000多人失踪，共产党员陈延年、赵世炎等被害。"四一二事变"是蒋介石走向反共独裁的开始。

南京国民政府

"四·一二"反革命政变之后，蒋介石在南京召开会议，决定以南京为首都建立国民政府。1927年4月18日，南京国民政府举行了成立典礼，胡汉民为政府主席，蒋介石为国民革命军总司令。9月，宁汉合流以后，武汉政府和南京政府合并。1928年2月，国民党二届四中全会在南京召开，通过了改组国民政府等议案，规定国民政府受国民党中央执行委员会指导监督，掌理全国政务。政府部门设有内政、外交、财政、交通、司法、农矿、工商等部以及军事委员会、最高法院、监察院、大学院等。会议推举蒋介石为军事委员会主席兼国民革命军总司令。10月，南京国民政府公布《中华民国国民政府组织法》，规定国民政府总揽中华民国之治权，同时任命蒋介石为国民政府主席兼陆海空军总司令。

南昌起义

1927年8月1日，深夜2点，南昌城内骤然响起了密集的枪声，枪声来自驻扎在这里的国民革命军第4集团军第2方面军第4军第25师，它的前身就是著名的北伐军前锋——号称铁军的叶挺独立团，此外还有贺龙、朱德率领的部队共2万多人。经过5个多小时的战斗，起义军全歼守敌3000人，胜利占领南昌。

南昌起义打响了反抗国民党血腥屠杀的第一枪，起义队伍里有朱德、林彪、刘伯承、贺龙、陈毅（后加入）、聂荣臻、叶剑英、周恩来、李立三、恽代英、彭湃、郭沫若等一批鼎鼎大名的人物。

秋收起义

1927年中共八七会议以后，毛泽东受中央委派前往长沙领导湘赣边秋收起义。8月18日，讨论制定秋收起义的计划，毛泽东在会上着重阐述了"枪杆子里面出政权"的思想，会议决定秋收起义的军事领导机关是由毛泽东为书记的前敌委员会。起义部队统一编为工农革命军第一军第一师。9月9日，湘赣边秋收起义爆发。9月19日，各路起义部队到达文家市。根据敌强我弱的形势，决定改变攻打长沙的计划，转向敌人统治力量薄弱的农村中去坚持武装斗争。

宁汉合流

1927年4月蒋介石成立南京国民政府

（宁）以后，和以汪精卫为首的武汉国民政府（汉）形成了激烈的对抗。7月中旬，冯玉祥出面调停，致电蒋介石和汪精卫，提出在开封举行会议以解决争端。南京政府的胡汉民和桂系军阀李宗仁、白崇禧等趁机联合汪精卫，孤立蒋介石并移兵南京附近。蒋介石于8月13日宣布下野，随后辞去国民革命军总司令。8月25日，武汉国民政府宣布迁都南京。但汪精卫又受到攻击而继蒋之后宣布下野。宁、汉两方以及西山会议派组成了中国国民党中央特委会，作为国民党临时最高权力机关。9月，特委会宣告武汉政府和南京政府合并，组成新的南京国民政府。

中国工农红军

1927年12月11日，张太雷、叶挺、叶剑英等发动了广州起义，起义部队打出了工农红军的旗帜。1928年4月底，朱德、陈毅率领南昌起义军的余部和湘南农民军来到井冈山，与毛泽东领导的秋收起义部队胜利会师，组成中国工农革命军第四军。5月25日，中共中央发布《中央通告第五一号——军事工作大纲》，明确规定："可正式命名为红军，取消以前工农革命军的名义。"不久，毛泽东、朱德又根据中央6月4日"关于你们的军队，可正式改称红军"的指示信，正式将中国工农革命军第四军改称为中国工农红军第四军。不久，全国各地的工农革命军先后奉命改称为工农红军。中国工农红军曾经编成一、二、四方面军。

抗日战争爆发后，中国工农红军改称中国国民革命军第八路军（八路军）和中国革命军新编第四军（新四军）。解放战争爆发后，改称中国人民解放军。

土地革命

1928年，毛泽东在井冈山主持制定了《井冈山土地法》，肯定了农民分配土地的权利。在实施过程中，不仅得到了贫农和中农的支持，也因逐步注意到不过分反对富农、区分小地主和大地主、对不反动的地主家属也酌情照顾而得到了最广大民众的支持，土地革命广泛地开展起来。这是井冈山革命根据地得以生存和发展的最为坚实的社会基础。1947年9月，在刘少奇主持下，中共中央召开全国土地会议，制定了《中国土地法大纲》，进一步推动了解放区的土地改革运动。

国民军的派系

1928年，中国统一后，全国军队分为蒋系、冯系、晋系、桂系和东北军五大派系，另外还有一些地方实力派系。

蒋介石系：蒋介石系又分为黄埔系和非黄埔系。黄埔系是蒋介石的嫡系，因军中军官大部分为黄埔军校的学生而得名，为国民革命军第1集团军，辖13个师。非黄埔依附于蒋介石。

冯（玉祥）系：首领冯玉祥，占据陕西一带，被授予国民革命军第2集团军番号，辖9个方面军。1928年编为12个暂编师。

晋系：首领阎锡山，占据山西。被授予国民革命军第3集团军的番号，编为12个暂编师。

桂系：首领李宗仁、白崇禧，占据广西。被授予国民革命军第4集团军的番号，辖13个师。

东北军：张学良"东北易帜"后被任命为东北边防军总司令，占据辽宁、吉林、黑龙江和热河四省，约有30万人。

除了上述5大派系外，还有粤系、滇系、川系和西北"二马"等。

皇姑屯事件

第二次直奉战争后，日本帝国主义认为有机可乘，便向奉系军阀首脑张作霖提出要他承认日本在华北的种种特权。当时，东北人民反日的情绪高涨，张作霖没有接受日本人要求的条件，想采取拖延的办法逐渐摆脱日本人的控制。1928年5月，日本公使面见张作霖，发出最后通牒，声称如果张作霖不答应日本侵占华北的条件，日本将采取断然措施。但是，张作霖再一次拒绝了日本的要求。这促使日本人下决心除掉张作霖。

6月4日凌晨，张作霖乘坐的由天津回奉天的火车抵达奉天附近皇姑屯车站的南满铁路桥洞时，突然一声巨响，张作霖的火车被炸得只剩下了底盘，张作霖身负重伤，经抢救无效，几小时后死亡。

东北易帜

皇姑屯事件后，张作霖之子张学良迅速回到沈阳，就任奉天军务督办。7月1日，通电宣布与南京停止军事行动，决不妨碍统一。但东三省仍然是奉系军阀的地盘，继续悬挂北洋政府时代的五色国旗。担任张学良军事顾问的日本特务头子土肥原贤二起草了一份计划，逼迫张学良实行"东北自治"，当满洲皇帝，作日本人统治东北的傀儡。张学良身负家仇国恨，断然拒绝。12月29日，张学良通电全国："宣布遵守三民主义，服从国民政府，改旗易帜"，悬挂南京国民政府的青天白日旗。31日，南京国民政府任命张学良为东北边防军总司令。至此，南京国民政府在形式上完成了统一。

百色起义

1929年12月11日，中共中央代表邓小平和共产党人张云逸、雷经天、韦拔群等，领导在共产党掌握和影响下的广西警备第四大队、教导队和右江农民军，在广西右江百色县举行起义，占领了右江区域内的百色、田东等十余县，建立了红军第七军，张云逸任军长，邓小平任前委书记兼政委。接着，红七军在平马召开右江工农兵代表大会，成立了以雷经天为主席的右江苏维埃政府。

古田会议

1929年12月28日在福建上杭县古田举行了中国共产党红军第四军第九次代表大会。陈毅主持会议并传达了中央九月来信，作了反对枪毙逃兵的讲话；毛泽东作政治报告，朱德作军事报告。根据中央九月来信的精神，总结了南昌起义以来红军的建设经验，批判了各种错误思想，坚持以无产阶级思想来建设人民的军队。选举了以毛泽东为书记的新的前敌委员会。一致通过了毛泽东起草的《中国共产党红军第四军第九次代表大会决议案》（即"古田会议决议"）。该决议案强调红军是"一个执行革命的政治任务的武装集团"，必须服从党的领导，树立无产阶级思想，纠正单纯军事观点、极端民主化、绝对平均主义、主观主义、个人主义、流寇思想等错误观念；"除了打仗消灭敌人军事力量之外，还要负担宣传群众、组织群众、武装群众、帮助群众建立革命政权以至于建立共产党的组织等项重大的任务"；必须在红军内外建立正确的关系，对敌军采取正确的政策。该决议对红军的建设产生了深远的影响。

"左联"

"左联"是土地革命战争时期，中国共产党领导的革命文艺团体。1930年3月2日由鲁迅、沈端先（夏衍）、冯乃超、田汉等50余人在上海发起成立。提倡文艺大众化，建立"马克思主义文艺理论研究会"等组织，创办《北斗》、《文学月报》等刊物，宣传无产阶级文艺思想；同"新月派"、"民族主义文学"、"第三种人"等反动文艺流派作了坚决斗争。它的成立对团结革命作家和进步作家，在白色恐怖的环境下高举无产阶级战斗旗帜，密切配合共产党所领导的革命斗争，粉碎国民党的文化"围剿"起了重要作用。为建立抗日民族统一战线，"左联"于1936年初宣布解散。

中原大战

全国统一仅几个月的时间，各路军阀的矛盾就凸显。冯系、阎系、桂系等对蒋介石独掌大权排斥异己的做法极其不满。1930年2月阎锡山通电要蒋下野。3月，原第2、第3、第4集团军50余名将领联名通电讨蒋，并推举阎锡山为中华民国陆海空军总司令，冯玉祥、李宗仁和张学良为副总司令。阎、冯、李分别通电就职，张学良则保持沉默。4月，蒋介石同阎锡山、冯玉祥、李宗仁等各路军阀在河南、山东、湖南等省展开大规模混战。战局向着对蒋不利的方向发展。为扭转局势，蒋介石向张学良许以国民革命军副总司令之职。9月18日，张学良通电拥蒋，东北军随即南下，与蒋介石部队对阎冯部队形成南北夹击之势。1930年11月，历时7个月的中原大战，以蒋介石的胜利而告结束。中原大战双方伤亡共30多万人，给十几个省的人民带来了深重的灾难。

红军第一、二、三次反围剿

中原大战结束后，蒋介石立即调兵"围剿"南方的红军根据地，并将江西中央苏区作为进攻重点。1930年10月，蒋介石调集10万人，对江西中央苏区发动了第一次"围剿"。毛泽东、朱德根据"敌强我弱"的形式，采取了诱敌深入的作战方针，全歼了孤军深入的张辉瓒部，张辉瓒被俘。接着红军又乘胜追击，消灭了谭道源部大半，敌军退走。1931年4月，蒋介石调集了20万兵力，开始对中央苏区进行第二次"围剿"。国民党军攻入了苏区中心。红军主力采取了运动战，歼灭了国民党军的王金钰、公秉藩部，随后又击败了中路国民党军，取得了第二次反"围剿"的胜利。1931年7月，蒋介石亲率30万军队发动了第三次"围剿"，国民党相继占领了苏区的中心地区。毛泽东、朱德率领红军迂回作战，5天内三战三捷。由于始终无法与红军主力决战，蒋介石只好下令撤军。

"九一八"事变

1931年9月18日夜，日本驻东北的侵略军——关东军在沈阳北郊的柳条湖炸断了南满铁路，反而污蔑是中国军队所为。几分钟后，蓄谋已久的日本关东军开始炮轰东北军驻地北大营，随后又占领了沈阳。张学良执行蒋介石的不抵抗政策，东北军撤到关内。

接着，日军又在两天之内占领了南满铁路沿线的营口、安东、本溪、辽阳、铁岭等重要城市，很快东三省全部沦陷。

731部队

"九一八"事变以后，日本帝国主义很快

就在哈尔滨市以南的平房（地名）秘密建立了细菌研究部队——"满洲第731部队"。731部队为把传染菌变为细菌武器，派遣专业人员在中国各地进行疫情调查，以确定细菌研究的主攻方向。为准备细菌战，731部队大量生产鼠疫、霍乱、伤寒、炭疽等传染病菌，各种细菌试验都是在活人身上进行的。从1939年到1945年，短短的几年中，就以细菌试验的方法残杀了3000多名战俘和平民。731部队先后在常德、浙赣、中苏边境进行野外试验及细菌战。1945年8月，抗日战争胜利前夕，731部队唯恐暴露其细菌武器杀人的秘密，将在押人员全部杀害，罪证全部销毁，在败逃之时将大量染有鼠疫菌的鼠放出，造成了平房地区1946年的大面积鼠疫流行。

马占山抗日

1931年11月4日，黑龙江省代主席马占山率部抗日。日本帝国主义在侵略辽宁、吉林得手之后即进逼黑龙江省，形势非常危急，马占山受命代理省主席兼军事总指挥，奋起领导江桥抗战。江桥抗战从11月4日开始到19日结束，历时16天。日军进攻激烈，部队伤亡过重，马下令全军退出省垣，当夜电告北平，并向各方面发出撤兵通电。黑龙江省城陷落。1932年1月，马占山与日本合作，张景惠建立了伪政权，任黑龙江省省长。正当日本大肆宣传在它的刺刀下扶植的伪满洲国代表"民意"时，一度动摇妥协、被诱逼参加伪政权的马占山，通过所见所闻，认识到他受了欺骗，遂于4月1日率部队反正，重新举起抗日义旗，揭露伪满洲国产生的内幕，并开始重整军队，与日军作战。

伪满洲国

伪满洲国是日本帝国主义在东北建立的傀儡政权。"九一八"事变后，日军经过四个多月作战，以武力占领了东北全境，为了对东三省进行殖民统治，日本帝国主义决定建立一个脱离中国的独立国家，他们把清朝末代皇帝溥仪看作是最合适的人选。

1932年3月1日，伪满洲国发表《建国宣言》，9日，溥仪举行就职典礼。1934年1月，"满洲国"改名"满洲帝国"，溥仪坐上皇帝宝座，实际上只是日本人控制的工具。日本帝国主义利用"满洲国"对东北人民进行残暴的统治，掠夺了许多宝贵的资源，杀害了成千上万的中国百姓。

红军第四、五次反围剿

1933年，蒋介石调集了50万大军，开始对中央苏区进行第四次围剿。这时中共中央被王明等人把持着，推行"左倾主义路线"。但朱德、周恩来率领江西红军抵制王明的错误路线，在吸取了前三次反围剿胜利的经验的同时，又根据当时的实际情况，诱敌深入、占据有利地形，采取了声东击西、大兵团伏击和集中优势兵力围歼敌人的战术，在2月下旬和3月下旬，红军全歼蒋介石嫡系李明、陈时骥和萧乾三个师又一个营。

1933年10月，蒋介石以100万人、200架飞机的空前规模发动了第五次"围剿"。这次指挥红军的是对中国国情一无所知的共产国际军事顾问德国人李德。李德认为第五次反围剿"是国民党政权和红色政权的决战"，他主张"拒敌于国门之外"，坚持打正规战、阵地战。命令红军处处设防、节节抵御，结果红军损失惨重，被迫进行长征。

塘沽协定

为了全力"围剿"红军,蒋介石不断与日本秘密接触,讨论停战事宜。1933年5月31日,北平军分会代表熊斌与日本关东军代表冈村宁次签订了《塘沽协定》。协定规定:中国军队撤至延庆、昌平、顺义、通州、香河、宁河、芦台一线以西以南地区,日军兵撤至长城一线。长城以南及上述规定线以北以东地区由中国军队负责治安。

万里长征

1935年10月19日,中央红军经过一年多的艰苦卓绝的奋战,终于到达了陕北吴起镇,与在那里的徐海东、程子华、刘志丹领导的红15军团会合,胜利地结束了长征。

中央红军是从1934年10月从江西瑞金出发进行长征的。在一年多的时间里,天上每日几十架飞机侦察轰炸,地下几十万大军围追堵截,红军克服了数不尽的艰难险阻,长达2万余里,纵横11个省,终于完成了这史无前例的长征。为此红军也付出了沉重的代价,从出发时的8万余人降到了1万多人。但是,"留下的都是中国革命的精华"。正是经过这艰苦卓绝的长征所留下的星星火种,才点燃了中国革命的燎原之火,中国也才从此开始了一个新时代。

四大家族

即蒋介石、宋子文、孔祥熙和陈立夫、陈果夫四个家族。以蒋介石为首,凭借政治权力和强制掠夺的方法积累巨额财富,形成庞大的官僚垄断资本集团,成为蒋介石政权的经济基础。四大家族的官僚资本首先从建立独占的金融体系开始,1935年,中央银行、中国银行、交通银行、中国农民银行、中央信托局和邮政储金汇业局(俗称"四行两库")成为四大家族金融垄断的中心机构。抗日战争爆发前,四大家族官僚资本形成,抗日战争期间和日本投降以后,达到最高峰,集中了约200亿美元的财产。中华人民共和国成立以后,没收四大家族的官僚资本,成为社会主义国营经济的组成部分。

遵义会议

1935年1月15日,中共中央在贵州遵义召开了政治局扩大会议。博古代表党中央对红军此前的失败进行了总结,他认为失败是因敌人过于强大。而周恩来在副报告中承认自己作为军事计划的最高领导人犯了严重错误。而中共中央政治局候补委员曾与王明、博古过从甚密,且与毛泽东发生过严重冲突的王稼祥的发言使会议发生了关键性转折。他尖锐地批判了博古、李德的军事路线。遵义会议改组了中央领导机构,毛泽东当选为政治局常委,博古、李德的军事指挥权被剥夺,成立了由毛泽东、周恩来、王稼祥组成的三人军事指挥小组,领导军事工作。从此确立了毛泽东在中共和红军的领导核心地位,这一事件对中国历史的重大影响是出席会议的所有人都难以想象的。

何梅协定

1935年6月9日,日本华北驻屯军司令官梅津美治郎向国民党华北军分会代理委员长何应钦提出无理要求,何应钦被迫答应,签订了所谓的《何梅协定》,主要内容是:①取消河北省内一切国民党党部;②撤退驻河北的国民党中央军和东北军；③解散国民党军分会政治训练处及蓝衣社、励志社；④罢免河北省主席于学忠；⑤取缔一切反日团体及活动。该协定默认了日本对东三省和热河的占领，为日军进攻华北大开方便之门。

《八一宣言》

1935年8月1日，中国共产党发表了《为抗日救国告全体同胞书》，又称"八一宣言"。在日本帝国主义疯狂侵略和国民党政府加紧卖国的情况下，亡国灭族的大祸迫在眉睫，中国共产党再一次向全体同胞呼吁：无论各党派过去和现在有任何政见和利害的不同，无论各界同胞有任何意见上或利益上的差异，无论各军队间过去和现在有任何敌对行动，都应该团结起来，停止内战，一致抗日。宣言号召全体同胞总动员，集中人力、物力、财力，为抗日救国的神圣事业而奋斗。《八一宣言》的发表，对全国抗日民主运动的高涨产生了极大的影响。

瓦窑堡会议

1935年12月，中国共产党在陕北瓦窑堡召开中央政治局会议，会议通过了《关于军事战略问题的决议》，确定把国内战争同民族战争结合起来，"准备直接对日作战的力量"，同时提出了抗日游击战争在战略上的重大作用。会议还通过了《关于目前政治形势与党的任务决议》，决议全面地分析了国内外的政治形势和阶级关系的新变化，确定了建立最广泛的抗日民族统一战线的政策。这次会议标志着中国共产党开始从土地革命战争向全民族抗日战争转变。

"一二·九"运动

1935年12月9日，北平学生6000多人汇合在新华门前，向国民政府军政部长何应钦请愿。学生代表提出了六项要求：反对所谓"防共自治运动"；公开宣布中日交涉经过；不得任意捕人；保障地方领土安全；停止一切内战；要求言论集会结社出版自由。学生遭到了国民党军警的镇压，100多人受伤，30多人被捕。第二天，北平学联宣布总罢课。16日是国民党亲日的"冀察政务委员会"成立之日，北平学生和各界民众3万余人举行了更大规模的游行示威，与军警再次发生激烈冲突。学生的爱国行动，在全国激起很大反响。天津、济南、南京、上海、杭州、武汉、南宁等地爆发了规模更大的游行示威。各地爱国人士先后成立了各界救国会，要求国民党政府停止内战，一致抗日。抗日救亡运动的新高潮在全国迅速兴起。

七君子事件

1936年11月23日凌晨，国民政府将在上海领导各界抗日救亡运动的救国会领导人沈钧儒、章乃器、邹韬奋、李公朴、沙千里、史良、王造时等7人非法逮捕入狱，就此成全了沈、邹等7人的美名。时人将这起震惊全国的案件称为"七君子事件"。

七君子何罪？罪在发起成立"各界救国联合会"；罪在要求国民党政府停止内战，立即释放政治犯，建立抗日民主政权；罪在发表《团结御侮的几个基本条件与最低要求》的文件，要求蒋介石停止对西南的军事行动，并与红军停战议和，共同抗日，开放抗日言论自由和救国运动自由。而这一切，正好批着了反动派的逆鳞，在"握着中国统治权的国民党"看来，便是"危害民国"的十恶不赦的大罪。

次年春，国民党不顾各界群众的抗议之声，对沈、邹等7人起诉公审。

西安事变

1936年，蒋介石飞抵西安，决定亲自督促东北军"剿共"。张学良力劝蒋介石停止内战，一致抗日，遭到蒋介石的申斥。张杨二人忍无可忍，决定"兵谏"。1936年12月12日凌晨，张学良和杨虎城指挥部队包围了蒋介石的行宫华清池，把蒋介石软禁了起来，这就是震惊中外的"西安事变"。西安事变爆发后，国民党亲日派极力策动"讨伐"，轰炸西安。周恩来应邀抵达西安后与张杨二人紧急磋商，并与国民政府代表宋子文会谈，最后达成停止"剿共"、一致抗日等承诺。西安事变和平解决，蒋介石被释放后回南京。

第二次国共合作

西安事变和平解决，为第二次国共合作创造了条件。1937年2月起，国共两党代表先后在西安、杭州、庐山和南京等地举行谈判。8月，国共双方达成协议。国民政府军事委员会发布命令，将红军改编为国民革命军第八路军，由朱德和彭德怀分别担任正副司令，下辖3个师，林彪、贺龙、刘伯承为师长。改编后的第八路军在朱德和彭德怀的率领下，迅速开赴晋察冀战争前线，投入抗日战争。1937年9月22日，国民党中央通讯社正式公布《中国共产党为公布国共合作宣言》。第二天，蒋介石发表谈话，表示欢迎国共合作，共赴国难。至此，第二次国共合作实现，抗日民族统一战线正式形成。全国抗日力量空前团结，为抗日

战争的进行创造了有利的条件。

"七七"事变

1937年7月7日，驻北平丰台的日军借口士兵失踪要求进入宛平城搜查，遭中国守军拒绝，日军随即包围宛平城。几小时后，炮声响了，这标志着中国人民全面抗日战争的开始。

"八一三"事变

上海号称东方巴黎，是中国的金融和工商业中心，与国民政府首都南京毗邻。自开埠以来，几未遇战火。"九一八"之后，日本大本营认为：欲置中国于死地，必先占领这个中国的心脏地带。于是，日本再次玩弄惯熟的伎俩，于1937年8月13日在上海虹桥机场制造事端，挑起了"八一三"事变。

8月9日，一个日本军官带领士兵，无理闯入虹桥机场，担任机场警卫的中国保安队卫兵对其制止，日军首先开枪打死保安队卫兵。中国保安队激于民族义愤，严正还击，当场将日军军官与士兵击毙。日军遂调兵遣将，于8月13日对上海发动大规模进攻，中国第3战区军队奋起抵抗，淞沪会战由此展开。

次日，中国政府发表《自卫抗战声明》："中国决不放弃领土之任何部分，遇有侵略，惟有实行天赋之自卫权应之。"接着，日本政府发表声明："为膺惩中国军队的暴戾，以促使南京政府之反省，今即采取断然措施。"日本的侵略战争由此进一步扩大。

抗日救国十大纲领

抗日战争爆发后，中国共产党于1937年

中华民国

8月22至25日在陕北洛川召开的中央政治局扩大会议上制定并通过抗日救国十大纲领。主要内容有：①打倒日本帝国主义；②全国军事的总动员；③全国人民的总动员；④改革政治机构；⑤抗日的外交政策；⑥战时的财政经济政策；⑦改良人民生活；⑧抗日的教育政策；⑨肃清汉奸卖国贼亲日派，巩固后方；⑩抗日的民族团结。

八路军

八路军全称为中国国民革命军第八路军，是中国人民解放军的前身之一。抗日战争爆发后，根据国共两党达成的协议，中共于1937年将中国共产党领导的中国工农红军一、二、四方面军改编成中国国民革命军第八路军。同年9月，改称国民革命军第十八集团军，但习惯仍称八路军，朱德为总司令。下辖三个师：一一五师（师长林彪）、一二〇师（师长贺龙）和一二九师（师长刘伯承）。1947年，国共合作破裂后，八路军改称中国人民解放军。

平型关大捷

1937年9月下旬，日本精锐第五师团和关东军察哈尔兵团向平型关至茹越口的长城防线进犯。经侦察得知日军第五师团第21旅将经过平型关后，八路军第一一五师在师长林彪、副师长聂荣臻的率领下，冒雨赶到平型关公路两侧高地，决定利用平型关的有利地形伏击敌人。25日7时，日军第21旅一部和大量辎重车辆进入一一五师的设伏地区。由于道路狭窄，雨后路面泥泞不堪，日军人马车辆拥挤不堪，行动迟缓。一一五师抓住战机，向敌人全线开火，并趁敌人混乱之际发起冲锋，与敌展开白刃战。一一五师一部分歼其先头部队，阻其南窜，一部分包围敌后尾部队，断其归路。经过激战，全歼被围日军。平型关大捷消灭了日军精锐第五师团21旅1000余人，是华北战场上中国军队主动出击歼敌的一次重大胜利，打破了"日军不可战胜"的神话。

新四军军部成立

根据国共两党达成的协议，红军主力改编为八路军之后，在南方坚持斗争的红军游击队改编为国民革命军陆军新编第四军，简称新四军。1938年1月6日，新四军军部在江西南昌正式成立。叶挺为军长，项英为副军长，张云逸为参谋长。下辖四个支队，司令员分别是陈毅、张鼎丞、张云逸和高敬亭。随后，江西、福建、浙江、湖南、广东、湖北、河南、安徽等八省十三个地区的红军游击队统一集结，整编为新四军，共1.03万人。

南京大屠杀

1937年12月，日军将南京占领后，在其驻军司令官松井石根的唆使下，对中国人民进行了惨无人道的大屠杀。在短短的六个星期内，被日军惨杀的中国人民，总数在30万以上，其中包括很多手无寸铁的妇女和儿童。日军还疯狂地对妇女进行强奸，对和尚和尼姑也进行残杀和奸污。在大肆抢掠财物的同时，日军将全城约1/3的房屋焚烧、毁坏。

徐州会战

日军占领南京、济南后，计划从南北两端沿津浦铁路夹击徐州，将南北战场连成一片。

第五战区司令长官李宗仁指挥中国军队积极部署,以确保徐州的安全。南线日军沿津浦线北上,强渡淮河,张自忠率军反击,日军败退。双方隔河对峙。北线日军第二集团军司令官西尾寿造指挥日军分两路南攻。日军占领了大片领土,逼近鲁南要地临沂,企图从东路进攻徐州,张自忠率部支援,取得了临沂战役的胜利,歼敌3000人。中国军队集中兵力不怕牺牲,多次猛攻占领徐州门户台儿庄的日军第10师团濑谷支队。日军除小部突围外,大部被歼,死伤1万人。中国军队取得抗战以来一次重大胜利。蒋介石决定在徐州结集重兵与日军决战。重新部署的日军,从鲁西、淮北再次南北推进,5月15日完成对徐州地区的包围。李宗仁奉命率第五战区军队沿陇海线西撤,徐州陷落。

台儿庄战役

台儿庄之战是徐州战役的组成部分。日军占领南京后,为打通津浦路连接南北战场,开始进行以夺取徐州城为主要目标的作战。中国军队采取利用优势兵力进行运动战,各个击破分进运动之敌的作战方法,由第五战区司令长官李宗仁驻徐州指挥。

滕县失守后,矶谷师团大举南下,自滕县循津浦路临枣支线直扑台儿庄。1938年3月23日,台儿庄大战开始,日军不断增兵猛攻。蒋介石于次日亲临督战,下令若失掉阵地,将处分战区司令及在徐州协助李宗仁指挥的副参谋总长白崇禧和所有旅以上长官。守军池峰城部第31师浴血固守,与冲进庄内的敌军进行逐房逐屋的争夺战,彼此一墙之隔,互相凿洞射击,往往为争占一间屋子而相持二三日,为争夺一条小巷而付出一个连或一二个营的兵力。因部队伤亡过大,池部要求暂退,第二集团军总司令孙连仲下令:任何人都不准退,士兵打完了将官填,将官打完了我总司令来,填完为止。池峰城遂下令全师将士虽剩至一兵一卒,也死守不退。如此坚守半月之久,将日军主力吸引在附近。直至4月3日,汤恩伯第20军团加入战斗,内外夹击大举反攻,6日晚,国民党军全线出击,被围日军1万余人被歼,中国军队取得了自平型关大捷以后的又一个重大胜利。

西南联大

"七七"事变以后,平津沦陷,清华大学、北京大学、南开大学三所高等学校被迫南迁,于1937年10月组成国立长沙临时大学。南京失守以后,学校决定西迁昆明。1938年4月,国立西南联合大学在昆明成立,简称西南联大。西南联大设有5院26系、两个专修科、一个先修班及在职中学教师进修班等,是中国抗战时期规模最大的大学。西南联大人文荟萃,为国家培养出了大量的人才,也促进了西南边疆教育的发展。抗战胜利后,西南联大于1946年5月结束,三校复原北迁,留下师范学院,改名为"国立昆明师范学院"(即今天的云南师大)。

《论持久战》

1938年5月,毛泽东写了《论持久战》,初步总结了全国抗战的经验,从理论上彻底批驳了当时盛行的"速胜论"和"亡国论"等错误观点,系统阐明了中共的抗日持久战方针。全文共写了21个问题,分120段。前9个问题,主要论述为什么是持久战,为什么最后胜利是中国的,后12个问题,主要阐述了怎样进行持久战和怎样争取最后胜利。毛泽东分析了中日两国的社会形态、双方战争的性质、战争要素的强弱状况，国际社会的支持与否，指出了抗日战争是持久战，最后的胜利必将属于中国。

花园口决堤事件

1938年徐州失陷后，国民党军队被迫向豫东、皖西撤退。日本侵略军2万余人沿陇海线铁路向西追击，6日，侵占开封，企图夺取郑州，进逼武汉。国民党军队虽拥10万之众，却惊慌失措。蒋介石不顾广大人民的生命财产，于6月1日下令秘密开决黄河河堤。黄河堤决后泛流入贾鲁河及颍河，淹没河南、安徽及江苏3省所属44个县5.4万平方公里的土地。受灾人口达1200万，淹死89万。黄河决堤并没有阻止日军进犯却造成了连年灾荒的黄泛区，给中国人民造成很大损失。

军统

1938年8月，国民党成立国民政府军事委员会调查统计局，简称"军统局"。军统局是抗战时期最大的特务组织，其实际负责人为副局长戴笠。著名的重庆中美特种技术合作所、白公馆监狱、渣滓洞看守所、贵州息烽集中营、上饶集中营都是它的下辖机构。军统特务最多时达到5万多人，分布于国民党的军队、警察、行政机关、交通运输机构，乃至驻外使领馆，专门以监视、绑架、逮捕和暗杀等手段进行特务活动。他们既奉命刺杀汉奸、截取情报、策反日伪，也从事破坏中共组织、逮捕进步学生等活动，其行动不受任何法律约束，肆意横行，无法无天。1946年戴笠飞机失事而死，毛人凤掌管了军统的权力。1949年，军统主要机构撤到了台湾。

长沙会战

从1939年到1942年间，日军先后三次大规模进攻长沙。中国军队与日寇展开殊死搏斗，即三次长沙会战。

第一次长沙会战于1939年9月14日开战，日军兵分三路，采取"分进合击，正面突破、两翼包抄"的战术，企图消灭中国第五战区的主力，一举攻克长沙。中国军队顽强抵抗，与日军进行了异常激烈的战斗。10月1日，日军死伤2万人，被迫撤退。

第二次长沙会战于1941年9月17日开战，日军15万人进攻长沙。27日，占领长沙。中国军队逐次抵抗，诱敌深入至汨罗河，实施包围后发动猛攻。日军突围北撤，会战结束。

第三次长沙会战于1941年12月开战，日军为了策应其对香港的进攻，再次进攻长沙。中国军队再一次诱敌至长沙近郊，将日军重重包围。1942年1月，日军突围，死伤5.6万人。

百团大战

抗日战争进行到1940年，各战场呈现胶着状态。7月，八路军总司令朱德、副司令彭德怀和副总参谋长左权向晋察冀军区、第120师、第129师下达了关于以破击正太铁路为中心的《战役预备命令》。8月，八路军总部下达《战役行动命令》。1940年8月20日晚，正太铁路破击战按计划全面展开。军区部队由陈赓亲率开往正太前线，陈赓直接指挥这次破击战的中央纵队。左翼纵队进击正太铁路西段，横扫寿阳至榆次间100多里的铁路沿线，炸断了每一座桥梁，炸毁了每一个车站，肃清了沿线所有日军据点及其守备部队。八路军在抗日战争中最大的一次战役就这样轰然打响。尔后，战斗迅速扩展到除山东以外的整个华北地区和主要交通线。八路军参战的兵力随着战役的发展达到115个团，故后称"百团大战"。

大生产运动

1941年，由于日本帝国主义的疯狂"扫荡"、国民党顽固派的军事包围和经济封锁，以及自然灾害的侵袭，陕甘宁边区的财政、经济遇到了极为严重的困难。为了战胜困难，坚持抗战，中共中央提出了"发展经济、保障供给"的方针，号召解放区军民自力更生，克服困难，开展大规模的生产运动。解放区军民在中共中央领导下，开展了南泥湾、槐树庄、大风川等地的屯田大生产运动。各级干部也都积极投入了大生产运动，和群众同甘共苦。大生产运动的开展，使解放区克服了严重的物质困难，改善了军民的生活。

皖南事变

1940年12月，蒋介石下令，要求在1940年12月31日前，新四军必须开到长江以北，八路军必须退到黄河以北，否则将军事解决。中共中央为了顾全大局，致电新四军政委项英，要求趁国民党尚未部署完毕，迅速撤离。但项英拖延不决，失去了安全撤退的大好时机，也给了蒋介石"违抗军令"的口实。1941年1月4日，项英率新四军军部和部队共9000余人北撤。6日，当新四军进入安徽泾县茂林地区时，遭到事先埋伏的国民党军顾祝同部和上官云相部7个师8万余人的包围袭击。新四军血战7昼夜，终因众寡悬殊，措施失当，弹尽粮绝，除2000人突围外，大部分壮烈牺牲。军长叶挺谈判时被扣，项英被叛徒杀害。

延安整风运动

1941年5月19日，毛泽东在延安干部会议上作了题为《改造我们的学习》的报告，整风开始。12月，中共重要文件《六大以来》正式出版。书中包括自1928年6月党的第六次全国代表大会以来至1941年11月的55个文件。这本书是整风运动准备阶段高级干部学习的主要读物。1942年2月，中国共产党在延安和各抗日根据地进行的整顿党的作风的运动，由准备阶段进入普遍整风阶段。自此，全党范围的整风运动开始。整风运动的学习文件是毛泽东的《改造我们的学习》《整顿党的作风》《反对党八股》，刘少奇的《论共产党员的修养》，陈云的《怎样做一个共产党员》，及其他有关文件和论著。整风运动的方针是"惩前毖后，治病救人"。其具体方法是：在学习文件的基础上，检查自己的工作、思想、开展批评与自我批评，找出错误产生的根源及克服错误的方法。党的高级干部还着重学习、讨论了党史。

狼牙山五壮士

1941年，几万日军对晋察冀边区进行大"扫荡"，边区军民团结起来展开了"反扫荡"的英勇斗争。9月下旬，日军又集结了3000多人，分路搜索边区东部的制高点狼牙山。为掩护政府人员和人民群众安全转移，25日早晨，一分区一团七连六班的葛振林、胡德林、宋学义、胡福才在班长马宝玉的带领下，主动把敌人吸引到狼牙山的半山腰。他们居高临下，打击敌人的进攻。到了黄昏，掩护任务已经完成。班长马宝玉带领四名战友顺山梁向后撤退，这才发现后面是悬崖。5名英勇的八路军战士，用最后的子弹、手榴弹和可搬动的石头打击蜂拥而上的敌人。他们宁死不屈，砸碎手中的枪后，高呼"中国共产党万岁"跳下万丈深渊。他们中三人壮烈牺牲，两人受伤脱险，被人们称为"狼牙山五壮士"。

精兵简政

1941年11月6日，开明绅士李鼎铭在延安召开的陕甘宁边区第二届参议会上首次提出精兵简政这一重要政策。中共中央和毛泽东非常重视。同年12月，中共中央向各抗日根据地发出了精兵简政和发展经济等问题的指示。精兵，即提高部队的质量，增强战斗力。所有脱产的武装部队不能超过居民数的2%，并大力发展不脱产的民兵，加强民兵的战斗力。简政，即紧缩合并行政机构。健全工作制度，按各人的特长适当调整。政府机关、民众团体脱产人员不超过居民总数的1%。陕甘宁边区最先响应，各抗日根据地积极执行。精兵简政加强了部队的战斗力，克服了机关重叠、人浮于事等现象，减轻了人民负担，对增加生产、克服当时的困难起了很大的作用。

陈纳德与他的"飞虎队"

美国陆军中将克莱尔·李·陈纳德在中国的知名度远远超过了他在美国的知名度，他是在中国人民处于最危难的关头支援中国的外国军人之一。他在没有得到美国政府允许的情况下，违反美国的中立原则，毅然帮助中国组织和训练中国年轻的空军部队。他组建的由美国志愿人员组成的"飞虎队"，从1941年12月起共击落日军飞机250架。更重要的是，"飞虎队"使中国人民知道自己不是孤立无援的，

它鼓舞了艰苦抗战中的中国军民。1958年7月27日，陈纳德因患肺癌在新奥尔良医院逝世，终年67岁。他的中国妻子陈香梅一直守护在病床边。中国人民永远不会忘记患难中的朋友——陈纳德和"飞虎队"的勇士们。

远征军入缅作战

太平洋战争爆发不久，1942年1月，日军开始进攻缅甸。英缅军节节败退，日军迅速进逼仰光，英国向中国求援，中国组建了以卫立煌为司令的中国远征军，入缅作战。4月17日，中国远征军解救了被日军围困在仁安羌的7000余名英军和500余名美国传教士、新闻记者，被誉为"亚洲的敦刻尔克奇迹"。但由于得不到英缅军的有力配合，中国远征军被迫撤往国内和印度。1943年，经过休整的中国远征军从印度和云南再次出击，进攻缅甸的日军。中国远征军浴血奋战，重创日军，打通了中印公路，使得国际援华物资源源不断地运入中国，为盟军收复全缅甸创造了有利条件。

九三学社

1944年11月间，由重庆一部分爱国的文教科技界人士发起组成。1945年9月3日，为纪念抗日战争和世界反法西斯战争的胜利，由"民主科学社"改为现名。1946年5月4日在重庆召开成立大会，选举许德珩等16人为理事。反对国民党的独裁和内战，反对美帝国主义对中国的侵略。同年10月，其中央由重庆迁至北平。1949年1月宣布响应中共提出的召开新政协的号召，9月，参加中国人民政治协商会议。新中国建立后，积极参加社会主义建设，在国家的政治、经济生活特别是科技文教

领域发挥独特的重要作用。

中共"七大"

1945年，抗战即将取得全面胜利，中国共产党人又面临一个新的历史抉择，如何在彻底打败日本侵略者后，建立一个独立、自由、民主、统一与富强的新中国。为此，4月23日至6月11日，中国共产党召开了第七次全国代表大会。出席大会的代表547人，候补代表208人，代表着全党121万党员。这次大会讨论并通过了毛泽东的政治报告《论联合政府》，朱德的军事报告《论解放区战场》和刘少奇的《关于修改党章的报告》。这次大会是中国共产党建党以来民主革命时期我党最重要的一次代表大会，向全国人民指明了打败日本侵略者，建立新民主主义新中国的目标。大会总结了我国民主革命的历史经验，制定了更为具体的纲领和政策。确立了毛泽东思想为全党一切工作的指针，标志着党在政治上、思想上、组织上达到空前的团结与统一，为最后打败日本侵略者，争取新民主主义革命在全国的胜利奠定了基础。

日本投降

1945年8月15日正午，日本天皇向全国发表"玉音广播"，宣布接受波茨坦公告，日本无条件投降。9月2日上午9时，在东京湾的美国"密苏里"号舰上举行了受降仪式。日本外相重光葵代表日本天皇和政府、陆军参谋长梅津美治郎代表帝国大本营在投降书上签字，盟军最高统帅麦克阿瑟上将、美国代表尼米兹海军上将、中国代表徐永昌将军等依次签字。9月9日，中国战区受降仪式在南京国民政府中央军校大礼堂举行。中国代表何应钦上将、日本代表冈村宁次大将分别在日本投降书上签字。

重庆谈判与《双十协定》

抗战胜利后，社会各界呼吁国共双方进行政治谈判，组成联合政府，避免内战。蒋介石在1945年8月三次电邀毛泽东赴重庆"共商国家大计"。8月28日，毛泽东在周恩来、王若飞等的陪同下飞抵重庆。次日，国共双方开始会谈。经过艰苦谈判，国共双方于10月10日正式签署《政府与中共代表会谈纪要》，即《双十协定》。国民政府表示承认同意"坚决避免内战，建设独立、自由和富强的新中国"和召开政治协商会议。但双方在人民军队和解放区政权两个根本问题上未能达成协议。1946年1月10日，双方正式签署《关于停止国内军事冲突的命令和声明》。但很快蒋介石就撕毁停战协定，悍然发动了内战。

政治协商会议

1946年1月，国民党、共产党、民盟、中国青年党和无党派人士五方代表在重庆举行政治协商会议，意在化解当前国共两党的矛盾，共商和平建国的大计。会议通过了关于政府组织、和平建国纲领、国民大会、宪法草案和军事等五项协议，取得了一些重大的进展，确认了和平建国的基本方针，实际上否定了国民党一党专政的政治体制。但是，作为焦点的军队问题依然没有实质性的协议，最后只达成了一个军队属于国家、军党分立、军民分治、实行整编的折中方案，而具体如何整编，则又下了"继续商议"的悬案。政协会议闭幕后不久，国民党重开战端，内战又爆发了。

校场口事件

1946年2月2日，由协进会等23个团体发起，举行庆祝政治协商会议成功的大会。10日晨，当参加大会的群众团体陆续进入会场时，会场两侧布满特务打手。中统特务控制了会场，抢占了主席台。李公朴、施复亮上前阻拦遭到毒打，郭沫若、陶行知、章乃器和新闻记者及劳协会员60余人被打伤。这一事件充分暴露了国民党反动派破坏政治协商会议决议、坚持独裁内战的反动面目。这次事件称为"校场口事件"。

李闻血案

1946年1月政协会议后不久，国民党就撕毁了《停战协定》和《政协决议》，再次向解放区发动了全面的进攻。李公朴、闻一多均为中国民主同盟中央执行委员会委员，昆明民主运动的重要领导人。他们坚决反对国民党发动内战，赞成共产党提出的建立联合政府与和平民主建国的主张，多次呼吁结束国民党的一党专政，因此被国民党特务列入黑名单。1946年7月11日晚，民盟中央执行委员李公朴与夫人被暗杀。7月15日上午，同为民盟执委的闻一多赴云南大学致公堂参加李公朴死难经过报告会，在会上作了著名的"最后一次的讲演"，会后当天即遇刺身亡。李闻血案激起了全国人民和世界爱好和平人士的义愤。国统区反内战浪潮日益高涨。

"二·二八"事件

1947年2月27日，台湾专卖局缉私人员和警察在台北市查缉走私香烟时，打伤女烟贩林江迈，并打死围观群众陈文溪，激起了台湾民众的义愤。2月28日，群众围攻专卖局，下午到行政长官公署请愿，遭到卫兵开枪射击，多名群众被打死打伤。血案激起了台北市民对国民党政权的仇视。台北市民众罢工、罢市、罢课，全岛各地出现抗官事件。台湾行政长官陈仪宣布戒严。3月2日，台北民众成立"二·二八事件处理委员会"，与行政长官公署进行交涉，并于3月7日提出涉及地方自治的42条要求，政治目标不断提高，甚至要求接管行政长官公署。国民党政府接到事件报告后，认为是叛乱事件，于是派出军队进行血腥镇压。这就是"二·二八"事件。

延安保卫战

1947年3月，国民党军集中23万兵力由南、西、北三面向陕甘宁解放区发动"重点进攻"，妄图消灭中共中央、人民解放军总部和陕甘宁边区的部队。3月13日，胡宗南指挥15个旅14万人自洛川、宜川北犯，直取延安。为掩护中共中央机关和群众转移，西北野战军决定以1个旅另1个团的兵力驻于延安以南地区，以运动防御阻击敌人，主力3个旅集结待命。16日，根据中共中央军委的决定，西北野战兵团和地方部队统归军委副主席兼总参谋长彭德怀、中共西北局书记习仲勋指挥。西北野战军为"保卫党中央，保卫毛主席"，进行了顽强的抗击，给敌以重创，迟滞了敌人的进攻。

孟良崮战役

1947年5月，国民党军陆军总司令顾祝同指挥45万兵力，采用密集靠拢、稳扎稳打、齐头并进的战术步步进逼，进攻鲁中山区，企图消灭华东野战军。

华东野战军司令陈毅、副司令粟裕遵照中共中央军委指示，主动后撤，寻机歼敌。国民党军汤恩伯部中计，一改其稳扎稳打的战法，孤军冒进，结果被解放军主力部队围困在孟良崮地区。同时，解放军又派其他部队阻击国民党军的救援。经过三天三夜的激战，解放军以伤亡1.2万人的代价，全歼了蒋介石的"五大主力"之一、号称"御林军"的整编第74师3.2万人，击毙师长张灵甫。由于国民党失去了一支骨干力量，被迫停止了对山东的进攻。

辽沈战役

1948年9月12日，中国人民解放军打响了辽沈战役。东北野战军司令林彪命令6个纵队加4个师向锦州地区发起进攻。到10月1日，连克昌黎、北戴河、绥中、兴城、义县等城，切断了北宁路，孤立了锦州。辽沈战役分为三个阶段，经过52天的连续作战，以伤亡6.9万人的代价，取得了歼敌1个"剿匪"总司令部、4个兵团部、11个军部、33个整师，共47万人并解放东北全境的伟大胜利。辽沈战役于1948年11月结束。

四大野战军

1948年11月1日，中共中央军委颁发全军整编命令：将野战部队改为野战军。野战军以下依次辖兵团、军（原纵队）、师、团等。各野战军以所在地区分为西北、中原、华东、东北、华北野战军，并成立了陕甘宁晋绥联防、西北、中原、华东、东北五大军区，协调正规军与地方武装之间的相互配合。1949年3月，中原野战军改称第二野战军，华东野战军改称第三野战军。6月，西北野战军改称第一野战军，东北野战军改称第四野战军。华北野战军的三个兵团，直属中国人民解放军总部。渡江战役胜利以后，四大野战军开始向全国进军。第一野战军解放了西北地区，第二野战军解放了西南地区，第三野战军解放了东南地区，第四野战军解放了华南地区。四大野战军为新中国的成立立下了不朽功勋。

淮海战役

国民党军徐州"剿匪"总司令刘峙集团和杜聿明集团，集结在以徐州为中心的陇海铁路郑州至连云港段，津浦铁路薛城至蚌埠段，担负着拱卫首都南京的重任。1948年11月6日，淮海战役开始。华东野战军将国民党军的黄百韬兵团包围在运河以西以碾庄圩为中心的18平方公里的区域内，全歼敌军，黄百韬自尽。12月1日，国民党军弃徐州向西南逃窜。4日，华东野战军将徐州逃敌包围。6日，国民党军孙元良兵团突围时被歼，孙元良只身潜逃。同日，中原野战军和华东野战军对黄维兵团发起总攻。经过激战，全歼敌军，生俘黄维。1949年1月6日至10日，华东野战军对被包围的杜聿明集团发起总攻，全歼邱清泉、李弥两个兵团共30万人，俘获杜聿明，邱清泉开枪自尽，李弥逃脱。淮海战役结束。

平津战役

1948年11月29日，中国人民解放军东北野战军和华北野战军在林彪、聂荣臻、罗荣桓等领导下，根据中共中央的命令发动了平津战役。华北"剿总"司令傅作义因与蒋介石有矛盾而迟迟不愿南撤。战役开始后，解放军将国民党在华北的60余万部队分割包围，12月22日首先围歼了新保安国民党35军军部和两个师，24日攻占张家口，全歼敌军5万，傅的西逃之路被切断。1949年1月15日，攻克天津，全歼守军13万余人，俘虏华北"剿总"副司令陈长捷，傅的下海南逃之路被堵。经过艰苦谈判，1月20日，傅作义接受和平改编，宣布起义。1月31日，解放军进入北平，北平宣告和平解放，千年古都免遭战火销蚀。

渡江战役

三大战役后，1949年4月20日国民党政府拒绝在《国内和平协定》上签字。中国人民解放军第二、三野战军执行毛泽东主席和朱德总司令《向全国进军的命令》，在长江南北广大人民支援下，于1949年4月21日凌晨，以木帆船为主要渡江工具，在西起九江东北的湖口，东至江阴，长达500余公里的战线上，强渡长江，彻底摧毁了敌人苦心经营3个半月的长江防线。4月23日，解放南京，宣告国民党反动统治的覆灭。5月3日解放杭州，22日解放南昌，27日解放上海。6月16日解放汉口，17日解放武昌、汉阳。整个战役共歼敌46个师43万余人，解放了江苏、浙江、江西、安徽、湖北等省的广大地区和福建的部分地区，为进军华东、华南、西南创造了有利条件，加速了全中国的解放。

中国人民政治协商会议

中国人民政治协商会议是在新中国建立前夕召开的。1949年9月，中国人民政治协商会议举行了第一届全体会议。参加会议的代表共662人，包括中国共产党和各民主党派、各人民团体、各地区、人民解放军、少数民族、国外华侨、宗教界人士等46个单位的代表以及特别邀请的人士，具有十分广泛的代表性。人民政协第一届全体会议代行全国人民代表大会的职权，代表全国人民的意志，宣告了中华人民共和国的成立，通过了具有临时宪法性质的《中国人民政治协商会议共同纲领》及《中国人民政治协商会议组织法》、《中华人民共和国中央人民政府组织法》，决定中华人民共和国定都于北京，国旗为五星红旗，以《义勇军进行曲》为国歌，采用公元纪年法纪年，选举了中央人民政府主席、副主席、委员，并选举产生了中国人民政治协商会议第一届全国委员会。

中华人民共和国成立

1949年10月1日，中华人民共和国中央人民政府在北京中南海勤政殿举行第一次会议，宣布就职。会议推选林伯渠为中央人民政府委员会秘书长，任命周恩来为中央人民政府政务院总理兼外交部长，毛泽东为中央人民政府人民革命军事委员会主席，朱德为中国人民解放军总司令，沈钧儒为中央人民政府最高人民法院院长，罗荣桓为中央人民政府最高人民检察署检察长。会议决定接受《中国人民政治协商会议共同纲领》为中央人民政府的施政方针。下午3时，30万群众齐集天安门广场，隆重举行开国大典。毛泽东亲手升起第一面五星红旗，宣读了《中华人民共和国中央人民政府公告》，庄严宣告中华人民共和国中央人民政府成立。中国人民解放军总司令朱德检阅了三军部队，并宣布了《中国人民解放军总部命令》。中华人民共和国的成立，结束了中国半殖民地半封建社会的历史，开创了中国历史的新纪元。

袁世凯

袁世凯（1859～1916年），字慰庭，河南项城人，官僚世家出身。受到直隶总督李鸿章的赏识，经李鸿章保举，在驻汉城清军"总理营务处，会办朝鲜防务"。回国后在天津训练新军。在维新变法期间，参加强学会。百日维新之后，受到慈禧太后重用。

孙中山

孙中山（1866～1925年），近代伟大的革命先行者，民主主义革命家、思想家。中国资产阶级革命领袖。广东香山县（今广东中山市）翠亨村人。名文，号逸仙。曾化名中山樵，以孙中山著称。1894年，组织兴中会。1905年，创立中国同盟会，任总理。提出三民主义学说。1911年任中华民国临时大总统。次年4月，被迫辞职。1912年8月，将同盟会改组为中国国民党。其后领导"二次革命"、护国运动、护法运动，屡遭失败。1919年，写就《建国方略》。1921年，在广州就任非常大总统。1922年退居上海。1924年，召开中国国民党第一次全国代表大会，确立新三民主义政策。改组国民党，实现国共第一次合作。创办黄埔军校，组织东征、北伐。11月，应冯玉祥邀请，抱病北上，讨论国事。次年3月22日在北京逝世。辑有《孙中山选集》。

蔡元培

蔡元培（1868～1940年），清末进士，曾供职于翰林院。1902年在上海创办中国最早的女子学堂——爱国女子学校，担任校长。同年与章炳麟等创立中国教育会，担任会长。辛亥革命后任南京临时政府教育部长。1917年任北大校长。1927年任国民党南京政府大学院院长。因此，在他死后的"谥号"中，首先就是一个"教育家"。

陈嘉庚

陈嘉庚（1874～1961年），爱国华侨领袖。福建同安（今属厦门市）人。1890年随父赴新加坡习商，成为南洋著名的华侨资本家。1961年8月12日在北京病逝。著有《南洋回忆录》、《新中国观感集》。

陈独秀

陈独秀（1879～1942年），五四运动主将，中国共产党创始人之一。字仲甫，安徽怀宁人。早年留学日本。1915年在上海创办《新青年》（第一卷名《青年杂志》），提倡民主与科学，抨击封建的伦理道德。1917年发表《文学革命论》，提倡反映现实的新文学。同年任北京大学文科学长。1918年冬和李大钊创办《每周评论》，倡导新文化，是五四新文化运动的主将之一。五四运动后，接受和宣传马克思主义，由激进民主主义者转向马克思主义者。1920年8月，在上海首先成立中国共产党上海发起组。1921年7月，在中国共产党第一次全国代表大会上，被选为党的中央局书记。后被选为党的第二、第三届中央执行委员会委员长，第四、第五届中央委员会总书记。第一次国内革命战争期间，犯了右倾投降主义错误，放弃无产阶级对统一战线、农民运动、尤其是军队的领导权，致使革命在敌人的突然袭击下遭到惨重失败。1927年7月12日被共产国际责令停职，同年"八七"会议上被正式解除总书记的职务。1929年11月被开除出党。同年12月，与彭述之等在上海成立托派组织"无产者社"。1931年5月，在上海纠合"中国共产党左派反对派"，任书记。1932年被南京国民政府逮捕，抗日战争爆发后获释。1942年病故于四川江津。著有《独秀文存》。

鲁迅

鲁迅（1881~1936年），中国近代伟大的无产阶级文学家、思想家和革命家。浙江绍兴人，原名周樟寿，后改名周树人。1902年去日本留学，原学医，后改学文学，用以改变国民精神。1918年5月，第一次用"鲁迅"的笔名，在《新青年》发表中国现代文学史上第一篇白话小说《狂人日记》，彻底揭露了封建礼教的"吃人"的性质，奠定了新文学运动的基石。1918年至1926年间，陆续创作出版了《呐喊》、《坟》、《热风》、《彷徨》、《野草》、《朝花夕拾》、《华盖集》、《华盖集续编》等专集，表现出爱国主义和彻底的革命民主主义的思想。他站在反帝反封建的新文化运动的前列，成为五四新文化的伟大旗手。1926年南下，相继在厦门大学、中山大学授课。四·一二政变后，愤然辞职以示抗议，并抛弃了进化论思想。1927年10月迁居上海，认真研究马列主义理论。1930年起，参加和领导中国自由运动大同盟、中国左翼作家联盟和中国民权保障同盟等组织，同中国共产党一道，与国民党反动派进行坚决斗争，是粉碎反动派文化"围剿"的革命主将。1936年坚决拥护中国共产党的抗日民族统一战线的主张，并提出了"民族革命的大众文学"这一无产阶级的口号。同年10月19日病逝于上海。

宋教仁

宋教仁（1882~1913年），近代民主革命家。湖南桃园人。字遯初、钝初，号渔父。1904年，与黄兴等创立华兴会，任副会长，参与策划长沙起义。事泄，流亡日本。次年，参与创立中国同盟会，任司法部检事长，兼《民报》撰述。1911年回上海，任《民主报》主编，组织同盟会中部总会，任总务干事，筹划在长江流域各省设立分会及起义。武昌起义后赶赴武昌，起草《鄂州约法》，筹组临时政府。南京临时政府成立后，任法制院院长。1912年5月，出任北京政府农林总长。8月同盟会改组后，任国民党代理理事长。1913年，四处发表竞选演说，鼓吹议会、政党政治，反对袁世凯专权。3月20日，在上海车站被袁世凯派人刺杀。宋教仁遇刺案不仅是中国民主政治遭受重大挫折的标志，而且是袁世凯撕下伪装，公开走向独裁专制的开始。

李大钊

李大钊（1889~1927年），中国最早的马克思主义者，中国共产党的创始人之一。字守常，河北乐亭人。1913年毕业于北洋法政大学，同年赴日本留学，曾参加反袁世凯的斗争，开始接触马克思主义。1916年回国，1918年12月，与陈独秀创办《每周评论》。1919年1月，在《新青年》第五卷第五号上发表《庶民的胜利》和《布尔什维主义的胜利》，高度赞扬俄国十月革命。他积极领导五四运动，与胡适为代表的改良主义作斗争。五四运动后，在《新青年》上发表《我的马克思主义观》，介绍马克思主义的一些基本原理。1920年在北京组织共产主义小组。中国共产党成立后，负责北方区工作。参加了中国共产党第二至四次代表大会，当选为中央委员。国共合作时期，受中国共产党委派帮助孙中山确定三大政策和改组国民党。1924年代表中国共产党出席共产国际第五次代表大会。1927年4月6日被奉系军阀张作霖逮捕，28日在北京就义。遗著有《李大钊选集》。

白求恩

白求恩（1890～1939年），加拿大共产党员，国际主义战士，著名的胸外科专家。加拿大安大略州人。多伦多大学医科毕业。1936年，德意法西斯武装干涉西班牙革命时，白求恩任加拿大医疗队队长，随加拿大志愿军奔赴前线，为反法西斯侵略的西班牙人民服务。中国抗日战争爆发后，为了支援中国人民的解放事业，受加拿大共产党和美国共产党的派遣，1938年1月，率加美医疗队到中国。同年3月到延安，不久转赴晋察冀边区，任晋察冀军区卫生顾问，帮助军区和各军分区全面地改进医疗工作，建立起医院，并亲自编写教材进行讲授，从实践工作中培养和训练了大批医务干部，以极大的热忱和精湛的医疗技术，为中国人民的解放事业做出卓越的贡献。后因抢救伤员感染，于1939年11月12日在河北完县（今属唐县）逝世。

陶行知

"书呆子"对于陶行知（1891～1946年）来说并无贬义，但他把自己学校的图书馆命名为"书呆子莫来馆"，强调培养"有农夫身手、科学头脑、改造社会精神的教师"。1946年7月25日，中国平民教育家陶行知先生因脑溢血逝世，终年56岁。陶行知生活的年代，中华大地战火不断，但他却痴心于国民教育，颇有几分书呆子气。他1914年赴美留学，曾像胡适一样师从美国大哲学家杜威，但1916年回国后，他与胡适走上了完全不同的道路，他试图从教育入手，提高国民素质。1927年，陶行知等人创办了著名的晓庄师范学校，他带领学生自建茅草校舍，并编了一首《自主歌》与师生共勉："滴自己的汗，吃自己的饭，自己的事，自己干，靠人、靠天、靠祖上，不算是好汉！"1930年，晓庄师范学校爆发学生运动，陶行知被通缉，被迫流亡日本。次年回国从事抗日救亡运动。1939年在重庆创办育才学校，1945年又与李公朴等创办社会大学。

邹韬奋

邹韬奋（1895～1944年），中国近代著名出版家、编辑、新闻记者。名恩润，生于福建长乐，祖籍江西余江。1921年毕业于上海圣约翰大学，次年任《教学与职业》月刊主编。1926年在上海主编《生活》周刊，倡导为读者服务。"九·一八"事变后，积极宣传抗日。1932年，创办生活书店，出版进步刊物和图书。1933年参加中国民权保障大同盟。1935年11月在上海、香港主编《大众生活》周刊、《生活日报》和《生活星期刊》，积极参加救亡运动并参与上海各界救国会和全国各界救国联合会的领导工作。同年与沈钧儒等6人被南京国民政府逮捕。获释后，先后在上海、汉口、重庆主编《抗战》《全民抗战》等刊物，反对蒋介石的反动政策。1938年被聘为国民参政会参政员。皖南事变后，被迫流亡香港，复刊《大众生活》。日军攻陷香港后，辗转到广东东江游击区，1942年到苏北解放区。1943年秘密赴上海治癌症。1944年7月24日病逝。中共中央根据他生前的申请，追认为中共正式党员。著有《萍踪寄语》《患难余生记》《韬奋文集》等。

向警予

向警予（1895～1928年），中国无产阶级革命家，中国共产党早期著名的妇女运动领导人之一。乳名九九，学名俊贤，湖南溆浦人。1919年秋参加新民学会，发起成立"周南女子留法勤工俭学会"。同年12月赴法国勤工俭学。1921年11月回国，次年初在上海加入中国共产党。曾任中共中央第一任妇女部部长。1924年4月后，负责国民党上海执行部妇女部工作，组织妇女运动委员会。年底发起组织上海女界国民会议促成会和中华全国女界国民会议促成会。在五卅运动中，积极组织劳动妇女参加。1925年10月，赴苏联东方共产主义者劳动大学学习。1927年4月回国，先后在武汉总工会、中共汉口市委和湖北省委工作，主编党的秘密刊物《长江》。1928年春在汉口因叛徒出卖被捕，5月1日晨英勇就义。

傅作义

傅作义（1895～1974年），字宜生，山西临猗人，保定军官学校毕业。原为阎锡山部属。抗战时，先后任国民党集团军总司令、战区司令长官、省主席等职。解放战争开始时，傅作义曾率三个骑兵师长途奔袭，占领了晋察冀解放区首府张家口，蒋介石闻讯后，兴奋之余提前召开了"国民大会"。1948年底，傅作义在平津战役中，为最后和平解放北平立下大功。解放后，担任新中国的水利部长，为新中国的水利事业作出巨大贡献。1974年4月19日，80岁的傅作义因病在北京逝世。

叶挺

叶挺（1896～1946年），原名叶洵，字希夷，广东惠阳人。1912年考入广东陆军小学，后进入保定军校学习。1922年，任孙中山的警卫团二营营长。翌年，陈炯明叛变，叶挺保护孙中山脱险。1924年，孙中山派他到苏联东方大学学习，不久加入中国共产党。1925年，叶挺担任由共产党领导的独立团团长。1927年，蒋介石发动反革命政变，叶挺先后参加领导了南昌起义和广州起义。抗日战争爆发后叶挺任新四军军长。皖南事变后被国民党关押。1946年获释后不久因飞机失事遇难。

田汉

田汉（1898～1968年），中国近现代戏剧家活动家、剧作家、诗人。字寿昌，笔名陈瑜，湖南长沙人。1917年留学日本。1921年回国后，与郭沫若、郁达夫等组织创造社。1925年起，先后创办南国电影剧社、南国社、南国艺术学院，主编《南国周刊》《南国月刊》杂志，从事话剧创作与演出实践，并培养了一批文艺骨干，推动了中国话剧事业。1930年代前后参加中国民权保障大同盟、左翼作家联盟和左翼戏剧家联盟。1932年加入中国共产党，任左翼剧联党团书记，中共上海中央局文化工作委员会委员。30年代初期，创作电影《三个摩登女性》和《风云儿女》，社会反响强烈。他和聂耳合作的《毕业歌》《义勇军进行曲》，极大地鼓舞了人民的斗志。抗日战争爆发后，投身抗战戏剧运动，写出多幕话剧《卢沟桥》。抗战期间，创作反映全民族抗战主题的《江汉渔歌》等戏曲剧本。抗战胜利后，又写名剧《丽人行》，揭露美蒋夺取抗战胜利果

实。新中国成立后,历任人大、政协代表,继续倡导戏剧改革。是中国话剧运动的奠基人和戏曲改革运动的先驱,著有《田汉剧作选》。

刘志丹

刘志丹(1903~1936年),原名景桂,字子丹,陕西保安(今志丹县)人。黄埔四期毕业。1925年加入中国共产党。大革命失败后,于1928年5月领导了渭华起义,成立了西北工农革命军,后改为中国工农红军陕甘游击队。刘志丹领导陕北红军创立了陕甘边革命根据地,为党中央和中央红军落脚陕北创造了条件。1935年,刘志丹被执行"左"倾冒险主义的领导人以"右派反革命的首领"的莫须有罪名逮捕,直到中央红军到达陕北后才被释放。后被任命为红军北路军总指挥,红二十八军军长。1936年的4月14日,刘志丹率红二十八军渡黄河东征,在攻占中阳县三交镇战斗中中弹牺牲。为了纪念他,中共中央将保安县改名为志丹县。

冼星海

冼星海(1905~1945年),中国近代著名作曲家。广东番禺人。因家贫先后半工半读毕业于上海国立音乐学院和法国巴黎音乐学院。1935年毅然回国,在上海参加抗日救亡运动。1938年11月赴延安,次年任鲁迅艺术学院音乐系主任,同年加入中国共产党。1940年赴苏联,为在延安拍摄的影片《延安与八路军》配乐,1945年病逝于莫斯科。作品有《黄河大合唱》等合唱四部,歌曲《到敌人后方去》等约500首,交响曲《民族解放》等两部及管弦乐《中国狂想曲》等。其中1939年作于延安的《黄河大合唱》是其代表作品。

聂耳

聂耳(1912~1935年),中国近代作曲家。原名守信,字子义,一作紫艺,云南玉溪人。自幼爱好音乐。1928年加入中国共产主义青年团。1930年至上海,次年入明月歌舞团。1933年加入中国共产党后,积极参加左翼音乐、戏剧、电影、工作。作有歌曲《义勇军进行曲》《毕业歌》《大路歌》《开路先锋》、《码头工人歌》等30余首。1935年取道日本赴苏联。7月17日在日本神奈川县藤泽市鹄沼海滨游泳时,不幸溺水逝世,时年23岁。聂耳所作歌曲对唤起民众,开展抗日救亡运动起了很大鼓舞作用。新中国成立后,《义勇军进行曲》被定为中华人民共和国国歌。

刘胡兰

刘胡兰(1932~1947年),解放战争时期女英雄。山西文水人。1946年在文水县云周西村任村妇救会秘书、区妇救会干事,积极领导群众投入土地改革和支援前线工作,同年6月,成为中国共产党候补党员。1947年1月12日,在山西军阀阎锡山的军队突袭该村时,因叛徒出卖被捕。在敌人的铡刀面前,英勇不屈,大义凛然,高呼"中国共产党万岁!"从容就义。

世界历史
SHIJIE LISHI

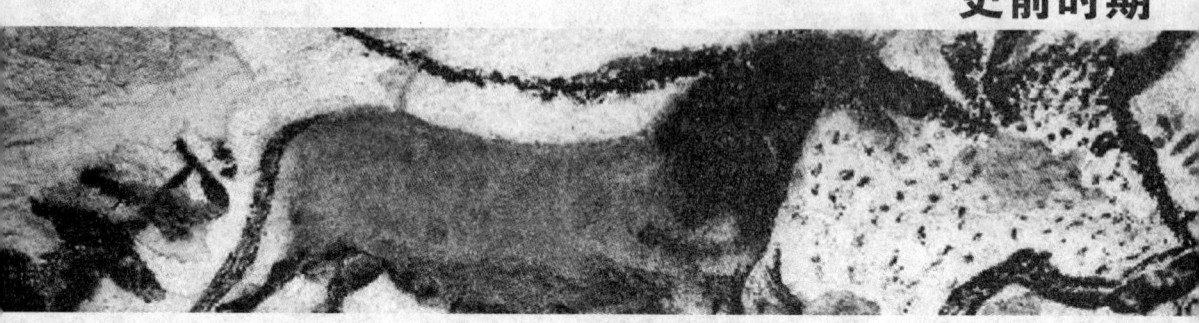

史前时期

原始社会的起源是从人类的出现开始的。人类开始制造工具、用火,并建立了人类社会的最初组织形式。随着生产的发展,人们之间的社会组织和婚姻关系也发生了变化,出现了氏族和部落。人类先后经历了母系氏族社会、父系氏族社会。当剩余产品出现时,集体劳动逐渐被个体劳动所取代,由此产生了私有制,随之原始社会逐步瓦解。

史前时期

早期人类的进化

人类起源

1859年，英国生物学家达尔文发表《物种起源》，说明人类是自然界长期进化的产物。第二年，英国生物学家赫胥黎明确提出人猿共祖论。此后，进化理论不断被完善，古人类化石相继被发现，人类起源于动物界的观点逐渐得到大家普遍承认。理论上将人类起源过程分作三大阶段：古猿阶段，即尚未向人转化的纯粹动物的祖先阶段。正在形成中的人阶段，即亦猿亦人阶段；直立行走，能使用简单工具是具有人的特质的基本表现。完全形成的人阶段，即能制造工具的人阶段，该阶段包括猿人和智人两大时期，它们又分别分为早期和晚期两个阶段。人类起源经历了漫长的由猿到人的转变过程，这一转变的决定因素是劳动。

南方古猿

南方古猿是已知人类进化系统的最早代表，根据在南非发现的化石而定名。南方古猿生活在距今约400万~100万年前的南非和东非，大体可分为纤细型和粗壮型两类，其中纤细型后来进化成更进步的人类。南方古猿已能直立行走，身体各方面也都不同于猿，具备了一系列人的特征。

早期猿人

距今约三百多万年前，早期猿人出现，这是最早的完全形成的人。早期猿人也称能人，其脑容量约700多毫升，与南方古猿相比，他们的脑容量明显增大。早期猿人已学会了制造工具。

晚期猿人

距今约一百五十万年前，晚期猿人出现。晚期猿人又叫"直立人"。其头骨扁平，骨壁厚，眼眶上脊粗壮，脑子明显增大，脑容量大约为800~1200毫升。直立人平均身高为160厘米，其下肢结构与人类十分相似，这说明原始人类发展到这一阶段时，直立行走的姿势已很成熟。印度尼西亚的爪哇猿人，德国的海德堡猿人，中国的北京猿人，都是古人类进化过程中比较典型的晚期猿人。尤其是北京猿人的发现，比较明显地揭示了从猿到现代人转化的中间状态。

爪哇猿人

印度尼西亚的爪哇猿人是世界上发现最早的直立人。直立人头骨扁平，而且向后缩，脑量的增大是直立人体质进步的最大特征。

尼安德特人

尼安德特人属于早期智人，最先发现于德国的尼安德特河谷，因此得名。尼安德特人生活在大约距今20万～10万年前。根据现有的资料来判断，尼安德特人骨骼粗大，肌肉发达，但个子不高，脊椎的弯曲也不明显。这种人以后在欧洲、非洲等地均有发现。

克罗马农人

克罗马农人是欧洲晚期智人阶段的人类，体质形态方面与现代欧洲人已无多少差别。此阶段的人，体质进化过程基本完成。

语言的产生

语言是伴随着人类的发展而形成的，是在劳动和生活中产生的。语言自从形成之初，不同部落、不同人群之间就存在着差别。

在现代人种形成的同时，不同的语系也渐渐形成了。在生活和劳动中，同一或相邻地区的人群中，对各种各样事物、感情的表达方式日趋接近，其发音的声带振动方式也逐渐趋向一致，并被一代代流传下来，从而形成了不同的语系。如分布于亚洲东部的汉藏语系，包括了汉语、日语、朝鲜语等；分布于西亚和北非的闪含语系，包括阿拉伯语、古埃及语族、库希特语族等；分布于东南欧至印度的印欧语系，包括印度语、斯拉夫语、日耳曼语、希腊语等，该语系是当前世界上使用国家最多的一个语系，欧、亚、非、美、澳各洲将近三十个国家使用这一语系的语言。其他的语系还有突厥—蒙古语系、芬兰—乌戈尔语系等等。

弓箭的发明与使用

从旧石器时代向新石器时代的过渡时期称为中石器时代。在中石器时代，由于生产技术的发展和狩猎的需要，人类发明了弓箭。在距今2.8万年前的中国山西峙峪遗址中，发现了箭头状石器。在德国的什列斯维希·霍尔斯坦，发现了属于8.8～8.3万年前的弓，是迄今为止发现的最早的弓。弓箭是当时的远射程武器，借助于投矛器仅可将矛投出70～80米，而弓箭的射程至少达80～100米。北美印第安人使用的重弓，射程竟达400～500米。弓箭的发明，促进了狩猎的发展，使狩猎成为普通的生产部门之一，也使人类可以经常获得肉类食物和皮毛、骨器等生活、生产资料。

旧石器时代与血缘家族

血缘家族

血缘家族是人类社会最早的组织形式。家族内部实行群婚，只按辈分设限，同辈之间皆可通婚，而长辈与子辈之间不可通婚，从而排除了父母与子女之间的通婚。一个血缘家族就是一个生产单位，单位成员人人平等，共同生产，共同消费。

普那路亚群婚

"普那路亚"是夏威夷语，意思是"亲密的伙伴"。普那路亚群婚是借用来形容原始社会原始人的一种婚姻状态。

在远古时代，人类还没有婚姻的明确概念，原始人只是为了繁衍生存而出现婚姻形式的。原始人第一种婚姻家庭形式是族内婚，就是亲族内同辈的男女既是兄弟和姐妹的关系，又是丈夫和妻子的关系。

随着文明的进一步发展，生活和劳动领域的开阔，同时也为了寻求人类自身的健康发展，族外婚出现了。族外婚也称"普那路亚"群婚。这种婚姻形式禁止了同亲族内人员之间的婚姻关系，实行族外通婚制，这样出现了父方和母方的概念，形成了夫方与妻方的新的称谓制度。普那路亚婚姻逐渐产生出了原始社会的氏族组织，即以血缘为联系的婚姻集团。在最初的母系社会，"普那路亚"仍属于群婚，后来随着生产力的不断发展，人类的婚姻形式也不断演变，普那路亚群婚逐渐向对偶婚转变，对偶婚又不断向个体婚变化，最后才演化为今天被广泛采用的一夫一妻制婚姻形式。

旧石器时代

旧石器时代（距今约250～1万年）的早期和中期，可以视为从猿人到早期智人的时期，当时的石器多是打制成的砍砸器、刮削器和尖状器，制作比较粗糙。旧石器时代晚期，也就是进入晚期智人时期，石器加工日渐精致，还出现了不同材料的复合工具。

复合工具的出现

旧石器时代晚期，随着生产力的发展，石器的加工方法有了进一步的发展，出现了压削的方法，石器的形状更加精确美观，出现了骨针、鱼钩等器具，同时出现了复合工具和复合武器，也就是用两种不同质地的材料制成的工具或武器。这是人类发展中的重要进步。

母系氏族公社

氏族公社

原始社会至旧石器时代晚期，由于生产力的发展，要求人们比较持久地结合，并且要求各集团之间保持一定的联系。已逐渐定居的人们，又为维持这种联系提供了条件。同时，人类在实践中已意识到兄弟姐妹之间的婚姻对人类体质的危害，于是排斥集团内部的通婚。这时不但禁止了不同辈之间的性交关系，并且兄弟姐妹之间的婚姻也被禁止。到一切兄弟与姐妹间，甚至母方最远的旁系亲族间婚姻关系被禁止的时候，就组成了一个坚固确定的母系血族集团，氏族便产生了。在氏族制度下，其成员已不可能在氏族内部找到通婚的对象，必须和另一个氏族的成员通婚，这就是族外婚制，两个互通的婚姻的氏族构成早期的部落。在这种婚姻形态下，人们只知其母，不知其父，氏族的世系只能按母系来计算，所以称为母系氏族或母权制氏族。这是最早的氏族公社。在这样的氏族公社里，男女地位平等，妇女居于受到高度尊敬的地位。

母系社会

母系社会是原始社会人类发展的一种社会形态，它存在于旧石器时代晚期到新石器时代之间，在新石器时代达到全盛。母系社会实行族外群婚，在这种情况下，人们只知其母，不知其父，因而家族世系也以母系计。这一情况也与当时低下的生产力发展相适应。当时，妇女在社会经济活动中占有重要的地位。妇女一般从事食物采集和照管家务，并且还负有养育子女的重担。而男子的主要经济活动是打猎，由于工具的落后，打猎常常得不到保障，相反，妇女的采集却能较为稳定地保障食物来源。种种因素促成妇女在当时的氏族社会中占有主导地位，因而出现了母系社会，也出现了普遍的女性崇拜。在母系社会中，人们共同劳动、共同消费、共同拥有财产，各氏族内实行民主管理，氏族首领经民主选举，由德高望重的女长老担任。这种社会是建立在生产力水平极为低下的基础上的，一旦生产力进一步发展，这种社会就难以维持下去了，低水平的公有制便为私有制所替代，母系社会也就宣告结束。

新石器时代

进入新石器时代后，磨光石器的广泛流传和陶器的制造，为原始农业和畜牧业的产生提供了条件。人们开始用自己生产的食品来代替自然提供的野生食物，从而结束了狩猎和采集生活。随着定居生活的开始，房屋的建造和原始手工业也逐渐发展起来。

近亲结婚的禁止

旧石器时代晚期，人们在长期的生活实践中意识到近亲通婚对人类体质的危害，于是不但排斥了同族长辈和晚辈之间的通婚，而且禁止兄弟姊妹之间的通婚。当时，婚姻只能在两个集团之间的男女中进行。

对偶婚的产生

到新石器时代，婚姻制度逐渐由群婚变为对偶婚。对偶婚的家庭由一对比较确定的夫妻组成，但他们的结合并不牢固，婚姻关系很容易解除。对偶婚组成的家庭也不是独立的经济单位，当时社会的经济细胞是母系氏族公社。

原始畜牧业和农业的产生

原始的畜牧业是由狩猎发展而来的。在旧石器时代，人们已经开始驯养绵羊和狗。到新石器时代，猪、山羊、牛等动物也先后成为家畜。另一方面，在长期的采集生活中，人们还识别和选择了许多可供食用的植物，如大麦、小麦、稻等。这就是原始农业的生产。

第一次社会大分工

在金石并用时代开始后，随着生产工具的改进，原始农业与原始畜牧业得到迅速发展，因而使劳动分工出现新的变化。随着较大规模畜群的形成，有些部落主要从事畜牧业，使自己从农业中分离出来，成为游牧部落。游牧部落生产的生活用品不同于其他部落，而且数量较多，从而促进了交换。交换相应地促进了私有制的发展，家庭也随之发生了变化，男子从事的畜牧业成为谋生的主要手段，男子在家庭中取得了统治地位。后来，农业和手工业也有所发展。一切部门生产的增加，需要大量的劳动力，于是战俘成为奴隶。这样，就零散地出现了奴隶制。第一次社会大分工的结果产生了第一次社会大分裂，社会分裂为两个阶级：主人和奴隶、剥削者和被剥削者。

父系氏族公社

金石并用时代

人们寻找和选择石料的过程中，发现了一种敲不碎的"石头"——自然铜。人们将含铜成分较高的孔雀石和木炭一起放进窑里，用

1000℃的高温烧制，就炼出了纯铜。距今5000～6000年前，人们开始制造和使用金属工具，人类社会进入金石并用的时期。

父系社会

随着生产力的发展，社会出现了农业与畜牧业的第一次社会大分工，社会生产的专业化，使母系社会迅速为父系社会所取代。男子在生产劳动中的地位急剧上升，而妇女的劳动则渐渐仅限于附属性的家务劳动了。男子在农业、畜牧业和手工业中成为谋取生活资料的主力军。相伴而生的是婚姻制度逐渐成为一夫一妻的婚姻形态。子女的出身与世系开始按照男子的系统来计算，其财产继承也按照父系家族划分。男子取代了女子而成了家族的核心。在父系社会里，父系氏族由若干家长制大家族构成。家长制大家族是父系氏族社会的基本社会经济细胞，一个家长制大家族常包括好几代男系亲属。氏族公社内部还保留着民主选举的传统。氏族大会由全体成年男子组成，它拥有最高的权力。氏族议事会由各个大家族的族长组成，而族长则经民主选举，由深孚众望的男子担任。尽管如此，在父系社会里，已经出现了某些社会的不平等，如妇女丧失了与男子平等的地位，各大家族间也出现了贫富的差距。

父系社会的进一步发展，导致了阶级的产生和国家的出现，一切共有的原始社会随之解体。

私有制的产生

在父系氏族社会，金属工具的使用使氏族内部的小家庭也可以承担农活，以家庭为单位的个体劳动盛行起来。农具、耕地等生产资料逐渐从氏族所有变成个体家庭所有，相应的，劳动产品也逐步转为私有财产，私有制就这样产生了。

军事民主制

随着私有制的进一步发展，以掠夺别人财富为目的的战争愈加频繁，氏族公社时期也因此逐渐过渡为军事民主制时期。这一时期，氏族组织还有活力，但已开始瓦解。军事民主制的民主机构是人民大会、议事会。而经常性的掠夺战争，使军事首长成为一种不可缺少的社会公职。民主与个人权力二者同时存在，相互矛盾。随着掠夺战争的持续进行，军事首长的财富和权力与日俱增，他们由原来的选举产生逐渐变为世代相传。

国家的产生

原始社会末期，随着社会分工和生产力的发展，人们能够生产出略多于维持生存的劳动产品，氏族成员的劳动量增加了，需要吸收新的劳动力，于是战俘转变为奴隶。私有制的发展，导致了氏族之间掠夺战争的产生，这使得氏族出现了军事首长。军事首长的财富和权力与日俱增，而且由选举产生逐渐变为世袭制。阶级和阶级斗争的出现，掠夺战争的发生，氏族的解体，世袭王权的萌发，这些条件导致了对内压迫，对外掠夺的国家机关的出现。

第二次社会大分工

原始社会后期农业与手工业的分离，发生于青铜器与铁器时代。铁制工具的使用和生产技术的进步，促进了农业的发展和劳动生产率的提高，也使手工业生产日趋复杂，技术不断改进呈多样化发展。于是产生了第二次社会大分工，手工业从农业中分离出来，成为某些人承担的专门行业。随着第二次社会大分工，出现了直接以交换为目的的商品生产，出现金银货币，贸易范围扩大，各部落联系加强。随着劳动生产力的提高，剩余产品逐渐增多，使用奴隶劳动更加有力，因而奴隶制得到发展。第二次社会大分工促使财富增多，私有制进一步发展，富人们经常发动掠夺战争，于是拥有财富的有产者成为氏族贵族，他们灭绝人性地剥削奴隶与穷人，从而加速了原始社会的解体和奴隶社会的产生。

第三次社会大分工

原始社会末期，由于商品交换的发展，出现了一个不从事生产只从事交换的商人阶级，这便是第三次社会大分工。商人作为生产者之间的中间人，通过剥削生产者与消费者获得财富，并取得了生产的领导权。第三次社会大分工促进了商品生产与商品交换的进一步发展。与此同时，货币借贷、利息和高利贷也相继出现。土地私有权被牢固地确立起来，土地完全成为私人财产，它可以世袭、抵押以至买卖。这时除了自由人和奴隶的差别以外，又出现了富人和穷人间的差别，这是随着新分工产生的新的阶级划分。

原始社会的文化

蒙昧时代

蒙昧时代是人类的幼稚时期，以顺应自然条件为特征。它又分为低级、中级、高级三个阶段。低级阶段指从猿到人的过渡阶段；中级阶段指整个旧石器时代，相当于猿人与智人时期，距今约300万~1.5万年；高级阶段相当于中石器时代，属于晚期智人时期，距今约1.5万~1万年。蒙昧阶段这个时期，人类以采集现成的天然产物为主，如以采集果实、挖掘根茎和块根、拾取鱼贝和猎取动物等为食物。人类的制造品主要是从未加磨制的石器、棍棒、标枪，逐渐到磨制石器和制造弓箭，并掌握了摩擦取火的本领，从而学会了用火和石斧及做独木舟等。相应的人类也从居住的森林走出，开始有了萌芽状态的相对定居的村落。

野蛮时代

野蛮时代基本上是原始氏族社会成长、发展，直到它鼎盛的时期。它又分为低级、中级、高级三个阶段。低级阶段指新石器时代，中级阶段属青铜器时代，高级阶段属于铁器时代。野蛮时代是学会经营畜牧业和农业的时期，是学会靠人类的活动来增加天然产物生产的时期。人们能够磨制比较精细的石器，有了制陶术，学会了金属的冶炼。人类开始游牧生活和大规模的田间耕作。此时私有制进一步发展，并向阶级社会过渡。

原始社会的音乐和舞蹈

原始人在集体劳动时为了协调动作、减轻疲劳，往往会发出有节奏的呼声，并逐渐演变为原始的歌声。原始人的歌声非常简单，常常仅是同一呼声或同一词句的重复。音乐是原始人的艺术语言，在高兴时候唱欢乐的歌；在灾祸时唱悲哀的歌。在唱歌或跳舞时，原始人渐渐学会用打击木板、石块的方法伴奏。最原始的打击乐器是鼓，很多原始部落都有这种乐器。

原始人在生产劳动、社会生活中会产生各种感受，采集的丰获、狩猎的成功都会使人手舞足蹈，以抒发兴奋的心情，原始的舞蹈就这样产生了。在旧石器时代晚期的绘画中，已有穿着舞衣跳舞的人。在澳大利亚东南部新英格兰的姆恩比发现了一幅红赭石画的壁画，描绘了人们跳舞的场面，气氛十分热烈。

原始宗教的萌芽与图腾崇拜

原始人无法解释自然现象，于是自然界的一切都成了人们的崇拜对象。而人们又相信灵魂的存在，所以灵魂崇拜也普遍存在。随着氏族的形成，人们开始崇拜祖先，而且往往将自然界的某种动植物或自然现象当作祖先，相信祖先的灵魂是氏族的保护者，这就是图腾崇拜。

原始绘画与雕刻

在欧洲旧石器时代晚期的遗址中，发现了最早的原始绘画。这些画一般都画在岩洞深处阳光照不到的地方，作画人往往要采取仰卧姿势或站在同伴的肩上，在石灯的照明下工作。这些画面比较简单，可能先用泥在岩壁上画出轮廓，再用红色或黄色的矿石颜料涂抹。在法国的尼奥山洞内，有一幅几万年前的野牛中箭图。旧石器时代的晚期，随着原始人生产技术的提高和生活需求的日趋复杂，原始的雕刻也产生了。在欧洲奥瑞纳文化遗址发现了刻在骨、角、石上的图案，原始人把短刀的刀柄刻成山羊的样子，或在鹿角短刀的刀柄上刻一只跳跃的驯鹿。从比利牛斯山到顿河的广大地区，发现了一些用石灰石、泥灰岩等软质石料雕刻而成的妇女圆雕像，一般仅有几寸长，躯体较长，女性特征特别突出，反映了母系氏族公社对女性祖先的崇拜。在美洲的北极地带，发现了公元初年用海象牙雕成的海兽、鱼类等形象。

远古人是如何计数的

早在人类社会的最初阶段，由摘野果和捕获野禽、野兽，逐渐形成有无、大小等概念。

后来，又发展到利用结绳、刻痕、手指来计数。

1937年在维斯托尼斯（墨拉维亚）发现一根40万年前的幼狼前肢骨，7英寸长，上面有55道很深的刻痕。这是已发现的用刻痕方法计数的最早的资料。直到今天，在欧、亚、非大陆的某些地方，仍然有一些牧人用在棒上刻痕的方法来计算他们的牲畜。

秘鲁的印加族人（印第安人中的一部分）古时(公元前1500年前)每收进一捆庄稼，就在绳上打个结，用来记录收获的多少。据《易经》记载，上古时期我国人民"结绳而治"，就是用在绳上打结的办法来记事表数的。

罗马人在文化发展的初期，用手指作为计数的工具。他们要表示1、2、3、4个物体时就分别伸出1、2、3、4个手指；表示5个物体就伸出一只手；表示10个物体就伸出两只手。从罗马数字中，我们可以看出这些痕迹，如Ⅰ、Ⅱ、Ⅲ等来代表手指数；要表示一只手时，就写成"V"字形，表示大拇指与食指张开的形状等。这已是数码的雏形。

数码符号的引进，是人类对数学认识的一大进步，它标志着"数"已从各种具体的事物中抽象了出来，具有"独立"的地位。

古代文明

由于生产力的发展,人们逐渐从原始的迁徙生活开始向定居生活转变,出现了一大批部落和城邦,为国家的形成奠定了基础。

大约从公元前 3500 年开始,古埃及、古巴比伦、印度和中国相继进入了阶级社会,这是人类社会发展的一大飞跃。公元前 2100 年～前 1200 年,在希腊爱琴海地区曾出现了克里特文明和迈锡尼文明,这对欧洲的历史产生了重要的推动作用。在西亚地区还先后出现了阿卡德王国、腓尼基王国、以色列王国、波斯帝国等国。从公元前 334 年起,马其顿国王亚历山大经过 10 年的东征,建立起一个大帝国;与此同时,印度建立了孔雀王朝,在阿育王的带领下进入鼎盛时期。古罗马是继希腊之后称霸地中海的国家。395 年,古罗马分裂为东西两个部分。476 年,在西哥特人的进攻下,西罗马帝国灭亡,标志着西欧、北非由奴隶社会开始进入封建社会。

这期间,人类智慧的火花开始闪现,创造出了灿烂的古代文明。

古代文明

非 洲

古埃及文明

古代埃及

古埃及位于非洲东北部尼罗河下游。大约在公元前3500年左右，原始公社解体，奴隶制小国纷纷涌现。上埃及国王美尼斯征服了下埃及，逐步建立起统一的奴隶制国家。约公元前1710年，由亚洲侵入埃及的一支游牧部落在尼罗河三角洲建立"牧人王朝"，并统治埃及一百多年。公元前16世纪中期，埃及进入空前强盛的时期。公元前15世纪，埃及成为奴隶制军事国家。公元前13世纪开始衰落，遭外族入侵，国家陷于分裂。公元前525年，埃及被波斯帝国所灭。公元前332年，又被马其顿亚历山大占领，至此埃及已经历了31个王朝。公元前30年归入罗马。古埃及是世界文明的发祥地之一，其创建的文化对世界造成了深远影响。

尼罗河流域文明的开端

在旧石器时代，非洲北部已有居民定居，那时北非气候温和湿润，雨水充沛，满布草丛和森林，居民多以渔猎和采集为生。大约在1万年前，北非气候逐渐转为干旱，出现了无边的沙漠，于是许多居民都迁徒到尼罗河两岸，开始了农耕生活，尼罗河流域的文明从此开端。

提尼斯王朝的建立

大约在公元前3100年左右，为争夺土地、水源、奴隶和财富，各个州或城邦之间经常发生战争。上埃及提尼斯州在美尼斯的统治下逐渐强大起来，美尼斯由此建立起古代埃及史上的第一个王朝。因其以阿卑多斯附近的提尼斯为首都，故称为提尼斯王朝。

埃及古王国

埃及古王国（约公元前2686～公元前2181年），古代埃及重要的奴隶制王国，包括第三至第六王朝。此时中央集权的君主专制制度日益完备。法老独揽国家大权，他的意志就是法律。王权的支柱是军队，法老依仗军队对内统治人民，对外发动侵略战争。社会得到全面发展。法老对全国的土地享有最高的支配权，他们自己占有很多土地，还将大片土地赏赐给其亲属、官吏和神庙，但相当多的土地仍由农村公社使用。法老自称为神的后裔，其统治被神化。第三王朝，尤其是第四王朝时期，法老大规模地修建陵墓——金字塔，给人民带来沉重的灾难。

法老

古王国时期，埃及建立起统一的中央集权国家，国王独揽全国政治、经济、军事、宗教和司法等大权，一切官吏都由他任免。他被视为神的化身，自称是太阳神之子，并被尊称为法老。

金字塔

埃及人相信灵魂不灭，所以制干尸，修陵墓之风盛行，大约从第三王朝起，法老（国王）开始为自己修建金字塔形的陵墓；到第四王朝时就出现了胡夫、哈夫拉和孟考拉三大金字塔。

金字塔不仅外观巍峨雄伟，而且内部结构复杂，并饰以雕刻、绘画等艺术品，宛如巨大的"永久宫殿"。金字塔所用的全部石块没有使用任何灰浆粘连，完全是靠石块本身的重量堆砌在一起，这是世界古代建筑史上的奇迹。

狮身人面像

埃及的狮身人面像离胡夫金字塔约350米远，坐落在哈夫拉金字塔（胡夫之子哈夫拉的陵墓）的东侧，似乎是陵墓的守护者，但更可能是死后与太阳神结为一体的哈夫拉王的象征。它高约20米，长为57米，如果把匍匐在地的两只前爪计算在内，共有73.5米长。它的耳、鼻长度超过一个普通人的身长。其胡须据说全长4米，重约30吨。千百年来，这座半人半兽的怪物不断引起人们的遐想，认为它的形象很可能象征着人的智慧和狮子的勇敢的结合，象征着国王凛然不可侵犯和凌驾一切的权威。它表现了古代埃及人的伟大智慧和创造力。

埃及太阳历

早在公元前3000年，生活在尼罗河畔的古埃及人，在农业生产的长期实践过程中，注意到尼罗河水泛滥与天象有关，并发现两次泛滥之间大约相隔365天。于是，古埃及人就把年定为365日，以此为根据，把一年分成泛滥期（7~10月），播种期（11~2月）、收获期（3~6月）。把天狼星与太阳同时升起的那一天做为每年的第1天，1年又划分为12个月，每月30日，余5日作为年终节日。这就是古埃及的太阳历。这种历法的1年比回归年短近6个小时，4年相差近1天，虽然每隔4年就误差一天，但它使用起来简单方便，后来埃及的太阳历传入欧洲，经过罗马恺撒和教皇格列高利十三世的不断改进，成为今天通用的公历。

埃及中王国

约公元前2133年，南部埃及的统治者孟图赫特普一世战胜了北方，重新统一了埃及，建立了第十一王朝，定都底比斯，开始了中王国时期。第十二王朝是中王国的鼎盛时期，国力强盛，手工业繁荣，社会经济得到了迅速发展。

卡纳克神庙

卡纳克神庙其遗址在今埃及中部尼罗河岸的卡纳克村。神庙始建于中王国（约前21~前17世纪），完成于新王国时期（约前16~前11世纪）。其废墟已被考古学家全部发掘出来。这是一个巨大的建筑群，神庙主殿总面积达5000平方米，由排成16列的134根巨石圆柱支撑。中堂两排的12根圆柱每根高达21米，据说其柱头顶部可立百人。柱身满布着象形文字和各种浮雕画面，气势雄伟，技艺精湛，是古代建筑史上的杰作。

古埃及新王国

古埃及新王国（约公元前1567～前1085年），古代埃及最强盛的奴隶制王国。其版图南到尼罗河第四瀑布，北达叙利亚，形成一个庞大的军事帝国。对外战争使奴隶制较早发展，奴隶劳动广泛用于农业、手工业、公共建筑和家庭劳动。社会经济呈现出繁荣景象，青铜器普遍使用。农业出现了梯形把手的新式犁，手工业中开始使用脚踏风箱。商业活动遍及四邻，远至爱琴海地区。由于阿蒙神庙的僧侣贵族长期受到法老的恩宠，经济地位膨胀，政治上威胁到法老的统治，在第十八王朝时期，出现了法老阿蒙霍特普四世的宗教改革，即埃赫那吞宗教改革。改革确立起绝对唯一太阳神阿吞的崇拜，但最后归于失败。新王国在与赫梯帝国争夺西亚的霸权中趋于衰弱。

拉美西斯二世与赫梯争霸

第十九王朝法老拉美西斯二世（约公元前1304～前1237年）即位时，占据着小亚细亚广大地区的赫梯严重威胁着埃及的利益。拉美西斯二世调集约三万军队攻打赫梯，结果溃败。若干年后，拉美西斯二世又出兵叙利亚，终于取得对赫梯的胜利。约公元前1259年，拉美西斯二世与赫梯国王哈吐西里三世缔结和约。和约的全文在埃及神庙的墙壁上和赫梯的档案库里均被发现，这是历史上保留下来的最早的条约文书。双方确立和平，互不侵犯，并结成军事同盟来对付共同的敌人。

阿蒙霍特普四世的宗教改革

新王国时期，埃及最高的神是太阳神阿蒙，阿蒙神庙的祭司地位很高，甚至可以对抗中央政权。法老阿蒙霍特普四世即位后，开始进行宗教改革，宣布只容许崇信唯一的太阳神阿吞，封闭阿蒙神庙，兴建阿吞神庙。不过阿蒙霍特普四世死后，阿蒙祭司又恢复了原有的地位，宗教改革归于失败。

埃赫那吞改革

在埃赫那吞即位前，阿蒙神庙的僧侣不仅拥有雄厚的物质财富，而且常常干预政事。埃赫那吞为了打击僧侣集团势力和世袭权贵，加强中央集权的统治，依靠中小奴隶主和新兴的军事贵族，进行全面的社会改革。他禁止崇拜传统的阿蒙神和其他地方神，下令封闭阿蒙神庙，没收其庙产，抹掉一切纪念物上阿蒙的名字，树立阿吞神为全国崇拜的唯一的太阳神，在各地大建阿吞神庙。埃赫那吞统治的第六年，迁都至尼罗河东岸的新都阿马纳，取名为埃赫太吞（意为阿吞之境界）。提拔新人，改革政府官吏的成分，并大力兴建阿吞神庙宇，雕塑阿吞神像。但改革是短命的，埃赫那吞死后不久，改革彻底被废除。

木乃伊

古埃及人有着发达的解剖学和宗教观念。他们认为人的灵魂是不灭的，为了更好地在另一个世界生存，他们在处理死者身体方面，表现出了非凡的创造力。"木乃伊"是"干尸"的音译。最早使用这种殡葬方法的就是埃及人。

在古埃及木乃伊的制作方法随时代而变化，但总不外乎切除尸体的内脏，然后用松脂涂抹，并用细麻布包裹，最后才进行埋葬。做好的木乃伊一般都置于封闭的墓室中，有的保存达千年而不腐烂，可谓古代埃及人创造的一大奇迹。

图特摩斯三世

图特摩斯三世（？～前1450年），古埃及新王国第十八王朝法老。他由图特摩斯二世王妃伊西斯所生，约在10岁时，受阿蒙神庙僧侣的支持继承王位。他青年时代在军中接受了军事技术的训练，特别是箭术和马术，为日后的军事成功奠定了基础。十几年后他不仅侵略努比亚和利比亚，更主要的是向巴勒斯坦和叙利亚用兵。他先后出兵亚洲达17次之多，使埃及版图南到尼罗河第四瀑布，北到叙利亚的埃勃拉城。从而建立起一个庞大的奴隶制帝国。他将掠夺的大量土地财富充实埃及国库，同时也赏赐给阿蒙神庙，助长了僧侣贵族的权势。

"埃及艳后"克娄巴特拉

克娄巴特拉（公元前69～前30年），这个以姿色令罗马将军们丧魂失魄的埃及女王，一生在政治与权力阴影的笼罩下，充满了传奇与浪漫。

恺撒大军追杀庞培到了埃及，克娄巴特拉决定利用这一机会。她主动投怀送抱，赢得了恺撒的支持，使她获得了与其兄弟托勒密十三联合执政的地位。公元前46年，恺撒回到了罗马，克娄巴特拉追随而至，还与恺撒育有一子。但恺撒的被刺结束了她的梦想，克娄巴特拉回到埃及。此时，罗马的另一位大将军安东尼与屋大维和雷必达结成了"后三巨头"同盟，为了巩固自己在埃及的统治，克娄巴特拉又投靠这位新贵安东尼。但在公元前40年，为了政治利益，安东尼与屋大维的妹妹结婚。但安东尼还是经不住克娄巴特拉的诱惑，终于在公元前36年又与她结婚。屋大维以他抛弃了罗马妻子而和"蛮王"结婚为借口向安东尼发起进攻。公元前31年屋大维与安东尼在亚克兴角的海面上决战，克娄巴特拉眼见安东尼大势已去，她打算投靠屋大维，于是躲进陵墓里，谎称已经死亡，安东尼伤心自杀。克娄巴特拉故技再施，然而屋大维无动于衷。克娄巴特拉无奈写下一份愿与安东尼合葬的遗书，便服毒自杀了。屋大维满足了她的遗愿，将她与安东尼合葬一墓。

埃及的奴隶制

埃及新王国时期的奴隶制度有了更大的发展，这与法老的大规模对外战争密切相关。第十八王朝诸法老从叙利亚等地掳获的战俘，动辄以几十万计。不仅王室、显贵等拥有大批奴隶，在中下级官吏、商人、普通祭司和军官等人中也有一些人占有了不少奴隶。掠夺性的战争使奴隶市场繁荣起来。奴隶遭受着沉重的压迫和剥削，逃亡便成为了常见的现象。

后期埃及

后期埃及的历史可以分为两个阶段。第一阶段是从第二十一王朝到第二十六王朝（约公元前1085～前525年），此时埃及国势更加衰微，先后被亚述、塞易斯征服。但是这一时期埃及的经济发展仍然比较迅速，手工业和商业都得到了较大的发展。公元前525年，埃及被波斯征服，埃及便进入后期的第二阶段，这一阶段从第二十七王朝到第三十一王朝（约公元前525～前332年），此时的埃及已沦为波斯帝国的一个行省。

塞易斯王朝

埃及新王国（约公元前1567～前1085年）衰落后，古代埃及陷于南北纷争、外族入侵的动荡局面。第二十一到第二十四王朝期间，埃及北方受到利比亚人控制。后努比亚人在南方建立第二十五王朝。最后，塞易斯的普萨姆提克驱逐了侵略者，建立了第二十六王朝，史称塞易斯王朝。至此，埃及经几个世纪的内部纷争、外族侵扰之后，又重新统一起来。

波斯征服埃及

公元前525年，西亚强国波斯征服埃及，开创了埃及历史上第二十七王朝或称为波斯王朝。波斯国王冈比西斯对埃及施行高压政策，引起埃及人民的强烈反抗。冈比西斯在归国途中暴病死亡。大流士一世即位为波斯帝国皇帝后，大力发展埃及经济。为了扩大对外贸易，他下令完成法老尼科时代未开凿完的运河。这条运河经埃及的尼罗河支流布巴斯提斯通达红海，对沟通地中海与红海地区的联系起了不小的作用。

纸草书

纸草是下埃及沼泽地区的一种植物，其茎部的纤维质很坚韧，将其剖成薄片长条，再用树胶粘连起来，就能制成很好的书写材料。纸草后来成为地中海东部地区通用的纸张，许多古代文献都是作为纸草书保留下来的。

古埃及的科学成就

古埃及人在生产生活中，积累了天文、数学、医学、物理和化学等方面的宝贵知识。出于修建金字塔、测量土地、兴修水利的需要，埃及人的几何学知识比较发达，而在制作木乃伊的过程中，他们也积累了不少解剖学知识，并初步认识到了心脏和血液循环的关系。

非洲其他文明

东非撒哈拉农耕社会

公元前4000～前2000年，非洲东部撒哈拉的大部分地区气候湿润，并有大片草原可以放牧牛羊等牧畜。当时的农业也很发达。在公元前2000年之前的某个时期，这里的气候发生了变化。原来每年按时出现的雨季越来越短，使得土地难以耕种，农民也无法继续原来的生活方式。许多农民搬走，有些去了埃及，还有一些迁徙到亚洲等更远的地方。

北非迦太基文明

迦太基由腓尼基的水手们于公元前814年建立，位于北非地中海沿岸中央，与西西里岛隔海相望。它是地中海商路的汇合点，长期经营中介贸易。各种矿产、纺织物、象牙制品等常以迦太基为转运集散地，使迦太基工商业得以迅速发展。到公元前6世纪，迦太基已经是一个囊括北非、南部西班牙、科西嘉和西西里西海岸的奴隶制大帝国，长期称霸于西部地中海地区。

迦太基在北非的扩张

公元前5世纪左右，迦太基开始在北非扩

张，它征服了邦角半岛，并获得了迦太基以南可观的一片土地，其中包括突尼斯的某些最肥沃的土地。迦太基在昔兰尼加以及利比亚沿海的雷普西斯、塞卜拉泰等地都建有殖民地。雷普西斯后来成为沿加贝斯湾各殖民地的行政管理中心。在加贝斯湾，迦太基还建有祖希斯吉格西斯和塔卡帕等殖民地。再往北，还有泰奈，该城的陆地领土的南端到达海边。

中非努比亚文化和凯尔迈文化

从公元前2300年起，居住在努比亚的氏族人民已会制造陶器，畜牧业在当时占有重要地位。公元前12世纪末，努比亚形成了独立国家——库施王国。公元前8～前6世纪，库施王国强大起来，曾北上入主尼罗河流域，建立起古埃及历史上的第二十五王朝，但不久势衰，退回努比亚。这一时期努比亚出现了凯尔迈文化。其特点是：使用表面十分光洁的薄陶器，用活人殉葬等。

阿克苏姆国统治东非

阿克苏姆帝国建于公元2世纪，它位于非洲东北部红海岸边。到4世纪时，阿克苏姆王埃扎纳统一了埃塞俄比亚北部，征服了苏丹的麦罗埃王国，成为东非和红海地区的统治者。阿克苏姆国盛行基督教，在埃扎纳统治时期，兴建了许多高大的独石柱尖顶塔。570年，萨珊波斯侵占了阿克苏姆部分海岸属地和通商城市。7世纪以后，阿拉伯国家兴起，东、西方贸易商路北移，红海贸易趋于衰落。再加上北方游牧民族贝扎人的侵扰，阿克苏姆国势日衰。到公元1000年左右，阿克苏姆国灭亡。

欧　洲

爱琴文明

欧洲的名称

欧洲是欧罗巴洲的简称。传说腓尼基西顿国王的女儿叫欧罗巴，一天她和几个女伴在一片花草茂盛的山坡上嬉耍，天上的宙斯看见了花容月貌的欧罗巴，就决定娶欧罗巴为妻。于是他变成一头漂亮的公牛来到了姑娘们面前，欧罗巴把亲手编织的玫瑰花环戴在了公牛头上，并且快活地骑在了它的背上。公牛立刻飞快地载着欧罗巴向大海跑去。不知过了多长时间，欧罗巴从昏迷中醒来，发现自己躺在一片陌生的土地上。她正为公牛的欺骗而感到愤怒时，随着一团光焰，爱神阿芙洛狄忒站在了她的面前。女神微笑着对欧罗巴说：平息你的愤怒吧，你命中注定要作宙斯的人间妻子，你的名字是不朽的，因为从此以后，收养你的这块大陆将被称为欧罗巴。于是，"欧洲"被这一神话赋予了永恒的魅力。

克里特－迈锡尼文明

欧洲文明源于希腊文化，而希腊文化则来自于克里特岛和迈锡尼。克里特岛位于爱琴海南部，是希腊最大的岛屿；迈锡尼位于希腊半岛南部，即伯罗奔尼撒半岛。约公元前3000年左右克里特岛和迈锡尼就已经有人居住。大约在公元前2600～2000年，克里特岛进入青铜文化阶段，出现了大量的铜制品，还有壮丽的穹形墓室和精美的石雕。迈锡尼是在大约公元前16世纪前后开始进入青铜文化阶段的。约在公元前2000～前1600年，克里特岛上开始出现了奴隶制国家。在克诺索斯、费斯托斯和马利亚等地均发现有气势宏伟的宫殿。城市中心出现了较为宽广的大道。这时还出现了欧洲最早的四轮车，并且发明了文字。约公元前1600～前1125年，克里特文明进入繁荣阶段。岛上的米诺斯王朝统一了全岛，经济、政治、社会组织得到较大发展，尤其是与东地中海沿岸的商业贸易日益频繁，这时出现了用帆和桨的航船，贸易品有青铜制品、金银工艺品和各种陶器。最为著名的是修筑了米诺斯王宫。这期间克里特文明与迈锡尼文化发生了密切的联系，这一点从王宫中出土的2000块泥板文书可以得到证实。这种文书的文字是由迈锡尼人创造的，称为线状文字。此时的迈锡尼城邦有了进一步发展，国王、祭司和各级官吏占有大量土地，奴隶们则从事农业和手工业劳动。手工艺制品出现了金银饮器、金环、金冠，还有铁制的竖琴。公元前12世纪前后，多利亚人侵入了克里特岛和迈锡尼，灿烂的欧洲古代文明"克里特－迈锡尼文化"被打断。

米诺斯王宫

公元前17～前16世纪，在克里特岛诺萨斯建立的米诺斯王朝处于鼎盛时期，成为爱琴海地区的霸主。米诺斯王朝建立了规模宏伟的王宫。王宫占地两公顷，大都是三层建筑，设有供水和排水设备。宫中结构复杂，千门万户，阶梯走廊曲折相通，在古代神话中有"迷宫"之称，到公元前1450年左右，米诺斯王宫遭到毁灭性破坏，克里特文明也由此衰落。

特洛伊战争

公元前1500年左右，希腊人的一支阿卡亚人在南希腊建立一些城邦，其中以迈锡尼最强。公元前12世纪初，迈锡尼联合其他城邦远征特洛伊城，特洛伊人顽强抵抗。该战争持续了10年，最后在"木马计"中结束。希腊人获胜后，毁灭了特洛伊城并大肆掳掠。希腊人虽胜，但也消耗了自己的力量，从此，迈锡尼诸城邦走向衰落。不久，另一支希腊人——多利亚人——南下，征服了迈锡尼诸城邦。

木马计

公元前1183年，希腊军队围攻特洛伊城，久攻不下。于是希腊人制造了一个巨大的木马，并将一支突击队隐藏其中，并将其丢弃在城外，而其余的希腊军队佯装撤离海岸。特洛伊人以为希腊人已逃之夭夭，便将木马做为战利品拖进了城里。藏身木马里的希腊人在夜里离开藏身之所，打开城门，将返回的战友放进城内，特洛伊城于是失陷。"木马计"是古代战争史上使用突袭和诈败战术最著名的一个战例。

线形文字

迈锡尼文明有特别珍贵的几千块泥板文书留传到今天，这种泥板上的文字和线形文字甲种不同，它是用古希腊语写的，因此是迈锡尼人自己的文字，在考古学上称作"线形文字乙种"。同样的线形文字在克里特和希腊大陆都有发现。1862年，英国人文特里斯和柴德威克经过多年钻研，成功地释读了线形文字，对爱琴文明的研究做出了重大贡献。

古希腊

荷马时代

公元前11世纪到公元前9世纪的希腊历史称作荷马时代，因这一时期唯一的文字史料——《荷马史诗》而得名。荷马时代又称英雄时代，是一个氏族部落盛行的时期，与迈锡尼文明相比，在社会制度方面有所倒退，但社会经济水平却取得了重要的进步。

《荷马史诗》

荷马是一位伟大的希腊诗人。生卒年代不详。生前双目失明，四处漂泊吟唱。他的诗情节精彩、词句华美，而且记录了许多有关希腊的历史、神话和传说。他的伟大诗篇就是《荷马史诗》，这部诗分为两部分：《伊利亚特》和《奥德赛》。史诗《伊利亚特》，主要叙述特洛伊战争最后一年的故事。《奥德赛》叙述的则是希腊军中足智多谋的英雄奥德赛在战争胜利后渡海回国，历尽艰险的故事。

这两部诗既是古希腊史的一颗明珠，也是全人类共同的艺术瑰宝。

城邦形成

希腊城邦约二三百个，形成时间、途径和背景不同，但有如下几个基本的共同特点：小国寡民；多数以一个设防城市为中心，结合周围农区组成；均有一个小范围的、极端封闭的公民集体；希腊城邦在政体中均包含民主制成分，共和政体居多；城邦军事制度的主体是公民兵制；城邦无独立的祭司阶层，公职人员兼祭司职能。除古希腊外，意大利、腓尼基等地中海沿岸地区也曾出现过与古希腊城邦相同的早期国家形态，比如早期罗马的公民公社。这类国家有时也被称作城邦。

斯巴达国家的形成

斯巴达城邦位于伯罗奔尼撒半岛南部的拉哥尼亚。约在公元前1100年，一批多利亚人组成的希腊部落侵入了拉哥尼亚，他们在公元前10～前9世纪，以5个村落为基础，建立了一个新的政治中心，这就是多利亚人的斯巴达城。其后，斯巴达人向外殖民，逐渐征服了拉哥尼亚地区，又占领了整个美塞尼亚，到公元前7世纪，斯巴达国家逐渐形成。斯巴达是奴隶主贵族专政的国家。为了维持强大的军事力量，斯巴达国家实行严格的军事训练制度。

雅典国家的形成

雅典位于希腊的阿提卡半岛。荷马时代，雅典处于原始公社解体的时期。随着工商业的发展和氏族成员的分化，到公元前8世纪左右，雅典已经建立起了中央议事会和行政机构，雅典国家初步形成了。

梭伦改革

公元前7世纪末～前6世纪初，雅典平民反对贵族剥削，压迫和独揽政权的斗争十分激烈，公元前594年执政官梭伦进行了一系列经济、政治和社会改革。梭伦改革的实质是使富有的工商业奴隶主同贵族一样参与国家的统治，奠定了雅典民主政治的基础，调整了公民集体内不同阶层之间的利益关系，有助于工商业的发展。

克里斯提尼改革

梭伦改革后，公元前508年左右，雅典执政官克里斯提尼再次进行改革，他将雅典民主政治又向前推进了一大步。创立十个地区部落，各选五十人组成五百人会议，所有公民不分等级皆可参加选举；以前按血缘部落征兵的办法被改为按地区部落征兵，每部落提供一队重装步兵、若干骑兵及水手，并且选举一名将军统领，十名将军组成将军委员会；实行陶片放逐法，压制那些不受群众欢迎的头面人物。克里斯提尼改革完成了雅典由氏族过渡到国家的历史过程，确立了奴隶主民主政治。

希波战争

由于波斯帝国不断向西侵略，企图征服希腊半岛。公元前500年，小亚细亚的米利都等城邦掀起了反抗波斯统治的暴动，成为希波战争的导火线。公元前492年～前449年，波斯海陆大军对希腊发起多次进攻，但均以失败告终。希波战争确立了希腊在东地中海的霸权，为希腊社会经济的发展和文化的繁荣提供了有利的条件。

伯里克利时代

伯里克利是雅典杰出的政治家，他从公元前443～公元前429年，连续15年当选为雅典的首席将军。他廉洁奉公，刚正不阿，博得了雅典人民的信任和爱戴。在伯里克利成为雅典的政治领袖后，雅典实行的是一种直接的民主政治，一切国家大事均由国民大会决定。政府机关和官吏，如500人会议、贵族会议、陪审法庭、十将军委员会以及执政官，全都隶属于公民大会。这种广泛的民主政治就是伯里克利对古希腊文明的贡献。历史学家把他执政的年代称为"伯里克利时代"。伯里克利的民主政治，带来了雅典经济的空前繁荣和鼎盛发达的科学文化。公元前429年，伯里克利死于鼠疫。

伯罗奔尼撒同盟

伯罗奔尼撒同盟建于公元前6世纪后期，主要在于巩固斯巴达在伯罗奔尼撒半岛的霸主地位。在斯巴达的武力威胁下，除亚各斯、阿卡地亚北部少数城邦外，其余各邦都加入同盟。同盟条约规定：斯巴达有权召开同盟会议；如遇对外战争，盟员必须提供一定的兵力和军费，由斯巴达负责指挥作战。同盟具有明显的政治、军事性质，斯巴达一开始就握有对盟国的控制权。斯巴达借助同盟干涉别国内政，扶植贵族寡头势力，与雅典展开争夺希腊霸权的斗争。后因斯巴达国势衰落，伯罗奔尼撒同盟于公元前370年瓦解。

伯罗奔尼撒战争

希波战争后，希腊形成雅典与斯巴达相对峙的局面。双方争相干预他邦内政，冲突不断发生，战争遂起。在战争第一阶段（公元前431～前421年）斯巴达陆军大举攻入阿提卡半岛，围困雅典城。雅典用海军封锁伯罗奔尼撒半岛沿海及港口，鼓励斯巴达国内的希洛人起义。公元前422年，双方会战于安菲波里城，互有胜负，以签订《尼西亚斯和约》停战。在战争第二阶段（公元前415～前404年）雅典首先发动攻势，矛头直指斯巴达盟国西西里，结果四万海军全军覆没。斯巴达随之出兵进攻雅典，将阿提卡许多农村夷为废墟。同时，雅典又发生两万多名奴隶逃亡事件。在雅典民穷财尽的时候，斯巴达在波斯海军帮助下，在赫勒斯滂海峡附近的羊河决战中，将雅典彻底击败。战后双方签订和约，规定：雅典交出舰船，解散"提洛同盟"。战争使希腊经济遭到严重破坏，霸权转入斯巴达之手。伯罗奔尼撒战争因斯巴达为首的伯罗奔尼撒同盟而得名。

马拉松之战

公元前490年，波斯帝国国王大流士一世派陆军数万、战舰四百艘第二次远征希腊。侵略军横渡爱琴海，波军于9月在雅典东北沿海马拉松登陆，该地有道路直通雅典。雅典急遣约一万重装步兵迎战，盟邦普拉提亚也派出约一千人助战。波斯军人数量远较雅典军人多，且有一支约八百人的骑兵。雅典统帅米尔提太巧妙布阵，加强两翼，主动出击。雅典以牺牲192人的代价取得反波斯二次入侵的决定性胜利，极大地鼓舞了其他城邦的抗战决心，为整个希腊联合抗战局面的形成奠定了基础。据说信使奔跑了40千米回到雅典，在宣布胜利之后，力竭而亡。

萨拉米海战

马拉松之战后，希波双方都积极准备再战。公元前480年9月，双方在阿提卡的萨拉米湾决战。波斯的大型战舰在狭窄的海湾移动十分困难，而希腊小型战舰却运转自如。雅典士兵士气旺盛，英勇战斗，给敌舰以猛烈打击。波斯海军大败，损失战舰三百余艘，而希腊仅损耗40艘战舰。萨拉米海战使希腊基本上取得了反对波斯战争的胜利。

雅典的衰落

公元前4世纪中叶，底比斯与斯巴达的衰落给雅典恢复其海上霸权以可乘之机。雅典开始向爱琴海北岸扩张，很快在卡尔克狄克半岛上获得了胜利。但是，雅典恢复强权政治的企图和对同盟国的苛征繁敛激起同盟国的不满，原本不够团结的海上同盟裂痕日益增大。公元前358年爆发了盟邦同雅典的战争，史称同盟战争。战争以雅典为一方，以开俄斯、罗德斯、爱勒特里亚等盟邦为一方。公元前355年同盟国获胜，第二次海上同盟瓦解，雅典从此彻底衰落。各邦混战与同盟的分解，使城邦体制的生命已濒枯竭，从而为马其顿的兴起提供了方便。

城邦贫民起义

公元前401年，希腊在北非的殖民城邦西林尼的贫民爆发起义。他们杀死五百多个富人，逃亡的富人反攻，镇压了贫民暴动。公元前398年，斯巴达的破产公民暴动，后来被镇压。公元前392年，科林斯发生贫民起义，一些富人躲进神庙，贫民不顾宗教戒律，冲进神庙杀掉富人。公元前370年，亚哥斯贫民起义，起义群众用棍棒击杀富人一千多人，瓜分了他们的财产。这段时间，希腊各个城邦贫富之间的斗争都很激烈。

希腊字母

希腊字母从腓尼基字母的北闪米特字母中派生出来。标准的希腊字母有24个，其中有7个元音字母，它是现代欧洲一切字母的祖先。

修昔底德

修昔底德（约公元前460～前400年），古希腊历史学家。公元前424年，他当选为雅典十将军之一，因在伯罗奔尼撒战争中援助不力，被撤职放逐。在放逐期间，他构思写作历史，搜集资料，结合亲身经历，经30年的努力，终于写成编年记体裁的《伯罗奔尼撒战争史》。该书共9卷，是研究古希腊的重要史料。

毕达哥拉斯

毕达哥拉斯（约公元前560～前480年），古希腊数学家，唯心主义哲学家，以证明毕达哥拉斯定理（即勾股定理）而闻名于世。生于伊奥尼亚海域的萨摩斯岛。40岁时移居意大利南部的城邦，在那里建立一个兼有宗教、政治和学术特征的秘密团体。他认为万物的始基是数，由数而有形，由形而有物，把抽象的数的概念看作第一性的。他的哲学思想带有浓厚的宗教色彩，认为一切生物都有共同的、不朽的灵魂，为了不失去灵魂，人需要净化自己的灵魂，从而陷入唯心主义。但以他为首的毕达哥拉斯学派的一大贡献是首次用"宇宙"这个词表示世界整体，并将宇宙秩序的思想融于数学思想之中。

希罗多德

希罗多德(公元前484～前424年)，诞生在希腊的爱奥尼亚城邦，家境的殷富使他幼年熟读了众多名人雅士的著作。青年时期，他抛开优越的家庭生活，只身一人漫游世界各地。每到一地，他都寻访探究历史古迹，搜罗记录轶闻趣事，考察体验民情风俗，这一切为他以后取得史学成就打下了良好的基础。后来，他随雅典移民来到了图里邑，他在那里专心著述，直至终老。使希罗多德的"西方史学之父"美名流芳百世的巨著，是他倾其毕生精力写作的《历史》，也称为《希波战争史》。《历史》既有重大的史料价值，也有着较高的文学欣赏性。这部巨著最早约在公元前430年问世，成为西方历史上第一部较为完备的历史著作。

亚里士多德

亚里士多德（约公元前384～前322年），古希腊思想家，百科全书式的学者。出生于色雷斯的斯塔吉拉城，其父为马其顿国王的宫廷医生。17岁时去雅典学习，师从柏拉图20年。公元前343年被聘为马其顿王子亚历山大的教师，之后又回到雅典求学，从事教学和科研活动。其学派被称为逍遥派。他对哲学、逻辑学、历史学、政治学、数学、物理学、生物学、医学等都有精深研究。在政治上提出调合贵族派与民主派的方案，主张由中等奴隶主来治理国家。在哲学上摇摆于唯物主义和唯心主义之间，但最终仍陷入唯心主义。在自然科学上成就显著，尤以在生物学方面的研究最有价值，许多结论都是通过他亲自解剖动物，长期观察动物习性得来的。他的主要著作有：《工具论》、《形而上学》、《物理学》、《伦理学》、《动物志》等。

伊壁鸠鲁

伊壁鸠鲁（约公元前342～前270年），古希腊哲学家。生于萨摩斯，早年学习柏拉图和德谟克里特的学说。公元前306年来到雅典，在雅典兴办学校（即"伊壁鸠鲁学园"）。他生前享有极高威望，在学术上继承、论证和发展了德谟克里特的原子论。他认为原子不仅有大小、形状上的差别，而且有重量上的差异；认为原子不仅有直线运动，而且由于原子内部的原因还产生偶然的偏斜运动。这种斜线运动使原子之间产生冲突，互相结合，产生万物。从而克服了德谟克里特只承认原子直线运动的观点。在认识论上，他肯定感觉是认识的来源。在伦理观念上，主张人生的目的是追求幸福。他是一个多产作家，传说有300余卷著述，但传下来的只有3封信和40余条格言。

苏格拉底

苏格拉底于公元前469年生于雅典。他是古希腊著名的哲学家。

苏格拉底有一个特点，他从不著书立说，而是专靠口头说教。他的讲演极富逻辑性，几句话就能把人吸引住。他往往先提出一个问题，让学生们提问，然后加以解答，加以论辩。这就是欧洲哲学史上最早使用的"辩证法"。然而，苏格拉底的讲演活动却触犯了雅典的当政者们。他因宣扬神学、煽动反民主情绪、败坏青年等种种"罪行"被送到法庭，苏格拉底被判死刑，并被关进了死囚牢。

犬儒学派

这个学派的创始人是苏格拉底的弟子安提斯泰尼。他主张返回自然，颂扬俭朴自足和自我控制，对势利的社会习俗持讽刺态度，鄙弃奢侈和一切人为的感官快乐。公元前3世纪早期，犬儒学派非常盛行。

古希腊三大悲剧作家及其作品

埃斯库罗斯：《波斯人》、《被缚的普罗米修斯》

索福克勒斯：《俄狄浦斯王》、《安提格涅》

欧里庇得斯：《美狄亚》、《特洛伊妇女》

古希腊的奥运会

古希腊奥运会开始于公元前776年，之后每四年举办一次。古希腊战争连年不断，各个城邦都利用体育锻炼来培养身强力壮的武士，体育运动由此发展起来，逐渐形成了有组织的运动竞赛，奥运会因此得以产生。古希腊人民厌恶战争，渴望和平，因此在奥运会举办期间，各城邦一律休战。这一传统一直保持到现今，一定程度上促进了世界和平的发展。

希腊神话

希腊神话包括神的故事和英雄传说两大部分。神的故事包括开天辟地、诸神诞生和神的生活等。根据希腊神话，宇宙最初为混沌状态，后来从中产生地母神盖娅，盖娅生乌拉诺，他们结合生了12个提坦神（六男六女）。提坦诸神彼此结合，生日月星辰、宙斯等神。宙斯、赫拉夫妇率男女众神住在奥林匹斯山，他们共12个。英雄传说主要歌颂那些为民除害的英雄、发明工具的能工巧匠，这些人都是神和人结合而生的。因而他们具有"神人同形同性"的特点。但神比人更聪明、更有力量且长生不老，这是神与人的不同之处。希腊神话成为古希腊文学和艺术作品取之不尽的题材。后世很多画家以希腊神话为题材，创造了不少优美的绘画作品，使许多希腊故事流传至今。

马其顿的兴起及文化

马其顿征服希腊

马其顿位于希腊的最北部。公元前5世纪后期至公元前4世纪初期，马其顿国家逐渐形成。公元前4世纪中期，马其顿国王腓力二世实行一系列改革，加强了国家的经济和军事力量，开始向希腊扩张。公元前338年，马其顿军与希腊联军进行决战，结果希腊联军战败。

次年，腓力二世召开希腊会议，决定由马其顿领导希腊对波斯作战，此后各城邦名存实亡了。

腓力二世改革

公元前359～前336年，马其顿国王腓力二世在他的统治期间，推行了政治、经济和军事改革。在政治上，打击和削弱了贵族势力，加强了国王的权力。在经济上，施行双金币制，即银本位和金本位并用。当时希腊各国使用银币而波斯帝国则采用金币，为了在经济实力上与波斯相抗衡，马其顿自铸金币，降低了金价，并规定了金银币兑换率，从而削弱了波斯帝国的经济优势。在军事上，他创立了由步兵和骑兵混合组成的马其顿方阵，使种类不同的军队和优良的战术装备结合起来。腓力二世的改革大大加强了马其顿的经济实力和军事力量。

亚历山大远征

公元前338年，腓力二世征服希腊而成为爱琴海上的霸主，并在科林斯大会上向波斯宣战。公元前336年，腓力二世遇刺身亡。他的儿子亚历山大三世即位，他在巩固盟主地位后，迅即东侵。公元前335年，亚历山大三世亲率军队从都城派拉出发，开始远征。公元前334年初渡过赫勒斯滂海峡后，在格拉尼库斯河附近与波斯交锋，占领了小亚细亚希腊各城邦。继之占领叙利亚、埃及。公元前331年，在布摩多斯河高加米拉村以西与波斯军主力对阵，波斯溃败。公元前330年夏，亚历山大三世引兵北上追击大流士三世，波斯帝国遂亡。公元前327年，亚历山大远征到达印度河上游。鉴于官兵厌战，加上当地气候炎热，疾病流行，亚历山大三世被迫决定撤退。公元前325年，返抵巴比伦，十年远征即告结束。亚历山大东侵给被征服地区带来深重的灾难，但客观上也促进了东西方经济、文化的交流。

伊苏斯战役

亚历山大在占领小亚细亚之后，于公元前333年夏挥师向叙利亚北部挺进。波斯王大流士三世为阻击亚历山大的进攻，亲率大军占据了马其顿军队后方的伊苏斯城，切断了马其顿军与小亚细亚根据地的陆上交通线。亚历山大闻讯回师，与波斯交战于伊苏斯。大流士三世集结了10万兵力并亲自督战，企图一举歼灭马其顿军。面对强敌，亚历山大以重装方阵和重装骑兵猛烈攻击波斯军的中锋。大流士三世首先动摇，扔下战弓，脱掉战袍，夺路而逃。波斯大军随即全线溃退。亚历山大突入大流士三世的军营，缴获了大批武器、财宝并俘虏了大流士三世的母亲、妻子和三个女儿。大流士三世致书亚历山大要求议和，遭到亚历山大的拒绝。伊苏斯战役大大削弱了波斯的军事力量。

亚历山大里亚文化的繁荣

亚历山大里亚是亚历山大在尼罗河三角洲所建的都城，经过托勒密王朝的经营，成为当时各国贸易和文化交流的中心。城内图书馆藏书70万卷，几乎包括了所有古希腊著作。而博物馆召集了许多科学家和艺术家，一些学者在亚历山大里亚取得了重要的学术成就，对后来的罗马文化以及通过罗马文化对近代欧洲文化都产生了深刻的影响。

入侵印度

公元前327年春，亚历山大率领军队向印度进军。在印度河上游的支流希达斯佩斯河，与波鲁斯王的军队相遇。亚历山大率军绕道渡河决战，击败了波鲁斯王的军队，俘获7万俘虏和许多战象。他利用印度诸小国的矛盾，各个击破，占领了印度河流域上游的广大地区。此后，亚历山大继续率军东进，直达希发西斯河，并企图向恒河流域扩张。但是，亚历山大的士兵由于连年苦战，厌战情绪滋长，拒不前进，甚至发生兵变。而恒河流域的难陀王朝此时已很强大，因此亚历山大不得不停止东侵，率军西归，公元前325年回到巴比伦。至此，亚历山大的十年东侵终告结束。

安提柯王朝的建立

亚历山大死后，马其顿和希腊的统治权几经易主，最后被其部将德米特里所取得。公元前285年，多瑙河流域的克勒特人入侵希腊，公元前277年，德米特里的儿子安提柯·贡那特联合希腊各城邦击退了克勒特人，次年，他被宣布为马其顿国王，建立起安提柯王朝。

斯巴达的社会改革

公元前3世纪，战争的破坏和政治上的动乱进一步加剧了希腊各邦经济的衰落和贫富分化。当时斯巴达的阶级矛盾十分尖锐，这种情形促使斯巴达统治阶级的一部分人发起了自上而下的改革运动。首倡改革的是国王阿基斯，他实施取消债务、平分土地等一系列改革措施，但收效甚微。之后，国王克里昂米尼继续其事业。他用暴力手段推行改革，后来战死沙场。他死后，内比斯用更激进的形式进行改革。他驱逐贵族地主，平分其财产，因而遭到全希腊奴隶主阶级的反对。后来，在阿卡亚同盟和侵入希腊的罗马军队的联合镇压下，改革遭到失败。

阿基米德

阿基米德是古希腊著名的数学家和物理学家。他出生于西西里岛的叙拉古。在数学方面，他测定了圆周率和确定了圆的面积的计算方法。在物理学方面，他发现了"杠杆定律"。阿基米德曾经说过："给我一个支点，我可以将地球撬起。"他在洗澡的时候发现了"阿基米德定律"：物体在液体中所受浮力等于它所排出的液体的重量。据说，阿基米德利用抛物镜面的聚光作用，将阳光聚集到入侵叙拉古的罗马战船上，使战船自己燃烧。公元前212年，罗马军队占领叙拉古城时，阿基米德还在思考着他的几何图形。当士兵用剑指着他时，他还在要求把原理证明完再走。无知的士兵刺死了这位75岁的老科学家。他被后世的数学家尊称为"数学之神"。

欧几里得

欧几里得是马其顿时期杰出的数学家，是亚历山大里亚数学学派的奠基人。其著作《几何原本》共13卷。他广纳前人成果，集当时几何学之大成，把各种定理、命题和论证按逻辑关系加以排列，构成一个严整的体系，而且以简练清晰的说理方式表述出来。他的研究成果至今仍被科学界所肯定。

《伊索寓言》

《伊索寓言》是世界上最古老的寓言故事集。它的作者伊索是古希腊的一个奴隶，他以其才智受到主人的赏识，被允许可以四处游历。他所创作的小故事加上民间流传的故事，经后人的整理汇编得以流传下来。

《伊索寓言》的内容极为丰富，大多采用

拟人化的手法，用一个简短的动物故事来说明一个道理或人生经验，表达了作者对社会和自然界的看法。像《龟兔赛跑》《狐狸与葡萄》《乌鸦与狐狸》《农夫和蛇》等在中国广为流传，成了人们熟知的典故。

托勒密王朝和塞琉古王国

托勒密王朝

亚历山大三世死后，帝国分裂，埃及被他的部将托勒密占据。公元前305年，托勒密正式称王，开创了埃及历史上的托勒密王朝。公元前3世纪是托勒密王朝的鼎盛时期。公元前3世纪末，社会矛盾尖锐，人民起义不断，托勒密王朝开始衰落，到公元前30年终为罗马所吞并。

塞琉古王国的统治

塞琉古王国的领土包括叙利亚、巴勒斯坦、小亚细亚、美索不达米亚、伊朗和中亚的一部分。在全盛时期，塞琉古王国的领土面积达350万平方千米，人口达3000万。统治者沿袭波斯帝国的专制政体，国王专权独断，王权神化。中央机构由国王任命的各种官吏组成。其中最重要的是总理一切事务大臣，他辅佐国王处理全国事务。地方有二十几个行省，设总督与将军分别掌管民政与军事。

古罗马文明

罗慕洛斯建国

相传小亚细亚的特洛伊城被希腊人攻陷后，该城的英雄伊尼亚率领一些保卫城市的人逃了出来。他们在海上漂泊了很久以后，来到意大利海岸一个叫拉丁的地方定居下来。伊尼亚的儿子在这里建立了一座城，命名为阿尔巴·尤加，其子孙在此世代为王。到努米多尔做国王时，他阴险残暴的弟弟阿穆留斯篡夺了王位，同时杀死了努米多尔的儿子，并强迫他的女儿列雅·西尔维娅当了维斯塔女神的祭司，禁其婚配。不久，西尔维娅与战神马尔斯结合，生下了一对孪生兄弟。阿穆留斯听到消息后非常愤怒，就派人将这对婴儿抛入第伯河。可孩子却被冲到岸边，一只母狼用乳汁哺育他们。后来兄弟俩被国王的牧人发现了，并把他们养大成人，哥哥叫罗慕洛斯，弟弟叫勒莫。当他们知道了自己的身世后，组织起一支队伍，杀死阿穆留斯，夺回了阿尔巴·尤加城及王位。但兄弟俩不想留在那里，他们将政权交给外公努米多尔之后，在过去被丢弃得救的地方另建了一座新城。后来两人因用谁的名字来命名新城发生了争吵，罗慕洛斯杀死了弟弟，以自己的名字命名新城为罗马。

罗马元老院

在罗马政府中历史最悠久的机构是元老院。早在公元前6世纪罗马共和国一建立，元老院就产生了，此后一直维持到罗马帝国灭亡。

共和国早期的元老院只是个咨询机构，由贵族组成。到了公元前5世纪，退任的执政官也开始进入元老院。后来，随着连绵不断的战争，元老院的职权日益扩大，演变成最高常设权力机关。它在外交、立法、财政、宗教等事务上具有决策权，还有权给行政长官们分派任务，延长其任职期。

在斯巴达克起义中，元老院在公元前72

年任命克拉苏前去镇压。在共和国末期，由于出现前后"三巨头"之间的你争我夺、相互厮杀和军事独裁，元老院的权力和威望有所下降，但恺撒仍然将其成员扩大到900名。到公元前27年以后，罗马帝国皇帝奥古斯都才将元老院的职权恢复到本来面貌，成为皇帝管理下的一个参谋咨询机构。到罗马帝国末期，元老院转而反对帝国政府的政策，到580年罗马元老院被取消。

王政时代

从传说中的罗慕洛斯建城到公元前509年罗马共和国的建立，这一阶段的罗马历史被称为"王政"时代。此时的罗马是一个大的部落联盟，所以又称为军事民主制时代。当时，全罗马共有3个部落。

王政时代的罗马实行"军事民主制"，它主要有以下机构：人民大会或库里亚大会，由全体氏族成年男子参加，他们有权通过或否决法律、选举高级官员等；元老院，即长老议事会，由300个氏族长组成，相当于库里亚大会的预决机构，有权预先讨论各项新法律、握有收税、征兵等重要权力；勒克斯，或译为"王"，可能由选举产生，主要是军事首长、最高祭司和审理某些案件的审判长。自公元前8世纪中期到公元前6世纪末这250年间，传统认为罗马共有七王。因此这一时期被命名为王政时代。

王政时代结束后，罗马历史进入了共和国时代。

早期的罗马共和国

从公元前509年"王政"结束，到公元前3世纪初期通常被称为早期共和国。这一时期包括两个历史过程：国家机构通过平民和贵族的斗争得到了调整，从而加强了共和国的统治；对外通过一系列的战争征服了意大利半岛，罗马成为西部地中海的主人。

保民官

罗马共和国初期，平民和贵族之间的斗争十分激烈。公元前494年，平民拒绝服兵役，集体撤退到罗马城东北的"圣山"上，宣布另建新都，与罗马脱离关系。罗马贵族派出代表与平民谈判，最后同意了平民的要求，每年从平民中选出两位保民官。保民官的职责是保护平民的利益。保民官可以行使否决权，如果长官和元老院实行违背平民利益的法令，保民官只要说："维托"（意为"我禁止"）就可予以否决。但此项权力仅限于在罗马城内和近郊使用。保民官从平民会议中选出，初为2人，后增至10人。保民官的设立，是平民在同贵族斗争中取得的一大胜利。

十二铜表法

公元前509年，罗马开始了共和时代，真正的实权掌握在由贵族把持的元老院手中。公元前494年，平民赢得了选举保民官的权利。保民官从平民中产生，对元老院和执政官颁布的违背平民利益的法令，拥有否决权。"习惯法"是罗马共和国最初实行的法律。法律的解释权和司法权掌握在贵族手中。公元前454年，罗马元老院才同意制定成文法。公元前450年左右，罗马诞生了第一部成文法典。法典被镌刻在12块铜板上，因而被称为"十二铜表法"。"十二铜表法"后来成了欧洲大陆法系的渊源。

罗马历制定

相传最早的罗马历是古罗马的建国者罗慕洛斯制定的。这种历一年只有304天,共10个月,其余的被略去,结果冬季是缺历的空白。相传"王政时代"的第二王努玛·庞皮里乌斯在位时,对原来的历做了改订,即在年初和年末各增加1个月,创立了12个月的历法。其中1、3、5、8月每月31天,2、4、6、7、9、10、11月各29天,12月为28天(或29天),全年为355天(或354天),比太阳历短10天。因误差大,需要以不时加进一个27日(或28日)的闰月的办法来协调历法与季节的不一致。又加上祭司们出于政治需要随意改历,以延长和缩短某些长官的执政时间,因此这种不合理定制的历法是很混乱的,实际应用多有不便。

庇护制

"庇护制"(亦称保护制)是古代罗马的一种人身依附制度,约起源于公元前7世纪"王政时代"。当时,随着氏族内部分化的加剧,一些贫困破产的氏族成员便依附在氏族贵族的门下,成为贵族的"被保护人"。贵族成为保护人。被保护人与保护人的关系是世袭的,有某种契约的性质。前者多为贫穷破产及无公民权者,托庇于后者门下,领取份地并为之献纳服役。后者属有财势的贵族,对前者亦负"保护"之责(如代其出席法庭)。罗马共和国时代,这种制度有所发展。保护人通常拥有大批被保护人,作为猎取利禄的工具,帝国时代特别是公元3世纪以后,这种庇护制逐渐流行起来。随着奴隶制危机的加深,贫苦农民在捐税繁重、官府欺压、社会动乱的情况下难以维持独立经济,于是纷纷把土地"献给"大土地所有者,求得"庇护"。被庇护者虽失去自由,为庇护者服役,但可以终身使用原来的土地,免受国家税吏的欺凌。公元4世纪末,在帝国境内庇护制的发展已经使皇帝感到忧虑。

李锡尼-塞克斯图法

早期罗马的土地、债务、政权问题是平民和贵族斗争的焦点。公元前376年,盖约·李锡尼和鲁西乌·塞克斯图担任罗马的保民官,他们提出了新法案:全体公民都可以占有和使用"公地"(罗马征服区的土地),以打破贵族历来对"公地"的垄断特权,从而减缓土地集中的速度;平民所欠债款一律停止付息;每年选举的两名执政官中,其中一名必须由平民充任。新法案遭到贵族的极力反对,但广大平民坚持斗争。公元前367年,法案终获通过。

罗马征服意大利

"王政"结束的初期,罗马在意大利半岛的势力还远不算强大。但依靠良好的军事组织和有效的对外政策,罗马经过断断续续两百多年的征战,到公元前3世纪70年代,终于统一了除北部的波河流域以外的意大利全境。意大利的统一有利于当地社会经济的发展,对罗马和意大利的历史都具有重要意义。

马略的军事改革

公元前107年马略当选为执政官后,对罗马军事制度进行了改革。主要内容有:用募兵制代替征兵制,取消财产资格限制,吸收志愿的无产者入伍;延长士兵服役年限为16年,老兵服役期满可以从国家分得一块份地;实行固定的军饷报酬，士兵还可以从国家得到全部武器给养；改革军团组织，用联队（介于军团和连队之间的组织）军团的战术形式代替三列军团的战术形式；整顿军纪，加强训练；统一并改进武器装备等。马略的军事改革，不仅提高了军队的战斗力，而且彻底改变了几个世纪以来罗马的兵农合一制，使军队逐渐成为脱离社会的特殊集团，为军事独裁的产生准备了条件。

苏拉独裁形成

苏拉（公元前138～前78年）自公元前107年起，先后担任财务官、执行长官、行省总督等职务。"同盟者战争"期间，成为公认的统帅。公元前88年苏拉当选为执政官，并于同年率军前往东方镇压起义。苏拉刚离罗马，以马略为首的民主派乘机举兵夺取政权，宣布苏拉为"公敌"。苏拉闻讯，率军返回罗马城，大肆屠杀民主派，并迫使元老院宣布马略及拥护者为"公敌"。公元前87年，苏拉再度率军东征。他离开意大利后，执政官秦纳和马略集结军队占领了罗马城，宣布苏拉为"公敌"，实行一系列与苏拉相对立的政策。公元前84年苏拉率军返回意大利，公元前82年打进了罗马，杀死或放逐90名元老、15名高级军官及2万多名骑士。公元前81年，他被元老院宣布为无限期的独裁官，成为集立法、行政、司法、经济、军事诸种大权于一身的独裁者。

布匿战争

古罗马共和国与迦太基争夺西部地中海上霸权的战争。布匿战争持续百余年，大战三次。第一次（公元前264～前241年）是争夺西西里和地中海西部的海上航道的控制权，以罗马获胜结束，但双方都损失了大量的船只和人员。第二次（公元前218～前201年）于公元前218年宣战，汉尼拔率军从西班牙出发，进军意大利，公元前217年，汉尼拔在特拉西梅诺湖附近大败罗马军；公元前216年，在意大利的坎尼地区又击败罗马军。但罗马军克服困难，顽强应敌，最终打败了汉尼拔，并将他逐出意大利。从此，迦太基的强国地位被彻底摧毁。第三次（公元前149～前146年）布匿战争本质上是对迦太基的围攻，导致迦太基的毁灭和其民族受奴役，迦太基的领土成为罗马的非洲行省。布匿战争罗马取得最后胜利，从而成为西部地中海世界的霸主。

汉尼拔

汉尼拔（公元前247～前182年），迦太基著名军事家和政治家。出身将门，生活在布匿战争激烈进行的年代。从小随父从军，受过良好的军事和外交训练，并立誓向罗马复仇。公元前221年任迦太基驻西班牙军事统帅。公元前218年春，率领约6万军队远征意大利，开始了第二次布匿战争。在公元前217年特拉西梅诺湖战役和公元前216年坎尼战役中，成功地打败了罗马军队，创造出古代军事史上的辉煌战例。由于长期转战意大利各地，兵力耗竭，后方补给困难，影响到他的战斗力。当罗马军队进攻迦太基本土时，他奉召回国解围。公元前202年在扎马战役中，被罗马军队击败。后逃往叙利亚，建议安提柯三世进攻意大利，未被采纳。最后自杀于小亚细亚的彼提尼亚。

行省制度的制定

罗马统治集团对被征服地区，最初采取委托军队统帅行使统治权的办法，即每征服一个地区，就把这一地区交给征服这一地区的统帅来治理。后来委派专任的高级长官进行统治。到公元前3世纪后期，开始建立行省。行省的最高统治者是总督，常由卸任的执政官担任，任期一年。总督有时兼任驻行省军队的指挥官，在行省内握有生杀予夺之权。行省城市一般有内部事务的自治权，但要交租和承担各项义务。行省的土地、资源等为罗马国家所有，转让、出租、分配、经营等活动由元老院决定，行省总督无权处理。到公元前2世纪下半叶，罗马先后设置了9个行省。帝国之初，奥古斯都将行省分成两类：一类为元老院统辖的行省，由元老院任命代行执政官管辖，任期一年，不统率军队；一类为元首直辖的行省，其地位比元老院统辖的行省重要。随着奥古斯都和后来统治者的扩张和领土的扩大，行省数目不断增加，至公元3世纪中期已建40多个行省。

西西里起义

西西里岛是有名的"谷仓"，使用奴隶的大农庄在这里发展得较早，农庄主对奴隶进行残酷的剥削和虐待。公元前138年，西西里中部恩那城的奴隶掀起暴动，西南部的阿格里根特也爆发了奴隶起义。统治者派遣大军疯狂围攻恩那城，公元前132年城陷，起义失败。

斯巴达克起义

公元前2世纪以来，罗马奴隶制得到巨大发展，奴隶与奴隶主之间的阶级斗争也发展到武装起义。公元前73年，约二百名奴隶角斗士密谋逃亡事变，七十余人逃到维苏威火山，竖起义旗，斯巴达克是主要领导人。罗马军初期镇压失败。随着许多奴隶与破产农民的加入，不到一年，义军壮大到12万人。公元前72年，罗马政府授命克拉苏主持对奴隶的战争。他将义军封锁在半岛南端，斯巴达克突破封锁线，转进意大利东部港口布尔底西。但罗马援军率先在港口登陆，义军陷入被前后夹击的境地。公元前71年春，义军主力在布尔底西港附近与罗马军展开决战，斯巴达克与6万将士英勇牺牲，起义失败。这次起义沉重地打击了奴隶主的统治，动摇了奴隶制的基础，是奴隶运动的最高峰。

前三头同盟

随着民主派势力的强大，左右罗马政局的克拉苏和庞培出于个人的政治目的转向民主派。克拉苏是苏拉的部将，随苏拉出兵意大利，建立了功勋，并趁火打劫，成为罗马首富。庞培也是苏拉的部将，曾先后平定了西班牙起义，消灭了地中海上的海盗，征服了小亚细亚，功震罗马。与此同时，马略的内侄恺撒也以民主派的身份登上了罗马的政治舞台。恺撒既不能在军功上与庞培竞争，也不能在财富上同克拉苏匹敌。但恺撒凭借着对马略的追念活动，打击了苏拉的党羽，赢得了平民和马略老兵的支持。但三人中谁也没有力量单独战胜贵族势力，而只有三人暂时联合，才能与元老院抗衡。于是，公元前60年，恺撒、克拉苏和庞培达成了互相支持的协议，建立了秘密的政治同盟，史称"前三头同盟"。

古罗马的角斗士

古罗马的奴隶主们把那些身强力壮的战俘送到特设的剑术训练所里加以训练，然后让这些战俘在大剧场里和公开场所彼此残杀，或与

野兽搏斗，这些人就是角斗士。他们是以流血牺牲供奴隶主寻欢作乐的奴隶。角斗士们为了争取生存和自由，经常发起反抗奴隶主的斗争。斯巴达克起义就是首先由角斗士们发起的。

恺撒大帝

恺撒(公元前100～前44年)，罗马共和国末期著名的军事统帅和政治家。

恺撒出身罗马名门贵族，从小就渴求权力。步入政界后，因反对各行省总督的横征暴敛，获得了平民的拥护，而他也成了民主派的新领袖，军事上的胜利也使他逐渐成为罗马政坛上举足轻重的人物。公元前60年，罗马三位势力相当的人物恺撒、庞培、克拉苏结成联盟，史称"前三头同盟"。公元前59年恺撒当选为执政官，拥有了共和国最高职位。之后，他率罗马大军征服了高卢地区。辉煌的战绩使恺撒的威望达至顶点。由于克拉苏的阵亡，三巨头联盟瓦解，庞培和元老院因惧怕声誉日盛的恺撒而结成反恺撒同盟。恺撒率军迎战，一直将庞培追杀到埃及，庞培在埃及被杀，于是整个罗马处于恺撒一人统治之下，他被宣布为"祖国之父"和"终身独裁官"。然而，恺撒在当政后，由民主派走向了独裁，公元前44年，恺撒被代表元老派贵族的阴谋集团暗杀身亡。

庞贝古城

在意大利那不勒斯附近的维苏威火山脚下，有座著名的古罗马城市庞贝。它始建于公元前8世纪，曾拥有2.5万人口，后来成为古罗马帝国的重要行政中心。庞贝城之所以闻名于世，是因为它曾被突然喷发的维苏威火山的灰尘埋在地下十几个世纪，从而成为一座真正的死城。经历了尘封土埋的漫长岁月以后，庞贝城已经变成一座地地道道的"化石城"。城内有4条交叉成"井"字形的主要街道，将全城分成9个区。街道用石板铺筑，街石的上面留有的两道深深的车辙印，显示了庞贝城当年的繁华。城内有政府机构、法庭、太阳神庙、女神庙，且公共浴室、角斗场、商店、酒店、客栈遍布于大街小巷，在一家小酒店的遗址上，火山喷发那天老板记账的营业额和一些顾客赊欠的钱款数还依稀可辨；一个面包房的烤炉中，还有一块印有面包商名字的烤熟的面包……这些场景成了庞贝城末日瞬间凝固于历史长河中的实证。

后三头同盟

公元前44年，恺撒被刺死后，安东尼、雷必达、屋大维在元老院和公民大会的许可下公开结成同盟，获得统治国家5年的权力，史称"后三头同盟"。屋大维为恺撒养子（实为甥孙），遗嘱指定继承人。在恺撒死后，三人势均力敌，最后结果是形成三分天下之势。此前，三人铲除异己，在巴尔干打败刺杀恺撒的布鲁图和卡西乌，成为罗马的全权统治者。但是他们这种"均势"是极不稳定的，屋大维坐镇罗马，以罗马公民领袖自居。公元前36年，他剥夺了雷必达的军权；公元前31年，又宣布安东尼为"祖国之敌"。9月，屋大维与安东尼双方在亚克兴海角展开大战，安东尼逃回埃及。后三头同盟存在了11年，终于以屋大维的胜利而结束，罗马共和国的历史走到了尽头，屋大维成为罗马实际上的皇帝。

巴高达运动

269年，巴高达运动首先在高卢爆发。起义者围攻高卢重镇奥登（今奥尔良），经过7个月的英勇斗争,终于攻克此城,杀死了一部分奴隶主贵族,剥夺了他们的财产。但巴高达运动并未停止。283年,卢格登、高卢一带的奴隶、隶农在首领埃里安和阿芒德领导下再次举行起义。两位首领自称皇帝,并自铸钱币,各据一方达数年之久。罗马官吏和富人纷纷躲进设防城市。罗马在高卢的统治趋于瘫痪。286年,罗马皇帝派共治者马克西米安率军前往高卢镇压起义,久攻不下,后恢复了"十一抽杀律"严惩退却士兵才将起义镇压下去。此后,巴高达运动的中心转到了西班牙。449年,在首领瓦西里乌斯率领下攻陷杜里阿梭,后为当地贵族所败,但仍坚持斗争,一直到5世纪末。巴高达运动是罗马帝国末期人民起义中规模最大、坚持最久的一次斗争,前后达200多年,给罗马帝国在高卢和西班牙的统治以沉重打击,加速了西罗马帝国的灭亡。

屋大维的统治

盖乌斯·屋大维(约公元前63年~公元14年),罗马帝国的第一位皇帝,也称奥古斯都。

屋大维出身骑士家庭,罗马将军恺撒收他作了义子,对他悉心培养,并将他定为自己的接班人。恺撒遇刺身亡后,屋大维才18岁,他首先卖掉从恺撒处继承的遗产,用于招募一支装备精良的军队。屋大维势力渐渐崛起,与罗马另外两个将军安东尼和雷必达结成"后三头同盟",三分罗马天下。后来雷必达失势,他便与安东尼平分罗马。公元前31年,屋大维向安东尼发起进攻,在亚克兴角海战中打败了安东尼。公元前30年,安东尼战败自杀,屋大维大获全胜。

奥古斯都建立元首政治

屋大维在相继战胜政敌后,大权独揽,实际上成为了罗马帝国的第一个皇帝。但是,由于共和制的影响和维护共和制传统的势力依然存在,所以他并未立即使用"君主"的名义,而是采用了"元首"的称号。这种统治形式称作"元首政治",它一直保持到283年前期帝国结束。这时共和制的各种政治机构——公民大会、元老院、执政官和其他共和制官职仍然存在,但屋大维假共和之名,揽全权于己手。元老院奉他为神圣,授以"奥古斯都"(意为至圣至尊)的尊号和最高权力。

隶农制的盛行

共和末期,奴隶主为了缓和与奴隶之间的矛盾,以提高经济收益,开始实行隶农制。到帝国黄金时代,隶农制开始流行。隶农最初是指自耕农,即以自力耕种自己土地的农民或殖民地的移民者。当时的大土地所有者把土地分成小块,分租给佃耕者,佃耕者中有契约租户和世袭佃户,其中也有奴隶。这些佃农,以及以交付定量收获物为条件从主人手中获得小块份地的奴隶,都属于隶农,这种生产关系称为隶农制。隶农最初向地主交纳货币租,后又交纳占收成1/3左右的实物租。隶农制的盛行反映了罗马的奴隶制经济已有衰落的趋势。

安敦尼王朝的建立

罗马帝国第二个王朝弗拉维王朝的末帝图密善是靠毒死胞兄(前任皇帝)而登上王位的。执政之初,他为了掩饰他不仁不义的面目,假施仁政于民。当他认为自己的王位已经稳固之后，便开始暴虐起来。他杀掉开疆拓土的武将，甚至以奴隶充当俘虏谎报军情。此外，他还大肆迫害基督教徒，屠杀犹太人。图密善的骄奢残暴行径，激起人们的普遍不满，终于在政变中被杀。元老院推举旧贵族出身的涅尔瓦为帝，建立起安敦尼王朝（公元96~192年）。安敦尼王朝以皇权极盛、统治稳固著称。安敦尼王朝统治时期，被称为罗马帝国的"黄金时代"。

三世纪危机

公元2世纪末到3世纪末，罗马的奴隶制社会在经济、政治等方面爆发了全面危机，史称三世纪危机。统治集团的腐朽和外族的入侵，导致农业萎缩、商业衰落、城市萧条、财政枯竭、政治混乱、奴隶起义此起彼伏，罗马社会陷于动荡之中。

戴克里先改革

罗马帝国皇帝戴克里先为加强专制统治而实行的改革。戴克里先改元首制为君主制，加强中央集权。帝国划分为四部分，由四个统治者共同治理，形成"四帝共治制"，但最高统治者是戴克里先。改革后，原有的辖区较大的行省被划小，行省总数增加；各行省中，军权和行政权分开；军队分为边防军团和机动军团，军团变小，以便调遣。戴克里先还统一税制，取消某些免税特权，人头税和土地税合一，作为财政主要收入，禁止农业劳动者离开土地以及手工业者脱离同业行会，不准市议员离开所属城市，以保证税源。为稳定币值，确定新的铸币含金、银标准，并颁布了物价敕令，但收效甚微。对基督教采取弹压政策，禁止举行礼拜，清除军队和官员中的教徒，没收教会财产，处死一些教徒。戴克里先的改革使面临严重危机的帝国获得了暂时的稳定。

君士坦丁大帝独裁

305年，戴克里先与四帝共治中另一个统治者马克西米安同时退位。经过争夺帝位的混战，政权落到君士坦丁手中。他废除四帝共治制，成为独裁君主。他扩充了官僚机构，亲自任命民政和步、骑兵长官等高级官员。同时，他又将帝国划分为高卢、意大利、伊利里亚和东方四个大行政区，下设行政区，再往下为各行省。330年，君士坦丁将帝国首都迁到东方的拜占庭，并将其改名为君士坦丁堡，号为新罗马。

基督教的兴起与传播

基督教是当代世界三大宗教之一，以《圣经》为主要经典。公元前1世纪，罗马四处征战，不堪忍受罗马残暴统治的人民纷纷起义，但遭镇压。基督教由此而生，相传由拿撒勒人耶稣创建。耶稣构建思想体系，培训门徒，四处传教，被罗马的叙利亚巡抚彼拉多钉死在十字架上。基督教在1世纪中叶~2世纪得到广泛传播，教会组织、经典文献、宗教仪典逐渐完善。到2世纪中叶，在已编定的《新约大全》中增加了泛爱、忍耐和服从权柄的内容。于是基督教开始演变成统治阶级可以接受的宗教，为帝国政府所容忍。4世纪君士坦丁改变过去的镇压政策，颁布《米兰敕令》，正式宣布基督教合法。392年，罗马皇帝正式确认基督教为国教。1054年分裂成东正教与天主教，16世纪后天主教继续分化。

《圣经》

与其他宗教一样，基督教也有一部经典

——《圣经》。"圣经"这个词在古希腊文中原意为"书"。但是，基督教的信徒们却一再宣扬，《圣经》是上帝向人们所作的启示，是一部神圣的书，是"绝对的真理"。根据研究，实际上《圣经》是不同时代的40多位作者撰写后汇编而成的一部作品集。它分为《旧约全书》和《新约全书》两部分。《旧约全书》形成的年代大约从公元前2～前1世纪至公元1世纪，是用古希伯来文写成的。《新约全书》大约形成于公元1～2世纪，是用希腊文写的。整部书的叙事年限共经历了约1300年。

由于基督教徒人数众多，因此《圣经》现在已成为世界上流传最广、影响最大的图书之一，有1600多种不同文字的译本。

罗马帝国的分裂

自3世纪以来，罗马帝国奴隶制经济继续衰落：农村劳动者逃亡，农田大量荒芜，城市工商业凋零。大地主乘机大肆兼并土地，大地产制、庇护制迅速发展起来，罗马奴隶制生产关系已经腐朽没落了。君士坦丁死后，帝国统治集团内部为争夺皇位于339年开始又发生了长期的混战。此后狄奥多西虽一度恢复统一的残局，但无法建立稳固的统治。他死后，把帝国分给两个儿子，于是罗马帝国于395年正式分裂为西罗马帝国（首都在罗马）和东罗马帝国（首都在君士坦丁堡）。此时帝国在名义上仍属完整统一，但事实上是彻底分裂了，以后再未统一。

马克西穆斯之乱

马克西穆斯是罗马著名的元老，曾两次担任执政官。454年，他将名将埃提乌斯陷害至死，455年又设计谋杀了皇帝瓦伦提尼安，终于篡位当上了皇帝。不过他仅仅当了两个半月的皇帝，就在汪达尔人洗劫罗马期间被愤怒的市民捕杀了。

四大"蛮族"掌权

瓦伦提尼安死后20年间，西部先后出现了八个"皇帝"，但是政权掌握在四大"蛮族"出身的首领李希梅尔、冈多拜德、欧瑞斯特和奥多雅克手中。八帝之中由他们废立者就有六人。476年，日耳曼人奥多雅克废黜奥古斯都路斯皇帝，他自称为"王"而不称帝，皇帝制度在西部被废除，西罗马帝国也由此灭亡。

西罗马帝国的灭亡

西罗马帝国灭亡最直接的原因是日耳曼人的一支西哥特人的侵入。410年，西哥特人开始围攻罗马城，此时遭受到罗马统治者奴役的意大利奴隶纷纷响应。罗马城内的奴隶为围城的西哥特人打开了城门，里应外合，罗马城终于为起义者和愤怒的奴隶们所占领。此外，日耳曼人的东哥特人、勃艮第人、盎格鲁·萨克逊人也乘势大量侵入了罗马境内，西罗马帝国犹如高坝坍塌，陷入了土崩瓦解的境地。到5世纪中期，西罗马帝国境内出现了好几个日耳曼人的王国。476年，西罗马帝国最后一位皇帝罗慕洛斯·奥古斯都路斯被废黜，西罗马帝国正式灭亡，它标志着西欧奴隶制社会的结束，从此，欧洲进入封建社会。

断臂维纳斯

在法国巴黎的卢浮宫，有一座姿态优美，神情安详，洋溢着女性人体那特有魅力的断臂雕像。这座雕像是公元前3世纪由希腊著名雕塑家阿历克山德尔创作的。1820年由一位农民在希腊发现，后被法国人买下运回法国，献给国王。她是从公元前4世纪希腊全盛时期以来保存下来的最有影响的一座雕像，代表着古希腊神话中爱与美的女神，代表着女性美和性爱，并掌管着人间的爱情、婚姻和生育。整座雕像造型典雅、曲线柔和，身体的线条和轮廓组合得异常和谐。把一位古代希腊女性表现得栩栩如生，堪称世界艺术宝库中的瑰宝。

圣诞节

每年12月25日是世界各国基督教徒纪念耶稣基督诞辰的日子，称为圣诞节。

据说，就在耶稣呱呱落地之时，伯利恒的牧羊人看见天使对他们说："救世主已经在伯利恒诞生。"于是他们就去伯利恒朝拜耶稣。这就是今天许多基督教徒在圣诞节期间去伯利恒朝圣的由来。同时，还有"东方三博士"按照一颗星星的指引，不远万里，来到伯利恒朝圣，并向耶稣献上了黄金、乳香、药品等礼物。这就是今天基督教徒在圣诞节互赠礼物的由来。每到圣诞节，家人都要团聚在一起，亲友也要互赠礼物，家庭里每一个有生命的东西都可以得到一份圣诞礼物。收到礼物后，大家就围着圣诞树尽情歌唱，享受着圣诞日的快乐。

将12月25日作为圣诞节，是罗马天主教皇莱伯里乌斯在354年规定的。之所以要选择这天，据说是为了同世俗的神农节一致。因为公历12月24日是"冬至日"，是一年中日照最短的一天，从12月25日开始便白昼变长，人们为了感谢太阳赐给人间的温暖和光明，经常举行各种活动向太阳顶礼膜拜。罗马教会把耶稣的降生比作太阳的再生，他就像给黑暗世界带来光明和正义的太阳一样。

弗拉维圆形剧场

弗拉维圆形剧场又名格罗塞穆剧场，是世界上最大的古代圆形剧场。它是古罗马物质文明的象征和最具代表性的作品。因为它建立于古罗马弗拉维王朝时期，故名为弗拉维圆形剧场。它位于罗马广场东侧，整体呈椭圆形，舞台居中，四周筑有阶梯形的露天观众舞台。它的门面分4层，场内座位可以容纳5万观众，舞台用于表演角斗以及人兽搏斗等。据记载，当年斗兽场落成时曾举行了百日竞技。在角斗士格斗和赛跑之后进行人兽决斗，格斗从日出直到日落，杀得天昏地暗，血流成河。花样屡屡翻新，甚至在场地上注水模拟海战。由于建筑工程使用水泥极为成功，显得异常坚固，因此罗马人有"格罗塞穆若倒，罗马也就灭亡"的谚语。但实际上罗马帝国灭亡后此剧场依然屹立，后来因人们不断从其中挖掘石料才部分坍塌了。

美 洲

美洲古代文明

美洲的名称因16世纪地理大发现而出现，15世纪末以前，美洲的居民是印第安人，其中玛雅人、阿兹特克人、印加人创造的文化水平最高，被人们称做三大文明中心。他们创造的光辉灿烂的文明，因16世纪西班牙的入侵而被打断。

奥尔梅克文明

奥尔梅克文明是中、北美洲公认的最早

的文明。大约出现于公元前 1500 年左右，开始于紧靠墨西哥湾的维拉克鲁兹沼泽凹地的一群村落中。约公元前 1200 年，村落发展为大型聚落，聚落中建有市政建筑物，其侧面有礼仪中心，并建有住宅和商店。该文明的一个中心是拉文塔，位于海港附近，盛产农作物和盐，主要居民是渔民、农民、商人和能工巧匠。他们住在盖有支柱及遮盖的住房里，玉米、鱼类和海龟是他们的主要食物。

帕拉卡斯文化

公元前 550～前 200 年，帕拉卡斯文化在秘鲁利马南部发展起来。帕拉卡斯人已掌握了不少耕种技术，能够种植玉米、豆类、花生、甘薯和丝兰等。在手工业方面，帕拉卡斯人是刺绣和织布的能手，使用了其他地方还不知道的先进技术。刺绣图案无所不包。在两千多年后发现于此地的衣服上，人们还可以分辨出大约 100 种颜色。帕拉卡斯人死后都被制成木乃伊。经过晾干和熏制的遗体，与纺织品、假头颅和陶器等一起被安置在墓中。

摩羯文化

约公元 100 年左右，摩羯文化出现在南美洲培尔北部的广大土地上。当时这里的居民都是技术娴熟的农民。他们挖渠灌溉田地，用鸟粪作肥料。他们修建了金字塔式的建筑，称为"华卡"。其中最大的是华卡·德尔·索尔，高达 41 米以上，另有一个华卡修建在希班海岸。摩羯人还是伟大的艺术家，他们是南美最高明的陶工。他们印刻在陶器上的文字，与迄今为止所发现的任何一种文字都不相似。当时的金属冶炼技术也非常发达。

亚 洲

苏美尔城邦

阿卡德王国的兴亡

阿卡德地区位于两河流域北部。约在公元前 2371 年，阿卡德城的国王萨尔贡一世征服阿卡德地区，建立了统一的阿卡德国家。后来，阿卡德又经过多次战争，征服了苏美尔诸城邦，第一次统一了两河流域南部的巴比伦尼亚地区。不过，阿卡德王国的统治并不稳固，在历经 100 多年的统治后被侵入两河流域的库提人所灭。

神庙大经济

在苏美尔城邦中，神庙大经济占主要地位。神庙的土地可分为三类：神庙公用地，即神庙公用而由神庙所属人员共同耕种的土地；神庙份地，即分配给神庙服役人员的份地；神庙出租地，即出租给佃户耕种，收取地租的土地。神庙土地是不能买卖的。随着城邦王权的加强，神庙土地多为王室侵吞。除了神庙所有的土地外，其余均为农村公社的土地，这些土地已分配给各个家族，可以买卖。村社农民必须向国家纳税并服徭役。

乌鲁卡基那改革

公元前 30 世纪中叶以后，苏美尔地区的城市国家拉格什因长期进行对外战争，加剧了城邦内部的社会分化和阶级斗争。贵族出身的乌鲁卡基那在平民和下层祭司的支持下，推翻了卢伽尔安达的统治，取得了拉格什的政权。乌鲁卡基那在位 7 年间（约前 2378～前 2371 年），进行了一系列有利于平民的改革：恢复扩大了居民的公民权,改善了无权者阶层"苏不路伽尔"的处境,撤销遍布全国的监督机构和税吏;恢复庙产,免除祭司的纳税义务,减少人民的宗教费用;禁止以人身作为借贷条件;禁止暴力、盗窃、残杀、囤积居奇,禁止欺凌孤寡;禁止官员以廉价强买平民的住房、牲畜;禁止侵犯别人的住宅等。乌鲁卡基那的改革措施打击了氏族贵族奴隶主的势力,满足了平民的某些要求,扩大了公民的一些权力,使全国人数增加了10倍。

乌尔第三王朝

萨尔贡死后,其后继者继续向外扩张,但阿卡德王国的统治并不稳固,苏美尔各邦不断发生骚动,最后阿卡德王国被从东北部山区侵入两河流域的库提人所灭。库提人在苏美尔地区的统治比较薄弱,苏美尔各城邦乘机复兴,乌鲁克和乌尔等城邦不断积蓄力量。约公元前2116年,乌鲁克人赶跑了库提人。不久,乌尔城邦兴起,又取代乌鲁克人的统治,统一了南北两河流域,史称乌尔第三王朝。乌尔第三王朝统治时期,南部两河流域的生产力水平有了新的提高,私人奴隶制经济也有了进一步的发展。

楔形文字

楔形文字的发明是古代两河流域的最大文化成就之一。公元前3000年左右,苏美尔人创造出了一种象形文字,并习惯在半干的黏土板上用削尖的芦苇秆、木棒书写,笔画形状很像木楔。所以这种文字被称为楔形文字。

《乌尔纳姆法典》

乌尔统治期间,两河流域的阶级矛盾相当尖锐,奴隶和依附者的处境十分悲惨。为巩固统治,乌尔第三王朝的创立者乌尔纳姆制定了现今所知道的世界历史上第一部成文法典——《乌尔纳姆法典》。法典中提出禁止欺凌孤儿寡妇,不许富者虐待贫者,这反映了当时社会贫富分化的严重情况。

苏美尔人的天文学和数学

苏美尔人按照月亮的盈亏把一年分为12个月,共354天,同时设闰月补足与太阳年(地球绕太阳运行一周的时间)之间的差距。苏美尔人还知道10进位制和60进位制,其中60进位制在古代两河流域的应用更为广泛。我们现在以60进位制把时间用小时、分、秒来划分,把一个圆周分为360度,都是继承了苏美尔人的成果。他们的面积单位、质量单位也多采用60进位制。后来的古希腊、罗马也采用他们的一些质量单位,欧洲有的地方甚至一直沿用到18世纪。

《吉尔伽美什》

《吉尔伽美什》是迄今所知人类历史上最早的史诗,它是两河流域的人民创造出的许多优美的文学作品中最出色的一部。该诗描写了苏美尔人乌鲁克城的国王吉尔伽美什的神话式的传奇故事,颂扬了为民建立功勋的英雄,反映了古代两河流域人民征服自然,探索人生奥秘的朴素愿望。这部作品产生于苏美尔城邦时代,以后经过历代人民口头相传、加工锤炼,至古巴比伦时期被编定成书。全诗共3000多行,用楔形文字分别刻在12块泥板上。

苏美尔文明的衰落

苏美尔文明一直持续了2000多年,在两

河流域建立了一些奴隶制的城邦国家，每一个国家都是以一个城市为中心，包括周围的一些土地，人口只有几万人。这些国家之间为了掠夺奴隶和财物经常发生战争。一直到公元前19世纪初，从叙利亚草原来了一支强悍的游牧民族，占据了两河流域的中心地带巴比伦城，最后建立了历史上著名的古国——古巴比伦王国，苏美尔文明才渐渐衰落下去。

巴比伦王国

古巴比伦文明

亚洲西部的幼发拉底河和底格里斯河，自西北向东南流经今天的伊拉克境内，注入波斯湾。古希腊人把两河流域称作"美索不达米亚"。两河文明最著名的代表是巴比伦，所以又把西亚文明统称为巴比伦文明。西亚古文明与埃及文明同时在公元前3500年开始，但西亚历史几经曲折兴衰后，又有波斯、安息与萨珊的1000多年发展，这时埃及则因丧失独立而使文明断绝，所以西亚文明的演变也较埃及复杂而长久，它最后由中世纪的阿拉伯文明继承而成为东方文明的一大支系。

"巴比伦之囚"

公元前586年，新巴比伦王国国王尼布甲尼撒二世出兵巴勒斯坦，攻陷耶路撒冷，灭了犹太王国。几乎所有的犹太富裕阶层、许多手工业者均被掳到巴比伦，这些俘虏大部分变为奴隶，这在犹太历史上被称为"巴比伦之囚"。公元前539年，波斯帝国居鲁士在攻陷巴比伦城后释放了被囚禁在巴比伦的犹太人，并允许他们重返耶路撒冷。这时犹太人中的一部分人，趁机回到耶路撒冷，重建耶路撒冷的神庙，确立起祭司贵族统治的神权政体，臣属于波斯帝国。

两河流域的天文学成就

古代巴比伦人很注重天文观测，积累了许多天文资料。当时人们已经能够把五大行星金、木、水、火、土和恒星区分开，而且对五大行星的运行轨道也观测得相当准确。巴比伦人运用天文知识，制定了历法，并且发明了测定时间的日晷和水钟。这些成就对后世欧洲天文学的发展产生了很大影响。

古巴比伦王国的灭亡

汉谟拉比建立的统一国家并不稳固。公元前1750年汉谟拉比王死后，其国势由盛转衰。国内阶级矛盾尖锐，奴隶逃亡斗争和租税债务问题突出。阿比舒统治时期（约公元前1711~公元前1684年）颁布的诏令反映了这一社会矛盾。在阿比舒王给另一些地方官的诏令中，多次提及催交租税的问题：有催促地方官员贡纳牲畜的，有催促商人交纳税银的，也有催促商人向神庙交纳贡税的，还有兄弟之间因债务纠纷请求国王予以裁决的……可见，社会经济的紊乱和王权的衰落，导致了社会阶级矛盾的激化和社会秩序的混乱。外族的不断入侵和骚扰，更加速了王国的衰落过程。在萨姆苏伊鲁纳统治时期，东北部山区的加喜特人日益强大，不时侵袭巴比伦，逐渐成为巴比伦的严重威胁。以后又有乌鲁克、伊新等地的暴动。约公元前1595年，古巴比伦王国终于被北方入侵的赫梯人所灭。

新巴比伦王国

公元前630年，居住在两河流域南部的迦勒底人那波帕拉萨趁新亚述内乱之机，逐渐取得对巴比伦尼亚的控制权。公元前626年他自立为巴比伦王，建新巴比伦王国。公元前612年攻陷尼尼微，灭亚述帝国。公元前586年灭犹太王国，将犹太的国王、王公贵族及普通民众俘至巴比伦尼亚，此即所谓"巴比伦之囚"。在尼布甲尼撒二世统治时期，王国处于极盛阶段，奴隶制经济有较大发展。奴隶广泛用于经济生活的各个领域。大奴隶主阶级分为军事贵族和商人僧侣两大集团。僧侣集团势力强大，首都巴比伦城的马尔杜克神庙僧侣在诸城神庙中居领导地位，在政治生活中有举足轻重的力量。公元前539年波斯王居鲁士二世攻入巴比伦尼亚，神庙僧侣迎居鲁士入巴比伦城，新巴比伦王国遂亡。

汉谟拉比的统治

公元前18世纪，汉谟拉比在统一两河流域南部的过程中，建立起强大的中央集权的奴隶主专制国家机器。他总揽全国的立法、司法、行政、军事和宗教大权，并把自己加以神化，自称为伟大的天神的后裔。他任命中央各部大臣，委派地方各级官吏。汉谟拉比大力兴修水利发展农业，建立常备军巩固政权，并实行份地与军事义务相关连的兵役制度，同时保护士兵的份地。古巴比伦国家的军事力量因此得以强大。汉谟拉比还很注意文治，他制定的《汉谟拉比法典》是世界上第一部比较完整的法典。

《汉谟拉比法典》

1901年，在伊朗境内苏撒古城旧址，法国考古工作者发现了一个椭圆黑色玄武岩石柱，高约2.25米。石柱的上方刻着人物的浮雕像，下方刻着稀奇古怪的文字。法国组织了考古专家对其进行研究。经古文字学家鉴定，原来下方刻着的稀奇古怪的文字是一种楔形文字。

早在1802年，德国语言学家格罗特芬就破译了部分楔形文字。此后经其他学者的潜心研究，才完全读懂了这种文字。经考证，此石柱是古巴比伦王国的一部法典。石柱上的人物，就是古巴比伦人所崇拜的太阳神和正义之神沙马什授予汉谟拉比帝王权标的浮雕。因此，人们便把此碑称为《汉谟拉比法典》。

《汉谟拉比法典》由序言、正文和结语三部分组成。内容宣传君权神授的思想，说汉谟拉比是众神之王。结语颂扬汉谟拉比"言辞卓越、功业无双"。正文共有282条，内容包括诉讼程序、盗窃、军人份地、租佃、雇佣、商业、高利贷、婚姻、继承、伤害、债务、奴隶等方面，其内容之全、法制之明，在古代世界立法史上甚为罕见，这是迄今为止人类所发现的最早一部法典，所以又称"世界第一法典"。

古印度

哈拉巴文化的兴衰

20世纪初，考古学家在印度河流域发掘出许多城市和村落的遗址，其中最大的城市遗址是摩亨佐·达罗和哈拉巴，因此当时的文化也被称为哈拉巴文化。这种文化大约出现在公元前2500年至公元前1750年。当时居民主要从事农业，手工业和商业贸易也很发达。公元前18世纪起，印度河文明衰落了，原因至今不清，学者们众说纷纭。

雅利安人入侵南亚次大陆

约公元前20世纪中叶，属于印欧语系的游牧部落从中亚和高加索一带侵入北印度（即印度河中上游），入侵者自称"雅利安人"（意为"高贵者"）。土著居民与雅利安人展开了激烈的斗争，有的被杀，有的被逐入山林，也有的遭受奴役。雅利安人入侵南亚次大陆时尚处于青铜时代，主要从事畜牧业，驯养牛、羊、骆驼和马等，牛粪被做成饼状以充燃料。后来农业成了他们的主要生产部门，他们学会了牛耕、施肥和灌溉，手工业有所发展，交换也出现了，原始社会逐步解体。

种姓制度

公元前20世纪，雅利安人入侵印度，征服了当地的土著居民，侵入者自称"雅利安人"（Aryans，意为"高贵者"），称土著为"达萨"（Dasas，意为"敌人"）。雅利安人侵入印度之初，又根据肤色，将白皮肤的雅利安人称为"雅利安瓦尔那"，称黑皮肤的土著为"达萨瓦尔那"。"瓦尔那"（Varna）原意为"颜色"，汉译为"种姓"。

婆罗门教

古代印度奴隶社会最早的多神教，约形成于公元前7世纪。它把人分成四等，认为婆罗门至上，是"人间之神"。该教认为人死后灵魂转生，如生前按教规行事，死后灵魂便归于梵天；行为差的则转为高级种姓、低级种姓，甚至畜生。公元8世纪以后，逐渐演变为印度教，流传至今。

《奥义书》

《奥义书》是婆罗门教的一部哲学著作。它有很多部，是父传子、师传高徒的密义。此派哲学认为"梵"为世界的本质，万物均从此而生，"我"即灵魂，乃梵之化身，住于人和一切生物体内。《奥义书》的要旨即梵我合一，梵即我，我即梵。《奥义书》和在其以后出现的哲学六宗（胜论派、正理派、数论派、瑜伽派、弥曼差派、吠檀多派），均为婆罗门系统的正统哲学。《奥义书》则是所有宗派中最高的权威著作。

吠陀文学

约公元前20世纪中叶，印度吠陀文学开始出现。"吠陀"一词原意为"知识"，后转化为对婆罗门教、印度教经典的总称。从广义上来说它是古代西北印度用梵文写成的对神的诵歌和祷文的文集，其中包括《吠陀本集》、《梵书》、《森林书》、《奥义书》。从狭义上讲"吠陀"仅指《吠陀本集》，共分4部：一为《梨俱吠陀》；二为《娑摩吠陀》，将《梨俱吠陀》中的绝大部分赞歌配上曲调，供祭祀时歌唱，共载入赞歌1549首；三为《夜柔吠陀》，主要说明出自《梨俱吠陀》的赞歌在祭祀时如何运用；四为《阿闼婆吠陀》，共20卷，载入赞歌730首，记录了各种巫术和咒语，其中杂有科学的萌芽。吠陀经书在世界文学史上占有一定地位，也是研究印度古代史的重要资料。

圣物——印度牛

牛在印度教里被视为圣物，并对它加以崇拜。这种信仰始于公元前1000多年前的吠陀时代。在古代印度，公牛可以屠宰当作牺牲贡奉和食用，而对于母牛则动它不得。在雅利安人的经典之一《梨俱吠陀》中写道，母牛为女神，它是众神之母，因此严禁宰杀母牛。这种单纯的动物崇拜到公元最初几个世纪被赋予了社会色彩。当时规定杀母牛与杀婆罗门要治同罪。母牛崇拜还渗透进了宗教仪式中，在实行净化礼和悔罪仪式中，要使用牛奶、奶酪、奶油，甚至母牛尿和母牛粪。母牛全身均为圣，由此可见母牛崇拜至何等程度。对母牛的崇拜千百年来经久不衰，流传至今。

十六国的建立

约公元前6世纪初，印度次大陆的各个部落大部分都演变为国家，其中较大的有十六国。据佛典《长阿含经》记载，这十六大国是：鸯伽、摩羯陀、迦尸、居萨罗、跋祇、末罗、支提、跋沙、居楼、般阇罗、阿湿波、阿般提、婆蹉、苏罗婆、乾陀罗、剑浮沙。除这十六大国外，当时还出现了一些小的共和国或自治族。这些国家绝大部分位于恒河流域，恒河中下游一带已成为当时列国的主要政治舞台。

沙门新思潮

进入列国时代后，随着社会政治经济的迅速发展，许多代表不同阶级和阶层的新思潮涌现出来，与占统治地位的婆罗门教展开了激烈的斗争。这个时代是古代印度历史上的百家争鸣时代，也是世界历史上的一个思想大解放的时代。

摩羯陀国

公元前6世纪在国王频毗沙罗当政时崛起，征服别的奴隶制小国，成为恒河中游的强国。约公元前493年，频毗沙罗王之子阿阇世弑父自立，继续扩张，击败北邻跋祇国。继位国王迁都至交通便利的华氏城，以加强对占领地的控制。约公元前430年，大臣希苏那伽借人民起义登上王位，大举向北印度扩张，灭阿般提、居萨罗等国。约公元前364年，希苏那伽王朝亡，建立难陀王朝。平民出身的摩诃波德摩·难陀成为国王，摩羯陀国版图逐渐囊括整个北印度。约公元前324年，养孔雀家族出身的旃陀罗·笈多自立为王，建孔雀王朝，基本实现南亚次大陆的统一，在印度形成了历史上第一个统一的奴隶制国家。阿育王死后，帝国因内争而衰落。公元前30年，摩羯陀国被南印度的强国安度罗所灭。

居鲁士

居鲁士（Cyrus，约公元前600～前529年），古代波斯帝国国王（约公元前558～前529年），阿契美尼德王朝的创立者。他即位后起兵反抗米底，经过3年战争，战胜米底，建立波斯帝国。公元前546年侵入小亚细亚，灭亡小亚的吕底亚。接着又出兵小亚海滨地区的希腊城邦。公元前538年攻陷巴比伦城，灭亡新巴比伦城。他优待当地臣服贵族，尊重当地宗教信仰，保护神庙，得到奴隶主贵族的支持。同时，释放"巴比伦囚虏"重返耶路撒冷。公元前529年，他远征中亚，占领了巴克特利亚（大夏）、索格第安那（粟特）、花剌子模（今乌兹别克的土库曼一带），控制了阿姆河和锡尔河之间的大部分地区。后来，他在与伊朗高原东部马萨吉特部落作战时被杀身亡。

孔雀帝国的建立

公元前327年,马其顿国王亚历山大征服了印度河上游地区。公元前325年,亚历山大退兵后,北印度政局动荡。一个名叫旃陀罗·笈多的人趁机起兵,推翻了难陀王朝。因其出身于孔雀宗族,所以此王朝被称为孔雀王朝,这个帝国也被称为孔雀帝国。

阿育王

阿育王(?~约公元前236年)是孔雀王朝开国君主旃陀罗·笈多之孙,二代君主频头沙罗之子。孔雀王朝的第三代国王。又称"无忧王"。

在位初期的阿育王,是以一个暴君的形象出现在历史舞台上的。尤其是在南征羯陵迦的战争中,阿育王的残暴可以说达到了登峰造极的程度。战后,孔雀王朝的版图北起喜马拉雅山南麓,南至迈索尔,东临阿萨姆西界,西抵兴都库什山,除南端以外,整个次大陆领土尽为其有,成了一个空前统一的庞大帝国。统一后,阿育王对自己以往的残酷杀伐方针作了根本转变,开始致力于稳定帝国统治和发展经济文化,并且大力提倡佛教,他本人的形象也由暴君变成了以慈悲为怀的仁爱圣主。阿育王统一印度,大兴佛教,使孔雀帝国繁荣昌盛,是印度史上一位业绩显赫的杰出政治家。他在位后期,辽阔的帝国境内兴建起一座座雄伟壮观的佛塔寺院,竖起一根根具有高超雕刻艺术的圆形石柱,表现了孔雀帝国全盛时期的繁华景象。阿育王死后,孔雀帝国开始分裂,印度又重新回到群雄割据的状态中。

《罗摩衍那》

《罗摩衍那》与《摩诃婆罗多》并称为印度两大史诗。这首史诗的主要内容是,十车王的长子罗摩因受王后吉迦伊的嫉妒而被放逐14年,妻子悉达和弟弟罗什曼那随行,在森林中悉达被魔王劫掠,后得到猴王的帮助,夫妻团聚,罗摩也恢复了王位。

古印度的自然科学

古代印度在天文学和数学方面有很高的成就。首先是在历法上,农业的发展要求有准确的历法,古代印度人把一年分为12个月,每个月为30天,每隔5年加一个闰月,以调整岁差。另外,10个数字符号也是古代印度人民对人类文化的一个贡献,这10个数字后经由阿拉伯人略加修改传至欧洲,进而风靡整个世界。

佛教的产生与释迦牟尼

公元前6世纪,佛教作为沙门新思潮诸流派之一,伴随着古印度列国时代政治、经济和文化的巨大变化而产生。释迦牟尼(意为释迦族的圣人)是这个教派的创始人,其本名是乔达摩·悉达多。传说他坐在一株菩提树下,经过长时间的静思默想,终于彻悟,成为"佛陀"(意为"觉者")。佛教打出反对"婆罗门至上"的旗帜,提出了"众生平等"的口号。

四谛说

佛教最基本教义。"谛"即真理,"四谛"包括苦谛、集谛、灭谛、道谛。苦谛,说人生皆苦。集谛,说人生多苦的原因,认为根源在于"欲念"。灭谛,说要消灭苦,必须灭掉欲念，消除轮回，达到超脱人世诸苦的涅槃境界。道谛，说达到涅槃的道理和方法。

《摩奴法论》法典

《摩奴法论》是印度第一部正统的权威性法典。相传该法论为"人类的始祖"摩奴所编，故名，实际是婆罗门的祭司根据《吠陀经》与传统习惯而编成。成书年代大致在公元前2～公元2世纪之间。《摩奴法论》全书共12章，前6章以婆罗门为主要对象，论述一个教徒一生需经过"四行期"的行为规范考核。后6章阐述国王的行为规范和国家的职能。该书内容广泛，包罗万象，涉及个人、家庭、妇女地位、婚姻、道德、教育、宗教、习俗、王权、行政、司法、制度乃至经济、军事和外交等。它构成以四种姓制度为基础的印度阶级社会的一种法治模式和理论执法依据。

笈多王朝

笈多王朝疆域包括印度北部、中部及西部部分地区。首都华氏城。4世纪初北印度小国林立，摩揭陀国王旃陀罗·笈多一世征服附近王公，建立笈多王朝。其子沙摩陀罗·笈多征服了恒河流域的一些小国。到旃陀罗·笈多二世时，北印度尽入笈多王朝版图，笈多王朝至此达到鼎盛时期。笈多王朝存在二百余年，是印度封建统治由形成到确立的时期。生产力的发展促进了奴隶社会向封建社会的转化。笈多王朝时期国王赐给官吏、贵族、寺院的封地逐渐演变为世袭的私有领地，自由农民沦为封地领有者的依附农民，封地领有者也演变成封建领主阶级。5世纪初，笈多王朝由盛转衰，中央政权削弱，国家陷于分裂，哒哒人吞并笈多王朝大部分领土。约579年，帝国的统治基本结束，北印度再度处于小国分立状态。

贵霜帝国

贵霜帝国

贵霜帝国是1～6世纪统治中亚及北印度的帝国。公元前1世纪初大夏分裂为5大部分，其中一为贵霜。公元1世纪上半期，贵霜翕侯丘就却灭其他四部，自立为王，创建贵霜王朝，定都喀布尔。丘就却约于公元70～79年去世。无名王索特尔·麦格斯把持王位。无名王向西扩展疆域至赫特拉，控制了整个河间地区，以及康居和大宛。丘就却之子阎膏珍约于2世纪初代无名王而立，再次征服印度西北部，吞并锡斯坦，势力达花剌子模，形成中亚的一个庞大帝国。140年迦腻色伽王室开始统治。迦腻色伽在位期间，都城迁至白沙瓦，帝国版图东自巴特那，西达赫拉特，南起纳巴达河，北至咸海。至迦腻色伽二世时（183～199在位），贵霜基本维系繁荣局面。但随着权力中心南移马土腊，对中亚的控制减弱，不少地区挣脱羁縻，衰败迹象已露。233年，萨珊王阿尔达西尔一世率军攻入锡斯坦、花剌子模、索格狄亚那、巴克特里亚、喀布尔、坦叉始罗等。3世纪下半叶，印度王公及西部塞种纷纷独立。至笈多王朝兴起时，贵霜王国龟缩在犍陀罗和斯瓦特谷地。贵霜时期，中亚兴起一批新城镇，灌溉技术显著发展，注重对外贸易，成为中国、东南亚和罗马的贸易物资的中转站。对镜内各族兼容并蓄，后趋于印度化。贵霜时期，佛教传播迅速。贵霜地处东西方交通要道，融合希腊、印度文化成犍陀罗艺术，并于魏晋时传入中国。

开明的迦腻色伽统治

贵霜的极盛时代是迦腻色伽统治时代。这一时期，贵霜进一步向印度扩张，其势力已达到恒河的中游地区。通过迦腻色伽多年的扩张，贵霜成为了纵贯中亚和南亚的庞大帝国。迦腻色伽崇信佛教，但他并不排斥其他宗教。他对宗教采取兼容并包的态度。在他所发行的钱币背面，可以看到希腊、苏美尔、埃兰、波斯和印度各地的神像。贵霜帝国的建立，为东西方的经济来往和文化交流创造了有利条件。

亚述帝国

亚述国家的建立

亚述城原是两河流域北部的一个商业据点，在两河流域南北交通贸易方面占有重要地位。受苏美尔、阿卡德人的影响，亚述人私有制、奴隶制逐渐形成。公元前30世纪末，亚述进入奴隶制社会，史称"古亚述"。从卡尼什出土的大批泥板书信中得知，古亚述是一个贵族政治城邦，最高权力机关是贵族会议，也有类似苏美尔城邦恩西的长官，称"伊沙库"。另外，每年要选出一人，以他的名字作为该年的名称，即"名年官"，或称为"里模"。名年官可能在贵族会议成员中选举产生，也有国王或地方官兼做名年官的。经济活动主要是以商业贸易为主。在古亚述发展史上，沙马什阿达德曾采用暴力手段推翻了贵族政体，成为攫取真正王权的第一人。他自称"四方之王"，一度使古亚述走向强大，势力曾达"大海"（地中海），使许多国王向他纳贡。

波斯帝国

波斯帝国

波斯帝国兴起于伊朗高原，一度受米底人统治。公元前553年，居鲁士乘米底内乱，率波斯人起义。公元前550年，波斯人灭亡米底获得独立，定都苏萨城。居鲁士、冈比西斯、大流士等人的不断扩张，使帝国的领土东起印度河、西至爱琴海及非洲东北都，形成了空前强大的地跨欧、亚、非三洲的奴隶制大帝国。

大流士一世改革

波斯帝国国王大流士一世为巩固和加强君主专制，于公元前518年实行一系列新的政治、经济改革。他将帝国划成约二十个行省，每省设总督为行政长官，将军为驻军长官，分别对国王负责。另设总督秘书行监督职责。建立统一财政体系，改革税制，规定各省上交中央的税额以及形式，包括货币与实物两种，税收由国王任命的专门官吏经办。他制定法律，统一度量衡和币制，铸造全国统一的金币。郡设军事长官，统领地方军队，不受郡守管辖，分属5个军区，军队的核心是波斯人，大流士为最高统帅。修筑一些加强中央与各地联系的公共工程，如开凿联结尼罗河与红海的运河，修建广泛的驿路网，最重要的是开通了从首都苏萨通向小亚细亚希腊城邦以弗所的通道。大流士的改革加强了军事力量，促进了各地经济、文化的交流。

波斯帝国的衰落

大流士即位后，便将各行省的贡赋固定下来，并统一了度量衡；修建驿道，统一币制；提倡文化和教育；实行军事改革；开通尼罗河与红海之间的运河等。大流士改革的目的是加强其专制统治，但客观上也促进了帝国内部各地经济文化交流。公元前492年，大流士发动了对希腊的战争。在公元前490年的马拉松战役中，波斯军队被希腊人打得大败。10年后，大流士的儿子薛西斯再次远征希腊又惨败而归。从此，波斯帝国逐渐衰落。

腓尼基文明

◎ 腓尼基的兴起

腓尼基位于利万特海岸中部狭长地带，北起阿拉杜斯，南到多尔，长约320千米，著名的城邦有推罗、西顿、比布鲁斯、乌加里特等。"腓尼基"一词来自希腊语，意为"紫红色"或"青铜色"。腓尼基人是公元前1000年地中海地区最著名的商人、贸易者和殖民者。该国陆续被亚述人、巴比伦人、波斯人和亚历山大大帝征服。公元前64年并入罗马的叙利亚行省。腓尼基人对世界文明的最大贡献是字母文字。

◎ 腓尼基发达的经济

腓尼基各个城邦都拥有优良的港口，腓尼基人享有勇敢的航海家的盛名。航海业的迅速发展，使得各国的商业贸易都十分发达。商人们不仅以本国的商品进行交易，而且还转卖从别国买来的货物。在贸易中占重要地位的是贩运奴隶。这些贸易使腓尼基变得富裕强盛。腓尼基的主要作物是粮食和葡萄，农业中的主要劳动力是村社的农民。城镇居民多半从事工商业。他们利用从远方输入的象牙制造各种精美的日用品。葡萄酒、玻璃制品和紫红颜料是腓尼基的著名特产。

◎ 腓尼基字母文字

腓尼基文字亦称腓尼基字母，公元前20世纪中叶，在腓尼基北方城市乌加里特，出现了受两河流域文字影响的楔形字母文字29个，没有元音。在南方城市毕布勒，出现了直接受西奈字母影响的线形字母文字22个，也没有元音。大约在公元前13世纪，北方的字母文字逐渐被南方的字母文字所代替，成为腓尼基通用的字母文字。古代一些民族在借鉴、模仿、改造腓尼基字母文字的基础上，在东方逐渐形成了阿拉美亚字母体系，又由阿拉美亚字母演化出希伯来字母、古波斯字母（外形是楔形的）、安息字母、阿拉伯字母等字母文字。古希腊人在学习腓尼基字母的基础上，加上元音发展成古希腊字母，在古希腊字母的基础上，又形成了拉丁字母。古希腊字母、拉丁字母是西方后来各国字母的基础。

赫梯和古巴勒斯坦

◎ 赫梯王国的兴亡

公元前2000年初，赫梯人进入小亚细亚地区，逐渐形成一些城邦。各城邦之间争战不断，后来哈图斯（今土耳其博阿兹柯伊）成了各邦中心，联合各邦向外扩张。公元前15世纪末到公元前13世纪初，赫梯达到鼎盛，逐渐形成一个统一的强大帝国。在此期间，赫梯的城市商人与高利贷者在社会上地位显赫，和埃及、腓尼基及爱琴海诸岛商业往来频繁。公元前13世纪，赫梯帝国不断受到亚述的进犯，国力削弱，终于在公元前8世纪被亚述人灭亡。

早期游牧的希伯来人

公元前2000年前，一支游牧部落从东方进入埃及和叙利亚沙漠之间的巴勒斯坦地区，他们被当地迦南人称为"从河那边来的人"，即"希伯来人"，经过长期征战，希伯来人占领了迦南的许多地区。进入巴勒斯坦的希伯来人部落长期游牧四方，两河流域、埃及尼罗河三角洲都留下过他们的足迹。在埃及时，因不堪忍受法老的奴役，他们在领袖摩西的率领下逃出埃及，渡过红海，又穿越西奈沙漠，经过三四十年的艰难跋涉才又回到迦南。后来他们征服迦南，并与迦南人逐渐融合而定居下来。

古巴勒斯坦的统一

公元前2000年中叶，游牧民族希伯来人进入巴勒斯坦地区。公元前2000年末期，北方部落逐渐形成了以色列国，南部部落形成犹太国。公元前2000年末，腓力斯丁人攻占巴勒斯坦。到公元前10世纪，犹太王大卫建立了统一的以色列—犹太王国，将耶路撒冷定为首都。

犹太教的创立

古代巴勒斯坦地区，希伯来人曾建立了两个王国：以色列国和犹太国。但到了公元前772年和公元前586年，两个王国分别被亚述和新巴比伦王国灭亡，其中许多犹太人被掳往新巴比伦王国。身在异国他乡的犹太人念念不忘重返家园，于是一个叫西结的人开始宣传耶和华(神)将派一位救世主来帮助犹太人重归故乡。恢复自己国家的思想就是犹太教产生的最初基础。后来波斯人灭亡了新巴比伦王国，释放了被俘的犹太人，这些犹太人回到了故乡，为耶和华修建了神庙，犹太教也就逐渐形成了。犹太教宣称，耶和华(上帝)创造了宇宙，犹太人是耶和华出于爱心而特选的子民，并赐予犹太教经典《律法书》，选民应当甘心乐意地遵守律法以报答上帝之爱。犹太教还宣传世界末日说，恶人死后要复活受审，定罪灭亡；而善人死后则进入新的世界。

犹太教还有一些特别的习俗，如穿衣、行走、洗脸都要做祈祷；男孩出生后第八天实行割礼，女孩出生后的第一个安息日要抱到教堂命名。犹太教的圣城和崇拜中心是耶路撒冷。犹太教的经典有《律法书》《先知书》《圣录》，后来它们成为基督教《圣经·旧约》的一部分。

以色列王国

约公元前1000年，扫罗在同腓力斯丁人的斗争中兵败身亡，此后，犹太国王大卫彻底击败腓力斯丁，统一南北巴勒斯坦，建立以色列—犹太王国。大卫之子所罗门王统治后期，南北方矛盾激化，北方的耶罗波安一世在埃及支持下起兵反对所罗门，自立为王，建立以色列王国。暗利王朝统治期间，局面较安定。公元前722年，萨尔贡二世攻陷撒马利亚，将大批居民迁往异域，以色列王国遂亡。以色列王国是实行贵族政治的奴隶制国家。除国王外，还存在长老会议和民众会。以色列人是全权自由民，其中包括贵族、平民等奴隶主阶层和贫困的非奴隶主阶层。以色列地处近东贸易要冲，经济和文化均极发达，公元前8世纪时已普遍使用铁器，同近东各地区间的交流也很广泛。

大卫和所罗门

大卫是以色列部落的军事首领。扫罗死

后，大卫战胜扫罗的儿子成为国王。在他的领导下，腓力斯丁人被驱逐出境，大卫建立起统一的以色列—犹太王国，为希伯来进入历史上的黄金时代奠定了基础。相传他小的时候就已非常英勇，西方人用"像大卫一样勇敢"来比喻人极其勇猛，非常勇敢。所罗门是大卫的儿子，后继承了王位。他在位期间，王国经济和文化空前繁荣，世称"所罗门的荣华"。传说所罗门极具智慧，因此西方人用"像所罗门一样聪明"来比喻人异乎寻常的聪明。

古代朝鲜

箕氏朝鲜的兴亡

公元前11世纪周武王灭商后，殷商贵族箕子不肯臣服西周，率领一批殷商遗民来到朝鲜，后来被周武王封为朝鲜侯，建立了政权，这就是"箕氏朝鲜"。公元前194年，西汉燕王手下的将领卫满来到朝鲜，发动政变，推翻了箕氏王朝，建立了"卫氏朝鲜"。

新罗、百济建国

据记载，古代朝鲜半岛南部的居民都是韩人，分为马韩、辰韩、弁韩三支，各有若干部落。韩人最早的国家是辰国，统治者称辰王。随着三韩各自势力的发展，新罗、百济、金官三国相继建立了，辰国告终。新罗是辰韩建立的国家，于4世纪时定都庆州，在当时的朝鲜半岛居于领先地位。百济国形成于马韩地区，传说是由中国少数民族高句丽族始祖朱蒙之弟温祚，于公元前18年南下到马韩伯济部建立的国家。而金官国则是于1世纪中期由弁韩人建立的。532年，金官国被新罗合并。

高句丽的南迁

高句丽是中国的少数民族，于公元前37年自立政权后，一直隶属于中原王朝。魏晋南北朝时期，高句丽向辽河流域和松花江流域扩张，并向南进入朝鲜半岛北部，开始与新罗、百济争夺汉江流域。以后开始大力南征，并于公元427年正式迁都平壤。

古代日本

绳文式和弥生式文化

日本最古的文化是新石器时代文化，第一个新石器文化遗址是于1877年发现的大森贝冢（在今东京境内）。考古发掘表明，大约一两万年到9000年前，日本人民已能制造磨光石器和黑色陶器。这种陶器用手捏制，外部带有草绳花纹，被称为"绳文陶器"。故这一时期的文化也被称为"绳文式文化"。大约从公元前300年到公元300年，日本进入弥生式文化时期。这一时期发掘出的陶器的特点是器身薄硬，形状统一，颜色为褐色。弥生式文化时代，日本农业有所进步，主要种植作物是水稻。

邪马台国

据《三国志》记载，公元1~2世纪时，日本列岛上有一百多个小国，最大的是卑弥呼女王统治的邪马台国。它是日本最早的奴隶制国家。邪马台国曾于238年派使节到曹魏进献贡物。魏明帝回赠了锦绸、铜镜、黄金、珍珠等物，并授予女王"亲魏倭王"的称号和金印。

大和国家统一日本

　　3世纪以后，日本本州中部的大和地区出现了一个较大的政权——大和国家。在不断的扩张中，大和国家逐渐占领邻近地区，于4世纪初征服了包括北九州岛在内的许多地区。到5世纪时，大和国家大体上统一了日本列岛，今天的日本就是在此基础上发展起来的。

日本文字的出现

　　日本最初没有自己的文字。大约4世纪到5世纪，汉字和汉文传入日本，日本人开始学习和使用汉字作为记录工具。

中世纪历史

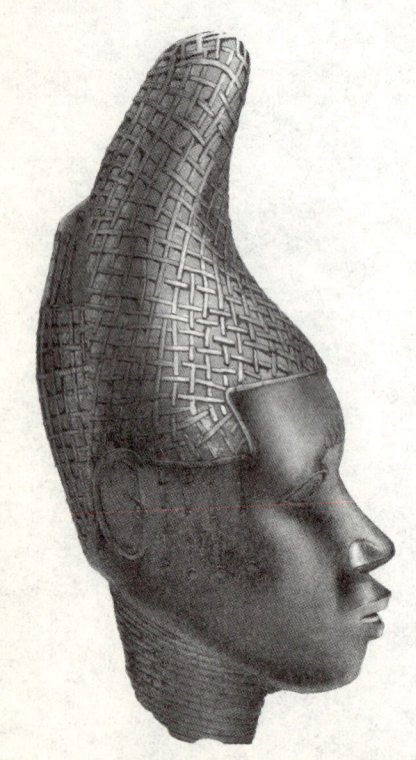

中世纪是欧洲历史上的一个时代,由476年西罗马帝国灭亡到文艺复兴之后,极权主义抬头的时期为止。这一时期,传统上认为是欧洲文明史上发展比较缓慢的时期。封建制度的形成、发展和解体是这一时期欧洲历史的主线。

中世纪历史

欧 洲

5～10世纪的西欧

中世纪

"中世纪"一词,最早出现于文艺复兴时代,它是由16世纪意大利人文主义语言学家和历史学家们首先提出来的。由于他们是希腊、罗马古典文化的崇拜者,所以就把从古典文化衰落至文艺复兴前一段时间,称为"中间的世纪"。"中世纪"是封建生产方式在世界范围内形成、发展和衰亡的时代,时间从5世纪后期罗马帝国崩溃起,至17世纪中期英国资产阶级革命止,前后共经历约12个世纪。今天,世界地图上欧洲、亚洲和非洲的多数国家,都是在中世纪开始建立或登上世界历史舞台的,许多国家的历史特点是在这个时期奠定的,许多民族和语言也是在这一时期逐渐形成的。

西欧封建关系的萌芽

3世纪至5世纪,西罗马帝国的奴隶制危机重重,各地的奴隶大起义沉重地打击了奴隶主阶级的反动统治。田园荒芜,城市凋零,大规模掠夺奴隶的战争被迫停止,奴隶价格暴涨。在这种情况下,大规模使用奴隶劳动不仅无利可图,而且极端危险,把庄园土地分租给隶农耕种是当时唯一有利的耕作形式。因此,隶农制在此时有了迅速发展。隶农在奴隶主庄园中越来越多,这是欧洲封建关系的萌芽。

日耳曼人大迁徙

日耳曼人最早居住在波罗的海西岸与斯堪的纳维亚半岛南部。公元前10世纪,他们开始不断向外扩张。1世纪,日耳曼人分化成许多部落联盟,如东哥特人、西哥特人、法兰克人、汪达尔人等。从4世纪后半期开始,受匈奴人西迁的影响,开始大规模的迁徙运动。

西哥特王国的建立

为避匈奴人,约15000名西哥特人请求进入罗马帝国避难,罗马人同意了他们的要求,并答应分给土地,供应粮食,而西哥特人则同意为罗马提供兵源。西哥特人于376年渡过多瑙河,定居于罗马境内。但罗马人不但没有履行诺言,反而对西哥特人进行沉重的盘剥。西哥特人愤而反抗,并于410年攻陷罗马城,西罗马帝国也因此而灭亡。

419年,西哥特人在高卢南部和西班牙地区,以土鲁斯为中心建立了第一个得到罗马帝国承认的"蛮族"王国——西哥特王国。

法兰克王国的建立

日耳曼人的一支法兰克人西迁占领了现在法国的土地。法兰克人，原是居于莱茵河下游的一个部落联盟。486年，一支萨利克法兰克人在首领克洛维率领下，击败罗马帝国军队，占领巴黎和卢瓦尔河以北土地，奠定法兰克王国的基础。6世纪初克洛维征服了高卢的大部分地区，并统一各部落，建立了法兰克王国的墨洛温王朝。克洛维死后，他的子孙几度瓜分国土，并继续扩张。6世纪中叶，先后征服勃艮第、图林根、巴伐利亚和萨克森的一些部落，成为西欧最强大的国家。

"懒王"统治

法兰克国王成为"懒王"是王权软弱的结果。

法兰克王国建立后，国王依靠亲兵和派往各郡的伯爵进行统治。但是法兰克王国封建化的过程中，大地主的增长和自由农民的减少，影响了国家的财源和兵源，国王的经济和军事实力受到很大的限制。511年克洛维死后，法兰克王国陷于分裂，形成奥斯特拉西亚、纽斯特里亚和勃艮第三个独立部分，彼此之间进行了40余年的混战。后来虽然又共戴一王，但国王仍然无实权。614年，国王洛塔尔二世颁布敕令，承认大贵族在战争期间获得的一切土地和司法行政特权，国王只能从各伯爵辖区的大地主中委任伯爵。这样，国王无力直接统治地方的状态，由法令肯定了下来。贵族开始成为兼有所属土地管治权的领主。

从7世纪中叶起，国王的权力已落到宫相手中，宫相原系宫廷总管，主管国王财产和收支。纽斯特里亚、奥斯特拉西亚、勃艮第分别推举宫相，各自管理政务，国王只好退居闲散，不问政事，成为"懒王"。这个时期约有一个世纪之久，历史上称为"懒王"时期(639~751年)。

查理曼帝国的兴起

7世纪中叶，法兰克王权衰落，大权归于原是王室财产总管的宫相之手。至751年，宫相丕平篡夺王位，自立为王，建立加洛林王朝。丕平的儿子查理曼统治时期，又积极向外扩张。800年查理曼加冕称帝，法兰克王国发展成为查理曼帝国，领土包括西欧大陆，封建制度基本确立。

查理大帝

查理大帝（约742~814年），法兰克王国加洛林王朝国王（768~814年）和查理帝国皇帝（800~814年）。出身于法兰克的名门贵族，其父是加洛林王朝开创者矮子丕平。自幼随父从军作战，精于武艺骑术，768年即位。为扩大疆域他四处讨伐，征服了伦巴德王国，吞并了巴伐利亚和萨克森地区，向南从阿拉伯人手中夺得科西嘉和撒丁岛。他统辖的领土，东起易北河和多瑙河，西南至厄布罗河，北达北海，南迄意大利中部，大致与西罗马帝国的欧洲部分相合。799年，他应罗马教皇立奥三世之请进军罗马，帮助被罗马贵族逐出的教皇复了位。800年的圣诞节，他由罗马教皇加冕成帝，号为"罗马人的皇帝"。他因此被称为查理曼，即查理大帝，其国家也被称为查理曼帝国。他的文治武功对西欧中世纪政治、经济和文化发展有重要影响。由于他建立的帝国缺乏统一的经济基础，战乱频繁，他死后帝国便瓦解了。

中世纪历史

查理·马特改革

从7世纪中叶起，法兰克王国的实权开始由宫相——国家的首席官吏掌握。查理·马特任宫相期间（714～741年），对土地占有的形式作了重大的改革。他采取"采邑"分封制，受封者的领地在一般情况下不能世袭，而且以服兵役为条件获得；分封的主要对象是骑兵。查理还大规模地没收教会和反叛贵族的土地。采邑的分封使得土地所有权相对巩固，促进了以土地为纽带的封建等级制的形成和巩固。

教皇国的诞生

747年，"矮子丕平"统治了整个法兰克，但名义上仍是宫相。为了篡夺王位，他极力寻求教会的支持。751年，丕平在法兰克贵族会议上被推选为法兰克国王，开创加洛林王朝。为了酬谢教会，丕平将意大利中部大片领土献给教皇，这就是教皇国。

英吉利王国的建立

5世纪中叶，在日耳曼人大迁徙中的盎格鲁人、萨克森人和裘特人等部落渡海进入不列颠，沿泰晤士河和汉伯尔河向内地推进，赶走当地居民，建立了七个小王国，史称"七王国时代"。829年，威塞克斯王爱格伯特征服其他六国，建立英吉利王国。1066年，诺曼底公爵威廉率军在英格兰登陆，入主伦敦，开创了诺曼王朝，封建化过程完成。诺曼王朝结束后，发生二十多年的王位之争。1154年，安茹伯爵亨利入主英国，开创了安茹王朝。无地王约翰时期，被迫签署《大宪章》。1265年，首次召开议会，建立等级君主制。13世纪初，与法国爆发百年战争。兰加斯特王朝时发生玫瑰战争，到约克王朝末期结束，建立了著名的都铎王朝。英吉利王国最后一个封建王朝斯图亚特王朝于19世纪中叶被英国资产阶级革命推翻。

德法意三国的形成

德、法、意三国是由查理曼帝国三分而成的，但德意志、法兰西、意大利三个国家作为独立的国家，则开始于843年的《凡尔登条约》。

817年，皇帝路易一世把帝国分给三个儿子：罗退耳、秃头查理和路易，以防止其死后产生纷争和诸侯叛乱。但事与愿违，路易一世死后他的三个儿子为争夺领土爆发内战，杀得难解难分。843年8月，罗退耳和两个弟弟在凡尔登签订停战条约。根据条约，帝国一分为三：些耳德河和缪斯河以西地区归秃头查理，称西法兰克王国；莱茵河以东地区归日耳曼人路易，称东法兰克王国；北起北海，南至意大利中部、北部及查理与路易所有地区之间的狭长地带，归罗退耳所有，同时由罗退耳承袭皇帝称号，但对其两个兄弟无约束力。《凡尔登条约》为近代法兰西、德意志和意大利奠定了疆域基础。

《凡尔登条约》

843年，法兰克王国查理大帝的三个孙子缔结的划分领土的条约。条约在凡尔登签订，将查理曼帝国一分为三。条约规定：莱茵河以东，居民讲日耳曼语地区，归日耳曼人路易，称东法兰克王国；些耳德河、缪斯河以西，居民讲罗曼语地区，归秃头查理，称西法兰克王国；两国中间的狭长地带和意大利的大部分，属长孙罗退耳，并由他继承皇帝称号。该条约大体上奠定了近代德、法、意三国疆域的基础。

议会

这个词来自法文，意思是"谈话"。英国议会起源于盎格鲁·萨克森时代的"贤人议事会"。12世纪时，国王和要人商讨问题被通称为"讨论事务"，而专门举行的讨论被称为"议会"。

采邑制

西欧墨洛温王朝末期由于大土地所有制的发展，自由农大量破产，国家无可用之兵，中央的政治、经济、军事力量衰落。8世纪30年代，宫相查理·马特改变无条件分赠土地的办法，实行采邑制。没收叛乱贵族和部分教会土地封给官员和将领，受封者必须服兵役和履行封臣义务，而且只限本人，不得世袭。双方如有一方死亡，或封臣不履行义务，分封关系终止。如愿继续以前的关系，必须重新分封。通过采邑制，建立了以土地关系为纽带的国王与受封者之间的主从关系，加速了自由农民的农奴化进程，为形成阶梯式的封建等级制奠定了基础。骑兵逐渐代替步兵，兴起骑士阶层，中小地主力量加强，且提高了国家的政治与军事力量。9世纪以后，采邑逐渐变成世袭领地。

北欧海盗

北欧海盗的入侵

8世纪末，一些维京人离开北欧的斯堪的纳维亚半岛，向南航行。793年6月，丹麦海盗在英格兰北海岸登陆，袭击并掠夺当地的修道院，屠杀教士，这一事件宣告了海盗时代的来临。不久，一支支组织严密的海盗船队从丹麦、挪威和瑞典相继出发，开始了大规模的对外扩张和殖民侵略。

航海造船技术的发达

北欧海盗善于在深海航行，也能溯河而上潜入敌境。在海上相遇时，北欧海盗会将船系在一起，依次上场单独决斗。他们有较高的造船技术，船形体修长，人称维京长船，长度为10～30米，其平均排水量有50吨。高高的曲线型船头及吃水较深的船体，具有良好的操纵性。北欧海盗的龙头船不必调头就能倒退航行，因为它的船首和船尾形状完全一样，只要朝反方向划桨就可以了。

维京人

"维京"在北欧语中有"旅行"和"掠夺"两层意思。维京人生活在北欧的斯堪的纳维亚半岛，那里终年被厚厚的冰雪覆盖，可供耕种的土地很少，生存环境极为恶劣。随着人口的增长，耕地变得匮乏。8世纪末，维京人驾驶着坚固轻捷的维京长船，离开故乡，闯荡世界。

11～16世纪的西欧

乌尔班二世召开宗教会议

1095年11月，教皇乌尔班二世在法国克勒芒城召开宗教会议，与会者主要是法国的大主教、主教和修道院院长，共六百余人。会上拜占庭皇帝阿历克修斯一世的使者请求帮助抵御突厥人的进攻。11月26日，乌尔班二世在城外露天场所向与会者和来自法国各地的骑士、市民和农民发表著名演说，发出组织十字军远征东方的号召。

十字军东征

11~13世纪末，西欧基督教国家以收复圣地耶路撒冷为号召，而相继发动的一系列军事远征扩张活动。因参加者的衣服上缝有十字记号，故名十字军。历时近二百年（1096~1291年），先后共有八次东征。十字军东征是封建主、天主教会和大商人以维护宗教为名，扩张势力，攫取新的领地和财富，并缓和西欧的社会矛盾的侵略战争。十字军东征曾占领了许多地区，建立了耶路撒冷拉丁王国等几个王国，但1291年耶路撒冷拉丁王国最后据点阿京城被攻陷，王国灭亡，十字军被全部赶出叙利亚，十字军东征以失败告终。十字军东征，给地中海沿岸人民带来了沉重的灾难，使伊斯兰教和基督教之间为此长期互相仇视。但是，十字军东征也增进了西方基督教的传播，大批欧洲人涌向东方，东方文化促使欧洲文明觉醒，为文艺复兴运动开辟了道路。

僧侣骑士团

十字军控制耶路撒冷后，为了保卫圣地，教会从十字军中选拔优秀者组成几个僧侣骑士团驻守耶路撒冷，其中最出色的是医院骑士团和圣殿骑士团。医院骑士团又叫圣约翰骑士团，他们在耶路撒冷开办医院，收容患病的朝圣者。圣殿骑士团大本营设在耶路撒冷的古犹太神庙。像僧侣们一样，各骑士团一同吃饭，并参加各种宗教仪式。圣殿骑士团和医院骑士团听从各自大头领的指挥，它们都是宗教性的军事组织。

西欧城市的发展

10~11世纪，西欧手工业在快速发展的过程中，逐渐与农业分离开来。11世纪起，手工业者开始聚集在便于销售商品的地方，比如封建城堡、寺院附近、渡口、港口等地。随着来往商人的增多，这些地方逐渐成为工商业集中的城市。新兴的城市首先在意大利和法兰西西南部发展起来。

行会

行会出现于11世纪~12世纪，几乎与城市同时产生。城市初兴，由于生产力水平的限制，手工业还不可能完全与农业分离。为了对付封建势力的侵扰，保护辛苦学得的手艺，免遭逃亡农奴的竞争，捍卫同业者的共同利益，手工业者组成本行业的特殊联盟——行会。除法国南部一些城市外，几乎所有的西欧城市都有行会组织。行会追求对本行业生产和经营的垄断，不鼓励成员追逐利润和互相竞争，帮助他们销售产品，保护市场，以保障他们的生存条件。为了消除内部的竞争，行会章程明确规定每个师傅拥有工具的数量、产品的数量和质量以及帮工、学徒的数目。师傅必须遵守日出而作、日落而息的规定，不准延长劳动时间，不得上晚班，加夜班。违反行会章程者，要受到严厉的处罚，如罚款、剥夺从事本行业的权利等。

诺曼底王朝的建立

1066年9月，诺曼底公爵威廉决定以武力夺取英国王位。在教皇的支持下，他纠集诺曼贵族和布列塔尼、皮卡迪等封建地主和骑士，率领1万多人的军队进攻英国。他们渡过海峡，在英格兰南部登陆。英王哈罗德由于刚刚在约克附近击败丹麦军队，仓促南下应战，10月14

日的哈斯丁斯一役，英军大败，哈罗德阵亡，伦敦城不战而降。威廉进入伦敦，12月25日在伦敦威斯敏斯特教堂加冕为英国国王，即威廉一世，史称征服者威廉，从此英国进入了诺曼底王朝统治时期（1066～1154年）。诺曼征服后，威廉没收原有英国贵族的土地，分给随他入侵的主教与将士，将法国封建制度逐步移植到英国，加强了王权，加速了英国封建化过程，到12世纪，英国封建制度基本确立。

亨利二世改革

1154年，亨利二世继承了英国王位。在他统治时期，英国工商业繁荣，城市迅速发展。亨利二世凭借市民阶级的支持，进行了一系列改革。在军事上，亨利二世令骑士交纳免役金（"盾牌钱"），同时通过其他手段使王室领地收入提高，再用这些钱召募建立了一支装备精良的常备军。在司法方面，亨利二世扩大了国王法庭的权力，他于1178年组成中央常设法庭，还设立巡回法庭和陪审制度，接受民间诉讼。亨利二世的改革，加强了英国王权。

"末日审判书"

威廉在征服的基础上，形成了比较集中强大的王权。他命令全体封建主向他宣誓效忠。并在1086年下令对全国土地进行调查，对土地的归属、财产状况、耕作者身份等，作了详细调查和登记。这一调查结果保存到今天，被称为"末日审判书"。

《自由大宪章》

英王约翰统治时期，在对法国的战争和对教皇的斗争中均告失败。他的专横统治又引起英国贵族诸侯的强烈不满，被迫签署该文件。宪章限制了国王的权力，保障教俗大封建主的政治、经济和司法大权。宪章中也有部分内容维护骑士和市民的权利。宪章还规定从大封建主中挑选25名代表，监督国王执行宪章。如国王违反宪章，贵族有权行使武力。宪章至17世纪止，一直被用来作为资产阶级争取权力的法律依据，并且成为英国确立君主立宪制的宪法性文件之一。

英国议会的诞生

英王约翰死后，亨利三世继位。他对罗马教皇唯命是从，引起了贵族的不满。1258年，贵族发动兵谏，迫使亨利三世签订"牛津条例"，并成立15人的常设会议和12人的委员会，一切措施须经他们同意。后来亨利三世拒绝承认"牛津条例"，引发了内战。1265年，贵族孟福尔率军击败了国王军队，召开了第一次有贵族、僧侣和市民代表参加的议会。这是英国议会的开始。

英国民族国家的形成

15世纪，英国农村中的乡绅阶层逐渐崛起，成为议会中的新兴力量。他们支持王权，反对分裂，促进了英国的政治统一。当时伦敦已经成为全国的政治、经济、文化中心，同时，英格兰民族语言——英语也在伦敦方言的基础上发展起来。这一切都标志着英国民族国家的形成。

威廉一世

威廉一世（1027～1087年），英国国王

中世纪历史

（1066～1087年）。原为法国诺曼底公爵。1066年，当忏悔者爱德华逝世，大贵族哈罗德被拥戴为英王后，他借口当年爱德华逝世前曾许诺他为英格兰王位的继承人，纠集诺曼底封建主和骑士，渡海征服英国。同年10月，他在哈斯丁斯打败英国军队，击毙哈罗德，自立为英王，称为威廉一世，又有"征服者威廉"的绰号。他镇压了英国北方各郡的起义，逐渐确立起强大的王权。1086年，他下令对全国土地进行调查，对土地的归属、财产状况、耕作者身份等，作了详细调查和登记。这一调查结果保存到今天，称为"末日审判书"，是英国的珍贵经济史料。他还竭力摆脱罗马教皇对英国教会的干涉，把英国教会控制在自己手中。他的统治给英国各阶层人民带来很大的灾难，但同时也加速了英国封建化的进程。他使英国绝大部分土地都被封建主占据，广大直接生产者沦为依附农民，建立起封建的生产关系。

理查一世

理查一世（1157～1199年），英国金雀花王朝第二代君主。以穷兵黩武和凶狠残暴闻名，绰号"狮心王"。为金雀花王朝创始人亨利二世的第三子。幼年时代便卷入王室内部争夺权力和封地的斗争。由于两个哥哥先后死去，他成为英国王位的继承人，并兼有诺曼底公爵领地。1189年，勾结法王腓力二世打败其父亨利二世，于同年7月即位。他在英国的统治无多大政绩，但却是第三次十字军东征的重要组织者和领导者。他耗费巨款招募起一支较为强大的陆海军，于1190年经西西里前往圣地耶路撒冷。曾在阿尔萨夫地方重创萨拉丁的军队，并两度进逼耶路撒冷，但均未得手。后因十字军内部发生矛盾，不得不回国。由于

他平时骄横贪暴，到处树敌，归国途中于1192年被奥地利公爵俘获，并将其转交给德皇亨利六世，后以巨额赎金获得释放。他连年用兵，再加上赎金的筹措，使英国民穷财尽，引起国内市民等各阶层的不满，抗税斗争不断发生。但他住在法国，一生的最后5年是在反对法国腓力二世的战争中度过的，只是把英国当作榨取军费的源泉。

瓦特·泰勒起义

14世纪的英国，社会局势动荡不宁，阶级矛盾空前激化。黑死病夺走了英国几乎一半人口的生命，经济萧条，统治阶级又发动百年战争，英国农民已经忍无可忍。1381年5月，埃塞克斯郡和肯特郡的农民在起义领袖瓦特·泰勒和约翰·包尔的领导下起义。6月13日，义军占领伦敦，他们捣毁大臣官邸，杀死大主教和财政大臣，冲进监狱，释放囚犯，并两度迫使国王出来谈判。农民提出废除农奴制，每亩地的货币租限定为4便士，确保全国贸易自由，赦免起义者；还要求没收教会地产分给农民，取消领主权，把领主霸占的土地还给农民，废除劳工法等。在第二次谈判时，瓦特·泰勒被刺杀，起义失败。这次起义沉重地打击了封建势力，加速了英国的农奴制的消亡。

红白玫瑰战争

1455年，英国贵族兰加斯特家族（以红玫瑰为族徽）与约克家族（以白玫瑰为族徽）为争夺英国王位，展开了一场长达30年的"红白玫瑰战争"。混战的结果是亨利六世逃往苏格兰，约克家族的爱德华加冕为英国国王。爱德华去世后，兰加斯特家族的亨利·都铎与篡

位的理查三世在波士沃斯特平原展开了争斗。1485年8月，亨利·都铎击败理查三世，自立为王，称亨利七世。都铎王朝的统治由此开始，红白玫瑰战争结束。

英法百年战争

百年战争（1337～1453年）分两个阶段。第一阶段（1337～1360年）：英军在1346年的克勒西会战和1356年的普瓦提埃战役中，重创法国军队，俘虏了法王约翰和大批法国骑士，取得战争初期的胜利。法国社会动荡不安，庞大的军费开支和赎金的征收，导致巴黎市民和北部农民起义。1360年，英法两国缔结《布勒丁尼和约》，战争暂告结束，但法国失去大片领土。第二阶段（1369～1453年）：约翰之子查理即位，进行了一系列改革，在军事上建立雇佣常备兵，增加炮兵，成立一支新海军。1369年，他再次挑起与英国的战争，利用防御战和游击战术，一度转败为胜，挫败英军，收复了大部分失地。但不久法国封建主内讧又起，阶级矛盾日趋尖锐，英军在部分法国贵族支持下乘机进攻。1415年，英军在阿金库尔大败法军，占领法国北部全境，包括巴黎，并南下围攻奥尔良。英国军队的入侵激起法国人民民族意识的觉醒，出于爱国热情，人民自动组织起来反抗侵略。爱国女青年贞德率军击退围困奥尔良的英军，保卫南方国土，并收复北方许多城市。贞德牺牲后，法国人民继续抗击英军，终于取得最后胜利，夺回除加来港外英国在法国境内的全部领地。此后，法国工农业逐渐复兴，王权得到加强，于15世纪末基本实现了政治上的统一。

圣女贞德

在英法百年战争中，英国占领了法国北部，法国国王被迫退保南部。1428年，英军大举进攻南方重镇奥尔良城，此城如果失守，法国有全部沦陷的危险。查理在法国的小朝廷面对英国的来犯一筹莫展。年仅17岁的贞德挺身而出，请求国王给她一支骑兵队，去解救奥尔良城。国王查理在半信半疑的情况下，同意她率军前往奥尔良，并赐她军旗、战马和佩剑。贞德一马当先，架云梯登城，不幸被敌箭射中肩部，跌落下来，法国王家军官见英军抵抗顽强，便想撤走，在这关键时刻，贞德忍着伤痛，冲向堡垒，在她的影响和激励下，士兵们终于拿下屠棱要塞。随后，被围209天的奥尔良城解围了，从此，贞德被人们誉为"奥尔良姑娘"。奥尔良解围后，贞德继续挥师北上，连续收复了许多北方城市。1429年7月，贞德亲自伴同国王查理来到兰斯大教堂，为查理举行加冕典礼。查理即位后，赐予贞德贵族称号和大量币帛，但她拒绝接受，却请国王立即进军巴黎。贞德的声誉日益增高，法国贵族和大臣既害怕又妒忌，乃蓄意谋害贞德，在康边战斗中，守城指挥官有意把她关在城外，贞德不幸被俘，并被以1万金币卖给英军，查理坐视不救，贞德被宗教法庭诬为女巫判处火刑。临刑前她奋力高呼："你们一定会受到惩罚的。""法兰西万岁！"

在贞德爱国精神的鼓舞下，法国人民终于取得百年战争的最后胜利。

法兰西民族国家的形成

13世纪初，法国打败英国，成为西欧强国。之后经过路易九世的改革，法国王权得到加强。14世纪，腓力四世公开与教皇对抗，他创建三级会议，并最终控制了教权，巩固了封建统治。之后，经过百年战争和路易十一对各封建割据势力的兼并，法国政治上达到了统一。法国的民族意识也在反抗外国侵略和政治统一的过程中形成了，法国各部族逐渐融合为法兰西民族。至此，法国开始成为政治统一的民族国家。

法国的议会君主制

13世纪末~14世纪初，法国在争取统一和加强王权的过程中，国王为支撑军队和政府的庞大开支，不断增加贡税，同时也开始向教会领地征税，因而引起与罗马教廷的冲突。教皇公开反对法国国王，革除当时法王腓力四世的教籍。1302年，法国腓力四世为反对教皇，寻求支持，自上而下召开三级会议。三级会议的三个等级分别是：第一等级为高级教士，第二等级为世俗贵族，第三等级为富裕市民。三级会议的职能是批准国王征收新税，会议代表利用国王急需金钱之机，迫使他实行一些司法、行政改革。三级会议的召开标志着法国进入议会君主制阶段。但是法国三级会议召开与否完全由国王决定，由于三个等级利害不同而分别讨论议案，国王常常利用各等级之间的纠纷而坐收渔利。因而法国的三级会议不能起到英国议会那样的作用。

路易九世改革

腓力二世的孙子路易九世在统治期间（1226~1270年）进行了一系列改革。在司法方面：重大案件须送交国王法庭审理，设立巡回检察官，监督地方官吏；严禁领主私斗。这些措施提高了国王的威信。在币制改革方面：

路易九世下令在王室领地内只准使用国王所铸造的货币，由于许多领地已为王室所兼并，所以国王的钱币得以通行全国，这有利于工商业的发展。军事上，路易九世开始招募雇佣兵，使国王有了直辖军队。

横扫欧洲的黑死病

黑死病指的是鼠疫。它是通过老鼠和跳蚤来传播的。在中世纪肮脏龌龊的环境中，它的传染性极强，曾在14世纪中叶横扫欧洲，造成了大量人群的死亡。

在欧洲主要城市，每一次瘟疫流行，都会使墓地拥挤不堪。1348年瘟疫流行时，伦敦市的一处墓地就埋葬了5万具尸体，一些地方甚至活着的人来不及埋葬死人。1349年巴黎死亡了5万人，占城市人口总数的一半，维也纳死亡了4万人。当时的城市人口很少有超过10万的，这样高的死亡数目令人惊悚。在农村，死亡率也高达50%左右，许多村落由于死亡者太多或害怕被传染而空无一人。人们估计，黑死病大约使1000个村庄沦为废墟。在欧洲遭受瘟疫时期，欧洲的8000万人口中有2500万左右丧生，造成劳动力的极度缺乏，生产力大倒退。这场大灾难使欧洲遭受了史无前例的浩劫，将欧洲积累数世纪的财力、人力扫荡殆尽。在当地的医疗条件和医疗水平下，人们面对这样一场灾难束手无策。这种情况至今使欧洲心有余悸，谈之色变。

德国、意大利和西班牙

德意志王国的神圣罗马帝国

凡尔登缔结和约三分帝国后，莱茵河以

东地区划归日耳曼人路易，称东法兰克王国。领土包括萨克森、法兰克尼亚、巴伐利亚、士瓦本和图林根5个公国。919年，萨克森公爵亨利一世取得了东法兰克王国的政权，开始了萨克森王朝在德意志的统治。几代国王，历经征战，先后占领了西法兰克王国的洛林王国和易北河以东的勃兰登堡等地区。951年，鄂图一世又出兵侵占了意大利北部的伦巴底和布尔戈尼，961年帮助教皇约翰十二镇压了反抗教皇的运动。为了报答他的帮助，教皇于962年加冕鄂图一世为皇帝，并宣布帝国为"神圣罗马帝国"。到12世纪时，又加上"德意志民族"的字样。从此以后，德意志王国便被称为"德意志民族的神圣罗马帝国"。

腓特烈一世侵略意大利

1138年，霍亨斯陶芬王朝登上德国历史舞台，德国在红胡子腓特烈一世统治时期（1152~1190年）达到极盛。从1153年到1186年，野心勃勃的腓特烈一世先后六次入侵意大利。1159年，意大利城市在教皇的支持下组成了反德的伦巴底城市同盟。1174年，腓特烈一世第五次入侵意大利，进攻米兰，此时加入伦巴底同盟的城市已发展到22个。1176年，双方会战于米兰附近的林雅诺，腓特烈一世的军队遭到毁灭性的打击。腓特烈一世投降，归还了所有掠夺的土地。

哈布斯堡王朝

哈布斯堡王朝统治欧洲达700多年之久，是欧洲历史上统治时间最长、领地最广的封建王朝。其祖先属于日耳曼人的阿勒曼氏部落，是法兰克王国内的一个普通封建领主。1020年，斯特拉斯堡主教维尔纳和他的姻兄弟拉德博特在今瑞士境内的阿尔高建立哈布斯城堡，拉德博特的儿子遂被封为哈布斯堡伯爵。1273年，哈布斯堡伯爵鲁道夫一世利用拥有神圣罗马帝国皇帝称号的霍亨斯陶芬王朝和统治奥地利的巴奔堡家族绝嗣的机会，当选为神圣罗马帝国皇帝，并使奥地利成为哈布斯堡王朝的中心领地。

这个家族还不断通过外交和联姻在欧洲扩张势力。1438年，长期拥有神圣罗马皇帝称号的卢森堡王朝绝嗣，哈布斯堡家族的阿尔伯特与这个王朝最后一位皇帝女儿联姻，继承帝位。从此，这个帝位一直属于哈布斯堡王朝。1476年，哈布斯堡王朝的腓特烈三世趁勃艮第国王大胆查理战死之机，促使其子马克西米连与大胆查理之女结婚，获得了法国一些地区以及尼德兰和卢森堡。马克西米连一世继位后，又促使儿子腓力与西班牙国王的女儿结婚，于是，王朝便又拥有了西班牙、奥地利和勃艮第的所有领土领地，1526年又通过联姻成为捷克和匈牙利的国王。这样，在几十年内，哈布斯堡王朝由德国的一个普通诸侯而跃居成为统治全欧的帝国。

但是，随着时代的发展，尼德兰、英国和法国先后爆发资产阶级革命，力量日益强大，而哈布斯堡王朝则逐渐四分五裂，力量日衰。战后，在哈布斯堡家族王朝的领地上成立了奥地利、匈牙利、捷克斯洛伐克三个国家，其他地方分别划归南斯拉夫、波兰、罗马尼亚和意大利。1919年奥地利共和国通过法案没收哈布斯堡家族的财产，把哈布斯堡成员驱逐出境。在欧洲盘踞7个世纪的哈布斯堡王朝终于垮台。

汉萨同盟

13世纪，德国的城市逐渐繁荣，但由于封

建割据，以及诸侯和骑士们的抢劫勒索，严重地阻碍了商业的发展。为了维护共同利益，1367年起德国北部的诸多城市结成同盟，称为汉萨同盟。汉萨为德文"会所"或"公馆"之意。同盟拥有武装、舰队和金库，有权对外宣战、媾和及缔结条约；1370年打败丹麦，与之订立和约。同盟鼎盛时期垄断了北海和波罗的海的商业贸易。15世纪以后，各个城市的独特利益开始超过共同利益，加上英国、尼德兰（荷兰）等国工商业的发展，以及新航路的开辟，汉萨同盟进一步转衰。1669年汉萨召开最后一次同盟会议，同盟解体。

威尼斯共和国

13～15世纪，是意大利各个城市共和国最繁荣的时期，其中最著名的是威尼斯共和国与佛罗伦萨共和国。威尼斯共和国国家元首称总督，从威尼斯贵族中选出，终身任职。13世纪，威尼斯已经是国际大都市，工商业非常发达，出产的纺织品和玻璃制品畅销全欧和地中海。14世纪，威尼斯共和国打败了热那亚共和国，夺取了地中海东部的霸权，进入黄金时代。

佛罗伦萨共和国建立

佛罗伦萨位于意大利中部，初为古罗马的城镇。5世纪末臣服于东哥特人，6世纪中叶属拜占庭帝国，6世纪下半叶为伦巴德人征服，8世纪末并入法兰克王国，11世纪初发展为重要的工商业城市和托斯坎尼侯国的政治中心，1155年成为独立的城市共和国。共和国政权初为封建贵族掌握，后操纵于大工商业主、银行家等城市上层分子之手。长老会议为最高权力机关，由大工商业者、大行会代表7人和手工业者、小行会代表2人组成，首领称为"正义旗手"。1378年爆发梳毛工起义，是历史上雇佣工人反对工场主的第一次起义。1434年，柯西莫·美第奇（1434～1464年在位）夺取政权，建立僭主政治，成为佛罗伦萨的无冕之王。美第奇家族奖掖文化，使佛罗伦萨成为意大利文艺复兴的中心之一。

梵蒂冈城国的形成

罗马城的西北角，有一个面积小小的国中之国——梵蒂冈。这个城国在世界上独一无二。梵蒂冈的疆界，东面以大教堂左侧的铁门为入境的国门，其余三面以围墙为界，铁门之外就是罗马城。梵蒂冈国是由教皇的宫殿、庭院、花园及一些寺院组成，总共占地0.44平方公里。整个城国内工作人员共有1380人，但常住此地者只有540人，其中宗教界人士占一半，真正拥有梵蒂冈公民资格的只有420人。

这个教皇国始于六七世纪，罗马主教掌握了罗马城及周围地区的统治权后，格列高利一世（590～604年在位）成为第一位拥有强大势力的教皇。此后经过8世纪中叶法兰克王丕平"献土"，使教皇辖地进一步扩大。由于西欧封建割据与混战的局面十分严重，有统一组织的教会在经济、政治上相对强大起来，教皇利奥九世整顿了罗马教会的领导机构，使之成为管理教皇宗教和世俗权力的"罗马教廷"，教皇尼古拉二世制定了教皇选举法，排除了世俗权贵的干预，使教皇在政治上获得独立。12世纪以后，罗马教会发展成西欧神权统治的国际中心，教皇的权势发展到最高峰，教皇国最终以独立的、体态完备的国家出现了。

欧洲基督教分裂

1054年，统一的欧洲基督教会分裂为东西两部。西方以罗马教会为核心，称加特力教会；东方以君士坦丁堡为中心，自诩"正宗"，故称东正教或希腊正教。东西方教会之间的分歧和冲突由来已久。4世纪~5世纪间的尼西亚会议和查尔西顿会议，都曾阐明了罗马与君士坦丁堡牧首区的关系，即两大牧首区的牧首之权威和地位相同，但君士坦丁堡牧首在名分上位于罗马牧首之后。而罗马教皇企图凌驾于所有其他教会及大教区特别是君士坦丁堡教会之上。罗马大主教也常常以"圣者"自居，抵制东方大皇帝和东方教会的政策。因此，东西方教会间常有冲突。这种矛盾在破坏圣像运动时期更加尖锐。11世纪初，罗马教皇又利用诺曼人占领南意大利的机会，把南意教区划归罗马管辖。于是，双方教会的矛盾达到不可调和的地步。两教会牧首互相把对方除籍，东西方教会正式分裂。在教义和宗教礼仪上，东西方教会也产生了分歧。

美第奇专政

佛罗伦萨的政权掌握在富商、银行家和部分手工工场主手中，下层劳动群众过着悲惨的生活。1378年，以梳毛工为主的城市贫民发动起义，后因首领叛变起义失败。这次起义，引起新兴资产阶级的恐惧，于是出现了15世纪大银行家美第奇的专政。在1434~1464年的30年间，美第奇表面上不担任官职，实际上却是佛罗伦萨共和国的首领，长老会议经常在他的别墅里召开，只有他的拥护者才能担任各种官职。他还曾贷款给英王爱德华四世和教皇尼古拉五世，从而获得了教会财产的管理权。

西班牙的统一

13世纪下半期，比利牛斯半岛上出现了卡斯提、阿拉冈和葡萄牙三个基督教国家。卡斯提在诸王国中势力最强大，而阿拉冈次之。1469年，卡斯提王位的女继承人伊萨贝拉与阿拉冈王子斐迪南结婚，两人先后于1474年和1478年分别登上本国王位，两国正式合并，西班牙的统一宣告完成。

天主教会大分裂

1377年，教皇格列高利十一世把罗马教廷从阿维农迁回罗马，次年格列高利十一世暴卒，枢机主教团选举意大利籍大主教巴托罗缪·普里格那诺为罗马教皇，称乌尔班六世。他力图排斥枢机主教团中较强的法国势力，引起其中占多数的法籍枢机主教们的不满。于是他们再次把枢机主教团迁至阿维农，设立教廷并选举日内瓦出身的枢机主教罗伯特为阿维农教皇，称克力门七世。乌尔班六世得知后，在罗马另设枢机主教团。天主教会遂出现两个教皇，分驻罗马和阿维农。1409年3月，两个枢机主教团为弥补教会的分裂，决定在意大利的比萨召开宗教会议，并选举亚历山大五世为新教皇。但在位的两个教皇拒绝退位，从而形成三个教皇鼎立的局面。1414年神圣罗马帝国皇帝西吉斯孟为了结束天主教会的分裂，迫使接任亚历山大五世的约翰二十三世教皇在康斯坦茨召开主教会议。会上废黜了约翰二十三世，批准罗马教皇格列高利十二世退位，否认阿维农教皇本笃十三世，选出新教皇马丁五世，教廷设在罗马，天主教大分裂至此结束。

欧洲近代银行

近代银行的出现是在中世纪的欧洲,在当时的意大利首先产生。1171年,意大利设立威尼斯银行,1407年,又设立热亚那银行以及此后相继成立的一些银行,主要从事存、放款业务,大多具有高利贷性质。1694年英国成立的英格兰银行是世界上第一个资本主义股份银行。18世纪末至19世纪初,随着资本主义生产关系的广泛确立和资本主义商品经济的不断发展,资本主义银行得以普遍建立。

中世纪的基督教和西欧文化

罗马教廷的盛衰

12世纪时,天主教会在每个天主教国家都占有大量耕地,还向所有教徒征税,教会和罗马教皇力图成为世俗世界的主宰。教皇英诺森三世时,将教会变成了制度化的组织,并宣扬教权高于一切的教皇专制学说,教权达到极盛。14~15世纪,随着王权的兴起和人民反教会斗争的发展,教权由盛转衰。

英诺森三世加强教权

教皇英诺森三世(1198~1216年)时,教权达到极盛。他宣扬教权至上学说,认为教会应该是"一个单一的完整的社会",教会应有社会生活所需要的一切机关,而不受世俗权力机关的约束。他还宣称教皇是上帝在世界的代表,教权高于一切,皇帝和国王都应臣属于教皇,因此教皇拥有批准帝位选举之权。英诺森三世擅长外交权术,他干预各国内政,阻挠破坏其统一集权,以维系和加强教皇权力。

宗教裁判所

教皇霍诺里乌斯三世于1220年通令西欧各国教会建立宗教裁判所,以镇压"异端"为名,残酷迫害一切揭露教会黑暗、反对封建制度的人,不少进步的思想家、科学家,以及民间术士都成为裁判所打击的对象。1483~1820年间,共有30余万人受到宗教裁判所的迫害,其中10万人被判处火刑。

巴黎大学的成立

为了适应市民生活的需要,在西欧一些城市中开始出现城市学校,在此基础上,又出现了大学。11世纪末,意大利出现的波伦亚大学是中世纪欧洲的第一所大学。12世纪,法国巴黎大学、英国牛津大学相继出现。到15世纪时,欧洲已有40多所大学,在这些大学中,以法国的巴黎大学最为典型。

1200年,经法兰西国王腓力二世批准,巴黎大学正式诞生,这里集中了来自欧洲各地的求学者。巴黎大学不仅由学生和教师联合组成,而且为它服务的人,如书贩、信差等都算大学的成员。教师和学生们都有各自的组织。当时,巴黎大学设有4个学科:文艺、医学、法律和神学。西欧中世纪大学的出现,是世界教育史上一个具有划时代意义的重大历史事件。它的出现意味着对宗教独占文化教育内容的一种突破。

哥特式建筑的兴起

12世纪时,欧洲各地在罗马建筑风格的基础上逐渐形成了哥特式建筑。哥特式建筑以矢形拱门、高耸的尖塔式屋顶为特点,其墙壁薄,门窗大,圆柱较细,光线充足,门窗装有彩色玻璃，四周及门前有许多雕像。高耸入云的哥特式建筑，力求使人们感到宗教的神秘、教会的权威。哥特式建筑以法国的巴黎圣母院、英国的坎特伯雷大教堂、意大利的米兰大教堂最为著名，它与罗马式建筑明显有别。

十四行诗

十四行诗是欧洲的一种抒情诗，音译为"商籁体"，源出普罗旺斯语Sonnet。起初泛指中世纪流行于民间，用歌唱和乐器伴奏的短小诗歌。意大利中世纪的"西西里诗派"诗人雅科波·达·连蒂尼是第一个使用这种诗歌形式并使之具有严谨的格律的文人。它由两部分组成，前一部分是两节四行诗，后一部分是两节三行诗，共十四行。每行诗句通常是11个音节，抑扬格。每行诗的末尾押脚韵，押韵方式是ABAB，ABAB，CDE，CDE。13世纪末，十四行诗的运用从抒情诗领域扩大到叙事诗、教谕诗、政治诗等，押韵方式也变为ABBA，ABBA，CDC，CDC或ABBA，ABBA，CDC，EDE。文艺复兴时期，彼特拉克等人的创作，使十四行诗在艺术上和表现上更加完美，对欧洲诗歌的发展产生了重大影响，莎士比亚、雪莱等都创作过很多优秀的十四行诗。

骑士文学

骑士文学是西欧中世纪反映骑士阶层生活和理想的文学。骑士文学的主要体裁分为骑士抒情诗和骑士传奇两种。骑士抒情诗以法国南部普罗旺斯为中心，主要内容是描写骑士的业绩、冒险经历，及其对贵妇人的爱慕和忠诚。创作方法上，以浪漫主义为主要特征，注重人物肖像、内心活动、生活等方面的细节描写，对以后欧洲浪漫主义诗歌和小说的形成和发展影响较大。

拜占庭帝国

拜占庭帝国的盛衰

拜占庭帝国的版图一度横跨三大洲，包括欧洲的巴尔干半岛、亚洲的西亚诸国、北非的埃及和利比亚，首都是君士坦丁堡。

拜占庭帝国最伟大的皇帝是查士丁尼，他野心勃勃要恢复古罗马帝国的版图，重现昔日的辉煌。经过30多年的铁腕征服，他基本上实现了版图之梦，但他的穷兵黩武政策，恢复西部的倒行逆施，破坏了国内的经济，到了6世纪后期，面临强敌压境的严重局面，西部土地纷纷失去。7世纪以后，帝国开始走向衰退，到了14世纪末，东方迅速崛起的奥斯曼土耳其帝国，将其推上绝路，土耳其人于1453年攻占君士坦丁堡，并迁都于此，改名为伊斯坦布尔。至此，存在了千年之久的拜占庭帝国终于退出历史的舞台。

圣索菲亚教堂

532年，查士丁尼下旨在首都君士坦丁堡开始建造圣索菲亚教堂。这座带长方形屋顶的教堂于537年完成，仅用5年时间，建筑师为特拉利斯的安提米乌斯和米利都的伊西多尔。8~14世纪期间，又不断进行修建，成为拜占庭拱形建筑的典范。教堂占地约5400平方米。中央大长方形屋顶顶端高55米，四周有圆拱和数以百计的小窗。它是拜占庭帝国东正教的宫廷教堂，也被用作君士坦丁堡大主教的座堂。1453年土耳其人灭亡拜占庭帝国，君士坦丁堡改为伊斯坦布尔，教堂遂改为伊斯兰教清真寺，后在四周加建尖塔。1847年重加修葺。1935年改为博物馆。并将其中一所经堂开放，为穆斯林礼拜用。

《查士丁尼法典》

526年，查士丁尼命法学家特里波尼安成立罗马法编纂委员会，由10名法学家组成，主席由前司法长官约翰担任。529年，这部《敕法汇集》（即《查士丁尼法典》）终于编纂完毕并颁布实施，内容共10卷。在它出台的同时，其他一切旧法律全部被废止。530年，他命令特里波尼安成立新的编委会，把历代法学家解释法律的论文进行汇总和整理。533年12月，经过30多位法学家历时3年的辛勤工作，又一部杰出法学著作《查士丁尼学说汇编》（又名《学说汇集》）问世了。几乎同时，《查士丁尼法学总论》（又名《法学阶梯》）也定稿了，它共分为4卷，简明扼要地阐述了法学原理，是当时学习法律的基本教材。534年，查士丁尼又令特里波尼安对《敕法汇集》进行修改订正，补充了他颁布的50条修正法。同年11月，修改后的《查士丁尼法典》问世，内容被扩充为12卷。最后，565年，法学家们又把查士丁尼在534年之后陆续颁布的168条敕令汇编成《查士丁尼新律》，作为《查士丁尼法典》的续编。其主要内容属于行政法规，也有关于遗产继承制度方面的规范。

《查士丁尼法典》、《查士丁尼法学总论》、《查士丁尼学说汇编》和《查士丁尼新律》，以上4个部分，到中世纪被统称为《查士丁尼民法大全》。由于《查士丁尼法典》最早编成，并且是这部民法大全的核心，所以一般以《查士丁尼法典》作为这部民法大全的代称。它不仅是东罗马帝国的第一部法典，更是欧洲历史上第一部系统完备的法律文献。

叙利亚王朝的兴起

717年，拜占庭阿纳托利亚军区的总督利奥以其强大的军事实力为后盾，在人民支持下登位做了皇帝，是为利奥三世（717～741年在位）。在7世纪末8世纪初的拜占庭内乱和危机中，利奥战胜了自己的竞争者，镇压了军人的叛乱，击退了阿拉伯人对君士坦丁堡的水陆进攻，恢复和重建了帝国的政治、经济秩序，使拜占庭国家重新振兴。他以希腊文颁布了简明实用的法典《法律选编》，使罗马法适应拜占庭社会生产力发展和进步的需要。在行政方面，利奥完善了希拉克略时期建立的军区制，在整个帝国范围内推行了新的军政合一的地区统治，加速了帝国封建化的完成和新兴军事地主贵族势力的发展。使领有份地的小土地所有者成为帝国农业生产和军队建设的主力。在宗教上，利奥发动了有深远历史影响的"破坏圣像运动"，以遏制教产的膨胀，使军事贵族的经济、政治实力得以加强。利奥及其后代的统治，使帝国脱离了困境，为进入拜占庭的强盛时期奠定了基础。

拜占庭的史学

拜占庭在史学著述方面留下了宝贵的遗产。这一时期的历史作品大体上可分为仿古历史和编年史两类。著名史学家普洛可比是6世纪拜占庭最伟大的历史学家。他模仿希腊史学家希罗多德和修昔底德，著成《查士丁尼战争史》八卷，论述了东罗马帝国与汪达尔人、哥特人和波斯人的历次战争。11世纪时，女作家科穆宁著有《亚历史塞传》，叙述了其父亚历史塞统治时期的历史。这些著作体现了拜占庭史学的较高水平。

古罗斯与拜占庭的战争

860年，罗斯人第一次进攻君士坦丁堡，因风暴而受阻。907年，基辅大公奥列格再次率军抵达君士坦丁堡城下，迫使拜占庭与之签订贸易协定。941年，奥列格的继承者伊戈尔又发兵进攻拜占庭，罗斯舰队被"希腊火"（一种液体燃烧剂，可以在水面燃烧）击退。944年的再次进攻，使双方重新签订了贸易条约。957年，罗斯女大公奥丽加曾出访君士坦丁堡，受到隆重接待，双方建立了亲切友好的关系，一些罗斯贵族还接受了基督教。10世纪后期，出现于帝国北部多瑙河一带的保加利亚人和佩彻涅格人使拜占庭受到严重威胁，拜占庭皇帝以重金诱使罗斯人与他们作战，以缓和北方边境的压力。但罗斯打败保加利亚后，又企图向多瑙河沿岸发展，遂引起拜占庭同罗斯间的又一次战争（971年）。后来罗斯战败，基辅大公斯维亚托斯拉夫被迫允诺不再向拜占庭和保加利亚发动进攻。在弗拉基米尔大公时期，拜占庭因同时面临保加利亚人的起义和瓦尔达·福卡斯叛乱，被迫向罗斯求援。弗拉基米尔帮助了拜占庭后，率全体亲兵接受基督教洗礼，并迎娶了皇室公主安娜。9～10世纪罗斯与拜占庭之间的多次战争和贸易、文化往来，促进了罗斯国家的发展，使它步入了基督教文明世界。

俄罗斯的建立和扩张

俄罗斯主体民族的形成

862年，诺曼人发生内讧，其中一部分在军事首领留里克的带领下，进入东斯拉夫人住地，夺取诺夫哥罗德大公的领地及其统治权。879年留里克死，其子伊戈尔年幼，由其亲属奥列格代为摄政。882年，奥列格沿水路南下，征服了斯摩棱斯克，进而占领基辅。随后将其统治中心由诺夫哥罗德迁到基辅。他又征服了附近许多小的部落及其他一些非斯拉夫部落，形成以东斯拉夫人为主体的幅员辽阔的国家，史学家称之为"基辅罗斯公国。"基辅罗斯公国在10～11世纪，在瓦达米尔和雅洛斯拉夫统治下，国势达到顶峰，当时基辅变成东欧主要的政治与文化重心。在雅洛斯拉夫于1054年死后，他的儿子们相互争夺，12世纪时，基辅罗斯分裂成几个大公国。在13世纪，蒙古人决定性的征战结束了这个帝国的权力。

蒙古贵族统治时期

988年，基辅罗斯大公弗拉基米尔宣布东正教为国教，大片土地集中到教会和贵族手中，封建的生产关系形成了。12世纪，基辅公国分裂为十多个封建小国，相互混战。1237年，蒙古大军在拔都率领下大举入侵，于1240年占领了基辅。1243年，拔都在伏尔加河下游建立了金帐汗国（又称钦察汗国）。蒙古的统治使整个东北罗斯地区的社会经济遭到严重破坏，基辅罗斯公国彻底解体了。

伊凡四世改革

莫斯科公国始建于13世纪末，地处东北罗斯的中心，凭借着蒙古势力兴起。14世纪末以后，蒙古势力衰落。1480年，莫斯科王公伊凡三世统一了东北罗斯，蒙古统治结束。1533年，伊凡四世即位，年仅3岁。1547年，伊凡四世成年加冕称为沙皇。他进行了司法、行政、军事三方面改革，于1550年颁布新法典，统一全国法律，建立步兵和近卫团，加强炮兵组织，又于1555年在中央设领地衙门和军事衙门，第二年又颁布军役法。伊凡四世的改革有利于巩固王权。

"沙皇"称号

15世纪，伊凡三世为实现其建立新帝国的梦想，在帝国灭亡后，他自比为帝国的继承人，把拜占庭皇室的双头鹰徽记作为自己的徽记，并自称"沙皇"。1472年他又迎娶了拜占庭末代皇帝君士坦丁十一世的侄女索菲亚·巴列奥略为后。"沙皇"的意思就是"恺撒皇帝"。恺撒是古罗马显赫一时的大独裁者，伊凡三世自称"沙皇"就是要步恺撒后尘，成为至高无上的君主，建立跨欧亚非的大帝国。1547年，伊凡四世正式加冕称为沙皇，从此，俄国的沙皇专制制度正式形成，除彼得大帝在1721年被奉以"皇帝"称号以外，历代封建君主都袭称"沙皇"称号。十月革命胜利后，沙皇君主制寿终正寝。

俄罗斯教会改立东正教

988年，弗拉基米尔大公率领全体臣民接受了基督教，确立了基督教为国教，在基辅建立了附属于君士坦丁堡的俄罗斯东正教会。1448年俄罗斯东正教召开了自主的主教会议，由罗斯主教们自选大主教，从此开始独立。君士坦丁堡陷落以后，俄罗斯教会公开以东正教的首脑自居，并盛赞俄国沙皇是罗马帝国的正统继承者，俄国是"第三罗马"等。在此思想指导下，1589年在莫斯科召集了全国主教会议，宣布设立莫斯科和全俄罗斯大主教，摆脱罗斯教会对君士坦丁堡牧首的依附关系，并开始修订独立教会的有关礼仪规定。1653~1665年间，俄罗斯教会的礼仪规定在俄罗斯牧首尼康主持下得以统一，俄译本《圣经》也于此时修订。1721年，俄国沙皇彼得一世颁布教会改革法案，取消牧首制，设立主教公会，并宣布以东正教为国教，从此确立了俄国沙皇对教会的控制。

索贡巡行

古罗斯大公在其管辖范围内掠取贡赋的一种封建剥削形式。每年秋冬季节，大公率亲兵挨家挨户征收粮食、皮毛、蜂蜜和蜂蜡等贡物。他们不仅掠夺财物，还将抗交者俘为奴隶。然后，将贡物和奴隶装载上船，运到君士坦丁堡卖掉，换取贵重织物、酒等奢侈品。索贡巡行实行的是武装搜刮，常常引起人民的反抗。

美 洲

阿兹特克文明

1325年，阿兹特克人在酋长特诺克率领下来到特斯科科湖中的两个小岛上，建立特诺奇蒂特兰（今墨西哥）。15世纪初，墨西哥开始向外扩张，征服邻近部落，领土扩张到墨西哥湾、危地马拉和太平洋沿岸。随着私有制和阶级分化日益明显，形成早期奴隶制国家。阿兹特克人以农业为主，种植玉米、棉花等农作物。手工业比玛雅进步，在制造铜器和陶器、铸造和压制金器以及用宝石和羽毛镶嵌装饰品方面显示出了高超的技艺。首都特诺奇蒂特兰定期举行贸易，一般以物易物。阿兹特克人擅长建筑，首都布局整齐、气势宏伟，所建造的金字塔，其顶上建有宏伟的神庙。阿兹特克人吸收玛雅文化的成就，创造了类似的历法和象形文字。1518年，西班牙殖民者侵入，经济文化遭破坏。

印加帝国

"印加"一词是太阳之子的意思，原是一位部落酋长的名字，在西班牙殖民者最初与他们接触时，错误地以部落酋长的名字来称呼整个部族。印加的名字也就被错误地沿用下来。16世纪初，印加发展到极盛时期。印加文化发展的基础是以梯田为主要特征的农业，是世界农业文明的摇篮之一。印加帝国的手工业和采矿业也有一定发展，同时交通发达。印加人还是擅长建筑的民族，人称印第安建筑工程师。印加人还具有较高的天文学知识。在库斯科太阳神庙广场中心矗立着一个天文仪表"日表"，这是一根石柱，地面上有一条与石柱直角相交的直线，以石柱的日影来测定时间和季节，他们还建起了石柱塔，以观察太阳，确定夏至和冬至。

印加文化

印加的农业十分发达，印加人种植了大约四十种农作物，仅芋类就有很多种，此外还有番茄、木瓜、菠萝、龙舌兰以及玉米、花生、榛栗等粮食作物。印加人在采矿、纺织和手工艺方面也达到了较高水平。他们能开采金、银、铜、锡等多种金属。印加人用棉花和羊毛织出起绒的布匹，用以缝制衣服、制作毡毯。他们用羽毛和金银丝编织的布艳丽豪华，专供贵族享用。印加人在医药学方面成就卓著，他们的医生会做开颅手术。由此可以看出，美洲古代印第安人在劳动中创造了光辉灿烂的文化，达到了古代美洲文明的新高峰。可惜的是，随着印加帝国在1532年被西班牙殖民者征服后，这些文明也就走向绝境。

玛雅文明

玛雅文化始于公元前3000年。公元4～9世纪，玛雅文化达到全盛时期，但在公元10世纪初期的50年间，玛雅文化却突然消失了。它的消失至今仍是世界史学家们致力探索的一个谜。10世纪以后，玛雅文明再度复兴，到16世纪西班牙的入侵，玛雅文明迅速走向衰落。

玛雅人为了发展农业和祭祀的需要，创造了精确的太阳历。他们对时间的计算比现在世界通用的格列高利历还要准确。玛雅太阳历平均长度为365.2420日。在数学方面，他们发明了"0"这一符号。这比欧洲人使用"0"大约要早七八百年。玛雅人在公元纪年初期，创造了象形文字。玛雅人还是建筑大师和艺术家。他们用石料筑成的富丽堂皇的庙宇、规模宏伟的金字塔、造型健硕的人体石雕及各式各样的廊柱、碑林，至今仍受到人们的赞誉。玛雅人还有每隔20年建立一座石碑以纪年的习惯，现已发现的玛雅纪年石碑有数百块之多。人们因此将玛雅人称为"完美无缺的编史学家"。但不知什么原因，1516年在图鲁姆建立了最后一块石碑后，有着1200年历史的立碑纪年法便就此中断了。

秘鲁帕拉卡斯文化

从约公元前500年到约公元前200年期间，位于秘鲁的利马南方的海岸地域，繁衍着丰富多彩的帕拉卡斯文化，人们从事农业，栽培玉米、豆类、花生、土豆等。在帕拉卡斯，人们在刺绣、纺织方面的才能十分突出，使用的技术之高在其他地方难以见到。在2000多年后发现的他们织的布上，配有100种以上不同的色调，并绘有人、鸟、猫、恶魔等各种图案。他们在埋葬死者时举行复杂的仪式，经过干燥和熏过的遗体，与纺织品、复制的头、陶器等一起安置在墓中。

非 洲

东非

努比亚王国

东非古国，古埃及人称为库施，亦称古埃塞俄比亚。占有尼罗河第一瀑布以南至白尼罗河与青尼罗河会合处之间的广大地区，主要居民是黑人。从公元前4000年中叶起，埃及开始派兵侵入。公元前2000年中叶，努比亚被埃及征服，沦为殖民地。约公元前10世纪，努比亚摆脱埃及统治，建立奴隶制国家。公元前8世纪中叶，统一第一瀑布到第六瀑布间广大地区，并占领上埃及。公元前713年，打败埃及统治者，建立埃及的第二十五王朝，又称"努比亚王朝"。公元前591年迁都麦罗埃。1~3世纪达到极盛，农业、炼铁业和纺织业发达。麦罗埃是当时非洲最大的炼铁中心和东非的贸易中心，与非洲内陆、埃及、西亚和印度等地有商业往来。努比亚人在建筑、绘画、雕刻方面均取得了巨大成就，并创造了自己的字母表。约330年，努比亚被阿克苏姆王国征服，遂亡。

埃塞俄比亚王国

阿克苏姆王国是东非埃塞俄比亚领土上的第一个国家，约兴起于公元前10世纪。公元5世纪起，基督教传入，逐渐成为阿克苏姆王国的国教。7世纪阿拉伯兴起后，阿克苏姆王国逐渐衰落下来，各封建贵族的领地逐渐发展成独立的封建小公国，到13世纪被埃塞俄比亚王国统一。

桑给帝国

10~15世纪，东非海岸处在"桑给帝国"时期。桑给帝国是一个由众多城邦组成的联合体，在各城邦中长期居于霸主地位的是基尔瓦苏丹国。基尔瓦苏丹国是波斯人哈桑·阿里·伊本于975年征服基尔瓦及其邻近岛屿后建立起来的。它很快就发展为东非海岸的贸易中心。13世纪末或14世纪初，基尔瓦苏丹国控制了莫桑比克地区的黄金集散地索法拉，国家达到极盛，索法拉、安哥舍、莫桑比克、桑给巴尔、奔巴、蒙巴萨、摩加迪沙等城邦的苏丹都变成了它的封臣。到15世纪末，桑给帝国开始衰落。

南非

刚果

非洲班图族刚果人建立的国家，约建于14世纪。15世纪末，国王恩赞加·库武大举扩张，领土东到刚果河，西至大西洋，南达洛热河，北抵刚果河北岸。王国有一套完整的中央和地方统治机构，王是最高统治者，下设首相和权力很大的六总督委员会。全国分六省，由总督治理。刚果以农业为主，生产稻、麦、高粱、香蕉、棕榈果和16世纪初从美洲传来的玉米、薯类，冶金、造船和棕榈叶编织比较发达。冶金生产尤为重视。1448年，葡萄牙殖民者大量闯入，国王和部分贵族率先加入天主教，首都改名圣萨尔瓦多。殖民者使用欺骗和引诱伎俩，掠夺奴隶和财富，引起统治者与人民以及统治者内部的矛盾。16世纪中叶，国势衰落。1665年，王国取消葡萄牙人采矿权，双方发生战争，国王战死，王国分裂为3个小国，1900年灭亡。

大津巴布韦

南部非洲的津巴布韦人在赞比西河和林波波河中间的高原上从事农耕和畜牧。13世纪，津巴布韦的金和铜，输出到亚洲各地，同时津巴布韦输入了中国的陶器、西亚的金属制品和玻璃制品。通过这种贸易，原来就地产丰富的津巴布韦的统治者积聚了巨额财富，由此建起强大的国家。从12世纪起，他们开始在村落周围建立了被称作"巴基巴布艾"的巨大石头围墙。约1450年，大津巴布韦强大起来，逐渐成为非洲南部的宗教、政治和商业中心。

莫诺莫塔帕王国

南非古国莫诺莫塔帕于6~8世纪建都津巴布韦，12~16世纪达到全盛。16世纪初，由于葡萄牙人的入侵和内乱，莫诺莫塔帕王国开始走向衰落。1629年，莫诺莫塔帕被葡萄牙人的军队打败，进一步衰落下去，最终于1693年灭亡。

西非

贝宁王国

12世纪，西非约鲁巴人的一支——埃多人（比尼人）建立了西非历史上著名的贝宁王国。15世纪以前，贝宁曾受制于约鲁巴人的国家奥约国。15世纪下半叶，在埃瓦雷大王统治时期（约1440~1480年），贝宁摆脱了约鲁巴人的控制，成为强盛的大国。埃瓦雷大王进行了大规模征服战争，其足迹远抵刚果。17世纪上半叶，贝宁的势力发展到西部的拉各斯、东方的尼日尔及北面的奥通，成为组织严密、行政效率很高的王国。贝宁人民创造的古代艺术，特别是铜雕、木雕、骨雕、牙雕作品，在世界文明史上占有重要地位。19世纪以后，贝宁趋于衰败，后并入英属尼日利亚。

马里王国

非洲除了加纳外，还有许多古老的国家，马里王国便是其中之一。马里意为"国王驻地"，于7世纪前后建立，长期臣服于加纳王国。国王迪亚塔（1230~1255年）谋求国家独立，1240年他征服加纳，统一了从大西洋沿岸的塞内加尔河到尼日尔河的大片领土。在国王曼萨·穆萨统治时期（1307~1332年），马里王国最盛，农业、手工业、商业有很大发展，阿拉伯文化也进一步传播。17世纪被邻近民族所灭。

加纳王国的繁荣

300年前后，在西部非洲的塞内加尔河至尼日尔河中上游地区，古加纳国建立。到622年，加纳已有过22个国王相继在位，后来又有22个国王执掌政事。约790年，索宁凯人（黑肤色曼迪人的一支）的领袖卡亚·马加·西塞夺取了加纳政权，确立西塞·通加（索宁凯语，意为国王）王朝的统治，延续达3个世纪之久。9~11世纪，加纳王国进入盛期。其版图包括撒哈拉沙漠以南，万加腊以北，台克鲁尔、锡拉以东，及廷巴克图以西的广大地区。

约在1040年，加纳王国北部游牧的柏柏尔人部族，伊斯兰教化的桑哈扎人兴起，在撒哈拉西部和北非的摩洛哥建立了疆域广大的穆拉比特王国。1062年，穆拉比特王国挥师南下，侵犯加纳被击退。加纳还乘机合并了巴布克和万加腊两个产金地，掳获大批奴隶。1076年，加纳未能抵挡住穆拉比特王国的又一次猛烈攻势，首都昆比沦陷，加纳居民沦为奴隶，并被迫改信伊斯兰教。经过长达11年的反复斗争，加纳于1087年赶走了侵略者。

北非

埃及国家的独立

639年，阿拉伯人侵入埃及，将埃及变成阿拉伯帝国的一个行省，实行民族压迫和宗教歧视的政策。9世纪中，埃及东北部的阿拉伯农民、城市贫民、游牧人和尼罗河三角洲的科普特人联合起义，拒租抗税，打击富商，削弱了阿拉伯人的统治。从868年到969年，埃及的统治者实际上已经是独立的君主；从969年到1517年的500年间，埃及是一个独立的阿拉伯国家。

埃及反抗十字军的斗争

从1096年起，西欧封建主发动多次十字军东侵，占领了小亚细亚的部分土地，并以此为据点多次入侵埃及本土，埃及人民奋起反击侵略者。阿尤布朝的建立者萨拉丁向十字军发起了大反攻。1187年7月的哈廷战役，萨拉丁活捉了耶路撒冷国王，收复耶路撒冷城，接着又收复了除推罗、的黎波里和安条克以外的所有城市。其后他又打败了第三次十字军的入侵。他的继承者领导埃及人民击溃了第五次十字军，全歼了第七次十字军。

埃及阻止蒙古军西征

在十字军东征的后期，来自亚洲内陆的蒙古军队占领了两河流域。1258年，旭烈兀率领蒙古侵略军攻下巴格达，灭阿拉伯阿拔斯朝，并继续西进叙利亚。当时十字军力图勾结蒙古军，使埃及处于东西夹击之中，马木路克朝时代的埃及和西亚人民进行了英勇的斗争。1260年、1281年，在巴勒斯坦和叙利亚境内，埃及两次大败蒙古军，之后又粉碎了蒙古的三次入侵，迫使蒙古军停止西进。

土耳其统治下的埃及

16世纪初，土耳其大举进攻埃及，到1517年，埃及变成了奥斯曼帝国的一个行省。奥斯曼帝国在埃及设总督作为苏丹的代理人，独揽经济、政治、军事大权。

马格里布的独立

马格里布位于北非，它的最早居民是柏柏尔人。8世纪以前，马格里布一度处于阿拉伯人的殖民统治下。8世纪中期，马格里布人民反阿拉伯统治者的斗争不断兴起。755年，突尼斯南部和内富萨山爆发了大起义。776年，起义首领伊本·罗斯图姆被拥立为教长，建立了罗斯图姆朝，后由阿格拉布家族继承，这实际上是东马格里布地区的独立王朝。788年，阿拉伯贵族伊德里斯·本·阿卜杜拉，依靠柏柏尔部落的力量，在摩洛哥北部建立了独立的封建国家——伊德里斯朝。

亚 洲

阿拉伯帝国

阿拉伯帝国

7世纪阿拉伯人建立的伊斯兰教封建帝国。西欧称萨拉森帝国,中国史书称大食。632年,穆罕默德死后,哈里发阿布·伯克尔统一阿拉伯半岛。第二、三任哈里发都打着伊斯兰教"圣战"的旗号大举扩张,到7世纪中叶占领巴勒斯坦、叙利亚、埃及、利比亚和伊朗,奠定阿拉伯帝国的基础。8世纪初大规模向外扩张,向西占领整个北非、西班牙,向东占领印度河下游。8世纪中期形成地跨欧、亚、非三洲的阿拉伯帝国。8世纪中叶后一百多年间,是帝国的最强盛时期,经济繁荣,文化昌盛,推动了东西文化交流和世界文化的发展。随着宫廷挥霍无度和封建剥削的加强,民族矛盾、阶级矛盾尖锐,到10世纪上半叶分裂为巴格达哈里发、开罗哈里发和科尔多瓦哈里发三个国家。10世纪中叶后,分裂成许多封建小国。1258年被西征的蒙古军队所灭。

伊斯兰教的诞生

伊斯兰教是世界三大宗教之一。中国旧称"回教"、"回回教"、"清真教"或"天方教"。自6世纪末伊朗占领也门和商路改走波斯湾后,阿拉伯半岛商业衰落,社会矛盾激化。为镇压群众反抗和夺回商路,阿拉伯贵族要求建立统一的国家。穆罕默德创立的伊斯兰教,以解决社会危机,610年在麦加公开传教。622年被迫迁往麦地那,建立政教合一的新国家。630年与麦加贵族达成妥协,麦加接受伊斯兰教,穆罕默德承认麦加神庙为清真寺。穆罕默德主张信徒都是兄弟,减轻奴隶负担,主张救济贫民,反对高利贷等,这些主张后来都录入伊斯兰教经典《古兰经》。阿拉伯半岛的许多部落加入了伊斯兰教,632年,半岛大抵统一。之后伊斯兰教在亚、非、欧四处传播,并于7世纪中叶传入中国。

穆罕默德二世

穆罕默德二世(1430~1481年)生在奥斯曼国家的首都埃迪尔内。幼时在宫内学堂受到良好教育,后曾担任小亚细亚西部马尼萨省督。少时因其父厌倦政事,曾一度执政。1451年父亲逝世后正式即位。他在位时不断向外扩张,有"征服者"之称。经过充分准备和备战,他于1453年5月亲自率领15万大军攻占君士坦丁堡,结束了长达千年之久的拜占庭帝国。此后,他迁都于君士坦丁堡,并将其改名为伊斯坦布尔。继后,他又入侵巴尔干半岛,先后征服塞尔维亚(1459年)、特拉比尊德(1461年)、波斯尼亚(1463年)、阿尔巴尼亚(1479年)等。此后又攻抵威尼斯外围,夺取亚得里亚海威尼斯所属岛屿。在东方,他将矛头指向黑海一带,夺取了克里米亚和亚速夫。在小亚细亚,征服了特拉比遵德(今特拉布松)和整个安纳托利亚,直到幼发拉底河,形成庞大的奥斯曼帝国。他对内恢复经济,发展贸易,设学校于清真寺中,传播阿拉伯文化和宗教,使社会趋于稳定,建成当时世界最强大的军事封建帝国。

"徙志"事件

由于穆罕默德主张信仰一神,反对多神

教，影响到贵族与富商的利益，受到了麦加贵族的迫害。同时，雅特里布的居民因受到麦加贵族的盘剥，派代表请穆罕默德前去。622年，他与一些门徒离开了麦加，这就是著名的"徙志"。后来这一年被定为伊斯兰教历的元年，雅特里布也改称麦地那，即"先知之城"。

麦地那国家的形成

622年，穆罕默德在麦地那建立了第一个伊斯兰教国家。这是一个政教合一的国家，穆罕默德是宗教领袖、政治首脑、最高法官和军事统帅。627年，穆罕默德亲自出征，取得了对麦加贵族的决定性胜利。经过谈判，630年，麦加贵族被迫接受伊斯兰教，穆罕默德率领1万大军进入麦加。

阿拉伯半岛的统一

穆罕默德进入麦加后，继续征服其他地区，到632年他逝世时，阿拉伯半岛已经大体统一。麦加成为阿拉伯的宗教中心，而麦地那则成为新国家的首都。

哈里发

穆罕默德逝世前没有指定继承人，也没有关于如何产生继承者的遗嘱。故其死后，围绕这一问题展开了激烈的斗争，最后阿布·伯克尔夺得政教大权，称哈里发，定都麦地那。由此开始了阿拉伯国家的四大哈里发时期。接着，欧默尔、鄂斯曼和阿里相继任哈里发。至摩阿维亚任第五任哈里发，从此哈里发职位世袭，开始倭马亚王朝，迁都大马士革。后来，阿拔斯王朝、西班牙倭马亚王朝、埃及法蒂玛王朝的统治者和16世纪以前的奥斯曼帝国君主，均称哈里发。中国新疆地区的伊斯兰教教师和回族地区的清真寺学员也称哈里发。

倭马亚王朝的统治

叙利亚总督摩阿维亚就任哈里发后，迁都大马士革，将哈里发职位改为世袭，建立了倭马亚王朝。此后，统治者继续向外扩张。到8世纪中叶，阿拉伯帝国已经形成一个东到亚洲的葱岭，与唐代的中国接壤；西到欧洲的西班牙，与法兰克王国为邻；南达北非；地跨亚、非、欧三大洲的强大帝国，即我国史书上所称的"大食帝国"。

阿拔斯王朝

750年，伊拉克大地主阿布·阿拔斯推翻倭马亚王朝，建立阿拔斯王朝。第二任哈里发曼苏尔时期，在底格里斯河右岸营建新都巴格达。阿拔斯王朝采用伊朗的政治制度，重用波斯人在政府机构中任职。统治者重视农业，兴修水利，促进了农业的发展。工商业也不断发展，巴格达不仅成为政治中心，而且成为国际贸易的中心。但后来由于柏柏尔人、突厥人等充斥王朝的军队，并窃据政府要职，使阿拔斯王朝日趋没落。945年，伊朗的白益人攻入巴格达，强迫哈里发承认他们的独立地位，此后帝国的埃及、北非、西班牙等地也纷纷要求独立。1258年，蒙古人西侵的军队攻陷巴格达，阿拉伯帝国灭亡。

白益王朝

9世纪，阿拉伯帝国逐步走向分裂。在巴格达哈里发争权夺势的同时，艾哈迈德于945年占领巴格达，建立白益王朝，哈里发成为傀儡。白益王朝建立初期，艾哈迈德政权不时遭到伊朗山区人民和美索不达米亚的阿拉伯部族的反抗，但都被艾哈迈德平息。到阿杜德·道莱统治时（949～983年），国家达到极盛时期。兴建了公共设施、医院和库尔河上的水坝，伊朗的赖伊和奈欣以及伊拉克的巴格达成为主要文化中心。阿杜德·道莱死后，由于他的儿子们的争夺，王朝日趋解体。1029年，东部各地被突厥人占领。1055年，白益王朝的最后一代统治者被塞尔柱突厥人突格里尔·贝格废掉，王朝告终。

迦梨陀娑

迦梨陀娑（大约生活于四五世纪），印度古代诗人、戏剧家。被誉为笈多王朝的"宫廷九宝"之一。他知识渊博，文学造诣深，在古代印度时期已是声名大噪。诗歌有抒情短诗集《时令之环》，抒情长诗《云使》，叙事长诗《罗怙世系》、《鸠摩出世》。剧本有《摩罗维迦和火友王》、《优哩婆湿》、《沙恭达罗》。其中，以剧本《沙恭达罗》最为著名。

开斋节

622年，穆罕默德迁居麦地那后，宣布次年（623年）希吉拉历（即教历）9月为斋月，并规定进行全月斋戒。在斋月中白天禁食。在斋月最后几天以天空新月（月牙）出现为期，斋戒结束（如未见月，则继续斋戒，一般不超过三天），次日即行开斋，为开斋节（阿拉伯文的意译）。在开斋前，每个有钱家庭的成员要拿出一定数量的财物，向贫困者施舍。后成定例，叫"开斋捐"。开斋时，一般全家聚在一起，先行祈祷，再进以清淡食物为主的开斋饭，之后穆斯林举行隆重会礼和各种庆祝活动。这是伊斯兰教的重大节日之一。

《古兰经》

《古兰经》是伊斯兰教的经典。"古兰"的意思是"宣读、诵读"。伊斯兰教认为，《古兰经》是安拉通过他的使者传达给世人的启示，其内容实际上是穆罕默德在各种不同情况下讲的话。《古兰经》规定，安拉是唯一的神灵，这是伊斯兰教首要的、最重要的信条。

《一千零一夜》

《一千零一夜》中很多故事来源于古代阿拉伯社会的民间传说，但经过阿拉伯人民吸收、融化、改造和再创作，使它们真实生动地反映了阿拉伯社会的生活。这些故事多是赞美和歌颂人民的善良和智慧，抨击和揭露坏人的邪恶和罪行。《一千零一夜》深受世界人民的喜爱，享有"世界最大奇书"的美称。

奥斯曼帝国

奥斯曼帝国

奥斯曼帝国的祖先是突厥人，原居中亚，后西迁小亚细亚，依附罗姆苏丹。1299年，其酋长奥斯曼宣布独立，称奥斯曼帝国。它不断侵占拜占庭帝国的领土。14世纪末占领巴尔干半岛大部地区，奠定了帝国的基础。1453年苏丹穆罕默德二世亲率大军攻陷君士坦丁堡，拜占庭帝国灭亡，并迁都于此，改名伊斯坦布尔。又经过一百多年的扩张，到16世纪中叶，形成地跨欧、亚、非三洲的帝国。疆域包括埃及、阿拉伯半岛、叙利亚、伊拉克、匈牙利、塞尔维亚、巴尔干半岛、阿尔及利亚、突尼斯等地区。国内阶级矛盾与民族矛盾尖锐，人民纷纷起义，17世纪中期国势衰落。1919年爆发了资产阶级革命，1922年帝国被推翻。

土耳其的对外扩张

奥斯曼一世的儿子乌尔汗即位后，把侵略的矛头指向衰弱的拜占庭帝国，于1331年夺取了拜占庭在小亚细亚的全部领地。他死后，其子穆拉德一世正式称苏丹，继续进行侵略扩张。1396年，土耳其人挫败了西欧五国联合发动的十字军远征，控制了巴尔干的绝大部分地区。

巴尔干人民的起义

苏丹的长期侵略战争需要大量军费，致使农民的捐税负担越来越重。1511年，什叶派穆斯林发动了席卷整个小亚细亚的人民起义；1518年，小亚细亚又爆发了反对苛捐杂税的农民起义。虽然起义都遭到镇压，但反抗斗争一直没有停止。

伊斯坦布尔

伊斯坦布尔（Istanbul）现在是土耳其最大的城市和海港。曾经是拜占庭帝国和奥斯曼帝国的都城，330年，罗马皇帝君士坦丁在此定都，称之为新罗马，后改称君士坦丁堡。1453年，被奥斯曼帝国占领，拜占庭帝国灭亡。1923年，土耳其的首都迁到安卡拉之后，该城改称为伊斯坦布尔。世界著名的索菲亚大教堂就坐落在这里。

君士坦丁堡的陷落

1453年，奥斯曼土耳其帝国灭亡拜占庭帝国的攻城战。15世纪初，衰落的拜占庭帝国领土，只剩下首都君士坦丁堡及其附近若干城市，以及被土耳其军队切断了联系的伯罗奔尼撒地区，君士坦丁堡实际上已是一座孤城。1453年初，土耳其苏丹穆罕默德二世亲率步兵7万多，骑兵2万多，战舰320艘，从海陆两面围攻君士坦丁堡。君士坦丁堡位于博斯普鲁斯海峡西岸的一个海岬上，地势险要，东、南临马尔马拉海，沿海地区筑有防御工事，北面金角湾入口处有铁链封锁，西面是陆地，筑有城墙和壕沟。城内军民据险防守，誓死抵抗，土耳其军队一时难以取胜。后买通热那亚商人，假道热那亚人所控制的加拉太地区，潜入金角湾内，配置火炮，从海陆两面对君士坦丁堡发起总攻，5月29日，城堡最后被攻陷。延续了上千年的拜占庭帝国至此灭亡。

蒙古诸国的兴起

拔都西征

1229年，蒙古大汗窝阔台即位后，继续推行侵略扩张政策。1235年，蒙古派拔都西征欧洲。1236年，拔都率大军渡过乌拉尔河，征服了伏尔加河的保加尔人。1237年侵入俄罗斯。1238年焚毁莫斯科城。1240年，攻取南俄各城，罗斯古都基辅被毁。1241年，蒙古军打败波兰军，毁波兰都城克拉科丸又侵入匈牙利，攻陷佩斯等城。1241年12月，窝阔台去世，拔都于次年班师回国。拔都在1242年以伏尔加河下游的萨莱为都，建立了钦察汗国。

旭烈兀西征

蒙哥统治时代，蒙古帝国继续对外扩张。1253年，旭烈兀西征军启程。1258年攻陷巴格达城，阿拉伯帝国灭亡。1259年向埃及控制的叙利亚进军。1260年3月大马士革迎降。1260年5月，旭烈兀得知蒙哥去世，率部退回波斯。后叙利亚被埃及夺回，旭烈兀西征结束。旭烈兀后在西征基础上建立的伊儿汗国，领土东起阿姆河和印度河，西迄小亚细亚，南抵波斯湾，北至高加索山。

帖木儿帝国

帖木儿帝国的奠基人帖木儿生于撒马尔罕附近，居住于河间地带，宣称自己是蒙古帝国的重建者。1330年他开始征服波斯，并于1383～1385年期间占领呼罗珊和波斯东部；1386～1394年期间，波斯西部、美索不达米亚和乔治亚也被其征服；之后他又占领了莫斯科。波斯爆发起义，他对此进行了残酷的镇压，并屠杀了全城的居民。1398年南侵印度，1399年西征西亚细亚；1402年大败奥斯曼帝国，俘其苏丹，终于建成一个仅次于蒙古的大帝国。1404年他又准备入侵中国，但却提前在3月死去。帖木儿帝国内部发展不平衡，缺乏统一的经济基础，所以帖木儿死后，帝国四分五裂。1501年，帖木儿帝国被乌兹别克所灭。

中世纪的伊朗

萨非王朝的建立

自7世纪中叶至16世纪初，伊朗长期处于外族统治之下，起初是阿拉伯国家，以后是塞尔柱突厥国家、蒙古伊儿汗国和帖木儿帝国。15世纪中期，帖木儿帝国日趋衰落，逐渐瓦解。此时，伊朗西部和阿塞拜疆一带，由土库曼游牧部落贵族建立的两个对峙王朝——黑羊王朝和白羊王朝统治。阿达比尔城的萨非家族趁机参加了夺取政权的斗争。1468年，萨非联合白羊王朝灭掉黑羊王朝。1501年萨非军队打垮白羊王朝的主力。1502年，萨非领袖伊思迈尔攻下大不里斯，自立为王，建立了萨非王朝。

中世纪的印度

笈多王朝的建立

320年，笈多王朝君主旃陀罗·笈多一世即位后，征服了邻近的王公，恢复了印度西北部的版图。其子沙摩陀罗·笈多更将版图向西扩张到印度河，向东征服恒河下游。旃陀罗·笈多二世时，笈多王朝国势达到鼎盛，领土包括北印度全境，成为中世纪印度第一个封建大帝国。

戒日帝国的建立

笈多王朝结束后，在今德里西北有个叫毗乞罗摩迭多的王公逐渐扩张势力，建立起伐弹那王朝。606年，曷利沙·伐弹那开始称王，号尸罗阿迭多（即戒日）。他在数年之内统一北印度，建立了一个与笈多帝国极盛时代相当的封建大帝国，其首都设在曲女城。戒日帝国的文化盛极一时。戒日王崇尚佛教，但也尊重婆罗门教。当时印度有三大学术文化中心。北印度的那烂陀寺是当时世界的佛教学术中心。

阿拉伯数字的发明

笈多帝国时期的印度,科学比较发达。现今通用的阿拉伯数字,其实就是印度人民发明的。早在古代,印度人就使用这种数字进行计算,不过那时还没有"0"这样的缺位符号。"0"的使用大约始于笈多帝国时期,最初是一个点,几世纪后演变为圈。这10个数字从印度传到阿拉伯,阿拉伯人略加修改后又传到欧洲,被欧洲人称为阿拉伯数字。

德里苏丹国家

1186年,兴起于阿富汗境内的廓尔王朝灭了伽色尼王朝,定都于北印度的德里。1206年,廓尔王朝的突厥人库尔布·乌丁·伊巴克自立为苏丹,统治以德里为中心的广大地区。此后300多年的五个王朝国王均称苏丹,历史上将其称为德里苏丹国家。

印度教的出现

随着封建制度的确立,印度出现了综合各种宗教,主要是综合婆罗门教和佛教信仰的新宗教——印度教。印度教崇敬三个主神:梵天是主管创造世界之神,毗湿奴是主管维持世界之神,湿婆是主管破坏世界之神。印度教吸收了佛教的禁欲、不抵抗等内容,其基本教义是从婆罗门教和佛教那里吸取来的"法"和业力轮回学说。印度教得到封建统治阶级的保护和支持,9世纪以后,印度教成为了全国占统治地位的宗教。

莫卧儿帝国

德里苏丹的残暴统治受到人民的不断反抗。1525年,帖木儿的后裔巴布尔乘机侵入印度。1526年,巴布尔在德里北方的帕尼帕特打败了苏丹易卜拉欣的军队,占领德里。1527年,巴布尔又在康努亚击溃印度诸侯的联军,此后数年更是相继征服了北印度大部分地区。巴布尔征服印度后建立起莫卧儿帝国,它在名义上一直存在到1857年。莫卧儿帝国初期,经济繁荣,农工商业相当发达。在商品经济发展的基础上,大量的商业资本也开始活跃起来。

阿克巴改革

莫卧儿帝国君主阿克巴(1556~1605年)是印度历史上最有作为的开明君主之一。他为了加强中央集权,调和阶级矛盾,进行了一系列政治改革,包括实行宗教宽容政策,取消对非伊斯兰教徒征收人头税政策,实行新的税收制度,按土地的实际产量分等收税,规定税额为收成的三分之一;取消包税制;发展经济,改革陋习。阿克巴改革使莫卧儿帝国进入了全盛时代。

锡克教的兴起

16世纪初,锡克教在印度北部兴起。1499年,旁遮普省商人家庭出身的那那克创立了锡克教。锡克教是一种不同于伊斯兰教和印度教的新宗教,它主张人人平等,反对种姓制度,要求人们对万能的上帝奉献爱心。第五代师尊阿占采用了相当于专员的制度,向信徒征收捐税,构筑寨堡,形成了独立的类似政府的宗教组织,并于1604年编纂了锡克教的圣书。阿占的活动引起了莫卧儿帝国国王的猜忌,这位师尊被残酷地处死。锡克教的和平发展时代至此结束。

中世纪的朝鲜

朝鲜的"三国时代"

朝鲜民族自古居住在朝鲜半岛上。在原始社会末期，半岛上逐渐形成了几个部落联盟。公元前后，朝鲜半岛北部出现了高句丽奴隶制国家；3世纪和4世纪，在朝鲜半岛的西南和东南部，又先后出现百济、新罗两个奴隶制国家。于是，朝鲜半岛出现高句丽、百济和新罗三国鼎峙的局面，朝鲜史上称为"三国时代"。

高句丽、百济、新罗三国统治者为了争夺半岛上的霸主地位，进行了长期激烈的斗争。三国当中以高句丽为最强，曾侵入中国的辽西。到6世纪时，新罗逐渐强大起来，领土扩大到半岛中部的汉城一带。新罗的强大引起了高句丽的恐惧，于是，它联合百济不断进攻新罗，同时还断绝了新罗和日本通往中国的道路。新罗转而向中国求救，唐太宗率军攻打高句丽，直到7世纪中期，唐朝灭掉了百济和高句丽，在平壤设立了安东都护府进行统治。朝鲜人民坚决反抗唐朝的封建统治，迫使唐将安东都护府撤至辽东。735年，唐与新罗正式以现在的大同江为界，新罗终于统一了朝鲜半岛。

田柴科颁行

976年，高丽王朝将全国可耕地和山林进行登记，将一部分土地和山林按等级分给文武官吏和府兵。文武百官按"人品"（身份）分为79品，最高者得田柴110结（田为耕地，柴指烧柴林，结为高丽丈量土地的单位），最低者得田21结、柴10结。国家把土地的收税权授予受田者，只限当代，不得世袭。977年授予功臣勋田《功荫田》，数量20结到50结不等，可以世袭。后又颁布了公廨田柴制度，国家各机关（从中央到地方）都分得一定数量的土地收税权，用作行政经费。1049年，国家又颁布了"功荫田柴"，对一至五品的国家高级官吏，分别赐予从田25结、柴15结到田15结、柴5结的土地收税权，并可世袭。此外绝大部分土地是由国家直接征收租税的公田。田柴科的颁行，确立了高丽王朝对全国土地的支配权，成为专制集权国家体制有力的物质基础。

高丽贱民起义

高丽的繁荣局面持续了200年左右，后因不断遭受外族入侵的打击而衰弱下去。从10世纪末到12世纪初，中国北方的契丹族和女真族先后入侵高丽。高丽的国力在战争中逐渐被削弱。社会矛盾相应地激化起来。

1176年1月，南方爆发了以亡伊、亡所伊领导的贱民起义。起义军曾攻克京畿道的骊州、镇州、牙州等地，控制了京畿道南部大部分地区。直到次年7月，高丽统治者在暴力镇压的同时，采用欺骗手段诱捕了起义领袖，这样才使起义军逐渐解体。1177年5月后，西北地区爆发了城市贫民和农民的大起义。起义者曾一度占领西京平壤。一年后，在统治阶级的分化收买下，起义军于1178年遭到失败。1198年，首都开城曾酝酿奴隶起义，后因叛徒的告密而流产。1199年，江原道爆发大规模农民起义，起义者曾占领东南沿海一带。1200年，南方晋州爆发了大规模的奴隶起义，起义者曾惩处6000多名两班官吏。这些大规模起义均沉重打击了高丽王朝的封建统治。

壬辰卫国战争

16世纪末，丰臣秀吉统一日本后，于1592年（农历壬辰年）4月，派军约20万由釜山登陆，至6月，已占领汉城、开城和平壤三京，朝鲜陆军节节失利，遣使向中国明朝求援。是时，以李舜臣部为主力的朝鲜水军连获大捷，掌握了制海权。郭再佑等朝鲜义兵部队也在敌人后方积极活动，抗击日军入侵。12月，明朝派李如松等率军援朝。1593年初，收复平壤、开城，4月收复汉城。日军被迫退守南方沿海一带。1597年初，日本又出兵14万人，在釜山登陆，但最终败北。1598年，丰臣秀吉病死，日本内部混乱，侵朝日军仓皇撤退。朝中水军乘胜追击，经过激战，几乎全歼日军。战争以侵略者的失败而告终。这次战争保卫了朝鲜，也粉碎了日本妄图侵略中国的计划。

李成桂建立李朝

1387年，中国明朝决定收复原属中国的辽东领土。但高丽王朝拒绝交还铁岭，并于1388年春组织近4万人的攻辽部队，由崔莹任总指挥、李成桂为前锋。反对出兵的李成桂实行兵变，驱逐国王，立国王幼子（昌王）为王，同时肃清崔莹和其他反对派。1389年，又以昌王并非王姓为借口，予以驱逐，立其远亲恭让王为王，实权为李成桂所控制。之后，马上着手进行私田的整顿。1390年废田柴科。1391年5月颁行科田法，对两班官僚和其他封建贵族按等授田，使他们享有授田的收租权。李成桂在加强统治的基础上，于1392年驱逐恭让王，自立为王。次年，改国号为朝鲜，开始了李朝的统治时期（1392～1910年）。1396年迁都汉城。

李朝世宗创制朝鲜字母

朝鲜自从建立国家以来，长期使用汉字。李朝初期，世宗在宫中设立谚文局，召集贤殿众位学士制定朝鲜文字。他们研究了朝鲜语音，参考中国音韵学，创制出28个字母，包括11个母音字母和17个子音字母，于1443年钦定颁布使用，称为"训民正音"。朝鲜从此有了本民族的文字，并一直沿用至今。但长期以来，朝鲜的官方书面语言仍是中文。

中世纪的日本

圣德太子改革

587年，日本大贵族苏我氏和物部氏爆发内战，结果苏我氏获胜，拥立推古女皇，由圣德太子摄政。圣德太子采取了一系列改革的措施，抑制了贵族势力，促进了封建生产关系的确立。他还向隋唐派出使节，吸收中国的典章制度和文化，促进了日本文化的发展。

平安时代

794年，日本桓武天皇将都城从奈良迁往平安（今京都），日本进入平安时代。平安时代由于庄园的发展，班田制难以恢复，奈良时代建立的中央集权制逐渐解体，天皇权力削弱，藤原氏掌握朝廷大权。966年，藤原道长任左大臣，成为入主摄政的阶梯。1016年～1085年，藤原氏世袭摄政和关白地位，继续控制皇权。1086年，院政时期，白河天皇以太上皇地位压制摄政、关白，以此削弱藤原氏对皇权的控制。12世纪中叶，平安时代末期，源氏和平氏乘宫廷摄政、关白和院政互相争权的时机，各自发展武士势力，矛盾日益激化。1156年，平清盛与源义朝帮助后白河天皇平定保元之乱。1159年，在平治之乱中，平清盛打败源义朝。此后源氏失势，平氏专权。后期战事纷起的平安时代终于以1192年镰仓幕府的建立而告终结。

大化改新

6世纪后期，大和国家出现社会政治危机，一部分贵族革新派主张以隋唐为榜样改造日本。645年，以中臣镰足和中大兄皇子为首的革新派，推翻当权的豪族苏我氏，拥立孝德天皇即位，定年号为大化。自646年起，颁布革新诏令：第一，废除王室和贵族私有土地和部民，全国土地和人民都直属天皇，成为公地和公民。第二，实行"班田收授法"，即班田制，国家班给男女以一定量的口分田，六年一班，不得买卖继承。另分的园地和宅地可世袭。受田者向国家交纳租、庸、调，受田男子还须自带武器服兵役。第三，建立中央集权制国家，中央政府设二官八省，分掌各项政务。地方行政设国（省）、郡、里（乡）等单位，分别由国司、郡司、里长治理。这一改革的作用是抑制土地兼并，解除豪族对部民的奴役，固定农民的租税和徭役负担，促进封建经济的发展。通过改革，日本建立起中央集权制的天皇制国家，从奴隶社会进入封建社会。

武士兴起

藤原氏的统治极端腐败，人民穷困破产，四处流徙逃亡，到处举行起义。而此时大化改新建立的地方军团已因班田制的瓦解而废弛。各地庄园主为了镇压人民起义，保护庄园，扩充势力，往往通过庄司组织武装家兵。这些家兵由主人供应装备、给养，并受主人的保护，这就是日本历史上"武士"的起源。武士与首领结成封建的主从关系，在平时和战时对其首领必须绝对效忠。武士集团的首领有一些是地方庄园主和郡司土豪，有一些则是沦落的贵族子弟。

镰仓幕府创立

1167年，平清盛任太政大臣，日本出现全盛局面。但其政治、经济措施激起宫廷贵族和地方武士的不满。1177年，源氏利用武士，联合部分皇族和僧俗贵族，密谋打倒平氏，即遭平氏镇压，但反抗势力日益加强。1180年，源赖朝（源义朝之子）举兵，不久即占据日本东部海岸战略要地，在富士川战役中打败平氏。源赖朝在镰仓建立地方政权，关东大小武士团都投靠源赖朝。次年，平清盛抑郁而死，平氏势力衰微。经多次战役，至1185年屋岛（今香川县北部海岛）、坛浦（下关海峡）之海战，平氏军队被歼灭。源赖朝取得任命守护与地头的权力。1192年，源赖朝正式开创镰仓幕府。

室町幕府兴起

1274年和1281年，亚洲大陆崛起的蒙古两次入侵日本，日本抗敌获胜。但是，不少封建主因战争破产而对幕府不满。他们支持后醍醐天皇讨伐幕府，恢复了天皇政治。但是"中兴"为期不长，1336年，原幕府部将足利尊氏占领京都，重建新幕府，即"室町幕府"（1336~1573年）。不甘心失败的后醍醐天皇，在南方吉野另立朝廷，与足利尊氏在京都拥立的光明天皇相对抗。两个朝廷对峙的局面持续了五十多年，史称"南北朝时代"。后来室町幕府于1392年合并了南朝，取得了全国的统治权。

日本统一国家形成

15世纪中期，日本进入了长达百余年的大封建主割据混战的"战国时代"。16世纪中期，大名织田信长先后打败了附近的大名，于1558年攻占京都，又于1573年结束了室町幕府的统治。1582年织田信长死后，他的亲信丰臣秀吉又进行多次战争，到1590年终于结束了分裂的局面，并把北海道地区首次置于中央政府统治之下，实现了日本的统一。

德川幕府

1598年，掌握全国政权的丰臣秀吉死后，统治集团内部分成两派。一派是丰臣氏的文吏派，以石田三成为首，这派联合毛利辉元、宇喜多秀家、岛津义弘等西部大名组成西军，约8万人；另一派是以丰臣秀吉的部将、关东有力大名德川家康为首的武将派，这派联合丰臣氏的强权派加藤清正、福岛正则等组成东军，兵力与西军互相匹敌。1600年9月14日，东军先发制人，攻取了石田三成的根据地和佐和山，准备进攻大阪。14日夜，西军从大阪城调集了大批军队，以阻挡东军。9月15日，两军大战于美浓国的关原地区（今岐阜县不破郡），激战持续了6个小时，东军获胜，西军全线溃退。石田三成等被处死。德川家康夺取了除大阪以外的主要城市、矿山，拥有占全国贡租总面积1/6的直辖领地。由此，德川家康开始了称霸全国的大业。1603年，德川家康在江户（今东京）建立幕府，开始了德川幕府（又称江户幕府）时期（1603～1867年）。

日本"锁国政策"

16世纪中叶，葡、西、荷、英等国已向日本传教和贸易，但在江户幕府时期，当政者为防止广大农民以天主教为掩护，进行起义活动，于1613年在全国下令禁止天主教。国家驱逐天主教神甫，摧毁教堂，并对教徒实行残酷的迫害。同时，为了限制地方封建主通过海外贸易扩充势力，破坏封建统一局面，防止商品经济的发展对封建社会的动摇，从1633年到1639年，幕府颁布一系列禁令。规定严禁与外国通商，不许一切日本船和日本人出海，除允许中国和荷兰商人在长崎通商外，完全禁绝葡萄牙人、西班牙人前往日本通商。锁国政策实行了200多年，直到1858年，在美国、沙俄的武力的胁迫下，订立《安政条约》为止。它严重影响了日本萌芽中的资本主义生产关系的成长，延缓了封建经济的解体。

《源氏物语》

日本中古物语文学的典范作品《源氏物语》，是世界上最早的长篇小说。一般认为成书于11世纪初，作者是女作家紫式部。

紫式部在作品中描写了源氏一生政治命运的沉浮及其纵情声色的生活，反映了平安时代中期日本宫廷错综复杂的权势斗争和贵族糜烂的两性关系，从而展示了这一时期上层贵族的精神面貌。

文艺复兴及新航路的开辟

14～16世纪，虽然亚洲、美洲和非洲的大部分地区还处于封建主义盛行时期，而在欧洲，资本主义已经开始萌芽，并由此产生了一场以文艺复兴、开辟新航线和反宗教战争为主旋律的伟大变革。文艺复兴时代是中世纪的文化向近代文化发展的过渡时期。其主要中心最初在意大利，于16世纪扩及德意志、尼德兰、英国、法国和西班牙等地，在东欧和北欧均有传播。

与此同时，各国人民反封建、反教会的斗争浪声高涨，封建制国家在风雨飘摇中走向没落。

文艺复兴及新航路的开辟

文艺复兴运动

文艺复兴运动

文艺复兴运动是14~16世纪发生在欧洲的资产阶级思想文化革新运动，反对封建制度，以复兴希腊、罗马古典文化为号召，主张创造资产阶级新文化。文艺复兴开始于14世纪的意大利。为打破封建制度与宗教神学的束缚，随着罗马、希腊古典文化的影响，东方文化的西传，以及新航路的开辟，文艺复兴向前发展。16世纪达到鼎盛。它以人文主义作为世界观与指导思想，主张以人为中心，反对以神为中心；要求用人性、人道、人权取代神性、神道、神权；主张个性解放，重视人的价值，提倡文化科学与世俗享受。人文主义思想渗透到了文艺复兴的各个领域，打破了天主教会的思想统治，推动了反封建的革命斗争，促进了近代自然科学的兴起与文学艺术的繁荣，并为后来的资产阶级革命做了舆论准备。

但丁与《神曲》

但丁是意大利诗人。1265年5月出生在佛罗伦萨的一个小贵族家庭，少年时代就师从著名学者布鲁内托·拉蒂尼学习修辞学、文法和拉丁文等，并掌握了丰富的古典文化知识。后来因政治失意而被流放。他提议用意大利语进行文学创作，并著有《论俗语》一书，对意大利民族语言的形成有重要影响。《新生》（1292~1293年）是他的第一部作品，是"温柔的新体诗"的最高成就，也是西欧文学史上第一部向读者剖析作者最隐秘的思想感情的自传性作品。放逐期间写的《神曲》是但丁最著名的作品，此外还有《飨宴》《帝制沦》等著作。由于但丁的作品有从中世纪向资本主义时代过渡的特点，所以他被恩格斯称为"中世纪的最后一位诗人，同时又是新时代的最初一位诗人"。

《神曲》意译是"神圣的喜剧"，但丁原题为《喜剧》。《神曲》结构巧妙严整，全诗分三部，每三行分节，奇偶连韵，每部33篇，加上序诗共100篇，每行长度又大致相等，看起来匀称整齐。

彼得拉克

彼得拉克（1304~1374年），意大利诗人和学者，其父原为佛罗伦萨的律师，早年受父命研习法律，但酷爱文学。父亲去世后潜心学习古罗马著作家的著作，并从事诗文创作。1341年，在罗马的卡匹托利山上接受了"桂冠诗人"的美称。他平时喜爱旅游，欣赏大自然的优美。并借机搜集散失在民间的古典名著原稿，用人文主义观点加以阐释。他的著作很丰富，著名的有《歌集》《阿非利加》《意大利颂》《名人列传》，他作品中的人文主义思想对欧洲文学产生了极大影响。

薄迦丘与《十日谈》

薄迦丘（1313～1375年），意大利文艺复兴时期的文学家，出生于意大利佛罗伦萨的富商家庭。幼时受到良好教育，立志作诗，7岁时便有"小诗人"之称。青年时代曾在那不勒斯学习商业和法律，并得以出入宫廷，结识了王公贵族和人文主义者。1349年后返回佛罗伦萨，1350年与诗人彼得拉克结为挚友，并积极投身于佛罗伦萨的政治活动。1348～1353年间，完成了他最著名的短篇小说集《十日谈》。作品通过十个男女青年所讲的故事，揭露了封建贵族和教会的伪善和腐败，赞扬了平民的才智，纯洁的爱情和男女平等的思想。这部故事集是欧洲文学史上第一部现实主义巨著。

达·芬奇

达·芬奇（1452～1519年），意大利文艺复兴时期著名美术家、自然科学家和工程师。诞生于佛罗伦萨附近的芬奇镇，父亲是当地有名的律师。14岁时跟随画家韦罗基奥，接受绘画、雕塑和机械制作技术的早期训练。他刻苦好学，并在画技与风格上大胆创新。1481年成名，取得独立开设画坊的资格。他一生从事于艺术创作和科学研究，并将两者密切地结合起来，使绘画技巧发展到一个新阶段，被誉为"科学的画家"。所留绘画作品包括草图在内共17幅。代表作《最后的晚餐》《岩间圣母》和《蒙娜丽莎》。同时，他以科学家的精神探索自然的奥秘，强调数学和力学是自然科学的基础。对地质学、物理学、生物学、生理学方面提出不少创见。在军事、水利土木、机械工业等方面也有许多重大发明。他的遗产除了少数艺术珍品外，还有《绘画论》一书、未及整理的草图速写及有关自然科学、工程等方面的7000页手稿笔记。

马基雅维里

马基雅维里（1469～1527年），意大利文艺复兴时期的政治思想家、历史学家。出生于佛罗伦萨一个没落的贵族家庭。由于家境清贫，童年时代主要依靠自学获得知识，并由此养成独立思考的能力。1494年，参加了僧侣萨伏那罗拉领导的反对美第奇家族暴政的人民起义，随之走向政坛。1498年起担任佛罗伦萨共和国掌管军事外交的"十人委员会"秘书，组织国民军队，并从事外交工作。长期的政治活动和外交周旋，使他了解到欧洲一些君主国的国情与实力。懂得了外交斗争的策略和奥妙，同时更加关注祖国的统一和独立。1513年，美第奇家族的统治复辟，他遭到逮捕、囚禁和拷打。后来获释，但生活处处受限制。晚年政治失意，隐居于自己的小庄园之中专心著述，取得显著的学术成就。他的代表作是《君主论》（又译作《霸术》）。全书共26章，通过历史上和当时许多大小实例，说明君主应具备的条件和才能，应该如何夺取和巩固政权。后来，他的以"目的说明手段正当"的原则被称为"马基雅维里主义"。他的思想反映了中古晚期意大利资产阶级的精神面貌。主要著作还有《佛罗伦萨史》《论蒂托·李维的前十年》等。

哥白尼

哥白尼（1473～1543年），波兰天文学家，近代天文学创始人。出生于华沙西北托伦城圣阿娜巷，10岁时父亲去世，由当大主教的舅父抚养。18岁入克拉科夫大学，学习医学和神学，但对天文学发生浓厚兴趣。1496年赴意大利留学，在波隆那和帕多瓦大学学习法律和医学，同时着力研究天文学、数学等。他深受意大利人文主义思想的影响。在古希腊人地动说的启迪下，他根据天文观测，对托勒密的地心体系产生异议。1506年他回国后，在探讨中不断完善自己的学说。前后经过30多年的观测、计算和研究，写出了划时代的著作《天体运行》，全面阐明了"日心说"的理论。这部著作的结论是太阳处在宇宙的中央，地球与其他行星围绕太阳作同心圆运动，同时绕自身的轴旋转。从而推翻了统治了天文学一千多年的荒谬的"地心说"，成为近代科学革命和天文革命的开端。

米开朗基罗

米开朗基罗（1475～1564年），意大利文艺复兴时期的画家、雕塑家、建筑师和工程师。生于佛罗伦萨附近的卡普勒斯镇。其父为该镇行政长官。幼时拜名画家基兰达约和贝托多为师，学习绘画和雕塑。后转入美第奇的"庭苑"学习，在这里不仅临摹艺术大师的作品，而且深受人文主义思想的影响，对日后的美术创作、文学修养有重要作用。他的作品一扫意大利宁静和精巧的风格，具有坚强的毅力和雄伟的气魄。他的《大卫》《摩西》，被认为是近代雕刻的最高成就。他的绘画杰作有罗马西斯廷教堂天顶壁画《创世纪》，以及墙壁上的祭坛画《末日的审判》。他的作品尤其是雕塑和绘画作品，标志着文艺复兴艺术的顶峰，也是后人无可企及的典范。

拉伯雷与《巨人传》

拉伯雷是法国文艺复兴时期的代表作家。生于法国中部的希农城一个法官家庭。自幼受教会教育，1527年后游历了法国中部主要城市，后来走上了从医的道路。1532年，他在一部民间故事的启发下，开始写作《巨人传》，全书共5卷，是在不同的时期写成的。小说写了高康大、庞大固埃父子两代巨人的故事，主要叙述庞大固埃的求学和与巴奴日、约翰修士一起寻找"神瓶"的游历经过。《巨人传》最大的艺术特色是对民间文学的借鉴和发展，以夸张和讽刺为主要艺术手法，语言通俗易懂，丰富多变。作为法国第一部长篇小说，开创了通俗小说形式的先河。

《乌托邦》

1515年，英国政治家、作家莫尔用拉丁文写成《乌托邦》一书。乌托邦原是希腊文"乌"和"托邦斯"两个词组成，其意为"寓意的虚无缥缈的地方"，被中国启蒙思想家严复译为"乌托邦"，流传至今，成为空想社会主义的同义词。《乌托邦》一书的全名是《关于最完美的国家制度和乌托邦新岛的既有益又有趣的金书》。全书分上、下两部，以对话形式表现了早期无产者对资本原始积累时期残酷剥削的强烈抗议，并描绘了空想社会主义的理想社会。书中强烈谴责英国"羊吃人"的圈地运动，指出私有制是一切社会灾难的根源。主张没有贫富对立，人人参加社会劳动，产品归全社会所有，公民可以各取所需，公民一律平等，政治民主，所有职务均由选举产生，每个成员劳动之余可以自由从事科学、艺术和文娱体育活动。《乌托邦》中所反映的政治思想对以后的空想社会主义有着深远的影响。

布鲁诺

乔尔丹诺·布鲁诺（1548～1600年）是意大利著名的天文学家和哲学家。他不但宣扬哥白尼的学说，而且还提出了宇宙新理论：宇宙无限学说。他认为宇宙是无限而又统一的，宇宙是物质的，有自己的规律；太阳系不是宇宙的中心，只是无限宇宙中的一个天体系统；宇宙没有固定的中心，地球只是无限宇宙中一颗微小的星体，地球围绕太阳旋转，太阳同样也围绕着一定轴心旋转；宇宙是永恒的，它既不会被创造，也不会被消灭，绝不会像教会所说那样，一切服从上帝的意志。布鲁诺的观点，彻底否定了上帝创造世界的传统观念，从根本上动摇了教会统治的思想基础，因此，罗马教廷把布鲁诺视为"异端"，开除教廷。1600年，宗教法庭判处布鲁诺以"不流血的任何处理"，即火刑。布鲁诺始终不放弃自己的学说，他说："你们用慈悲的上帝的名义向我读判决书的时候，比走向火堆的我要恐惧得多！我自愿作为殉难者而死去！"2月17日，不屈的布鲁诺被烧死在罗马鲜花广场上，他为真理、为科学献出了自己的生命。

培根与哲学

弗朗西斯·培根（1561～1626年）是英国著名的哲学家。他主要的哲学著作有《学术的进展》《新工具》和《论科学的价值与增长》等。培根反对经院哲学家把客观存在神秘化。他认为自然界是物质的，是不依赖于人的意识而独立存在，并有它自己的运动规律的。培根强调自然是可以认识的。人们应当客观地研究自然，发现自然的固有规律，以便征服自然，为人类谋福利。他的哲学理论对当时反对神学统治和促进近代自然科学的发展，起了积极作用。

莎士比亚

莎士比亚是英国戏剧家和诗人。1564年出生于一个富裕市民家庭，莎士比亚曾在当地文法学校学过拉丁文和古代历史、哲学、诗歌等。1585年前后，他到伦敦，起初在剧院打杂，后来才逐渐成为雇佣演员、股东。莎士比亚共写作37部戏剧，154首十四行诗，两首长诗和其他诗歌。他的戏剧创作可以分为三个时期：早期（1590～1600年）主要是历史剧和喜剧，代表作有《亨利四世》《亨利六世》《仲夏夜之梦》《威尼斯商人》《无事生非》《皆大欢喜》《第十二夜》和《罗密欧与朱丽叶》等，主要是正面宣扬人文主义的理想，充满愉快乐观的浪漫主义色彩。中期（1601～1607年）是悲剧时期，代表作有《哈姆雷特》《麦克白》《李尔王》和《奥赛罗》四大悲剧，和《一报还一报》《雅典的泰门》等，随着对现实认识的深入，这时期剧作的批判力度加强了，风格也变为悲愤沉郁。后期（1608～1613年）是传奇剧时期，有《暴风雨》等四部传奇剧和历史剧《亨利八世》，都宣扬宽恕和容忍。

伽利略

伽里列奥·伽利略(1564～1642年)是意大利的物理学家、数学家和天文学家。他在天文学领域所做出的杰出贡献是创制了第一架天文望远镜,从而对许多天体作了详尽的观察。1609年,伽利略受荷兰光学家李帕希的启发,用凸凹两种透镜制成了放大3倍的望远镜。半年后,又制成了可以放大32倍的人类第一架天文望远镜。1610年,伽利略将他的发现写成《星空使者》一书,影响极大,被人们称为"发现了新宇宙天空的哥伦布"。

后来,伽利略又发现了太阳黑子和太阳的旋转运动,写成《论太阳黑子的信》一书。这本书被教会宣布为禁书,不准公开宣传。1630年,伽利略写成《关于托勒密和哥白尼的两大世界体系的对话》一书,论证了哥白尼的日心体系学说。这本书出版后,伽利略被传讯到罗马教廷受审,判其终身监禁,伽利略这时已是70岁的高龄,受到严刑逼讯,被迫在悔过书上签字,签字后他马上又讲道:"签字有什么用,但是,地球仍然在转动!"这句话后来成为世界名言。这位卓越的科学家在长期被残酷迫害的境遇下,终于在1642年1月8日含冤逝世。

开普勒

开普勒(1571~1630年),文艺复兴时期德国著名天文学家。生于德国魏尔,1587年入蒂宾根大学,1600年成为天文学家第谷的助手。1601年第谷去世后,受聘为皇家数学家。此间他从一个哥白尼学说的拥护者逐渐走上科学发现的道路。他在第谷天文观察的基础上,发现了行星运动的三大定律。他把哥白尼体系建立在更科学、更精确的基础上,也为牛顿力学体系的建立打下了基础。他的著作主要有《神秘的宇宙》《哥白尼天文概要》《光学》等。他还根据行星运动定律和第谷的观察资料,编成一份精确的星表,即《鲁道夫星表》。

笛卡尔

笛卡尔是法国的哲学家兼数学家,他出版《几何学》,创立了解析几何。在哲学方面,他也为反对神学和经院哲学束缚做出了贡献。

《唐吉诃德》

《唐吉诃德》是塞万提斯最负盛名的长篇小说,全名为《奇情异想的绅士唐吉诃德·德·拉·曼却》,作者称创作的目的"无非是要世人厌恶荒诞的骑士小说"。全书用"戏拟体"写成,借用骑士小说的体裁,写一个穷乡绅唐吉诃德因阅读骑士小说入迷,决心离家去冒险,他穿上曾祖留下的一身破烂盔甲,提着长矛,骑上一匹瘦马,悄悄离家去冒险。他说服了一个农民桑丘·潘沙做自己的侍从,还选中邻村一位姑娘做自己钟情的"夫人"。小说以唐吉诃德企图恢复骑士道来扫尽人间不平的主观愿望和西班牙丑恶现实之间的矛盾为情节的基础,在充满笑料的情节中,塑造了一个悲剧性的人物唐吉诃德,同时反映了16、17世纪之交的西班牙社会的现实。

流浪汉小说

16、17世纪在西班牙流行的一种小说,它以流浪者的生活及其遭遇为题材,反映下层平民的生活。一般是自传体,也有一些用回忆录的形式。16世纪中叶开始,西班牙经济开始衰落,大批农民和手工业者破产,沦为无业游民,同时商业经济上升,冒险风气盛行,流浪汉小说就是在这样的背景下产生的。它的主人公多是出身贫苦的流浪汉,为了自保和活命,学会了欺骗、偷窃等手段。小说通过他们的经历,从下层人物的角度观察社会，批判现实，揭露了衰落中的贵族和教士的贪婪、伪善，讽刺惟利是图的资产阶级观念，慨叹世道不公和生活的艰难。《小癞子》（又名《托梅斯河上的小拉撒路》）是最早的一部此类小说。其他的作品还有马提奥·阿莱曼的《古斯曼·德·阿尔法拉切的生平》、德·乌维达的《流浪女胡斯蒂娜》等。

人文主义

人文主义是欧洲文艺复兴时期新兴资产阶级反封建的社会思潮，是文艺复兴的指导思想。人文主义这个名词的英文是 Humanism，也译作人道主义。它起源于文艺复兴时期的"人文科学"。它的核心是"肯定人，注重人性，要求把人、人性从宗教束缚中解放出来"。人文思潮是新兴资产阶级反封建、反中世纪神学世界观的新文化运动。它在人们的思想解放和文化科学事业发展中，起了巨大的历史作用。但它把资产阶级一个阶级的特性看作全人类普遍的人性，掩盖了资产阶级和劳动人民的对立。

圣彼得大教堂

1506年，教皇朱利奥二世下令拆毁始建于4世纪20年代的旧圣彼得大教堂后，委任布拉曼特为兴建新圣彼得大教堂的总建筑师。先后参加设计和主持建造的有帕鲁齐、米开朗基罗等人。教堂于1626年完工。圣彼得大教堂是现在世界上最大的教堂，总面积2.2万平方米，主体建筑高45.4米，长约211米，最多可容纳近6万人同时祈祷。教堂保存有米开朗基罗、拉斐尔、贝尔尼尼等文艺复兴时期著名艺术大师的大量壁画和雕刻。

宗教改革

宗教改革运动

1517年，德国宗教改革的代表人物马丁·路德发表《九十五条论纲》，正式点燃宗教改革的烈火。路德系统提出唯信称义、政教分离、廉价教会和改革文化教育等主张，发出驱逐罗马教会实现德国独立的檄文，并得到各方响应。1555年的《奥格斯堡宗教和约》，承认路德教的合法地位。大致同时，瑞典、丹麦和挪威改宗路德教。继路德之后，约翰·卡尔文在瑞士成功地进行宗教改革。他提出先定论，主张建立民主选举产生的廉价教会，这些都反映了新兴资产阶级的利益和要求。宗教改革运动沉重地打击了天主教会和西欧的封建制度，在历史上具有进步作用，并在德国部分地区、北欧诸国、瑞士、荷兰和英国等地，建立不受罗马控制的新教组织。

胡司宗教改革

胡司（1369~1415年）出生于波希米亚南部的贫寒之家。1400年受神职，1402年任布拉格伯利恒教堂传教士。1409年，胡司当选为布拉格大学校长。从此，他以布拉格大学为中心开始了捷克的宗教改革运动。他无情地批判教会的奢侈堕落；主张改革教会，废除繁琐的宗教仪式；主张教权服从俗权；反对教士和教会占有财产，提出教产充公的主张。他还强调信徒在领圣餐时与神职人员享有同等权利，可同时享有"两种圣体"（酒和饼）；还主张以民族语言祈祷和传教。胡司提出的改革纲领在人民中间引起强烈反响，特别是1412年教皇到捷克大肆兜售赎罪券的举动引起人民义愤，胡司的追随者越来越多。统治者害怕人民运动，遂把胡司革除教职。但他仍继续不懈地进行改革的宣传活动，并撰写了许多抨击教会的论文。

马丁·路德的宗教改革观点

马丁·路德（1483～1546年），诞生于德意志东部萨尔森州埃斯莱本的一个矿业主家庭，自幼接受了传统的基督教教育。1497年和1498年，分别在马格德堡和埃森纳赫求学。1501年春进入当时德意志最著名的爱尔富特大学。在这里受到唯名论代表奥卡姆的经院哲学、人文主义思想的影响，同时广泛阅读了古典作家的著作，形成了自己的思想方式和性格特征。1512年到1513年间，他通过潜心研读《圣经》，逐步确立了"因信得救"的宗教学说。1519年，他在莱比锡与教皇的使者辩论，公开支持约翰·胡司的观点，否定教皇的权力。1520年，前后发表三篇著名文章：《致德意志民族的基督教贵族书》《关于基督教自由》和《教会的巴比伦之囚》。其中提出了宗教改革的纲领。这就是，君权至上，圣经高于教皇和教会，建立德意志民族的廉俭教会，断绝与教廷的政治经济联系，并系统说明了信仰得救的学说。这之后，他隐居于萨克森选侯领地内的瓦德堡，专心著述，将《新约》从希腊文译为德文。这不仅使广大群众可以直接阅读《圣经》，同时由于译文在结构形式和词汇方面较新，对德国语言文学史具有划时代的意义。但他对农民、平民要求改变现存社会制度的斗争持反对态度，曾发表文章告诫基督教严防暴乱和煽动，鼓吹"合法的前进"。

赎罪券

1517年10月，罗马教皇利奥十世以修缮罗马圣彼得大教堂为名，派"特使"特策尔到德国贩卖赎罪券。特策尔宣称，只要买赎罪券的钱一敲响钱箱，罪人的灵魂就立即可以从炼狱升入天堂。他的一派胡言引起了马丁·路德的极大愤怒。

路德派新教的创立

从宗教改革中获益最大的是封建诸侯。在改革和战争中，诸侯们乘机夺得大量教产。他们为了维护既得利益，利用路德宗教改革的形式，在自己的领地内建立新教教会，自己成为教会首脑，路德派新教由此建立。同时，路德为了路德教的发展也广为活动。1529年路德将福音的基本观念归纳为"14条"，这便是路德派新教教义主张的重要根据。

加尔文

加尔文（1509～1564年），法国宗教改革家，基督新教加尔文宗（在法国称胡格诺派创始人）。出生于法国北部皮卡迪的努瓦荣。曾受马丁·路德的影响。1534年，为其表兄、新教徒奥立韦唐译的《圣经》法文本作序，明确表述其新教立场，并公开支持受迫害的新教徒。由此招致政府的迫害，化名逃到瑞士巴塞尔。1536年，他发表著名的《基督教原理》一书，形成了一套系统的神学理论。他继承了路德的"信仰得救"和建立"廉俭教会"的主张，同时又提出了"先定论"。他还主张经商赢利、放债取息、蓄有私产等。他的宗教学说，反映了16世纪欧洲资本原始积累时期新兴资产阶级的观点和要求。由于他的主张适应当时资产阶级激进派的要求，在资本主义较发达的法国、荷兰、英格兰等地得到广泛传播。1541年后他定居日内瓦，成为日内瓦教会的领袖。他建立起新教教会，废除主教制，代之以资产阶级共和式的长老制，并同日内瓦城市政权结成政教合一的体制。他以严厉的手段惩罚一切持不同思想的人，曾以火刑处死西班牙科学家M·塞尔维特等50多人。他的其他著作还有《信仰指导》、《评罗马天主教徒》等。

天主教会的反宗教改革

宗教改革运动在欧洲的广泛传播，沉重地打击了天主教会。以罗马教皇为首的天主教会，为了挽回颓势，针对新教会纷纷成立和宗教改革日益发展的新形势，相应地开展了一系列改革活动。教皇保罗三世（1534～1549年）积极整顿天主教会内部的弊端，惩办贪污腐化。同时他又于1542年在意大利设立了天主教的宗教裁判所，即"异端法庭"。对有异端嫌疑的人，严刑逼供，或处以没收财产、监禁，或加以放逐，甚至火刑焚死。异端法庭不久就在许多国家内建立起来。

新教在欧洲的传播

16世纪时，英国王权比较强大，正在加强中央集权的英王亨利八世不能容忍罗马教廷对英国的控制，于是在新兴资产阶级的支持下，于1529年召集议会，开始宗教改革。后来，亨利八世与罗马教廷公开决裂，英国教会改革后成为国教会。而新兴资产阶级要求彻底改革教会，又组织起自己的新教——清教，与支持王权的国教对抗。

耶稣会的创立

耶稣会是西班牙贵族伊格那挺·德·罗耀拉于1534年创立，1540年由教皇正式批准的。在广泛进行宗教改革的欧洲，耶稣会成为天主教会反宗教改革的最重要工具。耶稣会是一个军事性宗教组织，它用极严格的纪律统治。耶稣会成员必须盲目服从自己的首脑。为了效忠教皇达到巩固天主教会的目的，他们不惜设陷阱、搞阴谋。他们的格言就是"为了达到目的，可以不择手段"。耶稣会士一般不穿僧衣，不住寺院，可以和俗人自由交往，他们开办学校、医院，钻入各国宫廷，结交显贵，其中不少人担任高级官职和宫廷神甫。他们在有新教徒的国家中展开广泛的宣传活动，破坏新教运动，帮助反动的统治者镇压人民，对实行反天主教政策的国王和政府，则阴谋陷害。法国国王亨利四世就是被耶稣会派去的凶手杀害的。耶稣会的活动不仅限于欧洲，还扩张到美洲、亚洲和非洲。充当了披着宗教外衣的早期殖民侵略的先驱者。

新航路的开辟

亨利的航海探险

亨利王子是葡萄牙国王若奥一世的三王子。因设立航海学校、奖励航海事业而被称为"航海者"。1415年，亨利亲自率军突袭休达，仅用一天时间，攻克休达。后人把这看作是葡萄牙人对外扩张的开端。1420年，亨利派出了他的第一支仅有一艘帆船的探险队，向南寻找几内亚。船被风吹向了西方，马德拉群岛就这样被发现了。1427年，他向西南探险的舰队又发现了亚速尔群岛。1444年，亨利组织了以掠夺奴隶为目的的航行，一次带回来二百多名奴隶，并在拉古什郊外出售，这是罪恶的欧洲400年奴隶贸易的开始。1448年，亨利王子派人在布朗角的阿尔金岛建立永久性的堡垒，作为葡萄牙探险的贸易中转站。1460年亨利病逝，标志着葡萄牙海上探险一个伟大时代的结束。

◉ 哥伦布发现新大陆

哥伦布（约1451～1506年），世界著名航海家，美洲的发现者。出生于意大利热那亚。读过《马可波罗游记》，向往东方的富庶。首先提出从海路去亚洲的设想，认为依据地圆学说，从大西洋向西航行，可以到达中国和印度。1492～1504年间，在西班牙王室的支持下，到达中南美洲的部分地区，开辟了从欧洲横渡大西洋去美洲的航线。晚年因失宠和过度劳累而贫困交加。生前一直认为他所发现的是印度，故称当地居民为"印第安人"。后来意大利人阿美利加·维斯普奇在当地进行了反复考察，认为他发现的不是印度，而是一块"新大陆"。后人便将"新大陆"命名为阿美利加，即今天美洲名称的由来。

◉ 达·伽马和他的东方之行

达·伽马（约1460～1524年），葡萄牙航海家，欧洲绕过非洲南端直达印度航路的开辟者。他出身于葡萄牙西奈什城的贵族家庭，后来成为葡萄牙国王的亲信。1497年，他奉命率领一支包括四艘帆船、160名水手的船队从里斯本出发，去探寻到东方的航路。达·伽马循着迪亚士的航线，绕过好望角，途中又采取坚决措施镇压了水手的哗变，克服了印度洋的逆流，于1498年4月到达非洲东海岸的马林迪，然后在阿拉伯领海员艾哈迈德·伊本·马治德的帮助下，经过23天的航行，于1498年5月到达印度西南海岸的卡利特库。同年9月，达·伽马的船队满载印度的香料、丝绸、宝石、象牙制品等返航，1499年回到里斯本。此次东方之行，160名水手生还的仅有55人，但获得的纯利竟达航行费用的60倍。从此开始了西欧对东方的殖民掠夺。1502～1503年，达·伽马以印度总督的身份率兵前往印度，1524年又三度东航，1869年苏伊士运河开通以前，达·伽马开辟的航路一直是欧亚之间的主要航道。

◉ 阿美利加的美洲探险

意大利佛罗伦萨人阿美利加·维斯普奇早年受雇于美第奇家族，任银行职员。约1490年，阿美利加作为银行代理人前往西班牙的塞维利亚，1499～1504年前后在西班牙和葡萄牙政府任职。在此期间，曾三次渡大西洋去美洲探险，到达哥伦布所"发现"的南美洲北部，进行了深入细致的实地考察。回到欧洲后，阿美利加绘制了一幅地图，并于1503年出版了《海上旅行故事集》。他确认哥伦布所"发现"的不是印度而是一块新大陆。后来，世人即以他的名字命名新大陆，称阿美利加洲，简称美洲。

◉ 麦哲伦环球航行

1517年，麦哲伦放弃葡萄牙国籍移居西班牙，得到西班牙国王查理一世的支持和资助，于1519年9月20日率船5艘、水手265人，由西班牙的圣卢卡港起航，越过大西洋。12月13日船队到达里约热内卢湾，沿巴西海岸南下。次年10月21日经过南美大陆与火地岛之间的万圣海峡（后命名为麦哲伦海峡）。10月28日进入太平洋，继续西行。1521年3月抵达菲律宾。在马克坦岛，麦哲伦于4月27日被当地居民杀死。11月其余航员至摩鹿加一带。仅有的一只船"维多利亚"号和18名疲弱不堪的船员，横渡印度洋，绕过好望角，于1522年9月6日回到西班牙圣·罗尔港。麦哲伦及其船队费时近3年完成人类历史上第一次环球航行，扩大了世界各大洲之间的联系，同时也实践证实了地圆学说，对科学的发展具有重大意义。

德雷克

英国航海家。1567年他参加了旨在夺取西班牙奴隶贸易商船和掠夺西班牙西印度领地的海岸远征。1577年～1580年，他继麦哲伦后完成了第二次环球航行。1585年，伊丽莎白女王授予他海军上将的名位。1588年，他在歼灭西班牙"无敌舰队"的战争中，任副统帅。1596年初，他在对西印度的掠夺远征时死去。

新航路开辟的影响

新航路的开辟，对于欧洲的经济有着重大的影响。首先，是引起了所谓的"商业上的革命"，直接表现为世界市场的扩大、商路以及商业中心的转移和商业经营方式的改变。其次，新航路的开辟，引起了东西两半球的汇合，世界各地区之间经济和文化的交往的扩大，以及流通商品种类与数量的增多。再次，新航路开辟后，西欧新兴的资本主义由海道向全球扩散，突破了亚欧大陆农耕世界自然经济的闭塞性，从此开始了大航海和人口的迁徙、民族交融的移民大潮时代。最后，新航路的开辟还引起了"价格革命"，西方殖民者从美洲掠夺和开采的大量贵金属源源不断地流入欧洲，金银贬值，物价上涨，出现了价格的"飞跃"（革命）。

西方的崛起

西欧各国早期的殖民侵略

新航路的开辟促进了西欧资本主义的发展，葡萄牙和西班牙最早走上了殖民侵略的道路。1500年，葡萄牙船队占领了巴西。到16世纪，葡萄牙人占领了非洲西岸、非洲东岸、印度西岸的一些据点，控制了欧洲绕非洲到印度的航路，还占领了马来半岛的马六甲，掌握了由印度洋通往太平洋的交通咽喉。而西班牙的殖民侵略以美洲为主，到16世纪中，中、南美洲除巴西外，都被划入西班牙帝国的版图。

《托尔德西里雅斯条约》

哥伦布发现新大陆后，葡萄牙和西班牙都加紧了对海外的殖民掠夺，他们为争夺新土地发生了纠纷。1494年6月7日，两国在罗马教皇的仲裁下，签订了《托尔德西里雅斯条约》。双方同意在西经46度处划分界线，线以东"发现"的土地归葡萄牙，线以西"发现"的土地属西班牙。没多久，当麦哲伦环球向西航行最终证明地球是圆的时，西、葡又发生冲突。1529年两国又签订了《萨拉戈萨条约》，在摩鹿加群岛以东17度处划一新界线。此线以西属葡萄牙，以东属西班牙。

西班牙"无敌舰队"的覆灭

尼德兰革命爆发后，英国支持尼德兰反对西班牙的革命，西班牙则帮助爱尔兰的天主教徒反抗英国的统治，两国的武装战争已不可避免。1588年，西班牙出动了包括132艘主要由重型军舰组成的"无敌舰队"，载运2.1万名士兵，8000多名水手及3000门大炮，以贵族西顿尼亚为司令远征英国。英国把王室、商人船主和海盗的船只集中起来，组成由160艘船构成的大舰队，由海盗出身的海军将领德雷克指挥迎战。7月下旬，双方舰队相遇于英吉利海峡。英国舰队利用船体小、速度快、火力强的优点，攻击无敌舰队的两翼或腹部，实行各个击破。西班牙军舰体大笨重，运转不灵，始终处于被动挨打的地位。7月28日夜，无敌舰队在加莱港驻扎，英舰队点燃8艘装满易燃物的旧船，顺着风势冲向敌群。西顿尼亚仓促应战，结果无敌舰队5艘大船丧失战斗力，士兵死伤4000人以上。7月29日，无敌舰队再遭重创。西顿尼亚感到已无力与陆军会合，便令无敌舰队返航，结果残余舰艇又遇风暴，几乎全军覆灭。最后只有53艘败舰绕航苏格兰、爱尔兰，返回西班牙。英国击败海上劲敌，开始树立海上霸权，而西班牙从此走向衰落。

荷属东印度公司的成立

1602年，由六家商会组成荷兰东印度公司。公司控制从好望角到麦哲伦海峡整个地区的贸易和航海特权，整个太平洋、印度洋和相连海域都属于公司独占的范围。公司享有签订条约、修筑城堡、拥有武装、设立法官的权力。东印度公司成立后，同欧洲其他国家的殖民者展开了争夺印度尼西亚的竞争。到18世纪末，公司已征服爪哇岛的大部分领土。

尼德兰革命

16世纪中期，尼德兰（包括今荷兰、比利时等地）资本主义生产关系逐渐形成，但西班牙的封建专制统治严重阻碍其发展。1566年，爆发了反天主教会和西班牙的"圣像破坏运动"，随之掀起反西班牙统治的武装起义。1572年，尼德兰北方各省爆发了人民大起义，威廉被推选为北方各省执政。南方形势也日趋高涨。但南方贵族慑于人民力量的壮大，迅即与西班牙国王妥协，于1579年缔结了"阿拉斯同盟"。北方各省和南方部分城市为对抗南方贵族的叛变行为，以荷兰省为首结成"乌得勒支同盟"，继续进行斗争。1581年各省宣告独立，正式成立资产阶级的联省共和国。1609年，西班牙被迫与荷兰签订《十二年停战协定》，事实上承认了尼德兰的独立。尼德兰革命是人类历史上第一次成功的资产阶级革命。

英国侵入印度

英国早在16世纪末就开始了对外殖民侵略。1600年成立的英国东印度公司，也从英国女王处领得"特许状"，同样"有权"独占从好望角到东方一切国家的贸易，并在它所侵占的殖民地中拥有军政全权。英国对东方的主要侵略目标是印度。开始时英国采用的是"经济渗入"等手段，它不断派使团去印度向莫卧儿王朝骗取各种贸易特权。此外，英国又积极从事黑奴贸易，并于1584年在北美建立了弗吉尼亚殖民地。

法国亨利四世改革

亨利四世统治初期，法国经济残破，政局不稳。为了重振和巩固王权，亨利四世采取了一系列措施：在财政税收上实行节约开支和降低部分税额的政策，严禁税吏强迫农民以耕畜和农具偿税；鼓励农业生产；奖励工商业，通过专制政府资助，使资本主义的手工工场得到较快的发展。同时他还发展海外殖民贸易。1604年成立东印度公司和加拿大的商业公司。1608年，法国殖民者在北美圣劳伦斯河下游建立了魁北克城。专制政府的这些改革，收到了恢复与发展经济、稳定与巩固封建王权的效果。

掷出窗外事件

1617年6月，捷克马蒂亚斯·图恩伯爵领导的激进党采取激烈行动，选举斐迪南为捷克国王。捷克国会中的新教徒拒绝承认斐迪南国王，并由此掀开了捷克人民反抗德皇的斗争。1618年5月23日，捷克等级议会代表团前往赫拉钦宫城，冲进国王办公室，按照捷克惩罚叛徒的古老习俗，把皇家总督雅罗斯拉夫·冯·马丁尼茨和威廉·冯·斯提瓦塔以及他们的机要秘书菲力普·法布里齐乌斯从窗户掷到护城壕里。这就是有名的布拉格"掷出窗外事件"。

胡格诺改革

胡格诺战争是1562年至1598年间法国新教胡格诺派和天主教派之间的战争，具有下层的宗教运动和封建主内讧相交错的双重性质。战争期间，曾发生圣·巴托罗缪惨案。1572年8月24日（圣·巴托罗缪节）的前夜和凌晨之间，巴黎天主教徒乘胡格诺派的领导人为议和而齐集于巴黎之机，向胡格诺派发动突然袭击，杀死胡格诺派2000多人，暴行蔓延至各省，胡格诺派5万多人被杀。战争重起，愈演愈烈，法国四分五裂。1598年，法国国王颁布南特敕令，战争才告结束。敕令规定天主教仍为法国国教，但胡格诺派享有信仰新教的自由和政治、经济上的平等权利。南特敕令实行不到百年，于1685年被路易十四废除。

三十年战争

三十年战争（1618～1648年）源于德意志帝国内的宗教和政治纠纷。在战争中形成两大对立集团：一方是妄图称霸欧洲的哈堡斯堡王朝和德国天主教联盟；一方是德国的新教同盟和丹麦、瑞典、法国等国，并得到英国、荷兰、俄国的支持。1618年波希米亚（今捷克）的"布拉格掷出窗外事件"，开始了反对帝国皇帝的波希米亚战争。最后波希米亚丧失自治权。1625年，在英、荷、法的支持下，丹麦侵入德意志，开始了丹麦战争时期。1629年，因战争失败，丹麦被迫订签《吕贝克和约》。1630年，瑞典以反对敕令为名，发动瑞典战争。瑞军失利。1635年，新教诸侯相继与帝国皇帝议和。为扭转劣势，法国与瑞典结成军事同盟，公开参战，法瑞同盟战争开始。直到双方弄得筋疲力尽，皇帝被迫求和，于1648年10月24日签订《威斯特发利亚和约》，宣告三十年战争结束。

《威斯特发里亚和约》

从1645年6月起，在德国威斯特发里亚境内，三十年战争的各参战方开始进行谈判。1648年10月，各方签订了《威斯特发里亚和约》。其主要内容如下：瑞典获得整个西波美拉尼亚及东波美拉尼亚的一部分、维马斯城、不莱梅和维尔登两个主教区；法国获得亚尔萨斯大部分，梅斯、土尔和凡尔登归其所有；德意志的勃兰登堡、萨克森、巴伐利亚等诸侯邦在领地内享有内政、外交自主权；承认瑞士、荷兰独立等。和约的缔结打击了神圣罗马帝国的哈布斯堡王朝，进一步加深了德意志的分裂。

近代历史

　　1640年，英国爆发了资产阶级革命，资本主义在英国确立，英国资产阶级革命标志着世界近代史的开始。世界近代史是一部资本主义上升发展的历史，资产阶级不但摧毁了封建制度，而且打破了中世纪以来的神权统治。

　　18世纪后期的美国的独立战争是近代史上第二次资产阶级革命，随后进行的法国大革命为资本主义的广泛发展铺平了道路。北方的俄罗斯经过彼得一世改革和叶卡特琳娜二世的扩张，成为一个地跨欧亚的大帝国。

　　19世纪，近代民族国家纷纷形成。葡萄牙、西班牙率先在海外扩张，德意志通过王朝战争，一跃成为欧洲强国。意大利也结束了四分五裂的局面。美国进行了废奴运动。日本在被美国打开国门之后，奋发图强一跃成为亚洲强国。在美国独立战争的影响下，拉美反殖民运动也蓬勃开展起来。

　　两次工业革命在世界范围内引起了深刻的变革。1871年，世界上第一个无产阶级政权——巴黎公社成立了。

近代历史

英国资产阶级革命

圈地运动

15世纪末,由于毛纺织业空前繁荣,引起羊毛价格上涨,养羊业变得有利可图。于是英国贵族竭力发展养羊业。他们用暴力把农民从土地上赶走,变耕地为牧场,放牧羊群。广大农民失去土地无以为生,只得四处流浪。英国资产阶级革命成功后,通过《公有地圈围法》,使圈地运动合法化。19世纪初更有所谓"清扫领地",即动员军队强行拆毁村庄,变村庄为农牧场。圈地运动是剥夺农民土地的过程,破产农民为生活所迫只有出卖自己的劳动力,成为雇佣工人;而发财的贵族成为资产阶级化的新贵族。欧洲大陆的圈地运动主要发生在18、19世纪,以英国最为典型。德意志、法国、荷兰、俄国和丹麦等也先后出现过圈地运动。

英国亨利八世的宗教改革

亨利八世时,业已强大的英国王权不能容忍罗马教廷继续干预英国的政治。亨利八世于是以教皇迟迟不批准他的离婚请求为由,于1533年与罗马教皇决裂,并下令禁止英国教会向教廷缴纳岁贡。次年,英国国会通过《至尊法案》,宣布国王为英国教会的最高首脑;宗教法庭改为国王法庭,由国王的官吏审判教徒,镇压异端;未经国王同意,教会无权召集宗教会议,不得制定新教规。英国的宗教改革不仅加强了都铎王朝的君主专制统治,而且有利于资产阶级的发展。

清教徒运动

清教徒是16世纪下半叶从英国国教内部分离出来的宗教派别。16世纪上半叶,英王亨利八世与罗马教皇决裂,进行宗教改革,建立以英王为首领的国教会(圣公会),但保留了天主教的主教制、重要教义和仪式。16世纪60年代,许多人主张清洗圣公会内部的天主教残余影响,因此得名清教徒。他们接受加尔文教教义,要求废除主教制和偶像崇拜,减少宗教节日,提倡勤俭节约,反对奢华纵欲。因其要求在圣公会内未能实现,自16世纪70年代起,他们脱离圣公会,建立独立教会,选举长老管理宗教事务。清教教义反映了资产阶级在资本原始积累时期的道德标准,以及通过教会改革推动政治变革的愿望。17世纪上半叶,信奉清教的资产阶级和新贵族与国王的冲突愈演愈烈,导致英国革命,亦称清教徒革命。内战期间，议会废除主教制度。1643年在威斯敏斯特牧师大会上清教徒分裂为长老派和独立派，后者主张地方自愿结合的宗教团体独立，反对凌驾于此之上的长老制度。斯图亚特王朝复辟后，清教徒受到迫害。1688年"光荣革命"后，议会通过《宽容法》，允许不信奉国教的新教徒建立自己的教会。但对清教徒担任公职仍有限制，到1828年政权才对清教徒完全开放。

伊丽莎白一世

伊丽莎白一世（1533～1603年），英国亨利八世之女。她在位（1558～1603年）期间，最终确立起英国国教的地位，彻底断绝了英国教会与罗马天主教会的关系，并且再一次把英国教会置于王权的控制之下。她采取严酷的措施强迫全体英国人都遵从她在宗教上的决定，对天主教徒处以死刑。在政治上她依靠新贵族和城市资产阶级，进一步发展绝对君主制。在经济上，伊丽莎白一世推行重商主义政策，保护本国工业的发展，为贸易公司颁发特许状，大力发展航海业和军需工业。在对外关系方面，她统治时期英国与西班牙展开了长达半个世纪的斗争，伊丽莎白女王甚至鼓励英国海盗对西班牙商船的掠劫行为，视走私和贩卖黑奴的活动为发财致富的有效途径，她还支持西班牙的属地——尼德兰的革命。1588年英国击溃西班牙的"无敌舰队"，初步奠定英国海上霸权。在东方，成立了英国东印度公司。伊丽莎白一世终身未婚，被称为"处女女王"，是都铎王朝的最后一位国王，死后将王位传给苏格兰国王詹姆士一世。

斯图亚特王朝

1603年，都铎王朝的伊丽莎白一世死后无嗣，由其远亲苏格兰国王詹姆士六世继承王位，成为英王詹姆士一世，建立斯图亚特王朝。此后，英格兰、苏格兰两王位合而为一。詹姆士一世（1603～1625年在位）奉行"君权神授"的信条，致使专制王权与议会之间的矛盾加剧。在财政上，詹姆士一世试图用增加税收的办法来解决财政危机，触犯了资产阶级和贵族的利益。查理一世（1625～1649年在位）统治期间，政府债台高筑，借助于议会补助金来解决日益严重的财政困难。议会在税务问题上与国王的矛盾日趋尖锐，1629年，议会号召人民拒绝交税，查理一世即将议会解散，开始长达11年的无议会时期。在此期间，查理一世对人民实行高压专制统治，大肆迫害清教徒。他两次挑起内战，但都战败，1649年查理一世被处死，斯图亚特王朝被推翻，英国宣布成立共和国。1660年查理一世之子查理二世复辟，他统治期间对革命参加者实施打击报复。詹姆士二世（1685～1688年在位）试图在英国恢复天主教。1688年，"光荣革命"中，詹姆士二世被推翻，王位传至其女玛丽及其丈夫荷兰执政威廉。1714年，王位为斯图亚特家族远亲德意志汉诺威的乔治继承，是为乔治一世。

查理一世

查理一世（1600～1649年），英国斯图亚特王朝国王。即位之初，推行对抗议会、打击新兴工商业的政策，致使议会与王权的矛盾尖锐。1628年召开的议会通过了《权利请愿书》，要求不经议会同意，国王不得征税；不得任意逮捕人或剥夺其财产。查理一世勉强接受了请愿书。但于次年悍然解散议会，开始长达11年的无议会统治时期。在他统治期间，采取打击资本主义工商业发展的措施，恢复已废弃了的税收，将大量人民生活必需品引入商品专卖制的范围；在宗教上，残酷迫害清教徒，使大批清教徒逃亡国外；对外与西班牙和法国进行战争。查理一世的专制统治最终引起了英国资产阶级革命。1642年、1648年又两次挑起内战，均被打败。1649年1月被处死。

苏格兰人民起义

斯图亚特王朝虽然统治着苏格兰和英国两部分，但两国并未合并，苏格兰保持着独立性。英国的宗教改革使苏格兰宗教也受到影响，苏格兰也出现了"清教徒"，并在教会中有一定地位。1637年，查理一世命令苏格兰必须采用英国国教祈祷书，这对于要保持苏格兰独立性的人来说是不能容忍的，而对于清教徒来说更是一种侮辱。苏格兰人为了保护本国的独立性和保持自己的信仰，举行了起义。起义军一直打过边境，占领了英格兰北部的一些地区，这种局势严重威胁着查理一世的统治。为了筹措军费讨伐苏格兰人，1640年11月，查理一世被迫召开议会，企图以合法的形式筹集经费。但使他没有想到的是这次议会的召开成为英国资产阶级革命开始的标志。

克伦威尔

17世纪中叶，英国国王和议会之间冲突很大。国王代表着封建势力；而议会代表着新兴的资产阶级，他们渴望摆脱封建势力的束缚。于是，双方的矛盾演化为战争。克伦威尔就是议会军的一名重要将领。1645年1月，议会通过了《新军法案》，授权克伦威尔组建一支21500人的新模范军。6月，刚刚组建起来的新模范军在纳西比一举歼灭了国王军的主力，取得了重大胜利。1649年1月30日，国王查理一世被处死。5月19日，英国宣布为共和国，政权掌握在以克伦威尔为首的高级军官手中，英国资产阶级革命发展到了顶点。共和国成立后，克伦威尔大权独揽，竭力维护资产阶级和新贵族的既得利益，镇压国内人民的革命运动，出兵侵略爱尔兰。1653年，克伦威尔驱散议会，就任"护国主"，实行军事独裁统治。1658年9月，克伦威尔病逝。

马斯顿荒原之战

1644年，苏格兰根据条约派军从北方攻入英国境内，援助议会军。苏格兰军与来自南部的费尔法克斯和克伦威尔的议会军共同包围了盘踞在约克城内的纽卡斯尔的王军。国王查理一世急速派遣鲁伯特率部队前去解围。议会军攻打约克城未遂，退守利兹。在那里同曼彻斯特勋爵和克伦威尔的东英吉利骑兵会合。议会军方面连同苏格兰军共有2万步兵和7000骑兵，前哨阵地设在马斯顿荒原的一个高岗上。王军随议会军之后赶到马斯顿荒原，兵力为1.1万步兵和7000骑兵。两军严阵以待。7月2日，克伦威尔的新骑兵团向王军发动了猛烈进攻。打得王军丢盔弃甲溃不成军。这次战役，摧毁了两支王军，从此，保王派退出了北方各郡，议会军取得了辉煌的胜利。马斯顿荒原之战是自内战开始以来，议会军初次在阵地战上获得的一次巨大胜利。克伦威尔的铁骑军也因此声名大振。

新模范军

内战开始后,议会军节节失利。1645年1月,议会通过了克伦威尔提出的改组军队的议案,授权克伦威尔改组议会军。克伦威尔以自己的"铁骑军"为榜样,组建了一支主要由自耕农和手工业者、店员等组成的新军,并有良好的给养制度。实行民主,纪律严明,具有较强的战斗力,军官大部分来自下层社会,故被称为"新模范军",是英国首次建立的常备军。1645年6月,新模范军在纳西比战役中,大败王军。共和国成立后,它镇压平等派和掘地派,远征爱尔兰,成为资产阶级和新贵族的专政工具。

英吉利共和国的成立

1649年2月6日,英国议会下院通过了取消上院的决议。7日,下院又通过了关于取消君主制的决议。从此,英国成为"没有国王及上院"的一院制共和国。2月7日,下院通过关于设立从属于下院的国务会议的决议。13日,国务会议正式成立,布拉德肖被任命为国务会议主席。1649年5月,议会正式宣布:"英国为共和和自由的国家,由民族的最高主权管辖之。"英吉利共和国由此成立。

掘地派运动

掘地派出现于1649年共和国成立之初,自称为"真正平等派"。领导人为温斯坦莱和艾维拉德。掘地派最初占领伦敦附近萨里郡的圣·乔治山上的公有地和荒地,进行集体开垦、耕种,并号召其余的人都来参加他们的队伍。他们的号召在肯特郡、白金汉郡、北安普顿郡等地得到广泛响应,人数迅速增加。掘地派反对土地私有制,主张建立土地公有、共同劳动、共享劳动果实的社会。掘地派的思想带有原始共产主义色彩,但不主张用暴力去实现理想,把希望寄托在统治者身上。掘地派运动反映了英国当时社会最贫穷阶层的人民的思想和愿望。1651年被克伦威尔镇压。

航海条例

1651年10月9日,为了打击海上竞争劲敌荷兰,取得海上贸易霸权,英国颁布了航海条例,这次航海条例的主要内容是亚洲、非洲或美洲的商品,必须使用英国的船只,才准输入英国、爱尔兰或英国殖民地,欧洲商品输入英国、爱尔兰与英国的殖民地,必须使用英国船只或原商品出产国的船只运送;英国船只运送的商品,必须是由原生产国运来者;盐和鱼类必须由英国船只装载,才能从英国及其领地运出;英国境内各地之间的贸易必须由英国船只经营。此条例各条均针对荷兰,排挤了荷兰在国际贸易中的作用,危及荷兰的海上利益。荷兰自然不肯接受该条例的约束,因而引发了第一次英荷战争。荷兰战败,被迫承认这一条例。1661年,英国再次颁布航海条例,重申了1651年航海条例的主要内容,规定某些产品只能运送到英国、爱尔兰或英国的其他殖民地。于是,1665年,英荷爆发第二次战争,英国战败,航海条例有所放宽。1651年后颁布的航海条例是为了垄断英国和殖民地的贸易,限制殖民地经济的发展。1672年、1692年,英国政府又先后颁布航海条例。随着工业革命的完成,英国的经济实力日益强大,开始实行自由贸易政策。到1849年,大部分航海条例已经废除。1854年,外国商船也可以从事英国沿海贸易,至此,航海条例所规定的限制完全取消。

三次英荷战争

由于英国颁发《航海法案》，损害了荷兰海上运输和国际贸易利益，引起了1652～1654年的第一次英荷战争，荷兰战败，于1654年4月签订《威斯敏斯特条约》，被迫承认英国的《航海法案》。第二次是由于英国夺取荷兰在北美的殖民地新阿姆斯特丹引起的。1665年1月荷兰对英国宣战，英国战败，于1667年7月缔结《布雷达条约》，英国把在南美占领的苏里南归还荷兰，并在海上贸易权方面作了让步；荷兰则退出北美。第三次是由于英国企图瓜分荷兰沿海属地引起的。1672年，英、法对荷开战，荷兰战败，于1674年2月同荷兰签订第二个《威斯敏斯特条约》。通过三次英荷战争，荷兰的殖民优势被摧毁，英国逐步掌握了海上霸权，成为世界上最大的殖民国家。

牛顿

艾萨克·牛顿（1642～1727年）。1665年，牛顿由苹果落地发现了轰动世界的万有引力定律，找到了苹果落地的原因：地球和苹果是相互吸引的，整个宇宙中有一种万有引力在起作用，而引力的大小和互相吸引的物体的质量成正比。这一年牛顿才23岁。在隐居的两年里，牛顿不仅发现了二项式定理，而且完成了微积分、光学和万有引力法则这三大发现。

光荣革命

斯图亚特复辟王朝实行反动的对内对外政策，损害了资产阶级和新贵族的利益，尤其是詹姆士二世（1685～1688年在位）企图借助法国，恢复天主教会和专制统治，与议会发生了激烈冲突。詹姆士二世无子，议会准备在其死后迎立其长女玛丽和她的丈夫荷兰执政威廉为英王。1688年初，詹姆士二世得子，议会感到等待无望，辉格党人（代表工商业资产阶级利益）与托利党人（代表土地贵族利益）联合，于6月迎请荷兰执政威廉出兵讨伐国王，詹姆士二世逃往法国。第二年，议会宣布威廉与其妻玛丽为英国国王和女王，随后，英国逐步确立了资产阶级君主立宪的政体。由于这次政变没有发生大规模内战，被资产阶级史学家称为"不流血革命"或"光荣革命"。

《权利法案》

《权利法案》是斯图亚特王朝的国王们与英格兰人民和议会在17世纪长期争斗的成果。它成为1688年革命后施政的基础。法案的主要目的在于明文宣布詹姆士二世的各种措施为非法。法案规定：不经议会同意，国王无权征税；不能在和平时期维持常备军；议会要定期召开；议员的选举不受国王干涉；议员有在议会活动的自由等。同时法案也确定了王位继承问题。《权利法案》为限制王权提供了宪法保障，在英国确立了资产阶级专政的君主立宪制，是英国法律的基本组成部分之一。

资产阶级革命

资产阶级革命通常是资产阶级借助人民群众的力量进行的反对封建主义、地主阶级统治或其他落后反动统治的革命。目的是资产阶级要求掌握政权，为资本主义的发展扫除障碍。一般是在资本主义经济有了比较明显的发展，思想舆论也有了充分准备的情况下爆发革命。因为革命的结果是以一种剥削形式代替另一种剥削形式,所以资产阶级是无法把千百万劳动群众长期地团结在自己周围的,例如英国资产阶级革命中资产阶级的具体表现可以说明这一问题。

三角贸易

"三角贸易"是18世纪英国以贩卖奴隶为中心的洲际贸易。英国从利物浦、伦敦等城市用船载运棉麻织品、玻璃、陶瓷器皿、各种装饰品等物品,驶往非洲交换黑奴,并用船把黑奴运往西印度和南美殖民地的种植场,卖给农奴主,然后买进殖民地的糖、烟草、棉花返回英国,作为原料卖给工厂主。1713年,《乌特勒支和约》使英国获得贩卖奴隶垄断权,此后英国的奴隶贸易达到了空前规模。英国获得"贩卖奴隶垄断"权利,不仅为英国的贩奴商人带来了神话般的利润,而且加强了英国在那些需要供应黑奴来经营种植场的殖民地里的地位。"三角贸易"在当时英国经济发展中起着很大的作用。

英法北美战争

法国作为当时欧洲大陆的强国,和英国在诸多问题上存在着巨大的利益冲突。1740年,普鲁士发动了奥地利帝位继承战争,法国站到普鲁士一边。英国借此机会同它的主要对手作对,出面"保护"奥地利,于1744年对法国宣战。英国海军打败了法国的海军。1748年和约缔结后,英法争夺殖民地的局部战争并未停止。1756年,英法在加拿大开始了争夺殖民地的军事行动,英军封锁法国大陆本土的港口,使法国无法从欧洲大陆抽调军队增援北美战场,以致法军在北美战场上兵力无法与英军抗衡。法国的殖民地路易斯堡、匹兹堡、奥斯威戈等地相继落于英军之手。1759年,英军攻占魁北克,占领了加拿大大片殖民地。英法在北美争夺殖民地的战争以英国的最后胜利而告终。1763年,英法签订《巴黎和约》,法国割让加拿大以及密西西比河以东的全部土地归英国所有。

英国工业革命

工业革命

工业革命又称"产业革命",是从手工业生产过渡到机器生产,从资本主义手工工场过渡到资本主义工厂的生产技术革命,也就是资本主义工业化。工业革命在18世纪60年代开始于英国,首先从棉纺织业开始,逐步发展到采矿、冶金、机器制造、运输等部门。18世纪80年代,因蒸汽机的使用而得到进一步发展。到19世纪上半叶,英国工业革命基本完成。继英国之后,法、德、美等国也于19世纪完成了工业革命。工业革命的完成,使资本主义制度最终战胜封建制度,社会生产力迅速发展,使英国成为"世界工厂"。工业革命也导致了社会关系的巨大变化——形成工业资产阶级和工业无产阶级,资本主义社会的基本矛盾日益加深。

蒸汽机时代

蒸汽机的出现,标志着人类进入一个新的时代——蒸汽机时代。它改变了人类以人力、畜力、水力作为主要动力的历史,使各种机器有了新的强大的动力,导致了人类历史上的第一次技术革命。蒸汽机的发明、发展经历了漫长时期,许多科学家、发明家对此都作出了贡献，而其中对蒸汽机的发展和改进作出重大的一系列突破性贡献的是瓦特（1736～1819年），所以人们习惯称蒸汽机是英国人瓦特发明的。

珍妮纺纱机

1764年，木匠哈格里夫斯为了增加收入，在家中还兼做纺纱织布。那时织布用的飞梭刚发明不久，纺纱与织布之间的生产平衡被打破了，出现了"棉纺饥荒"。多织布才能多收入。一天，哈格里夫斯偶然发现家中的纺车被妻子无意中碰翻了，原来横着的纺锤直竖起来，却仍在转动着。哈格里夫斯从这意外的发现中受到了启发，从此，他试着将纺锤改为竖装，并将1个纺锤改成7个、8个，以后又增加到16个、18个。于是，世界上第一台纺纱机终于问世了。并取名为"珍妮纺纱机"。

亚当·斯密与《国富论》

亚当·斯密是英国古典政治经济学的主要代表人物之一。1776年，他在划时代的著作《国富论》中提出"一切财富的本原是劳动"的观点，提出了劳动价值论，创建了政治经济学的科学体系，为后来的古典政治经济学奠定了理论基础。他还提出了自由主义经济理论，反对国家干预经济，促进了资本主义经济的发展。

富尔顿发明汽船

英国机器大工业的发展，要求革新交通工具，以便迅速运输生产出来的大量产品，供应大量的原料和燃料。1807年，美国发明家富尔顿造出了"克莱蒙脱"号汽船。富尔顿亲自驾驶这艘汽船，进行了从纽约到奥尔巴尼的首航。在航行中，富尔顿的汽船赶上许多单桅和双桅帆船，并把它们远远地抛在后面。富尔顿的这次汽船航行是一个划时代的事件，在河道交通及海洋商务方面引发了一场革命。从此，英国担任远洋航运的商船队力量大大加强了。

史蒂芬孙与火车

工业革命时期，陆路交通工具也发生了深刻的变革。1765年，铁轨代替了木轨，用于运输煤炭。1814年，出生于矿工家庭的英国工程师史蒂芬孙发明了第一台实用型的蒸汽机车，这台机车在前进时不断从烟囱里冒出火来，因此被称为"火车"。1825年，英国建设了从斯托克顿到达林顿的第一条铁路。史蒂芬孙驾驶着自己设计的蒸汽机车，拖带着34节小车厢，由一个骑马的人作前导发出信号，在这条铁路上试车。此举开拓了陆地交通运输的新纪元，人类从此进入了"铁路时代"。

17～18世纪的欧洲

法国投石党运动

路易十四登位之初，红衣主教马扎然任首席大臣。马扎然在任职期间开征新税，横征暴敛。贵族们便以巴黎高等法院的法官为代言人，公开进行反抗。路易十四遂下令停止高等法院会议。高等法院对此提出抗议，并在圣路易院通过了政治和财政改革纲领。1648年12月，投石党人孔代亲王率军包围巴黎，王室人员仓皇逃离。1650年，逃离在外的王室人员重新回到巴黎，运动结束。这次事件在历史上称为"投石党运动"，它得名于当时巴黎街头儿童恶作剧的玩具——投石器。

路易十四

1643年，年方5岁的路易十四即位。其母奥地利的安娜摄政，首相马扎然执政。路易十四过着狩猎、在巴黎社交界鬼混的生活。1661年马扎然逝世，年已23岁的路易十四亲自执政。他没有任命首相，决定亲自治理国家。大臣们要亲自向他作详细汇报，国家的任何事务他都要亲自决定。他宣布"自己将是自己的首相"。国家的文件都要他亲自签署，不准大臣们反驳他。他剥夺了巴黎高等法院和各地法院的权力，把巴黎法院的某些法官流放。1668年路易十四亲自到巴黎法院去，亲手从议事录里撕掉有关投石党的记录。他对法官说："先生们，你们认为国家是你们的吗？国家是我的（或译朕即国家）！""朕即国家"体现了路易十四在法国实行绝对专制主义统治，他本人被称为"太阳王"。他的统治使法国专制王权达到极盛，被称为"路易十四时代"。

启蒙运动

18世纪初，法国社会内部的资本主义经济关系已有很大发展，然而，它仍然是一个非常腐朽的封建等级制的、专制主义的、天主教会的国家。资产阶级要求自由发展，要求进行改革和革命，扫除封建制度的阻碍，于是涌现了许多资产阶级的理论家。主要代表人物有伏尔泰、孟德斯鸠、狄德罗、魁奈、卢梭、梅叶等，他们著书立说，批判封建制度的不合理性，宣扬建立"合理"的社会制度。他们的宣传启发了人们反封建的意识，所以，这些人被称为"启蒙思想家"。启蒙运动是18世纪法国资产阶级领导和发动的一次波澜壮阔的思想解放运动，它在政治上、思想上和理论上为西方资产阶级的发展奠定了基础，对整个近代历史产生了深远的影响。

普鲁士王国的兴起

普鲁士原为古普鲁士人居住地，13世纪为条顿骑士团征服，始称普鲁士。1466年臣属波兰，1525年成为普鲁士公国，1618年普鲁士和勃兰登堡合并，1648年摆脱波兰宗主权，1701年普鲁士王国正式建立。18世纪后半叶的七年战争和三次瓜分波兰，使其获得奥地利的西里西亚、波兰的西普鲁士等地，逐渐成为德意志的封建军事大国。19世纪，资本主义得到进一步发展。1848~1849年爆发了资产阶级革命，但遭失败。1862年俾斯麦就任首相后，通过战争，击败了主要竞争对手奥地利和法国，实现了德意志的统一。1871年建立以普鲁士王国为中心的德意志帝国，帝国皇帝和首相分别兼任王国国王和首相。帝国实行中央集权统治，普鲁士王国失去了"国家"的含义。1919年德国十一月革命推翻了帝制，建立共和国，普鲁士王国的名称消失。

腓特烈二世的统治

17世纪以后，普鲁士不断对外推行军国主义扩张政策，对内保护工商业发展，因而迅速崛起成为德意志最重要的邦国之一。18世纪中期，腓特烈二世实施了一系列改革措施，包括加强中央集权，提高政府效率；招徕外国移民；改善交通；积极发展工商业；修筑公路，开凿运河；建立银行；重视科学技术，设立科学院，聘请具有启蒙思想的学者任职，推广教育；增加税收，扩充军力等。在进行改革、增强国力的同时，腓特烈二世不断进行对外战争，扩张领土。普鲁士的实力迅速上升，跃居欧洲强国之列。

狄德罗与《百科全书》

狄德罗（1713～1784年）是法国卓越的启蒙思想家，他从1745年起着手主持《百科全书》的编撰工作。他邀请法国科学院院士、著名的数学家达朗贝尔一起工作。《百科全书》共35卷，从1751年第一卷问世起，直到1772年才出齐，主编一直是狄德罗。《百科全书》立足于当时哲学和自然科学的最高成就，包括了18世纪中叶以前欧洲人所取得的全部科学成果，是近代世界各国编纂百科全书的优秀范例，也是启蒙运动的丰硕成果。由于《百科全书》以科学和民主精神对抗宗教迷信和专制统治，所以从第一卷问世以来，便遭到天主教会和政府的查禁和打击。狄德罗为编撰《百科全书》呕心沥血，历尽艰辛，付出了一生的劳动。狄德罗的《百科全书》为法兰西民族建立了一座思想的丰碑。

卢梭与《社会契约论》

1762年，卢梭的重要著作《社会契约论》出版。这部书是反映他政治思想主张的代表作之一。在这部著作中，卢梭设计了一个资产阶级改革方案。他依据国家起源的契约理论，设计了一个在当时的社会条件下可以允许存在的国家制度。卢梭的社会契约学说对18世纪的法国大革命起了直接的指导作用。当然，卢梭的政治思想存在着种种阶级的和历史的局限性。

伏尔泰

伏尔泰出生于巴黎，自幼受过良好的教育，因得罪一个贵族而被放逐出法国到了英国。在英国期间，他研究了牛顿的科学成就和洛克的哲学著作。回到法国后经商发了财，过上了优裕的生活。伏尔泰是一位多产的作家，他的著作清新、机智，常带有绝妙的讽刺，对封建教会和封建制度的反动统治进行了猛烈的抨击。伏尔泰虽然以批判天主教著称，但他并不是以无神论的观点进行批判，而是以天主教的腐化、堕落、滥施淫威为出发点的。

孟德斯鸠

孟德斯鸠出身于贵族世家，但他却接受了时代精神的影响，投身于资产阶级革命的洪流之中。他曾经到英国游历了两年多，考察了英国的政治制度，认真学习了早期启蒙思想家的著作。孟德斯鸠对封建专制制度的弊端进行了猛烈的抨击。他的名著《波斯人信札》便是如此。孟德斯鸠特别强调法的功能，政府的功能。他认为，法律是理性的体现，资产阶级自由要受法律的制约。他的《论法的精神》一文，为资产阶级以法制对抗专制指出了道路，为资产阶级法学奠定了基础。

彼得一世的统治

彼得一世改革

俄国沙皇彼得一世为强化中央集权和巩固农奴制而进行了改革。改革的主要内容有：第一，向西欧先进资本主义国家学习。第二，发展工业。第三，整顿非常混乱的财政税务制度，把国家财税大权真正集中到沙皇控制的中央政府手里。彼得一世改革，促进了俄国经济的发展，巩固了贵族地主和商人的专政，为其跃居欧洲军事大国奠定了基础。

北方战争

随着国内政治经济发展的需要，为沟通对外贸易渠道，迫切要求争夺出海口。当时，瑞典控制着波罗的海沿岸和出海口。1700年，彼得一世联合波兰、丹麦和萨克森对瑞典作战，但在纳尔瓦战役中被瑞典击败，丹麦、萨克森退出战争。其后彼得一世进行军事改革和工业改革，大力发展军火工业，整顿俄国陆、海军，筹建波罗的海舰队，以增强势力。1709年在波尔塔瓦战役中大败瑞军，扭转了战局，丹麦、萨克森重新参战，普鲁士也加入。1714年夏，在汉占特海战中摧毁瑞典海军舰队。1720年俄军在瑞典登陆，查理十二世被迫提出议和。1721年最终签订《尼什塔特和约》，俄国夺取了拉脱维亚和爱沙尼亚的大部分土地，打通了通向波罗的海的出海口，成为欧洲强国，为以后争霸世界奠定了基础。

俄都圣彼得堡

俄国与瑞典的"北方战争"爆发后，彼得一世于1703年在涅瓦河右岸建彼得保罗要塞。1709年经波尔塔瓦战役对瑞典战争取得决定性胜利后，彼得决定以彼得保罗要塞为基础，在涅瓦河口两岸建新的京城——圣彼得堡，使它成为俄国面向欧洲的一个窗口。根据彼得的命令，从全国各地调集千千万万的农民前来筑城。1713年彼得正式将首都从莫斯科迁到圣彼得堡。

叶卡特琳娜二世的"开明专制"

叶卡特琳娜二世（1729～1796年），俄国女皇（1762～1796年在位）。德意志公爵之女。1745年与俄国沙皇彼得三世结婚。1762年参与宫廷政变，废夫自立。标榜"开明专制"，与法国启蒙思想家伏尔泰等人交往密切。对内扩大贵族特权，加强农奴制。1765年、1767年相继颁布地主有权放逐农民和禁止农民控告地主的法令。1775年镇压普加乔夫起义（1773～1775年）。实行行政区域改革，划全国为50个省，省辖县。进行教育改革，创办斯莫尔尼贵族女子学院（1764年）、自由经济学会（1765年）、矿业学院（1774年）等，组织"新法典编纂委员会"。对外长期侵略扩张。执政34年，一半时间用于战争。1768～1774年和1787～1791年两次同土耳其进行战争，打通了黑海出海口；1788～1790年对瑞典作战；三次参与瓜分波兰（1772年、1793年和1795年），兼并了今立陶宛、白俄罗斯、西部乌克兰直至克里米亚的广大地区，将格鲁吉亚置为保护国。晚年，欲派兵镇压法国资产阶级革命，因猝死未遂。

北美独立战争

波士顿倾茶事件

为逃避茶税，北美殖民地人民多饮用走私茶叶。为帮助濒于破产的东印度公司解决财政困难，1773年5月，英国议会制定并通过一项"茶叶税案"，允许东印度公司缴纳轻微茶税后，把它储存的茶叶运往北美殖民地倾销，并明令禁止当地人民饮用走私茶叶，引起人民强烈不满。他们决定不许东印度公司的茶船靠岸卸货，但要求遭到拒绝。1773年12月16日晚，一批富有正义感的波士顿人化装成印第安人，闯上驶入港内的3艘茶船，将停泊在波士顿港的英属东印度公司3艘茶船上所载价值18000英镑的342箱茶叶倒入海中。此即著名的"波士顿倾茶事件"。这个行动大大鼓舞了殖民地人民反英斗争的士气。

莱克星顿的枪声

1775年4月18日晚，英国殖民军准备偷袭北美波士顿西北郊莱克星顿和康科德两地民兵的秘密火药库。英军一出发，负责侦察英军行动的民兵就在波士顿北教堂的塔尖上悬挂起灯笼。民兵、银匠保尔·瑞维尔看见灯光立即驰马，向沿途民兵报信。民兵迅速集合应变。19日拂晓，英军在莱克星顿遭到迎头痛击，一些英军继续向康科德前进，亦遭伏击，共死伤近300人，大败而归。该战斗打响了美国独立战争的第一枪，揭开了北美独立战争的序幕。

大陆会议

1770年2月，英军制造了骇人听闻的"波士顿惨案"。1773年12月，又发生了美国史上有名的"波士顿倾茶事件"。英国的镇压政策，激起殖民地人民的反抗。1774年9月5日至10月26日，在费城召开了12个殖民地代表共55人参加的会议，史称"第一届大陆会议"。除乔治亚州由于总督百般阻挠没有派出代表外，其他各州的代表都来了。尽管这些代表意见不统一，但大会还是通过了一个《权利宣言》。宣言要求英国政府取消对殖民地各种经济限制和五项高压法令，重申不经殖民地人民同意不得向殖民地征税，要求殖民地实行自治。会议还规定，在实现这些要求之前，禁止英国输入或向英国输出任何商品，禁止购买英货，违犯禁令者以"美洲自由之敌"论处。第一届大陆会议的召开表明，北美人民已经开始联合起来了，北美独立战争一触即发。

美国联邦制的形成

北美13州殖民地人民为反对英国殖民者，争取独立，于1775年5月召开了第二届实际上是独立战争时期组织领导对英战争的最高权力机构的大陆会议。会议于1777年11月通过了由约翰·迪金森起草的美国历史上第一个宪法——《邦联条例》。1786年9月，汉密尔顿和麦迪逊提议于次年召集一个各州会议，讨论修改《邦联条例》，1787年5月制宪会议在费城秘密召开。制宪会议在选举权分配、国会课税权等问题上经过激烈争吵后，终于达成妥协，在此基础上，由汉密尔顿和麦迪逊共同执笔起草了资产阶级联邦制宪法——《美利坚合众国宪法》。新宪法以其最高的法律权威明确规定了立法、行政、司法大权均属中央，各州则成了联邦中央下的一个行政区，这正是联邦制与邦联制的区别所在。经过激烈斗争，1788年6月，根据宪法规定经9个州议会批准，联邦宪法正式生效。1789年3月，美国第一届国会在纽约开幕，同年4月，华盛顿在纽约就任美国第一届总统。至此，《美利坚合众国宪法》取代了《邦联条例》，联邦制取代了邦联制，联邦政府的最高权威终于得到确立。

华盛顿

乔治·华盛顿（1732~1799年）是美国

独立战争的领导者,美国的第一位总统,被美国人民尊称为"国父"。

在美国独立战争(1775~1783年)期间,华盛顿被选为大陆军总司令。他以卓越的指挥才能、坚韧不拔的毅力,带领各路人马,出生入死,浴血奋战了8年,终于赢得了独立战争的胜利。由于华盛顿的汗马功劳,于是就有人劝说他当国王,但被华盛顿拒绝了。他辞去了一切职务,解甲归田,回到美丽的故乡,过着隐居的生活。几年后,国家出现了内乱。华盛顿再次挺身而出,主持制定了美国宪法。1788年,根据宪法进行总统大选,华盛顿以全票当选为美国第一位总统。做了两任总统后,华盛顿谢绝了国会邀他做第三任总统的挽留,再次还乡,在葡萄树的绿阴下享受宁静的田园生活。为了表示对华盛顿的尊敬,美国有了总统不可连任三届的规矩。1799年12月14日,华盛顿因急性咽喉炎离开了人世,举国致哀。

《独立宣言》

《独立宣言》是18世纪美国反英独立战争中的资产阶级革命文献。由杰斐逊、富兰克林、约翰·亚当斯、罗杰·薛尔曼、罗伯特·利文斯顿等5人起草,杰斐逊主笔,1776年7月4日在费城第二届大陆会议上通过。《独立宣言》是北美殖民地人民反英斗争的政治纲领,在动员和组织革命力量、促进独立战争的胜利中,起了进步作用。它在历史上第一次以官方文件的形式宣布了"主权在民"的原则。马克思称之为"第一个人权宣言"。它的通过和发表,标志着美国的诞生。后来,7月4日被定为美国的国庆日。它对法国资产阶级革命和拉美民族独立运动都产生了积极的影响。

美英签订《凡尔赛和约》

1781年11月底,康华利投降的消息传到英国本土,英国人民掀起了要求停战的运动。1782年3月5日,经过长时间的辩论,英国议会以多数票通过了停战的决定。英国试图在外交中分裂美法同盟,因此与各交战国分别谈判。美国也了解法国、西班牙等参加对英作战的真正意图在于获取北美的利益,因而不顾1778年《美法同盟条约》中关于不单独媾和的承诺,开始了与英国的单独谈判。1783年9月3日,美英在巴黎签订《凡尔赛和约》,英国承认美国独立。在英国与法、西的谈判中,法、西提出苛刻的条件:法国企图重新获得加拿大;西班牙则索取美国西部广大地区和内河航运权。1783年9月3日,英法、英西签订了《凡尔赛和约》,法国只收复了西印度群岛的托巴古和非洲的塞内加尔,西班牙则取得了佛罗里达等地。

《1787年宪法》

美国独立后用的松散邦联式国体经过一段时间被证明不利于实行统治。为了加强中央集权,美国13个州的55名代表于1787年5月在费城召开了制宪会议。同年9月,制宪会议通过了联邦宪法,史称《1787年宪法》。该宪法规定了美国的国体、三权分立原则的具体运用、总统的职责任期、选举权等问题。这一宪法对维护美国资本主义发展,巩固资产阶级统治有重要作用。但该宪法对人身自由平等等基本人权只字未提。

《美利坚合众国宪法》

世界上最早的一部成文宪法是美国1787

年的宪法。独立战争后，美国建立了联邦国家。政权建立初期，美国的内政外交很不稳定，于是决定召开制宪会议，来加强统治。1787年5月各代表开始讨论宪法草案，1789年正式宣布这一宪法为《美利坚合众国宪法》。美国宪法既巩固了美国的国家统治，也对美国政治、经济的发展产生了积极的作用。

本杰明·富兰克林

富兰克林是美国资产阶级民主主义者，杰出的政治家，著名的科学家。他出身贫寒，只上了两年学，做过印刷工人，卖过报。他建立了北美第一个公共图书馆（1731年），组织北美哲学会（1743年），协助创办宾夕法尼亚大学（1751年）。独立战争时他参加反英斗争，当选为第二届大陆会议代表，并参加起草《独立宣言》。富兰克林于1776年至1785年出使法国，他积极活动，首先使美国的独立战争博得舆论界同情，继而借萨拉托加大捷的重大影响，促使法国下决心与美国缔结了军事同盟（1778年）。在1787年制宪会议上，富兰克林主张废除奴隶制度。富兰克林在电学方面取得了杰出成就，他还发明了避雷针。

法国大革命

三级会议

由国王召集，参加者有教士、贵族和市民三个等级的代表，分别开会。会议是不定期的，它的召开与国王敛财有关，其主要职能之一是批准国王征收新税。第一次三级会议在巴黎举行，是法王腓力四世为加强同教皇卜尼法斯八世的斗争而召开的，会上通过了反对教皇的决议。入会的三个等级分别开会讨论议案，每个等级只有一票表决权。此后，法王为增税和寻取现金，不时召开三级会议。所征税款由国王和各个等级分摊，但付出最多的是第三等级即市民等级。所以法国大商人出席会议时，对国王的许多政策不满。1614年后，由于封建专制主义加强，三级会议间隔了很久没召开。1789年法国资产阶级革命前夕，法王被迫再度召开会议，但随即为国民会议取代。三级会议的召开标志法国由早期封建君主制过渡到议会君主制。它虽为封建政治形式之一，但市民阶级作为第三等级进入议会，表明他们已成为法国社会不可忽视的政治力量。

法国资产阶级革命

18世纪末，波旁王朝的封建统治严重束缚了资本主义的进一步发展，第一、二等级与广大第三等级之间的矛盾急剧激化。1789年5月国王被迫召开三级会议，第三等级的代表在人民群众的支持下展开了反对以国王为首的特权等级的斗争。7月14日，起义者攻占了象征封建专制主义的巴士底狱，法国大革命爆发。大资产阶级窃取了政权，主张实行宪政。废除了部分次要的封建义务，颁布《人权宣言》。制定《1791年宪法》，维护君主立宪。后来，巴黎人民于1792、1793年又举行了两次武装起义。1794年7月27日，大资产阶级发动政变，推翻雅各宾派专政，建立起热月党人的统治。法国革命是世界近代史上规模最大、最彻底、最深刻的一次资产阶级性质的革命，它摧毁了封建制度，为资本主义的发展扫清了道路，推动了欧洲各国的反封建斗争，在世界上产生了巨大影响。

巴士底狱

巴士底的原意是堡垒，法国许多地方都建有巴士底。巴黎的巴士底建于1382年，原为一座军事城堡，后改作王家监狱。16世纪起，主要用于囚禁政治犯，成为封建专制制度的象征。它位于巴黎市郊圣安东街，阴森可怕，沟深墙高，无法攀登，只有吊桥相通。1789年大革命前夕，巴士底狱内藏有大量枪支、火药。八座高大的塔楼安置大炮，朝向市中心，对准劳动人民聚居的圣安东区。法国人民对它早已恨之入骨，盼望将它彻底摧毁。1789年7月14日，巴黎人民向巴士底狱发动了猛攻，经过四小时的激战，终于攻占了巴士底狱。在释放狱中囚犯后，把它夷为平地，改为巴士底广场。

《人权宣言》

《人权宣言》是《人权和公民权宣言》的简称，由拉法夷特等起草，于1789年8月26日由制宪议会通过。但是，路易十六拒绝批准。10月，巴黎群众手持武器向凡尔赛进军，冲进王宫。路易十六才无可奈何地批准了《人权宣言》。在群众强烈要求下，王室迁回巴黎。《人权宣言》的主要内容：在权利上人生来是自由平等的；自由、财产安全和反抗压迫都是不可剥夺的天赋人权；法律面前人人平等；私有财产神圣不可侵犯等。

法兰西第一共和国

1792年8月10日，巴黎人民举行起义，推翻国王。9月21日，新选出的国民公会正式开幕，宣布废除王政。9月22日，国民公会正式宣布建立共和国。史称法兰西第一共和国。它是法国历史上的第一个资产阶级共和国。期间政治斗争激烈，历经吉伦特派统治、雅各宾专政、热月党和督政府、执政府等阶段。先后颁布《1793年宪法》《1795年宪法》《1799年宪法》。雾月十八日政变后已名存实亡。1804年5月拿破仑·波拿巴称帝。共和国为法兰西第一帝国取代。

吉伦特派

1792年8月10日起义后，吉伦特派（因该派领袖人物布里索、维尔尼奥等多来自吉伦特省而得名）执掌政权。吉伦特派主张废除君主制，于1792年9月宣布成立法兰西共和国，并把国王路易十六押上断头台。随着革命的深入，认为法国革命应当止步，恢复秩序，并竭力维护工商业资产阶级的利益。1793年初法国局势恶化，前线紧张，粮食奇缺，物价飞涨，群众要求限制物价，打击投机倒把。吉伦特派则坚持经济自由原则，不愿对经济进行干涉和管制。1793年4月，前线发生吉伦特派将领叛变事件，巴黎群众极为愤怒。1793年5月31日~6月2日巴黎群众起义，逮捕吉伦特派议员及其首领，吉伦特派被推翻。1794年7月27日热月政变后，该派又成为热月党的骨干。

雅各宾派

18世纪法国大革命期间，巴黎雅各宾修道院里，聚集着一批具有民主主义思想的进步人士，他们在这里进行革命的舆论宣传和组织策划工作。人们习惯地称他们为"雅各宾派"。

马拉被刺

马拉是法国资产阶级革命时期雅各宾派的主要领袖之一。大革命爆发后，他积极投入战斗，他曾多次遭到通缉和逮捕。1792年，他当选为国民公会的议员，在审判路易十六时曾起过重要作用。1793年5月31日，巴黎人民发动第三次武装起义推翻了吉伦特派，雅各宾派开始执政。在这一过程中马拉一马当先，他在教堂敲响了进攻的钟声。马拉在革命中的作用引起了王党分子和吉伦特派的仇视。1793年7月13日，马拉在家中被来自诺曼底的女王党分子夏洛特·科黛刺死。马拉去世后，巴黎人民为马拉举行了隆重的葬礼。马拉的心脏被悬挂在科尔得利俱乐部大厅的穹顶上，尸体被保存在法国先贤祠中。

法国大革命

18世纪末法国资本主义有了一定的发展，资产阶级和广大人民群众同封建统治阶级的矛盾十分尖锐。1789年5月路易十六迫于财政危机的压力召开三级会议。第三等级代表在会上提出改革的要求，遭国王拒绝后，退出会议并宣布召开国民议会，为法国制定一部宪法（后改名为制宪议会）。国王预谋镇压第三等级的反抗，7月14日，巴黎人民举行武装起义，攻占巴士底狱，革命爆发。革命的第一阶段由代表大资产阶级和自由派贵族的君主立宪派执政。但君主立宪派未能将革命继续向前推进，反而压制人民的革命运动，从而激起人民的强烈不满。1792年8月10日巴黎人民发动第二次武装起义，推翻了国王，代表工商业资产阶级利益的吉伦特派掌权。这是革命的第二阶段。在这个阶段成立了法兰西第一共和国，处死了国王，对外战争也一度取得了胜利。但由于吉伦特派未能有效地阻止因战争引发的经济恶化趋势，人民群众生活异常困苦，物价猛涨，掀起了要求限价的群众运动。最后，吉伦特派被迫下台。1793年5月31日至6月2日，巴黎人民举行第三次武装起义，把代表小资产阶级民主派的雅各宾派推到了政治前台。这是革命的第三阶段。这一阶段由于实施雅各宾专政，把法国大革命推向了高潮。但在胜利后雅各宾派没有及时调整政策，反而扩大恐怖，滥行杀人，先后镇压疯人派、埃贝尔派和丹东派，破坏了同人民群众的联盟，削弱了内部的统一和雅各宾专政的社会基础，结果在1794年7月27日被反对派发动的政变推翻。政权落到代表大资产阶级的热月党手中，这也是革命结束的标志。法国大革命在世界历史上占有重要地位，产生了极大影响，留下了丰富的历史经验。

热月政变

雅各宾派领导人罗伯斯庇尔不能根据形势改变政策，相反继续以残暴手段对付不同见解的革命家和其他政治派别的人，在政治斗争中树立了太多的敌人，1794年，雅各宾派领袖之一的丹东被推上了断头台。1794年7月27日（热月9日）国民公会中各种反罗伯斯庇尔的力量联合起来，他们有预谋地忽然打断雅各宾派另一主要领导人圣鞠斯特在国民公会上的发言，紧接着一哄而起，对罗伯斯庇尔大肆攻击。罗伯斯庇尔几次要上台发言，都被反对派阻止，最后一次，罗伯斯庇尔已经走上了讲台，结果仍旧被人拖了下来。他说话的声音被一片"打倒暴君"的喊声淹没。在混乱之中，罗伯斯庇尔等人被捕。次日，叛乱者把罗伯斯庇尔等人送上了断头台。

罗伯斯庇尔

罗伯斯比尔（1758~1794年），法国大革命时期的政治活动家、雅各宾派主要领导人。

近代历史

出生于阿腊斯城的律师家庭。信仰卢梭的人民主权思想。1789年作为第三等级代表参加三级会议。革命战争爆发后成为雅各宾俱乐部的主要领导人，积极从事保卫祖国的斗争。1792年8月10日起义之后，支持巴黎公社，抨击吉伦特派。9月当选国民公会代表。在维护巴黎公社、处置路易十六、反对设置"郡卫军"、对待无套裤汉运动等系列问题上同吉伦特派展开斗争。1793年5月31日至6月2日领导雅各宾派同疯人派联合推翻吉伦特派。7月27日被选入救国委员会，成为大革命的实际领导人。执政期间推行全面限价法令、嫌疑犯法令、集权式政府体制等经济恐怖和政治恐怖的措施，得以实现同群众的联合，革命发展到顶峰。为官俭朴清正，被群众誉为"不可腐蚀者"。其政策使危机得到克服，击溃了国内外敌人的进攻，保卫了革命成果。在需要恢复资本主义正常秩序时，不愿放弃恐怖统治，以高压手段对待反对派，甚至扩大政治恐怖，以至日益孤立。在1794年热月政变中被推翻，7月28日被送上断头台。

督政府成立

1795年8月22日，代表大资产阶级利益的热月党人控制的国民公会通过了《共和三年宪法》。这一宪法规定：立法权属于立法团，立法团由上、下两院组成，法国的行政权属于由两院联合选出的督政府；督政府由5名督政官组成，每年改选其中的一名；5名督政官以3个月为期轮流担任主席；督政府有任免官吏、统帅军队、掌握财政及外交等大权。1795年10月，国民公会着手立法团选举，接着产生了两院。两院议定，督政官须在国民公会中投票赞成处死国王的议员中产生。10月26日，存在3年之久的国民公会解散，设在巴黎卢森堡宫的督政府开始执政。

拿破仑

拿破仑（1769～1821年），出生于地中海的科西嘉岛，15岁进巴黎军校，一年后提前离校，当了个炮兵少尉。对卢梭的著作很感兴趣。革命爆发后，他一度接近过雅各宾派。1793年冬，土伦王党叛乱，英军登陆帮助叛军。共和国派兵包围土伦，久攻不下。这时拿破仑只是一个炮兵上尉，但是他接过指挥炮兵的职务后，采用以炮兵配合步兵进攻的战术，赶走了英国舰队，很快就攻克了土伦，从此崭露头角。1794年，他被升为准将。热月政变后，因他受过罗伯斯庇尔弟弟的推荐，一度被捕入狱，释放后也不过是一名潦倒的失意将军。1795年，巴黎王党分子叛乱，热月党人在危难之际求助于他。他果断地用大炮一举粉碎了叛乱。1796年，督政府任命他为意大利方面军司令。当时，法国的重兵在莱茵河、易北河与奥军对峙，意大利只是一个次要的战场，拿破仑麾下也只有3万名衣衫褴褛、装备不足、连饭也吃不饱的军队。他却连战连胜，打得撒丁、奥地利先后求和，从此威名大震，成为一代名将，得到军官和士兵的信任和拥护。于是，在法国处于危急的时刻，拿破仑就顺理成章地成为救星，成为革命的领头羊。

雾月政变

巴黎民众攻占巴士底狱后，资产阶级派别的热月党人先后掌握政权。1799年7月，英、俄、奥、葡、土等国结成第二次反法联盟，从四面进攻法国，督政府软弱无力，一筹莫展。法国人感到为了拯救共和国，必须要有一个强有力的政府，要有一个英明果断的"佩剑人"。于是，一个军功显赫的人物拿破仑便适应法国大资产阶级的需要登上了历史的舞台。

11月9日（共和历雾月十八日），拿破仑依靠军队上层，在巴黎大资产阶级的支持下，发动了一场不流血的政变，轻易地攫取了最高权力。取消督政府，成立三人组成的执政府，自任第一执政，独揽大权，从此开始了拿破仑的大资产阶级的军事独裁统治。

《法国民法典》颁布

1800年8月，拿破仑任命了一个由法律专家组成的委员会负责起草民法。民法草案于1804年3月21日获得通过，并由拿破仑签署正式颁布实施。因拿破仑亲自主持了这部法典的编制工作，法典于1807年改称为《拿破仑法典》。拿破仑下台后，该法典又恢复了《法国民法典》的原名。《法国民法典》包括总则三编，共2281条。它是近代资产阶级革命后，资本主义国家制定的第一部民法典。它概括和肯定了革命以来的各项基本法规，全面阐明了资产阶级关于法制、财产权和社会关系方面的各种准则，对摧毁欧洲的封建势力，推动资本主义的发展，起到了积极作用。

法兰西第一帝国

1799年11月，拿破仑发动雾月政变，建立执政府，自任第一执政。由于实施正确政策，在上台后的三四年时间里为法国赢得了稳定和发展，军事上的辉煌胜利，更使他成为人民心目中的英雄。1804年5月，元老院宣布拿破仑为法兰西人的世袭皇帝，号称拿破仑一世。12月教皇庇护七世在巴黎圣母院为其加冕，正式创建帝制。史称法兰西第一帝国。同时颁布了由拿破仑主持制定的《法国民法典》。拿破仑被第六次反法联盟击败后，于1814年4月6日第一次退位，流放厄尔巴岛。波旁王朝复辟。1815年3月20日，拿破仑重回巴黎，建立百日王朝。6月18日在滑铁卢被第七次反法联盟击败。22日再次退位，流放大西洋的圣赫勒拿岛，第一帝国结束。法兰西第一帝国是资产阶级帝国，在性质上与法国大革命有深刻的一致性。

波旁复辟王朝

1814年3月31日反法联军进入巴黎，4月6日拿破仑一世退位，5月路易十八回国即位，6月颁布《1814年宪章》，实行君主立宪制，封建贵族重新掌权。1824年查理十世即位后，加紧推行反动政策，企图恢复君主专制统治，镇压革命者。为恢复天主教和贵族的权威，又先后颁布《渎神法》和《关于补偿亡命贵族十亿法郎的法令》。严格限制出版、新闻等自由。经济上仍为农业国，实行自给自足和保护关税政策，工业革命进展缓慢。对外屈服于欧洲封建列强旨意，1823年出兵镇压西班牙革命，实行保守的殖民政策。1830年7月查理十世签署《七月敕令》，企图制服反对派，却激起了七月革命，波旁复辟王朝被推翻。

滑铁卢战役

波旁王朝复辟后，倒行逆施，法国人心浮动，在维也纳开会的反法联盟各国也因利益冲突而吵得一塌糊涂。拿破仑趁机于1815年2月26日秘密逃离囚禁他的厄尔巴岛，3月1日，他成功地登上法国海岸。1815年6月，反法联盟集结了70万大军，准备进攻巴黎，而拿破仑最多也只能征集到18万人的军队。最后，拿破仑决定以攻为守，各个击破。1815年6月18

日，拿破仑与英荷联军在滑铁卢会战。法军全线崩溃，拿破仑逃回巴黎，于22日再度退位。这次，他被流放到大西洋上的圣赫勒拿岛，最后囚死在那里。滑铁卢之战彻底结束了拿破仑时代。此后，滑铁卢成为了失败的代名词。

七月革命

查理十世的反动政策激起自由主义运动的高涨。1830年7月26日，查理十世发布《七月敕令》，宣布封闭各报刊，解散议会，实行只有土地所有者才享有选举权的选举法，按新法于9月重新选举议会。全国为之震动。7月27日巴黎人民高呼"打倒波旁王朝"、"自由万岁"的口号举行武装起义。经过3天激烈的战斗，终于攻下王宫。查理十世仓皇出逃。自由派议员组成了以拉法夷特为首的临时政府，任命拉法夷特为国民自卫军司令。拥立奥尔良公爵路易·菲力普为国王，是为七月王朝。七月革命使政权重新回到资产阶级手中，使革命以来的资产阶级胜利果实最后固定下来，促进了欧洲国家资产阶级革命的发展。

神圣同盟

法兰西第一帝国崩溃后，欧洲君主组成的国际性反动组织。1815年，俄、奥、普三国君主发表宣言，建立"神圣同盟"。目的是维护封建君主政体，镇压各国革命运动。除英国外，欧洲各国君主都参加了神圣同盟。其核心人物是俄国沙皇亚历山大一世和奥地利宰相梅特涅。该同盟充当国际宪兵，曾于1820～1821年镇压意大利革命，1823年，武装干涉西班牙革命，并曾企图干涉拉丁美洲的独立运动。1830年，法国七月革命后，同盟瓦解。

拉丁美洲独立战争

海地革命

海地位于圣多明各岛西部，东部是今多米尼加共和国。1791年8月22日，杜桑领导黑人奴隶举行起义，很快控制了海地北部地区。法国殖民军前往镇压，被起义者击败。西班牙、英国趁机染指，派来了军队，均被起义军打退。英国于1798年承认了海地独立。起义军乘胜东进，1801年初攻克圣多明各城，解放全岛。杜桑立即下令解放黑奴，随后召开议会，制定宪法。宪法规定海地为共和国，杜桑当选为终身总统。海地成为拉丁美洲第一个争得独立的黑人共和国。法军于1803年10月投降。1804年元旦，海地正式宣告独立。

委内瑞拉革命

委内瑞拉是拉丁美洲最早掀起反殖民主义武装斗争的地区之一。1808年4月19日，加拉加斯城得到法军占领西班牙的消息后，土生白人独立派立即驱逐西班牙殖民官吏，改组民团，建立执政委员会。1811年3月，新召开的委内瑞拉国会，建立起临时政府。7月5日，国会宣布成立委内瑞拉共和国，并制定了宪法。西班牙殖民军同天主教势力向共和国发动进攻。1812年7月，第一共和国失败。革命失败后，第一共和国领导人之一玻利瓦尔于1813年2月率领队伍重新开始战斗，8月解放加拉加斯，重建委内瑞拉共和国，即第二共和国，玻利瓦尔被授予"解放者"的称号，并成为共和国最高执政者。1814年6月，玻利瓦尔在拉普埃尔塔战役中失败，1814年7月，第二共和国又被殖民者扼杀。

巴西独立

1807年底，拿破仑军队大举入侵葡萄牙，葡萄牙王室仓皇逃到巴西，并加强了对巴西的直接统治。殖民地人民的负担日益加重，人民的反抗情绪高涨。1821年，葡萄牙国王因葡国爆发革命而回国，巴西的大种植园主、大商人和上层保守分子只得拥戴葡萄牙国王若奥六世的儿子彼得罗为帝。鉴于巴西民族矛盾过于尖锐，1822年，彼得罗宣布巴西脱离葡萄牙而获得独立。

多洛雷斯呼声

在海地独立的鼓舞下，1810年9月16日，墨西哥独立运动领导人伊达尔哥在多洛雷斯镇敲响教堂的大钟，召集印第安人教徒，发动了反对西班牙殖民者的起义。人们愤怒地高喊："绞死殖民强盗！""独立万岁！"这就是墨西哥历史上著名的"多洛雷斯呼声"。多洛雷斯呼声标志着墨西哥独立战争的开始。9月16日被定为墨西哥的国庆日。伊达尔哥领导的起义军占领了墨西哥中部的重要城市瓜达拉哈拉，并建立了自己的政权。革命政权颁布一系列法令，宣布收回被殖民者夺去的土地，废除奴隶制度，取消各种苛捐杂税等。伊达尔哥后来被叛徒出卖，被俘牺牲。莫洛雷斯继续领导独立运动，于1813年11月宣布墨西哥独立，建立共和国。

阿根廷独立

1816年春，葡萄牙入侵乌拉圭，威胁着阿根廷的利益。这一事件加速了布宜诺斯艾利斯中央集权派成立政府的决心，为此，他们对联邦制度作了让步，各省也因此而同意召开议会。1816年3月25日，拉普拉塔省代表大会正式在图库曼召开，有些省份如乌拉圭、巴拉圭没派代表参加，玻利维亚只派少数代表参加。7月9日，代表大会正式宣布拉普拉塔联合省（或称南美联合省）独立。其范围名义上包括前拉普拉塔总督区的所有地区，但实际上已不包括乌拉圭、巴拉圭和玻利维亚。1819年，阿根廷宪法颁布。因这部宪法不允许各省自治而引起各省不满，1824年，乌拉圭、巴拉圭分别建国。1825年玻利维亚退出了联邦，联邦范围仅限于现在的阿根廷。

大哥伦比亚共和国成立

1818年，玻利瓦尔在委内瑞拉建立第三共和国后，便着手组建一支远征军以解放西班牙人殖民统治的心脏——哥伦比亚。1819年5月，玻利瓦尔率军出其不意地出现了波哥大，经过艰苦的战斗，玻利瓦尔远征军击溃了西班牙殖民军，攻克波哥大，解放了哥伦比亚。1819年8月，哥伦比亚共和国成立。3个月后，哥伦比亚宪法颁布，玻利瓦尔当选为哥伦比亚总统。此后，玻利瓦尔致力于从西班牙统治下解放南美大陆剩余部分。1821年，他率领军队消灭了委内瑞拉的西班牙军队。与此同时，玻利瓦尔的副手苏克雷已开始着手解放厄瓜多尔的事业，并于1822年赢得胜利。不久，厄瓜多尔同哥伦比亚、委内瑞拉一起组成了大哥伦比亚共和国。

圣马丁远征秘鲁

圣马丁是南美解放运动的领导人之一。1814年起，圣马丁组织训练了一支骁勇善战的"安第斯军"，并指挥它于1818年解放了智利。1820年8月20日，圣马丁率军队乘军舰从智利出发，9月8日在秘鲁首都利马南部登陆。一上岸,圣马丁就宣布解放奴隶,组织人民武装。他指挥军队对西班牙控制的边远地区进行进攻,以孤立利马的西班牙军队。这些策略非常成功,圣马丁终于打败了数量占绝对优势的西班牙殖民军队。1821年7月,秘鲁宣告独立。不久,圣马丁将军队指挥权交给玻利瓦尔,悄然隐退,在欧洲度过了余生。

阿亚库巧战役

阿亚库巧战役是拉丁美洲独立战争中的一次重要战役。1824年12月9日,由苏克雷率领的起义军与西班牙殖民军在秘鲁南部阿亚库巧附近平原上发生激战。苏克雷采用将敌人分割切断、用骑兵中间突破的战术,打乱敌军阵线,击溃了敌军,俘获了包括殖民总督在内的14名将军及数千官兵,从而迫使敌军投降,承认秘鲁独立。这是反对西班牙殖民军的一次关键性的胜利。

玻利维亚独立

1809年,玻利维亚人民发动了武装起义,这是南美洲人民为自由而拿起武器进行斗争的开始。同年,拉巴斯的一部分居民也发动起义。但两地的起义队伍很快都被西班牙军队击溃。1824年,苏克雷在阿亚库巧战胜西班牙军队,民族解放斗争迎来转机。苏克雷率领哥伦比亚军队进入玻利维亚,同玻利维亚人民共同作战,于1825年推翻了西班牙的殖民统治。不久,玻利维亚宣布独立。

古巴独立战争

古巴人民反对西班牙殖民统治的起义于1868年率先在古巴东部奥连特省爆发。该年,发表《雅拉宣言》,宣布古巴独立。次年颁布宪法,规定古巴为共和国,废除奴隶制。西班牙派军镇压,双方于1878年签订《桑洪条约》,古巴停止武装斗争,作为条件,西班牙同意大赦并释放奴隶。但并未兑现。1879年8月,马蒂、马塞奥发动起义,由于准备不足和双方力量悬殊,遭西军残酷镇压。1895年2月,起义再次爆发,马蒂率军在古巴东岸登陆,队伍迅速扩大,在圣地亚哥附近与马塞奥领导的军队会师。9月宣布成立独立的古巴共和国。10月,戈麦斯与马塞奥率军自东向西展开"突进战役"。西班牙殖民当局先后派20多万正规军镇压,在全岛遍设集中营。马蒂和马塞奥相继于1895年5月和1896年12月在战斗中牺牲。历经三年奋战,古巴人民在1897年解放全国大部分土地,西班牙被迫同意古巴自治。当古巴独立战争取得决定性胜利时,美国对西班牙宣战,侵入古巴。1898年12月,美西签订和约,宣布古巴脱离西班牙"独立"。1901年古巴召开制宪议会,在美国代表监督下,古巴将美国国会通过的《普拉特修正案》,作为附录载入古巴宪法。古巴沦为美国的保护国。1902年5月,古巴正式独立。

墨西哥狄亚士独裁

1876年,在战争中从事土地投机而暴富的狄亚士发动军事政变,攫取了总统职位。从1876年至1911年,狄亚士统治墨西哥长达35年之久,其间只在1880年至1884年间,由冈萨斯任过一期总统,但实权还是操在他手里。首先得到狄亚士政权好处的是大地主。狄亚士对天主教会采取勾结、笼络和控制的政策。狄亚士出卖墨西哥资源,允许外国资本家在墨西哥开采矿山、开办工厂、修建铁路、经营种植园,对人民则进行残酷剥削和压迫。

巴拿马运河

拿马运河是沟通太平洋和大西洋的国际运河。1878年法国从哥伦比亚政府取得运河的修筑权，并于1879年动工，但没有成功。1898年12月到1900年2月，美国与英国历经旷日持久的谈判，终于签订《海约翰－庞斯福特条约》，英国承认美国单独开凿巴拿马运河。1902年6月美国用4000万美元购买到法国巴拿马运河的租让权及财产。1903年11月"巴拿马政变"后，美国强迫巴拿马政府签订不平等条约，取得运河的开凿权和运河区的"永久租借权"。美国1904年开工修建运河，1914年完工，1920年正式开放，全长81.3千米，约缩短两洋间的航程1万千米。美国把运河区变成"国中之国"。巴拿马人民为了收复运河和运河区的主权，进行了英勇不屈的斗争，迫使美国在1936年和1955年两次修改条约。1977年9月7日签署《巴拿马运河条约》，规定从2000年开始，美国将完全撤出运河区，运河的经营管理全部由巴拿马承担。

墨西哥资产阶级革命

1910年，农民、工人、城市小资产阶级、民族资产阶级和部分军队进行起义。在斗争中，著名南部农民英雄萨帕塔和北部起义领袖比利亚领导起义队伍在各处摧毁大地主农庄，把土地分给农民。起义军向首都墨西哥城进军，并于1911年5月推翻代表地主、帝国主义和天主教反动集团利益的迪亚斯军事独裁统治，但国内反动派勾结美国，于1913年发动政变，建立反革命政权，美国还出兵支持反革命政权。墨西哥人民再次起义。以工农为主体的武装力量于1914年8月再一次推翻了反革命政权，并挫败了美国的干涉。1917年，墨西哥建立了资产阶级政权，制定了新宪法。1910～1917年的墨西哥资产阶级革命，打击了国内封建势力、帝国主义的走狗和外国侵略势力，为墨西哥发展民族经济创造了条件。

19世纪的欧洲

法国"七月王朝"

"七月王朝"因其在1830年7月革命中建立，故而得名。"七月王朝"的内外政策完全以金融贵族集团的利益为转移。七月革命后，资本主义工商业的增长使新兴工业资产阶级的经济实力空前加强。他们对金融贵族集团统治不满，要求扩大资产阶级民主，参与政权。工人、农民和小资产阶级广大人民群众对金融贵族统治更加不满。1848年2月爆发革命，"七月王朝"在二月革命中被推翻。2月24日，路易·菲力普在宣布让位给幼孙巴黎伯爵之后逃亡英国。25日，以拉马丁为首的11人临时政府宣布成立共和国。"七月王朝"即被法兰西第二共和国（1848～1852年）所代替。

1831年和1834年法国里昂工人起义

里昂是法国中南部的一个重要城市，一向是丝织业的中心，19世纪早期，当地的丝织业以工场手工业为主，家庭手工业同时大量存在。丝织工人多半是小作坊主和帮工。他们给资本家订货加工，按件计酬。1831年，里昂有3万多帮工和8000多小作坊主。他们反对资本家任意压低工资标准。资本家开头被迫答应，马上又食言。11月21日晨，丝织工人离开作坊，走上街头。他们的旗帜上写着"工作不能生活，毋宁战斗而死！"23日，起义工人完全占领了里昂市。政府从外地调来大批军队镇压。12月初，起义被镇压下去。1834年4月，里昂工人再次起义。这一次他们不仅提出增加工资，而且提出了建立共和国的口号。在里昂城内，工人同军队激战4天，最终，失败。

批判现实主义与巴尔扎克

19世纪初的法国，阶级矛盾异常尖锐。正是在这一时期，以巴尔扎克为代表人物的批判现实主义文学兴起。巴尔扎克一生著有多部作品，其中最著名的是《人间喜剧》。这是一部包括《高老头》《欧也妮·葛朗台》等九十多部小说的总集。巴尔扎克用尖利的笔锋，将百丑群集、散发铜臭的资本主义社会全貌描绘于纸上。

空想社会主义

空想社会主义也叫乌托邦社会主义。科学社会主义产生以前出现的带有空想性质的社会主义学说。19世纪初资产阶级与无产阶级的矛盾开始显露，空想社会主义思想因而盛行。以法国的圣西门、傅立叶和英国的欧文为主要代表。他们尖锐地批评资本主义制度，对资本主义经济发展中的种种弊病进行分析，力图找出资本主义罪恶的根源；提出了对未来社会的一些积极主张和设想，首次将社会主义作为新生产体系提出来，论证社会主义制度下生产组织和劳动生产率将优越于资本主义；并预见到共产主义社会的一些特点，如消灭城乡对立，消灭脑力劳动与体力劳动的对立，国家的消亡及妇女解放等。马克思批判地继承了空想社会主义思想，使之成为马克思主义的三个来源之一。但是空想社会主义不能阐明资本主义剥削制度的本质，未能发现资本主义发展的规律，找不到能成为社会创造者的社会力量。它是一种不成熟的理论，是和当时不成熟的资本主义生产状况、阶级状况相适应的。

法国二月革命

19世纪40年代后期，法国工农业下降，大批工人失业，社会矛盾激化。资产阶级反对派以"宴会"形式举办的政治性集会，得到广大人民群众的响应。基佐政府两次禁止预定于1848年1月和2月举行的"宴会"，引起群众不满。1848年2月22日巴黎市民举行大规模的示威抗议活动，并同军警发生了冲突。次日，示威演变成武装起义，巴黎到处筑起了街垒，许多国民自卫军和正规士兵拒绝执行实行镇压的命令，倒向革命。国王路易·菲力普被迫罢免基佐，先后任命莫雷和梯也尔组阁，但愤怒的群众要求废除王政，建立共和国。2月24日，起义群众几乎控制了巴黎，并开始向杜伊勒里宫进攻，国王逃奔英国。资产阶级共和派成立临时政府，25日宣布法兰西第二共和国成立，七月王朝灭亡。

法国六月起义

制宪会议召开后，资产阶级下令禁止集会、结社；1848年6月22日又下令解散国立工厂。一场群众性的，有组织性、计划性的六月起义随即爆发。工人们喊出"打倒人对人的剥削"的口号，提出"解散制宪会议，起草新宪法"等纲领，令资产阶级惊慌失措。6月24

日,制宪会议宣布解散执行委员会,授予共和派将军卡芬雅克以独裁大权,负责镇压起义。由临时政府建立的别动队也参与了镇压。起义者与镇压者双方力量相差悬殊。26日,轰轰烈烈的六月起义宣告结束。这次起义的失败使无产阶级的力量受到严重的削弱。

路易·波拿巴政变

1848年12月路易·波拿巴当选为法兰西第二共和国总统,就职后任命代表君主主义势力的秩序党组阁,在1849年5月举行的议会选举中,秩序党大获全胜。复辟君主制的时机成熟。但由于秩序党中拥护波旁王朝的正统派和拥护七月王朝的奥尔良派互相争权夺势,遭到人民反对。路易·波拿巴利用这一形势以及资产阶级希望结束政局动荡和建立强有力政府的愿望,决定发动政变。1851年12月1~2日,路易·波拿巴调集军队进入巴黎,宣布解散议会,逮捕秩序党分子及一切反对他的议员。14~21日举行全民投票,结果多数票赞成政变。1852年1月颁布新宪法,总统任期由4年改为10年。1852年11月,他就恢复帝制问题举行公民投票,得到多数人的赞同。12月2日是拿破仑举行加冕礼48周年的纪念日,路易·波拿巴正式宣布法兰西第二帝国成立。因其是拿破仑侄子,自称拿破仑三世。

《巴黎和约》

1856年3月30日,由英国、法国、奥斯曼土耳其帝国、撒丁、俄国、奥地利和普鲁士在法国巴黎签订了《巴黎和约》。该和约的主要内容是:列强各国共同保证奥斯曼帝国的"独立和完整";俄国撤回对土耳其东正教居民的保护权,土耳其苏丹答应不分种族和教派改善土耳其人民的状况;黑海划为中立区,各国商船可以自由航行,但各国军舰禁止出入,俄土两国均不得在黑海沿岸设置兵工厂;俄国收复克里米亚半岛和塞瓦斯托波尔要塞,但把多瑙河口和比萨拉比亚南部割给摩尔多瓦,把卡尔斯退还土耳其;摩尔多瓦和瓦拉吉亚的宗主权名义上仍属于土耳其,但其权益由欧洲列强共同保障;多瑙河航行自由,对一切国家商船开放。《巴黎和约》对欧洲国际关系及各国政治力量对比产生重要影响。它使俄国丧失欧洲霸主地位,国际地位大为降低。英国和法国则由此控制土耳其,取得了在近东的优势地位。

第一国际

19世纪50~60年代,随着各主要资本主义国家相继开展或完成工业革命,工业无产阶级队伍壮大,各国成立了独立的工人组织。国际间的联系日益增多。1864年9月28日,英、法、德、意、波等国工人为声援波兰人民起义,在伦敦召开国际大会,宣告成立国际工人协会。英国工联领袖奥哲尔当选为主席。马克思为大会起草了成立宣言和临时章程,被选为德国通讯书记。第一国际在马克思和恩格斯影响下,发扬无产阶级国际主义精神,积极支持各国的罢工斗争,支持波兰、爱尔兰的民族解放斗争,声援1871年巴黎公社革命。第一国际在团结各国工人阶级、传播科学社会主义的同时,对蒲鲁东主义、工联主义、拉萨尔主义、巴枯宁主义等各种错误倾向进行了斗争。巴黎公社失败后,各国资产阶级政府对第一国际进行疯狂迫害,1872年海牙大会决定将国际的总委员会从伦敦迁往美国。此后第一国际停止了活动,1876年第一国际在费城召开最后一届代表大会，根据马克思的建议，正式宣布解散。

巴黎公社

1871年3月18日巴黎工人起义，夺取了政权。梯也尔政府逃往凡尔赛。26日进行了巴黎公社委员会的选举，28日正式成立巴黎公社。布朗基派、新雅各宾派（多数派）和蒲鲁东派（少数派）掌握公社委员会的领导权。公社砸碎资产阶级军事官僚机器，废除征兵制，取消旧的警察机构、法院、旧官僚制度等；建立了公社委员会及其分工领导的10个委员会作为无产阶级自己的政府，兼管立法与行政权。公社颁布一系列法令保护工人利益，重视发展人民的文化教育事业。5月21日，凡尔赛反革命军在普鲁士军队的帮助下，攻入巴黎。经过激烈的巷战，28日公社失败。巴黎公社在工人运动和共产主义运动史上占有极其重要的地位，为国际共产主义运动留下了极宝贵的经验。

梯也尔

1823～1827年间，梯也尔撰写了《法国革命史》（十卷）并获得成功。七月王朝时期，他历任国家参事、财政部秘书、内政大臣和农业、工商业大臣。1871年2月，他被国民议会任命为法兰西第三共和国行政首脑，残酷镇压了巴黎公社起义。同年8月他当选为共和国总统，1873年辞职。退休后著有《执政府和第一帝国时代的历史》等。

法国工人党

1879年在马赛举行的法国全国工人代表大会上，通过了成立法国工人党的决议。随后，盖德和拉法格在马克思的亲自指导下制订了党纲，并于1880年在哈弗尔代表大会上通过，称为《哈弗尔纲领》，法国工人党正式成立。纲领规定：必须建立无产阶级政党，进行革命斗争，推翻资产阶级统治，实现生产资料社会化，建立社会主义社会。不久，党内出现盖德派和可能派的斗争，于1882年两派正式分裂，盖德派保留了法国工人党的名称。

英国"宪章运动"

英国工业革命基本完成的过程中，无产阶级的力量迅速壮大。1836年，在洛维特领导下成立了"伦敦工人协会"。次年，他们提出了致国会的请愿书，并在1838年以《人民宪章》的名义公布。宪章共6条，中心内容是要求实行普选制等等。历史上将这场为实现宪章内容所作的斗争称为"宪章运动"。"宪章运动"曾掀起过3次斗争高潮。英国"宪章运动"是英国无产阶级第一次独立的政治斗争，其参与者主要是工人。他们成立了具有政党形式的全国性政治组织，在国际工人运动史上具有重要意义。但是，当时英国无产阶级在政治上尚未成熟，缺乏一个用正确革命理论为指导的政党来领导。而且，运动组织者内部存在着激烈的派别斗争，这是"宪章运动"失败的主要原因。

英国两党制

19世纪晚期，大资产阶级和大地主对英国的统治，主要是通过自由党和保守党两大政党来实现的。保守党代表资产阶级化的大地主的利益，自由党则是工业资产阶级和金融寡头的代表。19世纪最后30年间，两党轮流执政，其纲领主张虽有变化，但在对内缓和工人斗争和对外加强殖民扩张的基本政策上是一致的。

伦敦工人协会

英国宪章运动前期的工人组织，1836年3月16日在伦敦成立。主要成员为手工业者和工人，领导人为洛维特。协会利用集会、请愿和印发演说词来宣传自己的主张，旨在"以各种各样手段使社会上一切阶层获得平等的政治权利和社会权利"。1837年6月，伦敦工人协会起草了《人民宪章》，成为宪章运动的纲领。

《共产党宣言》

1847年，"共产主义者同盟"在伦敦召开代表大会，德国、英国、比利时、瑞士、波兰等国的共产主义者参加。代表大会委托马克思和恩格斯为同盟起草纲领。马克思和恩格斯经过长期的理论探索和社会调查，发现资本主义虽然在人类发展历史上起到了革命性的作用，并且带来了巨大的生产力，但它自身的矛盾必然导致其被社会主义所取代，而只有工人阶级才有力量来实现社会主义，并最终走向共产主义。

1848年2月24日，在英国伦敦一家不大的印刷所里，印出了一本小册子。这本德文的小册子看上去极为普通，也没有署名，却在后来震撼了全世界，影响到人类的发展进程。它就是由马克思和恩格斯撰写的《共产党宣言》。《共产党宣言》创立了崭新的科学共产主义学说，完整、系统地论述了科学共产主义的基本思想，是当时"共产主义者同盟"的纲领，也成为后来国际共产主义运动的指南。从此，社会主义从空想变成了科学。

拜伦和狄更斯

19世纪初期，英国资产阶级革命风起云涌，以拜伦为代表的资产阶级文学思潮——积极浪漫主义文学应运而生。拜伦的诗篇以火一般的热情，诗笔奔放流畅。他猛烈地抨击封建主义和资本主义社会的黑暗和残暴，歌颂"自由"与民族解放。到19世纪20年代，随着资本主义的发展，以狄更斯为创始人和杰出代表的批判现实主义逐渐代替了浪漫主义。狄更斯用犀利的笔锋、辛辣的嘲讽展现出英国资本主义社会的丑恶画面，并猛烈地抨击资本主义制度，使人们在回味无尽的笑声中引发出对资本主义丑恶与罪恶的憎恨。

芬尼运动

芬尼运动是19世纪50年代开始的爱尔兰反对英国殖民统治、争取独立的运动。它以芬尼社为核心，故而得名。芬尼运动活跃于英格兰、爱尔兰和美国等地，主张推翻英国殖民统治，废除大地主土地所有制，建立独立的爱尔兰共和国。1866年、1870年美国的芬尼社社员先后两次攻入加拿大，企图以攻取加拿大迫使英国政府放弃对爱尔兰的统治，但均未奏效。1867年芬尼社社员在爱尔兰一些城市起义，但相继失败。先后有169人被捕受审，大部分领导人被判处无期徒刑或长期徒刑，3人因在曼彻斯特袭击囚车被处死，人称"曼彻斯特三烈士"。芬尼运动获得农民和市镇平民的支持。第一国际也曾发动各国无产阶级支持芬尼运动。由于芬尼社领导内部的分歧、英国的镇压和美国政府的压力，19世纪70年代后，芬尼运动渐趋衰落。

达尔文的"进化论"

1831年，从剑桥大学毕业的达尔文（1809～1882年）以"博物学家"的身份，自费搭乘英国政府组织的"贝格尔号"皇家海军考察船开始了环球考察。达尔文每到一地，总要进行认真的考察研究，采集矿物和动植物标本，挖掘生物化石，发现了许多没有记载的新物种。达尔文随船到了南美洲，横渡太平洋，经过澳大利亚，越过印度洋，绕过好望角，于1836年10月回到英国。在历时5年的环球考察中，达尔文积累了大量的资料。1859年11月，达尔文经过20多年研究而写成的科学巨著《物种起源》出版。在这部书里，达尔文提出了"进化论"的思想，说明物种由低级到高级、由简单到复杂的演变过程。《物种起源》的出版在欧洲乃至整个世界都引起轰动，沉重打击了神权统治的根基。顽固派诬蔑达尔文的学说"亵渎圣灵"，以赫胥黎为代表的进步学者则积极宣传和捍卫达尔文主义。到19世纪70年代，达尔文的进化论已为学术界普遍接受。

维多利亚女王

维多利亚女王（1819～1901年），英国女王（1837～1901年），印度女皇（1876～1901年）。肯特公爵爱德华之女。18岁时继承其伯父威廉四世的王位。在位期间，积极参与朝政。在对外关系上，竭力主张对外扩张，掠夺殖民地，使英国建立了庞大的殖民地，被称为"日不落帝国"。对内发展工商业，完成了第一次工业革命，工业发展迅速，一度取得世界贸易和工业的垄断地位，在世界各地称霸一时。与首相皮尔·迪斯累里的合作很好，支持他们进行的各项改革。统治期间，英国资产阶级代议制民主进一步发展与健全，在政策、立法上推行自由主义的改革，包括国会选举制度的改革、文官制改革、教育及劳动立法等方面的改革。她在位时期被资产阶级史学家称为英国历史上的"黄金时代"。

费边主义

"费边主义"亦称"费边社会主义"。1884年以韦伯夫妇和萧伯纳为首的英国少数资产阶级知识分子创立"费边社"，旨在以古罗马统帅费边的迂回渐进战术改造英国资本主义社会，使之和平长入社会主义。1889年出版的《费边论丛》为这一思想奠定了基础。他们编辑刊物，出版大量小册子和论著鼓吹阶级合作，社会和平，用所谓"地方公有制的社会主义办法使资本主义过渡到社会主义"，即应当通过选民投票，民主选出地方自治的市政府机关，逐步掌握自来水、电灯、电车等等公用事业所有权，以逐步改良来实现"社会主义"。这是一种反对马克思主义的阶级斗争理论和社会革命学说的错误思潮，它最完整地体现与迎合了资产阶级的自由主义政策。1900年费边社并入英国工党，仍用改良主义观点研究各种社会和经济问题，反对和破坏无产阶级革命运动。

英国工党

英国工党1900年建立于伦敦，称劳工代表委员会，1906年改名工党，初期是工会组织与费边社、独立工党和社会民主同盟之间的联盟，只有集体党员，没有个人党员，也没有明确纲领，宗旨是在议会里实现独立的劳工代表权。工党于1918年通过名为《工党与新社会制度》的纲领和新党章，将生产、分配和交换手段的社会化列为自己的目标，选出了党的领导机构——全国执行委员会，并开始吸收个人党员。参加工党的基本群众是工人，但党的领导权把持在独立工党和费边社分子的手中，并不是代表工人阶级利益的革命政党，且费边社和独立工党的社会改良主义在党内影响不断增长，并反对革命。1918年前是自由党的附庸，此后在国会中取代自由党，与保守党轮流执政，成为现代英国两大资产阶级政党之一。

剑桥大学

13世纪初，英国的卡姆河畔建起了一座大学城。迄今为止，城内还保存有英国各个世纪的建筑，它是世界上最古老的大学之一。这所大学著称于世，还是在近代才开始的。剑桥大学建校初期，主要讲授语法、修辞和逻辑，同时也开设一些数学、几何、天文和音乐方面的课程。1669年，当欧萨克·牛顿来到剑桥教授数学后，剑桥才名声大噪，并成为培养第一流数学家的摇篮。而1871年建立的卡文迪什实验室，进一步提高了剑桥大学在科学界的地位。自建室以来，卡文迪什实验室先后共有25位科学家成为诺贝尔奖金获得者。至今，该实验室仍是全球物理学研究的中心之一。剑桥大学内著名的菲茨威廉博物馆，收藏着价值连城的古埃及、古希腊、古罗马的各种文物珍品，还有许多中世纪和近代作家的大量手稿，欧洲著名画家的作品等。

三国协约

19世纪，在争夺巴尔干的斗争中，法、俄为对抗共同敌人德国，日益接近，于1893年签订秘密军事协定，规定在遭受三国同盟进攻或威胁时互相支持。进入20世纪，因德、英矛盾发展，英、法亦为共同对德而接近，于1904年签订协定，就双方瓜分非洲等殖民地的矛盾达成协议。俄国在日、俄战争中失败，不再是英国主要竞争对手。1907年，缔结英、俄协定。至此协约国最终形成，成为帝国主义战争中两大军事集团之一。第一次世界大战期间，日本、意大利、罗马尼亚、美国等24个国家先后加入协约国。1917年十月革命后，苏俄宣布退出。自1918年初起，英、法、美、日等帝国主义曾以协约国名义对苏联发动三次武装干涉，均被挫败。

德意志西里西亚纺织工人起义

1844年6月4日，西里西亚纺织工人们高唱控诉资本家残酷剥削和压迫的歌曲《血腥的屠杀》，经过一家厂主的门前，有一名工人遭到毒打和拘留。这一暴行激起工人们的愤怒，3000多名纺织工举行了起义。起义遭到政府军的镇压而失败。这次起义虽然失败了，但其精神鼓舞了广大工人群众。西里西亚织工起义同法国里昂工人起义和宪章运动一样，是国际工人阶级最早的独立运动，标志着无产阶级已经以独立的力量登上了政治舞台。

容克

德文Junker的音译，意为"地主之子"或"小主人"，泛指普鲁士的贵族地主阶级。从16世纪初开始，容克阶级长期垄断军政要职并掌握国家领导权。19世纪中叶容克地主阶级开始资本主义化，成为半封建型的贵族地主，是普鲁士和德意志帝国扩张军国主义势力的支柱。第二次世界大战后，容克作为一个阶级已基本消失。

1848年德国革命

1845~1846年的农业歉收和1847年的经济危机，使工人、农民和小资产阶级的处境严重恶化。1848年德国革命的基本任务是消除封建割据，实现国家的统一。3月初，德国巴伐利亚首先爆发革命。3月13日，奥地利首都维也纳人民推翻了梅特涅政府，3月18日普鲁士首都柏林人民起义成功。其他各邦也相继起义。马克思、恩格斯参加了这次斗争，并发表了《共产党在德国的要求》。由于德国资产阶级自由派害怕无产阶级起来革命，与封建势力妥协，到1848年底，革命失败。奥地利恢复了君主专制，普鲁士成立了地主官僚政府，其他各邦反动统治也相继恢复。革命虽然失败，但为德国统一创造了条件，并打击了封建势力。

黑格尔

19世纪初德国最著名的哲学家，唯心主义辩证法的集大成者。出生于符腾堡斯图加特城的官僚世家。黑格尔哲学的最大成果是他的辩证法思想。黑格尔系统地批评了几个世纪以来占统治地位的形而上学的思维方式，结束了它的统治地位，恢复了辩证法的思维方式，并把它提升为客观真理和普遍规律。当然，黑格尔的哲学是他那个时代的产物，与任何一种哲学一样，带有不可避免的局限性。黑格尔哲学的唯心主义体系和辩证的方法是有矛盾的，他的学说中进步的一面同保守的甚至是错误的一面掺杂在一起。黑格尔哲学中方法和体系的矛盾，反映了它所属的德国资产阶级革命和妥协双重性格的特点。辩证法在黑格尔那里只是在神秘的、抽象的形式下表达了资产阶级革命的要求，而没有直接引出行动的结论。

费尔巴哈

德意志杰出的唯物主义哲学家和无神论者。费尔巴哈出生于巴伐利亚的兰得休特城一个法学家庭。他曾经在海德堡大学、柏林大学和爱尔兰根大学学习神学、哲学、植物学和心理学等，听过黑格尔的课。他在哲学方面的主要观点是：自然先于精神，是一切存在的基础。人是自然的一部分，是感性的存在。感性肉体是基础，灵魂是属性。但是，在社会观方面，费尔巴哈又是唯心主义的。1849年以后，他对现实生活更加失望，逐渐远离尘世。费尔巴哈晚年生活清苦，但坚持学术研究。

歌德与海涅

德意志文学家歌德是19世纪初欧洲启蒙文学的重要代表。他的作品体现出反封建的精神和对民族统一的要求，代表作有《少年维特的烦恼》和《浮士德》等。而海涅是德意志这一时期最杰出的革命民主主义诗人，他的诗歌热情地歌颂工人斗争，充满了革命精神，代表作有《时代的诗》，《德意志——一个冬天的童话》等。

卡尔·马克思

马克思是科学社会主义的奠基人，世界无产阶级革命的导师。1818年5月5日出生于普鲁士莱茵省特利尔城一个犹太籍律师家庭。1835～1841年，先后在波恩大学和柏林大学学习法律，1837年，开始钻研黑格尔哲学，并加入青年黑格尔派的"博士俱乐部"。1841年大学毕业获哲学博士学位。1842年10月至1843年3月，任《莱茵报》主编。1843年6月，和燕妮结婚。同年秋，迁居巴黎。1844年2月，主办《德法年鉴》杂志。这时发表的一些作品表明他已成为唯物主义者和共产主义者。马克思对历史唯物主义和剩余价值学说的两大发现，使社会主义从空想变成科学。1847年，同恩格斯一起应邀参加正义者同盟的代表大会，并将其改组为共产主义者同盟。同年出席共产主义者同盟第二次代表大会，受大会委托，同恩格斯一起起草了同盟纲领，这就是科学共产主义的纲领性文献《共产党宣言》。《宣言》的发表，标志着马克思主义的诞生。19世纪五六十年代，在极端困难的条件下，完成了马克思主义经济理论体系，1867年发表《资本论》第一卷；第二、三卷由恩格斯于1885、1894年整理出版。1864年9月国际工人协会即第一国际成立后，被选为总委员会委员，兼任德国通讯书记。他为国际起草了《成立宣言》《临时章程》和其他许多重要文件，是第一国际的实际领袖和灵魂。1871年巴黎公社革命期间，受第一国际总委员会委托，写了《法兰西内战》，系统地总结了公社革命的经验教训，发展了无产阶级革命和无产阶级专政的理论。晚年受种种疾病的折磨，仍致力于帮助各国社会主义政党的成长和人事理论研究。1883年3月14日病逝于英国伦敦。

铁血政策

德国近代史上普鲁士通过王朝战争实现德意志统一的政策。1862年，俾斯麦就任普鲁士首相前夕，曾对英国保守党领袖狄士累利说："很快我就将担负普鲁士政府的工作了。我的首要任务是重组军队……一支令人敬畏的军队一旦组成，我将抓住最好的借口对奥宣战，解散德意志议会，压服小邦，实现普鲁士领导下的德意志民族统一。"同年，他就任普鲁士首相后在议会发表演说时又宣布："德意志看得起普鲁士，不是它的自由主义，而是它的实力……当前各种重大问题的解决，不是靠演说和大多数人的决议……而是靠铁和血。""铁血政策"一词由此而来，后来成为战争政策的同义语。

贝多芬

1770年，贝多芬诞生于德国波恩的一个宫廷歌手家中。贝多芬的音乐启蒙老师是聂耶菲，一位精通作曲技术的音乐家。他为贝多芬打下了坚实的音乐基础，并帮助他去维也纳向莫扎特学习。贝多芬后来又向海顿学习对位法。到30岁时，贝多芬才举行了首次个人音乐会，从而巩固了自己的作曲家地位。受法国资产阶级革命的影响，贝多芬在创作中充分体现了革命热情和英雄气概，他勇于创新，在音乐史上起到了承前启后、继往开来的作用，并因此而被称为"乐圣"。贝多芬的一生是不幸的，他26岁就丧失了听力，终身未娶。但孤寂的生活并未打消他坚持"自由、平等"的理想和热情，他始终坚持创作。世界音乐史上的不朽之作《第九交响乐》就是贝多芬在完全丧失听觉以后创作的。

巴赫

巴赫（1685~1750年），德国古典作曲家。巴赫的先祖都是宫廷乐师，家庭的贫困使巴赫无法受到系统正规的音乐教育，只能靠自学。经过不懈努力，最终巴赫成了一名优秀的风琴演奏家。巴赫虽终身处于困难的境遇和屈辱的地位，但他却始终保持着不屈不挠的创作意志。在德国民乐的基础上，巴赫集16世纪以来复调音乐之大成，创作了几百部作品。虽然很多是宗教音乐，但绝不拘泥于教会音乐的规范。他尝试着大胆革新，对欧洲古典音乐和后世音乐的发展产生了十分深远的影响，巴赫因此而被称为"欧洲音乐之父"。

奥匈帝国

1866年普奥战争爆发，奥地利战败，被迫退出德意志以外并同意解散德意志联邦。奥地利的势力受到严重削弱，国内民族矛盾剧烈激化。为维护帝国统治，奥地利被迫与匈牙利贵族地主妥协。1867年5月，帝国议会讨论《奥匈协定》具体条文。6月，帝国议会与匈牙利议会达成协议，《奥匈协定》生效。协定宣布，奥地利帝国改组为二元制君主国，成立奥匈帝国。以莱塔河为界，帝国分为内莱塔尼亚和外莱塔尼亚两部分。前者包括奥地利、捷克、摩拉维亚、西里西亚、达尔马提亚、加里西亚、布哥维纳、伊斯的利亚和的里雅斯特等地；后者为匈牙利王国，包括匈牙利、斯洛伐克、克罗地亚、斯洛文尼亚和特兰西瓦尼亚等地。哈布斯堡王朝国王、奥地利帝国皇帝担任帝国元首，兼匈牙利国王。奥、匈各设政府和议会，帝国设有财政部、外交部和军政部。双方按一定比例分担国家财政支出，每十年调整一次。两国议会每年各派代表集会商讨解决共同事务。1914年，参加第一次世界大战。1918年战败。在国内迅速高涨的工人运动及民族解放运动的冲击下，帝国瓦解。在原帝国范围内，分别建立起奥地利、匈牙利和捷克斯洛伐克三个国家。部分领土归还波兰和新成立的南斯拉夫。

普法战争

19世纪60年代后期，普法矛盾日趋激化。法国力图阻止德意志的统一，以扩大法国在欧洲的势力，并缓和国内阶级矛盾；普鲁士则企图通过自上而下的王朝战争统一德意志，进而称霸欧洲。1870年7月19日，法国以西班牙王位继承权问题为借口向普宣战。战争开始后，法军不断失败。8月4日，普军越过边界进入阿尔萨斯。9月初，法军在色当溃败投降，从皇帝、元帅、将军到士兵10万多人全部被俘。9月4日，巴黎爆发革命，推翻了法兰西第二帝国，建立了第三共和国，法国成立了资产阶级的"国防政府"。普军于9月19日包围巴黎。1871年1月28日，双方签订停战协定。5月，又签订《法兰克福和约》，法国割让阿尔萨斯和洛林，并赔款50亿法郎。普法统治者勾结，共同镇压了巴黎公社。普鲁士国王威廉一世于1871年1月18日在法国巴黎凡尔赛宫举行加冕典礼，就任德意志皇帝，建立了德意志帝国（德意志第二帝国），从而完成了统一。

色当惨败

1870年8月18日，法国元帅巴赞指挥的莱茵军团被普军围困在梅斯，麦克马洪伯爵奉命率新编沙隆军团前往梅斯解围。普军所向披靡，将沙隆军团逼至法国边境。法军失利，全部撤至色当。毛奇指挥的普军在色当用700门大炮猛轰法军营地，色当硝烟弥漫，全城一片火海，法军死伤无数。接着，普军20万人向色当发起猛攻，法军支撑不住，被迫举起白旗。9月2日，被围的拿破仑三世率官兵向普鲁士国王投降，色当战役结束。

《哥达纲领批判》

1875年3月，威廉·李卜克内西同拉萨尔派的哈赛尔曼发表了共同起草的充满拉萨尔机会主义观点的《哥达纲领》。它鼓吹资产阶级改良主义，否认无产阶级革命和无产阶级专政，主张采取合法手段，和平过渡到社会主义，宣扬资产阶级民族主义，反对无产阶级国际主义等。同年，马克思写成《哥达纲领批判》，严厉批判了《哥达纲领》中的拉萨尔主义的观点，进一步阐明了马克思主义原理。马克思在文中特别强调只有通过暴力革命，推翻资产阶级统治，才能获得彻底解放；论证了工农联盟的原理，明确指出，从资本主义向共产主义过渡时期的国家，必须坚持无产阶级专政，决不能走别的道路等。《哥达纲领批判》是马克思主义反对各种机会主义的锐利武器和光辉文献。

三国同盟

普法战争后，德、法结下世仇。19世纪70年代，德、俄关系恶化，俄国在争夺巴尔干的斗争中，与奥匈帝国矛盾尖锐。德、奥于1879年10月在维也纳秘密缔结了针对俄、法的同盟条约。其后，意大利因与法国争夺突尼斯失败，要求加入德奥同盟，于1882年5月在维也纳签订《德奥意三国同盟条约》。条约规定：如意大利受到法、俄进攻，德、奥须全部军队予以援助；如俄、奥发生战争，意大利将守中立；如德国受到法国进攻，意大利则站在德国一边参加战争。从此三国同盟正式形成，成为帝国主义战争的两大军事集团之一。第一次世界大战伊始，意大利宣布中立，1915年加入协约国。1914年10月和1915年10月，土耳其和保加利亚先后加入同盟国。1918年，同盟国战败而瓦解。

施利芬计划

第一次世界大战初期德军实施的战略计划，由前总参谋长施利芬伯爵于1905年制定。施利芬是闪电战理论的创始人，主张以优势兵力袭敌于不备，围而歼之，速战速决。针对在未来战争中德国将面临与法、俄两线作战的情况，他主张，首先在西线迅速打垮法国，然后再全力打击俄国。其作战计划是：在东线用少量部队顶住俄国，集中兵力于西线；因瑞士地形复杂，不适宜大部队快速运动，德军右翼应穿越地势坦荡的比利时，以镰形攻势包抄到法军的正面防御阵地的后面，攻占巴黎后，将法军围歼在德、法、瑞边境。然后，转向东线。1906年小毛奇继任总参谋长后，对施利芬计划做了部分变动，加强了西线左翼和东线的兵力，削弱了西线进攻力量。第一次世界大战初期，由于德军在马恩河战役失利，施利芬计划破产。

青年意大利党

1815年维也纳会议后，封建君主专制在意大利复辟成功。政治分裂的意大利国家林立，多数国家仍处于外国统治之下，资本主义的发展也因此受到阻碍。就在这一历史条件下，1831年，青年意大利党诞生。其主要创始人为居赛普·马志尼。该党提出"自由、平等、博爱、独立、统一"的口号，强调走"自下而上"的道路，用革命手段推翻奥地利的统治及意大利各邦的君主专制制度。该党的活动有力地唤醒了意大利的民族意识，并在人民中广泛传播了民主共和思想，为1848年革命做了思想准备。

1848年欧洲革命

1848年1月，意大利西西里巴勒莫人民起义，揭开了1848年欧洲革命的序幕。在这场席卷了欧洲许多地区的革命中，法国的革命斗争最为激烈，并直接推动了1848年德国的三月革命爆发。接着，匈牙利、捷克、波兰、罗马尼亚相继掀起了民族解放斗争。巴黎工人的六月起义则把革命推到高峰。这次革命虽以失败告终,但它在不同程度上打击和动摇了封建制度,为资本主义在欧洲的进一步发展创造了有利条件,同时也锻炼和教育了无产阶级。

加富尔任撒丁王国首相

加富尔是意大利著名的政治家,他认为英国的君主立宪制是最好的制度,鼓吹以撒丁王国为中心实行自上而下的统一。1852年,加富尔担任撒丁王国首相。他对撒丁王国的内政进行了一系列改革,提高了撒丁王国在意大利诸邦中的地位。1859年,他同拿破仑三世缔结协定:意法共同对奥作战以把奥地利赶出意大利,撒丁王国割让萨伏依和尼斯给法国作为回报。但是拿破仑三世背弃诺言,单独同奥地利签约停战,把威尼斯留给了奥地利。1860年3月,在加富尔的游说下,意大利中部四邦并入撒丁王国。

红衫军登陆西西里岛

1860年5月,加里波第为援助同年4月发生的西西里农民起义,组织了著名的"红衫军"(因身着红衫而得名)前往西西里岛。5月末,加里波第的军队在西西里登陆,与当地的起义军会合,很快击溃了西班牙的波旁王朝军队,并以撒丁国王的名义建立了政权。7月,加里波第被推举为西西里的"独裁者"。之后,加里波第与加富尔谈妥,用"全民投票"的方式将西西里和那不勒斯并入撒丁王国。至此,除威尼斯和教皇领地外,撒丁王国统一了意大利全境。1861年3月17日,第一届意大利议会开幕,撒丁国王维克多·艾曼努尔成为意大利国王,加富尔任总理大臣兼外交和海军大臣。

意大利统一

那不勒斯解放后,撒丁王国的军队进入那不勒斯境内。1860年10月末,南意大利正式并入撒丁王国。1861年,意大利王国正式成立,撒丁王国的国王登上了意大利王国的王位。但此时的威尼斯和教皇辖地尚在外国控制下,最后统一尚待完成。1866年,普、奥战争爆发,意大利加入普鲁士一方作战。战争在短期内以普鲁士胜利而结束。根据《维也纳和约》,威尼斯被归还给意大利。1867年10月,罗马举行公民投票,根据投票结果,罗马教皇国被合并于意大利王国,教皇世俗权力被取消。意大利统一终于完成。

马可尼发明无线电报

马可尼是意大利著名发明家,1874年生于波洛尼亚的地主家庭,早年就读于波洛尼亚大学。毕业后,从事有关无线电报的研究工作。1896年,马可尼发明无线电报,次年在英国申请到此项发明的专利权。1897年,建立马可尼无线电报有限公司,自己兼任董事长。1903年,英国、意大利、加拿大、美国、德国、日本、比利时等国,都普遍装备了马可尼发明的无线电报装置。马可尼是无线电报的伟大发明者。其毕生都投入到无线电报的发明和发展事业上。他本人也由此获得1909年诺贝尔物理学奖。

三次瓜分波兰

18世纪中叶,波兰的封建农奴制危机和

无政府状态发展到了顶点,中央政权瘫痪,边防空虚,国力衰弱。1763年10月,波兰国王奥古斯都三世病故,俄国女皇叶卡捷琳娜二世趁机加紧了对波兰的控制。面对严重的民族危机,部分波兰贵族掀起爱国革新运动,维护国家独立,结果引起外国的干涉——俄、普、奥三国分别于1772年、1793年及1795年三次共同瓜分波兰。波兰国土被全部瓜分,人民被异族长期奴役,直至第一次世界大战后才复国。

普加乔夫起义

俄罗斯民间流传着彼得三世仍然活着的各种传说。于是,生活阅历十分丰富的普加乔夫自称彼得三世,在1773年9月17日,聚集一支80人的当地哥萨克队伍起义。由于起义者在檄文中明确宣布要给人民以土地、水源、草场、自由和粮食,加上有彼得三世这个外衣,普加乔夫的队伍一路受到各族人民的欢迎,他们纷纷投奔起义队伍。起义军很快发展到3万多人,并攻下了东南地区的中心城市奥伦堡,把前来支援的政府军打得溃不成军。叶卡捷琳娜二世任命比比科夫元帅为征讨普加乔夫的总司令,调集大批精锐部队来参加镇压行动。由于内部出现了叛徒,一伙哥萨克士兵背叛了普加乔夫,把他捆绑起来,送交了军队。他在1775年1月10日清晨走上了断头台。普加乔夫起义是俄国历史上最大的一次农民战争,虽然失败了,但它对沙皇专制统治和腐朽农奴制度是一次沉重的打击。

俄土战争

为争斗俄国南方的出海口,彼得一世时就长期同土耳其进行战争。18世纪中期在沙皇叶卡特琳娜二世在位时,俄国夺得第聂伯河至布格河之间的土地、克里米亚的叶尼卡列和刻赤,势力扩张到黑海,打通了通向黑海的门户。在1806~1812年的战争中,双方最后签订了《布加勒斯特和约》,土耳其将比萨拉比亚割让给俄国。1828~1829年的俄土战争,俄国获胜,双方签订《亚得里亚堡条约》,俄国占领了多瑙河口和附近岛屿及高加索的大片土地,加强了其在巴尔干的势力,使土耳其在一定程度上依附于俄国。1877~1878年,俄土再战,土耳其再次失败,被迫签订《圣·斯特法诺和约》,俄国占有了巴统等地并占领南比萨拉比亚。通过18~19世纪的俄土战争,俄国攫取了大片土地,势力大大加强。

维也纳会议

1814年10月到1815年6月,战胜拿破仑帝国的欧洲各国代表在维也纳召开国际会议。操纵国是俄、英、普、奥四大国,俄国沙皇亚历山大、普鲁士国主腓特烈·威廉三世和他的首相哈登堡、奥地利皇帝弗朗西斯一世和他的首相梅特涅、英国外交大臣卡斯尔累出席了会议。其目的是进行分赃,同时要恢复法国大革命以前欧洲的旧秩序,并且防止法国东山再起。

十二月党人起义

起义发生在俄历12月,故名。俄国一批年轻的贵族军官,受到法国启蒙思想和国内进步思想家拉吉舍夫等的影响,于1816年建立"救国协会",不久瓦解;1818年成立"幸福协会",包括"南方协会"和"北方协会",其宗旨是推翻沙皇专制制度,消灭农奴制,建立资产阶级共和制或君主立宪制。南、北方协会计划于1826年秋举行起义。1825年11月19日沙皇亚历山大一世猝然死去，俄国出现皇位虚悬局面。北方协会领导人决定利用12月14日军队向新沙皇宣誓之日提前起义，但遭到血腥镇压；南方协会获知消息后举行起义亦被镇压，起义失败。十二月党人坚持废除农奴制，为俄国资本主义发展开辟了道路，起义唤醒了新一代的革命家，促进了俄国民族解放运动。

欧洲宪兵

1848年夏、秋，俄军打着"解放者"的旗号，先后开进摩尔多瓦和瓦拉几亚，镇压了两公国的革命运动。此后，它又把下一个目标指向匈牙利。匈牙利革命具有全欧的性质，如果它的革命取得胜利，势必引起整个欧洲革命的进一步高涨，特别对沙俄在波兰和东南欧的利益造成严重威胁，沙皇心急如焚。恰在这时，奥地利政府向沙皇求救来了，早已按捺不住的尼古拉一世立即狂叫起来："敌人出现在哪里，我们就打到哪里。"5月，15万俄军侵入匈牙利。匈牙利革命不久就被俄军血腥镇压。事实表明：沙皇俄国不但镇压国内人民革命，而且镇压欧洲其他国家的革命运动，成为欧洲反动势力的主要堡垒，起了一个宪兵的作用，因而，人们把沙皇俄国称为"欧洲宪兵"。

克里米亚战争

19世纪中叶，俄国力图击败土耳其，控制黑海海峡，插足巴尔干半岛，引起了英法的反对。1853年6月，俄国出兵占领土耳其的附属国摩尔多瓦和瓦拉几亚。10月，土耳其对俄宣战，战争爆发。11月，俄国海军在黑海南部全歼土耳其舰队，直逼君士坦丁堡。1854年3月，英、法对俄国宣战，撒丁王国加入英、法一方，后来战事集中在克里木半岛进行。1855年秋，英、法、土联军攻占了俄国的黑海要塞塞瓦斯托波尔。1856年3月，双方签订《巴黎和约》，俄国让出多瑙河三角洲和比萨拉比亚南部，并不得在黑海保留舰队和设立兵工厂。这次战争动摇了沙俄在欧洲大陆的霸主地位，充分暴露了农奴制度的腐败与落后，在一定程度上促进了俄国1861年废除农奴制的改革。

俄国1861年改革

19世纪中叶，农奴制已成为俄国资本主义发展的严重阻碍。克里米亚战争的失败，更加暴露了俄国农奴制度和沙皇专制制度的腐朽。俄国农民运动不断高涨，在内外交困的形势下上台的沙皇亚历山大二世（1855～1881年在位）被迫于1861年春（俄历二月十九日）颁布了《关于农民脱离农奴依附关系的1861年2月19日法令》。法令由17个文件组成，主要内容有：农民有人身自由；农奴在获得人身自由时，应交付大量赎金才能得到一块份地。这次改革使俄国资本主义的发展得到了必要的劳动力、资金和市场，使俄国走上了资本主义的发展道路，但改革后的俄国保存着大量封建残余。

门捷列夫的"元素周期律"

元素周期律的发现者门捷列夫（1834～1907年）是俄国化学家、教育家。1855年毕业于圣彼得堡中央师范学院，1859～1861年被送往德国深造，回国后任彼得堡工业学院和彼得堡大学教授。1869年，他发现了后来成为自然科学基本定律的化学元素周期律，并据此预见了12种尚未发现的元素。1868～1870年，他写成《化学原理》一书，最先用周期律的观点系统地阐明了无机化学的基本原理。

柴可夫斯基

俄罗斯最伟大的作曲家柴可夫斯基（1840～1893年）出生在俄国维亚特斯基省的一个贵族家庭。柴可夫斯基10岁便开始学习钢琴和作曲。22岁入彼得堡音乐学院学习作曲，毕业后任教于莫斯科音乐学院，直到1877年离开。此后他在梅克夫人的资助下，专事音乐创作，这期间有很多优秀作品问世。柴可夫斯基作品繁多，最著名的有《胡桃夹子》、《天鹅湖》、《罗密欧与朱丽叶》等。他的音乐真挚、执著，注重对人的心理的细致刻画，充满感人的抒情性，同时又带有强烈的、震撼人心的戏剧性。具有俄罗斯民族那种特有风格的旋律，浓重、丰富的和声，显示出制曲家本人的个性气质，富有难以言传的魅力，因而柴可夫斯基被誉为"俄罗斯之魂"。

劳动解放社

1888年，俄国出现了第一个马克思主义组织——"劳动解放社"。它是普列汉诺夫（1856～1918年）侨居日内瓦时成立的。其主要成员有阿克雪里得、捷依奇、伊格纳夫等。普列汉诺夫原是民粹主义者，1880年由于沙皇的通缉逃往国外。他在国外侨居的前期，研究了马克思恩格斯的著作和西欧工人运动的经验，探索了民粹派失败的原因，从而接受了马克思主义，并决心把马克思主义传播到俄国。"劳动解放社"为在俄国传播马克思主义，做了不少工作。还把《共产党宣言》、《雇佣劳动与资本》、《社会主义从空想到科学的发展》等经典著作，译为俄文，在国外印好，运到俄国秘密散发。普列汉诺夫还写了批判民粹派和介绍马克思主义的一些著作，如《我们的意见分歧》、《论一元史观的发展问题》等。

《火星报》

《火星报》是由列宁创办的第一份全俄马克思主义政治报纸。1900年12月在德国莱比锡创刊，先后在慕尼黑、伦敦、日内瓦出版。报头刊有"星火可以燎原"的口号。编辑部成员有列宁、普列汉诺夫、马尔托夫、阿克雪里罗得、波特列索夫和查苏利奇。列宁是该报的主编和领导者，他在该报发表了许多有关俄国社会民主工党的建设和无产阶级斗争的各种基本问题，反映并评述国内外的重大事件的文章。在列宁的倡议和参与下，编辑部制订了俄国社会民主工党党纲草案，并得到大多数地方的社会民主工党组织的拥护，而且筹备党的第二次代表大会的召开。这次大会宣布《火星报》为党的中央机关报，并选出新的编辑部成员：列宁、普列汉诺夫和马尔托夫。为加强中央委员会的领导，列宁于1903年11月1日退出编委会。从第52期起，该报被孟什维克篡夺。共出版112期，1905年10月停刊。

布尔什维克

俄文音译，意为多数派，一般是指俄国社会民主工党内的马克思列宁主义者派别。1903年7月召开的俄国社会民主工党第二次代表大会上，以列宁为首的革命的马克思主义者同以马尔托夫为首的机会主义者展开了激烈的斗争，在选举党中央委员会和党机关报《火星报》编辑部时,马尔托夫派占少数,被称为孟什维克,拥护列宁的占多数,被称为布尔什维克。从此俄国社会民主工党内出现两个对立的政治派别。布尔什维克在列宁的领导下,进一步发展了马克思主义的无产阶级专政学说,进行争取民主革命和社会主义革命的斗争。1912年在布拉格代表会议上,孟什维克被开除出社会民主工党。布尔什维克成为新型的无产阶级政党。1918年3月改名为俄国共产党(布尔什维克),1925年易名为苏联共产党(布尔什维克),1952年在苏共第十九次代表大会上改名为苏联共产党。

流血星期日

1905年一月三日(俄历)彼得堡普梯洛夫工人为抗议厂主开除4名工人举行罢工,很快得到其他工厂的声援。8日发展成为全市总罢工,参加人数达15万人。期间加邦牧师鼓动工人去冬宫向沙皇呈递请愿书,布尔什维克劝告工人不要去请愿。但工人普遍对沙皇抱有幻想。一月九日(俄历)晨,彼得堡工人偕同家属约15万人举着宗教旗帜、圣像、十字架和沙皇画像,唱着祷歌和对沙皇的颂歌,前往冬宫请愿。当队伍行至冬宫前的广场,遭到沙皇军警的突然射击,一百多人被当场打死,两千多人受伤,鲜血染红积雪的广场。因那天是星期日,史称"流血星期日"。惨案唤起了广大人民群众的觉醒,在布尔什维克的领导下,拿起武器反对沙皇专制制度,导致1905年革命的爆发。

俄国1905年革命

1905年1月22日(俄历一月九日),彼得堡工人及其家属约15万多人上街向沙皇请愿,惨遭镇压,一千多人死亡,两千多人受伤。这次惨案使俄国工人放弃了对沙皇的幻想,开始投入反沙皇的斗争,成为革命的起点。10月,革命运动发展为全俄政治总罢工,成立罢工领导机关工人代表苏维埃。12月18日,根据布尔什维克党的建议,莫斯科苏维埃决定举行政治总罢工。22日发展成武装起义,成为1905年革命的最高潮,1906年1月1日,革命被镇压,革命走向低潮。1905年革命是列宁主义诞生后的第一次重大的革命运动,锻炼了布尔什维克党和广大劳动人民,为二月革命和十月革命作了准备,是十月革命的一次"总演习"。

俄国二月革命

因发生在1917年俄历二月,故名。第一次世界大战给俄国带来特别严重的经济和政治危机,社会矛盾异常尖锐,革命形势迅即趋于成熟。1917年3月3日(俄历二月十八日)彼得格勒普梯洛夫工厂工人罢工,得到许多工厂工人的声援。9日罢工人数增加到20万。10日,发展为全城政治性总罢工,提出"打倒沙皇"、"打倒战争"、"要面包"等口号。26日,工人响应布尔什维克党的号召,罢工发展成武装起义。4月12日起义席卷全城,首都驻军也参加了起义。起义的工人和士兵逮捕政府大臣和将军,占领政府机关,推翻了沙皇专制统治。各地工人、士兵纷纷推翻当地政府。革命后,建立了工兵代表苏维埃。资产阶级在孟什维克和社会革命党的帮助下,成立了临时政府。俄国出现了两个政权并存的局面。

巴甫洛夫

20世纪初,俄国生理学家巴甫洛夫(1849~1935年)开始研究高级神经活动。他通过实验发现,当食物落到狗的口中时,它会分泌出唾液。这种反射活动是狗和其他一切动物生来就有的，巴甫洛夫称它为"非条件反射"。但在后来的实验中，他又发现，除了食物刺激口腔会引起狗的唾液分泌以外，其他的刺激，比如光、声音等的刺激，也能引起狗的唾液分泌。他把这种现象称为"条件反射"。这项重要发现为人类在生理学方面的研究做出了巨大贡献。巴甫洛夫也因此获得了1904年诺贝尔生理学和医学奖。

维也纳三月革命

19世纪中叶，奥地利的封建专制统治引起了资产阶级和劳动人民的强烈不满。1848年3月，首都群众举行示威，遭到政府军队的镇压。示威群众群情激奋，游行于是发展为起义。迫于国内形势的压力，首相梅特涅辞职。起义群众又包围了皇宫，迫使皇帝同意颁布宪法，并改组内阁。三月革命使资产阶级靠人民的革命力量取得了部分政权。

捷克民族解放运动

捷克王国长期处于奥地利帝国的奴役之下，资本主义发展受到严重阻碍，要求民族独立的呼声日渐高涨。1848年6月，捷克资产阶级自由派在布拉格召开奥地利境内斯拉夫人的代表大会。会上，自由派主张投靠哈布斯堡王朝的势力，保存奥地利的统治。而民主派则坚持革命的立场，并领导了6月起义，但以失败告终。捷克民族解放运动逐渐走向低潮。自由派公开叛变，转而支持哈布斯堡王朝，镇压匈牙利革命。

匈牙利民族解放战争

1848年革命前夕，匈牙利也是哈布斯堡王朝统治下的一个封建国家。1848年法国革命爆发后，推翻哈布斯堡王朝统治、争取民族独立成为匈牙利人民的强烈愿望。在维也纳三月革命的推动下，1848年，起义在佩斯爆发。革命迅速蔓延，奥皇被迫同意成立匈牙利责任内阁，但转而又镇压匈牙利革命。由于人民军队的英勇奋战，奥军败退到奥地利境内。次年4月，匈牙利议会通过独立宣言，宣布匈牙利独立。但因俄国出兵镇压，匈牙利革命最终失败。

诺贝尔与"诺贝尔奖"

1866年，瑞典化学家诺贝尔（1833～1896年）成功制造了液体炸药，但这种炸药易在受到震动和摩擦时自动引爆。诺贝尔于是开始研究一种安全炸药。诺贝尔把液体炸药吸入一种硅土里面，这样，即使遇到一定的温度或摩擦、震动，这种固体炸药也不容易爆炸。这样，世界上第一次出现了能够安全运输的固体炸药。这种炸药必须经过引爆后才能爆炸，为此，诺贝尔又发明了引爆装置雷管。1875年，诺贝尔发明了胶质炸药。1887年，又发明了无烟炸药，这就是我们现在使用的炸药。

诺贝尔去世前曾立下遗嘱，把自己一生的积蓄捐献出来当做基金，将其利息作为奖金，每年对物理学、化学、医药学、文学和促进世界和平有特殊贡献的人予以奖励。后来又增加了经济奖。这就是现在世界上最著名、学术声望最高的"诺贝尔奖"。

西班牙王位继承战争

西班牙国王查理二世无嗣，指定法王路易十四之孙菲力普为继承人，并于1701年继位。英、荷遂联合早想争夺西班牙王位的奥地利组成抗法大同盟。1701年3月，战争爆发。反法联军在意大利、德意志、尼德兰三个战场取得重大胜利。在西班牙战场上，菲力普五世进行了顽强的抵抗。1711年，该战场形势转而有利于法、西。同时，英、法在北美展开争夺殖民地的战争，英军取得优势。战争后期，法国在军事上稍有起色并在西班牙站稳了脚跟，英国一时难以取胜。于是，率先与法国秘密谈判，并于1713年签订了《乌特勒支和约》。奥、法也于1714年签订了《拉斯塔德和约》。在这次战争中，英国扩大了殖民地，确保了海上优势，而法国的势力却大大削弱。

西班牙人民反法起义

1808年4月，西班牙发生政变，国王查理四世被推翻，其子斐迪南七世上台。拿破仑乘机占领了马德里，让自己的哥哥约瑟夫·波拿巴当上了西班牙国王，并把西班牙国王父子都投入了监狱，西班牙自此处在拿破仑的控制之下。拿破仑的占领引起葡萄牙和西班牙人民的反抗，各地反侵略游击斗争不断。1808年5月2日，拿破仑下令将西班牙国王父子送往法国，这激起了西班牙首都马德里人民的起义，马德里人民奋战一天后失败，上千人阵亡，数百人被处死。尽管马德里人民起义失败了，但它掀起了西班牙人民全国性的反法游击战争。西班牙人民的反抗拖住了法国30万军队，这对于各国人民最后打败拿破仑起到了重要的作用。

西班牙"黑暗的十年"

西班牙"黑暗的十年"指的是1823～1833年的西班牙；1820～1823年西班牙第二次资产阶级革命结束后，斐迪南七世再次复辟。其间，他实行恐怖统治，变本加厉地对革命人民进行报复。从1823～1833年10年间，有5万余名革命者被投入监狱，3万余人被枪杀、绞死。

美国内战

西进运动

18世纪末至19世纪末的美国西进运动是美国国内的一次大规模移民拓殖运动，是美国人对西部的开发过程，也是美国城市化、工业化和美利坚民族大融合的过程。这场西进运动对美国的经济、政治和社会都产生了重大而深远的影响。"直到目前为止，一部美国史在很大程度上可说是对于西部的拓殖史"。西进运动彻底改变了美国的面貌。大片荒地被开垦出来，大批的资本主义农场建立起来，西部农业的发展为工业的发展提供了大量的粮食、原料、出口产品和国内市场；使美国的劳动力布局有所改变；促进了国内统一大市场的形成，东西部互补性贸易迅速发展；西部资源的开发和利用还满足了工业发展的需要，交通运输业也飞速发展。美国的西进运动激发了美国人的创造力和经济活力，提高了美国的综合国力和国际地位，对美国整个国民经济的起飞具有重要的意义。

门罗主义

美国总统詹姆斯·门罗（1817～1825年在位）为了反对沙俄由阿拉斯加南下扩张以及英国和"神圣同盟"插足拉丁美洲，于1823年12月2日在致国会的咨文中阐述美国对外政策原则时宣称："美国不干涉欧洲事务和任何欧洲国家在美洲现存的殖民地和保护国，但任何欧洲列强都不得干涉西半球的事务，否则就是对美国安全的威胁和不友好的表现。"同时还提出"美洲是美洲人的美洲"的口号，这就是"门罗主义"。它把美国打扮成"从不干涉任何国家内政"的"保护者"。实际上是企图把美洲变成美国人的美洲。它在当时对于防止欧洲列强染指拉丁美洲起了一定的遏制作用，使拉丁美洲各国的独立得到巩固，此后则变成美帝国主义在西半球以及世界其他地区推行侵略、奴役政策的工具。

莫尔斯电码

1832年，美国画家莫尔斯（1791～1872年）乘邮轮返回美国，旅途中，他结识了一个叫杰克逊的电学博士。杰克逊向他介绍了电磁知识，莫尔斯完全被电迷住了。他想："电能够在一瞬间传到千里之外，加上电磁铁在有电和没电时都能作出不同的反应，如果利用它的这种特性不就可以传递信息了吗？"于是，莫尔斯决定放弃绘画，发明一种用电传信的方法——电报。他为每一个英文字母和阿拉伯数字设计出代表符号，这些代表符号由不同的点、横线和空白组成，这就是电信史上最早的编码，后人称它为"莫尔斯电码"。1837年，莫尔斯制造了一台电报机，但它的有效工作距离仅为500米。后来他又对电报机进行了改进，为了在实践中检验电报机的性能，莫尔斯请美国国会资助，在华盛顿与巴尔的摩之间架设了一条长约64千米的线路。1844年5月24日，在华盛顿国会大厦联邦最高法院会议厅里，开始进行电报收发试验。莫尔斯在预先约定的时间向巴尔的摩发出了人类历史上第一份电报。电报的发明，揭开了电信史上崭新的一页。

废奴运动

19世纪上半叶的美国，曾存在着两种互相对立的社会制度，在北部各州，发展起来了资本主义工商业，而在南部诸州则推行的是种植园奴隶制。南方的大种植园主们推行这种奴隶制，严重阻碍了北方工业资本主义的发展，成为阻碍历史进步的因素。19世纪上半叶的美国北部兴起旨在推翻南部种植园奴隶制的废奴运动，并逐渐成为一场各自由州的联合政治运动。

为了帮助黑人奴隶逃出那充满罪恶的蓄奴州，废奴主义者们组织了一整套接应逃亡奴隶的线路和方法。他们称这一逃亡线路为"地下铁道"。这条"地下铁道"设有各个"车站"——同情黑奴的人的住宅，过路的黑人可以歇脚、投宿；有"火车"——逃亡的奴隶群；有"乘务员"——熟悉道路和情况的领路人。当时的一些伟大的废奴主义领袖，如约翰·布朗、哈里特·塔布曼都是著名的"乘务员"。约翰·布朗领导的起义把这场运动推向高潮。废奴运动是南北两种社会制度矛盾尖锐的产物，是美国南北战争的序幕。

种植园制度

美国内战前，南方各州实行由奴隶从事农业劳动的制度。大种植园一般分为几个农场，每个农场都有监工，在种植园劳动的黑奴们的境地十分悲惨。种植园的主要农作物为棉花、稻子、烟草和甘蔗等。

旧金山

旧金山是美国加利福尼亚州的著名城市，英文叫圣弗朗西斯科，当地的华侨叫它三藩市。19世纪40年代以前的旧金山，还是墨西哥的一片荒凉之地，1846年，在美国入侵墨西哥的战争中，美国海军第一次占领了这个地方。当1846年美国迫使墨西哥割让领土的条约尚未签订时，在旧金山附近发现了金矿，消息传出，全国轰动，大批人从美国东部蜂拥而至，资本家还在海外招募了契约华工来淘金开矿，于是著名的加利福尼亚淘金热开始了。华工们望着周围埋藏着丰富金矿的山岭，就把这里称为金山。到了19世纪50年代，澳大利亚的墨尔本附近也发现了金矿，又吸引了大量的淘金者，人们也称那里为金山。因美国的金山发现得较早，以后为了区别这两座金山，就把早先在美国加利福尼亚州发现的金山称为旧金山。

美墨战争

1845年，美国强占了墨西哥的得克萨斯，但美国种植农奴主要占有墨西哥更多的领土。于是美国以边界纠纷为借口，于1846年发动了对墨西哥的战争。美国海、陆军分三路，入侵墨西哥，1847年，攻占墨西哥城，墨西哥政府被迫议和。1848年2月2日，双方签订《瓜达卢佩—伊达尔戈条约》，战争结束。美国吞并了墨西哥的得克萨斯、新墨西哥和加利福尼亚等约235万平方千米的土地，几乎是墨西哥的半壁江山，作为报偿，美国付给墨西哥1500万美元。这场战争对美国的发展影响巨大。

《汤姆叔叔的小屋》

1852年，哈丽特·斯托夫人的小说《汤姆叔叔的小屋》在美国出版。该书的中心人物汤姆是一个信奉基督教、品德高尚的奴隶，他被卖给一个名叫西蒙·莱格里的道德堕落的白人种植园主，遭受了非人的待遇，命运凄惨。该书发行后引起轰动，在一年内印刷了120万册，并被改编成戏剧，演出上百场。斯托夫人的《汤姆叔叔的小屋》作为当时最流行的一部小说，激发起群众对奴隶制的痛恨和对黑奴的同情，鼓舞了成千上万的人们参加废奴运动，并间接地导致了美国内战的爆发。林肯曾经说过，是斯托夫人发动了美国南北战争。

美国的两党制

民主党成立于1828年，代表北方工业资产阶级的利益；共和党成立于1854年，代表南方奴隶主的利益；内战以前，双方在奴隶制等问题上尖锐对立。内战后，共和党长期执政，变成大工业家和银行家的政党；民主党则变成资产阶级化了的南方大农场主、富农和南方资产阶级的政党。美国向帝国主义过渡的时期，两党差别逐渐消失，都代表垄断资产阶级的利益，对外进行扩张。在垄断资产阶级的支持下，美国形成两党制，共和党和民主党轮流执政、垄断政权，使其他政党没有上台的机会。两党制对协调美国社会矛盾与利益冲突，维系美国资产阶级民主政治的运作发挥了重大作用。当然，其实质仍是美国资产阶级专政的工具。

美国南北战争

美国南北战争又称"美国内战"（1861～1865年），是由于北方工业资产阶级要求发展资本主义工商业与南方种植园奴隶主要求扩展奴隶制的矛盾引起的战争。1860年，反对黑人奴隶制的共和党人林肯当选总统，成为战争爆发的导火线。1861年，南方11个州先后宣布独立，并成立"美利坚诸州同盟"政府，另选戴维斯为总统,以弗吉尼亚的里士满为首都。4月12日,南方军队炮击萨姆特要塞,挑起内战。战争初期,北方军队处于劣势。1861年7月,在距离华盛顿40公里的马那萨斯城进行了第一次大会战,北军大败,华盛顿几乎陷落。之后北军向南进攻,1862年6月,在里士满城下的战役中,北军再次被打败。在人民群众的压力下,林肯政府于1862年实行了一些革命性的措施,并改组了军队。这些措施激发了人民群众和黑人奴隶的革命积极性,扭转了战争形势。从1863年夏,北军转入反攻。7月,葛底斯堡一战,基本上摧毁了南军的主力。1865年4月3日,北军大将格兰特率军占领南部同盟首都里士满,9日,南军总司令李将军投降,战争以北方的胜利结束。南北战争是美国历史上第二次资产阶级革命,废除了黑人奴隶制,为资本主义的进一步发展扫清了道路,但战后美国资产阶级仍然推行种族歧视政策。

林肯

亚伯拉罕·林肯(1809~1865年)美国内战时期的总统,出身于农民家庭,没有上过学,但通过顽强的刻苦自学,攻读了历史、法律、哲学等方面的书籍。1834年,25岁的林肯当选为伊利诺斯州议员,开始了他的政治生涯。由于他的坚定的解放黑奴的立场,得到了北方资产阶级和全国人民的支持,1860年,当选为美国总统。由于美国南方蓄奴主义者发动叛乱,美国南北战争爆发,战争初期,北方仓促应战,节节败退。在这危急关头,林肯签署了《宅地法》,规定每个美国公民只交纳10美元,就可以在西部得到160英亩的土地,在连续种植5年后,便可以拥有这块土地。同年,

又颁布《解放黑奴宣言》,宣布废除各州奴隶制,解放的黑奴可以参加联邦的军队。这两个文件调动了农民和黑奴的积极性。从此,北军取得了节节胜利。1865年4月14日晚,林肯在剧院遭到枪杀,第二天辞世。林肯总统带领美国人民废除了奴隶制,促进了美国资本主义的发展,受到美国人民的永久爱戴。

爱迪生发明电灯

1877年起,美国发明家爱迪生(1847~1931年)开始致力于电灯的研制工作。他发现,灯泡内的空气使灯丝氧化是灯丝寿命短的主要原因,因而努力提高灯泡内的真空度。1879年10月,爱迪生把碳化棉丝置于灯内,抽成真空后将灯密封,通电后持续照明了40小时。但爱迪生并不满足这一进步,他希望他的灯能够持续照明1000小时以上。为此,他试用了包括胡须在内的1600多种材料。最后,找到了碳竹丝,碳竹丝灯连续工作了1200小时。1880年5月"哥伦比亚号"汽船上安置了115盏这种灯,成功地使用了15年。

"五一"国际劳动节

1886年5月1日,美国芝加哥、底特律、纽约等城市的35万工人为争取每日8小时工作制而举行联合罢工,组织示威游行,芝加哥的无产阶级走在斗争的最前列。5月3日,美国资产阶级当局出动警察对芝加哥罢工工人进行大肆镇压,当场打死6名工人。次日,3000名工人在事件发生的草市广场举行抗议集会,混入人群的破坏分子向会场投掷炸弹,警察向工人群众开枪,4名工人被炸死,200多人受伤,数百名工人被捕,后来,美国当局又将几

名工人领袖判处死刑。这一切激起了世界进步舆论的抗议,美国工人阶级的英勇斗争得到了国际无产阶级的有力声援。1889年7月,第二国际成立大会通过一项决议:为纪念1886年5月1日美国工人的总罢工,决定"五一"为国际无产阶级的节日,号召各国劳动者应该按照本国条件所允许的方式,组织"五一游行示威",这就是"五一节"的来历。

马汉

马汉(1840~1914年)出生于美国的一个爱尔兰移民家庭,毕业于美国海军最高学府安那波利海军学院。1890年5月,他出版了《1660~1783年间制海权对历史的影响》一书,在美国引起强烈反响,接着,又出版了《1793年~1812年间——制海权对法国革命和帝国的影响》《纳尔逊生平——英国制海权的化身》,这三部书被认为是马汉制海权理论的三部曲。它们一脉相承,互相联系,构成一个统一体。19世纪末的美国,国内的垄断资本不断膨胀,所以积极要求进行海外扩张,这就需要一支强大的海军力量,马汉的军事理论适应了当时美国的社会需要,受到美国的欢迎,马汉成为军政界举足轻重的人物,两度出任海军学院院长。马汉制海权理论对美国海军的发展产生了深远的影响,美国海军界将他奉为"现代海军之父"。

美西战争

1895年古巴爆发反对西班牙殖民统治的起义,1896年菲律宾发生资产阶级革命。美国在古巴等地的经济利益受到影响,决定利用这一时机夺取西班牙的殖民地。1898年2月15日美国战舰"缅因号"在哈瓦那突然被炸沉,美国以此为借口于4月22日向西班牙宣战。5月,美国在远东的舰队摧毁在菲律宾马尼拉湾的西班牙舰队,并占领马尼拉。6月,美军在古巴登陆。7月占领圣地亚哥,接着又占领西属波多黎各。西班牙被迫求和。双方于1898年12月10日签订《巴黎和约》。美国从西班牙手里夺得菲律宾群岛、波多黎各和关岛,美国付给西班牙2000万美元。古巴形式上独立,但据1901年美国国会通过的《普拉特修正案》,实际上古巴沦为美国的保护国。美西战争加强了美国在太平洋地区的势力,进一步加强了美国对拉丁美洲和亚洲的扩张。

门户开放政策

19世纪末,美国忙于同西班牙争夺古巴和菲律宾,一时无力顾及中国,没有分得势力范围。战争后,为了在中国占有更多的利益,于1898年向英、俄、德、日、意、法六国政府提出所谓"门户开放"的照会。美国承认各国在中国的"势力范围"和夺得的特权;同时要求在各国的租借地和势力范围内,美国享有均等的贸易机会,要求中国内地全部开放,使帝国主义国家都享有投资权力。美国提出该政策的目的是企图通过"机会均等、利益均沾"手段,缓和列强争夺中国的矛盾,防止列强瓜分中国,以使整个中国市场对美国商品自由开放,从而渗透其侵略势力。英国首先支持美国该政策,其他国家也先后表示同意。二战后,美国在中国的独占地位已经形成,才放弃此政策。

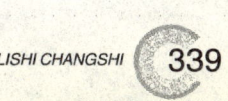

大棒政策

美国第二十六任总统西奥多·罗斯福在1916年5月的一次演说中援引了一句非洲的谚语,"说话温和,手握大棒,定能成功。"来说明自己的对外政策。又宣称,"在西半球,美国对于门罗主义的信念可能迫使美国履行国际警察力量的义务。""大棒政策"成为罗斯福任期内的外交政策。期间美国迫使德、意、英在委内瑞拉退让,1903年又用武力攫取了巴拿马运河的开凿权和管理权,1904年又派舰队侵占了多米尼加,将该国变为美国的保护国,致使德、法的势力无法伸张。此后美国多次对拉丁美洲挥舞大棒,逐步控制了整个拉丁美洲。后来把帝国主义国家的战争讹诈和武力恫吓政策斥之为"大棒政策"。

17～19世纪的亚洲

日本

大盐平八郎起义

19世纪30年代,大富豪勾结幕府官吏任意抬高米价及物价,城市居民无法生活下去。大阪"町奉行"属下的"町与力"(办理民政警务的下级警官)大盐平八郎目睹平民的惨苦遭遇,不胜悲愤。1837年,他带领大阪的手工业者、小商人和下级武士举行起义。起义者捣毁米店,放火焚烧豪商邸宅,声势浩大的起义震动了大阪全城。起义虽然很快就被镇压下去,但在它的推动下,摄津、越后、周防等地相继爆发了同样的起义。

伏见、鸟羽之战

1868年1月初,倒幕派军队发动政变,宣布废除幕府将军制,成立以天皇为首的新政府。幕府将军德川庆喜于1月底亲率大军从大阪出发,进攻京都,与新政府军在京都西南的伏见、鸟羽发生激战。最后新政府军以少胜多,德川庆喜被迫投降。革命胜利后,新政府于同年7月改江户为东京,确立为首都,定年号明治,开始了明治维新。

明治维新

19世纪中期,日本仍处在德川幕府的统治之下,实行闭关锁国政策,是一个落后的封建国家。在西方资本主义的入侵下,面临着沦为半殖民地的危险。但在经过倒幕运动后,1868年,新上台的明治政府大胆地进行维新变革,使日本迅速地发展成为一个先进的资本主义国家,同时,虽然明治政府顺利地摆脱了沦为半殖民地的危机,但却迅速地走上了侵略和压迫其他民族的道路,成为一个新兴的帝国主义国家。

明治天皇

明治天皇(1852～1912年)即日本天皇睦仁。江户幕府末期和明治维新时的日本天皇。1860年被立为皇太子。1867年1月即位;同年10月下达讨幕密诏,依靠维新倒幕派,推翻了江户德川幕府的统治;12月颁布《王政复古大号令》。1868年3月发布《五条誓文》,4月迫使江户幕府投降,7月改江户为东京,8月在京都举行即位大礼,9月改元明治,建立一世一元制。1869年批准奉还版籍,迁都东京。1871

年实行废藩置县，取消将军领地。1872年废除禁止土地买卖的法令，承认土地私有制和买卖自由。1873年改革地税，实行征兵制。1881年发布《军人敕谕》。1885年采取内阁制。1889年颁布《大日本帝国宪法》，确立近代天皇制。1890年召开帝国议会，这些措施被视为明治维新的重要内容。通过这些改革，日本开始实现富国强兵，同时也走上了对外扩张的道路。明治天皇在位的45年，正是日本走向近代化的时期，也是日本资本主义迅速发展的时期，在日本发展史上是一个重要转折点。

日本入侵琉球、朝鲜

明治维新后，日本在其本身尚未摆脱对欧美国家的屈从地位时，便已开始走向对外侵略扩张的道路。1872年，日本把琉球国王绑架到东京，强迫琉球国王宣布他是日本的琉球藩王。1871年，琉球船只在台湾海岸遇难，日本便以此为借口，于1874年发动侵略中国领土台湾的战争。1875年，日本侵入朝鲜的江华岛。1876年，日本强迫朝鲜订立《江华条约》。从此，日本侵略势力伸入朝鲜。1879年，日本正式吞并琉球，将其改为冲绳县。

《大日本帝国宪法》

日本以天皇名义颁布的第一部宪法。1889年颁布，1947年颁布新宪法后被废除。它是在明治维新各项改革基本完成后，以德意志帝国宪法为蓝本制定的。由文告、发布宪法召敕以及文本三部分组成。宪法规定：天皇神圣不可侵犯，总揽任命内阁、立法、司法、行政、军事、财政、外交等权力。宪法规定议会由贵族院和众议院组成，前者由皇族、华族及敕任议员组成，后者由公选议员组成，但有财产资格限制。设置枢密院，名为天皇咨询机构，实为凌驾于议会和内阁之上的最高决策机关。宪法还允许日本臣民在法律许可的范围内，享有言论、出版、集会和结社等自由，有服兵役和纳税的义务。帝国宪法的颁布和实施，确立了日本的君主立宪制，维护了地主、资产阶级联合专政的统治秩序，标志着以军部为核心的近代天皇制的形成。

日俄战争

甲午中日战争后，日、俄在远东的矛盾日趋尖锐。俄国联合法、德迫使日本放弃辽东半岛。1898年，俄国强行租借旅顺和大连。1900年，俄国出兵占领中国东北三省。1903年4月，俄国拒绝从中国撤兵。1904年2月8日，日本偷袭俄国太平洋舰队，日俄战争爆发。1905年3月，日军在沈阳附近击溃俄军主力；5月，俄国波罗的海舰队在对马海峡又遭日本海军伏击，几乎被全歼。俄国这时国内爆发革命，美国担心日本过分强大而出面调停。9月5日，双方代表在美国朴茨茅斯签订和约。据此，日本夺取了中国辽东半岛和俄国库页岛南部，以及对朝鲜的独占权。日俄战争改变了远东国际关系的格局，俄国被削弱，日美矛盾开始突出。

朝鲜

大院君改革

19世纪中叶，由于封建地主阶级的残酷剥削和压迫，朝鲜国内的阶级矛盾极其尖锐。同时，在封建统治阶级内部，各集团间的朋党倾轧也十分激烈，政变频仍。为了挽救李氏王朝的统治，1863年掌权的兴宣大院君推行改革。他对内标榜四色（当时朝鲜统治阶级内部的四个派别：老论、少论、南人和北人）平等，剪除外戚势力，禁止新设书院，以加强中央集权；对外强化早已实行的"锁国攘夷"政策，企图使朝鲜与外界隔绝，以防止外国资本主义势力的入侵。

《江华条约》

1875年9月，日舰"云扬号"驶入朝鲜的江华海峡，制造了所谓"云扬号"事件。次年2月，日军又侵入江华岛，强迫朝鲜签订"友好"条约。当时在位的闵氏集团被迫与日本侵略者签订了所谓的《日朝修好条规》，即《江华条约》，接着又签订了《朝日修好条规附录》《朝日贸易规则》等。按这些条约规定，除釜山外，朝鲜再向日本开放仁川、元山两港；朝日"自由"通商，日货免纳关税，日币在朝鲜各通商口岸可以自由流通，等等。《江华条约》是殖民主义者强加在朝鲜身上的第一个不平等条约。

壬午兵变

在日本侵略者与本国封建统治者的双重压榨下，广大人民的处境十分悲惨，各地接连爆发起义。1882年（壬午年）7月，汉城驻军数千人在柳万春、金长孙的领导下举行起义。起义军队攻进汉城后，占领了武器库，释放被捕的士兵和无辜群众，烧毁日本公使馆。起义军还冲进王宫，闵妃化装成宫女逃走。8月，闵妃集团与中国清政府联合镇压了起义。壬午兵变是朝鲜近代史上人民第一次反侵略反封建的武装起义，沉重地打击了日本侵略者和朝鲜封建统治者。

甲午农民战争

甲申政变以后，资本主义列强争夺朝鲜的斗争更加激烈，朝鲜统治者为减轻财政困难，加重了对农民的剥削。19世纪80年代以后，全国农民起义连绵不断。1894年1月，古阜、泰仁两郡几千名愤怒的农民群众在全琫准的领导下发动起义，占领了古阜、泰仁。4月，农民军在长城会战中歼灭了官军主力，之后又一举攻克南方重镇全州，直逼汉城。农民军的胜利极大地鼓舞了全国广大人民，全国各地农民起义风起云涌。封建政府开始向农民军求和，之后又先后与清军、日本侵略军联合进行疯狂反扑。1895年，全琫准被杀，农民战争失败。

印度

黑洞事件

普拉西战役之前，孟加拉纳瓦布的西瓦吉与英国殖民者展开了激烈斗争。1756年6月初，西瓦吉率军攻占英国在卡西姆巴扎的商馆，6月16日，又统率5万大军包围了加尔各答。6月20日英国人投降。这时英军将领霍尔威尔声称，西瓦吉的手下人把146名英国俘虏塞进一间黑房子里。第二天打开房门时，发现只有23个人还活着，其余全部死掉。事件发生后，英国殖民者提出强烈的抗议。这就是历史上著名的"黑洞事件"。它被英国殖民者用作煽动民族仇恨，发动新的侵略战争的借口。"黑洞事件"发生一年以后，英国发动普拉西战役，占领孟加拉，并以孟加拉为基地，向印度沿海和内陆渗透，开始把印度沦为自己的殖民地。

印度民族起义

19世纪中叶，印度各阶层和英国殖民者之间的民族矛盾迅速激化。1857年初，印度西北各省的农村中，传递着神秘的烤薄饼。2月，这种被看作起义信号的薄饼传到了德里城下。在士兵中也开始传递这种同样象征的信号。5月10日，密拉特发生以士兵为骨干的起义。不久，起义者进入古都德里，各地的起义迅速发展。起义波及北印度和中印度广大地区，中心是德里、坎普尔、勒克瑙等。从6月上旬～9月中旬，起义者进行了英勇的德里保卫战。9月中旬，在血战6天之后，德里陷落，印度民族起义转入相持阶段，游击战一直坚持到1859年。这次起义沉重地打击了英国的殖民统治，增强了印度人民的反英斗志，推动了印度民族独立运动的发展。

詹西女王

詹西女王拉克西米·芭伊是印度传奇式的民族女英雄。1857年印度民族大起义爆发后，詹西人民在女王芭伊的率领下，全体动员起来，投入战斗。她亲自率领起义军打死了英军在詹西的最高指挥官，占领了军火库，恢复了詹西土邦的独立。这引起英国殖民当局的极端仇视。英军再次进攻詹西，激烈的炮战持续了五天，英军虽蒙受惨重伤亡，但城内的起义军消耗更大，芭伊决定亲临战场，在守卫瓜寥尔城的战斗中，她一人同英军骑兵拼杀。敌人乱刀一齐向她砍来，一刀正中她的头部，顿时血流如注。她仍然挥刀猛杀。又一刀砍在女王的胸口，就在她落马的一刹那，她用尽全力把那个英国骑兵砍下马去。女王牺牲了，年仅23岁。

印度国大党

代表印度资产阶级和地主利益的民族改良主义政党，全称印度国民大会党。英国殖民官吏休谟于1885年12月28日在孟买所创，主要成员是地主、资本家、商人、高利贷者和资产阶级知识分子。成立之初，主张通过宪法的手段在印度实现立宪和代议政治，带有浓厚的改良主义色彩。19世纪末随着大量的中小资产阶级及知识分子的加入，以提拉克为首形成激进派，主张印度独立。1905年10月，针对殖民当局分割孟加拉省的法令，掀起全国规模的抗议活动，并发展为抵制英货、提倡国货的运动。次年，在激进派坚持下第一次提出"自治、提倡国货、抵制英货、民族教育"四点纲领。1907年温和派和激进派分裂。1916年，两派重新联合。国大党成立初期，揭露了英国官吏的专横残暴，要求自治、独立，唤醒了印度人民的民族意识。

泰戈尔与印度近代文学

19世纪末，印度出现了一位最杰出的文学家泰戈尔（1861～1941年）。他是世界著名的诗人和作家，14岁开始写诗，1881年出版了第一部诗集《黄昏之歌》，从此声名大振。他一生创作了2000首诗歌，出版了50部诗集，写了长篇和中篇小说12部，短篇小说100余篇，剧本20余种，还写了许多政论和哲学论文。他的代表作有《飞鸟集》《故事集》等。他的作品格调明朗，技巧高超，主题大多为歌颂民族英雄，宣扬爱国主义，深切同情劳动人民，提倡民族大团结等。

印尼、伊朗、奥斯曼、越南

苏拉巴蒂起义

印度尼西亚盛产香料,早就为欧洲殖民者所垂涎。从16世纪末开始,荷兰人侵入印度尼西亚。他们疯狂的掠夺不断激起印尼人民的反抗。17世纪末,苏拉巴蒂领导的反荷起义爆发。苏拉巴蒂在勃良安起事,随后占据了巴苏鲁安。他得到了当地农民的广泛支持,其辖区日益扩大。1706年在与东印度公司的战役中,苏拉巴蒂受伤后不久去世。荷军重新占领了巴苏鲁安,起义军的势力被大大削弱。此后,苏拉巴蒂的子孙们坚持与荷兰殖民者斗争了几十年。

爪哇人民大起义

1825年,蒂博尼哥罗在斯拉朗发动了武装起义。他号召人民共同消灭荷兰殖民者,数日内有近六万农民响应起义。起义军很快占领了日惹附近地区,并包围了马吉冷和荷军大本营日惹。起义军的节节胜利,大大鼓舞了爪哇广大地区的人民群众。抗荷斗争不仅波及日惹王国,而且蔓延到其他地区,几乎席卷了爪哇岛的中部和东部。在荷兰殖民者的残酷镇压下,人民大起义于1830年前后失败。蒂博尼哥罗领导的反荷起义歼灭了约1.5万名殖民军,给荷兰殖民者以沉重打击。

巴布教

巴布教是从伊斯兰教的一个教派发展而来的。它的创始人赛义德·阿里·穆罕默德1820年出生于一个棉布商人家庭里,后来他自己也曾经商5年。穆罕默德自称为"巴布"。"巴布"的意思是门,表示真主的意志要通过此门传达给人民。1847年,巴布自称为先知,写了一本《默示录》。《默示录》里,巴布宣称一切人都是平等的,并预言一个公正的王国即将到来。同时,巴布还提出许多符合商人利益的主张,如欠债必还,用法律手段限定高利贷的利息,统一货币制度,改良邮递方式等。起初,巴布只是把注意力集中在国王和官吏身上,没有面向广大下层人民,影响还不大。1847年,巴布被捕之后,巴布教徒也受到迫害。巴布教开始向下层人民进行宣传,开始赢得广大人民的热情支持,巴布教的影响也日益扩大。

奥斯曼帝国的衰败

到17世纪中期,土耳其人建立的奥斯曼帝国还是幅员辽阔的军事封建国家。由于统治者只注重军事,帝国的经济逐渐衰落,人民生活日益穷困,统治集团却依然穷奢极欲,导致人民起义不断爆发。到18世纪后半期,帝国境内被压迫民族掀起了争取独立的斗争。统治阶级内部也出现了混乱,帝国面临土崩瓦解的局面。随着奥斯曼帝国的衰落,俄、奥、英、法等列强乘机对其侵略。从17世纪末到18世纪末,俄国夺取了土耳其许多领地。法、英等国则与土耳其签订了一系列不平等条约。到19世纪,奥斯曼帝国已经濒临瓦解。

法国入侵越南

早在17世纪初,法国殖民主义者就派遣传教士和商人来到越南。19世纪40年代,法国开始侵犯土伦、西贡、嘉定等地。1862年,越、法两国签署了不平等条约《第一次西贡条约》。1867年,法国占领南圻。1883年,法军进攻顺化,迫使当时越南的统治集团阮氏王朝签订《顺化条约》。该条约规定，法国对越南有保护权，越南一切外交事务都由法国控制。次年6月，法国又与阮氏王朝签订《巴德诺条约》，确定了法国对越南的保护权。至此，越南被法国全部吞并，成为法国的殖民地。

越南勤王运动

19世纪末20世纪初，越南人民反抗殖民者的斗争达到高潮。越南统治集团内部也分化出了主战派。1885年，阮朝大臣尊室说在顺化发动起义，袭击殖民军。阮朝皇帝咸宜帝也来到顺化，发出檄文，号召各地文绅"勤王"。1885～1896年，各地爱国文绅和封建官吏纷纷响应，从北圻的兴安、清化到中圻的广治、平定，勤王运动此起彼伏，持续不断。由于各地勤王起义分散孤立，最后都相继失败，咸宜帝也被流放到阿尔及利亚。

17～19世纪的非洲

蒙巴萨反抗葡萄牙

16世纪初，葡萄牙人用极其野蛮的手段征服了东非沿岸城市。1631年，蒙巴萨素丹带头起来反抗葡萄牙的残暴统治。他率领部队杀死了葡萄牙殖民行政长官。奔巴岛和东非沿海其他城镇，相继响应。经过反复斗争，1698年，葡萄牙终于被赶出蒙巴萨，次年又从鲁伍马河以北完全撤出，龟缩到莫桑比克。葡萄牙从此在非洲一蹶不振。

黑奴贸易的兴盛

欧洲殖民者在征服美洲的过程中，大批屠杀印第安人，致使美洲人口锐减。利欲熏心的贵族商人看到美洲劳动力的不足，便将非洲黑人运到美洲以牟取暴利。15世纪40年代，葡萄牙殖民者开创了猎捕和贩卖黑人为奴的先例。到16世纪，兜捕和贩卖黑奴的规模越来越大。1502年，第一批黑人被贩运到美洲圣多明各岛。1513年，西班牙国王正式颁发执照允许贩卖黑人。从此，贩卖黑奴就成了由政府支持的"合法"行业了。16世纪初到18世纪末是贩卖黑人的"兴盛"时期。

埃及穆罕默德·阿里改革

埃及人民战胜法国侵略者后，1805年，地主商人穆罕默德·阿里夺取了政权。他在执政期间，实行了一系列改革措施，主要有：改革土地制度，发展工业，建立新军，改革文化教育。穆罕默德·阿里的改革，促进了生产力的巨大发展及阿拉伯文化的繁荣，培养了一批接受西方资产阶级思想和科学技术的知识分子，加强了国家的统一，对埃及历史产生了重大影响。

埃土战争

穆罕默德·阿里为了维护地主商人的利益，不断发动对外扩张战争。1831年，埃及与奥斯曼发生冲突，埃及遂出兵叙利亚，占领耶路撒冷、大马士革等地，并向小亚细亚推进，直逼君士坦丁堡。后沙俄出面干涉，双方签订停战条约。1839年，第二次埃土战争爆发，土军渡过幼发拉底河，向叙利亚推进，打到了阿勒颇。6月初，埃及军队展开反攻，并在尼西布战役中歼灭了土耳其军队的主力。7月4日，土耳其海军投降。这时，英国等殖民国家出兵干涉，埃及屈服，并沦为欧洲列强的半殖民地。

利文斯顿在南非的探险

1840年，利文斯顿受"伦敦传教协会"的派遣，到南非传教。他用了33年时间，先后四次深入南非，进行探险和考察。1854～1856年，他横越南部非洲大陆，完成了从大西洋到印度洋的探险。在考察期间，他先后发表过《传教旅行》、《赞比西河及其支流》等。利文斯顿的探险，揭开了"非洲心脏"的秘密，有助于世界对南非自然和社会状况的了解。

利比里亚独立

美国为了扩张势力，企图在废奴的旗号下，建立新的殖民地。1821年，"美国殖民协会"在今蒙罗维亚建立美国黑人移民区。1824年，这个新的殖民地被称为利比里亚。1841年，黑人约瑟夫·罗伯茨开始领导黑人争取独立。1847年7月，罗伯茨在蒙罗维亚召开人民大会，宣布利比里亚独立，并以美国宪法为蓝本制定了一部新宪法，规定利比里亚为共和国。罗伯茨当选为第一任总统。但是，美国拒绝承认利比里亚的独立，直到1862年，林肯政府才予以承认。

埃塞俄比亚西奥多二世改革

19世纪上半叶，埃塞俄比亚处于分裂割据时代。出身于贵族家庭的卡萨逐渐统一了全国，并于1855年称帝，是为西奥多二世。西奥多二世上台后推行了旨在推动国家进步的改革。改革的主要内容有：削弱诸侯权力，加强中央集权；休养生息，发展经济；建立一支新式军队。西奥多二世的改革，触动了封建主的利益，一些封建诸侯发动叛乱。英国乘机于1867年进攻埃塞俄比亚，在马格达拉平顶山一战中，西奥多被困，自杀身亡。

阿拉比抗英

资产阶级对伊斯梅尔的卖国政策和外国资本的经济侵略深感不满，资产阶级民族主义思潮兴起。"青年埃及协会"的领导者阿拉比于1879年将该协会与"祖国协会"联合，建立了祖国党。此后，阿拉比先后向政府请愿、示威，要求撤换内阁，实施宪法。1881年，政府被迫解散内阁，重新组阁，任命阿拉比为陆军大臣兼海军大臣。新内阁颁布宪法，又采取一系列措施大大削弱了英、法财政监督的权力。英、法侵略者立即以武力相威胁。1882年，英国重兵攻陷亚历山大港，之后占领开罗。阿拉比被放逐到锡兰，抗英斗争失败。

马赫迪反英大起义

1881年，苏丹穆罕默德·艾哈迈德自称"马赫迪"（救世主），号召人民进行"圣战"，赶走外国侵略者，并于12月发动了武装起义。1883年11月，歼灭英国干涉军一万多人。1885年1月，攻克首都喀土穆，击毙殖民头子戈登。6月，马赫迪病逝后，由其弟子和助手阿卜杜拉继位。阿卜杜拉自称哈里发，把苏丹建立成独立的封建神权国家，定都恩图曼。起义领袖将没收的大地产据为私有，封建等级关系取代了起义时期的公产平均制度。1896年，英、埃联军大举入侵苏丹。1898年9月，恩图曼陷落。1899年11月，阿卜杜拉战死，起义最后失败。这次起义是非洲近代史上最大的反殖武装起义，极大地鼓舞了非洲人民的反帝斗争。

埃塞俄比亚抗意战争

1889年5月,埃塞俄比亚同意大利签订了《乌查利条约》。其中第十七条规定埃塞俄比亚在与其他欧洲国家交往时,"可以"请求意大利协助。但意大利故意将"可以"改为"同意",并进而曲解为"必须"。1890年,意大利据此宣布对埃塞俄比亚实行"保护"。1895年又对埃塞俄比亚发动了大规模的侵略战争。这年9月,孟尼利克二世发表《告人民书》,表示要抗敌卫国。1896年3月,埃塞俄比亚人民取得了阿杜瓦会战的胜利,意大利侵略军伤亡1.1万人,4000人被俘。意大利被迫在10月缔结和约,承认埃塞俄比亚是独立的主权国家,并给予赔偿。埃塞俄比亚抗意卫国战争的胜利,是非洲军队第一次击败占优势的帝国主义军队。它保卫了民族独立和国家主权,鼓舞了非洲人民的反帝斗争。

英布战争

布尔人是荷兰在南非移民的后裔,19世纪在南非建立了三个国家:德兰士瓦共和国、奥兰治自由邦和纳塔尔共和国。19世纪末,英国为实现连接它在非洲南北的殖民地"二C计划",以开普敦为据点,大肆向北推进。为争夺南非,英国殖民者与布尔人之间不断发生冲突。1843年英国吞并纳塔尔共和国后,又企图吞并其他两个共和国。1897年,两个共和国签订军事同盟条约,联合对付英国。双方加紧备战。1899年10月9日,布尔人要求英国撤走集结在德兰士瓦边境的军队,以及将双方争端交第三者仲裁,遭到英国拒绝。10月11日,布尔人向英军发起进攻,战争爆发。战争初期,布尔人取得一些胜利。攻入开普敦和纳塔尔。至1900年,英军继续派遣增援部队,战局有利于英军。同年3月,英军攻占布隆方丹,宣布兼并奥伦治。6月以后相继攻占约翰内斯堡、比勒托利亚。9月,宣布兼并德兰士瓦。布尔人转而进行游击战争,骚扰和打击英军。英军大规模增援。战争中双方损失惨重。经荷兰政府出面调停,双方于1902年5月签订了《韦雷尼京和约》,布尔人承认英国的统治权;德兰士瓦和奥伦治划归英国,英国赔偿布尔人300万英镑。1910年两地并入南非联邦,成为英国的自治领。

南非重建

为了恢复金矿生产,英国政府与清政府于1904年签订《保工章程》,招募六万多名华工去德兰士瓦。1905年,南非的黄金生产超过战前水平。在政治上,英国重提"联邦"方案。1908年召开了开普、纳塔尔、德兰士瓦和奥兰治四个地区代表的国民会议,就"联邦"问题达成了协议。会议决定,联邦议会设在开普敦,行政首都设在比勒陀利亚,司法首都设在布隆方丹。1909年,英国国会公布了南非法案。1910年5月31日,南非联邦正式宣告成立。

现代历史

19世纪末20世纪初，世界各资本主义国家先后进入帝国主义阶段。资本主义政治、经济发展的不平衡改变了各帝国主义国家的实力对比，矛盾由此产生。1914年，第一次世界大战爆发，历时4年，这是人类历史上一次空前劫难。1939年第二次世界大战爆发，历时6年，这场战争比第一次世界大战更加惨烈，给人类带来了极大的灾难。

现代历史

20世纪初的世界

第二次工业革命

19世纪最后30年到20世纪初,科学技术的进步和工业生产的高涨被称为近代历史上的第二次工业革命,世界由"蒸汽时代"进入了"电气时代"。在这一时期里,一些发达资本主义国家的工业总产值超过了农业总产值,工业重心由轻纺工业转为重工业,出现了电气、石油、化学等新兴工业部门。由于19世纪70年代以后发电机、电动机相继发明,远距离输电技术出现,使电气工业迅速发展起来,电力在生产和生活中得到了广泛的应用。内燃机的出现及90年代以后的广泛应用,为汽车和飞机工业的发展提供了可能,也推动了石油工业的发展。化学工业是这一时期新出现的工业部门,从80年代起,人们开始从煤炭中提炼氨、苯和人造燃料等化学产品,塑料、绝缘物质、人造纤维、无烟火药也相继发明并投入了生产和使用。原有的工业部门如冶金、造船、机器制造以及交通运输和电讯等部门的技术革新都在加速进行。

中产阶级的出现

与早期工业革命不同,第二次工业革命后社会上还出现了一个新阶层——中间阶层。这个阶层同样也是现代大工业发展的产物。随着工业规模的扩大,现代企业需要越来越多的技术和管理人员,如工程师、经理、技师、大学教师、小商人、律师等,他们都属于中间阶层。在整个工业社会里,他们的地位和收入既不同于资本家,也不同于产业工人,而是居于两者之间。因此,他们被称为"中间阶级"或者"中产阶级"。

帝国主义的发展

垄断资本主义的经济实质就是帝国主义。垄断的产生,也就标志着资本主义进入了新的阶段——帝国主义阶段。同自由资本主义不同,垄断资本主义最重要的政治和经济特点,是要攫取最大限度的垄断利润。因此,垄断必将导致资本输出的扩大和对海外销售市场及原料产地的控制,并因此引发资本主义国家之间的矛盾斗争。所以19世纪末,主要资本主义国家之间掀起了瓜分殖民地的狂潮。

人类飞天梦想的实现

1903年12月,莱特兄弟在美国北卡罗莱纳州猫头鹰村附近进行了两次飞行测试。第一次由弟弟奥维尔·莱特试飞,飞行了12秒、36

米;第二次是哥哥威尔伯·莱特,飞行了51秒、255.6米。这架飞机的造价不到1000美元,被兄弟俩命名为"飞行者I"号,机翼长约12米,重约340千克,引擎功率为12马力(约8826瓦),重仅77千克。

后来,莱特兄弟制造了第二架飞机——"飞行者II"号。两人在1904年用此飞机飞行了105次,但是也未受到人们应有的重视。1905年,他们又制成了"飞行者III"号——架经过改装、很实用的样机。

1908年,莱特兄弟终于结束了公众的怀疑。威尔伯把一架飞机带到法国,进行了一系列有效的公开演示。与此同时,奥维尔也返回美国,做了类似的公开表演,不幸的是,1908年9月17日他驾驶的飞机坠毁,这是他俩遇到过的唯一一次严重事故。但是他们成功的飞行却已经说服了美国政府签署一项合同来为美国国防部提供飞机。1909年,联邦预算款项里就包括为发展军事航空而提供的拨款。

第一次摩洛哥危机

1905年,德法两个帝国主义国家为争夺摩洛哥而发生了战争危机。1904年《英法协约》签订,英国和法国在有关埃及和摩洛哥问题上达成默契,法国对摩洛哥的支配权得到了英国的认可。1905年,德国政府宣布,不承认法国对摩洛哥的占领,要求召开国际会议,重新审议英法两国关于摩洛哥的协定。法国拒绝了德国的要求,并派军舰到丹吉尔港示威。国际形势顿时紧张,出现了第一次摩洛哥危机。1906年1~4月,西方列强举行解决摩洛哥危机的国际会议。在出席会议的14个国家中,只有奥匈帝国支持德国,其余各国包括英、美、俄等国在内,都站在法国一边。德国在国际上陷于孤立境地。

波斯尼亚危机

20世纪初,波斯尼亚一黑塞哥维那虽由奥匈帝国占领,但根据1878年的柏林条约,其仍属土耳其领土。1908年,土耳其爆发革命,奥匈帝国就趁机兼并波斯尼亚一黑塞哥维那,遭到与波黑同民族的塞尔维亚国的武力抵抗。俄国想在此次战争中捞点好处,就向奥匈提出抗议,并支持塞尔维亚国。1908年11月,奥匈帝国向塞尔维亚国边境集结军队,对俄国作出威胁。12月,德国也发表声明公开支持奥匈。沙皇俄国迫于压力,又没有得到英、法的支持,只好对德、奥让步。

墨西哥资产阶级革命爆发

1910年11月,墨西哥农民领袖萨帕塔和比利亚在莫雷洛斯州和奇瓦瓦州举行起义。墨西哥资产阶级革命爆发了。1911年5月,比利亚农民军占领胡亚雷斯城。萨帕塔农民军占领了库实特拉。革命运动很快席卷全国。1914年4月,美国进行武装干涉,遭到革命军队的坚决反击。1916年底,起义者召开制宪会议,次年2月5日通过新宪法。

第二次摩洛哥危机

1911年4月初,摩洛哥首都非斯爆发反对苏丹和殖民主义的人民起义后,法国以恢复秩序和保护法国侨民为借口派兵占领非斯。德国向法国提出警告,并派炮舰驶入阿加迪尔港示威。7月15日,德国正式向法国提出割让法属刚果全部的要求,法国政府拖延不决,双方武装对峙,关系极为紧张,故称"第二次摩洛哥危机"。双方僵持不下之际,英国采取了坚决支持法国的立场,表示如果德法两国交火,英国一定参战。11月，法德两国达成了协议。德国承认法国对摩洛哥大部分领土的保护权，作为交换条件，它取得法属刚果的价值不大的部分。但这并没有缓解帝国主义之间的矛盾，第二次摩洛哥危机使英德对立更加深化，使英法之间的协约关系更加巩固。之后，协约国集团与以德国为核心的同盟国集团都紧锣密鼓地进行战争准备，最终导致第一次世界大战的爆发。

意土战争

1911年9月28日，在第二次摩洛哥危机最紧张的时刻，意大利突然向土耳其发出最后通牒，要求土耳其割让的黎波里和昔兰尼加。遭到拒绝后，意大利便对土耳其开战。意大利很快占领了的黎波里的沿海地带，但接下来的进攻遭到了当地人的坚决抵抗。战争一直延续到1912年才结束。1912年10月18日，土耳其和意大利正式签署了《意土和约》，土耳其被迫将的黎波里和昔兰尼加割让给意大利。这一地区成了意大利的一个新殖民地——利比亚。

巴尔干战争

1912～1913年巴尔干同盟反对土耳其统治的民族解放战争是第一次世界大战爆发之前所发生的一系列局部战争之一。巴尔干半岛和地中海的战略地位极为重要。前者扼欧、亚、非三大洲的交通要道，后者则是连接欧、亚、非三大洲最便捷的海上通道。巴尔干四国同盟中的门的内哥罗首先向土耳其奥斯曼帝国宣战，四国同盟的其他三国——塞尔维亚、保加利亚和希腊也相继宣战。四国军队很快击溃了土耳其军队。巴尔干地区各民族都获得了独立，但巴尔干地区的紧张局势并未削减。由于同盟内部在分割领土问题上发生分歧，又导致第二次巴尔干战争的爆发。

"泰坦尼克号"沉没

"泰坦尼克号"船体底部特别的双层设计，再加上彼此分隔的16个水密舱，使得"泰坦尼克号"在当时被认为是永不沉没的。1912年4月14日的午夜，正航行在纽芬兰外海冰山出没地区，以全速前进的"泰坦尼克号"，右舷突然撞上了一座冰山。在船上的2224名乘客中，有1513位丧生。在凌晨4点钟左右被"喀尔帕西亚号"邮轮救起的幸存者描述了当时船上奋勇救人和混乱求生交织的难忘情景。

"护理学之母"南丁格尔

1908年3月16日，一位双目失明的87岁老妇人，被英国皇室授予伦敦城自由奖，这是英国历史上国王第一次把这种荣誉授予一位女性。这位老妇人就是弗洛伦斯·南丁格尔（1820～1910年）。就是她，开创了近代护理学专业。1820年5月，南丁格尔出身于一个十分富有的贵族世家。当护士，在当时的贵族看来，是一种最下贱的工作，只有最下层的妇女才从事这项职业。当时英国正陷入克里米亚战争，从前线撤下来的大批伤病员，因为无人照料而惨痛地死去了。南丁格尔听到这个消息后，立即组织了一个护士志愿队，赶到前线去救护伤病员。她工作严肃认真，具有高度的责任感和卓越的组织才能。她在克里米亚的短短半年中，英国士兵的死亡率由原来的50%下降到22%。1860年，南丁格尔在伦敦泰晤士河边的圣·托马斯医院创办了"南丁格尔护士学校"。从此，英国不仅有了自己的专业护士队伍，还为欧洲各国输出优秀的护士。护士低下的地位也因此而大大改变,甚至变成一种相当光荣的职业。南丁格尔终身未嫁,她把一切都献给了护理学事业。南丁格尔著有《医院管理须知》《护理须知》等专业书籍。后来她还发起组织国际红十字会。1907年,国际红十字会决定设立南丁格尔奖章,这是国际护士的最高荣誉奖。世人为表示对她的崇敬与景仰,把她的生日5月12日定为国际护士日。

资本主义国家体制的完善

工人运动的温和化

20世纪初期的现代大工业不仅需要大量的资本投入,同时也需要大量的劳动力,这就造就了一支强大的产业工人大军。他们通过工会来争取自己的经济权益,还建立了代表工人利益的政党组织。经济条件得到逐步改善的工人,更倾向于通过劳资谈判和选举政治来实现自己的意志。不过,这时的工人阶级中,也存在着日益扩大的内部分歧。工人中开始存在激进与温和这两种力量。在现代工业越发达的国家和地区,工人运动温和化的趋势就越明显。

普选权的确立

在资产阶级完善政治体制的同时,社会普通阶层也在为实现自己的政治利益而奋斗着,争取公民选举权已经成为人们追求的目标。面对工人阶级和中产阶级的强烈要求,资产阶级不得不开始开放普选权。19世纪70年代以前,只有法国、德国、瑞士等国规定了成年男子的普选权,到20世纪初,普选权已经在欧美各国普遍确立起来了。

社会保障制度的诞生

19世纪末20世纪初,欧美国家的社会领域也发生了较大的变化。这种变化首先是从德国开始产生的。由于工业化的快速发展,德国工人贫困化和生产劳动条件恶化的情况非常严重,因此要求改善工人条件的呼声特别强烈。针对这种情况,德国政府从1881年到1889年连续颁布了三项关于对工人实施社会保障的立法,这也是欧美资本主义国家最早的关于社会保险的立法,成为欧洲各国的榜样。

现代公用事业的发展

1914年前,欧美各国已经在大城市里普遍建立了新型的公用事业网,包括公共卫生设施、自来水、煤气、电力供应、交通运输、医院、商场、职业介绍所、博物馆、学校、图书馆、公园等等。同时,不少国家都规定了义务教育,还对各类学校直接给予财政支持。

议会代议制的普遍确立

19世纪末20世纪初,英国经过几次议会改革,最先建立了现代的代议制度。此后,无论是在实行共和政体的美国、法国,还是实行君主立宪制的英国、低地(指荷兰、比利时、卢森堡等)以及斯堪的纳维亚国家,议会(或国会)都已成为其国内政治的重要的基础。

现代政党制度的兴起和建立

政党体系是除政府体系和议会制度外支撑现代资产阶级政治的另一根支柱。它直接反映资产阶级各派别、集团的政治利益,也直接决定议会和政府的组成。19世纪60年代以后，在英国，保守党和自由党逐渐建立起全国性的组织系统，而美国在内战后也最终形成了共和党与民主党两党轮流执政的局面。这样，英、美首先确立了一种两党制的现代政党体系。

美国金元外交

1912年，美国总统塔夫脱宣称他的对外政策是以"金元代替枪弹"，故名。其实质是：美国政府同美国垄断资本公开结合，通过附有奴役性条件的贷款和投资方式输出资本，以控制他国的政治和经济，当时其推行对象主要是拉丁美洲。"一战"后美国实力大增，这一政策又扩大到东亚和欧洲。

第一次世界大战

萨拉热窝事件

1914年6月，奥匈帝国的军队在波斯尼亚首府萨拉热窝附近举行军事演习，目的在于压制当地的民族解放运动，向塞尔维亚示威。奥匈帝国皇储斐迪南大公出席检阅。6月28日，斐迪南夫妇的车队在街头遭到青年学生普林西普的枪击，双双毙命。这次事件成为第一次世界大战的导火线。

第一次世界大战的爆发

1914年6月28日，奥匈帝国皇储斐迪南同他的妻子来到萨拉热窝进行正式访问。在访问途中遭到暗杀。谋刺斐迪南事件给德、奥提供了一个发动战争、吞并塞尔维亚的借口。7月23日晚，奥匈帝国向塞尔维亚发出最后通牒。5天以后，奥塞正式宣战。8月1日，德国对俄国宣战；3日，德国又对法国宣战。英国随即也宣布参战。随着萨拉热窝事件这个导火线的点燃，巴尔干就像火药库一样爆炸，人类历史上空前残酷的第一次世界大战就此爆发。

马恩河战役

1914年8月，德军主力按照计划穿过比利时，插入法国北部，向巴黎迅速逼近，法国政府撤出巴黎后，英法军队于9月5日大举反攻，与德军在马恩河展开了激烈的会战，双方投入兵力共约200万人，9月11日，德军全线退却。这次战役使巴黎的形势得以扭转，德军的迅速推进被遏止，德国六周内打败法国的计划也宣告破产，陷入了东西两线同时作战的境地。

塞尔维亚抗击奥匈帝国

南线是塞尔维亚对奥匈的战场。1914年8月13日，奥匈军队越过德里纳河开始入侵塞尔维亚。塞尔维亚虽然人口不多，但经过动员，招募到了40万人。仅经过4天的战斗，塞尔维亚军队便将奥匈军队逐回德里纳河对岸。随后奥军又发动了两次进攻，在11月17日占领贝尔格莱德。但不过一个月，塞军便收复了贝尔格莱德。奥军在巴尔干半岛上损失了28万多人。从那时起，直到1915年10月近一年的时间里，巴尔干基本上保持着静寂的状态。

德军的毒气战

1915年4月22日，德军在西线战场首次使用毒瓦斯。在比利时依普尔运河战线上的德军顺着风向施放毒瓦斯。这次毒气进攻是在6千米长的战线上进行的。顷刻间，身处最前列战壕中的法国士兵就看见浓烈的黄烟从德军的战场上升腾而起，并缓慢地向法军阵地飘移。烟雾在法军阵地上造成毁灭性的后果。许多士兵当场丧生，部分士兵虽然逃离雾区，但他们所吸入的毒气几分钟后也使他们面部呈黑色，咳血死亡。

无限制潜艇战

早在1915年5月，德国曾承诺限制潜艇活动，允诺军事行动仅限于交战国。1916年，德国潜艇共击沉了近300艘英国商船，给英国海上运输带来一定困难。日德兰海战之后，德国更感到有必要扩大潜艇战争。从1917年2月4日起，德国开始实行"无限制潜艇战"。凡是在英吉利海峡行驶的一切船只，均遭到德国潜艇的袭击。德国的潜艇战虽然取得了重大战果，但也促使协约国迅速创造出一些防御及反击潜艇的办法，使德国企图迫使英国求和的愿望落空。

索姆河战役

1916年6月24日至30日，英法联军向索姆河附近的德国海军阵地发射了150万发炮弹。7月1日早晨，索姆河战役打响。英法联军向德军阵地发起猛攻，德军竭力死守，战斗十分激烈。英军士兵到当天傍晚竟然死伤6万多人。法军也因德军的顽强抵抗而进展不大。到7月14日，英军纵深推进不超过3英里，法军不超过6英里。此后交战双方转入相持状态。9月15日，英军首次使用了新式武器坦克，这是世界最早的坦克，英军出动了49辆坦克中的10辆。坦克冲过铁丝网和战壕，无可阻挡，德军机枪的子弹不能发挥威力。德军面对这一庞然大物，不知所措。被吓坏了的德军纷纷临阵脱逃。英军在这一天攻占了纵深5公里的德军阵地。索姆河战役打到1916年11月，英法联军从德军手中夺回了180平方公里的土地。英军损失42万人，法军损失20多万人，德军损失65万人，双方损失超过120万人，是第一次世界大战中损失人数最多的一次战役。

凡尔登战役

凡尔登是法国北部著名的战略要塞，不但军事地位重要，而且其得失具有重要政治影响。1916年初，德军制定了一项旨在攻陷凡尔登的计划，目的是在那里吸引法国全部兵力，然后加以歼灭，"使法国把血流尽"，从而迫使其投降。2月21日开始，德军出动27万兵力向凡尔登进攻，并很快突破了法军的防线，几近完成对凡尔登的包围，凡尔登的法军与外界仅有一条狭窄的公路相通。在危急时刻，法军司令部火速增援凡尔登，法军的局势得以稳定。此后，德、法军队展开了拼死搏杀，最终以德军的失败而告终，时间是12月18日。在凡尔登战役中，德军共投入了46个师，法军则有66个师先后参加了战斗。双方流血厮杀，伤亡人数多达70多万，因此，此次战役被称为"凡尔登绞肉机"。

日德兰海战

1916年5月30日22时许，英海军司令约翰·杰立克率领24艘战列舰，3艘战列巡洋舰离开因沃内斯，同时，前锋司令彼得率领4艘战列舰，6艘战斗巡洋舰离开罗西恩。而德舰队前锋司令余伯率领5艘战斗巡洋舰从基尔出发，沿着日德兰海滨向西北驶去。这时，英国前锋司令彼得率领的舰队从西北向东南行进。31日下午，双方舰队相遇，立即展开了大规模的战斗。整个大战期间规模最大的一次海上争斗日德兰海战结束。这次海战，英国出动了各种舰只151艘，德国出动了101艘。结果，德国的1艘大舰和10艘小舰被击沉，损失2500余人，英国被击沉3艘大舰，11艘小舰，损失6000余人。虽然英国舰队的损失比德国的大，但因英国海军仍拥有数量上的优势，因而依然保持着海上的控制权。

美国对德宣战

1917年4月2日，威尔逊在两院的联席会上发表演说，号召美国加入欧洲战场。4月6日美国对德宣战，12月7日对奥匈帝国宣战。宣战前几个月中，美德关系已日益恶化。在德国1月31日宣布再次实行"无限制潜艇战"以后，美国商船"豪森图尼克"号2月3日在西西里海域被击沉。美国在当天予以谴责，并宣布与德断交。2月26日，美国驱逐德国驻美大使，并召回本国驻德大使。3月12日，美国非武装商船"艾尔奎因"号被击沉，美国宣布武装所有商船。在美国船只连续被击沉之后，美国议院以绝大多数票通过威尔逊总统提出的对德宣战议案。6月27日，由潘兴将军率领的第一批美军到达德国。

贝尔福宣言

1世纪，占领巴勒斯坦的罗马军队把犹太人驱逐出他们的家园。犹太人分布到许多欧洲国家定居下来，后来也有些人去了美国。但是他们从未忘记自己是犹太人。其他种族经常迫害犹太人。19世纪，反犹太主义激起了犹太人在巴勒斯坦重建家园的运动。这场运动称为犹太复国主义，得到英国的大力支持。1917年，英国外相贝尔福在致英国犹太领袖罗斯柴尔德爵士的信中，正式表明英国政府的支持态度，世称"贝尔福宣言"。

《布列斯特和约》

1917年11月8日，即彼得格勒起义胜利的第二天苏维埃政权就通过了和平法令，向一切交战国建议立即开始和平谈判。1917年12月22日苏俄与德奥集团的和平谈判在布列斯特—里托夫斯克正式举行。苏俄建议双方缔结不割地不赔款的民主和约。而德国却提出非常苛刻的掠夺性条件。布尔什维克党经过辩论后，最后通过投票同意列宁的忍辱签订和约的建议。1918年3月3日，双方签订了《布列斯特和约》。和约规定：苏俄与同盟国之间停止战争状态，波兰、立陶宛、白俄罗斯和拉脱维亚部分地区脱离俄国；苏俄从拉脱维亚和爱沙尼亚撤军，由德军进驻；苏俄军队撤离乌克兰、芬兰和奥兰群岛，并把阿尔达汉、卡尔斯和巴伦等地区割给土耳其。苏俄共丧失100万平方公里土地。此外条约还规定苏俄军队必须全部复员。作为和约补充的《俄德财政协定》规定，苏俄以各种形式向德国交付赔款60亿马克，和约内容非常苛刻，但它使苏俄退出了帝国主义战争，为集中力量巩固十月革命取得的成果争取了时间，因此和约的签订是一种革命的妥协。1918年德国爆发11月革命，推翻了威廉二世政权。1918年11月13日，苏俄政府宣布废除布列斯特和约。

十四点

1918年1月美国总统威尔逊为蛊惑人心在国会的演说中提出了"十四点"。其主要内容是：公开订立和平条约；建立贸易平等条件；

各国军备裁减到同国内安全相一致的最低点；"公正调整"殖民地；外国军队撤出俄国，调整俄国问题；德军撤出法国，并归还阿尔萨斯、洛林；德军撤出比利时；重新调整意大利边界；奥匈各族自治；重新调整巴尔干国家领土；奥斯曼帝国境内非土耳其民族自治，开放达达尼尔海峡；重建波兰；建立国际联盟。"十四点"的真实意图是，美国利用其经济优势来夺取世界市场和殖民地，取消在大战初期签订的未包括美国的分赃密约，并通过国际联盟来操纵国际事务。它是美国企图越出美洲、争夺世界霸权的纲领。

分赃的巴黎和会

1918年，历时4年的第一次世界大战结束后，英、法、美对战后世界秩序各有安排。1919年初，协约国(27国)代表团共1000多人带着各自的要求齐集巴黎，1月18日名为缔和实为分赃的巴黎和会在凡尔赛宫的镜厅正式开幕。

经过半年的讨价还价，三巨头终于就和约内容勉强达成了协议。凡尔赛和约于1919年6月28日下午3时签署，法国、英国及日本都获得了各自最希望获得的领土补偿、殖民地和大笔战争赔款。英国维持了海上霸主地位，法国重新雄霸欧洲大陆。和约表明了巴黎和会是一个十足的分赃会议，它并没有解决各大国之间原有的矛盾，反而埋下了复仇的种子，它只不过是相隔20年的两次世界大战中间的插曲而已。

国际联盟

又称"国际联合会"，简称"国联"，是第一次世界大战后建立的国际组织。根据巴黎和会通过的《国联盟约》，国联于1920年1月成立，总部设在日内瓦，先后有63个国家加入，主要机构有：会员国全体代表大会、国联行政院、秘书处，附设国际法庭和国际劳工局等。美国原来是提议成立国联的国家，但因与英、法争夺领导权失败而未参加。国联标榜以"促进国际合作，维护世界和平与安全"为目的，实际是英法等帝国主义国家推行侵略政策，对殖民地进行再分割的工具。第二次世界大战爆发后，国际联盟名存实亡，1946年4月正式宣布解散，其财产和档案移交联合国。

"一战"后的资本主义世界

美国限制移民

美国是依靠移民组成的国家，但随着西进运动的终结，劳工和劳工组织把新移民看成是缩小国内劳工市场和妨碍劳工组织发展的因素，因此要求限制移民入境。20世纪初的15年，平均每年有100万移民入境。从1917年开始，美国开始限制移民入境人数，但每年仍有100多万移民涌入。从1921年5月开始，美国将移民数限制为1910年在美国的新出生的外来人口的3%。这才使移民数有所减少，然而仍不能令当局感到满意。

海军军备竞赛

第一次世界大战结束后，随着德国海军的败亡，美国和日本都将对方视为争夺远东和太平洋地区霸权的主要障碍，开始疯狂扩建海军；而英国为了保持本国海军的优势地位，也拨巨款扩充海军。列强之间的海军军备竞赛愈演愈烈。到1921年，美国已经成为世界第一海军强国。

凡尔赛－华盛顿体系

这是第一次世界大战后帝国主义战胜国建立的统治秩序。1919～1920年，巴黎和会的召开与《凡尔赛和约》的签订，暂时调整了帝国主义在西方的关系，建立了战后帝国主义在欧洲等地的统治秩序，即构成了凡尔赛体系。1921～1922年的华盛顿会议是巴黎和会的继续，会上签订了《四国条约》《五国海军条约》和《九国公约》等条约，确定了战后帝国主义在远东和太平洋地区的统治秩序，又构成了华盛顿体系。这样，战后帝国主义重新瓜分世界的"凡尔赛—华盛顿体系"形成了。1939年德国突袭波兰，接着英、法对德宣战，第二次世界大战全面爆发，"凡尔赛—华盛顿体系"彻底崩溃了。

米骚动

第一次世界大战结束后，日本经济在保持繁荣的同时出现了通货膨胀，物价指数迅速上升，工人工资下降。日本农业在封建的寄生地主制下生产停滞，米少价高。同时日本政府出兵西伯利亚，急需大批军粮，大量的粮食外调和不法商人囤积居奇，使得米价飞速上涨。1918年的日本米价4倍于战前。人民不堪重负。7月23日富山县鱼津町（今米津市）渔民的妻女拒绝将大米装运出县。运动迅速席卷各大中城市、农村和矿山。群众结队捣毁米店，要求降低米价，救济贫民，在许多城镇发生了群众与军警的正面冲突。寺内正毅内阁在调动军警和军队镇压的同时，对部分地区予以救济，到9月17日骚乱基本平息。抢米风潮和骚乱共持续57天，骚乱地点多达311处，全国有70万人参加了骚动。这一骚动使寺内正毅内阁倒台，推动了日本工农运动和民主运动的发展。

魏玛共和国

1919年2月6日，德国国民议会在魏玛开幕，选举艾伯特为总统。7月31日，国民议会通过《魏玛宪法》，正式宣告废除封建帝制，成立共和国，史称魏玛共和国。它是德国历史上第一个共和制时期。按照《魏玛宪法》的规定，资产阶级在德国政治生活中心的作用被提高，但容克地主的势力和影响依然存在。魏玛共和国成立后，于1919年6月签订了《凡尔赛和约》，承认战败国地位。之后为了打破孤立局面，先后与美国和苏联签订条约，改善国际地位。1924～1929年是魏玛共和稳定发展时期，德国经济获得迅速发展，并于1926年9月加入国际联盟，恢复了欧洲强国地位。1929年世界经济大危机爆发后，德国经济陷入崩溃边缘，失业人数增加，国内矛盾激化，纳粹运动兴起。1932年7月，纳粹党在国会选举中成为第一大党。1933年1月，希特勒被任命为总理。希特勒上台后，于2月1日解散国会，3月23日操纵国会通过授权法，成为独裁者，魏玛共和国宣告解体。

李卜克内西和卢森堡

李卜克内西和卢森堡均为德国共产党的领袖。1918年11月德国爆发革命后，李卜克内西和卢森堡的非凡威望与感召力引起了德国反动派的极大恐惧和嫉恨。

1919年1月在德国共产党领导下，柏林工人举行反政府总罢工和武装起义，但被镇压。政府宣布共产党员不受法律保护，逮捕了一批德共领导人。为了躲过敌人的搜捕,李卜克内西和卢森堡被迫转入地下。1月15日"自卫民团"突然闯入威尔默尔村,在地下室逮捕了来不及转移的两位领袖。随后他们被带到骑兵近卫师司令部,简单讯问几句后被逐个押往德阿比特监狱。被首先押走的是李卜克内西。刚走到门口,他就遭到枪托猛击,押送途中被令下车步行,然后即饮弹身亡,遗体被当作"无名尸"送至某警察分局。卢森堡被带出来时也遭到了同样的打击,立即失去知觉,只见几人把她架上汽车并枪杀了她,几天之后人们才在兰德维尔运河发现了她的遗体。但为了掩盖事实的真相,反动分子谣传李卜克内西是企图逃跑时被击毙的,卢森堡是被愤怒的人群私刑处死的。

共产国际

1919年3月,在莫斯科召开了共产国际第一次代表大会,宣告共产国际成立,并成立了领导机构——执行委员会和执行局。1919～1923年,为其活动的初期,共召开4次代表大会。"二大"阐明反对机会主义的必要性和艰巨性,"三大"和"四大"先后发出"到群众中去"的号召和建立具有广泛统一战线基础的"工人政府"的口号。这一时期对各国共产党的建立和成长起到了促进作用,但它也犯有对革命形势估计脱离实际的错误。中期为20世纪20年代中期到30年代初期,先后召开了"五大"和"六大"。这一时期内,左倾思想严重,妨碍了统一战线工作的开展,给反法西斯斗争带来了不利影响。1935年召开的"七大",是其最后一次会议,制定了反法西斯的策略方针。随着形势的变化,共产国际已不能适应形势需要,于1943年6月宣告解散。

阿姆利则惨案

第一次世界大战后,印度人民掀起反对英国殖民统治的斗争高潮,英国殖民者决定采取恐怖手段。1919年3月初,旁遮普邦阿姆利则市人民开展反英斗争,抗议《罗拉特法案》。4月10日,英殖民当局在阿姆利则城逮捕了两位著名民族运动活动家。当日,该市群众举行游行示威,与军警发生冲突。愤怒的群众捣毁了英国银行,占领了火车站、电报局、电话局,切断了该城与外地的联系。英殖民当局派军队开进阿姆利则,实行戒严,禁止一切集会。13日,大批锡克教徒在贾连瓦拉·巴格广场举行集会活动。英国殖民当局军队包围广场,封锁出口,向群众开枪扫射,当场打死370余人,打伤1200余人。惨案发生后英国殖民当局封锁消息达四个月之久。阿姆利则惨案激起印度各地更大规模的反英浪潮。

匈牙利苏维埃共和国的成立

1918年10月29日,匈牙利人民在布达佩斯举行罢工游行,要求停止战争。罢工斗争迅速发展成武装起义,推翻了哈布斯堡王朝。同年11月,新成立的卡罗利政府与协约国签署停战协定,宣布成立共和国。1919年2月,协约国要求匈牙利后撤驻军,卡罗利政府被迫下台,将政权交给了匈牙利社会民主党。3月21日,社会民主党与共产党协议合并,宣告成立匈牙利苏维埃共和国。

爱尔兰自治

第一次世界大战后,英国本土和自治领之间的矛盾日益加剧。战后初期,爱尔兰争取独立的斗争重新高涨。爱尔兰共和派曾于1916年在都柏林举行起义，但遭到英国政府的镇压。1919年1月21日，共和派在都柏林集会，宣布成立独立的爱尔兰共和国，接着各郡、市纷纷建立地方行政机关、法院。都柏林政府组织爱尔兰共和军和受英国控制的警察部队展开了游击战。1921年，双方开始谈判，英国承认爱尔兰南部26郡自治。1923年，爱尔兰被国际联盟接纳为会员国。

色佛尔条约

色佛尔条约是第一次世界大战后协约国和土耳其苏丹政府签订的条约，1920年8月10日在巴黎附近的色佛尔签订，故称。条约规定：土耳其承认汉志和亚美尼独立；伊拉克、巴勒斯坦成为英国的委任统治地；土耳其在欧洲的领土除了伊斯坦布尔及其郊区以外，全部割让给希腊；在亚洲的领土，沿叙利亚边境的一个广阔的地带让给法国；摩苏尔石油产地割让给英国；黑海海峡宣告开放，不论何国的军舰与商船都能通过；领事裁判权继续有效；土耳其军队不得超过5万人；协约国有权对土耳其的财政进行监督。条约不仅使土耳其帝国的领土消减了4/5，而且完成了对土耳其本土的瓜分，把土耳其推到了亡国的境地，激起了土耳其人民的反帝怒潮。土耳其人民在凯末尔的领导下，打败了希腊，取得了民族解放的胜利，终于在1923年废除了该条约。

鲁尔危机

德国在1921年交付首次战争赔款后，即提出延期支付下一年赔款的要求。法国对德国拖延支付赔款十分恼火。1923年1月11日，法国联合比利时出兵10万开进德国西部重要工业中心鲁尔地区。1月12日，德国外交部照会法、比两国政府，指责占领鲁尔是最严重的侵害德国主权的战争行为。在多方国际压力下，法、比不得不在1924年11月从鲁尔撤军。鲁尔危机的解决表明，法国开始丧失在欧洲大陆的优势地位。

道威斯计划

它是第一次世界大战后协约国提出的德国赔款计划，由美国银行家道威斯为首的委员会提出，故名。1923年12月，由美国芝加哥银行家道威斯率领比、法、意、英、美5国代表组成的国际专家委员会赴德调查，研究德国赔款问题。1924年草成计划，于8月由伦敦会议通过，于第二年开始实施。计划没有确定德国赔款总数，只规定1924～1925年的赔款数额为10亿金马克，以后逐年增加，到1928～1929年为25亿金马克，德国以主要财政收入（关税、间接税、铁路收入和工业税收）作为赔款的担保，计划还提出为稳定德国币制，协约国先给德国贷款8亿金马克，美国负担其中的55%。道威斯计划为外国资本，特别是美国资本流入德国扫清了道路，促使德国工业迅速恢复和发展，加速了德国军国主义复活。1928年，该计划因德国借口财政濒于破产而被停止执行，后被"杨格计划"所取代。

啤酒馆运动

1923年1月，法国、比利时借口德国未按期支付赔款出兵占领鲁尔，德国出现严重混乱局面。纳粹党乘机策划发动暴乱，阴谋用武力夺取政权。11月8日，在军国主义分子、原德军总监鲁登道夫等人的支持下,希特勒率领武装党徒占据慕尼黑市贝格布劳凯勒啤酒店,劫持在那里集会的州政府首脑,宣布巴伐利亚政府和魏玛共和国已被推翻,成立临时全国政府。次日,希特勒和鲁登道夫·赫斯率领两千余名武装政变分子举行游行,准备占领慕尼黑并以此为基地在全国建立纳粹党政权。此时纳粹党力量有限,没有得到垄断资本的全力支持,也没有得到国防军的支持,集会遭到警察枪击,16人丧生,希特勒和鲁登道夫等人被捕并被判刑,政变遂告失败。此后,纳粹党转而力图用合法方式夺取政权。

洛桑会议

1925年10月5日,英、法、德、意等7国的代表在瑞士的小城洛桑举行了讨论安全保证问题的会议,签署了《洛桑公约》。该公约规定:德、法、比互相保证,使德比、德法边界不受侵犯;《凡尔赛和约》关于莱茵非军事区的规定应得到遵守;德法和德比互不侵犯,和平解决争端;英国和意大利作为保证国,承担援助被侵略国的义务。从国际关系的角度看,公约的签订对于稳定欧洲的局势起了积极作用。

洛迦诺会议

1925年10月5~16日,欧洲的一些资本主义国家在瑞士的洛迦诺举行会议,讨论调整相互关系问题。参加这次会议的有英国外交大臣奥斯汀·张伯伦,法国外长白里安,德国总理路德和外长斯特莱斯曼以及比利时外交大臣、波兰外长、捷克斯洛伐克外长和意大利驻国际联盟代表等。会议签订了《洛迦诺公约》。公约内容包括,德、比、英、法、意相互保证维护凡尔赛和约所规定的德法和德比之间的边界现状;德国分别同比、法、波、捷签订仲裁条约,相约凡外交上所不能解决的争端应提交仲裁法庭和国际法院裁决;法国同波、捷分别签订了防备德国进攻的相互保证条约。《洛迦诺公约》签订后,德国的国际政治地位有所提高,不久参加了国际联盟,并取得了国联行政院常任理事的席位。

杨格计划

1929年,德国声称财政濒于崩溃,无力执行《道威斯计划》。同年2月11日至6月7日,英、法、比、意、日、美、德七国代表组成的专家委员会在巴黎召开会议重新审议德国赔款问题。美国代表杨格为主席。会议通过了杨格起草的报告书,故名。主要内容有:德国赔款总额为1139.5亿马克,在58年零7个月内偿清,分两期支付。其间从1930~1965年36年零7个月中每年偿还20.5亿马克,从1966~1988年22年中每年偿还16.07~17.11亿马克。取消赔偿各国对德国经济与财政的一切形式的监督。德国每年应付数额中,三分之一无条件必付,其余可缓期2年,年息5.5%。1930年各国在瑞士成立国际清算银行,管理有关德国赔偿的金融业务。杨格计划的实施,减少了德国的赔款负担,扩大了外国资本对德国经济的渗透。1931年德国声明因经济恶化无力偿还。1932年洛桑会议决定,德国偿还30亿马克为最后赔偿,但德国并未偿还,杨格计划遂告结束。

世界裁军大会

第一次世界大战后,各帝国主义国家为

限制对手的军备,掩盖自己扩军备战事实,纷纷提出裁军口号。国际联盟盟约亦规定会员国应将军备减少到最低限度。根据国联决定成立的国际裁军会议筹备委员会于1926年5月在日内瓦举行会议。会上帝国主义斗争激烈,经过六次会议才于1930年通过裁军方案最后报告书。1932年2月2日,裁军会议在日内瓦正式开幕,共有包括非国联成员国美、苏在内的六十余国参加。会上各大国都提出自己的方案,力图加强自己,削弱对方的军事实力。至1933年6月,会议才接受英国提出的《麦克唐纳计划》作为未来裁军协定的基础。会议进行期间,德、日已走上法西斯化道路,1933年10月,德国退出裁军会议。1934年6月,裁军会议未取得任何实质性成果而宣告结束。

西班牙内战

1936年7月,佛朗哥等西班牙反动势力在西属摩洛哥等地发动叛乱,企图推翻共和国,建立法西斯专政,遭到共和国政府的坚决镇压。7月底,德意法西斯公开进行武装干涉,向叛军提供大量武器装备,同时出动20万德、意军直接参加作战,西班牙内战演变为民族革命战争。1936年11月~1937年3月,法西斯军队向首都马德里发动三次进攻,广大军民英勇抗战,取得保卫战的胜利。1937年年中,法西斯军队把进攻重点转向北方,北方陷落后又转而进攻东部,1938年春突破阿拉贡防线,至地中海。1939年2月,东部加泰罗尼亚等地区落入敌手,英、法承认佛朗哥政权,至此共和国力量受到严重削弱。3月28日,马德里陷落。3月30日,法西斯军队占领共和国全境,西班牙民族革命战争失败。

臭氧层的发现

臭氧化学式为O_3,无色气体,有特臭。距地表10至50公里间的高空大气层,是臭氧集中的层次,称臭氧层,其浓度最大部分位于20至25公里的高度,仅占同高度空气体积的十万分之一。臭氧层于1921年被人类发现。臭氧层的存在,有效地阻止了几乎全都短于290纳米的太阳辐射到达地球表面,否则这种紫外辐射会损害并杀伤大多数生物。空气污染造成的臭氧层破坏,已引起人类社会的高度重视。因此,保护臭氧层已成为地球环境保护的一项重要任务。

乔伊斯与《尤利西斯》

20世纪20年代出现了一部争议较多的小说《尤利西斯》。当人们读过此书和该作者的另一些作品后,才逐渐理解了这部小说的意义。它根本是一部严肃的作品,要探讨的是应该怎样生活和价值标准等重大问题。《尤利西斯》由此而被公认为是现代派小说的巨著。小说的作者是"意识流派"的代表作家,爱尔兰的乔伊斯。乔伊斯取《尤利西斯》为名,意在表明本书是记录现代人的史诗。因他在作品中成功地运用了意识流的表现手法,《尤利西斯》成为"意识流派"的代表作。

电视发明者贝尔德

1929年1月26日,当英国人第一次看到表演的电视机的电视图像时,无不兴高采烈,奔走相告。在他们中间的电视发明者贝尔德(1888~1946年),激动地流下了热泪。

贝尔德出生在英国。1923年的一天,一

个朋友告诉他："既然马可尼能够远距离发射和接收无线电波，那么发射图像也应该是可能的。"这使他受到很大启发。贝尔德决心要完成"用电传送图像"的任务。他将自己仅有的一点财产卖掉，收集了大量资料，并把所有时间都投入到研制电视机上。最后，完成了电视机的设计工作。

经过长时间的艰苦奋斗和无数次失败之后，贝尔德终于用电信号将人的形象搬上了屏幕。1928年，贝尔德用短波从伦敦向纽约传送了图像，实现了人类历史上第一次使图像越过大西洋的梦想。1929年，英国广播公司允许贝尔德公司开展公共电视广播业务。20世纪30年代以后，贝尔德又转向了彩色电视的研究，并有所成就。

物理学革命

20世纪初，科学技术取得了巨大进展，发生了物理学革命。物理学家爱因斯坦于1905年和1915年先后提出了狭义相对论和广义相对论，论证了时间和空间的统一性，确立了崭新的时空观。1925年左右，德国人海森伯和奥地利人薛定谔在前人研究的基础上，创建了量子力学这门学科。它和相对论相结合，形成了原子核物理学。以量子论和相对论为基础的物理学革命，促进了一批新技术的飞速发展，并且改变了人类的生产与生活方式。

卓别林

查尔斯·斯宾塞·卓别林1889年4月16日出生于英国伦敦，昵称查理。1913年在美国和加拿大巡回演出，并留在美国发展。卓别林在启斯东公司工作一年演出35部影片。1915年又为埃山奈公司编导16部影片，一生共演影片80部，以《淘金记》《摩登时代》《大独裁者》尤为著名。因其在电影艺术方面的巨大成就，受到全世界人民的爱戴，他不是军人，却获得法国荣誉军团勋章；没进过高校，却接受了牛津大学学位；贫民出身，却被英国皇家封为爵士；离开好莱坞，却捧取了奥斯卡金像奖。卓别林于1977年12月25日在瑞士洛桑家中逝世，终年88岁。查理·卓别林是世界上最伟大的电影艺术家之一，为电影事业的发展作出过不可磨灭的贡献。

奥斯卡金像奖

奥斯卡奖是由美国电影艺术与科学学院颁发的美国最高的电影荣誉奖，也是当今全世界范围内影响最大、历史最长的电影奖之一。

1929年1月，美国电影艺术与科学学院为了"促进电影艺术与科学以及发展人类文化"，决定设立一个"学院奖"（奥斯卡奖的正式名称）。这年5月16日首次受奖典礼在好莱坞的罗斯福饭店举行，共颁发了15尊金像。

青铜镀金像是一位手握长剑、屹立在一盘电影胶片上的健美勇士的形象，开始没有名称。直到1931年，当一个新来的学院女秘书看到这尊铜像，惊呼使她想起了叔叔奥斯卡时，一位记者立即将她的话报道出去。从此，"奥斯卡金像"便成了这个人像的名称。奥斯卡金像奖由此正式得名。

除1930年、1933年外，奥斯卡金像奖自第一届以来都是每年举行一次。按规定，对上一年度的影片和演职员在每年3月左右进行评奖。奥斯卡颁奖仪式是美国好莱坞的一个盛大活动。

弗洛伊德与《梦的解析》

弗洛伊德是奥地利精神病医生、精神分析学家。他认为被压抑的欲望绝大部分是属于性的。性的扰乱是精神病的根本原因。他的著作《梦的解析》是有关精神分析最重要的研究著作。他在书中详尽阐述了其关于梦的独创性概念，认为梦是"认识潜意识的重要途径"——潜意识的来源、发生的原因及其运作的方法。这一理论对当时的社会和艺术界产生了广泛的影响。1939年9月23日，弗洛伊德卒于英国。

俄国的十月革命及苏联成立

列宁主义

列宁主义是帝国主义时代和无产阶级时代的马克思主义，是无产阶级革命的理论和策略，特别是无产阶级专政的理论和策略。列宁丰富和发展了马克思主义，特别是创立了帝国主义是资本主义的最高和最后阶段的学说，揭示了帝国主义的基本特征及其发展规律，作出了社会主义能够首先在少数甚至单独在一个资本主义国家内获得胜利的科学论断。

苏维埃

俄文译音，意为会议或代表会议。1905~1907年第一次俄国革命中产生工人苏维埃，列宁称之为革命政权的萌芽。十月革命后，苏维埃成为苏联政权机关的组织形式，其他国家也曾把它们的革命政权称为苏维埃政权。

四月提纲

1917年4月16日，列宁经过长期流放以后，回到彼得格勒。第二天，他在布尔什维克的会议上作了《论无产阶级在这次革命中的任务》的报告，即《四月提纲》。提纲指出，目前俄国革命的特点是从资产阶级民主革命过渡到无产阶级社会主义革命。政权在第一阶段落到了资产阶级手中，在第二阶段应该转到无产阶级和贫苦农民手中。《四月提纲》为布尔什维克党明确规定了从资产阶级民主革命过渡到社会主义革命的路线，指明了革命发展的前途。

第一个社会主义国家的诞生

第一次世界大战给俄国人民带来深重的灾难，饥寒交迫的人们再也无法忍受，反战情绪日益高涨，在列宁的领导下，俄国人民取得了十月革命的胜利，建立了世界上第一个苏维埃社会主义国家，改变了世界历史的格局和进程。

俄国二月革命

1905年的俄国第一次资产阶级民主革命遭到失败。第一次世界大战爆发后，俄军在前线接连失利。后方农田荒芜，企业倒闭，经济状况恶化，各种矛盾激化。列宁提出"变帝国主义战争为国内战争"的口号，号召人民掉转枪口，反对本国反动政府。1917年3月8日彼得格勒普梯洛夫工厂工人开始罢工，得到其他工厂工人的响应，10日，彼得格勒爆发了全城政治总罢工。12日政治总罢工发展成为武装起义。当天6万多驻守彼得格勒的士兵转到工人一边，与他们并肩作战。起义士兵和工人攻进监狱，释放政治犯，解除警察和军官的武装，占领了冬宫。尼古拉二世下令调前线部队镇压首都起义。但全国各地都已掀起革命，军队半路就分化瓦解，许多士兵加入了革命的行列。15日，尼古拉二世宣布退位，沙皇专制制度被推翻。二月革命胜利后，俄国出现了两个政权并存的局面，一个是工兵代表苏维埃，一个是资产阶级临时政府。俄国二月革命为俄国十月社会主义革命提供了准备。

十月革命

1917年11月7日，随着"阿芙乐尔"号的一声炮响，攻打冬宫这座沙皇专制统治的堡垒的战斗开始了，十月革命爆发。

攻占冬宫是一场非常艰苦的战斗。从11月7日清晨起，守卫冬宫的2000多人，用成垛的木头，排成坚固的街垒，街垒里布置着机枪巢，堵住了冬宫的全部出入口。起义部队进入广场，就处在他们的火力圈内。但攻打冬宫战役的指挥官安东诺夫不惧危难，亲自率领起义部队，冲进广场，冲向宫门。经过激战，终于攻占了冬宫。

11月8日晚上9点钟，苏维埃代表大会第二次会议在斯莫尔尼宫开幕。代表大会通过了列宁起草的《和平法令》和《土地法令》，发表了《告工人、士兵和农民书》，庄严宣告俄国一切政权归苏维埃。列宁当选为苏维埃政府——人民委员会主席。斯大林、安东诺夫等被选为人民委员。十月革命取得了胜利，人类历史上第一个工农政府诞生了。

苏维埃国内战争

这是1918～1920年苏维埃俄国与外国武装干涉者和国内反革命武装所进行的战争。1918年初，英、法、美、日等协约国军队入侵苏俄，占据了大片领土。国内反动势力在帝国主义者的支持下纷纷叛乱。德国占领者霸占了乌克兰、白俄罗斯和波罗的海沿岸。苏维埃共和国四面受敌，3/4的领土为反革命所控制。苏维埃政权实行战时共产主义政策，创立红军，提出了"一切为了前线，一切为了共和国"的口号，同敌人展开了英勇的斗争。到1918年底，在东线红军把敌人打回了乌拉尔地区，在南线红军赢得了察里津保卫战的胜利。从1919年初到1920年底，协约国又先后组织三次大规模武装干涉，均被红军打败。至1920年底，反苏武装的基本力量已被歼灭。苏维埃国内战争的胜利，保卫了十月革命的成果，巩固了世界上第一个无产阶级政权。

苏联成立

1917年11月15日，苏维埃政府公布了《俄国各族人民权利宣言》，宣布承认民族自决权，并主张各民族在平等、自主的基础上建立真诚的、巩固的联盟。1922年，建立一个多民族统一的苏维埃国家条件成熟，各苏维埃共和国的共产党都提出了关于国家的联合问题。12月30日，苏维埃社会主义共和国联盟（由俄罗斯联邦、乌克兰、白俄罗斯及南高加索联邦等四个苏维埃社会主义共和国联合组成）第一次代表大会通过了苏联成立宣言和成立条约，宣布根据自愿和平等的原则成立统一的联盟国家。苏共二大宪法规定，联盟有统一的国家政权、军队、法律和国民经济体系，有统一的国籍；各加盟共和国又有自己的国家政权机关、宪法，有自由退出联盟的权利。到1956年止，苏联共有15个加盟共和国。

苏联农业全盘集体化运动

1927年底，联共（布）第"十五大"提出了农业集体化的任务。1929年9月18日，在批判了所谓"右倾反对派"之后，在全国范围内掀起了农业全盘集体化运动。11月初，联共（布）中央领导人要求农民整村、整乡、整区地加入农庄。1930年1月5日联共（布）通过了《关于集体化速度和国家帮助集体农庄建设的办法》的决议，规定对富农采取消灭政策，提出要在五年计划期间完成绝大多数农户集体化的任务。在农业全盘集体化运动期间，加入集体农庄的农户从1928年占农户总数的1.7%上升到1932年的61.5%，至1937年上升到93%。苏联农业集体化把个体小农经济改造成了社会主义的公有经济，消灭了富农，但也一度造成农业生产的下降和苏维埃政权同农民关系的紧张。

大清洗运动

1934年12月1日，联共（布）中央政治局委员基洛夫遇刺身亡，一场大规模的肃清反革命运动由此在全国展开。由于当时苏联法制的不健全，以及斯大林个人崇拜的盛行，许多无辜的领导人、普通党员和公民遭到迫害，给苏联的社会主义事业和国际共产主义运动造成了难以估量的损失。

肃反运动

1934年12月1日，联共（布）著名领导人基洛夫在斯莫尔尼宫被枪杀。前反对派领导人季诺维也夫、加米涅夫等16人被控策划恐怖行动而遭逮捕，并于1936年8月被处决。同时在全党进行清洗。于是在全国掀起了一场"揭发和铲除人民敌人"的运动，内务部对成年男子和知识分子妇女进行审查，清洗、镇压的规模迅速扩大。不少党和国家的重要领导人，党中央政治局成员、军长、师长，一些有名的科学家、文学艺术家以及难以计数的群众，遭到逮捕、枪决。1936～1939年间遭到逮捕和判刑的政治犯就近500万人。肃反运动给苏联的经济建设、国防建设和政治生活带来了严重的消极影响，民主和法制遭到严重破坏，国际共产主义运动也受到影响。1939年初，肃反运动结束，斯大林公开承认在肃反时犯了严重错误。

亚非拉民族革命运动

埃及独立运动

1918年11月，埃及民族资产阶级的代表柴鲁尔等要求英国殖民当局撤回保护权，给埃及以完全独立，遭到拒绝。柴鲁尔等人便组织"代表团"要去英国谈判，又遭到拒绝。1919年3月8日，殖民当局逮捕了柴鲁尔等4人并将其流放，引起埃及人民反英浪潮。斗争从3月9日开罗高校学生罢课起，发展到全国工人罢工、商人罢市、群众示威游行，直至武装起义。英国殖民当局被迫释放柴鲁尔等人，同时派重兵镇压起义。4月中旬起义失败。1921年12月英国殖民当局又逮捕了柴鲁尔，激起人民进一步反抗，城市罢工和农民武装斗争重新高涨。1922年2月28日，英国政府被迫发表声明，宣布放弃对埃及的保护，承认埃及独立，但仍保留了对埃及的一些特权以及对英埃苏丹的统治。

阿根廷"血腥的一周"

1918年11月，首都布宜诺斯艾利斯英国"瓦塞纳冶金厂"2500名工人罢工，要求实行8小时工作制，改善劳动条件和增加20%的工资。1919年1月7日，罢工工人集会，警察向该厂罢工工人开枪，工人纠察队同警察发生武装冲突，当场4名工人死亡，30人受伤。9日，20余万工人走上街头，警察又打死20名工人，各工会组织立即宣布总罢工。工人武装同警察展开了激烈的街垒战，夺取士兵武器，占领兵工厂，捣毁军火库，起义工人几乎控制了整个城市。1月15日军队以恢复秩序为名开进首都，会同警察镇压罢工工人。在一周内，工人被杀害2000余人，受伤4000余人，上万人被捕。为控制事态的发展，政府出面同工人谈判。工会同意结束总罢工，政府同意释放全部被关押的工人，并答应瓦塞纳冶金厂工人的要求。这次斗争是阿根廷劳工运动史上规模空前、最为激烈的一次行动，充分显示了阿根廷劳工团结战斗的精神和力量，同时也暴露了阿根廷政府的资产阶级本性。史称"血腥的一周"。

朝鲜"三一"人民起义

高宗被害事件，激起了朝鲜人民的愤怒。1919年3月，以孙秉熙为首的民族主义者33人，聚集在汉城签署了《独立宣言书》。日本宪兵警察将他们全部逮捕入狱。与此同时，30万群众在汉城举行了声势浩大的游行示威。全国各地纷纷响应，起义人民捣毁殖民统治机构，袭击日本公司，拒纳租税，还用木棒、斧头等工具同日本军警搏斗。日本殖民当局调动大批军警，采用野蛮的屠杀手段，把朝鲜人民的反抗斗争淹没在血泊之中。到1919年七、八月间，起义终于被镇压下去。

"圣雄"甘地

甘地一生为印度摆脱英国的殖民统治而奔走，他徒步旅行全国，到处发表反对殖民统治的讲话。在他的推动下，国大党曾多次在印度掀起群众性的非暴力不合作运动。甘地以绝食作为非暴力斗争的武器。他一生绝食15次，有几次濒临死亡。甘地以自我牺牲的精神感召群众参加斗争，在印度享有很高的威望。1947年8月，印度宣告独立，甘地试图以绝食来平息印度教和穆斯林之间这种兄弟相残的屠杀。甘地的做法引起印度教狂热分子的仇视，认为他是"偏袒穆斯林"，于是在1948年1月30日将甘地刺杀。甘地为争取印度独立献出了自己的一生，他被尊为"国父"，他的生日被视为印度民族的节日，他的逝世日被宣布为"殉难者纪念日"。

印度"非暴力不合作运动"

1919年4月13日，印度发生了"阿姆利则惨案"。反英斗争迅速高涨。1920年9月，印度国大党在加尔各答特别会议上通过了甘地提出的"非暴力不合作计划"。在甘地的号召下，人民举行罢工、罢课、罢市和集会、游行。印度教徒与伊斯兰教徒团结一致，并肩战斗。在斗争中，工农群众常常发生不同程度的暴力斗争。1922年2月12日，国大党通过《巴多利决议》，谴责群众越轨行为，决定无限期停止"非暴力不合作运动"。3月10日，甘地入狱。运动遭到残酷镇压。1929年，国大党领袖拉舍尔授权甘地领导"不合作运动"，以破坏食盐专卖法作为运动的开端，即"食盐进军"。同年3月12日，甘地率领79名信徒徒步246公里，抵达丹地海滨，亲自动手煮盐，持续三周。当局闻讯后，大肆镇压。当局的镇压反而激起了更强烈的反抗。英国人慑于国际舆论的压力和国内局势的动荡，于1931年3月

5日双方签定了《甘地—欧文协定》。国大党同意停止"不合作运动"。总督则放弃镇压。

土耳其凯末尔革命

1919年5月，土耳其成立了以凯末尔为首的安纳托利亚和隆美利亚护权协会，通过了坚持民族独立和领土完整的广泛政治纲领。1920年1月，通过了《国民公约》，宣布土耳其享有主权独立和领土完整，废除治外法权。1920年4月，凯末尔在安卡拉召开土耳其大国民议会，成立国民政府。1921年建立土耳其国民军。在1921年8~9月的萨卡里亚战役和1922年8月的多鲁—佩纳尔决战中，土耳其国民军大败希腊侵略军。1922年10月，协约国与土耳其签订停战协定。1923年7月，英、法、意、日、希、罗、南七国与土耳其签订了《洛桑和约》，承认了土耳其的独立主权。同年10月，大国民议会宣布土耳其为共和国，凯末尔被选为总统。凯末尔革命的胜利，使土耳其摆脱了民族危机，结束了奥斯曼帝国600多年的封建君主专制和神权统治，建立了资产阶级民主共和国，为土耳其的经济发展和社会进步创造了条件。

哈里发运动

第一次世界大战刚刚结束，英国背弃诺言，伙同其他帝国主义准备瓜分土耳其，引起印度穆斯林的反抗。1918年，印度成立以塞特·考塔尼为主席、穆罕默德·阿里兄弟为首席发言人的基拉法特委员会。印度穆斯林掀起反对瓜分土耳其、保卫哈里发的浪潮。1919年，甘地当选为全印基拉法特委员会主席。次年，甘地与基拉法特运动领导人共同发起非暴力不合作运动。国大党也支持这一运动，决定将基拉法特运动的要求作为不合作运动的一部分。1921年8月，1万名莫普拉人在马拉尔海岸建立哈里发王国，但很快失败，3000人被打死。同年12月，英国殖民当局逮捕了在加尔各答的基拉法特运动和国大党的领袖。随着不合作运动的低落，哈里发运动也渐趋衰落。1924年，土耳其废除哈里发制，印度哈里发运动自行停止。

尼加拉瓜桑地诺的游击战争

尼加拉瓜是中美洲的一个小国。1921~1926年，尼加拉瓜爆发了自由党和保守党之间的内战。在美军出兵支持保守党的情况下，自由党向美军缴械。但自由党中的桑地诺将军拒绝缴械。1927年，桑地诺带领部队转战山区，与美军展开了游击战。桑地诺采用"分散队伍，夜间出击，利用障碍，伏击敌人"的手法，成功地摆脱了美军的围剿，有效地打击了敌人。1934年1月，尼加拉瓜总统以停战谈判为名，邀请桑地诺赴宴。宴毕，在返回的路上，桑地诺遭到预先埋伏的国民警卫队的袭击，并被杀害。游击队的力量遭到了彻底的毁灭。

巴西瓦加斯改革运动

1929年，世界性的经济危机使巴西经济受到了沉重的打击，社会矛盾随之激化。1930年10月，代表地主资产阶级利益的瓦加斯通过发动军事政变，当上了总统。在瓦加斯执政期间，巴西实行了一系列发展民族经济的政策，主要有：保护关税，扶植民族工业，限制外国资本；国家大力兴办主导工业和基础工业。由于实施了这些措施，到第二次世界大战结束时，巴西已经建立起了能够基本满足本国需要的轻工业，有了一定规模的基础设施，并开始兴建金属、化学等新工业。

智利人民阵线的成立

1929年，世界经济危机爆发时，智利政局动荡不安。20世纪30年代后，当局政府加强了与西方法西斯势力的联系。面对法西斯的威胁，智利共产党、社会党、激进党和劳工联盟等组成人民阵线，并推举激进党人塞尔达为人民阵线的候选人。1938年，塞尔达当选为智利总统，智利组成了西半球第一个人民阵线政府。人民阵线政府成立后，宣布要改善劳动者的物质状况，大力发展民族工业，以及对农业进行援助等。人民群众的政治地位得到了某些改善。1941年，塞尔达因健康原因被迫辞职，人民阵线开始解体。

埃塞俄比亚抗意民族战争

埃塞俄比亚占有重要的战略地位，意大利为掠夺新的殖民地，建立地中海霸权，策划对埃塞俄比亚的侵略，挑起边境冲突。1935年10月意大利侵入埃塞俄比亚，国联宣布意大利为侵略者，进行经济和财政制裁，但未对意大利急需的石油实行禁运。战争爆发后，海尔·塞拉西一世即颁布总动员令，号召人民抵御入侵，并亲临前线指挥。埃军利用山地条件，顽强抗击意军。但因力量悬殊，埃军总体上处于劣势。4月初，北线意军击溃埃军，5月5日意军进入首都，5月9日南北两线意军会合。同日，墨索里尼宣布吞并埃塞俄比亚。埃塞俄比亚人民坚持斗争，广泛开展游击战争打击意军，迫使意军固守在一些大城市及其周围地区。1941年年底在塞拉西一世的率领下埃塞俄比亚人民把入侵者全部赶出本国领土。

世界经济危机

柯立芝繁荣

20世纪20年代前期，美国出现了经济繁荣，工业生产保持世界首位，并大大超过战前水平。由于这一繁荣阶段基本上处于柯立芝总统时期，故名。柯立芝繁荣是垄断资产阶级大发一战横财的自然结局，但是这种繁荣是短暂的，背后潜伏着危机。劳动人民相对贫困、某些经济领域的不景气以及资产阶级政府对资本家盲目生产的放任都表明了繁荣的脆弱。1929年爆发的经济危机宣告了柯立芝繁荣的结束。柯立芝繁荣还是美国推行金元外交的依托。

英国"红色星期五"

1925年英国煤炭工业受德国煤炭工业竞争的影响发生危机。6月，煤矿主决定降低矿工工资，取消最低工资限额，延长工作时间，并以同盟歇业相威胁。这个决定遭到英国工人阶级的坚决反对。7月31日（星期五），煤矿、运输、铁路工人的"三角同盟"举行罢工。由于保守党政府被迫作出让步，于当天宣布向矿主提供一笔9个月的补助金，使他们可以照发工人的工资，一触即发的劳资冲突暂时得以延缓。这是英国工人取得的一次重大胜利，显示了团结的力量。7月31日被称为"红色星期五"。这是1926年总罢工的序曲。

20世纪30年代世界经济大危机

1929年开始，资本主义世界爆发了世界经济危机，这次危机是资本主义历史上破坏力最大、持续最久的一次"生产过剩"危机。

1929年10月24日，美国纽约交易所股票价格的暴跌，宣告了世界经济危机的到来，随后，危机蔓延到整个资本主义世界。危机期间，工业生产减少了30%，整个资本主义国家生产倒退20多年。

危机造成了资本主义国家国内和国际矛盾的尖锐化，促进了法西斯专政的产生，而法西斯专政最后引发了第二次世界大战的爆发。

纽约股市"黑色星期四"

美国20世纪20年代的经济繁荣中孕育着潜在的危机，终于酿成了1929年10月的股市狂跌。1929年10月24日，纽约股票市场开始崩溃，这一天出售股票近1300万股。开盘后价格就猛跌。灾难性的市场崩溃形势已经势不可挡。这一天有数千经纪人和数十万小投机者破产，因此被人们称为"黑色星期四"。股票市场的崩溃迅即引起银行危机，并扩大成全面的经济危机。

威斯敏斯特法

第一次世界大战为英帝国内各自治领提高国际地位提供了可能。1926年，帝国会议最后通过了以英国枢密大臣贝尔福为首的帝国内部关系委员会起草的报告，为自治领的地位及其同英国的关系确定了一系列具有宪法意义的指导原则。这一报告所确定的原则，构成了1931年英国议会制定的威斯敏斯特法的基础。1931年12月，英国议会通过《威斯敏斯特法》。规定：白种人统治的自治领加拿大、澳大利亚、新西兰、南非联邦、爱尔兰共和国及纽芬兰与联合王国组成英联邦，自治领为"独立和平等"的主权国，共戴英王为国家元首；主权国议会与帝国议会平等，不受帝国法律约束，未经主权国请求或同意，帝国议会对主权国无立法权；主权国外交自主，除纽芬兰外，在国际联盟内有自己独立的外交使团。

罗斯福新政

1929年10月24日，美国以交易所股票的急剧下跌为标志进入30年代经济大危机年代，危机期间，胡佛总统信奉"不干预主义"，使美国的经济危机进一步恶化，美国的工业和农业都呈现出一派可怕的情景。工厂大门紧闭，牲畜被成批杀掉，牛奶倒入大海，而广大人民却忍饥挨饿，胡佛总统也被冠以"饥饿总统"的称号。

1932年，罗斯福就任美国总统，他在就职演说中说："这个伟大的国家将会坚持下去——它将会复兴，将会繁荣昌盛。"在这样的信念下，罗斯福开始实行他的"新政"，从他就任到1941年美国参战的9年，也被称为"新政时期"。罗斯福的新政主要采用英国经济学家凯恩斯的经济理论。其主旨就是要由国家来干预经济生活，实行有调节的资本主义。新政的实施使经济得到了复苏，改善了人民的生活，维护了资本主义的民主制度。

国会纵火案

在1932年大选中，德国纳粹党未获压倒

多数，定于1933年3月5日举行新的选举。2月27日晚，纳粹分子焚烧国会，并诬陷是共产党人所为。次日即宣布取消魏玛共和国宪法规定的保障人民的人身、新闻、集会、结社、言论出版的自由，并下令逮捕季米特洛夫等共产党人。1933年9月21日在莱比锡开庭审讯。季米特洛夫面对法西斯的非法审讯，变法庭为讲坛，义正辞严地揭露纳粹分子的反动本质和血腥罪行，勇敢地捍卫了共产党人的立场。在世界无产阶级和反法西斯力量的声援下，莱比锡法庭被迫宣布季米特洛夫无罪。国会纵火案的目的在于转移舆论，打击共产党人和反法西斯的民主革命力量。纳粹党尽管在3月5日的选举中仍未获压倒多数，但希特勒在3月23日操纵国会通过《授权法》授予希特勒充分的行动自由，从而开始了希特勒的独裁统治。

第三帝国

在1932年7月的国会选举中，纳粹党成为第一大党。在容克地主、垄断资本家的支持下，1933年1月30日，希特勒上台执政，建立号称"千年太平"的帝国。以后纳粹统治下的德国被称为"第三帝国"。1934年8月2日，兴登堡逝世。希特勒按政府通过的《德国元首法》，自任国家元首，独揽大权，成为独裁者。1945年5月8日，德最高统帅部签署《无条件投降书》。"第三帝国"覆灭。

法西斯党

"法西斯"的原文来自拉丁"束棒"一词，指古代罗马执政官表示权威的标志棒。后来，"法西斯"一词被转用为独裁统治代名词。1919年，墨索里尼在米兰建立"战斗法西斯"组织。1921年正式成为法西斯党。由于党员身着黑色制服，故又称黑衫党。法西斯党代表垄断资产阶级利益，专事破坏和暗杀等恐怖活动。同年10月15日，墨索里尼率法西斯党党徒在那不勒斯集合誓师，然后进军罗马，取得政权，实行恐怖独裁统治，建立法西斯"总体国家"。后与德国、日本法西斯相勾结，参加第二次世界大战。1943年，战败后瓦解。

纳粹党

纳粹是德语"民族的"和"社会主义"两个词缩写的音译，纳粹党即"民族社会主义德国工人党"，是德国的法西斯政党。其前身是1919年成立的德意志工人党。1920年进行改组，1921年希特勒成为党魁。该党宣扬大日耳曼主义，要求扩张领土，重新瓜分殖民地，建立一个庞大的德意志帝国，攻击马克思主义和民主主义。1923年，发动啤酒店暴动，失败后被查禁。1925年，重新活动。1933年夺取了政权，在全国实行反革命恐怖统治，镇压共产党和一切进步人士，疯狂虐杀犹太人，对外疯狂侵略，挑起第二次世界大战。1945年德国投降，盟国管制委员会宣布纳粹党为非法组织。

美国废除禁酒令

1933年12月5日，美国嗜酒者大肆庆祝禁酒令的废除。这次饮酒合法化离上次合法饮酒规定的颁布相隔14年之久。就在当天的17时32分30秒，犹他州批准废除禁酒令，成为36个州中最后一个通过这项法令的州。美国总统罗斯福呼吁全国人民仍要适量饮酒，以防止再出现1920年导致禁酒令的"不当运动"。

第二次世界大战

第二次世界大战

第二次世界大战（1939~1945年）是一场规模空前的战争，给全世界人民带来了空前的巨大灾难。据统计，全球60%的国家、4/5的人口卷入战争，战火遍及亚洲、非洲、欧洲、美洲、大洋洲和太平洋、印度洋、大西洋、北冰洋等，大战造成约6000万人死亡，物资损失超过40000亿美元。但最终，正义战胜邪恶，横扫一时的德、日、意三个法西斯国家被彻底打败，人类文明得以拯救，世界重新恢复了和平。从此，世界历史进入一个新阶段。

美国中立法

1935年8月在美国国会通过"中立法"，由罗斯福总统签署生效。规定对交战国双方禁运军火，后又扩大到西班牙内战双方。这时的中立法是绥靖政策的变种。1939年9月21日作出重大修改，取消向交战国禁运军火的限制，但需"现款自运"，售与哪些国家，则授权总统决定。此后，美国向英、法出售武器。1941年3月为《租借法案》所代替。

绥靖政策

绥靖政策亦称"安抚政策"。"绥靖"一词原意为"安抚平定"。"绥靖政策"指帝国主义姑息纵容侵略者，以牺牲弱小国家的利益和主权，甚至牺牲本国人民的利益而谋求与侵略者妥协、退让的政策。20世纪30年代，德、意、日法西斯疯狂的侵略威胁和侵犯了英、法、美的既得利益和霸权地位，但英、法、美为了维持现状，苟安一时，大力推行绥靖政策，其主要代表人物是英国首相张伯伦和法国总理达拉第。他们企图以牺牲别国利益为代价，取得与德、意的妥协，并把"侵略祸水"引向东方，去进攻苏联，自己坐收渔人之利。1938年的《慕尼黑协定》是这项政策最突出的体现。绥靖政策助长了法西斯的侵略气焰，第二次世界大战爆发后，绥靖政策破产。

苏台德危机

苏台德位于捷克斯洛伐克西部山区，与德国接壤。该地区约有360万人，多数是日耳曼人。德国吞并奥地利之后，立即开动宣传机器，指责捷克人"迫害"苏台德地区的日耳曼人。1938年4月24日，由德国一手扶植的苏台德日耳曼人党魁汉来因，提出了要求苏台德地区自治的纲领。希特勒于5月19日下令向德捷边境集结军队，对捷克斯洛伐克进行战争威胁。5月20日，捷政府决定实行局部动员。德捷军队在边境紧张对峙，形成了"五月危机"。英法对德国采取绥靖政策，压迫捷政府让步。9月中旬，德捷边境局势再度急剧恶化。英、法决定牺牲捷克斯洛伐克，以维持所谓"欧洲和平"。1938年9月30日深夜，英、法、德、意签订了承认德国吞并苏台德地区的《慕尼黑协定》。

慕尼黑会议

1938年9月，英国首相张伯伦、法国总理达拉第、德国法西斯头子希特勒和意大利法西斯头子墨索里尼在德国慕尼黑签订了《关于捷克斯洛伐克割让苏台德领土给德国的协定》。协定规定，捷将苏台德地区和同奥接壤的南部地区割让给德国，割让区内的军事设施、工矿企业、交通工具等无偿交付德国。协定的附件还规定：捷境内波兰少数民族和匈牙利少数民族问题得到"解决"后，捷克斯洛伐克的其余领土，由签约4国"保证"不再受侵犯。捷代表被排斥在会议之外，会后，捷政府被迫在德国限定的6小时之内接受了这个协定。1938年10~11月，德军占领了苏台德地区。英、法企图用出卖捷克斯洛伐克的利益来促使德国去进攻苏联。在英、法绥靖政策的纵容下，1939年8月，德国出兵侵占了捷克斯洛伐克的全部领土，后又挑起第二次世界大战。此后，人们把为了自私目的而牺牲他国利益、纵容侵略的行为叫作"慕尼黑阴谋"。

《苏德互不侵犯条约》

法西斯德国对外侵略目标是"先西后东"，发动大战前在外交上争取苏联的中立，以避免陷于两线作战的局面，因此，提出与苏联签订互不侵犯条约。苏联为粉碎英、法、美推动德国进攻苏联的阴谋，为推迟苏德战争的爆发，以便赢得时间准备战争，便同意德国的要求。1939年8月23日，德国外长里宾特洛甫到莫斯科签订了《苏德互不侵犯条约》，条约主要内容有：缔约双方不以暴力进行侵略和进攻，缔约国之一如与他国交战，另一国决不支持第三国；缔约双方不参加任何直接或间接反对另一方的国家集团。条约有效期为10年。1941年6月22日，法西斯德国撕毁条约，发动了侵苏战争。

闪电战

闪电战是"二战"中德军经常使用的一种战术，它充分利用飞机、坦克的快捷优势，以突然袭击方式制敌取胜。它往往是先用飞机猛烈轰炸敌方主要的战略设施和通讯中心，把敌人的飞机炸毁在机场，取得制空权，并使敌人的指挥系统瘫痪。在进攻苏联时，德军的闪电战最终遭到失败。

马其诺防线

第二次世界大战爆发前，法国为防备德国进攻，从1928年开始到1936年，用了八九年的时间，在从瑞士到比利时之间的东部国境线上修筑起了一道防御阵地体系。因为这道防线是在当时的陆军部长马其诺的倡导下修建的，所以被称为"马其诺防线"。1940年，德国军队经阿登山区，绕过马其诺防线攻入法国，被法国认为是固若金汤的马其诺防线彻底失去了作用。

东方战线

苏联乘德军入侵波兰之际，开始向西扩张领土以保证本土的安全。从1939年9月到1940年8月，先是占领了波兰大部分领土，随后又割占了芬兰一些土地，接着把波罗的海沿岸的立陶宛、拉脱维亚和爱沙尼亚三国并入苏联；同时，还侵吞了罗马尼亚的一部分领土。这样，苏联把西部边界向西推进了二三百公里，建立了一条从波罗的海到黑海的"东方战线"。后来的事实证明，"东方战线"在抵御德国入侵方面的作用是有限的，而且大大损害了苏联在世界上的形象。

苏芬战争

自1938年春起，苏联为保证列宁格勒的安全，多次向芬兰提出交换领土，并要求租借汉科半岛。芬兰表示坚守中立立场，只同意进行小的边界调整，两国谈判破裂。1939年11月28日，苏联宣布废除《苏芬互不侵犯条约》。11月30日，苏芬战争爆发。1940年2月苏军突破芬兰的主要防线曼纳海姆防线，取得军事上的重大胜利。1940年3月，两国在莫斯科签订和约。依和约，卡累利阿地峡、拉多加湖西岸和北岸以东领土和若干岛屿划归苏联，汉科半岛租给苏联作为海军基地，为期30年。苏联共获得四万多平方千米的土地。

敦刻尔克大撤退

1940年5月，德国占领卢森堡、荷兰、比利时，5月14日，德军主力在空军和摩托化部队的掩护下突破法军防线，向西挺进，26日，夺取加来，直逼英吉利海峡，把法国北部和比利时境内的英、法、比军队同法军中央的部队拦腰切断，把北部的40万英法联军压缩包围在敦刻尔克沿海很小的三角地带。5月27日起，英法联军开始了"敦刻尔克大撤退"，英国动员了850多艘各类舰船，法国的海军和商船也参加了运兵工作，经过9昼夜的努力，把33.8万的英法和其他盟国的军队运过海峡，撤入英国。担任掩护任务的4万法军没来得及撤走，当了德军的俘虏。英法在海边共丢下700辆坦克、2400门大炮和13万辆汽车等各种辎重。"敦刻尔克大撤退"是英法等政府执行绥靖政策，对战争准备不足的结果，这以后，法国已无险可守，6月22日，法军无条件投降。但是"敦刻尔克大撤退"是一次有计划的撤退，为英法两国保存了军事力量。

自由法国运动

1940年6月17日，法国战败，贝当政府向德国请求停战。当天，法国国防部副部长戴高乐将军流亡英国。6月18日晚，他在伦敦通过英国广播电台发表演讲，号召法国人民在他领导下继续抗战，开创了"自由法国运动"。英国随即承认了该组织，并予以财政援助。不久，组建了武装部队。一些法属殖民地也宣布加入"自由法国"，共同抗德。1942年7月，"自由法国"改名为"战斗法国"，并加强与国内抵抗运动的联系。1943年，"战斗法国"和国内各抵抗力量联合组成法兰西民族解放委员会，6月，戴高乐就任主席，统一领导国内外的抵抗运动。1944年6月民族解放委员会改称法兰西共和国临时政府，领导所属抵抗运动力量解放被占的大片国土。8月，巴黎被解放了。1945年11月，戴高乐在巴黎任临时政府总理，"自由法国"宣告结束。戴高乐领导的"自由法国运动"是法国人民反对法西斯德国侵略的一支主力军，为法国的光复和反法西斯战争的胜利做出了贡献。

维希政府

1940年6月22日，贝当政府与法西斯德国签订《贡比涅停战协定》。根据协定，法国被划为两部分，北部三分之二地区由德国直接占领，东南部由贝当政府统治。7月1日，贝当政府迁到维希。7月11日，贝当胁迫国民议会授权制订新宪法，宣布成立法兰西国家，取代第三共和国，他本人任国家元首。维希政府对内实行法西斯化，镇压爱国运动，对外卖国求荣，充当法西斯德国的走狗。1941年曾派军队参加德国侵苏战争。1942年11月，将统治区拱手交由德军占领。1944年8月，在盟军和法国抵抗运动的打击下解体。其主要人物在1945年均被捕受审。

德国"海狮计划"

法国沦陷后，希特勒向英国发动了和平攻势，英国坚决拒绝了希特勒的引诱。希特勒在和平攻势失败后，于1940年7月16日发出"关于准备在英国登陆作战"的第16号指令，代号为"海狮计划"。德国陆军司令部根据"海狮计划"部署了在英国南部海岸登陆的计划：以约25个师的兵力，在空军的支援下强渡英吉利海峡，然后向西、向北发起进攻，包围并占领伦敦。8月1日，希特勒签发"对英进行海空作战"的第17号指令，要求空军对英国进行大规模空袭。从8月6日开始，德国空军对英国进行了猛烈空袭。由于英国军民的英勇战斗，加之德国难以克服渡海攻英的种种困难及德国军事战略开始向准备侵苏转移，9月17日，希特勒下令无限期地推迟"海狮计划"，10月12日密令取消入侵英国行动。此后，德国佯装为"海狮计划"进行准备，实际上是为了侵苏进行准备作掩护。

不列颠之战

法国投降后，西欧只剩下在战争初期遭受重创的英国在顽强地抵抗，英国的丘吉尔政府拒绝了德国议和的阴谋，选择了"不惜一切代价去争取胜利"的道路。

1940年7月16日，德国开始实施"海狮计划"，利用空中优势对英军展开"空中闪电战"，妄图夺取制空权，为登陆英国扫清道路。从8月开始，德国每日出动上百次甚至上千架次飞机对英国的港口、城市、铁路、机场、军事设施进行轰炸。

但是，英国人民并没有被德军吓倒，他们广泛动员起来，有的被编入正规的军事组织，有的参加对空监视工作，协助防空部队和飞行员作战。英国皇家空军也由单纯的防御逐渐转入有限的进攻，多次轰炸柏林和德军的舰船。据统计，从1940年7月到10月底的三个月的时间中，德军损失飞机1733架，英国皇家空军损失战斗机915架。英国军民的奋勇抵抗，使法西斯德国第一次遭到失败，希特勒只好下令无限期推迟"海狮计划"。

德意日轴心国集团形成

1940年9月27日，德、意、日三国在柏林签订了酝酿已久的军事同盟条约。德国期望通过条约促使日本与英、美的矛盾进一步尖锐起来，在东方和太平洋上牵制英、美的力量。意大利则企图依仗德、日的实力，称霸地中海、北非和东非。日本想巩固已经攫取的权益和进一步侵占苏联的东部以及夺取太平洋上的霸权。1940年的军事同盟条约，使德、意、日三国最终形成了法西斯侵略轴心国集团。

大东亚共荣圈

1940年8月，日本近卫文麿内阁决定的《基本国策纲要》正式被宣布，进一步要求建立以"皇国为核心，以日、'满'、华的强固结合为基础的大东亚新秩序"，"确立包括整个大东亚的经济协同圈"。日本外相松冈洋右首次使用"大东亚共荣圈"一词。被列入"共荣圈"的国家和地区有：中国、朝鲜、印度支那、缅

现代历史

甸、泰国、新加坡、马来西亚、菲律宾、荷属东印度（今印度尼西亚）、澳大利亚、新西兰、英属印度（今印度、巴基斯坦、孟加拉国）、阿富汗以及太平洋的许多岛屿等。它是第二次世界大战期间日本帝国主义妄图奴役亚洲各国，建立殖民帝国的侵略扩张计划。中国和亚洲各国人民抗日战争的胜利，彻底粉碎了这一计划。

东条英机

东条英机（1884~1948年）出生在一个军阀家庭。自幼受到反动的军国主义熏染，参军以后受到上级的赏识，逐渐升迁，成了日本法西斯的核心人物。他狂热地推崇战争，竭尽全力为日本帝国主义对外侵略效犬马之劳。1931年，日本占领了中国东北之后，东条英机先后被任命为驻扎在东北的关东军的宪兵司令官和参谋长。他在中国东北大搞"讨伐"、"强化治安"运动，疯狂镇压我东北人民的抗日义举，并迫不及待地建议尽早对中国发动大规模进攻。1937年"七七"事变爆发，日本大举全面侵华。东条英机率领关东军的精锐部队侵入中国河北、山西等地区。1941年10月东条英机当上了首相。他一上台就叫嚷要建立"大东亚共荣圈"，以进一步扩大战争，准备吞并整个东南亚和太平洋广大地区。1941年12月，日本在袭击美国珍珠港的同时，派出21个师团陆军向菲律宾、马来西亚等地发动进攻。不到半年时间，300多万平方公里土地和1亿多人口落到日本帝国主义的魔爪之中。不久，日本在一系列重大战役中接连失败。东条陷入四面楚歌之中，被迫辞职。1945年日本投降后，罪大恶极的东条英机自知难逃法网，畏罪自杀未遂。1948年东条被远东国际军事法庭宣判为甲级战犯处以绞刑，得到了应有的惩罚。

北非战争

第二次世界大战时期，意德为一方，英美为另一方。两方为争夺重要战略地区和目标，争夺北非、近东和地中海的控制权，争夺殖民地而实施的军事行动。从1940年到1943年，战局分六个阶段。1943年5月13日，德意军投降，北非战局的最后一个战役遂告结束。这一战役使法西斯集团各国在地中海战区的战略形势急转直下。

莫斯科战役

1941年6月，德国撕毁苏德互不侵犯条约，不宣而战，对苏联发动了规模空前的突然袭击。德军和他的附庸国共出动190个师，3700辆坦克，4900多架飞机，4700多门大炮，193艘舰艇，在2000多公里的战线上，向苏联发起进攻，企图在三个月征服苏联。苏联人民奋起抵抗，开展了伟大的卫国战争。德军分三路进攻苏联，10月开始围攻莫斯科。苏联军民在最高统帅斯大林的指挥下，开始了莫斯科保卫战。12月6日，苏联军民从莫斯科南北两侧开始反攻，迅速攻破德军防线，到1942年1月，苏军把敌人赶离莫斯科100~250公里，解放了1.1万多个居民点，收复了克林、加里宁等许多城市，取得了莫斯科保卫战的伟大胜利。苏联以重大代价换来了胜利，为彻底打败法西斯德国和结束第二次世界大战作出重大贡献。

《大西洋宪章》

1941年8月9日至13日，英国首相丘吉尔和美国总统罗斯福在大西洋纽芬兰的阿金夏湾的一艘军舰上举行了会议。8月14日，双方发表了《罗斯福丘吉尔联合宣言》，即《大西洋宪章》。宣言主要内容是：两国不谋求领土和其他方面的扩张；不承认轴心国家通过侵略所造成的领土变更；尊重各民族自由选择其政府形式的权利，各民族中的主权和自治权有横遭剥夺者，两国将努力设法予以恢复；保证一切国家在平等基础上进行贸易并获得原料，一切国家在经济方面进行合作；一切人类可以不受阻碍地横渡公海大洋；在最终摧毁纳粹后，一切民族可在自己的疆界内自由独立；各国之间应放弃使用武力，减轻军备负担，确立世界和平。在制定《大西洋宪章》时，美国力图把"机会均等"、"贸易自由"等原则列入宪章，企图打入英国的势力范围，但遭到丘吉尔的强烈反对。其后，苏联、中国、比利时、波兰、希腊等陆续发表声明，表示同意《大西洋宪章》的基本原则。宪章中的一些民主自由原则成为后来联合国宪章的基础。《大西洋宪章》的发表对于动员和鼓舞全世界人民、加强反法西斯同盟、打败德意日法西斯，起了积极的推动作用。

丘吉尔

丘吉尔（1874~1965年），保守党领袖，历任贸易、内政、海军、军需、陆军、空军、殖民、财政等大臣，于1940~1945年、1951~1955年担任两届英国首相。著有《第二次世界大战回忆录》、《英语民族史略》等书。曾获1953年诺贝尔文学奖。

偷袭珍珠港

1941年12月7日星期日，美国在太平洋上最大的海军基地——珍珠港上一派祥和的假日气氛。7时55分，突然基地上空出现一群日军飞机，扔下炸弹后返航；8时54分，第二批日机，飞临珍珠港上空，再次进行狂轰滥炸，9时40分全部离去。在日军空袭时，美军因毫无准备而仓促进行反击。结果美军损失惨重。美国对日军的偷袭之所以毫无准备，是因为对日军的偷袭估计不足。同时，为了麻痹美国，美日之间的谈判一直进行到开战时刻。日本政府在偷袭之后两小时，才对美宣战。

12月8日，美国总统罗斯福向国会两院发表了战争咨文："1941年12月7日——必须永远记住这个耻辱的日子！"接着，美国国会通过决议，美国对日宣战。同日，英国对日宣战，9日，中国对日宣战，随后戴高乐的"自由法国"、澳大利亚、新西兰等20多个国家也对日宣战，太平洋战争爆发。

太平洋战争

1941年12月8日，日军偷袭美军珍珠港基地得手，太平洋战争爆发。此后，日军在太平洋上一度占据优势。1942年6月，在中途岛海战中，日方损失惨重，美军开始局部反攻。在经过长期的争夺战后，美军登上了所罗门群岛的瓜达尔卡纳尔岛。1943年4月，美军击毙了日军海军主帅山本五十六，同年11月，在尼米兹和麦克阿瑟的指挥下大举反攻。1945年3~6月，美军攻占硫磺岛和冲绳，迫近日本本土。8月苏联对日宣战，出兵中国东北，与此同时，中国人民展开了全面反攻。8月6日和9日，美国在日本的广岛和长崎各投一颗原子弹。由于势竭力穷，8月15日，日本宣布投降。9月2日在美军军舰"密苏里"号上举行签字投降仪式。反法西斯各国取得太平洋战争的最后胜利。

《二十六国华盛顿共同宣言》

太平洋战争爆发后不久，1942年1月1日，苏联、中国、美国、英国、澳大利亚、比利时、加拿大、哥斯达黎加、古巴、捷克斯洛伐克、多米尼加、萨尔瓦多、希腊、危地马拉、海地、洪都拉斯、印度、卢森堡、荷兰、新西兰、尼加拉瓜、挪威、巴拿马、波兰、南非联邦、南斯拉夫26国代表在美国总统罗斯福的主持下，在华盛顿签署了《联合国家共同宣言》，即《二十六国华盛顿宣言》。主要内容有：1. 签字国政府赞同《大西洋宪章》的宗旨和原则。2. 签字各国保证用自己全部军事力量和经济资源来反对德、意、日法西斯国家。3. 签字各国之间互相合作，绝不单独同敌国缔结停战协定或和约。4. 为战胜法西斯，其他国家可以加入上述宣言。《联合国家共同宣言》的发表，标志着世界反法西斯统一战线的建立。此后，统一战线不断扩大，到战争结束时共有52个国家在共同宣言上签字。

珊瑚海海战

发生在中途岛海战之前的一次著名海战，也是世界战争史上航空母舰间的第一次交锋。1942年5月7日至8日，日本与美英舰队在西南太平洋的珊瑚海交锋，目标是争夺具有重要战略地位的莫尔兹比港。但在此次战役中，双方舰艇只是在对方视距以外相互对峙，战斗由航空母舰上的舰载飞机进行。在这次海战中，日本不仅实力损失大于美国（日本损失105架飞机，美国损失81架），关键的是它未能占领莫尔兹比港，是日本自发动太平洋战争以来侵略行动的第一次受挫；美国则取得了初步的胜利，对美军士气起了巨大的鼓舞作用。

中途岛战役

中途岛位于珍珠港西北约1852千米处，为珍珠港的重要屏障和前哨。1942年5月，日本决定占领该岛作为前进基地。为此，日军调集二百余艘舰只，700架舰载飞机，由山本亲自指挥作战。然而，处于劣势的美国太平洋舰队破译了日本的无线电密码，对敌行动了如指掌。6月4日凌晨，日本主力舰队飞机向中途岛发起攻击，因美军早有准备，未取得预期效果，陷入了既需再次轰炸中途岛，又要攻击美舰的处境。10时左右，美舰载飞机一百余架，分批连续攻击日舰，日军三艘航空母舰中弹，当即相继沉没。傍晚日军又一艘航空母舰被击沉。这次战役美国海军以少胜多，日本损失惨重。至此，日本丧失了海上制空权，无力在太平洋战场上作战。中途岛战役是太平洋战争的转折性战役。

斯大林格勒战役

1942年春，德军决定再次对苏联发动进攻，企图一举攻占南方重镇斯大林格勒，夺取高加索油田，北上包抄莫斯科。7月17日，德军攻入顿河大河湾地区，逼近斯大林格勒，战役开始。经过近两个月的激战，德军突破苏军的外围和近郊防御，于9月13日攻入市区，苏军与德军展开了激烈的市区争夺战。11月19~20日苏联调集110万兵力和大批飞机、坦克、大炮，从南北两翼发动反攻，迅即突破敌军防御，将30万德军包围并挫败敌军解围计划。1943年1月10日苏联开始总攻，至2月2日，被围德军全部被歼。此役双方投入大量兵力，是第二次世界大战中规模最大的战役之一。德军力量受到严重削弱，损失150万人，被迫转入战略防御。此役是苏德战场和第二次世界大战的转折点。

阿拉曼战役

1942年10月23日，蒙哥马利指挥第八集团军（包括英、澳、新、印军），在北非亚历山大港以西的阿拉曼战线上，对德、意军发动大反击。英军巧妙地进行战役伪装，使敌军对其主要突击方向和战役发起时间作了错误判断。进攻发动后，敌司令部一片混乱，隆美尔的副手施登姆将军心脏病暴发猝死。希特勒得讯后，忙令因病住院的隆美尔于26日仓促飞返北非。英军截断了德军的补给。隆美尔为避免全军覆灭，15天中迅速西撤1100千米至突尼斯。此役共毙伤德、意军二万余人，俘三万余人；英军死伤1.3万人。英军步兵、大炮、坦克密切协同突破对方防线，但未对退却之敌组织果敢的追击。此役扭转了整个北非战局，盟军从此开始掌握战略主动权。

库尔斯克战役

1943年7月5日，德军集中两个集团军群从南北两个方向向苏军发起进攻。苏军统帅部派出朱可夫和华西列夫斯基为大本营代表，指挥两个方面军抵抗德军。7月12日，双方在库尔斯克附近的普罗霍夫卡地域进行了第二次世界大战中最大的一次坦克会战。此后，苏军集中了6个方面军的强大兵力，对德军实施进攻。8月下旬，战役结束。在这次战役中，虽然苏军的损失也很大，但挫败了德军改变战局的企图。德军共被击溃了30个师，损失官兵达50万人、坦克1500辆、火炮3000门、飞机3700余架。通过这次战役，苏军完全掌握了战略主动权。德军从此彻底丧失了战略进攻能力，不得不转入全线防御。

《开罗宣言》

1943年11月22~26日，中、美、英三国政府首脑在开罗举行了国际会议。参加会议的有美国总统罗斯福、英国首相丘吉尔、中国国民党政府主席蒋介石。会议讨论制定联合对日本作战计划和解决远东问题的方案。会议签署了《中美英三国开罗宣言》。宣言声明：剥夺日本自第一次世界大战后在太平洋所夺得的一切岛屿；日本攫取的中国的领土应归还中国；在相当时期内，使朝鲜独立。宣言最后声称，将长期作战以迫使日本无条件投降。《开罗宣言》是确定日本侵略罪行及战后处理日本问题的重要国际文件。宣言规定剥夺日本占领的太平洋岛屿统治权后，却避而不谈如何处理。关于朝鲜独立日期只作含糊规定。对中国香港地位亦不作明确规定。这些都反映了美英的各自意图。

德黑兰会议

第二次世界大战期间，1943年11月28至12月1日，苏、美、英三国政府首脑在伊朗首都德黑兰举行国际会议。1943年反法西斯国家开始转入反攻，为早日结束战争，苏联人民委员会主席斯大林、美国总统罗斯福和英国首相丘吉尔参加了这次会议。会议着重研究第二战场开辟的问题，决定美、英军队将于1944年5月在西欧登陆。关于战后波兰的边界问题，会议同意波兰的国土应向西移，即将德国东部的一些地区并入波兰。对于战后德国，同意由盟军分区占领。罗斯福介绍了战后建立维持和平机构（后来的联合国）的设想。斯大林表示，打败德国后苏联愿参加对日作战。会议秘密签订了《苏美英三国德黑兰总协定》。会后发表了《关于伊朗的宣言》和《德黑兰宣言》。《德黑兰宣言》宣布三国在上述方面达成完全的协议。德黑兰会议是反法西斯同盟团结和壮大的重要标志，是反法西斯同盟国取得战争胜利的重要因素。

诺曼底登陆

第二次世界大战进行到1944年，随着苏联军队的胜利，英美联军决定在西线开辟第二战场。

1944年6月6日（又称"D日"行动），人类战争史上规模最大的两栖登陆战开始了。美国第四师首先于凌晨开始登陆，紧接着，英国第二集团军也开始登陆……与此同时，大批伞兵在德军的后方空降。德军将领们连忙调兵抵抗，并请求希特勒调两个精锐的坦克师增援诺曼底，可希特勒正在睡觉，没有人敢打扰。希特勒醒来时，已是下午3时，盟军登陆部队早已深入陆地好几公里，大批坦克、火炮和后续部队也源源不断地登陆。

到7月5日，盟军登陆部队已超过100万。希特勒精心策划的"大西洋铁壁"被一举突破。德军从此陷入苏联和英、美联军的东西夹击之中。

马歇尔

乔治·卡特利特·马歇尔（1880～1959年），第二次世界大战期间任美国陆军参谋长，后晋升为五星上将。1945年～1947年任驻华特使，以"调处"为名，参与国共谈判。1947年～1949年任美国国务卿，在此期间，他提出了援助欧洲经济复兴的"马歇尔计划"。

华沙起义

1944年7月，苏联军队向华沙方向开进。在伦敦的流亡政府为了在苏军到达之前解放华沙，命令波兰国民军于8月1日发动武装起义。8月1日下午5时，起义爆发。4万多国民军分头袭击德军。由于组织不善，加上德军装备优良，波兰国民军损失惨重。8月2日，华沙人民也投入战斗。德军从外省调来援军予以镇压。此时，苏军停止向华沙方向进攻，对起义部队坐视不救。10月初，华沙起义被德军镇压。整个起义历时63天，15000名波兰国民军牺牲，20万华沙人民被德军杀害。

雅尔塔会议

1945年2月4～11日，苏、美、英三国政府首脑在苏联克里米亚半岛雅尔塔举行国际会议。参加会议的有苏联人民委员会主席斯大林、美国总统罗斯福、英国首相丘吉尔。会议主要内容为：制定最后击败德国迫其无条件投降的计划；对战后德国实行分区占领、惩办战犯、消除纳粹主义的影响、建立赔偿委员会处理德国赔偿问题；决定战后波兰的领土将从德国获得补偿，建立基础广泛的波兰政府。1945年2月11日，三国秘密签订《雅尔塔协定》，苏联同意在欧洲战争结束后对日本作战，条件是维持外蒙的现状和苏联重新取得日俄战争中丧失的俄国以前的权利。会议决定于1945年4月25日在美国的旧金山召开联合国际组织会议，以便成立联合国。雅尔塔会议是第二次世界大战期间一次重要的国际会议，其一系列决定有利于维护世界和平。但有一些是背着中国人民做出的有损中国主权的条款,是大国主义和强权政治的表现。

波茨坦会议

1945年7月17日~8月2日,苏、美、英三国政府首脑在柏林郊外的波茨坦举行国际会议。参加者有苏联人民委员会主席斯大林、美国总统杜鲁门、英国首相丘吉尔。会议确定占领德国的政治原则是非军国主义化、民主化和肃清纳粹主义,逮捕并审判战犯;处理德国的经济原则是消灭德国作战潜力,禁止军事生产,发展和平经济;苏美英向德国所提赔偿要求,将以德国境内的物资来满足;划定波兰的国界。会议还达成了对意、罗、保、匈、芬政策的协议。会议还签署了《波茨坦会议议定书》等文件。波茨坦会议对战后国际关系格局的发展有重大影响。

原子弹摧毁广岛和长崎

1945年7月27日至8月1日,盟军飞机在日本城市上空散发150万张传单和300万张《波茨坦公告》,警告日本将受到猛烈的空中轰炸,但日本政府并无表示接受《波茨坦公告》之意,于是美国政府决定对日本使用原子弹。1945年8月6日8时15分,美国在广岛投下第一颗原子弹。广岛当时人口为34.3万人,当日死亡78150人,负伤、失踪者为51408人。全市建筑物总数是76327幢,全毁的有4800幢,半毁的有22178幢。8月8日,苏联对日本宣战。8月9日,苏联百万红军向盘踞在中国东北的日本关东军发起了全线总攻。这天上午11时30分,美国在长崎投下第二颗原子弹。长崎当时人口约为27万,当时死亡者为23753人,伤者为43020人。

日本投降仪式

1945年9月2日上午,在日本东京湾,美国战列舰"密苏里"号迎来了一个庄严的时刻。9时许,日本新任外相重光葵和日本参谋总长梅津美治郎代表日本政府在投降书上签字。随后,接受投降的同盟国代表盟军最高统帅麦克阿瑟上将、美国尼米兹海军上将、中国徐永昌将军、英国福莱塞海军上将、苏联杰列维亚科中将以及澳大利亚、加拿大、法国、荷兰、新西兰等国的代表依次签字。

至此,日本帝国主义历时15年的侵略战争,以彻底失败而告终。第二次世界大战也以全世界人民的伟大胜利而结束。

人类历史上的三次能源革命

蒸汽机的发明吹响了第一次能源革命的号角。有了蒸汽机,人们用煤炭做燃料来开动机器。此后不久,科学家又发明了以石油产品为燃料的内燃机。19世纪70年代,科学家先后发明了具有实用价值的电动机和发电机。在19世纪80年代,建成了中心电站,并从技术上解决了电能的远距离传输问题,完成了人类历史上的第二次能源革命。第三次能源革命是原子能的应用。原子核裂变时能释放出巨大的能量。1942年,科学家费米等人建成了世界上第一座利用核裂变能量的装置——原子反应堆。

纽伦堡大审判

1945年11月20日上午,庄严肃穆的欧洲国际军事法庭在德国纽伦堡法院的正义宫开庭。大厅正面竖立着苏、美、英、法四国国旗，旗前设审判官席。受到起诉的德国首要战犯共24名，其中被告鲍曼未缉拿归案，被告莱伊在狱中畏罪自杀，被告克虏伯获准暂不出庭受审，故实际出庭者共21人。法庭起诉书列举了24名被告的主要罪状。纽伦堡欧洲国际军事法庭从1945年11月至1946年3月进行了错综复杂、旷日持久的审案工作。这是一场艰苦的、面对面的舌战，法庭成为同德国法西斯战犯最后较量的战场，四国检察官分别对被告们作出详尽的指控。法庭共公开审判403次，多次传讯每一名被告。在审讯过程中，法庭的做法充分体现了公正、人道、民主的精神，从而更显示了法律的尊严。

纽伦堡审判是一次公正的、经得起历史考验的审判。它是反法西斯斗争的又一重大胜利，它巩固了第二次世界大战的成果。同时，也揭开了国际法史上新的一页。

东京审判

1945年12月26日，随着日本的投降，盟国授权麦克阿瑟将军颁布《特别通告》和"远东国际军事法庭宪章"，并决定在东京设立法庭审判日本战争罪犯。1946年2月18日，麦克阿瑟任命澳大利亚昆士兰州高等法院院长韦勃爵士为首席法官，以及分别来自中国、苏联、美国、英国、法国、荷兰、菲律宾、加拿大、新西兰、印度10国的10名法官；同时任命了首席检察官和其他30名检察官。1948年11月4日至12日，远东国际军事法庭宣读了数十万字的判决书，判处东条英机等7人绞刑；判处荒木贞夫等16人无期徒刑；判处东乡茂德有期徒刑20年，重光葵有期徒刑7年。

整个东京审判共开庭818次，举行内部会议131次。419位证人出庭作证，771位证人提出供述书和宣誓口供。法庭受理证据4336份，英文审判记录48412页。审判历时2年半，耗资750万美元。这是20世纪世界历史上规模最大、时间最长的国际大审判，规模超过纽伦堡审判。到此为止，对二战罪犯的审理基本结束，两次审判基本上对发动二战的负责人进行了处理，伸张了正义。

历史知识储备库

世界古代七大奇迹

世界古代七大奇迹通常是指：埃及的金字塔、巴比伦的"空中花园"、土耳其的月亮神阿尔忒弥斯神庙、位于地中海的罗德岛太阳神铜像、亚历山大灯塔、希腊奥林匹克的宙斯神像、土耳其国王摩索拉斯陵墓。但是，由于地震、人为破坏等原因，这七大奇迹，除金字塔依然屹立外，其余均已毁坏。

世界中古七大奇迹

在世界古代七大奇迹基础上，随后又产生了世界中古七大奇迹之说。通常是指：意大利的罗马大斗兽场、利比亚沙漠边缘的亚历山大地下陵墓、中国的万里长城、英国的石围圈、中国南京的大报恩寺琉璃宝塔、意大利的比萨斜塔、土耳其的索菲亚大教堂或圣索菲亚圣殿。

世界四大文明古国

四大文明古国是古巴比伦、古埃及、古代中国、古印度。

希腊奥林匹斯十二神

分别为：天神宙斯、天后赫拉、战神阿瑞斯、火神赫菲斯托斯、太阳神阿波罗、爱神阿佛洛狄忒、智慧神雅典娜、海神波塞冬、农神德墨忒尔、商旅神赫尔墨斯、月神阿尔忒弥斯、灶神赫斯提亚。

十字军东征年表

第一次东征：1096~1099年。
第二次东征：1147~1149年。
第三次东征：1189~1192年。
第四次东征：1202~1204年。
第五次东征：1217~1221年。
第六次东征：1228~1229年。
第七次东征：1248~1250年。
第八次东征：1269~1270年。

一战后德国赔款知多少

1921年1月24日在巴黎，协约国决定了德国应付的战争赔偿，基数近560亿马克，分42年付清。此外，德国还将被迫缴纳其12.5%出口商品税。尽管德国没有派代表出席巴黎会谈，但会议上仍然产生了争议。协约国的金融专家计算过，德国通过缩减军事预算和取消高薪可以负担一半赔款。但德国马克正在迅速贬值。一个在巴黎的记者说，要想收取赔款"不过是竹篮打水一场空"。

什么是"奇怪战争"

第二次世界大战时期，英法在对德宣战

后半年多时间内,没有同德国发生过一次真正的战争,史称"奇怪战争"。

什么是"盖世太保"

1933年2月,德国纳粹第2号人物戈林阴谋策划了国会纵火案,屠杀共产党员和进步人士,希特勒建立了德国秘密警察,称作"盖世太保"。

"布尔什维克"、"孟什维克"的称谓缘何而来

1903年,在俄国召开的社会民主工党第二次代表大会上,拥护列宁观点的代表占多数,称多数派,按多数派三字的俄语发音即译为"布尔什维克"。反对列宁观点的代表占少数,称少数派,按少数派三字的俄语发音即译为"孟什维克"。

三大空想社会主义者

克劳德·昂列·圣西门、夏尔·傅立叶、罗伯特·欧文。

近代对世界最有影响的犹太名人

马克思:科学共产主义学说的创始人,伟大的革命家、思想家、哲学家。

爱因斯坦:现代物理学的开创者和奠基人,相对论的创立者,是人类历史上最伟大的科学家之一。

弗洛伊德:奥地利的心理学家,精神分析学派的创始人。

世界三大宗教

世界三大宗教指:佛教、基督教、伊斯兰教。佛教分布范围大致集中于亚洲,以东亚、东南亚和南亚次大陆为主。

基督教主要在欧洲、美洲传播。

伊斯兰教主要分布在亚洲、非洲。

哲学的三大传统

中国哲学、印度哲学、古希腊哲学。

三大国际节日

"五一"劳动节、"三八"妇女节、"六一"儿童节。

美国为什么没有外交部

1781年,美国刚刚成立联邦政府时,是有外交部的。另外还设立了财政部、军政部。但是,国会发现,除了外交、财政和军政之外,还有许多内政事务需要处理,而他们又不想成立第四个专门机构。于是就在1789年将外交部改为国务院,统管内政和外交,并将国务卿列为所有阁员之首,这个规定沿袭至今未变。

1849年,欧洲许多国家已对外交和内政职能有了明确划分,美国国务院为了适应对外关系的需要,便将内政方面的职能划分出来,另成立内政部。国务院只管外交,但名称未变,因此,美国没有外交部,而它的国务卿实际上也就是外交部长。

美国为何没有"元帅"

"元帅"是众多国家军队中具有很大权力

和很高荣誉的军衔,而号称超级军事大国的美国却没有"元帅"一衔,这究竟是怎么回事呢?

其实在美国历史上"元帅"一衔曾经使用过。美国第一任总统华盛顿和潘兴将军就最早被美国国会授予"元帅"军衔。第二次世界大战期间,为了同盟国之间的军衔等级相统一,便于区分盟军联合作战的指挥关系,美国国会又决定在战争期间实行"元帅"制。于是,在当时的美军中就有"元帅"一衔。

第二次世界大战结束后,英、苏等大国纷纷将"元帅"一衔授予战功卓著的高级军官。并且将这一军衔保留下来。美国也准备继续沿用"元帅"一衔。

不过当国会在审议这一议案时,细心的人却发现了一个问题,"元帅"一词的英文是:MARSHAL。而当时身为美国陆军参谋长的马歇尔的姓氏英文拼写恰好与此相同。这样一来,无疑会造成一定的误解。所以,设立"元帅"军衔的议案也就没有获得通过。为了弥补这一缺憾,美国授予麦克阿瑟、艾森豪威尔、马歇尔等许多立下赫赫战功的将军们"五星上将"军衔。于是,"五星上将"军衔就成为美军中的最高军衔了。

科学的创始人

地心说:亚里士多德
日心说:哥白尼
未来说:弗勒希特海姆
现代天体学:开普勒
控制论:维纳
生物进化论:达尔文
遗传学:孟德尔
政治经济学:威廉·配第
世界语:柴门霍夫
原子能物理学:居里夫妇
相对论:爱因斯坦
板块构造说:魏格纳
人口论:马尔萨斯
剩余价值学说:马克思
地质力学:李四光
地理环境决定论:孟德斯鸠
基因学说:摩尔根
经典力学和现代光学:牛顿

世界十大文豪

1.古希腊诗人荷马。
2.意大利诗人但丁。
3.德国诗人、剧作家、思想家歌德。
4.英国积极浪漫主义诗人拜伦。
5.英国文艺复兴时期戏剧家、诗人莎士比亚。
6.法国著名作家雨果。
7.印度作家、诗人和社会活动家泰戈尔。
8.俄国文学巨匠列夫·托尔斯泰。
9.苏联无产阶级文学的奠基人高尔基。
10.中国现代伟大的文学家、思想家鲁迅。

联合国的8任秘书长

联合国迄今已有过8任秘书长,他们分是:

1.特里格韦·赖伊(挪威,欧洲),(任期1946～1952年)
2.达格·哈马舍尔德(瑞典,欧洲),(任期1953～1961年)
3.吴丹(缅甸,亚洲),(任期1962～1971年)

4. 库尔特·瓦尔德海姆（奥地利，欧洲），（任期1972～1981年）

5. 佩雷斯·德奎利亚尔（秘鲁，南美洲），（任期1982～1991年）

6. 布特罗斯·加利（埃及，非洲），（任期1992～1996年）

7. 科菲·安南（加纳，非洲），（任期1997～2006年）

8. 潘基文（韩国，亚洲），（任期2007～今）

上古、中古、三古

上古：又称"远古"，指有文字以前的时代。《易》："上古穴居而野处……上古结绳而治。"《韩非子》："上古之世，人民少而禽兽众。"如与"中古"并提时，一般指秦汉以前即夏、商、周三代。

中古：次于上古的时代。但说法不一。"《易》之兴也，其于中古乎？"（《易》）中古指商周之间。"中古之世，天下大水，而鲧禹决渎。"（《韩非子》）"中古"指传说中的虞夏时期。"夫蜀都者，盖兆基于上世，开国于中古。"（《三都赋》）中古指秦代。现在一般称汉以后，宋以前为中古。

三古：即上古、中古、下古。但说法不一。《汉书》称"伏羲上古、文王中古、孔子下古"。《礼》称"伏羲上古、神农中古、五帝下古"。

炎黄子孙

炎帝和黄帝是传说中原始社会两位部族首领。炎帝为姜姓部族首领，原居于姜水流域，后向东发展到中原地区，在阪泉(今河北涿鹿东南)被黄帝打败；黄帝，传说为中原各族的共同祖先，他先后打败了炎帝和蚩尤，被各部落首领拥戴为部落联盟领袖。炎帝和黄帝都是中华各民族的祖先，所以称中华民族为"炎黄子孙"。

中国古代史、近代史和现代史的划分

中国古代史从上古开始，至1840年鸦片战争爆发前夕；

近代史从1840年鸦片战争开始，至1949年南京国民党政权覆亡；

现代史从1949年新中国成立开始至今。

我国主要朝代名称的由来

夏：禹治水有功，后舜让位给禹。因舜原为夏后氏部落首领，故国名"夏"。

商：汤灭夏后，因为他们的始祖曾居住在商（今河南商丘），便以"商"为国名。

周：周武王灭商，因周文王曾居于岐山下的周原，故以"周"为名。

秦：秦始皇的祖先是周考王的马夫，因养御马有功，被赐"嬴"姓，封地在甘肃天水，后扩张到陕西，立国号为"秦"。

汉：刘邦被封为汉王，后经过垓下之战，项羽兵败自刎，刘邦统一后，开国叫"汉"。

魏：曹操在汉献帝时被封为魏王，他大儿子曹丕代汉自立，国号叫"魏"。

蜀：刘备占据成都后，自称汉中山靖王后代，因四川简称蜀，故叫"蜀汉"。

吴：孙权建都南京，是古代吴地（就是战国时代的吴国），因此叫"吴"。

晋：三国统一于魏，魏将司马懿的孙子司马炎逼魏帝让位，因魏曾封司马昭（司马炎之父）为晋公，故国号叫"晋"。

隋：开国帝杨坚曾被封为隋王，因而国号叫"隋"。

唐：唐太宗李世民的祖辈李虎曾被封为唐国公，李世民父亲李渊灭群雄后立国，故以"唐"为国号。

宋：赵匡胤曾为宋州节度使，故国号叫"宋"。

元：世祖忽必烈取《易经》中"大哉乾元"四字之意，以"元"为国号。

明：朱元璋原是放牛娃，后当和尚，在农民起义军中是小明王的部将，后害死小明王，承"明"为国号。

清：清在关外建国号大金，1636年改为清，清是金的谐音。

历代古都在何处

夏：阳城（今河南登封东）
商：奄、殷（今河南安阳小屯村）
西周：镐京（今陕西西安西南）
东周：洛邑（今河南洛阳）
秦：咸阳（今陕西咸阳市东北二十里）
西汉：长安（今陕西西安）
东汉：洛阳（今河南洛阳）
魏：洛阳（今河南洛阳）
蜀：成都（今四川成都）
吴：建业（今江苏南京）
西晋：洛阳（今河南洛阳）
东晋：建康（今江苏南京）
隋：大兴（今陕西西安）
唐：长安（今陕西西安北）
北宋：汴京（今河南开封）
南宋：临安（今浙江杭州）
辽：上京（今巴林左旗南波罗城）
金：中都（今北京）
元：大都（今北京）
明：北京（今北京）
清：北京（今北京）

中国皇帝之最

最长寿的皇帝是清高宗乾隆皇帝，享年88岁。

最短命的皇帝是东汉殇帝，不到1岁即夭折。

在位时间最长的是清康熙皇帝，跨62个年头。

嫔妃最多的是晋武帝，后宫佳丽达10000多人。

子女最多的是清康熙皇帝，男孩36人，女孩20人。

年龄最大才登基的皇帝是五代十国的楚武穆王马殷，75岁才登基。

在世界上影响最大的皇帝是隋文帝杨坚，名列最有影响的世界百人之列，因他开创科举，在东亚国家影响甚广，他还统一了三国两晋南北朝的分裂局面。

中国最早的货币与纸币

中国最早的货币是贝壳。贝壳是随着商品交换的发展而充当一般等价物的一种主要的，也是最早的原始货币。

中国最早的纸币是交子。交子产生于宋朝初期。交子上有图案、密码、花押、图章等印记。可流通，也可兑现。

中国古代帝王称谓

古代封建帝王常常自称"孤"、"寡人"、

"不谷"、"朕"。

"孤"是指自己，不能得众；"寡人"即寡（少）德之人；"不谷"即"不善之意"；"朕"即"天子自称"。

古人对帝王还有以下称谓："天子"即"天之骄子"，权力为上天所赋予；"万岁"，秦汉后，臣子朝拜国君之称；"陛下"，本指侍奉在宫殿台阶下的国君近臣，后演变为国君的代称。

中国最早的教育

我国最早的大学——太学，创建于西汉元朔五年（公元前124年）。据载，是汉武帝为教化子孙而创办的，主要传授儒家经典。

我国最早培养数学人才的学校——算学，创建于隋文帝时期。

我国最早培育军事人才的学校——武学，创建于北宋庆历三年（公元1043年）。

我国最早培养医务人才的学校——医学，创建于南朝元嘉二十年（公元443年）。该学校是我国历史上最早形成系统教育的一所专科学校。

我国最早培养外语人才的学校——外语馆，成立于明代永乐年间，由宫廷翰林院创办。

我国最早的女子学校，于1896年由中国女学会在上海创办，开始只有16名女生，仅办2年就停办了。

我国近代最早的大学是1898年设立的京师大学堂，它是今天北京大学的前身。

中国古代军衔

中国古代从春秋时期就陆续出现了元帅、将军、校尉的称号，这比西欧国家早了十几个世纪。也有意见认为这些称号都是"职务"专称，而不是"官衔（军衔）"称谓。

元帅：出现于晋文公四年。唐代设有元帅、副元帅等作为战时最高统帅，到宋代则设有兵马大元帅，元朝有都元帅、元帅。

将军：出现于晋献公十六年。晋国以卿为将军，到战国时才用于官名，汉代将军名号颇多，如霍去病就叫骠骑大将军。隋唐以后，历代皆设有将军官名。

校：古代军队的编制单位，统带一校之官称校尉。汉武帝初置中垒、屯骑、步兵、越骑、长水、胡骑、射声、虎贲等八校尉为专掌特种军队的将领，其地位略次于将军。晋武帝时设有军校，为任辅助之职的军官。清代有步军校、护军校等官职。

尉：春秋时晋国上中下三军皆设尉，秦汉时太尉因执掌军事力量地位颇高。以后带尉字的官号地位逐渐下降。唐代折冲府以300人为团，团设校尉。明清时的卫士和八九品队官称校尉，清代七品官中有正尉、副尉。

士：夏商周三代，天子诸侯皆有上士、中士、下士之官，是卿大夫以下的低级官职。

中国古代十大兵书

《孙子兵法》：我国现存最早的兵书，春秋末孙武著，今存本13篇。

《孙膑兵法》：为战国时齐国孙膑所作，共89篇，图4卷，隋以前失传，1972年在山东临沂县西汉墓中重新发现其残简。

《吴子》：由吴起、魏文侯、魏武侯辑录，共48篇，今存"图国"、"料敌"等6篇，都系后人所撰。

《六韬》：传说为周代吕望（姜太公）所作，后经研究，认定为战国时的作品，现存6

卷。

《尉缭子》：传说为战国尉缭所作，共31篇，今存5卷，共24篇。

《司马法》：战国时齐威王命大夫整理古司马兵法，共150篇，今存本仅5篇。

《太白阴经》：由唐代李筌撰写，共10卷，《四库全书》收录的8卷本是后人合作的。

《虎钤经》：是由宋李许洞撰写，全书共20卷，共120篇。

《纪效新书》：由明代戚继光在东南沿海平倭时撰写，共18卷。

《练兵实纪》：由戚继光在蓟镇练兵时撰写，正集9卷，附集6卷，此书和《纪效新书》亦称戚氏兵书姐妹篇。

中国四大发明

中国四大发明分别为：火药、指南针、造纸、印刷术。

中国古代书籍之最

第一部字典：《说文解字》
第一部词典：《尔雅》
第一部方言词典：《方言》
第一部字书：《字通》
第一部植物学专著：《南方草本状》
第一部药典书：《神农本草经》
第一部编年体史书：《春秋》
第一部纪传体通史书：《史记》
第一部纪传体断代史书：《汉书》
第一部历史评论著作：《史通》
第一部古代制度史：《通典》
第一部兵书：《孙子》
第一部诗歌总集：《诗经》
第一部神话集：《山海经》
第一部语录体著作：《论语》
第一部神话小说：《搜神记》
第一部笔记小说：《世说新语》
第一部诗文选集：《昭明文选》
第一部最大的断代诗选：《全唐诗》
第一部文学理论书：《文心雕龙》
第一部系统的戏曲理论著作：《闲情偶寄》
第一部绘画理论著作：《古画品录》
第一部戏曲史：《宋元戏曲韵史》
第一部韵书：《切韵》
第一部图书分类目录：《七略》
第一部中医学典籍：《黄帝内经》
第一部建筑专著：《营造法式》
第一部珠算介绍书：《盘珠算法》
第一部农业百科全书：《齐民要术》
第一部茶叶专著：《茶经》
第一部工农业生产技术书：《天工开物》
第一部地理书：《禹贡》
第一部汇编古代文化典籍的书：《永乐大典》
第一部植物学词典：《全芳备祖》
第一部语法书：《马氏文通》

常见古书的合称

三易：《连山》、《归藏》、《周易》。
三公奇案：《包公案》、《施公案》、《鹿洲公案》。
四梦：《南柯记》、《还魂记》(即《牡丹亭》)、《紫钗记》、《邯郸记》。
四书：《大学》、《中庸》、《论语》、《孟子》。
五经：《诗》、《书》、《礼》、《易》、《春秋》。
五大奇书：《三国演义》、《水浒传》、《西游记》、《金瓶梅》、《石头记》。
十通：《通典》、《通志》、《文献通考》、《续通典》、《续通志》、《续文献通考》、《清通典》、《清通志》、《清文献通考》、《清续文献通考》。

十才子书：《三国演义》、《好逑传》、《玉娇梨》、《平山冷燕》、《水浒传》、《西厢记》、《琵琶记》、《白圭志》、《斩鬼传》、《驻春园小史》。

十三经：《易》、《书》、《诗》、《周礼》、《仪礼》、《礼记》、《左传》、《公羊传》、《谷梁传》、《论语》、《孝经》、《尔雅》、《孟子》。

中国古代史学八大家

左丘明：春秋鲁国人，著《左传》，编年体创始人。

司马迁：西汉人，著《史记》，首创正史纪传体。

班固：东汉人，著《汉书》，开创断代史体例。

刘知几：唐代人，著《史通》，我国第一个史学批评家。

杜佑：唐代人，所著《通典》，为我国第一部记述典章制度的通史。

司马光：北宋人，所著《资治通鉴》为编年体第一巨著。

袁枢：南宋人，著《通鉴记事本末》，创立了记事本末的体裁。

顾炎武：明清之际学者，著有《天地郡国利病书》等。

中国古典名著的洋名

中国古典文学四大名著之一的《水浒传》，最早德文译名是《强盗与士兵》，法文译名是《中国的勇士们》，英文译本为《在河边发生的故事》，美国著名女作家赛珍珠翻译为《四海之内皆兄弟》。

《西游记》英译名是《猴》。

《西厢记》译成法文，题目成了《热恋的少女·中国13世纪的爱情故事》。

《聊斋志异》的意大利文版译作《老虎作客》。

《赵氏孤儿》由法国文学家伏尔泰改写后易名为《中国孤儿》。

《警世通言》中的《杜十娘怒沉百宝箱》，德莫朗译成《蒙辱的东方女性》，而英文译名则是《名妓》。

中国文学家并称集锦

枚贾：汉代赋家枚乘与贾谊并称。枚乘又与司马相如并称"枚马"。

汉赋四杰：司马相如、杨雄、班固、张衡。

张蔡：张衡、蔡邕并称。

三祖：曹操、曹丕、曹睿并称。

三祖陈王：曹操、曹丕、曹植、曹睿合称。

竹林七贤：嵇康、阮籍、山涛、向秀、阮咸、王戎、刘伶。

元嘉三大家：颜延之、谢灵运、鲍照。

二王：东晋书法家王羲之、王献之父子，王羲之被称为"书圣"，王献之被称为"小圣"。

三苏：苏洵、苏轼、苏辙。

李杜："大李杜"即李白和杜甫，"小李杜"是李商隐和杜牧。

中兴四大诗人：尤袤、杨万里、范成大、陆游。

中国历史上的"十圣"

酒圣：杜康。夏朝的一个帝王，传说中酒的发明者。

文圣：孔丘，字仲尼。春秋末期的思想家、

教育家、儒家学说创始人。

史圣：司马迁，字子长。西汉著名的史学家和文学家，是我国第一部纪传体通史《史记》的作者。

草圣：张旭，唐朝书法家。他擅长草书，对旧隶的草体造诣更深。

医圣：张仲景，东汉医学家。所著《伤寒杂病论》和《金匮要略》两书，对我国医学发展影响很大。

武圣：关羽，字云长。东汉末期刘备大将，被人们尊为"关圣"、"关帝"。

书圣：王羲之，字逸少。东晋著名的书法家，作品有《黄庭经》、《兰亭序》等。

画圣：吴道子，唐朝著名画家。擅长人物画，有"吴带当风"的美誉。

茶圣：陆羽，唐朝人，以嗜茶著名，著有《茶经》3卷。

诗圣：杜甫，字子美。唐代伟大的现实主义诗人，著有《杜工部集》。

民间四大传说

我国蕴藏着极为丰富的民间传说，其中牛郎织女、孟姜女寻夫、梁山伯与祝英台、白蛇与许仙等四个传说流传最广，影响最大，称为中国民间的四大传说。

中国历史上的四次民族大融合

第一次民族大融合是春秋、战国时期。特点是在中国腹心地区进行的，形成中华民族的主体民族——汉民族。

第二次民族大融合是魏晋南北朝时期。特点是民族迁徙出现对流，一部分汉族往周边去，周边少数民族往内地来。

第三次民族大融合是宋辽金元时期。这一时期民族融合的特点是在边疆地区进行的，不仅少数民族融合于汉族，而且大量的汉族融合于少数民族。

第四次民族大融合时期是在清代。这一时期奠定了现在中国疆域和以汉民族为主体的中华民族的基础。

中国历代名医

战国时期的扁鹊，东汉的华佗、张仲景，唐朝的孙思邈，明朝的李时珍。

历史上不存在的10天

中国人民大学清史研究所编的《清代中西历表》一书中，明朝万历十年（1582年）九月十八日是阳历十月四日，而九月十九日却是阳历十月十五日，这是怎么一回事呢？

原来在人类历史上，1582年10月5日至10月14日这10天并不存在。是历史上的空白。

现在世界上通行的历法是公历，但在1582年以前，通行的却是儒略历。由于儒略历不很准确，每隔四百年就产生三天的误差，到了1582年就误差了十天。这样一来，节气和日期混乱，许多天文学家提出了补救的办法。1582年罗马教皇格里高利十三世，特为此召开了由天文学家、僧侣参加的讨论会，研究对策，会上教皇接受了医生格里奥提出的公历，于同年3月1日下诏，命令把1582年10月5日改为10月15日。这样一来，这一年的10月5日至10月14日这十天，在历史上就不存在了。不知道历史上这十天空白，搞历史研究就要出乱子。

十八般兵器所指

"十八般兵器"之称是从"十八般武艺"一词演化而来。"十八般武艺"始见于南宋华岳编的兵书《翠微北征录》,华岳曾中过武状元。此书编成于南宋嘉定元年(1208年),他在书中自称"臣闻",可见"十八般武艺"的说法实际上还要早。

明代谢肇淛在《五杂俎》中对"十八般武艺"的具体内容作了记述:"一弓、二弩、三枪、四刀、五剑、六矛、七盾、八斧、九钺、十戟、十一鞭、十二锏、十三槁、十四殳、十五叉、十六把头、十七绵绳套索、十八白打。"前十七种都是兵器的名称,第十八般名目"白打",就是"徒手拳术"。

《水浒传》写到的十八样是:矛、锤、弓、弩、铳、鞭、锏、剑、链、挝、斧、钺、戈、戟、牌、棒、枪、扒。还有谓十八般武艺是指九长九短:九长是枪、戟、棍、钺、叉、镗、钩、槊、环;九短是刀、剑、拐、斧、鞭、锏、锤、棒、杵。

中国历史上的四次"焚书"

秦孝公"焚书"、秦始皇"焚书"、梁元帝"焚书"、乾隆帝"焚书"。

中国历史上著名的改革

商鞅变法:战国时期。
孝文帝改革:北魏太和八年。
王安石变法:北宋中叶。
戊戌变法:清末时期。

历史上"垂帘听政"

战国时期的赵太后,唐朝的武则天,北宋的高太后,南宋的谢太后,辽国的萧太后,清朝的慈禧太后。其中,以清朝慈禧太后垂帘听政的时间最长,其间两次引退,三次垂帘,前后达47年之久。

诸子百家

诸子指孔子、老子、庄子、荀子等,百家指儒家、道家、墨家、法家等流派,后来成为对先秦学术思想派别的总称。

周朝为何分为西周和东周

周武王讨伐商纣王成功后,建立了周朝,定都镐京。后来周公东征,平息了东边的叛乱之后,考虑到镐京地处西部,对东部各诸侯难以控制,于是周公下令在洛邑建东都。公元前771年,犬戎兵占领了镐京并杀死了周幽王,这样继位的平王只好将都城迁到洛邑。从此周王室威信扫地,各诸侯国纷纷起来称霸天下。就这样,周朝变成了强弱截然不同的两个阶段,再加上这两个阶段的都城一个在西边,一个在东边。因此,历史上将周朝分为西周和东周两个阶段。

为何叫春秋、战国时期

春秋时期是因鲁国编年史《春秋》而得名。《春秋》所记载的是公元前772年~公元前481年间周朝诸侯割据的史实,现代学者为了方便起见,一般把从周平王元年(公元前770年)东周立国起,到周敬王四十三年(公元前477年）为止，称为"春秋时期"。春秋后期，各诸侯兼并频繁，战乱不止，直到公元前221年，秦灭六国统一中国后，战争才停止下来。后将这个时期称为战国时期。

何谓"五代"、"十国"

"五代"指唐末藩镇割据时，在黄河流域建立的五个王朝：后梁、后唐、后晋、后汉、后周；"十国"指当时我国和北方部分地区先后建立的前蜀、后蜀、吴、南唐、吴越、闽、楚、南汉、南平、北汉十个国家。

"庙号、谥号"缘由

中国古代帝王，除了他们的姓名外，一般在死后都有庙号、谥号。所谓"庙号"，就是帝王的子孙在宗庙祭祀他时给他特立的名号。在上古时，帝王在生前死后都用的是同一个名字。后来，人们觉得直接称呼已死的先帝、先王不大方便，祭祀时直呼名字也有些不妥。所以，商时祭祀时就用每个王生日的天干来称呼他，以表示恭敬。如夏、商两代的王，习惯上就是以庙号相称的，如夏朝太康、少康、孔甲，商朝的祖甲、帝乙等等。

"谥号"产生于周朝。据说，周公做谥法，每个天子死后，就根据他生前的行为，给他一个代名。这种谥法一直流传了两千多年，直到1911年辛亥革命爆发后，才跟着清王朝一同消失了。

谥法主要有：

"经天纬地曰文；威强睿德曰武；
圣善闻周曰宣；圣闻周达曰昭；
行义悦民曰元；布纲治纪曰平；
辟土服远曰桓；温柔好乐曰康；
布义行刚曰景；柔质慈民曰惠；
安民立政曰成；照临四方曰明；
聪明睿哲曰献；布德执义曰穆；
乱而不损曰灵；去礼远众曰炀；
杀戮无辜曰厉；恭仁短折曰哀；
在国遭忧曰愍；慈仁短折曰怀"等等。

"三从四德"

意指中国对妇女限制自由的封建礼教。中国有几千年的封建社会历史，在此期间，制定了许多限制妇女自由的封建礼法，"三从四德"便是这些封建礼法对妇女管制的最集中体现。"三从四德"是儒家为妇女规定的三种道德关系和四种品德。"三从"指"未嫁从父，既嫁从夫，夫死从子"（《仪礼·丧服·子夏传》）。"四德"指"妇德、妇言、妇容、妇功"（《周礼·天官·九嫔》），东汉郑玄注："妇德谓贞顺，妇言谓辞令，妇容谓婉娩，妇功谓丝枲。"它要求妇女屈从男权，谨守所谓品德、辞令、仪态、手艺的"闺范"。三从四德是中国封建社会广大妇女的沉重精神枷锁。新中国建立后，广大妇女得到全方位的解放，成为社会建设和发展不可缺少的重要力量。

"九儒十丐"说

九儒十丐之说起自何时？出处何在？九儒十丐前面的八等人又是一些什么人呢？据曾经身受元人不平等对待的两个最有名的宋末遗老谢枋得、郑所南的文集中记载，九儒十丐之说大概始自元朝。谢枋得在其所著《叠山集》卷六《送方伯载归三山序》一文中说："滑稽之雄，以儒为戏者曰：我大元制典，人有十等，一官二吏，先之者，贵之也。贵之者，谓其有益于国也。七匠八娼，九儒十丐，贱之也。贱之者，谓无益于国也。嗟乎卑哉！介乎娼之下、丐之上者，今之儒也。"谢叠山只告诉我们元代分人为十等，一官二吏，七匠八娼，九儒十丐，却没有告诉我们三、四、五、六等人是哪一类人。郑所南在他所著《铁函心史》卷下《鞑法》的记载中，就弥补了这个缺陷：一官二吏，三僧四道，五医六工，七猎八民，九儒十丐。

这里的三僧四道，五医六工，是无疑的，七猎八民则似乎有些问题，不如《叠山集》所记七匠八娼说得明确，因为民的涵义范围广，很难以此定等第的。

人们一向只从戏曲小说中知道元代有蒙古、色目、汉人、南人的划分，却很少有人知道元朝统治者还曾把人分为十等。

"连中三元"

"连中三元"一语源于封建社会科举考试制度。科举制度经过长期演变和改革，逐步固定为乡试、会试、殿试三级的形式。乡试是由各省在省城主持的考试，考中的称为"举人"，第一名称为"解元"。会试由礼部在京城主持，考中的称为"贡生"，第一名称为"会元"。殿试由皇帝亲自主持，考中的称为"进士"，第一名称为"状元"，也称"殿元"。

在乡试、会试、殿试中都获得第一名，自然是"连中三元"了。据统计，在我国古代科举制度实行的1300年中，连中三元者说法不一，有说13人，也有说16人，也有21人之说。以下连中三元者供参考：唐朝的张又新、崔元翰；宋朝的孙何、王曾、宋庠、杨寘、王若叟、冯京；金朝的孟宗献；元朝的王宗哲；明朝的商辂；清朝的钱棨和陈继昌。

十恶不赦与五刑

"十恶不赦"意指罪恶深重，不可饶恕。这里的"十恶"，现在已是虚指罪恶，但在古代，它却是实指10种罪恶。

据《隋书·刑法志》记载，北齐河清三年，尚书令、赵郡王睿等奏上齐律十二篇，列出重罪10条："一曰反逆，二曰大逆，三曰叛，四曰降，五曰恶逆，六曰不道，七曰不敬，八曰不孝，九曰不义，十曰内乱。"这是"十恶"的最初形式。隋唐在此基础上稍加改动，正式定名为"十恶"写进法典。以后，宋、元、明、清各代都规定犯了"十恶"罪，不能赦免。"十恶不赦"的说法，也就自然而然地形成了。

中国古代有五种残酷的刑罚，叫五刑，早期奴隶制五刑是指墨、劓、刖、宫、大辟；封建制五刑指笞、杖、徒、流、死；清末变革法制，改五刑为"死刑、无期徒刑、有期徒刑、拘役、罚金"五种。

文房四宝

笔——毛颖、管城子、管、毫、毛锥子、中书君。

墨——陈玄、松滋侯、龙宾、龙香剂。

纸——褚先生、麦光、赫蹏、滑砥方絮。

砚——陶泓。

三宫六院

三宫六院一词是由故宫的建筑而来。故宫内以乾清门为界，南为外朝，北为内廷，即皇帝和他的后妃们起居生活的地方。三宫即指中路的乾清宫、交泰殿、坤宁宫，又称"后三宫"。六院分别指东路六宫：斋宫、景仁宫、承乾宫、钟粹宫、景阳宫及永和宫；西路六宫：储秀宫、翊坤宫、永寿宫、长春宫、咸福宫及重华宫。因各宫均为庭院格局建筑，故总称"六院"。这就是人们常说的"三宫六院"。这个词也由此而产生。

三教九流

"三教"指儒教、道教、佛教。"九流"指儒家者流、道家者流、阴阳家者流、法家者流、名家者流、墨家者流、纵横家者流、杂家者流、农家者流。流者，流派也。九流就是九流派学说。

"三教"和"九流"的名称，在汉朝时并不含有贬义。自唐人撰《春秋谷梁序》中，把"九流""异端"并列后，加之佛教、道教迷信日盛，后人就用"三教九流"来泛指社会上形形色色、五花八门、各行各业各式人物，从此含有贬义了。

东官三师三少

本为照管太子的官，即太子太师、太子太傅、太子太保、太子少师、太子少傅、太子少保。后来，泛指一些赃官，无实职。

我国古代常识中的"三六九"

三秦："城阙辅三秦"，指关中（今陕西潼关以西）地区，项羽灭秦后，把关中分三区，分封秦朝的三个降将，因此关中也称"三秦"。

三辅："衡善少属文，游于三辅"（范晔《张衡传》）。汉朝以金兆尹、左冯翊、右扶风为三辅，其辖地在西安附近。

三公：秦始皇建立的新官制是三公九卿。三公是：丞相，辅助皇帝处理全国政务；御史大夫，助丞相处理政事；太尉，掌管全国军事。

三老："数日，召令三老、豪杰皆来会计事"（司马迁《陈涉世家》）。三老是秦朝乡设的掌管教化的官。

三省：唐时有三省六部制。三省是指尚书省、中书省、门下省。

六义：《诗经》分为风、雅、颂三部分，它的表现手法有赋、比、兴。风雅颂，赋比兴，合称"六义"。

六艺：既指《诗》《书》《礼》《易》《乐》《春秋》六部经书，又可指礼、乐、射、御、书、数六种学问和技能。

六部：唐时官制。六部指吏、户、礼、兵、刑、工部。

九州：古时天下分为九州，即冀州、青州、兖州、徐州、扬州、荆州、豫州、梁州、雍州，后来九州泛指中国。

九卿：古代中央政府九个重要官职。秦朝是指奉常、郎中令、卫尉、太仆、廷尉、典宫、宗正、治粟内史、少府。

九府："官子修之，设轻重九府"（司马迁《货殖列传序》）。周代掌管钱币的九神官：大府、王府、内府、外府、皇府、天府、职内、职金、职币。

我国传统文化中的"五"

五经：《易》《尚书》《诗》《礼》《春秋》。

春秋五传：《左氏传》《公羊传》《谷梁传》《邹氏传》《夹氏传》。

《史记》五体：本纪、表、书、列传、世家。

史书五类：正史、杂史、别史、野史、稗史。

五帝：黄帝、颛顼、帝喾、唐尧、虞舜。

宋代五子：周敦颐、程颢、程颐、张载、

朱熹。

五代：后梁、后唐、后晋、后汉、后周。

五常：仁、义、礼、智、信。

五伦：君臣、父子、兄弟、夫妇、朋友。

五行：金、木、水、火、土。

五刑：墨、劓、刖、宫、大辟。

五谷：稻、黍、稷、麦、豆。

五味：甜、酸、苦、辣、咸。

五音：宫、角、商、徵、羽。

五岳：东岳泰山、西岳华山、南岳衡山、北岳恒山、中岳嵩山。

北京五园：颐和园、静明园、静宜园、圆明园、畅春园。

中国文化史上的"六"

竹溪六逸：唐代诗人，曾同隐居于山东徂徕山竹溪。李白、孔巢父、韩准、裴政、张叔明、陶沔。

苏门六君子：北宋文学家，均出于苏轼门下。黄庭坚、秦观、晁补之、张耒、陈师道、李廌。

元六家：元代画家。黄公望、吴镇、王蒙、倪瓒、赵孟頫、高克恭。

清六家：清初画家。王时敏、王鉴、王翚、王原祁、吴历、恽寿平。

浙西六家：清代乾隆年间文学家。厉鹗、严道成、钱载、王又曾、袁枚、吴锡麒。

台湾历代的称谓

台湾自古以来就是我国不可分割的神圣领土，由于我国历史上朝代更迭频繁，故历来对它的称呼达二三十种之多。

早在商周时代，台湾被称为"岱员"；

春秋时称"岛夷"；

秦汉三国称"夷洲"；

隋唐时期称"流求"、"留虬"；

宋元时期称"琉球"；

明清时称"台湾"、"台员"、"大员"、"大园"、"埋怨"、"埋冤"、"大湾"等。

此外还有"东部"、"东京"、"东宁"、"台阳"、"东港"等称呼。

清光绪十三年(1887年)清廷做出台湾建省的决定后，才正式以"台湾"作为岛的名称和省的名称。

沉鱼、落雁、闭月、羞花指哪四人

西施是春秋时期越国人，她曾受越王勾践之命，采用美人计，前去侍奉吴王夫差。在西施还未入宫的时候，有一次，她去河边浣纱，她那窈窕俏丽的身影惊呆了游鱼，竟使游鱼忘记了游动，沉入水底，故有"沉鱼"之说。

王嫱即王昭君。西汉时，为了沟通汉族和少数民族的关系，她受命和亲匈奴。在出塞的路上，她触景生情弹起了古琴，那如泣如诉的琴声，竟使飞雁听后忘记展翅飞翔，从高空跌落地上，故称"落雁"。

貂蝉，有名无姓，出生在东汉末年，她的故事有杜撰之嫌。在《三国演义》中可称绝色，她拜大司徒王允为义父。王允用其离间董卓和吕布的父子关系。有一天，貂蝉在后花园拜月，忽然，一片云彩遮住了明月，恰好被王允出来看见。王允高兴万分，便向外人夸耀说："我女儿比月亮还美，她的美容，羞得月亮能躲进云里。"故有"闭月"之称。

羞花指的是杨玉环，即杨贵妃。一天，她

在御花园赏花散步，拂袖之间无意触及含羞草，那含羞草立刻卷了叶儿。宫女们不知是含羞草，误以为杨贵妃的天然姿容羞煞了花草，于是就传开了。后人便称她为"羞花"。

"八仙过海"有哪八仙

铁拐李、汉钟离（钟离权）、何仙姑、韩湘子、吕洞宾、张果老、蓝采和、曹国舅八位。

《二十四史》包括哪些

《史记》、《汉书》、《后汉书》、《三国志》、《晋书》、《宋书》、《南齐书》、《梁书》、《陈书》、《魏书》、《北齐书》、《周书》、《隋书》、《南史》、《北史》、《旧唐书》、《新唐书》、《旧五代史》、《新五代史》、《宋史》、《辽史》、《金史》、《元史》、《明史》。

何为《二十五史》

指《二十四史》加《新元史》。1921年徐世昌以北洋军阀政府大总统名义下令把《新元史》列为正史，故有二十五史之称。

著名书法家

蔡邕：东汉书法家，善于篆书，隶书尤为著称。曾创"飞白书"。

王羲之：东晋杰出书法家，长于各类形体，草书清雅俊逸，楷书势巧形密，行书劲健多变。

欧阳询：唐初书法家，以楷书最工，独创"欧体"。

虞世南：唐初著名书法家，其正楷与欧阳询齐名。

颜真卿：唐代善于用篆书笔意写楷书，所创"颜体"为后人所推崇。

怀素：唐代书法家，以"狂草"出名。

柳公权：唐代著名书法家，极工楷书。所创"柳体"常为后初学者攻习。

黄庭坚：北宋书法家，与苏轼、蔡襄、米芾并称为"宋四家"，善于写行草体。

赵孟頫：元代著名书画家。尤为精通楷书和行书，并自成一家，后人称之为"赵体"。

祝允明：明代书法家，与唐寅、文徵明、徐祯卿合称为"吴中四才子"。楷草皆精。

包世臣：清代书法家。著有书法理论名著《艺舟双舟楫》。

巨著万言　书评一句

《诗经》：先民的歌唱。

《左传》：诸侯争盟说。

《山海经》：神话的故乡。

《楚辞》：泽畔的悲歌。

《孙子兵法》：不朽的战争艺术。

《老子》：生命的大智慧。

《墨子》：救世的苦行者。

《史记》：历史的长城。

《庄子》：哲学的天籁。

《荀子》：人性的批判。

《盐铁论》：汉代财经大辩论。

《天工开物》：科技的百科全书。

《战国策》：隽永的说辞。

《资治通鉴》：帝王的镜子。

《颜氏家训》：一位父亲的叮咛。

《聊斋志异》：瓜棚下的怪谈。

《三国演义》：龙争虎斗。

《红楼梦》：失去的大观园。
《儒林外史》：书生现形记。
《老残游记》：帝国的最后一瞥。

唐代诗人的别称

"诗仙"——李白
"诗圣"——杜甫
"诗豪"——刘禹锡
"诗魔"——白居易
"诗佛"——王维
"诗囚"——孟郊、贾岛
"诗鬼"——李贺

晚清四大小说杂志

晚清四大小说杂志是：《新小说》《绣像小说》《月月小说》《小说林》。

明清时的三部著名科学著作

《本草纲目》，作者是李时珍；
《天工开物》，作者是宋应星；
《农政全书》，作者是徐光启。

清朝版图有多大

清朝乾隆年间，我国的疆域西跨葱岭，西北达巴尔喀什湖北岸，北接西伯利亚，东北至黑龙江以北的外兴安岭和库页岛，东临太平洋，东南到台湾及钓鱼岛、赤尾屿等，南包括南海诸岛，是亚洲东部最大的国家。

满族的"八旗"

八旗分为：黄、白、红、蓝、镶黄、镶白、镶红、镶蓝。

三宝殿的来历

"三宝"是指佛教中的佛、法、僧，"三宝殿"即是佛教寺院中佛、法、僧三个主要活动场所，"佛"是佛教信徒"大众登场藏事"的地方；"法"是佛家"珍藏经典"之所；"僧"是指和尚"燕息"（睡觉）的"寂静禅房"。

达赖喇嘛、班禅额尔德尼为何意

我国于1727年从清朝开始设驻藏大臣。顺治皇帝正式赐予达赖喇嘛封号，以后康熙又对另一喇嘛班禅额尔德尼赐予封号。

达赖的意思是海洋，表示智慧深广。喇嘛的意思是上师，达赖喇嘛是转世活佛的一个尊号。班禅的意思是大师，额尔德尼的意思是珍宝。班禅额尔德尼也是转世活佛的尊号。

佛教护世四大金刚

四大金刚分别是东方持国天王，西方广目天王，南方增长天王和北方多闻天王。

佛教的"四大菩萨"

文殊菩萨、普贤菩萨、观世音菩萨、地藏菩萨。

佛教四谛

佛教的基本教义是四谛——苦谛、集谛、灭谛、道谛。谛是真理之义，四谛即四条神圣的真理。

三藏、行者、八戒各指何意

"三藏"是佛教经典的总称，指经、律、论。后把通晓佛教经典的僧人称为三藏法师或简称三藏。

"行者"是佛寺中服杂役而未剃发出家者的通称。另指行脚乞食的僧人。

"八戒"是佛教名称，全称"八斋戒"。是佛教为在家修行的男女制定的八项戒条：不杀生、不偷盗、不淫、不妄语、不饮酒、不眠坐高广华丽的床座、不打扮及观听歌舞、不非时食。前七为戒，后一为斋，故总称"八戒斋"，简称八戒。

中国历史上的不平等条约

1840年鸦片战争是中国近代史的开端，也是中国近代耻辱史的开端，在此后几十年里，西方列强强迫清政府签订了一系列不平等条约，主要的不平等条约有如下十个：

南京条约：1842年8月，中英签订。
望厦条约：1844年7月，中美签订。
黄埔条约：1844年10月，中法签订。
瑷珲条约：1858年5月，中俄签订。
天津条约：1858年6月，中国分别与俄、美、英、法签订。
北京条约：1860年10~11月，中国分别与英、法、俄签订。
伊犁条约：1881年2月，中俄签订。
中法新约：1885年6月，中法签订。
马关条约：1895年4月，中日签订。
辛丑条约：1901年9月，中国分别与英、美、俄、日、德、意、法、奥（奥匈帝国）、西、荷、比签订。

国民党的中统和军统

中统是国民党中央执行委员会调查统计局的简称，它的前身是"中央俱乐部"，主要首脑是陈果夫、陈立夫。因中央俱乐部的英文缩写是CC，后来CC成了中统的代号。

军统是国民党政府军事委员会调查统计局的简称，它的前身是中华复兴社的特务处，戴笠任处长。

在抗日战争中的四名著名国际友人

加拿大人白求恩、印度人柯棣华、美国人史沫特莱和斯诺。

"革命摇篮"、"革命圣地"、"红色故都"、"英雄城"指哪些地方

井冈山被誉为"革命摇篮"；延安被誉为"革命圣地"；瑞金被誉为"红色故都"；南昌被誉为"英雄城"。

我国的民主党派包括哪些

我国的民主党派是指中国国民党革命委员会、中国民主同盟、中国民主建国会、中国民主促进会、中国农工民主党、中国致公党、九三学社、台湾民主自治同盟等八个党派。

八路军下辖师及各师的领导人

三个师——115师、120师、129师

115师师长林彪,副师长聂荣臻,政训处主任罗荣桓;

120师师长贺龙,副师长萧克,政训处主任关向应;

129师师长刘伯承,副师长徐向前,政训处主任张浩。

八路军五个纵队

第一纵队司令员徐向前,政委朱瑞;第二纵队司令员左权,政委黄克诚;第三纵队司令员吕正操,政委程子华;第四纵队司令员萧克,政委陈漫远;第五纵队黄克诚任司令员兼政治委员。

抗日战争的游击战术

地雷战、地道战、麻雀战、破袭战。

中国十大元帅

朱德、彭德怀、林彪、刘伯承、贺龙、陈毅、罗荣桓、徐向前、聂荣臻、叶剑英。

中国人民解放军第一至第四野战军的领导人

第一野战军:彭德怀任野战军司令员兼政委;第二野战军:刘伯承任司令员,邓小平任政委;第三野战军:陈毅任司令员兼政委;第四野战军:林彪任司令员,罗荣桓任政委。

解放战争中的五大战役

洛阳战役、济南战役、辽沈战役、淮海战役、平津战役。

历史知识问答

我国境内已知最早的远古人类在何处发现了？距今约有多少年？

云南元谋人，距今有170万年。

现今世界上发现最大的青铜器是什么？重多少？

中国商朝制造的"司母戊鼎"，重875kg。

哪位考古学家于何时发现了周口店北京猿人遗址？

裴文中于1929年。

仰韶文化时期，其建筑式样与现在的哪种建筑相类似？

窑洞。

最早发明的水上交通工具是什么？

独木舟。

我国有文字可考的历史从何时开始？当时使用什么文字？

商朝，甲骨文（刻在龟甲、兽骨上的文字）。

"一张一弛，文武之道也"的"文武"原意指什么？

周文王、周武王。

周代的三公指什么？

太傅、太师、太保。

我国长城从什么时候开始修建？后经哪些朝代续建？

从春秋战国时代开始修筑，后经秦、汉、北魏、北齐、北周、隋、明等朝代续建，现在所见到的大部分长城是指明长城。

我国是在什么时候发明冶铁术的？

春秋时期，比欧洲早了2000多年。

我国现存的第一部编年体史书是什么？

《春秋》。

都江堰是在什么时候由谁主持修建的？

战国末年的秦朝，李冰父子。

第一位以"诗书礼乐"教弟子的私学教育家是荀子还是孔子？

孔子。

著名中医扁鹊的"四诊法"是什么？

望、闻、问、切。

"讳疾忌医"是讲古代蔡桓公有病却不听医生的劝告，最终病重而死。这位神医指的是谁？

扁鹊。

"初税亩"最初在哪国实行？

鲁国。

儒家、墨家、法家、道家的代表人各是谁？

孔丘、墨翟、韩非、李聃（老子）。

历史知识问答

我国先秦时期的哲学史著作有哪些?

《庄子》、《荀子》、《韩非子》等。

春秋战国时期儒家最重要的代表人物是哪两位?

孔丘和孟轲。

公元前684年的"长勺之战"交战的双方是哪两国的军队?

齐国的军队和鲁国的军队。

春秋时期的"长勺之战"是后发制人战略还是先发制人战略?

后发制人战略。

孙膑和孙武是一个人还是两个人?

是两个人,孙膑是孙武的后人。

战国后期的"长平之战"交战双方的将领各是谁?

秦军的统帅为白起,赵军的统帅为赵括。

被称之为"围魏救赵"的桂陵之战交战的三方是谁?

魏国、赵国、齐国。

成语中所说的"破釜沉舟"指的是战国时期的哪场战争?

巨鹿之战。

秦始皇灭六国后,统一了全国文字,这种汉字称作什么?

小篆。

秦始皇于什么时间统一了中国?他灭了哪六国?

公元前221年,先后灭掉韩、赵、魏、楚、燕、齐六国。

中国历史上第一次大规模农民战争是什么时候发生的?

公元前209年,陈胜、吴广的大泽乡起义。

我们常说的"四面楚歌"指的是历史上的哪次战争?

垓下之战。

"七国之乱"发生在哪一年?以谁为首?打着什么旗号?

公元前154年,以吴王刘濞为首的吴楚等七个同姓诸侯王国,打着"诛晁错、清君侧"的旗号。

丝绸之路是在什么时候由谁开辟的?

公元前139年,由西汉张骞开辟的。

中国第一个女史学家是谁?

班昭。

我们常说的"鸿雁传书"源自哪个历史故事?

苏武牧羊。

"霸王别姬"的故事出自哪部史书?

《史记》。

绿林、赤眉发生于哪个年代谁领导的?

绿林起义发生于西汉元帝年间,公元17年由王匡、王凤领导的;赤眉起义于公元18年由樊崇领导的。

张骞出使大月氏时中途被匈奴俘获,扣留了多少年?班超在西域呆了多少年?

张骞被扣留了10年,班超在西域呆了31年。

王莽政权是在哪两股农民起义军的打击下崩溃的?

赤眉军和绿林军。

经后人整理的汉代名医张仲景的著名医书有哪两部？
《伤寒论》和《金匮要略》。

《论衡》是东汉哪位卓越思想家的著作？
王充。

我国最早发明用植物纤维造纸的人是谁？他是哪个朝代的？
蔡伦，东汉。

世界上第一架观测地震的仪器（地动仪）是哪个朝代谁发明的？
中国东汉科学家张衡。

黄巾起义是哪个年代谁领导的？
东汉末年，公元184年由河北巨鹿人张角领导的。

"天知、神知、我知、子知"，最早是汉代人杨震说的，他说这句话的目的是为了：
拒绝收礼。

"官渡之战"发生在哪一年？该次战役是曹操同谁之间的争夺？
公元199年，曹操同军阀袁绍之间的争夺。

"火烧赤壁"之计是谁出的？
周瑜的部将黄盖出的。

"赤壁之战"发生在哪年？交战双方是谁？"赤壁之战"之后形成了怎样的局面？
公元208年，东吴孙权联合蜀国刘备的5万人马打败了曹操的30万大军，形成了曹、孙、刘三方鼎立的局面。

台湾在三国时称什么？
夷洲。

华佗最后是被谁杀害的？
曹操。

三国时期，谁用"唯才是举"的办法从底层网罗了不少人才？
曹操。

我国历史上，第一个女诗人是谁？
蔡琰（蔡文姬）。

魏晋南北朝保证世族特权的官僚选拔制度是什么？
九品中正制。

哪位北周大臣建立了隋朝？他是在哪一年灭掉北周的？
杨坚，581年。

我国科举制度是从什么时候开始的？
隋朝。

中国最古老的石拱桥是哪座桥？由谁设计的？
河北的赵州桥，隋朝工匠李春。

唐在开元年间国势昌盛，史称什么？
开元之治。

武举制度始于何时？
始于武则天执政时期。

我国最早测量子午线的人是哪个朝代的？他叫什么？
唐代，高僧、天文学家僧一行（原名张遂）。

历史知识问答

我国历史上惟一的女皇帝是谁？

唐朝的武则天（武则天称帝后改国号为周）。

文成公主与松赞干布和亲发生在唐朝哪个皇帝在位期间？

唐太宗。

布达拉宫最初是为谁而建的？

藏王松赞干布为了迎娶文成公主而修建的。

继文成公主之后，唐代还有哪位公主嫁到吐蕃？

唐中宗以雍王李守礼之女金城公主于景龙四年（公元710年）与吐蕃赞联姻。

北京在唐朝时被称作什么？

幽州。

"安史之乱"发生在唐朝哪个皇帝在位期间？"安史"指的是谁？历时多少年？

唐玄宗李隆基时，安禄山及其部将史思明，历时八年。

黄巢起义发生于哪个年代？谁领导的？

唐朝末年874年，王仙芝发动起义，次年黄巢也起兵。

唐代诗歌革新运动的先驱是谁？

陈子昂。

人们形容唐朝书法家颜真卿和柳公权书法风格常用的四个字是什么？

颜筋柳骨。

"风声鹤唳"最早是形容哪个人率军溃退的狼狈状？

前秦苻坚。

后赵是谁建立的？

羯族人石勒。

梁武帝萧衍曾经三次舍身同泰寺，他笃信什么宗教？群臣为其赎身共花掉多少钱？

笃信佛教，4亿银钱。

王安石变法发生在哪个皇帝在位时期？

宋神宗。

我国最早发明用活字印刷的人是谁？他是哪个朝代的？

毕昇，北宋。

指南针发明于哪个年代？

北宋。

曾被列宁誉为"中国11世纪的改革家"的是谁？

王安石。

岳飞是被谁陷害的？

秦桧。

《清明上河图》描画的是北宋京都汴梁的繁盛景况，其作者是谁？

张择端。

方腊起义发生于哪年？

北宋末年1120年。

我国四大发明是什么？

造纸术、印刷术、指南针和火药。

我国历史上两次最著名的变法是什么？

战国时期的商鞅变法和北宋时的王安石变法。

"天子门生"是宋代以后，人们对哪种人的称谓？

进士。

完颜阿骨打是中国历史上哪个民族的首领？

女真。

铁木真于公元多少年建立蒙古国？

1206年。

我们所说的明太祖是指谁？

朱元璋。

至正二十七年朱元璋率兵北伐，以哪八个字为号召？

"驱逐胡虏，恢复中华"。

《本草纲目》是何人所写？

明朝李时珍。

我国明代末年有名的地理学家及其著作是什么？

徐霞客的《徐霞客游记》。

南京明孝陵是谁的陵墓？

明太祖朱元璋和马皇后的合葬陵寝。

郑和下西洋共几次？

先后七次。

最早的航海家是郑和还是达·伽马？

郑和。

世界上最大的古代百科全书是哪部书？

明朝的《永乐大典》。

李自成的绰号是什么？

"闯王"。

郑成功收复台湾驱逐的是哪个国家的殖民者？

荷兰殖民者。

中国最早的资本主义萌芽产生于哪个朝代？

明朝。

八达岭内分列着13座哪朝帝王的陵寝？

明朝帝王。

明清之际西方有许多耶稣会传教士来中国传教，其中最著名的是哪位？

利玛窦。

清顺治帝即位时，哪位将领率兵攻入山海关，打败李自成的大顺军？

多尔衮。

曾受过明朝"龙虎将军"封号的女真族领袖是谁？

努尔哈赤。

康熙二十八年（公元1689年）中国与沙俄签订了什么条约，划定了中俄两国的东段边界？

《尼布楚条约》。

康熙帝即位后，从哪个大臣手中夺回政权？

鳌拜。

"三藩之乱"三个人分别指的是谁？

吴三桂——平西王；耿精忠——靖南王；尚可喜——平南王。

太平天国"杨韦事件"中的"杨韦"指的是谁？

东王杨秀清和北王韦昌辉。

澳门被葡萄牙强占了多少年？

从1553年到1999年长达446年。

香港被英国占领的多少年？

从1841年到1997年历时150多年。

中国近代第一个不平等条约中英《南京条约》是何时签订的？

1842年8月。

我国古代最繁华的贸易港在哪里？

福建泉州。

"中学为体，西学为用"是谁提出的？

清末洋务派首领张之洞在他的著作《劝学篇》中提出的观点。

第一次鸦片战争、第二次鸦片战争分别发生在哪年？

1840年，1856年。

火烧圆明园发生于哪一年？

1860年。

1888年（清光绪十四年）清政府成立了什么舰队？

北洋舰队。

19世纪70年代法国军队侵略越南北部边境时，是谁带领黑旗军南下抗法？

刘永福。

清政府决定于1885年在台湾建立行省，第一任台湾巡抚是谁？

刘铭传。

洋务派的代表人物有哪些？

李鸿章、张之洞、曾国藩、左宗棠等。

被史学家称为近代中国"开眼看世界"的第一人是谁？

林则徐。

戊戌变法期间，清光绪皇帝委任谁办理大学堂和译书局事务？

梁启超。

邓世昌在什么战争中为国捐躯？

1894年，中日甲午海战。

"义和团"运动的口号是什么？

"扶清灭洋"。

《马关条约》是何年签订的？

1895年。

八国联军是哪八国？何时进犯北京？

德、日、俄、法、英、美、意、奥八国，1900年6月。

戊戌变法前后历时103天，因此又称什么？

"百日维新"。

"窃国大盗"指的是谁？他当了多少天的皇帝？

袁世凯，83天。

我国传统表示次序的"天干"共有几个字？

10个，分别为：甲、乙、丙、丁、戊、己、庚、辛、壬、癸。

中国同盟会成立于哪一年？其纲领是什么？

1905年，驱除鞑虏、恢复中华、创立民国、平均地权。

三民主义是由谁提出的？

孙中山。

旧三民主义和新三民主义各是什么？

旧三民主义为民族、民权、民生，新三民主义是联俄、联共、扶助农工。

辛亥革命是指哪一年？

1911年（旧历是辛亥年）。

孙中山何时就任临时大总统？何时解除临时大总统职务？

1912年1月1日，1912年4月1日。

中华民国成立于哪年？

1912年。

北洋军阀有哪三个派系？

冯国璋为首的直系、段祺瑞为首的皖系、张作霖为首的奉系。

清朝皇帝何时退位？

1912年2月12日。

在明清科举考试中"大比"是指乡试、会试、殿试的哪一个？

乡试。

标志着中国新民主主义革命开端的是什么？

"五四"运动。

"五四"运动发生于何时？

1919年5月4日。

黄埔军校是何时建立的？领导人是谁？

1924年，孙中山在广州黄埔创办了陆军军官学校，即黄埔军校。孙中山兼任黄埔军校的总理，蒋介石任校长，周恩来任政治部副主任。

中国共产党第一次全国代表大会在何时何地召开？有多少位代表？

1921年7月23日至31日期间召开，在上海举行（后转入浙江嘉兴南湖）。参加大会的有毛泽东、董必武、陈潭秋、何叔衡、王尽美、邓恩铭、李达、李汉俊、包惠僧、张国焘、周佛海、刘仁静、陈公博13人。

中共"一大"选举出的党的书记是谁？

陈独秀。

"中国劳动组合书记部"的领导人是谁？

邓中夏。

毛泽东的长征诗中"三军过后尽开颜"中的三军指的是哪三军？

红一方面军、红二方面军和红四方面军。

中国第一个共产主义小组何时何地成立？

1920年8月，陈独秀在上海建立了中国第一个共产主义小组。

安源路矿工人大罢工发生在哪年？领导人是谁？

1922年秋，领导人是毛泽东、刘少奇、李立三。

中国共产主义青年团的简称是什么？

共青团。

共青团于1922年在哪里成立的？

广州。

第一次国共合作开始于哪年？

1924年1月。

"五卅"运动发生于哪年？

1925年5月30日。

国民党政府何时成立？

1927年4月，南京国民政府成立，因为由国民党一党专政，因此称南京国民政府为国民党政府。

"马日事变"是谁指使的？
汪精卫。

我军游击战的基本原则是什么？
敌进我退，敌驻我扰，敌疲我打，敌退我追。

"两把菜刀闹革命"说的是谁？
贺龙。

1927年谁组织了工农革命军，领导了秋收起义？
毛泽东。

井冈山会师发生于哪年？谁领导的部队会师？
1928年4月，朱德、陈毅率领部分南昌起义部队和湘南起义农民武装到达井冈山，同毛泽东领导的队伍会师。

"宁汉合流"中的宁和汉分别是指什么？
宁指南京国民政府，汉指武汉国民政府。

1930年哪三方军阀联合对蒋介石发动中原大战？
阎、冯、桂三方军阀联合。

1930年中国左翼作家联盟是在哪里成立的？
上海。

中华苏维埃共和国临时中央政府在何时何地成立？
1931年11月，江西瑞金。

1932年，日本扶植谁做傀儡，建立了伪满洲国？
溥仪。

《塘沽协定》何时签订？
1933年。

"一二·九"运动发生于何时何地？
1935年12月9日，北平。

"七君子事件"中的"七君子"都是谁？
沈钧儒、邹韬奋、李公朴、沙千里、史良、章乃器、王造时等七人。

"西安事变"又称什么？发生于何时？
又称"双十二事变"，1936年12月12日。

国民党政府何时由南京迁往重庆？
1937年1月，日军侵占上海后分三路攻陷南京，12月初国民党政府迁往重庆。

新四军是何时成立的？谁任军长？
1937年10月，叶挺任军长。

南京大屠杀是在哪年发生的？
1937年。

日军侵华时实行野蛮的"三光政策"指的是哪三光？
烧光、杀光、抢光。

中国共产党在抗日战争中创建的第一个敌后根据地是什么根据地？
晋察冀抗日根据地。

全国抗日根据地总后方在哪里？
陕甘宁边区。

皖南事变是在哪一年发生的？
1940年秋。

1942年，中国共产党开展了整风运动，整风运动的方针是什么呢？

"惩前毖后，治病救人"。

抗日战争胜利纪念日是哪一天？

1945年8月15日日本宣布无条件投降，9月2日正式签订投降书。每年的9月3日为中国抗日战争胜利纪念日。

中国共产党第七次全国代表大会于何时何地召开？毛泽东作了什么报告？

1945年4月23日至6月11日，中国共产党在延安召开了第七次全国代表大会；《论联合政府》。

"双十协定"是何时签订的？

1945年10月10日。

1946年7月，国民党制造了"李闻血案"，这次血案中国民党特务连续杀害了哪两位著名的民主人士？

李公朴和闻一多。

人民解放军何时开始战略进攻？

1947年6月，刘、邓大军直插大别山地区。

《中国土地法大纲》是何时制定的？

1947年9月。

辽沈战役是何时何地进行的？

1948年9月12日至11月2日，在辽宁省西部和沈阳、长春地区。

淮海战役是何时何地进行的？歼灭敌军多少人？

1948年11月6日至1949年1月10日；以徐州为中心，东起海州，西迄商丘，北起薛城，南达淮河的广大地区；歼灭了国民党精锐部队55.5万余人。

平津战役是什么时候进行的？歼敌多少？

1948年11月29日起到1949年1月31日，共歼灭和改编国民党军52万余人。

北平是什么时候和平解放的？何时又改名北京？

1949年1月31日；1949年9月。

七届二中全会是何时何地召开的？

1949年3月5日至13日在河北省平山县西柏坡村。

中华人民共和国国旗的设计者是谁？

曾联松。

人民英雄纪念碑是何时奠基修建的？

1949年9月30日。

中华人民共和国开国大典是在哪年举行的？

1949年10月1日。

第一个承认新中国并同新中国建立外交关系的是哪个国家？

苏联。

中国第一部社会主义宪法是什么？

《中华人民共和国宪法》。

中华人民共和国第一任国防部长是谁？

彭德怀。

中国人民解放军第一位女将军是谁？

李贞。

《土地改革法》是何时颁布的？

1950年6月。

西藏何时获得解放？

1951年5月。

"三反运动"的"三反"指什么?

反贪污、反浪费、反官僚主义。

"五反运动"的"五反"指什么?

反行贿、反偷税漏税、反盗骗国家财产、反偷工减料、反盗窃国家经济情报。

在我国出版业中,历史最悠久的出版机构是什么?

商务印书馆。

《人民日报》的报头是由谁题写的?

毛泽东。

志愿军何时出国抗美援朝?由谁率领?

1950年10月19日,以彭德怀为司令员兼政治委员的中国人民志愿军渡过鸭绿江,进入朝鲜参战。

我国第一个五年计划从哪年到哪年?

1953~1957年。

"中印边境事件"是哪一年发生的?当时的中国总理周恩来去印度同谁谈判?

1959年8月;印度总理尼赫鲁。

王进喜于1960年4月在开发大庆油田时打的第一口井被称作什么?

铁人井。

毛泽东在哪年向全国人民发出号召:"向雷锋同志学习"?

1963年3月5日。

中国在联合国恢复合法席位是在哪一届联大会议上通过的?

在1971年第26届联合国代表大会。

中华人民共和国在联合国的合法权利,是在哪届联合国大会上通过的?

第26届。

毛泽东说的"四人帮"指的是哪四个人?

江青、王洪文、张春桥、姚文元。

联合国曾为中国的哪位伟人的逝世下半旗致哀?

周恩来。

中国共产党十一届三中全会是在哪一年召开的?

1978年。

"科学技术是第一生产力"的精辟论断是谁提出的?

邓小平。

"中美联合公报"是在哪里签署的?它又称什么?

在中国上海,又称"上海公报"。

"中日两国政府联合声明"是日本的哪位首相来中国时签署的?

日本首相田中角荣。

"一国两制"是什么的简称?

是一个国家、两种社会制度的简称。

中英关于香港问题的联合声明于何时签署?

1984年12月19日在中国北京正式签署。

"沉鱼"、"落雁"、"闭月"、"羞花"各对应历史上的哪位美女?

沉鱼指西施,落雁指王昭君,闭月指貂蝉,羞花指杨贵妃。

被誉为"天下雄关"的是哪个关?

嘉峪关。

震惊世界的秦陵兵马俑在哪一个省份被发现的?

陕西。

北京的故宫,我们把它称为紫禁城,"紫"是指什么?

是指紫微星,被认为是玉皇大帝居住的地方。

文房四宝是指什么?

笔、墨、纸、砚四种文具。

中国古代思想家所说的"五行"指的是什么?

金、木、水、火、土。

世界上发现最早的人工栽培水稻的遗址在哪里?

中国河姆渡遗址。

世界上出现的第一个统一的奴隶制国家是哪个国家?

在公元前3000年左右,非洲北部尼罗河流域的奴隶制国家埃及,距今已有5000年历史。

世界上使用最早的日历是什么日历?

古代埃及人的太阳历。

埃及的金字塔是何时修建的?

埃及的金字塔建于公元前3000年左右,距今有5000年历史。

埃及最大、最著名的金字塔是为古埃及哪个法老修建的?

胡夫。

人类最早使用的文字是在哪个国家使用的什么文字?

公元前3000多年,古代埃及人使用的象形文字。

除了埃及有"金字塔",比较著名的还有什么"金字塔"?

墨西哥的太阳金字塔。

埃及狮身人面像只有半个鼻子的原因是什么?

遭到炮轰。拿破仑远征埃及,在狮身人面像前,一心想揭开人们一直猜测的谜:这巨像里究竟藏着什么宝贝。于是用炮轰这座狮身人面像。结果,轰掉了它的鼻子,却没有找到入口处。

古代社会最大的一次奴隶起义发生于哪年?是谁领导的?

公元前73年,意大利的角斗奴隶斯巴达克。

"圣诞日"是怎么来的?

"圣诞日"就是传说中耶稣诞生的日子。

伊斯兰教的创始人是谁?教义是什么?

7世纪初穆罕默德创立了伊斯兰教,《古兰经》。

达·伽马是哪国航海活动家?

葡萄牙。

世界上最长时间的战争是什么?

英法百年战争。

意大利文艺复兴最早的两位代表人物是谁?

诗人但丁和画家乔托。

意大利早期新文化的代表人物是谁?
彼特拉克和薄伽丘。

在欧洲的启蒙运动中,谁率先提出了立法权、司法权、行政权三权分立的原则?
孟德斯鸠。

达·芬奇最有名的作品是画在意大利米兰的圣玛丽亚教堂餐厅墙壁上的,长8.5米,高4.9米,取材于《圣经》中犹大出卖耶稣的故事。这幅画的名称是什么?
《最后的晚餐》。

"知识就是力量"这句名言是谁说的?
英国著名哲学家弗兰西斯·培根。

14世纪末,高丽的哪位大将军夺取了政权?他将高丽的国号改成了什么?
李成桂改国号为朝鲜,建立了朝鲜王朝。

发现非洲最南端好望角的是谁?在哪一年?
迪亚士,1488年。

哪个国家于1592年和1597年两次大举进攻朝鲜?
日本。

16世纪初,罗马教皇派人到德意志去兜售赎罪券,是谁带头起来反对的?
马丁·路德。

拿破仑兵败滑铁卢,从而导致他政治生活的结束,滑铁卢位于哪个国家?
比利时。

世界上最典型的不成文宪法是什么?
英国宪法。

世界上第一个工业国家是?
英国。

美国于何年获得独立?美国的第一任总统是谁?
1776年7月4日,乔治·华盛顿。

美国《独立宣言》最主要起草人是谁?
曾任美国总统的杰斐逊。

什么宣言被马克思称为"第一个人权宣言"?它发表于哪年?
美国《独立宣言》,1776年。

在1799年的"雾月政变"中,谁夺取了政权上台执政?
拿破仑。

1804年拿破仑公布了《民法典》,就是我们统称的什么?
《拿破仑法典》。

朝鲜同资本主义国家签订的第一个不平等条约是什么?
《江华条约》。

国际共产主义者同盟成立于何年何月?
1847年6月。

《国际歌》的曲作者、词作者是谁?
曲作者是比尔·狄盖特,词作者是欧仁·鲍狄埃。

《共产党宣言》发表于哪年哪月?
1848年2月。

《马赛曲》是哪个国家的国歌?
法国。

1848年的欧洲革命发轫于哪个国家？

意大利。

1864年，新的国际工人组织——"国际工人协会"在伦敦成立，史称什么？

第一国际。

1867年，哪两个国家联合成为奥匈帝国？

奥地利和匈牙利。

巴黎公社成立于何年何月何日？

1871年3月28日。

"五一"国际劳动节是在什么会议上决定的？

1889年7月14日在巴黎召开的国际社会主义者代表大会。

世界上第一次帝国主义战争是什么？

美西战争。

最早引导日本从封建社会向资本主义发展的是谁？

明治天皇。

土耳其共和国的奠基人凯末尔被国会授予什么称号？

"阿塔图克"（土耳其之父）。

《伏尔加河上的纤夫》的作者是谁？

俄国的列宾。

第一次世界大战的导火线是什么事件？

萨拉热窝事件。

世界上最早使用潜艇的是哪个国家？

德国。

世界上最早有坦克的是哪个国家？

英国。

第一次世界大战爆发后，战争主要在哪里进行？

欧洲战场。

第一次世界大战中规模最大的一次海战是什么？

日德兰海战。

1917年11月7日，在俄国十月革命中攻打冬宫的巡洋舰叫什么名字？

阿芙乐尔号巡洋舰。

世界上第一个社会主义国家是什么时候建立的？

1917年11月，建立了世界上第一个苏维埃政权国家。

共产国际也称什么？成立的时间？总部设在哪里？

第三国际，1919年3月2日，莫斯科。

中国共产党何时参加了共产国际？

1922年7月。

苏联成立于何年？

1922年。

20世纪初，谁完成了建立俄国无产阶级政党的工作？

列宁。

列宁逝世于哪一年？

1924年。

1924年1月，革命导师列宁逝世，谁开始领导苏联进行社会主义改造和建设？

斯大林。

美国历史上唯一一位连任三届的总统是谁？

富兰克林·罗斯福。

第二次世界大战是哪些国家挑起的？

由德国、意大利和日本挑起的。

法西斯专政在意大利开始建立是因为意大利国王任命谁担任总理？

墨索里尼。

世界上最大规模的空战是什么？

不列颠之战。

人类历史上规模最大的一次战争是什么？

第二次世界大战。

苏联的卫国战争是何时开始的？

1941年6月22日。

第二次世界大战的转折点是什么？

斯大林格勒保卫战。

"珍珠港事件"发生于何时何地？

1941年12月7日，美国在太平洋上最大的海军基地珍珠港遭到日本联合舰队的突袭。

第二次世界大战的同盟国是哪些国家？

美国、苏联、英国、中国等26个国家，它们于1942年1月1日在华盛顿签署了《联合国家宣言》，正式形成反法西斯同盟。

1943年冬天，哪三国政府首脑在埃及开罗会晤，发表了《开罗宣言》？

中国、美国、英国。

诺曼底海岸登陆又叫什么？发生在何时？

又叫"D日行动"，1944年6月6日。

第一次世界大战和第二次世界大战的起止时间？

第一次世界大战从1914年至1918年，第二次世界大战从1939年至1945年。

德国于何年何月何日宣布投降？

1945年5月8日。

二战时苏联什么时候宣布对日作战？

1945年8月初。

曾经下令向日本广岛投掷原子弹的是美国的哪个总统？

杜鲁门总统。

美国何时在日本的什么地方投下两颗原子弹？

1945年8月6日与8月9日先后在日本广岛、长崎投下了两颗原子弹。

越南民主共和国在哪年成立？谁被任命为共和国主席？

1945年8月，胡志明。

1945年10月，《联合国宪章》正式生效，联合国成立，联合国总部设在哪里？

美国纽约。

联合国正式开始工作是在哪年？国旗是什么颜色的？

1946年1月，蓝色和白色。

联合国"安理会"的全称是什么？

安全理事会。

联合国有哪几个安理会常任理事国?
有五个国家,它们是中国、美国、俄罗斯、英国和法国。

"东京审判"的具体时间是:
1946年5月3日~1948年11月12日。

"亚非会议"又称什么?何时举行?
万隆会议,1955年4月18日~24日。

印度尼西亚共和国第一任总统是谁?
苏加诺。

"匈牙利事件"发生在哪一年?
1956年。

《北大西洋公约》哪一年签署?在哪里签署?
1949年,美国首都华盛顿。

"马歇尔计划"又称什么?该计划促成了什么?
援助欧洲复兴计划,促成了北大西洋公约组织的建立。

世界历史上被称为"非洲独立年"是指哪一年?
1960年。

参加美苏戴维营会谈的双方首脑是谁?
艾森豪威尔和赫鲁晓夫。

美国在欧洲实行冷战政策的同时,在亚洲先后进行了哪两场局部战争?
侵略朝鲜的战争和侵略越南的战争。

日本首相田中角荣因为什么被迫辞职?
涉嫌洛克希德公司行贿案。

两伊战争冲突的双方是谁?
伊朗和伊拉克。

美国伊朗人质事件发生在哪一年?
1979年。

签订美苏中导条约的两国领导人是谁?
美国总统里根和苏联首脑戈尔巴乔夫。

"英迪拉·甘地被刺事件"发生在哪一年哪一天?
1984年10月31日。

"美国袭击利比亚事件"发生在哪一年?
1986年。

1987年谁发表了《改革与新思维》一书?
戈尔巴乔夫。

英迪拉·甘地是哪个国家的总理?
印度总理。

南非第一位黑人总统是谁?
曼德拉。

《大外交》一书堪称20世纪90年代关于国际外交风云的一部经典著作,它的作者是谁?
基辛格。

世界上最大的图书馆是哪个?
美国国会图书馆。

印度的别称是什么?
孔雀之国。

俄罗斯在传统意义上是什么洲的国家?
欧洲国家。

日本又被称为什么？
漫画王国。

"自由、平等、博爱"印在哪个国家的钞票上？
法国。

世界环境日指的是哪一天？
6月5日。

世界艾滋病日是指哪一天？
12月1日。

欧洲的哪个国家是永久的中立国？
瑞士。

南非非洲人国民大会最初的领导人是谁？
纳尔逊·曼德拉。

三K党是哪个国家最老的恐怖组织之一？
美国。

驴和象是美国哪两个党的党徽？
民主党和共和党。

英国主要有五个政党，最大的是哪两个政党？
保守党和工党。

美国的总统竞选几年举行一次？
4年。

"最后通牒"这个词来源于哪种语言？
拉丁语。

美国最大的间谍和特务机构是什么？
中央情报局。

"山姆大叔"是哪个国家的绰号？
美国。

"约翰牛"是哪个国家的绰号？
英国。

美国国防部的代称是什么？
五角大楼。

白金汉宫是哪个国家的王宫？
英国。

英军三军最高统帅是谁？
英国女王。

哲学的两大流派是什么？
唯心主义和唯物主义。

"认识你自己"是古希腊哪位哲学家的一句名言？
苏格拉底。

"乌托邦"一词是希腊文，它的原意是什么？
"无处可寻的地方"。

编委会

主　编：王晓梅

副主编：胡永建　吴映锋

编　委：王元明　葛同芳　崔翠翠　赵　宇

　　　　魏秀英　王　玮　曹庆华　陈登琴

　　　　王晓君　郑　重　任　玥　张秀兰

　　　　王　岚　孙文丽　吴宗全　陈　睿

　　　　王　丽　谢永刚　翟　琴　王　虎

　　　　万秀杰　闫维常　鄂丽华　王萍萍

　　　　陈思雅　胡奕然　吴　麒　黄　萍